普通高等教育经管类专业系列教材

经 济 法

(第四版) (微课版)

韩颖梅　林　琳　主　编
刘巍巍　李滨晶　副主编

清华大学出版社
北　京

内 容 简 介

　　本书以高等院校经管类专业应用型、复合型人才培养目标为出发点，结合经济、管理类专业学生知识结构的特点和课程教学的实际需要，既保持了经济法学科体系的完整，又融入了民商法相关内容，满足了经济、管理类本科生专业学习和未来职业发展对法律知识的需求。本书注重基本知识、基本观点和基本内容的传授，并使用了最新的经济法律法规和司法解释，内容选择较为广泛，可供不同学校师生有选择性地讲解和学习。本书共 12 章，主要包括法律基础、企业法律制度、公司法律制度、破产法律制度、合同法律制度、担保法律制度、银行法律制度、证券法律制度、保险法律制度、票据法律制度、税收法律制度、劳动法与劳动合同法等内容。

　　本书可供普通高等院校经济管理、财政、金融、保险、证券、投资等财经类专业的学生使用，也可以作为机关、企事业单位和社会团体工作人员，以及经济金融与法律实务工作者参加相关资格考试、学习经济法知识的重要参考资料。

　　本书配套的电子课件和习题答案可以到 http://www.tupwk.com.cn/downpage 网站下载，也可以通过扫描前言中的二维码获取。扫描封底上的视频二维码可以直接观看微课视频学习。

本书封面贴有清华大学出版社防伪标签，无标签者不得销售。
版权所有，侵权必究。举报：010-62782989，beiqinquan@tup.tsinghua.edu.cn。

图书在版编目(CIP)数据

经济法：微课版 / 韩颖梅，林琳主编. —4 版. —北京：清华大学出版社，2021.9（2023.9重印）
普通高等教育经管类专业系列教材
ISBN 978-7-302-59092-7

Ⅰ. ①经… Ⅱ. ①韩… ②林… Ⅲ. ①经济法—中国—高等学校—教材 Ⅳ. ①D922.29

中国版本图书馆 CIP 数据核字(2021)第 173425 号

责任编辑：胡辰浩
封面设计：周晓亮
版式设计：孔祥峰
责任校对：马遥遥
责任印制：宋　林

出版发行：清华大学出版社
　　网　　址：http://www.tup.com.cn，http://www.wqbook.com
　　地　　址：北京清华大学学研大厦 A 座　　邮　　编：100084
　　社 总 机：010-83470000　　邮　　购：010-62786544
　　投稿与读者服务：010-62776969，c-service@tup.tsinghua.edu.cn
　　质 量 反 馈：010-62772015，zhiliang@tup.tsinghua.edu.cn
印 装 者：三河市天利华印刷装订有限公司
经　　销：全国新华书店
开　　本：185mm×260mm　　印　　张：25　　字　　数：688 千字
版　　次：2012 年 2 月第 1 版　　2021 年 9 月第 4 版　　印　　次：2023 年 9 月第 3 次印刷
定　　价：79.00 元

产品编号：090921-01

前　言

本书主要是为高等院校的非法律专业，特别是经济、管理类专业学生学习而编写的。本书考虑了我国法律体系的特点以及经济、管理类专业学生所需的法律知识结构，兼顾经济、管理类专业学生知识结构的特点，以及课程教学的实际需要，融合了应用型本科院校经济、管理类学生的专业基础知识和学生未来职业发展所需的法律知识。随着《中华人民共和国民法典》及其配套司法解释的颁布及一些与社会主义市场经济密切相关的法律法规如《中华人民共和国证券法》等的修订，本书在《经济法(第三版)》的基础上进行了修订，对变化的内容进行了更新和补充，对原来书中表述不准确的地方进行了修改和完善，以期更好地满足教学的需要。同时为了适应线上线下混合教学改革的需要，教材每章还配有重点知识的微课讲解，以便更好地配合教材的使用和满足学生自主学习的需求。本书具有如下特点。

(1) 灌输法治观念，确立法对经济生活的导向性。本书在每章章首均设置了课前导读，力争阐明在本章或本部门法中占主导地位的价值取向，让学生在宏观上把握相关章节的特定的理念和价值，避免"只见树木，不见森林"；同时这样也有利于学生区分不同章节的理念与价值，进而把握不同法律制度的宏观区别，帮助学生增强对法律风险的识别和防范意识，养成合规意识，培养法律理念，运用法律知识处理工作和生活中的法律问题。

(2) 培养职业能力，突出经济法对职业的实用性。本书根据财经院校学生的专业特点和就业方向，围绕便于学生就业及未来职业的可持续发展这个中心选择教材内容，将学生的学习与将来的就业有机结合起来，注重对学生实践能力的培养。在应用型人才的培养目标下，需要有针对性的教材支撑课程体系的设置，便于学生有针对性地根据职业规划学习相关内容。教材中的案例分析部分，运用具体知识对实际案例进行探讨和分析，从而帮助读者将基本理论与具体实践问题结合起来，提高其对法律的实践运用能力。

(3) 吸收最新成果，展现法学研究的前沿性。在编写过程中，本书尽量做到注重经济法学知识体系的完整性，注重开拓学生视野、提高学生的经济法理论水平和从事经济法实务的能力，注重体现最新的经济法学研究动态和立法情况。

(4) 重构教材内容，激发学生学习的主动性。本书注重教学活动与实践应用相结合，有效地提高学生对知识点的理解、运用能力，锻炼学生综合、分析、评价方面的能力。同时，运用思维导图和图表，以形象化的方式表达知识体系，突出关键知识点，方便学生记录、强化记忆。改变过去教师一言堂的情形，更多加入学生参与的部分，提升学生学习的积极性和主动性。复习思考题是针对本章知识的重点提炼出来的需要思考的问题，可以帮助读者抓住重点，加深理解。

本书既可作为高等院校经济管理类相关专业学生学习经济法的教材，也可作为学生参加相关资格考试的参考书，还可作为国家机关及企事业单位从事法律、经济工作的人员的参考书。

本书由哈尔滨金融学院多位具有丰富经济法教学经验的一线教师共同编写。本书撰写具体分工如下：

李滨晶撰写第一章和第二章(共计 10.5 万字)；陈丽莉撰写第三章第一节至第七节(共计 5.85 万字)；腾笛撰写第四章和第五章第六节(共计 5.85 万字)；刘巍巍撰写第五章第一节至第五节和复习思考题(共计 5.6 万字)；林琳撰写第六章和第十章(共计 10.5 万字)；李欣铭撰写第七章、第八章、第九章(共计 10.5 万字)；张乃强撰写第十一章(共计 2.8 万字)；韩颖梅撰写第十二章和第三章第八节及复习思考题(共计 5.7 万字)。

全书由韩颖梅统稿。

对于本书中的不足及错误之处，敬请专家、学者批评指正。我们的邮箱是 992116@qq.com，电话是 010-62796045。

本书对应的电子课件和习题答案可以到 http://www.tupwk.com.cn/downpage 网站下载，也可通过扫描下方左侧的二维码获取，扫描下方右侧的二维码可以直接观看微课视频学习。

配套资源，扫描下载

扫一扫，看视频

编　者

2021 年 3 月

目　录

第一章　法律基础 ··············· 1
　第一节　法律概述 ············· 2
　　一、法律的概念和特征 ········· 2
　　二、法律渊源 ··············· 3
　第二节　法律关系 ············· 5
　　一、法律关系的概念和特征 ····· 5
　　二、法律关系的构成 ··········· 6
　　三、法律关系的产生、变更和消灭 ··· 9
　第三节　法律行为制度 ········· 11
　　一、法律行为理论 ············ 11
　　二、法律行为的要件 ·········· 13
　　三、法律行为的效力 ·········· 15
　第四节　法律行为的代理 ······· 20
　　一、代理的概念与特征 ········ 20
　　二、代理权 ················· 22
　　三、无权代理 ··············· 24
　　四、表见代理 ··············· 25
　第五节　时效制度 ············· 26
　　一、时效的概念 ············· 26
　　二、诉讼时效期间 ············ 28
　　三、诉讼时效期间的起算、中止、
　　　　中断和延长 ············· 29
　第六节　经济纠纷的解决 ······· 31
　　一、经济纠纷的概念和解决机制 ·· 31
　　二、仲裁 ··················· 32
　　三、民事诉讼 ··············· 36
　复习思考题 ··················· 42

第二章　企业法律制度 ·········· 45
　第一节　企业法概述 ·········· 46
　　一、企业的概念和分类 ········ 46
　　二、我国现行企业法律制度 ····· 46
　　三、企业法的主要内容 ········ 46
　第二节　个人独资企业法律制度 ·· 47
　　一、个人独资企业法概述 ······ 47
　　二、个人独资企业的设立 ······ 48
　　三、个人独资企业的投资人及事务
　　　　管理 ··················· 49
　　四、个人独资企业的解散和清算 ·· 50
　第三节　合伙企业法律制度 ····· 53
　　一、合伙企业法律制度概述 ····· 53
　　二、普通合伙企业 ············ 54
　　三、有限合伙企业 ············ 66
　　四、合伙企业的解散和清算 ····· 67
　复习思考题 ··················· 68

第三章　公司法律制度 ·········· 71
　第一节　公司法概述 ··········· 72
　　一、公司 ··················· 72
　　二、公司法的概念和特征 ······· 74
　第二节　有限责任公司 ········· 75
　　一、有限责任公司的概念和特征 ·· 75
　　二、有限责任公司的设立 ······· 76
　　三、有限责任公司的组织机构 ··· 80
　　四、有限责任公司的股权转让 ··· 84
　　五、一人有限责任公司 ········ 85
　　六、国有独资公司的特别规定 ··· 87
　第三节　股份有限公司 ········· 88
　　一、股份有限公司的概念和特征 ·· 88
　　二、股份有限公司的设立 ······· 89

三、股份有限公司的组织机构……92
四、股份有限公司的股份发行与转让……96
第四节 公司的董事、监事、高级管理人员……98
　一、董事、监事、高级管理人员的任职资格……99
　二、董事、监事、高级管理人员的义务和责任……99
第五节 公司债券……102
　一、公司债券概述……102
　二、公司债券的发行……103
　三、公司债券的转让……104
第六节 公司的财务会计……104
　一、公司财务会计制度……104
　二、公积金制度……105
　三、公司利润分配……106
第七节 公司变更……107
　一、公司合并……107
　二、公司分立……108
　三、公司组织变更……109
第八节 公司解散和清算……110
　一、公司解散……110
　二、公司清算……111
复习思考题……113

第四章　破产法律制度……118
第一节 破产法概述……118
　一、破产的概念与特征……118
　二、破产法的概念、立法概况和适用范围……119
第二节 破产申请与受理……120
　一、破产原因……120
　二、破产申请……121
　三、破产申请受理……122
第三节 管理人制度……125
　一、管理人的概念……125
　二、管理人的选任……125
　三、管理人的职责……126
　四、管理人的权利与义务……126

第四节 债务人财产……127
　一、债务人财产的概念……127
　二、撤销权……127
　三、涉及债务人财产的无效行为……128
　四、取回权……128
　五、抵销权……129
第五节 债权申报与债权人会议……130
　一、债权申报……130
　二、债权人会议……131
第六节 重整与和解……133
　一、重整……133
　二、和解……136
第七节 破产清算……137
　一、破产宣告……137
　二、破产财产的变价……139
　三、破产财产的分配……139
复习思考题……142

第五章　合同法律制度……147
第一节 合同法律制度概述……147
　一、合同概述……147
　二、民法典体系中的合同法概述……151
第二节 合同的订立……152
　一、合同订立的含义……152
　二、合同订立的程序……152
　三、合同成立的时间和地点……157
　四、合同的形式与内容……157
　五、格式条款……158
　六、缔约过失责任……160
第三节 合同的履行……162
　一、合同履行概述……162
　二、合同履行的规则……163
　三、双务合同履行中的抗辩权……165
　四、合同的保全……167
第四节 合同的变更、转让与终止……169
　一、合同的变更……169
　二、合同的转让……170
　三、合同的权利义务终止……172
第五节 违约责任……174

一、违约责任概述⋯⋯⋯⋯⋯⋯⋯174
　　二、违约行为形态⋯⋯⋯⋯⋯⋯⋯175
　　三、违约责任的主要形式⋯⋯⋯⋯176
　　四、违约责任的免除⋯⋯⋯⋯⋯⋯180
　　五、违约责任与侵权责任的关系⋯⋯181
　第六节　几种典型的合同⋯⋯⋯⋯⋯182
　　一、买卖合同⋯⋯⋯⋯⋯⋯⋯⋯182
　　二、租赁合同⋯⋯⋯⋯⋯⋯⋯⋯187
　　三、赠与合同⋯⋯⋯⋯⋯⋯⋯⋯189
　　四、借款合同⋯⋯⋯⋯⋯⋯⋯⋯191
　复习思考题⋯⋯⋯⋯⋯⋯⋯⋯⋯⋯193

第六章　担保法律制度⋯⋯⋯⋯⋯197
　第一节　担保法律制度概述⋯⋯⋯⋯198
　　一、担保的概念和特征⋯⋯⋯⋯⋯198
　　二、担保的分类⋯⋯⋯⋯⋯⋯⋯199
　　三、担保合同的无效与责任承担⋯⋯200
　　四、担保法律规范概述⋯⋯⋯⋯⋯202
　第二节　保证⋯⋯⋯⋯⋯⋯⋯⋯⋯⋯202
　　一、保证的概念和特征⋯⋯⋯⋯⋯202
　　二、保证合同⋯⋯⋯⋯⋯⋯⋯⋯203
　　三、保证方式和保证责任⋯⋯⋯⋯205
　　四、保证人的权利⋯⋯⋯⋯⋯⋯210
　　五、最高额保证⋯⋯⋯⋯⋯⋯⋯211
　第三节　抵押权⋯⋯⋯⋯⋯⋯⋯⋯211
　　一、抵押权概述⋯⋯⋯⋯⋯⋯⋯211
　　二、抵押权的设立⋯⋯⋯⋯⋯⋯212
　　三、抵押权的效力⋯⋯⋯⋯⋯⋯214
　　四、抵押权的实现⋯⋯⋯⋯⋯⋯217
　　五、特殊抵押⋯⋯⋯⋯⋯⋯⋯⋯218
　第四节　质权⋯⋯⋯⋯⋯⋯⋯⋯⋯220
　　一、质权概述⋯⋯⋯⋯⋯⋯⋯⋯220
　　二、动产质权⋯⋯⋯⋯⋯⋯⋯⋯220
　　三、权利质权⋯⋯⋯⋯⋯⋯⋯⋯224
　第五节　留置权⋯⋯⋯⋯⋯⋯⋯⋯225
　　一、留置权概述⋯⋯⋯⋯⋯⋯⋯225
　　二、留置权的成立要件⋯⋯⋯⋯226
　　三、留置权的效力⋯⋯⋯⋯⋯⋯227
　　四、留置权人的权利和义务⋯⋯⋯227

　　五、留置权的实现与消灭⋯⋯⋯⋯228
　　六、担保物权的竞合与混合担保⋯⋯229
　复习思考题⋯⋯⋯⋯⋯⋯⋯⋯⋯⋯231

第七章　银行法律制度⋯⋯⋯⋯⋯236
　第一节　银行法概述⋯⋯⋯⋯⋯⋯236
　　一、银行概述⋯⋯⋯⋯⋯⋯⋯⋯236
　　二、银行法的概念、基本原则和体系⋯⋯237
　第二节　中国人民银行法律制度⋯⋯238
　　一、中国人民银行法概述⋯⋯⋯⋯238
　　二、中国人民银行的性质、职能与
　　　　组织机构⋯⋯⋯⋯⋯⋯⋯⋯239
　　三、中国人民银行的职责和业务⋯⋯241
　　四、中国人民银行的财务会计制度⋯⋯244
　　五、中国人民银行的金融监督管理⋯⋯245
　第三节　商业银行法律制度⋯⋯⋯⋯247
　　一、商业银行概述⋯⋯⋯⋯⋯⋯247
　　二、商业银行的设立⋯⋯⋯⋯⋯250
　　三、商业银行的职能⋯⋯⋯⋯⋯252
　　四、商业银行的业务⋯⋯⋯⋯⋯252
　　五、商业银行的财务会计制度⋯⋯254
　　六、商业银行的监督管理⋯⋯⋯254
　　七、商业银行的变更、接管和终止⋯⋯255
　第四节　政策性银行法律制度⋯⋯⋯256
　　一、政策性银行概述⋯⋯⋯⋯⋯256
　　二、中国农业发展银行⋯⋯⋯⋯257
　　三、中国进出口银行⋯⋯⋯⋯⋯258
　第五节　非银行业金融机构法律
　　　　制度⋯⋯⋯⋯⋯⋯⋯⋯⋯⋯260
　　一、非银行业金融机构的概念和特征⋯⋯260
　　二、非银行业金融机构的主要种类⋯⋯260
　　三、非银行业金融机构的监督管理⋯⋯261
　复习思考题⋯⋯⋯⋯⋯⋯⋯⋯⋯⋯261

第八章　证券法律制度⋯⋯⋯⋯⋯265
　第一节　证券法基本理论⋯⋯⋯⋯266
　　一、证券的概念、特征与种类⋯⋯266
　　二、证券法的概念及立法概况⋯⋯267
　　三、证券法的基本原则⋯⋯⋯⋯268
　　四、证券市场⋯⋯⋯⋯⋯⋯⋯⋯269

第二节　证券发行法律制度⋯⋯⋯⋯272
　　　　一、证券发行概述⋯⋯⋯⋯⋯⋯272
　　　　二、股票的发行⋯⋯⋯⋯⋯⋯⋯273
　　　　三、公司债券的发行⋯⋯⋯⋯⋯273
　　　　四、证券承销⋯⋯⋯⋯⋯⋯⋯⋯274
　　第三节　证券交易法律制度⋯⋯⋯⋯275
　　　　一、证券交易概述⋯⋯⋯⋯⋯⋯275
　　　　二、限制的证券交易行为⋯⋯⋯276
　　　　三、禁止的证券交易行为⋯⋯⋯277
　　第四节　上市公司收购法律制度⋯⋯279
　　　　一、上市公司收购概述⋯⋯⋯⋯279
　　　　二、要约收购⋯⋯⋯⋯⋯⋯⋯⋯280
　　　　三、协议收购⋯⋯⋯⋯⋯⋯⋯⋯281
　　　　四、上市公司收购的法律后果⋯281
　　第五节　证券监督管理制度⋯⋯⋯⋯282
　　　　一、证券监督管理概述⋯⋯⋯⋯282
　　　　二、国务院证券监督管理机构⋯282
　　　　三、自律性监管机构⋯⋯⋯⋯⋯283
　　复习思考题⋯⋯⋯⋯⋯⋯⋯⋯⋯⋯⋯283

第九章　保险法律制度⋯⋯⋯⋯⋯⋯285
　　第一节　保险与保险法概述⋯⋯⋯⋯285
　　　　一、保险的概念和种类⋯⋯⋯⋯285
　　　　二、保险法概述⋯⋯⋯⋯⋯⋯⋯288
　　第二节　保险法的基本原则⋯⋯⋯⋯288
　　　　一、最大诚信原则⋯⋯⋯⋯⋯⋯288
　　　　二、保险利益原则⋯⋯⋯⋯⋯⋯290
　　　　三、损失补偿原则⋯⋯⋯⋯⋯⋯292
　　　　四、近因原则⋯⋯⋯⋯⋯⋯⋯⋯292
　　第三节　保险合同⋯⋯⋯⋯⋯⋯⋯⋯294
　　　　一、保险合同的概念和特点⋯⋯294
　　　　二、保险合同的构成⋯⋯⋯⋯⋯295
　　　　三、保险合同的效力⋯⋯⋯⋯⋯296
　　　　四、财产保险合同⋯⋯⋯⋯⋯⋯300
　　　　五、人身保险合同⋯⋯⋯⋯⋯⋯302
　　复习思考题⋯⋯⋯⋯⋯⋯⋯⋯⋯⋯⋯305

第十章　票据法律制度⋯⋯⋯⋯⋯⋯307
　　第一节　票据法⋯⋯⋯⋯⋯⋯⋯⋯⋯308
　　　　一、票据概述⋯⋯⋯⋯⋯⋯⋯⋯308
　　　　二、票据法概述⋯⋯⋯⋯⋯⋯⋯309
　　　　三、票据法律关系⋯⋯⋯⋯⋯⋯310
　　第二节　票据权利和票据行为⋯⋯⋯312
　　　　一、票据权利⋯⋯⋯⋯⋯⋯⋯⋯312
　　　　二、票据行为⋯⋯⋯⋯⋯⋯⋯⋯314
　　第三节　票据丧失与票据丧失的
　　　　　　补救⋯⋯⋯⋯⋯⋯⋯⋯⋯317
　　　　一、票据丧失⋯⋯⋯⋯⋯⋯⋯⋯317
　　　　二、票据丧失的补救⋯⋯⋯⋯⋯318
　　第四节　票据抗辩⋯⋯⋯⋯⋯⋯⋯⋯319
　　第五节　汇票⋯⋯⋯⋯⋯⋯⋯⋯⋯⋯319
　　　　一、汇票概述⋯⋯⋯⋯⋯⋯⋯⋯319
　　　　二、汇票的出票⋯⋯⋯⋯⋯⋯⋯321
　　　　三、汇票的背书⋯⋯⋯⋯⋯⋯⋯322
　　　　四、汇票的承兑⋯⋯⋯⋯⋯⋯⋯325
　　　　五、汇票的保证⋯⋯⋯⋯⋯⋯⋯326
　　　　六、付款⋯⋯⋯⋯⋯⋯⋯⋯⋯⋯328
　　　　七、汇票的追索权⋯⋯⋯⋯⋯⋯329
　　第六节　本票⋯⋯⋯⋯⋯⋯⋯⋯⋯⋯331
　　　　一、本票概述⋯⋯⋯⋯⋯⋯⋯⋯331
　　　　二、本票的出票⋯⋯⋯⋯⋯⋯⋯332
　　　　三、本票的付款⋯⋯⋯⋯⋯⋯⋯333
　　　　四、关于汇票规则的准用⋯⋯⋯333
　　第七节　支票⋯⋯⋯⋯⋯⋯⋯⋯⋯⋯333
　　　　一、支票概述⋯⋯⋯⋯⋯⋯⋯⋯333
　　　　二、支票的出票⋯⋯⋯⋯⋯⋯⋯334
　　　　三、支票的付款⋯⋯⋯⋯⋯⋯⋯335
　　　　四、关于汇票规则的准用⋯⋯⋯335
　　复习思考题⋯⋯⋯⋯⋯⋯⋯⋯⋯⋯⋯336

第十一章　税收法律制度⋯⋯⋯⋯⋯339
　　第一节　税收法律制度的概述⋯⋯⋯339
　　　　一、税法的概念⋯⋯⋯⋯⋯⋯⋯339
　　　　二、税收法律关系⋯⋯⋯⋯⋯⋯340
　　　　三、税法的构成⋯⋯⋯⋯⋯⋯⋯340
　　　　四、税法的分类⋯⋯⋯⋯⋯⋯⋯342
　　第二节　流转税法⋯⋯⋯⋯⋯⋯⋯⋯343
　　　　一、流转税概述⋯⋯⋯⋯⋯⋯⋯343
　　　　二、增值税法⋯⋯⋯⋯⋯⋯⋯⋯343

三、消费税法 ······················ 346
　四、关税法 ······················· 348
第三节　所得税法 ····················· 349
　一、企业所得税法 ··················· 349
　二、个人所得税法 ··················· 350
复习思考题 ························ 353

第十二章　劳动法与劳动合同法 ············ 357
第一节　劳动法 ····················· 357
　一、劳动法概述 ···················· 357
　二、劳动法体系 ···················· 359
第二节　劳动合同法 ··················· 360
　一、劳动合同与劳动合同法概述 ············ 360
　二、劳动合同的订立 ·················· 364
　三、劳动合同的履行与变更 ··············· 370
　四、劳动合同的解除与终止 ··············· 372
　五、劳动合同的特殊形式 ················ 375
　六、集体合同 ····················· 379
第三节　劳动争议处理法律制度 ············· 381
　一、劳动争议的处理概述 ················ 381
　二、劳动争议的解决方式及处理
　　　程序 ······················· 383
复习思考题 ························ 386

参考文献 ······················· **388**

第一章

法律基础

> 法律是故事，是我们昨天的故事；法律是知识，是我们关于今天如何行事的知识；法律是梦想，是我们对明天的梦想。
>
> ——美国最高法院大法官肯尼迪

课前导读

私法是以个人与个人之间的平等和自决(私法自治)为基础，规定个人与个人之间的关系。公法规定国家以及被赋予公权的团体同它们的成员之间的关系。原则上，私法中主要是平等关系，公法中主要是隶属关系。无论公法还是私法，其宗旨都不仅仅在于促进或保护某些公共的或个人的利益，而在于适当地平衡各方面的利益，创造正义和公正的局面。公法与私法在许多方面相互交错在一起，经济法即是如此。因此，考虑到学习经济法时需要一定的法律基础知识，本章对法律基本原理和基本知识做了叙述，目的在于让读者掌握学习经济法课程所需的基本原理和基本知识，为后面系统学习各种经济法律制度打下坚实的基础。

要点提示

1. 法律的概念
2. 法律关系的概念、主体、客体和内容
3. 法律行为的效力类型及代理制度
4. 诉讼时效制度

第一节 法律概述

一、法律的概念和特征

(一) 法律的概念

我国法学界和法律界在法律、法等词汇的使用上,并没有严格的、规范的统一称呼。一般未做特别说明的时候,"法律"和"法"一词通常表达的是广义的法律或法,即国家机关制定或认可的一切具有法律效力的规范性法律文件。

在我国,广义的法律包括作为国家根本法的宪法,全国人民代表大会及其常务委员会制定的法律,国务院制定的行政法规以及其他国家机关制定的地方性法规、自治条例和单行条例、规章等。狭义的法律仅指全国人民代表大会及其常务委员会制定的法律。

"经济法"由法国空想社会主义者摩莱里在《自然法典》(1775年)中首次使用。1842年,德国空想共产主义者德萨米也在《公有法典》一书中使用了"经济法"这一词汇。现代经济法的概念始于第一次世界大战前后的德国,为了战争需要,德国颁布了一系列国家干预经济的法规,有的直接以经济法命名,如《煤炭经济法》(1919年)等。1979年,我国开始使用"经济法"这一概念。经济法作为一门新兴学科,对经济法概念的界定尚存争议,但我国大多数学者认同如下概念:经济法是调整国家对经济活动进行宏观调控过程中所形成的经济管理关系的法律规范的总称。经济法是国家干预市场、干预经济之法,以社会整体利益为本位,属于公法范畴。由于经济法的调整对象是经济关系,经济法区别于国内法体系中的民法、商法和行政法等而成为独立的法律。基于培养应用型人才的目的,本书不仅包括经济法相关制度,而且包括一部分民法(如代理制度、时效制度等)和商法(如公司法、破产法、保险法、票据法和证券法)的相关制度,"经济法"这一名称已经不能完全涵盖本教材的内容,但是考虑到经济管理专业类学生所需的法律知识结构及课程教学的实际需要,且本教材的名称一直沿用,已约定俗成,因此继续使用"经济法"的名称。

(二) 法律的特征

1. 法律是人类社会生活的行为规范

人是社会动物,不能离群索居,必须和人交往,互相了解,彼此协助,共同生活,才能维持自己的存在,这种彼此交往协助的共同生活,就是社会生活。

在社会生活中,基于彼此交往,个人与团体的生活利益才能得到保证,并且能够继续发展。换句话说,由于社会中的个人有共同生活目标与共同价值标准,基于实践的要求,必须建立种种"当为的法则",然后目的与理想才能实现,所以"当为的法则",就是社会生活规范,法就是其中之一,为共同生活的必要条件。

2. 法是国家制定或认可的行为规范

行为规范是人们的行为反复出现以后逐渐形成的。法律规范是社会行为规范的一种,它所调整的是人与人的关系。制定和认可是国家创制法律规范的主要形式,制定即国家创制新的法律规范,认可则是国家权力确认某种社会上已经通行的规则具有法律效力。

3. 法律是由国家强制力保证实施的行为规范

法是规定人与人之间外部行为的规范,具备客观标准。为了实现普遍的公平,其有强制施行的必要。法之所以可能和道德、宗教产生区别，是因为道德虽为社会规范中的一种，可要求个人真心诚意去为善，但不能强制个人的外部行为去遵守道德，至于宗教的制裁，虽有类似于强制的性质，但是这种强制，起于愿受支配者的内心，而不是外在力量，并且强制的内容，纯属身后另一个世界的幸福问题，与现实世界生活利益毫无关系，所以道德、宗教规范和法律规范迥然不同。

4. 法律以保障群众安宁和维持社会秩序为目的

人类社会生活，其关系错综复杂，而利己自私之心，又在所难免。如果有人任意扩张一己之利，而不顾他人所受损害，则必然发生冲突，而群众的安宁，社会的秩序，必被破坏无疑。故群众之安宁，不能无保障，社会之秩序，不能不维持，而善尽此责者，非法律莫属，所以法律是以保障群众安宁和维持社会秩序为目的的规范。

二、法律渊源

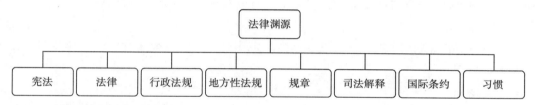

（一）法律渊源的概念与种类

渊源指事物的本源。法的渊源，按字面理解，指法的来源或表现形式。

所谓法律渊源，就是指法律的形式渊源，即被承认具有法的效力、法的权威性或具有法律意义并作为法官审理案件之依据的规范或准则来源。法律渊源主要有以下几种。

1. 宪法

宪法是国家的根本大法，由全国人民代表大会制定和修改，具有最高法律效力。经济法以宪法为渊源，与其他法律、法规、规章、命令、指示等一样，不得与之相违背之外，主要是从中吸收有关经济制度的精神。

2. 法律

法律有广义、狭义两种理解。狭义上讲，法律是指全国人民代表大会及其常务委员会制定的规范性文件。本书仅用狭义。在当代中国法的渊源中，法律的地位和效力仅次于宪法。

3. 行政法规

行政法规是指国家最高行政机关即国务院根据并为实施宪法和法律而制定的关于国家行政管理活动的规范性文件，是我国一种重要的法的渊源。行政法规地位仅次于宪法和法律。国务院所发布的决定和命令，凡属于规范性的，也属于法的渊源之列。

4. 地方性法规

地方性法规是我国地方的人民代表大会及其常务委员会所制定的适用于本行政区域的一类规范性法律文件。根据《中华人民共和国宪法》《中华人民共和国地方各级人民代表大会和地方各级人民政府组织法》和《中华人民共和国立法法》(以下简称《立法法》)的规定，省、自治区、直辖市以及省级人民政府所在地的市、经国务院批准的设区的市和经济特区所在地的市的人民代表大会及其常务委员会有权制定地方性法规。地方性法规不得与宪法、法律和行政法规相抵触，否则无效。

5. 民族自治法规

民族自治法规是民族自治地方的权力机关所制定的特殊的地方规范性法律文件即自治条例和单行条例的总称。民族自治地方的人民代表大会有权依照当地民族的政治、经济和文化特点，制定自治条例和单行条例。自治区的自治条例和单行条例报全国人大常委会批准后生效。自治州、自治县的自治条例和单行条例，报省或自治区人大常委会批准后生效，并报全国人大常委会备案。

6. 部门规章与地方政府规章

部门规章是国务院所属部委根据法律和国务院行政法规、决定、命令，在本部门的权限内，所发布的各种行政性的规范性法律文件。部门规章的地位低于宪法、法律、行政法规，不得与它们相抵触。

根据宪法及上述法律规定，省、自治区、直辖市以及省级人民政府所在地的市、经国务院批准的较大的市和经济特区所在地的市的人民政府，可以根据法律、行政法规和本行政区的地方性法规制定规章。地方政府规章的效力低于宪法、法律、行政法规以及本级地方性法规。

7. 司法解释

司法解释是最高人民法院、最高人民检察院在总结司法审判经验的基础上发布的指导性文件和法律解释的总称。

8. 国际条约

国际条约指两个或两个以上国家或国际组织间缔结的，确定其相互关系中权利和义务的各种协议，是国与国之间相互交往的一种最普遍的法的渊源或法的形式。

缔约双方或各方即为国际法的主体。国际条约不仅包括以条约为名称的协议，也包括国际法主体间形成的宪章、公约、盟约、规约、专约、协定、议定书、换文、公报、联合宣言和最后决议书。随着中国对外开放的发展，与别国交往日益频繁，与别国缔结的条约和加入的条约日渐增多。这些条约也是中国司法的重要依据。

9. 习惯

习惯是指非立法机关制定的，人们所知悉且反复实施的生活习惯和交易习惯。《中华人民共和国民法典》（以下简称《民法典》）第十条规定，处理民事纠纷，应当依照法律；法律没有规定的，可以适用习惯，但是不得违背公序良俗。习惯不与现行法律、法规和社会公共利益相抵触，不违背公序良俗，经过国家认可，则成为法律渊源。在没有法律规定的情况下，可以依据习惯做出判决。因此，习惯是法律渊源之一。

（二）法律渊源的适用原则

现代社会中，法源效力的高低主要取决于制定或确认法源的主体的权力性质和来源，不同等级的权力参与法律的创制活动，直接导致法源效力的大小。从这个意义上说，权力的等级性是法源效力划分的主要标准和决定因素。

1. 法律位阶的适用顺序

法律位阶的适用顺序，主要是指在对某一事项的调整存在着两个或两个以上不同的法律渊源时，当上、下位阶法律对相同事项调整并无冲突时，除非缺乏适当的下位阶规则可资适用，否则应优先适用下位阶法而非上位阶法，即上、下位阶法律无冲突时的适用顺序，应当是"下位法优于上位法"。

2. 法律的冲突规则

法律冲突是指法律渊源发生适用冲突，应当适用哪个渊源的问题。在这里仅说明两种情况。

一是不同位阶的法律渊源之间的冲突。处于适用冲突的法律渊源由不同等级的国家机关制定，那么适用"上位法优于下位法"的原则，这也称为效力等级规则。

二是同一位阶的法律渊源之间的冲突。同一机关制定的规范性文件冲突，解决的规则有两个，即特别法优先适用于普通法，新法优先适用于旧法。《中华人民共和国立法法》中对这两个规则进行了阐述，同一机关制定的法律、行政法规、地方性法规、自治条例和单行条例、规章，特别规定与一般规定不一致的，适用特别规定；新的规定与旧的规定不一致的，适用新的规定。

第二节 法律关系

一、法律关系的概念和特征

(一) 法律关系的概念

法律关系，是指根据法的规定发生的，以权利与义务为内容的社会关系。法律关系的发生以法的存在为前提，先有法后有法律关系。

自然人从出生到死亡，法人和非法人组织从登记到解散，均会发生各种各样的法律关系。婴儿一出生即与父母产生监护关系和法定代理关系，消费者和商家发生消费品、日用品购买的关系，出租人和承租人发生房屋租赁关系，保险人和被保险人发生保险关系，子女继承父母的遗产发生财产继承关系，夫妻之间发生婚姻关系，侵权人和被侵权人之间发生损害赔偿关系，企业之间发生各种买卖关系等。可见，法律关系是现代社会中至关重要的一类社会关系，其设定当事人的权利和义务，并运用国家强制力保障权利和义务的实现，以达到调整社会关系的目的。

【例1-1】"在法学家们以及各个法典看来，个人之间的关系，例如缔结契约这类事情，一般是纯粹偶然的现象，这些关系被其看成是可以随意建立或不建立的关系，它们的内容完全取决于缔约双方的个人意愿。每当工业和商业的发展创造出新的交往形式(例如保险公司等)的时候，法便不得不承认它们是获得财产的新方式。"据此，法律关系是否体现国家意志？

【解析】有些法律关系的产生，不仅要通过法律规范体现国家意志，而且要通过法律关系参加者的个人意志表示意志，也有很多法律关系的产生，并不需要特定法律主体的意志。

(二) 法律关系的特征

与其他社会关系相比，法律关系具有以下特征。

1. 法律关系存在于人与人之间

法律关系是人与人之间的关系，不同于人与自然界之间的关系。例如，买卖为一种法律关系，存在于出卖人与买受人之间。

2. 法律关系是根据法律规定发生的

在人类社会中，人与人之间必然发生各种联系，形成多种多样的社会关系，例如，师生关系、同学关系、恋爱关系、同乡关系等。这些关系受道德或习惯规范，不属于法律关系。法律关系是社会关系的一种，但是并非所有的社会关系均属于法律关系，有些社会关系不属于法律关系。法律规范是法律关系产生的前提，没有相应的法律规范，就不可能产生法律关系。只有经过法律确认和调整，以权利与义务为内容的社会关系，才是法律关系。

3. 法律关系以权利与义务为内容

法律关系是具体的权利与义务关系，它使得法律规范规定的权利与义务具体化。法律规范规定的主体权利与义务只是一种可能性，是主体能做和应该做的行为，并不是现实的行为；而在法律关系中，主体的权利与义务是一种现实的权利与义务。法律规范规定的权利与义务针对的是同一类人、同一类行为。凡是出现法律规范所假定的事实，具有法律规范所规定的资格的主体，都享有同一类权利并承担同一类义务；而在法律关系中，主体、权利与义务及其所指向的对象都是具体的。

二、法律关系的构成

按照法律关系原理，任何法律关系都由主体、客体和内容三要素组成，该三要素缺一不可。

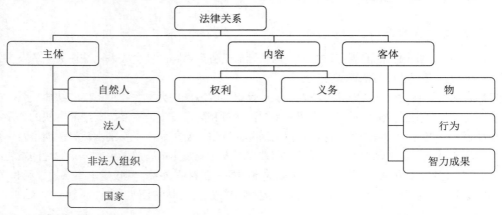

(一) 法律关系的主体

1. 法律关系主体的概念和种类

法律关系主体，又称权利主体，即法律关系的参加者，是法律关系中权利的享受者和义务的承担者。享有权利的一方称为权利人，承担义务的一方称为义务人。法律关系主体有以下几类。

(1) 自然人。自然人指基于自然规律而出生的，具有生命体征的人。这里的自然人既包括本国公民，也包括居住在一国境内或在境内活动的外国公民和无国籍人。

(2) 法人。法人是与自然人相对应的民事主体。《民法典》第五十七条规定："法人是具有民事权利能力和民事行为能力，依法独立享有民事权利和承担民事义务的组织。"法人是依法成立的一种社会组织，拥有独立的财产或者经费，法人的财产与法人成员的财产相互独立，法人以自己的财产独立承担民事责任。《民法典》总则编第三章将法人分为营利法人、非营利法人和特别法人三种类型。《民法典》第七十六条规定："以取得利润并分配给股东等出资人为目的成立的法人，为营利法人。营利法人包括有限责任公司、股份有限公司和其他企业法人等。" 第八十七条规定："为公益目的或者其他非营利目的成立，不向出资人、设立人或者会员分配所取得利润的法人，为非营利法人。非营利法人包括事业单位、社会团体、基金会、社会服务机构等。"第九十六条规定："本节规定的机关法人、农村集体经济组织法人、城镇农村的合作经济组织法人、基层群众性自治组织法人，为特别法人。"

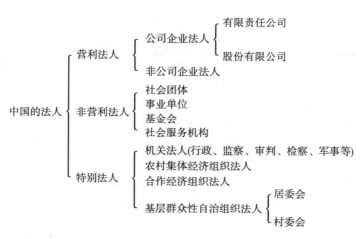

(3) 非法人组织。非法人组织则是指不具有法人地位,但是可以以自己的名义从事法律活动的主体。非法人组织包括个人独资企业、合伙企业、不具有法人资格的专业服务机构等。

(4) 国家。在特殊情况下,国家可以作为一个整体成为法律关系的主体。例如,国家作为主权者,是国际公法关系的主体,可以成为外贸关系中的债权人和债务人。在国内法上,国家可以直接以自己的名义参与国内法律关系(如发行国库券)。当然,大多数情况下,由国家机关或者授权的组织作为代表参加法律关系。由于经济法律关系主要是在国家和政府干预经济的过程中形成的,因此,其主体一方通常是国家及国家机关。这成为经济法律关系构成要素中主体要素的一个重要特征。

2. 法律关系主体资格

自然人和法人要成为法律关系的主体,享有权利和承担义务,必须具备权利能力和行为能力,即具有法律关系主体资格。只要是法律上所认可的"人",即能够以自己的名义享受权利、承担义务的自然人或组织,都属于法律主体,具有法律上的人格,自然也都具有抽象意义上经济法主体的资格。

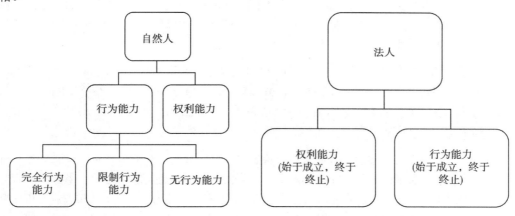

1) 权利能力

权利能力是权利主体享有权利和承担义务的资格。它反映了权利主体享有权利和承担义务的可能性。各种具体权利的产生必须以主体的权利能力为前提。在不同的法律关系中对其参加者的要求不同,所需要的权利能力也不同。

2) 行为能力

行为能力是指权利主体能够通过自己的行为取得权利和承担义务的能力。对自然人来讲,有权利能力不一定有行为能力。行为能力是指法律所认可的一个人可进行法律行为的能力，即为本人或被代理人对所为及可能产生的法律后果可独立承担法律责任的能力。法律只承认具备一定最低程度判断力的人具有行为能力。根据我国自然人的具体情况，按照年龄阶段的不同和心智是否正常，将自然人划分为完全行为能力人、限制行为能力人和无行为能力人三种。

(1) 完全行为能力人，指具有通过自己独立的意思表示实施法律行为的人。

我国的完全行为能力人分为两种：一是年满18周岁的成年人。通常在自然人达到成年时，不仅能够有意识地实施法律行为，而且能够熟悉和理解法律规范和社会规则，能够预见实施某种行为可能发生的后果和影响。因此，已经成年的自然人，具有完全行为能力。二是16周岁以上的未成年人，以自己的劳动收入为主要生活来源的，视为完全行为能力人。所谓"以自己的劳动收入为主要生活来源"，是指16周岁以上不满18周岁的自然人，能够以自己的劳动取得收入，并维持当地群众一般生活水平。

(2) 限制行为能力人，是指独立通过意思表示，实施法律行为的能力受到一定限制的自然人。

我国的限制行为能力人分为两种：一是8周岁以上不满18周岁的未成年人；二是年满18周岁但不能完全辨认自己的行为的成年人。他们的行为能力受到限制，可以独立实施纯获利益的民事法律行为或者与其年龄、智力、精神健康状况相适应的民事法律行为，而实施其他民事活动则应由他们的法定代理人代理进行，或者征得其法定代理人的同意或者追认。

(3) 无行为能力人，是指不具有以自己独立的意思表示实施法律行为的自然人。

我国的无行为能力人分为两种：一是不满8周岁的未成年人。不满8周岁的自然人年龄尚小，不能理性地从事民事活动。二是不能辨认自己行为的成年人。这类人不具有识别能力和认知能力，法律将其规定为无民事行为能力人。为了弥补无民事行为能力人的行为能力的欠缺，无民事行为能力人由其法定代理人实施民事法律行为。

《民法典》第二十四条第一款规定："不能辨认或者不能完全辨认自己行为的成年人，其利害关系人或者有关组织，可以向人民法院申请认定该成年人为无民事行为能力人或者限制民事行为能力人。"可见，认定成年人为无民事行为能力人或者限制民事行为能力人，必须经过利害关系人或者有关组织申请，并由人民法院通过特别程序进行，防止有人恶意地以他人不具有辨认自己行为的能力为借口，认定他人为无民事行为能力人，侵害他们的合法权益。

【例1-2】甲十七岁，高中生，以个人积蓄1000元在慈善拍卖会拍得明星乙表演用过的道具，市价约100元。事后，甲觉得道具价值与其价格很不相称，颇为后悔。该买卖是否有效？

【解析】十七岁的甲是限制民事行为能力人，在慈善拍卖会上以1000元的个人积蓄拍得价值100元的表演道具，是与其年龄、智力状况相适应的，因此该行为有效。

权利能力和行为能力，对自然人而言在一定条件下可以分离；对组织而言往往是合一的，即同时产生、消灭，且范围重合。故权利能力与行为能力的区分，通常仅对分析自然人的主体资格有意义。社会组织作为法律关系的主体应当具有权利能力和行为能力，但是，其权利能力和行为能力不同于自然人。以法人为例，法人的权利能力、行为能力在法人成立时同时产生，到法人终止时同时消灭。自然人的行为能力一般通过自身实现，而法人的行为能力则通过法定代表人或者其他代理人实现。

3. 行为能力的认定和恢复

我国立法对成年人的无民事行为能力和限制民事行为能力采取认定制度。不能辨认或者不能完全辨认自己行为的成年人，其利害关系人或者有关组织，可以向人民法院申请认定该成年人为无民事行为能力人或者限制民事行为能力人。有关组织包括：居民委员会、村民委员会、学校、医疗机构、妇女联合会、残疾人联合会、依法设立的老年人组织、民政部门等。

被人民法院认定为无民事行为能力人或者限制民事行为能力人的，经本人、利害关系人或者有关组织申请，人民法院可以根据其智力、精神健康恢复的状况，认定该成年人恢复为限制民事行为能力人或者完全民事行为能力人。

(二) 法律关系的客体

法律关系的客体，是指法律关系主体间权利和义务所指向的对象。权利和义务如果没有具体的对象，就无法落实，进而失去了意义。而各法律主体之间也是因为客体而彼此发生联系。法律关系的客体具有多样性，大体包括物、行为和智力成果三类。但是，随着经济的发展和社会的进步，法律关系的客体的范围也将进一步扩张。《民法典》规定数据和网络虚拟财产是权利客体，正体现了这种法律关系客体不断扩张的趋势。

(1) 物。法律意义上的物是指法律关系主体支配的、在生产上和生活上所需要的客观实体。它可以是自然物，如森林、土地，也可以是人的劳动创造物，如建筑物、机器、各种产品。

(2) 行为。行为如满足权利人的利益和需要，可以成为法律关系的客体，如旅客运输合同的客体是运送旅客的行为。

(3) 智力成果。其是指人们通过智力劳动创造的精神财富或精神产品，智力成果作为法律关系的客体，其法律表现形式主要包括科学发明、学术论著、商标、专利、专有技术等。智力成果并不能直接表现为物质财富，但可以转化为物质财富。

(三) 法律关系的内容

权利与义务是法律关系的内容。权利是享受特定利益的法律之力，即法律为了满足某人的需要而赋予他的一种法律的力，也就是法律制度对权利人的授权。权利功能在于保障个人的自由范围，使个人可以自主决定、组织或形成其社会生活，尤其是实践私法自治原则。法律上所谓的义务，指法律所加于当事人作为或不作为的拘束。所谓拘束，即不管义务人意思如何，都必须遵守，不能随意变更或免除。若不予遵守，将受到法律的强制执行和制裁。

三、法律关系的产生、变更和消灭

(一) 法律关系的产生、变更和消灭综述

1. 法律关系产生、变更和消灭的概念

社会本身是不断发展的，人们之间结成的各种社会关系也在发生着变革，这决定了法律关系也会不断地发生变化和革新。法律关系的产生是指主体之间依据法律规范而结成一定的权利与义务关系；法律关系的变更是指由于符合法律规定的一定法律事实的出现而引起法律关系诸要素发生了变动；法律关系的消灭是指主体之间权利与义务关系的完结。

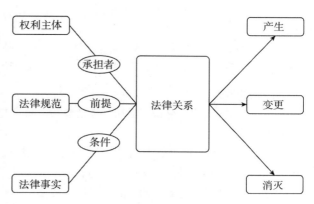

2. 法律关系产生、变更和消灭的条件

法律关系处在不断产生、变更和消灭的运动过程中。它的产生、变更和消灭，需要具备一定的条件。其中最主要的条件包括以下几个方面。

(1) 法律规范是经济法律关系具体产生、变更和消灭的前提，是法律关系产生、变更和消灭的法律依据。没有相关的法律规范便无法在相应主体之间建立法律上的关系。在现实生活中，法律关系能够实现变革主要是经由符合法律规定的一定的事实与行为的推动来实现的。

(2) 权利主体，即权利和义务的承担者。

(3) 法律事实是经济法律关系产生、变更和消灭的条件。法律事实，即出现法律规范所假定出现的那种情况。法律关系的产生、变更和消灭过程是需要相关的条件来推动其实现的，这些条件主要是发生在社会中的一些事件与行为。当然，具体情况要经由法律的确认并成为法律中规定的法律事实，才能发挥相应的功能。法律事实是法律规范与法律关系联系的中介。

(二) 法律事实

所谓法律事实，是指法律规范所规定的，能够引起法律后果即法律关系产生、变更和消灭的客观现象。根据不同的标准，法律事实分为两大类，即自然事实和人的行为。

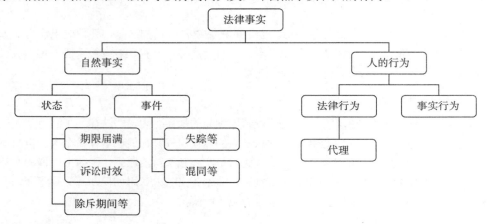

1. 自然事实

民法上所称的自然事实，指人的行为之外的，能够引起民事法律关系发生、变更或消灭的一切客观情况。自然事实又分为两种：状态和事件。

(1) 状态。状态是指一定事实的经过，基于法律规定而发生一定法律效果的事由，如成年、期限届满、诉讼时效或者除斥期间等。

(2) 事件。所谓事件，是指一定自然事实的发生基于法律规定而发生一定法律效果的事由，如人的出生与死亡、失踪、混同、自然灾害、丧失意识等。

2. 人的行为

人的行为指人的有意识的活动，包括自然人和法人的活动。根据人的行为是否属于表意行为，可以分为两类。

(1) 法律行为，即以行为人的意思表示为要素的行为，目的是引起法律后果。法律行为之所以产生法律后果，不仅是因为法律制度为法律行为规定了这样的后果，最主要的原因在于从事法律行为的人正是想通过这样的行为引起这种法律后果。可见，在通常情况下，法律行为是一种有目的的行为，即以最后引起某种法律后果为目的的行为，如合同。

(2) 事实行为，是指行为人实施行为时，没有产生、变更或消灭某一法律关系的主观意识，但由于法律的规定，却引起了一定的法律后果的行为。例如，写作时并没有取得著作权的主观意识，但是却发生了著作权法律关系。事实行为有合法的，也有不合法的。合法的事实行为如从事智力创造活动、拾得遗失物、漂流物等；不合法的事实行为如侵害国家、集体的财产或他人的人身、财产等。事实行为不需要行为人具备相应的行为能力即可完成。

【例1-3】甲与乙因琐事发生口角，甲冲动之下将乙打死。公安机关将甲逮捕，准备移送检察机关提起公诉。这时，甲因病而亡。公安机关遂做出撤销案件的决定。公安机关是基于下列哪一种原因撤销案件的？（ ）
　　A. 法律行为　　　B. 违法行为　　　C. 事实构成　　　D. 自然事实
【解析】法律事实，是法律所规定的，能够引起法律关系产生、变更和消灭的现象。法律事实可以分为自然事实和人的行为两大类。本题中甲因病而亡属于自然事实中的事件，因此本题的正确答案是D。

【例1-4】张某有祖传的玉雕一尊，委托德龙拍卖公司进行拍卖，最终被一家文化公司以140万元的价格买到。本案涉及哪些法律关系和哪些法律关系主体？
【解析】本案中存在三个法律关系，一是委托法律关系，二是拍卖法律关系，三是买卖法律关系。涉及的法律关系的主体有自然人张某，也有拍卖公司和竞买者文化公司，既有自然人也有法人。

本章的第三节法律行为制度、第四节法律行为的代理、第五节时效制度的内容均属于法律事实之列。

第三节　法律行为制度

一、法律行为理论

(一) 法律行为的概念与特征

法律行为本是民法上的概念，但现在广泛用于法理学和其他法律学科。法律行为是以意思表示为要素，因意思表示而发生一定法律效果的法律事实，其特征如下。

(1) 法律行为是一种法律事实。因法律行为的形成而发生一定权利或法律关系的变动，故法律行为是一种法律事实。

(2) 以意思表示为要素。意思表示是指行为人将意欲达到某种预期法律后果的内在意思表现于外部的行为。如果行为人仅有内在意思而不表现于外，则不构成意思表示，法律行为不能成立。

法律行为至少应有一个以产生法律效果为目的的意思表示。意思表示为法律行为的核心。需注意的是，法律行为与意思表示并非相同，在概念上应严格区别。

(3) 法律行为在于产生法律效果。所谓产生法律效果，是指法律行为能够引起人们之间权利与义务关系的产生、变更或消灭，它们可能会受到法律的承认、保护或奖励(如合法行为)，也可能会受到法律的否定、撤销或惩罚(如违法行为)。

(二) 法律行为的分类

法律行为可以从不同的角度做不同的分类。不同的法律行为在法律上具有不同的法律意义。

1. 单方法律行为、双方法律行为和决议

根据参与法律行为的当事人的数量以及参与的方式，可以划分为单方法律行为、双方法律行为和决议。

单方法律行为是根据一方当事人的意思表示而成立的法律行为。该法律行为仅有一方当事人的意思表示而无须他方的同意即可发生法律效力，如委托代理的撤销、债务的免除、无权代理的追认等。

双方法律行为是指由两个意思表示的一致而成立的法律行为，例如合同行为。

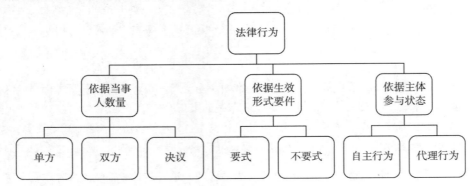

决议是指多个民事主体依据多数表决原则做出的决定。决议可以以全票一致通过的方式做出，也可以以多数票通过的方式做出。《民法典》第一百三十四条第二款规定："法人、非法人组织依照法律或者章程规定的议事方式和表决程序作出决议的，该决议行为成立。"决议一般调整法人或非法人组织的内部事务，不调整法人或非法人组织与第三人之间的关系。作为一种重要的多方法律行为，决议在性质上与合同行为有很多区别：决议当事人的意思表示是以多数表决的方式作出，而且对没有表示同意的成员也具有拘束力；决议中的意思表示针对社团。民主的基本含义就是多数人的统治，决议以多数表决为原则，这可以称之为意思民主原则。与意思自治原则不同，意思民主的目的不在于肯定个人自治或各方的一致同意，而在于解决意思与意思不一致时的冲突，确定哪些人的意思优先。

2. 要式的法律行为和不要式的法律行为

根据行为生效是否具备特定形式的要件，法律行为可分为要式的法律行为和不要式的法律行为。要式的法律行为是指法律规定必须采取一定的形式或者履行一定的程序才能成立的法律行为，如票据行为就是法定要式行为。不要式的法律行为是指法律不要求采取一定形式，当事人自由选择一种形式即可成立的法律行为。该类法律行为的形式可由当事人协商确定。

区分要式法律行为和不要式法律行为的意义在于：不要式法律行为可以由当事人自由选择法律行为的形式；要式法律行为要求当事人必须采取法定形式，否则法律行为不能成立。

3. 自主行为与代理行为

根据主体实际参与行为的状态，可以把法律行为分为自主行为和代理行为。自主行为是指行为人在没有其他主体参与的情况下以自己的名义独立从事的法律行为。代理行为是指行为人根据法律授权或其他主体的委托而以被代理人的名义所从事的法律行为。

二、法律行为的要件

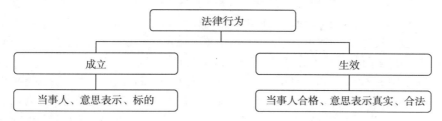

(一) 法律行为的成立要件

1. 一般成立要件

法律行为的一般成立要件,是指一般法律行为所共同的成立要件。法律行为的一般成立要件包括:①当事人。任何法律行为都不能没有当事人,没有当事人就无人做意思表示,有的法律行为的当事人只有一人,如遗嘱人;有的法律行为需有两个以上的当事人,如合同当事人。②意思表示。没有意思表示不构成法律行为,有的法律行为只需一个意思表示,如抛弃动产;有的法律行为需有两个以上的意思表示,如买卖合同。③标的。标的是指行为的内容,即行为人通过其行为所要达到的效果。

2. 特别成立要件

法律行为的特别成立要件,是指成立某一具体的法律行为,除须具备一般条件外,还须具备的其他特殊事实要素,如《民法典》第八百九十条规定,保管合同自保管物交付时成立,但是当事人另有约定的除外。当事人约定合同必须采用书面形式方为成立的,则采用书面形式为特别成立要件,如《民法典》第八百九十一条规定,寄存人向保管人交付保管物的,保管人应当出具保管凭证,但是另有交易习惯的除外。

(二) 法律行为的生效要件

法律行为的生效,是指已经成立的法律行为因为符合法律规定的有效要件而取得法律认可的效力。法律行为的成立和法律行为的生效是两个不同的概念。法律行为的成立是法律行为生效的前提;法律行为尚未成立,当然也谈不上生效。在大多数情况下,法律行为成立和生效是重合的,在法律行为成立时即具有法律效力。

法律行为生效,应当具备一定的条件,即法律行为的有效要件。有效要件包括实质要件和形式要件。

1. 实质要件

(1) 行为人具有相应的民事行为能力。行为人实施的法律行为是合法行为,必然产生权利与义务关系,进而产生相应的法律后果。因此,法律行为的行为人必须具有预见其行为性质和后果的相应的民事行为能力。就自然人而言,完全民事行为能力人可以以自己的行为取得民事权利,履行民事义务;限制民事行为能力人只能实施与其年龄、智力和精神健康状况相适应的民事法律行为,其他行为由其法定代理人代理,或者征得法定代理人的同意或追认;无民事行为能力人不能独立实施民事法律行为,必须由其法定代理人代理。但是,无民事行为能力人、限制民事行为能力人实施纯获利益的民事法律行为,如接受奖励、无负担的赠与、报酬等,其民事法律行为的效力不受影响。

(2) 行为人的意思表示真实。意思表示是指外部表明要发生一定法律效果的意思的行为。意思表示真实是行为人在自觉、自愿的基础上做出符合其内在意思的表示行为。意思表示真实包括两个方面：①意思表示自愿，任何人不得强迫；②行为人的主观意愿和外在意思表示一致。

意思表示不真实，也叫意思表示有瑕疵，主要包括两种情况：①意思与表示不一致，即行为人的内心意思与外部的表示行为不一致，具体可以分为真意保留、隐藏行为、虚伪表示、错误和误传；②行为人意思表示不自由，具体可以分为欺诈、胁迫、乘人之危。将意思表示真实作为民事法律行为的有效要件，是为了保证行为人的意思自治，维护交易的安全。

(3) 不违反法律或行政法规的强制性规定，不违背公序良俗。法律行为之所以能够产生法律效力，在于行为人的意思表示符合法律的规定。合法的法律行为，具有法律效力，行为人受其约束，而不合法的法律行为就不能够受到法律保护。法律规范可以分为任意性规范和强制性规范。强制性规范是行为人必须要遵守，不得任意改变的。任意性规范给行为人提供一种行为标准，不是必须执行。只有违反法律、行政法规的强制性规定时，法律行为才无效，民事法律行为违反法律、行政法规的任意性规定，并不当然导致该法律行为无效。

法律行为不仅要符合法律、法规的规定，而且在内容上不得违背公序良俗，违背公序良俗的民事法律行为无效。因此，公序良俗是法律行为生效的要件之一。公序良俗指公共秩序和善良风俗，属于道德标准。法律的规定是有限的，不能涵盖所有的公共利益和社会道德，将公序良俗作为法律行为的生效要件，弥补了法律规定的不足，有利于维护公共秩序和社会道德。

2. 形式要件

法律行为须具备形式要件。法律行为的形式，实际上是作为法律行为核心要素的意思表示的形式。在绝大多数情况下，法律行为只要具备实质要件就发生法律效力，但在某些特殊情况下，法律行为还须具备形式要件才发生效力，主要有如下种类。

(1) 口头形式，指以对话的形式所进行的意思表示。对话的外延包括电话交谈、托人带口信、当众宣布自己的意思等。

(2) 书面形式，指用书面文字形式所进行的意思表示。合同书以及任何记载当事人权利、义务内容的文件，都属于书面形式。

(3) 推定形式，指当事人通过有目的、有意义的积极行为将其内在意思表现于外部，使他人可以根据常识、交易习惯或相互间的默契，推知当事人已做某种意思表示，从而使法律行为成立。例如租期届满后，承租人继续缴纳房租，出租人予以接受，由此可推知当事人双方做出了延长租期的法律行为。

(4) 沉默方式。根据《民法典》第一百四十条第二款的规定，沉默只有在有法律规定、当事人约定或者符合当事人之间的交易习惯时，才可以视为意思表示。

【例1-5】甲与乙打麻将，输给乙5000元钱，甲身上仅有1000元，甲打了张欠条，答应一周后还给乙4000元。一周后，甲没还钱。乙多次索要未果，一怒之下将甲告到了法院。请问乙能否胜诉？

【解析】不能，法律行为虽然成立，但是因内容违法而并未生效。法律行为成立是当事人之间客观上产生了合同关系，对合同的主要条款达成了意思表示的一致。法律行为是否生效取决于已成立的合同是否符合法律规定。

三、法律行为的效力

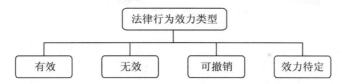

(一) 法律行为效力概述

法律行为不具备成立要件者,则不能成立;具备成立要件且具备生效要件者,则完全有效。只具备成立要件而不具备生效要件时,可分为三种情形,即无效、可撤销与效力待定。对不具备生效要件的特定法律行为,应赋予何种效力?此为评价问题,应视其所欠缺生效要件的性质及其严重性的程度而决定。

(二) 无效法律行为

1. 无效法律行为的概念

自始、当然、绝对不能产生预期法律效果的法律行为,为无效法律行为。无效法律行为的特征如下。

(1) 自始无效,即从行为开始时起就没有法律约束力。

(2) 当然无效,即不论当事人是否主张,是否知道,也不论是否经过人民法院或者仲裁机构确认,该法律行为当然无效。

(3) 绝对无效,指无效的法律行为在其成立时即不发生效力,且以后无再发生效力的可能,也不因事情变更而恢复其效力,即使经当事人承认,也不能使其发生效力。法律行为当事人知其无效,而进行追认者,于其具备法律行为的有效要件时,重新视为法律行为,自追认时起发生效力。

2. 无效法律行为的种类

1) 无民事行为能力人实施的

无民事行为能力人实施的民事法律行为无效。无民事行为能力人包括8周岁以下的未成年人和不能辨认自己行为的成年人。无民事行为能力人不能正确认识其行为的法律意义,依法不能独立进行民事活动,只能由其法定代理人代理。这样规定是为了保护无民事行为能力人的利益,维护交易安全。因此,无民事行为能力人实施的民事行为,因主体不合格而无效。但无民事行为能力人接受赠与、奖励,获得报酬等纯获益的行为有效。

【例1-6】林某,7岁,系某小学二年级学生。一天放学回家路上遇到某公司业务员赵某向其推销一种名为"学习效率机"的低配置电脑,开价5800元。林某信其言,用自己积攒的"压岁钱"1000元交付了定金,并在分期付款合同上签了字。事后林某父母知晓此事,向公司要求退款。林某父母的行为能否得到法律上的支持?

【解析】根据法律规定,无民事行为能力人实施的法律行为无效,因此本案中林某签订的合同无效。故林某父母要求公司退款可以得到法律上的支持。

2) 虚假的意思表示实施的

《民法典》第一百四十六条规定,行为人与相对人以虚假的意思表示实施的民事法律行为无效。该条款规定了虚假的民事法律行为的无效,目的在于维护社会秩序,保障交易安全。虚假的民事法律行为，是指行为人与相对人通谋，共同实施了虚假的民事法律行为。例如，为了规避房屋限购政策而假离婚。《民法典》第一百四十六条第二款规定，以虚假的意思表示隐藏的民事法律行为的效力，依照有关法律规定处理。这是对隐藏的民事法律行为做出的规定。隐藏的法律行为是指被虚假意思表示所掩盖的行为。如果被隐藏的法律行为是合法的，则该隐藏行为是有效的；如果被隐藏的行为是违法的，则该隐藏行为无效。例如，为了逃避债务而虚假赠与他人财产，赠与财产就是虚假的意思表示，而逃避债务是隐藏的法律行为。逃债违法，故此隐藏行为无效。

3) 违反法律、行政法规的强制性规定的

《民法典》第一百五十三条第一款规定，违反法律、行政法规的强制性规定的民事法律行为无效，但是该强制性规定不导致该民事法律行为无效的除外。这一规定确立了法律行为有效与否的判断标准。法律是指全国人大及其常委会制定的法律，行政法规是指国务院制定的行政法规。只有违反了法律、行政法规的规定，才有可能导致法律行为的无效。

4) 违背公序良俗的

《民法典》第一百五十三条第二款规定："违背公序良俗的民事法律行为无效。"违背公序良俗的民事法律行为包括两类：①违背公共秩序的民事法律行为。只要民事法律行为危害了公共秩序，即使没有现行的法律规定，也应当认定为无效。例如，购买"洋垃圾"，即使现行法律没有明确做出规定，也应当认为是无效的。因此，违背公共秩序的规定能够弥补法律规定的不足。如果违背公共秩序的行为是违法行为，如买卖毒品或者假冒伪劣商品，则以违反了法律或行政法规的强制性规定为由，认定该法律行为无效。②违背善良风俗的民事法律行为。善良风俗，是指全体社会成员所普遍认同和遵守的道德准则。例如，约定子女不承担赡养父母义务的协议、代孕协议等，均属于违背善良风俗的民事法律行为。

5) 恶意串通，损害他人合法权益的

《民法典》第一百五十四条规定："行为人与相对人恶意串通，损害他人合法权益的民事法律行为无效。"恶意是指行为人明知其行为将造成对他人的损害而故意为之。法律上做出此种规定的原因是，在恶意串通的民事法律行为中，行为人的行为具有明显的违法性。例如，为了逃避债务而与其近亲属签订合同，将房屋以极低的价格出售给其近亲属。

3. 无效法律行为的效果

法律行为无效时，不发生当事人依据该法律行为所希望实现的法律效果。例如，买卖合同无效时，不产生买卖合同的效果；解除合同的意思表示无效时，不产生解除合同的效果。需要注意的是，无效并不妨碍发生其他法律行为以外的效果。

(1) 返还财产。民事行为被确认无效，当事人因民事行为取得的财产，应当返还给对方。如果一方取得，取得方应返还给对方；如果双方取得，则双方返还。如果财产已不存在，无法返还的取得应折价赔偿。

(2) 赔偿损失。如果民事行为无效后给对方或者第三人造成了损失，还应当赔偿损失。如果损失是一方的过错造成的，则仅过错方赔偿；如果双方都有过错，则由双方承担各自应负的责任。

(3) 追缴财产。追缴财产属于公法上的责任。双方恶意串通，实施民事行为损害国家、集体或者第三人的利益，应当追缴双方已取得的或者约定取得的财产，分别收归国家、集体所有，或者返还第三人。应注意的是，不仅要追缴双方已取得的财产，还要追缴其约定取得的财产。

一项民事法律行为当中，如果仅是局部内容存在缺陷，存在无效或可撤销的原因，而其余部分不存在缺陷，并且仍然可以单独设定、变更或者终止民事法律关系的，那么存在缺陷部分属于无效或被撤销，其余部分则仍然可以有效。

【例 1-7】小刘从小就显示出很高的文学天赋，6 岁时写了小说《隐形翅膀》，并将该小说的网络传播权转让给某网站。小刘的父母反对该转让行为。请分析小说的著作权的归属以及合同效力。
【解析】《中华人民共和国著作权法》第十一条规定，著作权属于作者，本法另有规定的除外。创作作品的公民是作者。本题中，小刘是小说《隐形翅膀》的创作者，因此，小刘是该作品的著作权人，不因其行为能力受到影响。本题中，小刘是 6 岁的无民事行为能力人，他签订的网络传播权转让合同无效。

(三) 可撤销法律行为

1. 可撤销法律行为的概念

可撤销法律行为，是指当事人从事法律行为时的意思表示不真实，因而向人民法院或者仲裁机关请求撤销其法律行为，使已经生效的法律行为归于无效。可撤销法律行为必须由撤销权人主动行使，法院应当采取不告不理的原则，不得主动行使撤销权。可撤销行为在撤销前仍然是有效的，当事人应当依法履行义务，任何一方不得以法律行为具有可撤销的因素为由，拒绝履行其义务。

2. 可撤销法律行为的种类

(1) 因重大误解而为的法律行为。《民法典》第一百四十七条规定："基于重大误解实施的民事法律行为，行为人有权请求人民法院或者仲裁机构予以撤销。"所谓重大误解是指行为人对行为的性质，对方当事人，标的物的品种、质量、规格和数量等的错误认识，使行为的后果与自己的意思相悖，造成较大损失的意思表示。

(2) 显失公平的法律行为。《民法典》第一百五十一条规定："一方利用对方处于危困状态、缺乏判断能力等情形，致使民事法律行为成立时显失公平的，受损害方有权请求人民法院或者仲裁机构予以撤销。"显失公平的法律行为，指一方当事人利用优势或者利用对方缺少经验，致使双方的权利与义务明显违反公平、等价有偿原则实施的法律行为，如某古董收购商下乡以极不合理的低价收购古董的行为即属显失公平的法律行为。

(3) 欺诈、胁迫的法律行为。《民法典》第一百四十八条规定，一方以欺诈手段，使对方在违背真实意思的情况下实施的民事法律行为，受欺诈方有权请求人民法院或者仲裁机构予以撤销。"欺诈是指欺诈方有主观上的恶意，明知自己的欺诈行为会使得被欺诈人陷入错误认识，而希望或者放任这种结果发生。

第三人实施欺诈，受欺诈方有权请求人民法院或者仲裁机构撤销该法律行为。《民法典》第一百四十九条规定："第三人实施欺诈行为，使一方在违背真实意思的情况下实施的民事法律行为，对方知道或者应当知道该欺诈行为的，受欺诈方有权请求人民法院或者仲裁机构予以撤销。"该条规定了因第三人欺诈而实施的法律行为，即因第三人实施欺诈行为而使当事人一方在违背真实意思的情况下实施的法律行为。例如，生产者进行虚假广告宣传，导致消费者受骗，而合同是在消费者和销售者之间订立的，生产者是第三人，该情形构成第三人欺诈。这种情形下受欺诈方有权请求人民法院或者仲裁机构撤销法律行为。此规定有利于保护受欺诈方和善意相对人，维护交易安全。

《民法典》第一百五十条规定："一方或者第三人以胁迫手段，使对方在违背真实意思的情况下实施的民事法律行为，受胁迫方有权请求人民法院或者仲裁机构予以撤销。"胁迫是指以直接加害或者是将来要发生的损害相威胁，使对方产生恐惧而做出的行为。受胁迫方因此所实施的民事法律行为属于可撤销的民事法律行为。

【例1-8】潘某去某地旅游，当地玉石资源丰富，且盛行"赌石"活动，买者购买原石后自行剖切，损益自负。潘某花5000元向某商家买了两块原石，切开后发现其中一块为极品玉石，市场估价上百万元。商家深觉不公，要求潘某退还该玉石或补交价款。分析商家是否有权撤销交易或者要求补偿？

【解析】商家无权要求潘某退货或者补偿，该案例中双方意思表示真实，不存在欺诈、胁迫、重大误解与显失公平四种情形，法律行为有效。

3. 撤销权的行使

(1) 撤销权行使的主体。可以行使撤销权的主体包括因重大误解遭受损失的一方；显失公平中遭受不利的一方；被欺诈、胁迫的一方。撤销权为撤销权人单方的行为，无须相对人表示同意，因此撤销权属于形成权。

(2) 撤销权行使的期限。撤销权、变更权因须以诉为之，如久拖不行使，将影响相对人的利益和法律秩序的稳定。根据《民法典》第一百五十二条规定，撤销权的行使期限包括以下几种情形：①当事人自知道或者应当知道撤销事由之日起一年内没有行使撤销权的，该撤销权消灭。可见，撤销权的行使期限通常为一年。该期限在性质上属于除斥期间，是不存在中止、中断、延长情形的不可变期间。该期限从其知道或应当知道撤销事由之日起开始计算。②重大误解的当事人自知道或者应当知道撤销事由之日起九十日内没有行使撤销权的，撤销权消灭。因重大误解而撤销法律行为的撤销权行使的期限相对较短。因为在重大误解的情形下，撤销权人通常都有过错，所以除斥期间规定较短。③当事人受胁迫，自胁迫行为终止之日起一年内没有行使撤销权的，该撤销权消灭。④当事人知道撤销事由后明确表示或者以自己的行为表明放弃撤销权的，撤销权消灭。按照私法自治原则，撤销权中的权利人可以放弃其权利。⑤当事人自民事法律行为发生之日起五年内没有行使撤销权的，撤销权消灭。这是一种客观的计算方法，有利于尽快确定法律关系的效力。即使当事人不知道且不应当知道撤销事由，也发生同样的法律效果。

撤销权一旦行使，经过法院的确认，将使法律行为自始不发生效力，当事人应当依法互相返还财产、恢复原状。

【例1-9】某校长甲欲将一套住房以50万元出售。某报记者乙找到甲，出价40万元，甲拒绝。乙对甲说："我有你贪污的材料，不答应我就举报你。"甲信以为真，以40万元将该房卖给乙。乙实际并无甲贪污的材料。该房屋买卖合同的效力如何？

【解析】本题中乙以检举揭发甲贪污为由对甲进行威胁，应认定为存在胁迫行为，该房屋买卖合同属于可撤销合同。

(四) 效力待定的法律行为

1. 效力待定法律行为的概念

这是指法律行为之效力有待于第三人意思表示，在第三人意思表示前，效力处于不确定状态的法律行为。

效力待定的法律行为的特征是：①效力待定的法律行为的效力是不确定的，它既非有效，亦非无效，而是处于悬而未决的不确定状态之中。②效力待定的法律行为的效力确定，取决于享有形成权的第三人的行为。该第三人有追认权，对效力待定的法律行为享有同意或拒绝的权利。③效力待定的法律行为经同意权人同意后，其效力溯及于行为成立时；若拒绝，即自始无效。

2. 效力待定法律行为的类型

(1) 无权代理行为。《民法典》第一百七十一条第一款规定："行为人没有代理权、超越代理权或者代理权终止后，仍然实施代理行为，未经被代理人追认的，对被代理人不发生效力。"无代理权人所为的代理行为对本人是没有效力的，但若本人事后追认，就成为名正言顺的代理行为，对本人发生效力；若本人否认，则该行为对行为人生效。在本人承认与否认前，该行为的效力处于不确定状态。

(2) 限制民事行为能力人待追认的行为。《民法典》第一百四十五条第一款规定："限制民事行为能力人实施的纯获利益的民事法律行为或者与其年龄、智力、精神健康状况相适应的民事法律行为有效；实施的其他民事法律行为经法定代理人同意或者追认后有效。"这是指限制民事行为能力人实施超越其行为能力范围的行为，若获法定代理人的追认，就成为有效法律行为，反之，则为无效法律行为。

3. 效力待定法律行为的效果

1) 追认权

追认是追认权人实施的使他人效力待定行为发生效力的补足行为。追认属于单方民事法律行为，在意思表示完成时生效，其作用在于补足效力待定行为所欠缺的法律要件。

追认权主体为谁，因行为的类型不同而判定不同。就无权代理而言，追认权属于本人(即被代理人)；就债务承担而言，追认权属于债权人；就限制法律行为能力人实施的待追认行为而言，追认权属于法定代理人。追认权的实施方式，应由当事人以意思通知方式，向效力待定行为的相对人实施。

追认行为完成若使效力待定行为生效要件补足，除非追认权人有特别声明，效力待定行为溯及自始发生效力。

2) 相对人的催告权

这是指效力待定民事行为的相对人在得知其与对方实施的民事行为有效力待定的事由后，将效力未定事由告知追认权人，并催告追认权人于法定期限或合理期限内予以确认的权利。效力待定民事行为经催告后，追认权人未于法定期限或合理期限内予以确认的，视为拒绝追认。

3) 相对人的撤销权

这是指效力待定行为的相对人撤销其意思表示的权利。撤销权的法律要件是：①撤销权的发生须在追认权人未予追认前，追认权一旦行使，效力待定行为即生效，相对人不得行使该项撤销权。②撤销之意思必须以明示的方式做出。③相对人须为善意，即对效力待定行为欠缺生效要件没有过失，如明知对方行为人能力欠缺而为之，则不得享有撤销权。

(五) 附条件和附期限的法律行为

1. 附条件的法律行为

(1) 概念。附条件的法律行为是指在法律行为中规定一定的条件，并且把该条件的成就或者不成就作为确定行为人的民事权利和民事义务发生法律效力，或者失去法律效力的根据的法律行为。《民法典》第一百五十八条规定："民事法律行为可以附条件，但是根据其性质不得附条件的除外。附生效条件的民事法律行为，自条件成就时生效。附解除条件的民事法律行为，自条件成就时失效。"根据条件对法律行为本身所起的作用，可以分为附生效条件的民事法律行为和附解除条件的民事法律行为，附生效条件的民事法律行为，自条件成就时生效。附解除条件的民事法律行为，自条件成就时失效。

并非所有的法律行为都可以附条件，根据相关法律规定，下列法律行为不得附条件：①依其性质不许附条件的法律行为。某些法律行为其性质决定必须即时地、确定地发生效力，不允许处于效力不确定状态，因此不得附条件。例如，票据行为，为保障其流通性，因此不许附条件。又如撤销、承认、解除及选择权的行使等单方行为，本来是为使不确定的法律关系变为确定而设，若附条件，则使本不确定的法律关系更加不确定，不仅违背该类法律行为性质，并且使相对人地位不安定，因此不许附条件。②条件违背社会公共利益或社会公德的，如结婚、离婚等行为。

(2) 法律行为所附条件的特征。法律行为所附条件，既可以是自然现象、事件，也可以是人的行为，但它应当具备下列特征。①应是将来发生的事实。作为条件的事实，必须是在实施法律行为时尚未发生的。过去的事实，不得作为条件。②应是发生与否不确定的事实。法律行为中的条件应是可能发生或可能不发生的事实，如果在法律行为成立时，该事实是将来必然发生的，则该事实应当作为法律行为的期限而非条件。例如甲向乙表示"如果太阳从西边升起，我就把房屋赠与你"，则视为根本就不希望从事该项行为，已经成立的法律行为无效。相反，如果行为人把不可能发生的事实作为法律行为失效的"条件"，则视为未附任何条件。③条件应当是双方当事人约定的。所附条件必须是双方当事人约定，并以意思表示的形式表现出来。凡是法律行为中附有法定条件的，应视为未附条件，法律行为当然有效。④条件必须合法。条件不得违反现行法律的规定。例如甲与丙协商，如果丙将乙打伤，则赠与丙 3000 元。由于该民事行为附有违法条件，该行为当然无效。

(3) 附条件法律行为的效力。附条件的法律行为一旦成立，则已经在当事人之间产生了法律关系，当事人各方均应受该法律关系的约束。条件成就的效力，在于决定法律行为效力的发生或消灭。另外，《民法典》第一百五十九条规定："附条件的民事法律行为，当事人为自己的利益不正当地阻止条件成就的，视为条件已经成就；不正当地促成条件成就的，视为条件不成就。"

2. 附期限的法律行为

附期限的法律行为，指当事人设定一定的期限，并将期限的到来作为效力发生或消灭前提的法律行为。《民法典》第一百六十条规定："民事法律行为可以附期限，但是根据其性质不得附期限的除外。"按照所附期限的作用是引起效力的发生或者消灭为标准，分为附生效期限的民事法律行为和附终止期限的民事法律行为。附生效期限的民事法律行为，自期限届至时生效。附终止期限的民事法律行为，自期限届满时失效。期限具有以下特征：①期限是当事人约定的而不是由法律直接规定的；②期限必须符合法律规定；③期限是将来确定要到来的事实。

期限和条件不同之处在于：期限是确定的、将来一定能到来的；而条件则属将来是否发生不确定的事实。

第四节　法律行为的代理

一、代理的概念与特征

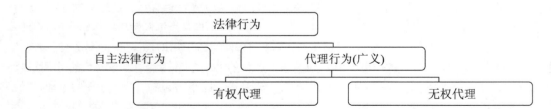

(一) 代理的概念

代理是代理人于代理权限内，以本人(被代理人)名义向第三人(相对人)进行意思表示或受领意思表示，而该意思表示直接对本人生效的民事法律行为。代他人实施法律行为的人，称为代理人；为其所代并承受法律行为效果的人，称为本人。本人又称为被代理人、授权人或委托人。

(二) 代理的法律特征

1. 代理人在代理权限之内独立地进行意思表示

代理人进行代理活动的依据是代理权，因此代理人必须在代理权限内实施代理行为。委托代理人应根据被代理人的授权进行代理。法定代理人或指定代理人也只能在法律规定或指定的代理权限内进行代理行为。

代理人在实施代理行为时有独立进行意思表示的权利。为了很好地行使代理权和维护被代理人的利益，代理人可以在代理权限内根据具体情况进行意思表示，完成代理事务。

2. 代理人以被代理人的名义实施代理行为

依《民法典》第一百六十二条的规定："代理人在代理权限内，以被代理人名义实施的民事法律行为，对被代理人发生效力。"代理人如果以自己的名义实施代理行为，这种行为是自己行为而非代理行为。代理人只有以被代理人的名义进行代理活动，才能为被代理人取得权利、设定义务。

3. 代理行为是具有法律意义的行为

代理是一种法律行为。只有代理人为被代理人实施的是能够产生民事权利义务的行为才是代理行为，如代签合同。而代友请客则不属于民法上的代理行为，不在双方当事人之间产生法律权利义务关系。

4. 代理人所实施的民事法律行为的法律效果归属于被代理人

在代理活动中，代理人不因其所实施的民事法律行为直接取得任何个人利益，由代理行为产生的权利和义务应由被代理人本人承受。

(三) 代理的种类

1. 根据代理权产生的依据不同，将代理分为委托代理和法定代理

《民法典》第一百六十三条规定："代理包括委托代理和法定代理。委托代理人按照被代理人的委托行使代理权。法定代理人依照法律的规定行使代理权。"委托代理是指代理人按照被代理人的委托而进行的代理。委托代理行为所享有的代理权，是被代理人授予的，所以委托代理又称授权代理。委托代理制度体现了私法中的意思自治。法定代理指基于法律的直接规定而发生的代理。无民事行为能力人、限制民事行为能力人的监护人是其法定代理人。可见，法定代理人所享有的代理权是由法律直接规定的，与被代理人的意志无关。

《民法典》第一百七十条第一款规定："执行法人或者非法人组织工作任务的人员，就其职权范围内的事项，以法人或者非法人组织的名义实施的民事法律行为，对法人或者非法人组织发生效力。"该条规定承认了职务代理，职务代理属于委托代理的一种，是指法人或非法人组织的工作人员在其职权范围内从事的民事法律行为，不需要特别授权，就由法人或非法人组织承担法律后果。职务代理能够满足法人或非法人组织对外交易的需求,增强了交易结果的确定性,使得交易相对人能够准确地判断代理人是否有代理权,进而提高交易效率,降低交易成本。

2. 根据代理权的来源的不同,将代理分为本代理和复代理

本代理是指代理人的代理权基于被代理人的直接授权,或基于法律的规定。复代理又称为再代理,是代理人为了实施代理权,而以自己的名义选定他人担任被代理人的代理人,该他人称为复代理人,其代理行为产生的法律效果直接归属于被代理人。复代理人是被代理人的代理人,而不是代理人的代理人。复代理人只能以被代理人的名义实施民事法律行为,其行为的法律效果直接归属于被代理人。

《民法典》第一百六十九条规定:"代理人需要转委托第三人代理的,应当取得被代理人的同意或者追认。转委托代理经被代理人同意或者追认的,被代理人可以就代理事务直接指示转委托的第三人,代理人仅就第三人的选任以及对第三人的指示承担责任。转委托代理未经被代理人同意或者追认的,代理人应当对转委托的第三人的行为承担责任,但是在紧急情况下代理人为了维护被代理人的利益需要转委托第三人代理的除外。"所谓"紧急情况"是指由于急病、通信联络中断等特殊原因,委托代理人自己不能办理代理事项,又不能与被代理人及时取得联系,如不及时转委托他人代理,会给被代理人的利益造成损失或者扩大损失的情形。

3. 根据行使代理权的人数的不同,将代理分为单独代理和共同代理

单独代理,是指由一人行使代理权的代理。共同代理,是指由数人共同行使代理权的代理。可见,代理人为数人且共同行使代理权,便构成共同代理。《民法典》第一百六十六条规定:"数人为同一代理事项的代理人的,应当共同行使代理权,但是当事人另有约定的除外。"

二、代理权

(一) 代理权的概念

代理权是代理制度的核心内容。它是指代理人基于被代理人的意思表示或法律的直接规定,能够以被代理人的名义进行意思表示或受领意思表示,其法律效果直接归于被代理人的资格。

(二) 代理权的取得

1. 委托代理

在委托代理中,代理人取得代理权是基于被代理人的授权行为。《民法典》第一百六十五条规定:"委托代理授权采用书面形式的,授权委托书应当载明代理人的姓名或者名称、代理事项、权限和期限,并由被代理人签名或者盖章。"该授权行为属单方法律行为,无须取得代理人或第三人的同意,即可发生授予代理权的效力。

2. 法定代理

在法定代理中,代理权的取得基于法律的直接规定。法定代理主要适用于被代理人为无民事行为能力人和限制民事行为能力人的情况,目的是维护交易安全,保护无民事行为能力人和限制民事行为能力人的利益。

(三) 代理权的行使

1. 代理权行使的一般要求

代理人应当亲自行使代理权，除非经被代理人同意或有不得已的事由发生，不得将代理事务转委托他人处理。同时，代理人应谨慎、勤勉地行使代理权。如果代理人不履行或者不完全履行职责，造成被代理人损害的，应当承担民事责任。

2. 代理权行使的限制

(1) 禁止自己代理。代理人以被代理人的名义与自己进行民事活动的行为为自己代理。在这种情况下，代理人同时为代理关系中的代理人和第三人，交易双方的交易行为实际上只由一个人实施。例如，自然人甲委托乙购买生产设备，乙以甲的名义与自己订立合同，把自己的生产设备卖给甲。通常情况下，由于交易双方都追求自身利益的最大化，因此很难避免发生代理人为自己利益而牺牲被代理人利益的情况。

(2) 禁止双方代理。双方代理又称同时代理，是指一人同时担任双方的代理人为同一项民事行为。例如，甲受乙的委托购买电视机，又受丙的委托销售电视机，甲此时以乙丙双方的名义订立购销电视机合同。这种"一手托两家"的双方代理行为在通常情况下，难免顾此失彼，难以达到利益平衡。

(3) 禁止代理人和第三人恶意串通。代理人和相对人恶意串通，损害被代理人合法权益的，代理人和相对人应当承担连带责任。

(四) 代理权的消灭

1. 委托代理权消灭的原因

(1) 代理期间届满或者代理事务完成。此时，被代理人所追求的目的已经实现，代理关系当然终止。

(2) 被代理人取消委托或者代理人辞去委托。委托代理关系存在的基础是代理人和本人的相互信任，一旦双方这一基础消失或客观上不需要委托，亦应允许当事人双方解除代理关系。取消或辞去委托行为均属单方法律行为，一方当事人一旦做出这种意思表示并通知对方当事人，就可以使代理关系终止。

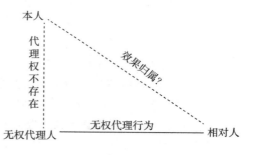

(3) 代理人丧失民事行为能力。代理人以完全民事行为能力为条件，丧失民事行为能力肯定无法担当代理职责，代理权也就终止了。

(4) 代理人或者被代理人死亡。代理人或者被代理人死亡使代理关系失去了一方主体，失去了代理关系中双方彼此信赖的主体要素。故代理人或者被代理人死亡，代理权随之消失，而不能以继承方式转移给继承人。

(5) 作为被代理人或者代理人的法人、非法人组织终止。代理权存在的基础是代理人和被代理人双方主体的存在。法人、非法人组织一经撤销或解散，便丧失了作为民事主体的资格，其代理权亦归于消灭。不过，由于法人、非法人组织终止过程中需依法进行清算活动，则在此范围内业已建立的代理关系仍应有效。

2. 法定代理权消灭的原因

(1) 被代理人取得或恢复完全民事行为能力。法定代理一般是为保护无民事行为能力人或限制民事行为能力人的合法权益而设立的,那么,当被代理人取得(如未成年子女已达成年年龄)或恢复完全民事行为能力(如精神病患者恢复健康)后,设定代理的原因消失,则代理关系即告终止。

(2) 代理人丧失民事行为能力。法定代理人与被代理人之间存在一定的身份关系,具有严格的人身属性,一旦代理人自己丧失代理能力,则代理关系终止,代理权消灭。

(3) 代理人或者被代理人死亡。

(4) 法律规定的其他情形。

三、无权代理

(一) 无权代理的概念

无权代理是指行为人没有代理权、超越代理权或者代理权终止后仍以被代理人的名义实施的代理。《民法典》第一百七十一条第一款规定:"行为人没有代理权、超越代理权或者代理权终止后,仍然实施代理行为,未经被代理人追认的,对被代理人不发生效力。"可见,无权代理的情形包括:①没有代理权的代理行为;②超越代理权的代理行为;③代理权终止后的代理行为。

(二) 无权代理的后果

无权代理并非当然无效,如《民法典》第五百零三条规定:"无权代理人以被代理人的名义订立合同,被代理人已经开始履行合同义务或者接受相对人履行的,视为对合同的追认。"因此无权代理的法律后果应当区分下列情况。

1. 被代理人的追认权和拒绝权

原则上,无权代理对被代理人不发生法律效力。但是,当被代理人认为无权代理符合自己的意愿时,则有权追认,经被代理人追认以后,该代理便对被代理人发生法律效力。被代理人的追认具有溯及力,一经追认,其代理关系即被认为自始有效。反之,如果被代理人拒绝追认则该代理行为不发生效力。

依据《民法典》第一百七十一条第三款和第四款的规定,行为人实施的行为未被追认的,善意相对人有权请求行为人履行债务或者就其受到的损害请求行为人赔偿。但是,赔偿的范围不得超过被代理人追认时相对人所能获得的利益。相对人知道或者应当知道行为人无权代理的,相对人和行为人按照各自的过错承担责任。

2. 第三人(相对人)的催告权

在被代理人追认前,相对人可以催告,请求被代理人对是否追认代理权做出明确的意思表示。被代理人未做表示的,视为拒绝追认。

3. 善意第三人(相对人)的撤销权

善意相对人在被代理人行使追认权之前,有权撤销其对无权代理人已经做出的意思表示,此为撤销权。撤销应当以通知的方式做出。非善意的相对人不享有上述权利。

4. 无权代理人应承担的赔偿责任

行为人实施的行为未被追认的，善意相对人有权请求行为人履行债务或者就其受到的损害请求行为人赔偿，但是赔偿的范围不得超过被代理人追认时相对人所能获得的利益。相对人知道或者应当知道行为人无权代理的，相对人和行为人按照各自的过错承担责任。

【例 1-10】甲委托乙前往丙厂采购男装，乙觉得丙生产的女装市场看好，便自作主张以甲的名义向丙订购。丙未问乙的代理权限，便与之订立了买卖合同。对此，乙的代理行为如何定性，甲、丙各有什么权利？

【解析】本题中，甲享有追认权和拒绝权，丙享有催告权。

乙订购女装的行为超越代理权，构成无权代理，此时被代理人甲享有追认权，如果甲追认则转化为有权代理；如甲拒绝追认，则该代理行为对甲不发生效力。丙在被代理人甲追认前，可以向甲发出催告，要求其在规定时间内予以追认；而丙未问乙的代理权限，不属于善意第三人，故不享有撤销权。

四、表见代理

(一) 表见代理的概念

《民法典》第一百七十二条规定："行为人没有代理权、超越代理权或者代理权终止后，仍然实施代理行为，相对人有理由相信行为人有代理权的，代理行为有效。"这就确立了表见代理制度。表见代理是指没有代理权、超越代理权或者代理权终止后的无权代理人，以被代理人名义进行的民事行为，在客观上使第三人相信其有代理权而实施的代理行为。代理制度的价值在于尊重当事人的意思，考虑本人的利益。但若只尊重当事人的意思，不考虑相对人的意思表示和利益，则代理制度的价值将无法实现。表见代理的制度价值在于维护人们对代理制度的信赖，保护善意相对人，维护交易安全，在于使个人静的安全与社会动的安全相协调。

(二) 表见代理的构成要件

(1) 行为人无代理权。表见代理是广义无权代理，行为人若有代理权，适用有权代理的规定，即使代理权有瑕疵，也只能适用狭义无权代理的规定，与表见代理无涉。

(2) 相对人主观上为善意。这是表见代理成立的主观要件，即相对人不知道行为人的行为属于无权代理行为。

(3) 须有使相对人相信行为人具有代理权的事实或理由。存在客观事由并使相对人相信行为人有代理权，是成立表见代理的根据。通常情况下，行为人持有本人发出的证明文件，如本人盖有合同专用章或盖有公章的空白合同书等。

(4) 行为人与相对人之间的民事行为须具备民事法律行为的有效要件。表见代理发生有权代理的法律效力，因此，表见代理应具备民事法律行为成立的有效要件，即不得违反法律或者社会公德等。如果不具备民事法律行为的有效要件，则不成立表见代理。

(三) 表见代理的效果

(1) 发生有权代理的效果。因行为人之行为，在本人与相对人之间发生权利与义务关系，本人不得行使无权代理的撤销权和其他抗辩权，对行为人表见代理的效果按有权代理承受。

(2) 相对人有撤销权。表见代理旨在保护相对人利益，相对人对于表见代理应享有选择权。可以按狭义无权代理，享有撤销权；亦可按表见代理，接受与本人的民事法律行为，与本人之间发生权利义务关系。

【例 1-11】甲公司业务经理乙长期在丙餐厅签单招待客户，餐费由公司按月结清。后乙因故辞职，月底餐厅前去结账时，甲公司认为，乙当月的几次用餐都是招待私人朋友，因而拒付乙所签单的餐费。甲公司是否应付乙所签单的餐费？

【解析】本题中，虽然乙因故辞职，但是因为乙长期在丙餐厅签单招待客户，使丙餐厅有理由相信乙是有代理权的，形成表见代理，所以甲公司应该付款。

第五节 时效制度

一、时效的概念

(一) 时效与诉讼时效

所谓时效，指一定事实状态在法定期间持续存在，从而产生与该事实状态相适应的法律效果的法律制度。时效是一种期限，但与一般期限由当事人约定不同，时效是法定的。时效依其适用的权利和法律效果区分，可分为取得时效和消灭时效。

(1) 取得时效也称占有时效，是适用于物权的时效。我国法律对此没有规定。

(2) 消灭时效，也称诉讼时效，一般是针对债权规定的，是指权利人向人民法院请求保护其民事权利的法定期间。

(二) 诉讼时效的特征

(1) 诉讼时效期间是法定期间。诉讼时效期间是权利人请求人民法院保护其民事权利的法定期间，超过该期间以后，当事人的民事权利的效力会受到影响。关于诉讼时效期间的规定，属于法律的强制规定，它不是约定期间，不允许当事人通过约定排斥时效规范的适用，也不允许当事人违反时效的规定约定延长或缩短诉讼时效期间，同时禁止当事人就诉讼时效的计算方法做出约定。

(2) 诉讼时效期间是可变期间。诉讼时效期间并不是固定不变的，诉讼时效期间内遇法定事由，可中止、中断和延长时效期间。

(3) 诉讼时效期间是权利人向人民法院请求保护其民事权利的法定期间，超过该期间，义务人可以提出不履行义务的抗辩。

(三) 除斥期间

1. 除斥期间概念

除斥期间，亦称预定期间，是指法律预定某种权利于存续期间届满当然消灭的期间。《民法典》第一百九十九条规定："法律规定或者当事人约定的撤销权、解除权等权利的存续期间，除法律另有规定外，自权利人知道或者应当知道权利产生之日起计算，不适用有关诉讼时效中止、中断和延长的规定。存续期间届满，撤销权、解除权等权利消灭。"

法律对除斥期间的规定是分散的，例如，《中华人民共和国个人独资企业法》第二十八条规定："个人独资企业解散后，原投资人对个人独资企业存续期间的债务仍应承担偿还责任，但债权人在五年内未向债务人提出偿债请求的，该责任消灭。"

2. 诉讼时效与除斥期间的区别

除斥期间与诉讼时效虽均为因一定期间经过不行使权利而发生权利消灭的效果，但对两者比较，能显现其差异并揭示除斥期间的特征。

(1) 价值定位不同。除斥期间的规范功能旨在维持原事实状态，除斥期间届满原事实状态的法律关系状态得到维持；而诉讼时效的规范功能则是为了维护新事实状态，诉讼时效期间届满，新法律关系状态得到法律肯定。

(2) 适用范围不同。除斥期间一般适用于形成权，如撤销权、解除权等；诉讼时效则是对债权而言，适用于财产请求权的存在或丧失。

(3) 法律效果不同。除斥期间届满消灭的是实体权利，即形成权因除斥期间届满而消灭；诉讼时效届满，义务人可以提出不履行义务的抗辩。

(4) 期间计算不同。除斥期间是不变期间，期间不能中断、中止、延长；而诉讼时效是可变期间，期间可因中止、中断或延长而得以延展。

(四) 诉讼时效的法律效果

1. 义务人产生抗辩权

《民法典》第一百九十二条第一款规定："诉讼时效期间届满的，义务人可以提出不履行义务的抗辩。"也就是说，时效届满的主要后果是使义务人产生拒绝履行的抗辩权。如果权利人提出请求，义务人有权拒绝，法院也不得强制义务人必须履行。时效届满后，权利人的实体权利和诉权都不消灭。权利人可以向法院提起诉讼，只要符合起诉的条件，法院应当受理，而不得以时效届满为由，驳回起诉或不予受理。

2. 义务人已经履行的不得请求返还

《民法典》第一百九十二条第二款规定："诉讼时效期间届满后，义务人同意履行的，不得以诉讼时效期间届满为由抗辩；义务人已经自愿履行的，不得请求返还。"可见，诉讼时效届满后，债务人可以提出抗辩，但是债务本身仍然存在，该债权仍属有效的债权，债务人自愿做出给付的，债权人仍有权保有该给付利益，而不构成不当得利，债务人不得请求返还。

3. 法院不得主动适用诉讼时效的规定

《民法典》第一百九十三条规定："人民法院不得主动适用诉讼时效的规定。"这一规定明确了诉讼时效届满以后，尽管义务人享有时效利益，但是该利益由义务人自行决断是否抛弃，法院不应当主动依据职权审查时效是否已经届满，无论是在起诉阶段，还是在诉讼过程中，法院都不能主动援引时效规定。

(五) 不适用诉讼时效的情形

我国采用排除法规定了诉讼时效的适用范围，根据《民法典》第一百九十六条的规定，不适用诉讼时效的请求权主要包括以下几个方面。

1. 请求停止侵害、排除妨碍、消除危险

这三种请求都涉及物权的保护问题，在请求停止侵害、排除妨碍、消除危险的情形下，如果行为人的侵权行为一直延续，诉讼时效就无法确定起算点，故不应当适用诉讼时效。例如，邻居在自己的房屋旁边打洞，影响了自己房屋的安全，而且该危险一直未消除，此时受害人请求消除危险，不能认为诉讼时效已经届满。

2. 不动产物权和登记的动产物权的权利人请求返还财产

不动产物权和登记的动产物权的权利人请求返还财产，不适用诉讼时效。例如，某甲出国，其房屋被他人占有，即使经过了三年，某甲也可以请求他人返还。

需要注意的是，未登记的动产物权可以适用诉讼时效，但诉讼时效期间届满以后，义务人也不能取得该物权，只是权利人在主张权利时，义务人享有抗辩权而已。

3. 请求支付抚养费、赡养费或者扶养费

所谓抚养费，是指义务人因抚养义务而支付的费用；所谓赡养费，是指义务人因赡养义务而支付的费用；所谓扶养费，是指义务人因扶养义务而应当支付的费用。其中，长辈对晚辈支付的费用称为抚养费，晚辈对长辈支付的费用称为赡养费，同相同辈分的人之间支付的费用称为扶养费。

支付抚养费、赡养费或者扶养费关系到权利人的基本物质生活保障，如果受到时效的限制，将无法保障权利人的基本生活，因此，这些请求权不受诉讼时效的限制，不属于诉讼时效的范围。

4. 依法不适用诉讼时效的其他请求权

依法不适用诉讼时效的请求权，应当由法律明文规定。

二、诉讼时效期间

诉讼时效期间，又称为时效期间，是指由法律规定的，权利人请求法院保护其民事权利的法定期间，可分为以下三类。

(一) 普通诉讼时效期间

《民法典》第一百八十八条第一款规定："向人民法院请求保护民事权利的诉讼时效期间为三年。法律另有规定的，依照其规定。"依据该条规定，普通诉讼时效期间为三年。该条文改变了原《中华人民共和国民法通则》(以下简称《民法通则》)两年普通诉讼时效的规定，更有利于保护权利人的利益。

(二) 特别诉讼时效期间

所谓特别诉讼时效期间，是指由民事基本法或特别法针对某些民事法律关系规定的时效期间。法律设定特别诉讼时效，目的是根据不同纠纷的特点适用不同的诉讼时效。按照特别法优先于普通法的一般规则，如果符合特别诉讼时效规定的情况的，应当适用特别诉讼时效，而不应当适用普通诉讼时效。例如，《中华人民共和国海商法》第二百五十七条规定，就海上货物运输向承运人要求赔偿的请求权，时效期间为一年。《民法典》第五百九十四条规定，因国际货物买卖合同和技术进出口合同争议提起诉讼或者申请仲裁的时效期限为四年。法律设定特别诉讼时效期间的目的，在于根据不同纠纷的法律特点来适用不同的诉讼时效，如果法律关系比较单一，证据清楚，则要求当事人尽快行使自己的权利，反之，法律关系比较复杂，但在一段时间内证据不会丢失的，可以适用更长的诉讼时效。

(三) 最长诉讼时效期间

最长诉讼时效期间，是指不适用诉讼时效中止、中断规定的时效期间。《民法典》第一百八十八条第二款规定："诉讼时效期间自权利人知道或者应当知道权利受到损害以及义务人之日起计算。法律另有规定的，依照其规定。但是，自权利受到损害之日起超过二十年的，人民法院不予保护，有特殊情况的，人民法院可以根据权利人的申请决定延长。"依据该条规定，最长诉讼时效期间为二十年，而且该期限具有固定性，不适用诉讼时效的中止、中断的规定。

三、诉讼时效期间的起算、中止、中断和延长

(一) 诉讼时效期间的起算

1. 诉讼时效期间起算的一般规则

《民法典》对诉讼时效期间的起算做出了一般规定:"诉讼时效期间自权利人知道或者应当知道权利受到损害以及义务人之日起计算。法律另有规定的,依照其规定。"因为诉讼时效的适用是以权利人能够行使请求人民法院保护其权利为前提的。在尚未发生侵犯民事权利的事实和权利人不知道或不应当知道权利被侵害事实和义务人的情况下,诉讼时效不得开始计算。这是一种主观主义的计算方法。不过,为防止侵权行为发生时间与权利人知道受侵害的时间相隔过长,影响诉讼时效发挥作用,《民法典》同时也加以限制性规定:"但是自权利受到损害之日起超过二十年的,人民法院不予保护。"最长权利保护期间的确定,是为了避免因诉讼时效的主观主义计算方法(即自权利人知道或应当知道权利受到损害以及义务人之日起算)可能导致法律关系不确定、时效期间过长等问题。

2. 诉讼时效期间起算的特殊情形

(1) 分期履行债务。《民法典》第一百八十九条:"当事人约定同一债务分期履行的,诉讼时效期间自最后一期履行期限届满之日起计算。"此规定有利于保护债权人的利益,减少纠纷。

(2) 无民事行为能力人或者限制民事行为能力人起诉其法定代理人。《民法典》第一百九十条:"无民事行为能力人或者限制民事行为能力人对其法定代理人的请求权的诉讼时效期间,自该法定代理终止之日起计算。"本条针对的是无民事行为能力人或者限制民事行为能力人的法定代理人,侵害其合法权益,而对自己的法定代理人提起诉讼的情形。

(3) 未成年人遭受性侵害的损害赔偿。《民法典》第一百九十一条:"未成年人遭受性侵害的损害赔偿请求权的诉讼时效期间,自受害人年满十八周岁之日起计算。"为了保护受害人的利益,在未成年人遭受性侵害的情况下,自受害人年满十八周岁之日诉讼时效开始计算,适用普通诉讼时效期间三年的规定。

(二) 诉讼时效中止

1. 诉讼时效中止的概念

诉讼时效中止是指在诉讼时效期间的最后六个月内,因法定事由而使权利人不能行使请求权的,诉讼时效期间的计算暂时停止。

法律规定诉讼时效中止的目的,主要是保证权利人具有积极行使其权力的充足的时间,而不会因为权利人不可控制的原因而发生诉讼时效期间届满的后果,因此在出现特定事由的情况下,为保护权利人的利益,规定了诉讼时效期间中止。

2. 发生诉讼时效中止的法定事由

(1) 不可抗力,指的是不能预见、不能避免并不能克服的客观情况,包括自然灾害和非出于权利人意思的"人祸",例如瘟疫、暴乱等。需要注意的是,不可抗力并不必然产生诉讼时效中止的效力,当不可抗力事由发生后,如果没有影响到权利人行使权利,就不会产生诉讼时效中止的法律效果。

(2) 无民事行为能力人或者限制民事行为能力人没有法定代理人,或者法定代理人死亡、丧失民事行为能力、丧失代理权。此情形出现将导致无民事行为能力人或者限制民事行为能力人无法行使其权利,为了更好地维护其合法权益,诉讼时效中止。

(3) 继承开始后未确定继承人或者遗产管理人。在继承开始后，继承人尚未确定或者遗产管理人不明确，如果此种情况正好发生在时效期间的后 6 个月内，将导致继承人不能行使权利，时效继续计算，对于继承人或遗产管理人是不公平的，因而诉讼时效中止。在继承人或者遗产管理人确定之后，诉讼时效期间仍然有 6 个月才会届满。

(4) 权利人被义务人或者其他人控制。如果权利人被义务人或者是其他人控制，就会使得权利人在客观上无法行使其权利，此处所指的"控制"一般理解为权利人被限制了人身自由，例如，权利人被拘禁而丧失行动自由，无法行使自己的权利，可以导致诉讼时效中止。

(5) 其他导致权利人不能行使请求权的障碍。

该规定实际上是对诉讼时效中止事由做出了一个兜底规定，设置兜底条款是十分必要的，因为权利行使障碍的事由比较复杂，如果权利人无法行使权利的障碍发生，允许法院根据实际情况裁定是否会引起诉讼时效中止。

3. 中止时效的发生期间

中止时效的法定事由必须在诉讼时效期间的最后六个月内发生，或法定事由虽发生于六个月前但持续至最后六个月内的，才能发生中止时效的法律效果。

4. 诉讼时效中止的法律效果

一旦出现引起诉讼时效中止的法定事由，诉讼时效期间停止计算，在中止事由消除之前的期间不计入诉讼时效期间，已经经过的时效期间仍然有效，中止事由一旦消除，诉讼时效期间将再重新计算六个月。例如，某甲在诉讼时效期间剩余三个月届满的时候，发生了引起诉讼时效中止的法定事由，那么在中止事由消除之日起，再计算六个月，某甲的诉讼时效期间方才届满。

5. 诉讼时效中止适用的时效期间类型

诉讼时效中止适用于最长诉讼时效期间以外的诉讼时效期间类型。

(三) 诉讼时效中断

1. 诉讼时效中断的概念

诉讼时效中断是指因法定事由使已经经过的时效期间失去效力，诉讼时效期间重新计算。诉讼时效的中止与诉讼时效的中断区别有：①引起诉讼时效中止的原因是发生与当事人无关的客观情况，而引起诉讼时效中断的原因是当事人的行为，是否中断时效取决于当事人的意思。②诉讼时效期间发生中止，以前经过的时效期间仍然有效，中止原因消灭后继续计算六个月；诉讼时效期间中断，中断前已经经过的时效期间无效，中断原因消灭后重新计算时效期间。③诉讼时效期间中止的原因发生在时效期间的最后六个月内，才能引起中止的效力，而在时效期间内的任何时段都能发生诉讼时效期间中断。

2. 发生诉讼时效中断的事由

(1) 权利人向义务人提出履行请求，即权利人于诉讼外向义务人请求其履行义务的意思表示。权利人提出请求，使不行使权利的状态消除，诉讼时效也由此中断。关于请求的方式，法律无明文规定，应认为口头或书面等能达到请求效果的方式，均可使用。请求的相对人除义务人外，权利人若向主债务的保证人、债务人的代理人及财产代管人提出请求的，亦发生请求的效果。

(2) 义务人同意履行义务，即义务人向权利人表示同意履行义务的意思。义务人的同意，即对权利人权利的承认，故与请求发生相同的中断时效的效果。同意的方式，对此法律没有限制，口头或书面、明示或默示，均无不可，而且也不问义务人的同意是否有中断时效的目的。同意的表示人原则上应为义务人本人，义务人的代理人于授权范围内而表示同意的，亦发生同意的效果，但保证人等同意履行义务的意思，对主债务人不发生同意的效果。同意的相对人，原则上亦为权利人或权利人之代理人，对第三人表示同意，不发生同意的效果。

> 【例1-12】甲公司向乙公司催讨一笔已过诉讼时效期限的10万元货款。乙公司书面答复称："该笔债已过时效期限，本公司本无义务偿还，但鉴于双方的长期合作关系，可偿还3万元。"甲公司遂向法院起诉，要求偿还10万元。乙公司接到应诉通知后书面回函甲公司称："既然你公司起诉，则本公司不再偿还任何货款。"乙公司是否需要向甲公司偿还货款？
>
> 【解析】《最高人民法院关于审理民事案件适用诉讼时效制度若干问题的规定》第二十二条规定，诉讼时效期间届满，当事人一方向对方当事人做出同意履行义务的意思表示或者自愿履行义务后，又以诉讼时效期间届满为由进行抗辩的，人民法院不予支持。本题中，在诉讼时效期间届满后，乙公司向甲公司以书面形式做出"愿意偿还3万元"的意思表示，则意味着这"3万元"不再受上述时效的限制，乙公司需要向甲公司偿还3万元。

(3) 权利人提起诉讼或者申请仲裁，即权利人提起民事诉讼或申请仲裁，请求法院或仲裁庭保护其权利的行为。诉讼之举，是权利人行使权利的最为强烈的表示，故诉讼之日便是时效中断之时。

(4) 与提起诉讼或者申请仲裁具有同等效力的其他情形。

3. 诉讼时效中断的法律效果

诉讼时效中断的事由发生后，已经过的时效期间全部归于无效，中断事由存续期间，时效不进行，中断事由终止时，重新计算时效期间。

4. 诉讼时效中断适用的时效期间类型

诉讼时效中断适用于最长诉讼时效期间以外的诉讼时效期间类型。

(四) 诉讼时效的延长

诉讼时效的延长，是指在诉讼时效期间届满以后，权利人基于某种正当理由，向人民法院提起诉讼时，经人民法院调查确有正当理由而将法定时效期间予以延长。《民法典》第一百八十八条第二款规定："但是，自权利受到损害之日起超过二十年的，人民法院不予保护，有特殊情况的，人民法院可以根据权利人的申请决定延长。"诉讼时效期间延长是指因特殊情况，法院对已经完成的诉讼时效期间给予的延展。与诉讼时效的中止、中断不同，诉讼时效的延长只适用于诉讼时效期间已经完成的情形。

第六节 经济纠纷的解决

一、经济纠纷的概念和解决机制

经济纠纷是法律纠纷和社会纠纷的一种，是指经济法律关系主体在经济管理和经济活动中产生的争议，包括平等主体之间涉及经济内容的纠纷和自然人、法人和非法人组织作为行政管理相对人与行政机关之间因行政管理所发生的涉及经济内容的纠纷。为了保护当事人合法权益，维护社会经济秩序，必须采用有效的手段解决这些争议。因此，当自然人、法人或者非法人组织认为行政机关的具体行政行为侵犯其合法权益时，可采取申请行政复议或者提起行政诉讼的方式解决。行政复议与行政诉讼方式都是纵向关系经济纠纷的解决方式，我们在这里不进行介绍，主要介绍作为平等民事主体的当事人之间发生的经济纠纷的解决机制，根据纠纷处理的制度和方法的不同，主要可以分为以下几种。

（一）和解

和解，是指经济纠纷的双方主体，就争执的问题进行协商并达成协议，从而消除争执的行为。这是纠纷主体依靠自身力量解决纠纷，以达到维护自己的权益的目的的一种自力救济手段，是最原始、最简单的经济纠纷处理方式，但是在当代这种纠纷解决机制仍然有保留的必要，作为社会救济和公力救济的必要补充。

（二）诉讼外调解

诉讼外调解，是指双方当事人在第三方的组织下，就经济纠纷进行协商，在互谅互让的基础上达成解决经济纠纷协议的行为，主要有人民调解、行业调解和行政调解等。其是第三方依据一定的道德和法律规范，对发生纠纷的当事人摆事实、讲道理，促使双方在互相谅解和让步的基础上，达到最终解决纠纷的一种活动。调解虽然有第三方的介入，但是最大程度体现了当事人的意愿，这种纠纷解决机制不但需要保留，还应大力倡导，使其发挥更大的作用。

（三）仲裁

仲裁，是指纠纷主体根据有关规定或者双方协议，将争议提交至一定的机构以第三者居中裁决的方式解决纠纷。仲裁包括两类：解决劳动争议的劳动仲裁和解决民商事争议的民商事仲裁。人们通常所说的仲裁，指的是民商事仲裁。因此，在本书中，除非特别说明，仲裁均指民商事仲裁。

（四）民事诉讼

民事诉讼，是指法院在所有诉讼参与人的参加下，按照法律规定的程序，审理和解决民事案件的诉讼活动以及在活动中产生的各种法律关系的总和。通过诉讼的方式解决纠纷，具有国家强制性和规范性，是一种最有权威和有效的机制，可以使纠纷得到最公平、最合理的解决。

上述各类纠纷解决方式都有自己的特点，解决纠纷的功能各有侧重，在侧重的基础和付出的代价方面也有所不同。和解属于私力救济，其结果一般能使双方当事人满意，但是须以当事人的合意为条件；调解一般具有较好的社会效果，但是是否成功，往往与当事人之间的让步以及调解者对双方的影响力密切相关；仲裁比较适合那些专业性强、涉及商业秘密或者当事人不希望纠纷的解决公开化的民商事纠纷，但是其适用与纠纷的性质以及当事人诉诸仲裁的意愿相关；民事诉讼可以满足那些希望对事实和法律都要搞清楚的当事人的要求，但其以花费双方当事人及国家相当的人力、物力、财力和时间为代价。下面对其中的仲裁和民事诉讼进行详细的介绍。

二、仲裁

（一）仲裁与仲裁法的概念

1. 仲裁

仲裁是一种根据双方当事人自愿而采取的争议解决方法，即在争议发生之前或者发生之后，当事人在自愿基础上达成书面仲裁协议，将协议所约定的争议提交约定的仲裁机构进行审理，并由其做出具有约束力的仲裁裁决的一种争议解决方式。仲裁的适用范围如表 1-1 所示。

表 1-1 仲裁的适用范围

可以仲裁	平等主体的公民、法人和其他组织之间发生的合同纠纷和其他财产权益纠纷
不能提请仲裁	(1) 关于婚姻、收养、监护、抚养、继承纠纷；(2) 依法应当由行政机关处理的行政争议
不适用于《中华人民共和国仲裁法》	(1) 劳动争议的仲裁；(2) 农业集体经济组织内部的农业承包合同纠纷的仲裁

2. 仲裁法

仲裁法是国家制定或认可的、规范仲裁法律关系主体的行为和调整仲裁法律关系的法律规范的总称。

仲裁法有广义和狭义之分。狭义的仲裁法即仲裁法典，是国家最高权力机关制定颁行的关于仲裁的专门法律。1994 年 8 月 31 日，第八届全国人民代表大会常务委员会第九次会议通过的《中华人民共和国仲裁法》(以下简称《仲裁法》)即为狭义的仲裁法。该法根据 2009 年 8 月 27 日第十一届全国人民代表大会常务委员会第十次会议《关于修改部分法律的决定》进行第一次修正。根据 2017 年 9 月 1 日第十二届全国人民代表大会常务委员会第二十九次会议《关于修改〈中华人民共和国法官法〉等八部法律的决定》进行第二次修正。而广义的仲裁法除包括仲裁法典外，还包括所有涉及仲裁制度的法律中的相关法律规范。

(二) 仲裁法的基本原则和基本制度

1. 基本原则

仲裁法的基本原则是指《仲裁法》所规定的，在仲裁活动中仲裁机构、双方当事人和其他仲裁参与人必须遵循的基本准则。我国《仲裁法》所规定的基本原则包括以下几个方面。

1) 自愿原则

自愿原则是仲裁制度的根本原则，是仲裁制度存在和发展的基础。仲裁的自愿原则主要体现在：①当事人是否将他们之间所发生的纠纷提交仲裁，由双方当事人自愿协商决定；②当事人将哪些争议事项提交仲裁，由双方当事人在法律规定的范围内自行约定；③当事人将他们之间的纠纷提交哪个仲裁委员会仲裁，由双方当事人自愿协商决定；④仲裁庭如何组成，由谁组成，由当事人自主选定；⑤双方当事人还可以自主约定仲裁的审理方式、开庭方式等有关的程序事项。

2) 根据事实、符合法律规定、公平合理解决纠纷的原则

这一原则是对"以事实为根据，以法律为准绳"原则的肯定和发展，即在仲裁中要坚持以事实为根据、以法律为准绳的原则，同时，在法律没有规定或者规定不完备的情况下，仲裁庭可以按照公平合理的一般性原则来解决纠纷。

3) 独立仲裁原则

《仲裁法》明确规定仲裁应依法独立进行，不受行政机关、社会团体和个人的干涉。独立仲裁原则体现在仲裁与行政脱钩，仲裁委员会独立于行政机关，与行政机关没有隶属关系，仲裁委员会之间也没有隶属关系。同时，仲裁庭独立裁决案件，仲裁委员会以及其他行政机关、社会团体和个人不得干预。

2. 基本制度

1) 协议仲裁制度

仲裁协议是当事人仲裁意愿的体现。当事人申请仲裁、仲裁委员会受理仲裁案件以及仲裁庭对

仲裁案件的审理和裁决都必须依据双方当事人之间所订立的有效的仲裁协议，没有仲裁协议就没有仲裁制度。

2) 或裁或审制度

仲裁与诉讼是两种不同的争议解决方式，当事人之间发生的争议只能由双方当事人在这两者之间选择其一加以采用。有效的仲裁协议即可排除法院对案件的司法管辖权，只有在没有仲裁协议或者仲裁协议无效的情况下，法院才可以行使司法管辖权予以审理。

3) 一裁终局制度

我国《仲裁法》明确规定，仲裁实行一裁终局制度，即仲裁裁决一经仲裁庭做出，即为终局裁决。仲裁裁决做出后，当事人就同一纠纷再申请仲裁或者向人民法院起诉，仲裁委员会或者人民法院不予受理。当事人应当自动履行仲裁裁决，一方当事人不履行的，另一方当事人可以向法院申请强制执行。裁决被人民法院依法裁定撤销或者不予执行的，当事人就该纠纷可以根据双方重新达成的仲裁协议申请仲裁，也可以向人民法院起诉。

(三) 仲裁程序

1. 仲裁申请

申请仲裁是仲裁程序开始的必要条件之一，也是启动仲裁程序的第一步。申请仲裁是指平等主体的公民、法人和其他组织就他们之间所发生的合同纠纷和其他财产权益纠纷，根据他们所签订的仲裁协议，提请所选定的仲裁机构进行仲裁审理和裁决的行为。

根据《仲裁法》的规定，当事人申请仲裁，应当符合以下条件。

1) 存在有效的仲裁协议

仲裁协议是争议发生之前或者争议发生之后，双方当事人自愿达成的、将特定争议事项提请约定的仲裁委员会进行仲裁审理并做出仲裁裁决的书面意思表示。就是说，仲裁协议是双方当事人之间自愿达成的解决争议的一种协议。仲裁协议是当事人授予仲裁机构仲裁权的依据。没有仲裁协议，一方申请仲裁的，仲裁机构不予受理。仲裁协议包括合同中订立的仲裁条款和以其他书面方式在纠纷发生前或者纠纷发生后达成的请求仲裁的协议。仲裁协议应当具有请求仲裁的意思表示、仲裁事项、选定的仲裁委员会等内容。

2) 有具体的仲裁请求和事实、理由

当事人申请仲裁必须提出具体的仲裁请求及其所依据的事实、理由。所谓事实和理由是指申请人的仲裁请求是根据什么事实提出的，有哪些理由为基础。

3) 属于仲裁委员会的受案范围

仲裁委员会的受案范围是指仲裁申请人是平等主体的公民、法人和其他组织之间发生的合同和其他财产权益纠纷。婚姻、收养、监护、抚养、继承纠纷与应当依法由行政机关处理的争议，不属于仲裁委员会的受案范围，不能申请仲裁。约定的仲裁事项超出法律规定的仲裁范围的，仲裁协议无效。

2. 审查与受理

当事人申请仲裁，应当向仲裁委员会递交仲裁协议、仲裁申请书及副本。仲裁委员会自收到仲裁申请书之日起 5 日内，经审查认为符合受理条件的，应当受理，并通知当事人。认为不符合受理条件的，应当书面通知当事人不予受理，并说明不予受理的理由。如果仲裁委员会在审查中发现仲裁申请书有欠缺，应当让申请人予以完备。

仲裁委员会受理仲裁申请后，应当在仲裁规则规定的期限内将仲裁规则和仲裁员名册送达申请人，并将仲裁申请书副本和仲裁规则、仲裁员名册送达被申请人。被申请人收到仲裁申请书副本后，应当在仲裁规则规定的期限内向仲裁委员会提交答辩书。仲裁委员会收到答辩书后,应当在仲裁规则规定的期限内将答辩书副本送达申请人。被申请人未提交答辩书的,不影响仲裁程序的进行。

3. 仲裁庭的组成

1) 仲裁庭的组成形式

仲裁庭的组成有两种形式。一种是合议制仲裁庭,即由三名仲裁员组成,设一名首席仲裁员。根据《仲裁法》第三十一条第一款规定,当事人约定由三名仲裁员组成仲裁庭的,应当各自选定或者各自委托仲裁委员会主任指定一名仲裁员。第三名仲裁员由当事人共同选定或者共同委托仲裁委员会主任指定。其中,第三名仲裁员是首席仲裁员。另一种是独任制仲裁庭,即由一名仲裁员组成。根据《仲裁法》第三十一条第二款的规定,当事人约定由一名仲裁员成立仲裁庭的,应当由当事人共同选定或者共同委托仲裁委员会主任指定仲裁员。

2) 仲裁庭组成形式的确定方式

根据我国《仲裁法》的规定,仲裁庭组成形式的确定方式有两种:一种是由双方当事人在仲裁规则规定的期限内约定;另一种是由仲裁委员会主任指定,即当事人没有在仲裁规则规定的期限内约定仲裁庭的组成方式,则由仲裁委员会主任指定,这样有利于保证仲裁程序的顺利进行。

3) 仲裁员的回避与更换

(1) 仲裁员的回避。

仲裁员的回避是指符合法定回避情形的仲裁员退出仲裁案件审理的一项制度。《仲裁法》第三十四条规定,仲裁员有下列情形之一的,必须回避,当事人也有权提出回避申请:是本案当事人或者当事人、代理人的近亲属;与本案有利害关系;与本案当事人、代理人有其他关系,可能影响公正仲裁的;私自会见当事人、代理人,或者接受当事人、代理人的请客送礼的。

回避的形式有自行回避和申请回避。

(2) 仲裁员因其他原因的更换。

根据《仲裁法》的规定,仲裁员因回避以外的其他原因不能履行职责的,应按照《仲裁法》的规定重新选定或指定仲裁员。

4. 仲裁审理

仲裁庭做出裁决前,可以先行调解。当事人自愿调解的,仲裁庭应当调解。调解达成协议的,仲裁庭应当制作调解书或者根据协议结果制作裁决书。调解书与裁决书具有同等法律效力。调解不成的应当及时做出裁决。调解书经双方当事人签收后,即发生法律效力。在调解书签收前当事人反悔的,仲裁庭应当及时做出裁决。

按照《仲裁法》的规定,仲裁审理的方式可以分为开庭审理和书面审理两种。①开庭审理。开庭审理是仲裁审理的主要方式。所谓开庭审理是指在仲裁庭的主持下,在双方当事人和其他仲裁参与人的参加下,按照法定程序,对案件进行审理并做出裁决的方式。②书面审理。《仲裁法》第三十九条在规定仲裁应当开庭进行的同时也规定,如果"当事人协议不开庭的,仲裁庭可以根据仲裁申请书、答辩书以及其他材料作出裁决",即进行书面审理。所谓书面审理是指在双方当事人及其他仲裁参与人不到庭参加审理的情况下,仲裁庭根据当事人提供的仲裁申请书、答辩书以及其他书面材料作出裁决的过程。书面审理是开庭审理的必要补充。仲裁不公开进行。当事人协议公开的,可以公开进行,但涉及国家秘密的除外。

裁决应当按照多数仲裁员的意见作出,少数仲裁员的不同意见可以记入笔录。仲裁庭不能形成多数意见时,裁决应当按照首席仲裁员的意见作出,并制作裁决书,裁决书自作出之日起发生法律效力。如果当事人一方不履行裁决的,另一方当事人可以依照《中华人民共和国民事诉讼法》的有关规定向人民法院申请执行。

> 【例1-13】下列关于我国仲裁制度的表述中,符合《仲裁法》规定的有( )。
> A. 仲裁庭作出的仲裁裁决为终局裁决
> B. 当事人不服仲裁裁决可以向法院起诉
> C. 当事人协议不开庭的,仲裁可以不开庭进行
> D. 仲裁的进行以双方当事人自愿达成的书面仲裁协议为条件
> 【解析】ACD。根据规定,仲裁实行一裁终局制度,仲裁庭作出的仲裁裁决为终局裁决,当事人不服仲裁裁决不可以再提起诉讼;当事人协议不开庭的,仲裁可以不开庭进行;仲裁协议应当以书面形式订立,口头达成仲裁的意思表示无效。

三、民事诉讼

(一) 民事诉讼与民事诉讼法

民事诉讼,是指人民法院、当事人和其他诉讼参与人,在审理民事案件的过程中,所进行的各种诉讼活动以及由这些活动所产生的各种诉讼关系的总和。民事诉讼与其他的经济纠纷解决方式相比,具有国家公权性、程序性、强制性、终局性和权威性的特点。

民事诉讼法,是国家制定的规范法院和诉讼参与人的各种诉讼活动以及由此产生的各种诉讼关系的法律规范的总称。民事诉讼法有广义与狭义之分。狭义的民事诉讼法是指国家最高权力机关制定颁布的关于民事诉讼的专门法律,如在1991年4月9日颁布实施,历经2007年、2012年、2017年三次修订的现行《中华人民共和国民事诉讼法》(以下简称《民事诉讼法》)。广义的民事诉讼法,又称实质意义的民事诉讼法,除了《民事诉讼法》以外,还指《中华人民共和国宪法》和其他实体法、程序法中有关民事诉讼的规定。

为了集中体现我国《民事诉讼法》的精神实质和立法目的,对民事诉讼的全过程或者重要阶段的诉讼活动起到指导作用,《民事诉讼法》中规定了我国民事诉讼法的基本原则,包括平等原则、辩论原则、处分原则、诚实信用原则、检察监督原则、支持起诉原则等。

(二) 审判制度

1. 合议制度

合议制度是指由三名以上审判人员组成合议庭,代表法院行使审判权,对案件进行审理并做出裁判的制度。在我国,合议制是法院审理案件的基本组织形式,除了依法适用独任制对案件进行审判外,均应组成合议庭对案件进行审判。

(1) 法院审理第一审民事案件,除适用简易程序审理的民事案件由审判员一人独任审理外,一律由审判员、陪审员共同组成合议庭或者由审判员组成合议庭。

(2) 法院审理第二审民事案件,由审判员组成合议庭。合议庭的成员,应当是三人以上的单数。

2. 回避制度

回避制度指在民事诉讼中,审判人员及其他有关人员遇到法律规定的回避情形时,应当退出该案件审理活动的制度。回避制度的确立是法官中立及案件公正审理的基本需求和制度保障,而且可以消除当事人的顾虑,使民事诉讼程序能够公正合法地进行。

3. 公开审判制度

法院审理民事或行政案件，除涉及国家秘密、个人隐私或者法律另有规定外，应当公开进行。离婚案件、涉及商业秘密的案件，当事人申请不公开审理的，可以不公开审理。不论案件是否公开审理，一律公开宣告判决。

4. 两审终审制度

一个诉讼案件经过两级法院审判后即终结。

(1) 适用特别程序、督促程序、公示催告程序和企业法人破产还债程序审理的案件，实行一审终审。最高人民法院所做的一审判决、裁定，为终审判决、裁定。

(2) 对终审判决、裁定，当事人不得上诉。如果发现终审裁判确有错误，可以通过审判监督程序予以纠正。

【例1-14】下列关于我国审判制度有关内容的表述中，正确的有(   )。
A. 人民法院审理案件依法实行合议制度
B. 适用企业法人破产还债程序审理的案件，实行一审终审
C. 人民法院审理案件一律公开宣告判决
D. 人民法院审理案件依法实行两审终审制度
【解析】ABCD。两审终审制度是审判制度的基本原则，一审终审仅仅是特殊规定。

(三) 民事案件的管辖

民事诉讼中的管辖是指确定上下级人民法院之间和同级法院之间受理第一审民事案件的分工和权限。根据民事诉讼法的规定，管辖可以分为法定管辖和裁定管辖，法定管辖有级别管辖和地域管辖之分，裁定管辖有移送管辖、制定管辖、管辖权转移之分。法定管辖是原则，裁定管辖是例外，裁定管辖是法定管辖的必要补充，二者相辅相成，体现了管辖的确定性和灵活性相结合的特点。在这里主要介绍一下法定管辖的相关内容。

1. 级别管辖

级别管辖是根据案件性质、案情繁简、影响范围，来确定上、下级法院受理第一审案件的分工和权限。绝大多数第一审民事案件均由基层人民法院管辖。但《民事诉讼法》明确规定，由中级人民法院、高级人民法院和最高人民法院管辖的第一审民事案件不由基层人民法院管辖。

《民事诉讼法》第十八条规定，中级人民法院管辖的第一审民事案件有以下三种。①重大涉外案件。所谓重大涉外案件，是指争议标的额大，或者案情复杂，或者一方当事人人数众多等具有重大影响的案件。②在本辖区有重大影响的案件。本辖区即指中级人民法院所辖地区。有重大影响，是指案件自身复杂，涉及面广，处理的结果影响大，远远超出了基层人民法院辖区范围。③最高人民法院确定由中级人民法院管辖的案件。根据最高人民法院的有关规定，由中级人民法院管辖的第一审民事案件有：海事、海商案件；专利纠纷案件；著作权纠纷案件；重大的涉港、澳、台民事案件；诉讼标的大，或者诉讼单位属于省、自治区、直辖市以上的经济纠纷案件；证券虚假陈述民事赔偿案件；驰名商标认定的民事纠纷案件；公司强制清算案件；反垄断民事纠纷案件等。

《民事诉讼法》第十九条规定，高级人民法院管辖在本辖区有重大影响的第一审民事案件。

《民事诉讼法》第二十条规定，最高人民法院管辖下列第一审民事案件：①在全国有重大影响的案件；②认为应当由本院审理的案件。

2. 地域管辖

地域管辖是指按照人民法院的辖区和民事案件的隶属关系，确定同级人民法院之间受理第一审民事案件的分工和权限。级别管辖解决的是上下级法院间的分工和权限问题，地域管辖解决的是同级法院间的分工和权限问题。

1) 一般地域管辖

一般地域管辖是指根据当事人所在地与人民法院辖区的隶属关系所确定的管辖。我国民事诉讼法是以被告所在地管辖为原则，原告所在地管辖为例外来确定一般地域管辖的权限。

(1) 原则规定——被告所在地法院管辖。《民事诉讼法》第二十一条规定，对公民提起的民事诉讼，由被告住所地人民法院管辖；被告住所地与经常居住地不一致的，由经常居住地人民法院管辖。对法人或者其他组织提起的民事诉讼，由被告住所地人民法院管辖。同一诉讼的几个被告住所地、经常居住地在两个以上人民法院辖区的，各该人民法院都有管辖权。"公民的住所地"是指该公民的户籍所在地。"经常居住地"是指公民离开住所至起诉时已连续居住满一年的地方，但公民住院就医的地方除外。法人或其他组织的住所地是指法人或其他组织的主要办事机构所在地，法人或其他组织的主要办事机构所在地无法确定的，法人或者其他组织的注册地或者登记地为住所地。

(2) 例外规定——原告所在地法院管辖。《民事诉讼法》第二十二条规定了几种例外的情况，由原告住所地人民法院管辖，原告的住所地与经常居住地不一致的，由经常居住地人民法院管辖，这些例外情况有：①对不在中华人民共和国领域内居住的人提起的有关身份关系的诉讼；②对下落不明或者宣告失踪的人提起的有关身份关系的诉讼；③对被采取强制性教育措施的人提起的诉讼；④对被监禁的人提起的诉讼。

2) 特殊地域管辖

(1) 因合同纠纷提起的诉讼，由被告住所地或合同履行地人民法院管辖。

(2) 因保险合同纠纷提起的诉讼，由被告住所地或者保险标的物所在地人民法院管辖。如果保险标的物是运输工具或运输中的货物，则由被告住所地或运输工具登记注册地、运输目的地、保险事故发生地人民法院管辖。

(3) 因票据纠纷提起的诉讼，由票据支付地或者被告住所地人民法院管辖。

(4) 因铁路、公路、水上、航空运输和联合运输合同纠纷提起的诉讼，由运输始发地、目的地或者被告住所地人民法院管辖。

(5) 因侵权行为提起的诉讼，由侵权行为地或者被告住所地人民法院管辖。侵权行为地是指构成侵权行为的法律事实存在地，包括侵权行为实施地和侵权结果发生地。

(6) 因铁路、公路、水上和航空事故请求赔偿提起的民事诉讼，由事故发生地或者车辆、船舶最先到达地、航空器最先降落地或者被告住所地人民法院管辖。

(7) 因船舶碰撞或者其他海事损害事故请求损害赔偿提起的诉讼，由碰撞发生地、碰撞船舶最先到达地、加害船舶被扣留地或者被告住所地人民法院管辖。

(8) 因海难救助费用提起的诉讼，由救助地或者被救助船舶最先到达地人民法院管辖。

(9) 因共同海损提起的诉讼，由船舶最先到达地、共同海损理算地或者航程终止地的人民法院管辖。

3) 专属管辖

专属管辖，是指法律强制规定某些案件只能由特定的人民法院管辖，其他法院无管辖权，当事人也不得协议变更管辖法院。专属管辖是强制性最强的一种管辖，具有管辖上的排他性，即凡法律规定专属管辖的案件不得适用一般地域管辖和特殊地域管辖；当事人不得采用协议管辖；属于我国法院专属管辖的案件，外国法院无权管辖。根据民事诉讼法的规定，下列案件属于专属管辖。

(1) 因不动产纠纷提起的诉讼，由不动产所在地人民法院管辖。不动产，是指不能移动或移动后影响或丧失其性能和使用价值的地面附着物，如山林、矿山、建筑物等不动产，由不动产所在地人民法院管辖，便于受诉法院对不动产进行勘验、保全和生效裁判的执行。

(2) 因港口作业中发生纠纷提起的诉讼，由港口所在地人民法院管辖。港口作业，主要指货物的装卸、仓储、理货等。港口作业所造成的纠纷，如污染港口、损坏港口设施等，都由港口所在地人民法院管辖，便于人民法院对案件事实进行调查和检查，便于及时采取保全措施，有利于案件得到及时、正确的裁判。港口所在地人民法院指海事法院。

(3) 因继承遗产纠纷提起的诉讼，因继承遗产纠纷提起的诉讼，由被继承人死亡时住所地或者主要遗产所在地人民法院管辖。所谓遗产，是指死者生前个人的合法财产，既包括动产也包括不动产。此种案件，往往涉及有无继承权和遗产的分割等，因此由被继承人死亡时住所地或主要遗产所在地人民法院管辖，便于确定继承人和被继承人之间的身份关系，开始继承的时间、地点；便于确定遗产的范围和制定清理、分配方案等。

4) 协议管辖

合同或者其他财产权益纠纷的当事人可以书面协议选择被告住所地、合同履行地、合同签订地、原告住所地、标的物所在地等与争议有实际联系的地点的人民法院管辖，但不得违反民事诉讼法对级别管辖和专属管辖的规定。

5) 共同管辖

两个以上人民法院都有管辖权的诉讼，原告可以向其中一个人民法院起诉；原告向两个以上有管辖权的人民法院起诉的，由最先立案的人民法院管辖。

(四) 民事审判程序

1. 第一审普通程序

1) 起诉

起诉是指公民、法人和其他组织认为自己的民事权益或依法由自己管理、支配的民事权益受到他人的侵害或与他人发生争议，以自己的名义请求人民法院通过审判程序予以保护的诉讼行为。

《民事诉讼法》第一百一十九条规定，起诉必须符合下列条件：①原告是与本案有直接利害关系的公民、法人和其他组织；②有明确的被告；③有具体的诉讼请求和事实、理由；④属于人民法院受理民事诉讼的范围和受诉人民法院管辖。

2) 受理

受理是指人民法院通过对原告起诉的审查，认为符合法律规定的条件，决定予以立案审理的诉讼行为。人民法院对原告的起诉进行认真审查认为符合起诉条件的，应当在7日内立案，并通知当事人；不符合起诉条件的，应当在7日内裁定不予受理；原告对裁定不服的，可以提起上诉。

3) 审前准备

根据我国民事诉讼法和最高人民法院司法解释的规定，审前准备程序的内容包括以下几个：在法定期间内及时送达诉讼文书；告知当事人的诉讼权利和合议庭的组成人员；指定举证时限；组织当事人交换证据；审核诉讼材料，整理争点；调查收集必要的证据；通知必须共同诉讼的当事人参加诉讼；召开庭前会议等。

4) 开庭审理

开庭审理是指人民法院在当事人和其他诉讼参与人的参加下，依照法定形式和程序，对案件进行审理和裁判的诉讼活动。开庭审理的方式可以分为公开审理和不公开审理两种。根据法律规定，涉及国家秘密、个人隐私的案件，或者法律规定不公开审理的案件，人民法院一律不公开审理。离婚案件和涉及商业秘密的案件，当事人申请不公开审理的，可以不公开审理。

开庭审理可以分为庭审准备、法庭调查、法庭辩论、评议和宣判阶段。

第一审程序除了上述介绍的普通程序之外，还包括简易程序。简易程序是指基层法院及其派出法庭审理第一审简单民事案件所适用的审判程序。简易程序是普通程序的简化，但是是一个独立的审判程序，它与普通程序并存，同属第一审程序。

2. 第二审程序

第二审程序，是指上一级人民法院根据当事人的上诉，就下级人民法院的一审判决和裁定，在其发生法律效力前，对案件进行重新审理的程序。第二审法院的裁判为终审裁判，不得对裁判再行上诉。

1) 上诉的提起和受理

上诉，是指当事人不服第一审人民法院做出的未生效裁判，在法定期间内，要求上一级人民法院对上诉请求的有关事实和法律适用，进行审理的诉讼行为。

上诉权是法律赋予当事人的一项诉讼权利，当事人既可以行使也可以放弃。《民事诉讼法》第一百六十四条规定，当事人不服一审法院判决提起上诉的期间为15日，对一审裁定不服提起上诉的期间为10日。超过上诉期间，原一审法院的判决、裁定即发生效力，当事人也就丧失了上诉权。

2) 上诉案件的审理

第二审人民法院收到第一审人民法院报送的材料后：①依法组成合议庭。根据民事诉讼法的规定，第二审人民法院审理案件时合议庭全部由审判员组成，没有陪审员参加。②对上诉进行审查。审查上诉是否符合法定条件、手续是否完备、上诉内容是否明确等。对上诉不符合条件的，应裁定予以驳回。上诉内容如有欠缺，应通知当事人在指定期间补正。③决定审理方式和开庭时间、地点。

3) 对上诉案件的裁判(见表1-2)

表1-2 对上诉案件的裁判

对上诉案件的裁判	以判决、裁定方式驳回上诉，维持原判决、裁定	原判决、裁定认定事实清楚，适用法律正确的
	依法改判、撤销或者变更原判决、裁定	(1) 原判决适用法律错误的
		(2) 原判决认定事实错误(如原判决认定基本事实不清，也可以查清事实后改判)
	裁定撤销原判决，发回原审人民法院重审	(1) 原判决认定基本事实不清的
		(2) 原判决遗漏当事人或者违法缺席判决等严重违反法定程序的 ① 审判组织的组成不合法 ② 应当回避的审判人员未回避 ③ 无诉讼行为能力人未经法定代理人代为诉讼的 ④ 违法剥夺当事人辩论权的
	调解不成的裁定发回重审	① 一审中已经提出的诉讼请求，原审人民法院未做审理、判决的 ② 必须参加诉讼的当事人在一审中未参加诉讼 ③ 一审判决不准离婚，第二审认为应当判决离婚，可与子女抚养、财产问题一并调解，调解不成裁定发回重审
	裁定撤销原判，驳回起诉	该案依法不应由人民法院受理

3. 审判监督程序

审判监督程序，是指人民法院对已经发生法律效力的判决、裁定或者调解书，依照法律规定由法定机关提起，对案件进行再审的程序，它又称为再审程序。

根据《民事诉讼法》的规定，审判监督程序的发生包括：人民法院依职权决定再审，人民检察院行使检察监督权而引起的再审和当事人或者案外人依法申请再审而引起的再审程序。

(1) 人民法院依职权决定再审。《民事诉讼法》第一百九十八条规定："各级人民法院院长对本院已经发生法律效力的判决、裁定、调解书，发现确有错误，认为需要再审的，应当提交审判委员会讨论决定。最高人民法院对地方各级人民法院已经发生法律效力的判决、裁定、调解书，上级人民法院对下级人民法院已经发生法律效力的判决、裁定、调解书，发现确有错误的，有权提审或者指令下级人民法院再审。"

(2) 人民检察院行使检察监督权而引起的再审。检察院通过行使检察监督引起再审的有提起抗诉和行使再审检察建议权两种方式。最高人民检察院对各级人民法院已经发生法律效力的判决、裁定，上级人民检察院对下级人民法院已经发生法律效力的判决、裁定，发现有《民事诉讼法》第二百条规定情形之一的，或者发现调解书损害国家利益、社会公共利益的，应当提出抗诉。地方各级人民检察院对同级人民法院已经发生法律效力的判决、裁定，发现有《民事诉讼法》第二百条规定情形之一的，或者发现调解书损害国家利益、社会公共利益的，可以向同级人民法院提出检察建议，并报上级人民检察院备案；也可以提请上级人民检察院向同级人民法院提出抗诉。各级人民检察院对审判监督程序以外的其他审判程序中审判人员的违法行为，有权向同级人民法院提出检察建议。

(3) 当事人申请再审。当事人对已经发生法律效力的判决、裁定，认为有错误的，可以向上一级人民法院申请再审；当事人一方人数众多或者当事人双方为公民的案件，也可以向原审人民法院申请再审。当事人申请再审的，不停止判决、裁定的执行。当事人对已经发生法律效力的调解书，提出证据证明调解违反自愿原则或者调解协议的内容违反法律的，可以申请再审。经人民法院审查属实的，应当再审。

《民事诉讼法》第二百条规定，当事人的申请符合下列情形之一的，人民法院应当再审：有新的证据，足以推翻原判决、裁定的；原判决、裁定认定的基本事实缺乏证据证明的；原判决、裁定认定事实的主要证据是伪造的；原判决、裁定认定事实的主要证据未经质证的；对审理案件需要的主要证据，当事人因客观原因不能自行收集，书面申请人民法院调查收集，人民法院未调查收集的；原判决、裁定适用法律确有错误的；审判组织的组成不合法或者依法应当回避的审判人员没有回避的；无诉讼行为能力人未经法定代理人代为诉讼或者应当参加诉讼的当事人，因不能归责于本人或者其诉讼代理人的事由，未参加诉讼的；违反法律规定，剥夺当事人辩论权利的；未经传票传唤，缺席判决的；原判决、裁定遗漏或者超出诉讼请求的；据以作出原判决、裁定的法律文书被撤销或者变更的；审判人员在审理该案件时有贪污受贿，徇私舞弊，枉法裁判行为的。

(五) 民事裁判

民事裁判，是指人民法院在审理民事案件的过程中，对所审理案件的实体争议、程序问题或者其他特殊问题，依据事实和国家的法律规定做出判定的民事诉讼行为。广义的民事裁判包括人民法院的判决、裁定和决定。

1. 民事判决

民事判决是指人民法院对争议案件经过审理后，对案件中所涉及的当事人之间的实体问题所做出的结论性判定。民事判决必须采用书面形式，即判决书。判决书一经生效，当事人必须遵守，人民法院不能随意改变，社会应当尊重。当事人对于同一标的不得以同样的事实再提起诉讼。生效判决具有给付内容的，可以直接作为人民法院强制执行的根据。当事人不服法院第一审判决的，有权在判决书送达之日起 15 日内向上一级法院提起上诉。

2. 民事裁定

民事裁定是指人民法院在审理民事案件的过程中，为保障审理工作的顺利进行，就诉讼中的程序问题所做出的司法判定。裁定是人民法院用于指挥诉讼的手段，解决的是程序性问题，作用于诉讼过程。对裁定不服的上诉期是 10 日。

3. 民事决定

民事决定是指在民事诉讼过程中，为保证人民法院能够公正地审理民事案件，维护正常的诉讼秩序，正确处理人民法院内部的工作关系，人民法院对诉讼中发生的特殊事项所做出的职务上的判定。民事决定可以是书面形式，也可以是口头形式，由书记员记入笔录。民事决定一经做出，立即发生法律效力。

复习思考题

一、单项选择题

1. 关于民事法律关系，下列选项中正确的是(　　)。
   A. 民事法律关系只能由当事人自主设立　　B. 民事法律关系的主体即自然人和法人
   C. 民事法律关系的客体包括不作为　　D. 民事法律关系的内容均由法律规定

2. 甲手机专卖店门口立有一块木板，上面写着"假一罚十"4 个醒目大字。乙从该店购买了一部手机，后经有关部门鉴定，该手机属于假冒产品，乙遂要求甲履行其"假一罚十"的承诺。关于本案，下列选项中正确的是(　　)。
   A. "假一罚十"过分加重了甲的负担，属于无效的格式条款
   B. "假一罚十"没有被订入合同之中，故对甲没有约束力
   C. "假一罚十"显失公平，甲有权请求法院予以变更或者撤销
   D. "假一罚十"是甲自愿做出的真实意思表示，应当认定为有效

3. 根据《民法典》的规定，(　　)以上的未成年人为限制民事行为能力人，实施民事法律行为由其法定代理人代理或者经其法定代理人同意、追认，但是可以独立实施纯获利益的民事法律行为或者与其年龄、智力相适应的民事法律行为。
   A. 十周岁　　　　　B. 十四周岁　　　　　C. 八周岁　　　　　D. 六周岁

4. 《民法典》规定，民事主体从事民事活动，不违反法律和行政法规的强制性规定，不得违背(　　)。
   A. 合法合理原则　　　　　　　　　　B. 公序良俗
   C. 社会主义核心价值观　　　　　　　D. 相关政策

5. 下列纠纷中，可以适用《仲裁法》解决的是(　　)。
   A. 甲乙之间的农村土地承包合同纠纷　　B. 甲乙之间的货物买卖合同纠纷
   C. 甲乙之间的遗产继承纠纷　　　　　　D. 甲乙之间的劳动争议纠纷

6. 下列不需要回避的是( )。
   A. 人民陪审员李某为本案原告的叔叔
   B. 书记员何某是本案被告某公司的股东
   C. 审判员宋某为本案原告代理律师的大学同学
   D. 审判长朱某与本案原告代理人刘律师(常在本院办案)认识,但无私交

二、多项选择题
1. 下列各项中,属于经济法律关系构成要素的是( )。
   A. 主体　　　　　B. 客体　　　　　C. 对象　　　　　D. 内容
2. 下列各项中,可以成为经济法律关系主体的是( )。
   A. 自然人　　　　B. 国家机关　　　C. 企业　　　　　D. 农村承包经营户
3. 下列有关经济法律关系主体的表述中,正确的有( )。
   A. 经济法律关系主体能够以自己的名义独立地参加经济法律关系
   B. 经济法律关系主体是经济法律关系中权利和义务的承担者
   C. 经济法律关系主体能够独立地承担经济法律责任
   D. 经济法律关系主体必须具有一定的财产权
4. 下列各项中,可以成为经济法律关系客体的是( )。
   A. 著作权　　　　B. 经济行为　　　C. 房产　　　　　D. 有价证券
5. 无效民事行为的法律后果包括( )。
   A. 恢复原状　　　B. 赔偿损失　　　C. 追缴财产　　　D. 判处罚金
6. 下列关于诉讼时效的表述中,正确的是( )。
   A. 诉讼时效期间届满,权利人不得请求对方当事人履行义务
   B. 诉讼时效中止后,之前经过的期间统归无效
   C. 诉讼时效期间届满,当事人仍然可以自愿履行义务
   D. 当事人在合同中对于诉讼时效的约定,人民法院将不予支持
7. 根据民事诉讼法有关管辖的规定,下列民事诉讼中由原告住所地人民法院管辖的是( )。
   A. 天津市张某对旅居美国的李某提起离婚之诉
   B. 北京市王某对被宣告失踪人邓某提起离婚之诉
   C. 四平市孙某对被劳动教养的陈某提起侵权之诉
   D. 长春市吴某对被监禁的闫某提起侵权之诉
8. 根据我国有关法律规定,下列第一审民事案件中不属于中级人民法院管辖的是( )。
   A. 一般的涉外案件　　　　　　　B. 专利纠纷案件
   C. 涉及国家秘密案件　　　　　　D. 商标纠纷案件

三、名词解释
1. 经济法　　2. 法律关系　　3. 法律行为　　4. 代理　　5. 诉讼时效
6. 除斥期间　　7. 仲裁协议　　8. 民事诉讼

四、简答题
1. 简述法律关系的要素。
2. 简述法律行为的类型。

3. 简述法律行为的效力类型。
4. 简述代理权行使的限制。
5. 简述表见代理的构成要件。
6. 简述申请仲裁应当符合的条件。
7. 简述中级人民法院管辖一审民事案件的范围。

五、案例分析题

某贸易公司职员肖某要去北京探亲，公司经理要求他为公司采购 5 台电脑，要求一定要买原装机，质量一定要好。肖某到北京后走亲访友，没有时间采购，于是找到其表弟杜某，请他代为购买并将公司经理的要求告诉杜某。杜某答应代为购买后找到自己做电脑生意的朋友刘某，对刘某说帮表哥买 5 台电脑。刘某给杜某组装了 5 台电脑，每台售价 2 万元，还给了杜某 5000 元好处费。刘某将电脑交给肖某，肖某未验货即将电脑运回贸易公司。公司使用后发现电脑并非原装机，质量差，市场价每台仅 1 万元左右。

请回答：

贸易公司的损失应当由谁承担？

第二章

企业法律制度

凡属以营利为目的，从事媒介交易之行为，皆称之为商。

——张国键

课前导读

企业是市场经济活动的主要参与者，其本质是一种资源配置的机制。企业存在三类基本组织形式：个人独资企业、合伙企业和公司。不同的企业组织形式有不同的法律特征。

个人独资企业投资人对所投资企业的财产，与其个人的财产并无实质上的区别。个人独资企业的经营成果归其个人所得，一个企业完全为一个人所拥有，它的全部财产权利归属于一个人，企业的风险和债务均由其个人承担。个人独资企业的投资人以其个人财产对企业债务承担无限责任。

出于对募集资金、分担经营负担和分散风险的需要，商事主体的经营方式由"独资经营"进化到了"合伙经营"。合伙企业属于典型的人合企业，其设立以合伙人相互信任为基础，每一个普通合伙人都对合伙债务承担无限连带责任。合伙人对执行合伙事务有同等权利，每一个合伙人对外都代表合伙企业。合伙人共同享有不可分割的合伙权益，包括合伙财产权、分享利润、合伙盈余权、平等参与合伙企业经营管理的权利。

要点提示

1. 个人独资企业法律制度的主要内容
2. 合伙人的内部关系、合伙人与第三人的关系等法律规定
3. 特殊的普通合伙企业的主要内容
4. 普通合伙企业与有限合伙企业的区别和联系

第一节　企业法概述

一、企业的概念和分类

(一) 企业的概念和特征

企业是指依法设立的，以营利为目的从事商品生产经营和服务活动的独立核算的经济组织。它是社会经济生活中独立的市场主体，是现代社会中最常见、最基本的经济组织形式。企业区别于其他社会组织的特征主要有：①依法设立，具有合法性；②从事商品生产经营活动或者服务活动，具有经济实体性；③实行经济核算，以一定的法律形态存在。

(二) 企业的分类

企业按照不同的分类标准，有不同种类的划分方式。

(1) 按照投资者承担责任形式的不同来划分，企业的法律形态有公司、合伙企业和个人独资企业。

(2) 按照所有制形式的不同来划分，企业的法律形态有国有企业、集体所有制企业、私营企业、外商投资企业。

(3) 按企业是否具有法人资格为标准，可以将企业划分为法人企业和非法人企业两大类。具有法人资格的企业为法人企业，如有限责任公司、股份有限公司、国有独资公司、中外合资经营企业、外资企业等。不具有法人资格的企业为非法人企业，如个人独资企业、合伙企业和不具有法人资格的中外合作经营企业等。

二、我国现行企业法律制度

企业法，是指调整企业的设立、变更和终止，以及企业内外部组织关系法律规范的总称。企业法的基本特征是组织法。我国企业法的表现形式，即企业法规范性文件主要有：《中华人民共和国合伙企业法》《中华人民共和国个人独资企业法》和《中华人民共和国外商投资法》等。《中华人民共和国公司法》也属于企业法体系的范畴。目前，一个适应市场经济、现代企业制度建设和世贸组织规则的中国企业法体系正在逐步形成。

本章主要介绍《中华人民共和国个人独资企业法》(以下简称《个人独资企业法》)和《中华人民共和国合伙企业法》(以下简称《合伙企业法》)有关法律的内容。公司法律制度将在第三章专门介绍。

三、企业法的主要内容

作为经济主体法或经济组织法，企业法的主要内容包括以下几个方面。

(一) 关于企业设立、变更和终止的规定

企业作为一种进行市场活动的经济实体，必须具备合法的主体资格。因此企业法一般都明确规定企业取得合法主体资格的实体条件和程序条件。设立企业的实体条件主要包括要求企业具备一定的名称、组织形式、生产经营场所、必需的资产等。设立企业的程序条件主要有申请、审批和登记。

另外,企业法还规定企业主体资格变更和终止的条件和程序。

(二) 关于企业权利义务的规定

企业权利义务方面的规定,是对企业自主经营权行使范围的限定,企业权利义务的大小可以表明企业在社会经济生活中的法律地位以及企业外部环境的宽松程度。现行的几个企业法都规定了企业具有两大权利,即财产权和经营管理权。财产权是指企业对自己所有的财产或依法授予经营的财产享有占有、使用、收益和处分的权利。经营管理权是指企业在生产经营、人事劳动、资金分配等方面享有计划、组织、指挥等权利。企业法同时规定了企业对国家、对社会、对职工应承担的义务。

第二节 个人独资企业法律制度

一、个人独资企业法概述

(一) 个人独资企业的概念和特征

1. 个人独资企业的概念

个人独资企业,简称独资企业,是指在中国境内设立,由一个自然人投资,全部资产为投资人个人所有,投资人以其个人财产对企业债务承担无限责任的营利性经济组织。独资企业是一种很古老的企业形式,至今仍广泛运用于商业经营中。

2. 个人独资企业的特征

个人独资企业具有以下法律特征。

(1) 个人独资企业是由一个自然人投资的企业。设立个人独资企业只能是一个自然人,国家机关、国家授权投资的机构或国家授权的部门、企业、事业单位等都不能成为个人独资企业的投资人。《中华人民共和国个人独资企业法》第四十七条规定:"外商独资企业不适用本法。"因此《个人独资企业法》所指的自然人是指中国公民。

(2) 个人独资企业的投资人对企业的债务承担无限责任。由于个人独资企业的投资人仅为一个自然人,因此,对企业出资多少、是否追加投资或减少投资、采取什么样的经营方式等事项均由投资人一人决定。投资人对企业的债务承担无限责任,即当企业的资产不足以清偿到期债务时,投资人应以自己个人的全部财产用于清偿,这实际上是将企业的责任与投资人的责任连为一体。

(3) 个人独资企业的内部机构设置简单,经营管理方式灵活。个人独资企业的投资人既是企业的所有者,又可以是企业的经营者,因此,法律对其内部机构设置和经营管理方式不像对公司和其他企业那样加以严格的规定。

(4) 个人独资企业是非法人企业。个人独资企业由一个自然人出资,投资人对企业的债务承担无限责任。在权利义务上,企业和个人是融为一体的,企业的责任即是投资人个人的责任,企业的财产即是投资人个人的财产。因此,个人独资企业不具有法人资格,也无独立承担民事责任的能力。个人独资企业虽然不具有法人资格,但却是独立的民事主体,可以自己的名义从事民事活动。

(二) 个人独资企业法的概念

个人独资企业法有广义和狭义之分。狭义的个人独资企业法是指我国于 1999 年 8 月 30 日第九届全国人民代表大会常务委员会第十一次会议通过并于 2000 年 1 月 1 日起实施的《中华人民共和国个人独资企业法》。广义的个人独资企业法是指国家立法机关或者其他有权机关依法制定的，调整个人独资企业的法律规范的总称。如果无特殊说明，本书采用广义的概念。

我国《个人独资企业法》第一条规定了其立法宗旨："为了规范个人独资企业的行为，保护个人独资企业投资人和债权人的合法权益，维护社会经济秩序，促进社会主义市场经济的发展，根据宪法，制定本法。"

二、个人独资企业的设立

（一）个人独资企业设立的条件

根据《个人独资企业法》第八条规定，设立个人独资企业应当具备下列条件。

(1) 投资人为一个自然人。

(2) 有合法的企业名称。名称是企业的标志，企业必须有相应的名称，并应符合法律、法规的要求。个人独资企业的名称中不得使用"有限""有限责任"或者"公司"字样，个人独资企业的名称可以叫厂、店、部、中心和工作室等。

(3) 有投资人申报的出资。投资人可以个人财产出资，也可以家庭共有财产作为个人出资。《个人独资企业法》对设立个人独资企业的出资数额未作限制。根据规定，设立个人独资企业可以用货币出资，也可以用实物、土地使用权、知识产权或者其他财产权利出资。采取实物、土地使用权、知识产权或者其他财产权利出资的，应将其折算成货币数额。投资人申报的出资额应当与企业的生产经营规模相适应。以家庭共有财产作为个人出资的，投资人应当在设立(变更)登记申请书上予以注明。

(4) 有固定的生产经营场所和必要的生产经营条件。生产经营场所包括企业的住所和与生产经营相适应的处所。住所是企业的主要办事机构所在地，是企业的法定地址。

(5) 有必要的从业人员，即要有与其生产经营范围、规模相适应的从业人员。

（二）个人独资企业的设立程序

个人独资企业的设立采取直接登记制，即设立独资企业无须经过任何部门的审批，而由投资人根据设立准则直接到工商行政管理部门申请登记。

1. 个人独资企业设立申请

个人独资企业的申请人是个人独资企业的投资人。投资人也可以委托其代理人向个人独资企业所在地的登记机关申请设立登记。投资人申请设立独资企业，应向登记机关提交下列文件。

(1) 设立申请书。设立申请书应包括下列事项：①企业的名称和住所(个人独资企业以其主要办事机构所在地为住所)；②投资人的姓名和居所；③投资人的出资额和出资方式；④经营范围。

(2) 投资人身份证明。

(3) 生产经营场所使用证明等文件。

由委托代理人申请设立登记的，应当出具投资人的委托书和代理人的合法证明。

2. 登记机关核准登记与企业成立

个人独资企业实行准则设立的原则，即个人独资企业依《个人独资企业法》规定的条件设立。登记机关应当在收到设立申请文件之日起 15 日内，对符合《个人独资企业法》规定条件者，予以登记，发给营业执照；对不符合《个人独资企业法》规定条件者，不予登记，并给予书面答复，说明理由。个人独资企业营业执照的签发日期为独资企业的成立日期。

(三) 个人独资企业的变更

个人独资企业的变更是指个人独资企业存续期间登记事项发生的变更，如企业名称、住所、经营范围、经营期限等方面发生的改变。独资企业应当在做出变更决定之日起的 15 日内依法向登记机关申请办理变更登记。个人独资企业登记事项发生变更时，未按《个人独资企业法》规定办理有关变更登记的，责令限期办理变更登记；逾期不办理的，处以 2000 元以下的罚款。

三、个人独资企业的投资人及事务管理

(一) 个人独资企业的投资人

1. 个人独资企业投资人的条件

由于个人独资企业具有投资主体的单一性、经营管理的直接性等特点，与公司大为不同，所以《个人独资企业法》没有对企业的组织机构做出具体规定，而有关的规定主要集中在投资人的条件以及企业设立的事务管理上。

个人独资企业投资人，是指以其财产投资设立独资企业的自然人。投资人只能是一个自然人，投资的财产必须是私人所有的财产。关于独资企业投资人的条件，《个人独资企业法》并未规定其积极条件，而只规定了其消极条件，即不得成为独资企业投资人的条件。该法第十六条规定："法律、行政法规禁止从事营利性活动的人，不得作为投资人申请设立个人独资企业"。这些人包括：①法官，即凡取得法官任职资格、依法行使国家审判权的审判人员；②检察官，即凡取得检察官任职资格、依法行使国家检察权的检察人员；③人民警察；④国家公务员。

2. 个人独资企业投资人的权利

(1) 个人独资企业投资人对企业财产享有所有权。独资企业成立时的出资和经营过程中积累的财产(如房屋、机器、设备、原材料等)都归独资企业的投资人所有。

(2) 个人独资企业的投资人的有关权利可以依法进行转让或继承。由于独资企业投资人的人格与企业的人格密不可分，企业财产所有权均归投资人，所以投资人对于企业财产享有充分和完整的支配与处置权。他既可以将企业财产的某一部分转让给他人，也可以将整个企业转让给他人。同时，当投资人死亡或被宣告死亡时，其继承人可以依《民法典》的规定对独资企业行使继承权。

3. 个人独资企业投资人的责任

个人独资企业投资人对企业债务承担无限责任。依照《个人独资企业法》第十八条的规定，个人独资企业投资人在申请企业设立登记时明确以其家庭共有财产作为个人出资的，应当依法以家庭共有财产对企业债务承担无限责任。换言之，以投资人个人财产出资设立的，由投资人的个人财产承担无限责任；以投资人的家庭财产出资设立的，由投资人的家庭财产承担无限责任。由于我国目前尚无完善的财产登记制度，个人财产与家庭财产往往难以区分，实践中主要根据独资企业设立登记时在工商行政管理机关的投资登记来确定投资人是以其个人财产还是家庭财产来对企业债务承担责任的。

(二) 个人独资企业的事务管理

1. 个人独资企业事务管理的方式

投资人有权自主选择企业事务的管理形式。个人独资企业的事务管理主要有三种方式。①自行管理，即由个人独资企业的投资人本人对本企业的经营事务直接进行管理。②委托管理，即由个人独资企业的投资人委托其他具有民事行为能力的人负责企业的事务管理。③聘任管理，即个人独资

企业的投资人聘用其他具有民事行为能力的人负责企业的事务管理。

2. 委托管理与聘任管理的要求

(1) 委托或聘任管理应签订书面合同。委托管理，须由投资人与受托人签订书面合同，明确委托的具体内容和授予的权利范围。聘任管理，须由投资人与被聘用的人签订书面合同，明确委托的具体内容和授予的权利范围。投资人委托或者聘用的人员管理个人独资企业事务时违反双方订立的合同，给投资人造成损害的，应承担民事赔偿责任。

(2) 投资人对受托人或者被聘用的人员职权的限制，不得对抗善意第三人。所谓"善意第三人"，是指在有关经济业务事项交往中，没有与受托人或者被聘用的人员串通，故意损害投资人利益的人。个人独资企业的投资人与受托人或者被聘用的人员之间有关权利义务的限制，只对受托人或者被聘用的人员有效，对第三人并无约束力，受托人或者被聘用的人员超出投资人的限制与善意第三人的有关业务交往应当有效。

(3) 受托人或者被聘用的管理人的义务

受托人或者被聘用人应当履行诚信、勤勉义务，按照与投资人签订的合同负责个人独资企业的事务管理。

根据《个人独资企业法》第二十条规定，投资人委托或者聘用的管理个人独资企业事务的人员不得有下列行为：①利用职务上的便利，索取或者收受贿赂；②利用职务或者工作上的便利侵占企业财产；③挪用企业的资金归个人使用或者借贷给他人；④擅自将企业资金以个人名义或者以他人名义开立账户储存；⑤擅自以企业财产提供担保；⑥未经投资人同意，从事与本企业相竞争的业务；⑦未经投资人同意，同本企业订立合同或者进行交易；⑧未经投资人同意，擅自将企业商标或者其他知识产权转让给他人使用；⑨泄露本企业的商业秘密；⑩法律、行政法规禁止的其他行为。

投资人委托或者聘用的人员违反上述规定，侵犯个人独资企业财产权益的，责令其退还侵占的财产；给企业造成损失的，依法承担赔偿责任；有违法所得的，没收违法所得；构成犯罪的，依法追究刑事责任。

【例2-1】 2015年8月25日，甲出资5万元设立A个人独资企业。甲聘请乙管理企业事务，同时规定，凡乙对外签订标的额超过1万元以上的合同，须经甲同意。10月20日，乙未经甲同意，以A企业名义向善意第三人丙购买价值2万元的货物。10月22日，丙将货物发至A企业，但甲以乙购买货物的行为超越其职权限制为由拒绝支付货款。双方协商未果。请问，乙购买货物的行为是否有效？为什么？

【解析】 乙购买货物的行为有效。根据《个人独资企业法》的规定，投资人对被聘用的人员职权的限制，不得对抗善意第三人。在本案中，尽管乙向丙购买货物的行为超越职权，但丙为善意第三人，因此，乙向丙购买货物的行为有效，甲应同意向丙支付货款。

四、个人独资企业的解散和清算

(一) 个人独资企业的解散

个人独资企业的解散是指终止个人独资企业活动而使其民事主体资格消灭的行为。解散是个人独资企业消灭的原因，但企业并非因解散事由的发生而立即消灭。个人独资企业的解散可分为两类。

(1) 任意解散。任意解散是指个人独资企业基于投资人的意思而解散，可分为两种情况：①投资人决定解散；②投资人死亡或者被宣告死亡，无继承人或者继承人决定放弃继承。

(2) 强制解散。强制解散是指个人独资企业基于主管机关的决定而解散，根据《个人独资企业法》第二十六条的规定，个人独资企业有下列情形之一时，应当解散：①个人独资企业被依法吊销企业营业执照；②法律、行政法规规定的其他情形。

【例2-2】张强为某高校研究生，经济上独立于其家庭。2015年6月，张强在工商行政管理机关注册成立了一家个人独资企业，出资额为人民币2000万元。开业后生意兴隆，张强先后雇用工作人员10名，但未给员工办理社会保险。后因经营不善，负债10万元。张强决定于2016年6月将企业自行解散。

要求分析：①张强设立的个人独资企业的负债，债权人是否可以要求以张强父母的财产清偿？②该个人独资企业的出资额是否合法？③该个人独资企业是否应给员工办理社会保险？④张强将该个人独资企业自行解散的行为是否有效？

【解析】①张强成立的是个人独资企业，依法应以张强个人财产对企业债务承担无限责任。由于张强在经济上独立于其家庭，因此，债权人无权向其家庭求偿。②《个人独资企业法》规定，个人独资企业应有投资人申报的出资，但并不要求有最低注册资金，因此，该个人独资企业的出资额合法。③《个人独资企业法》规定，个人独资企业应当按照国家规定，为职工缴纳社会保险费。在我国，社会保险属于强制性的保险，企业负有为职工办理并缴纳社会保险费的义务。④《个人独资企业法》规定，个人独资企业有下列情形之一时，应当解散：投资人决定解散；投资人死亡或者被宣告死亡，无继承人或者继承人决定放弃继承；被依法吊销营业执照；法律、行政法规规定的其他情形。因此，本例中张强解散个人独资企业的行为有效。

（二）个人独资企业的清算

个人独资企业解散时，应当进行清算。《个人独资企业法》对个人独资企业清算做了如下规定。

1. 通知和公告

个人独资企业解散，应由投资人自行清算或者由债权人申请人民法院指定清算人进行清算。投资人自行清算的，应当在清算前15日内书面通知债权人，无法通知的，应当予以公告。债权人应当在接到通知之日起30日内，未接到通知的应当在公告之日起60日内，向投资人申报其债权。

2. 财产清偿顺序

个人独资企业解散的，财产应当按照下列顺序清偿：①所欠职工工资和社会保险费用；②所欠税款；③其他债务。个人独资企业财产不足以清偿债务的，投资人应当以其个人的其他财产予以清偿。

【例2-3】2012年3月8日，李某出资5万元设立A个人独资企业，同时聘请张某管理企业事务。2016年8月31日，A企业严重亏损，不能清偿到期的丙的债务。李某决定解散该企业，并请求人民法院指定清算人。9月15日，人民法院指定丁作为清算人对A企业进行清算。经查，A企业和李某的资产及债权债务情况如下：①A企业欠缴税款5000元，欠张某工资5000元，欠社会保险费用2000元，欠刘某8万元；②A企业的银行存款2万元，实物折价6万元；③李某个人其他可执行的财产价值2万元。请问李某应如何进行财产清偿？

【解析】根据《个人独资企业法》的规定，A企业的财产清偿顺序为：①所欠职工工资和社会保险费用；②所欠税款；③其他债务。因此，首先，用A企业的银行存款和实物折价共8万元清偿所欠张某的工资、社会保险费用、税款后，剩余68000元用于清偿所欠刘某的债务；其次，A企业剩余财产全部用于清偿后，仍欠刘某12000元，可用李某其他可执行的个人财产2万元清偿。

3. 清算期间对投资人的要求

清算期间，个人独资企业不得开展与清算目的无关的经营活动。在按上述财产清偿顺序清偿债务前，投资人不得转移、隐匿财产。

4. 投资人的持续偿债责任

个人独资企业解散后，原投资人对个人独资企业存续期间的债务仍应承担偿还责任，但债权人在5年内未向债务人提出偿债要求的，该责任消灭。

【例2-4】张某于2012年3月成立一家个人独资企业。同年5月，该企业与甲公司签订一份买卖合同，根据合同，该企业应于同年8月支付给甲公司货款15万元，后该企业一直未支付该款项。2013年1月该企业因故解散。2015年5月，甲公司起诉张某，要求张某偿还上述15万元债务。下列有关此事的表述中，正确的是( )。

A. 因该企业已经解散，甲公司的债权已经消灭
B. 甲公司可以要求张某以个人财产承担15万元的债务
C. 甲公司请求张某偿还债务已超过诉讼时效，其请求不能得到支持
D. 甲公司请求张某偿还债务的期限应于2015年1月届满

【解析】正确答案是B。《个人独资企业法》规定，个人独资企业解散后，原投资人对个人独资企业存续期间的债务仍应承担偿还责任，但债权人在5年内未向债务人提出偿债请求的，该责任消灭。据此，张某的个人独资企业解散后，其对企业存续期间的债务仍应承担偿还责任，甲公司有权请求张某偿还债务的期限应于2018年1月届满，故ACD三项表述错误。

5. 注销登记

个人独资企业清算结束后，投资人或者人民法院指定的清算人应当编制清算报告，并于清算结束之日起15日内向原登记机关申请注销登记。

【例2-5】万某出资10万元成立一汽车配件经销店，企业性质为个人独资企业。1年后，万某委托妻弟苏某管理该店，自己整日沉迷于上网。几个月后，债权人相继找上门来，要求万某归还欠债。由于苏某管理不善，该经销店财产已所剩无几。万某宣称自己没有能力还债。债权人告上法庭，要求用万某和苏某的家庭共有财产抵偿债款。经法院查明，万某在设立登记时并没有明确是以家庭共有财产出资。

要求：根据上述情况和个人独资企业法律制度的规定，分析下列问题。
(1) 万某除用货币出资外，能否以自己的劳务作价出资？
(2) 万某能否委托自己的妻弟苏某经营管理其个人独资企业，为什么？
(3) 对该企业所欠债款，法院是否应支持债权人用万某和苏某的家庭财产抵偿债款的要求？为什么？万某和苏某各自应承担什么责任？

【解析】(1) 万某不能以自己的劳务作价出资。
(2) 万某可以委托自己的妻弟苏某经营管理其个人独资企业。根据个人独资企业法律制度的规定，个人独资企业的投资人可以自行管理企业事务，也可以委托或者聘用其他具有民事行为能力的人负责企业的事务管理。
(3) 法院不应支持债权人用万某和苏某的家庭财产抵偿债款的要求。根据个人独资企业法律制度的规定，个人独资企业投资人在申请企业设立登记时明确以其家庭共有财产作为个人出资的，应当依法以其家庭共有财产对企业债务承担无限责任。但万某设立企业时并未明确以其家庭共有财产

作为个人出资,所以不应以家庭共有财产对企业债务承担责任。至于苏某,并非该个人独资企业的投资人,只是经营管理人员,不应为企业债务对债权人承担个人责任,也不应该以其家庭共有财产承担责任。万某应当依法以其个人财产对企业债务承担无限责任。苏某应对万某承担经营不善的责任。

第三节 合伙企业法律制度

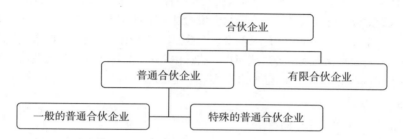

一、合伙企业法律制度概述

(一) 合伙的概念

合伙是指两个以上的人为着共同目的,相互约定共同出资、共同经营、共享收益、共担风险的自愿联合。在学理上和立法实践中,合伙有两种解释。一种解释认为,合伙是一种合同,即由合伙人订立,约定共同经营某项事业的协议,合伙关系即为合同关系。另一种解释认为,合伙是一种企业组织形式,即由合伙人联合而成的经济组织,或是由合伙人聚合而成的联合体。从合伙企业法中所指合伙的概念来看,不能仅仅将合伙看成一种合同关系,也不能单纯将合伙归结为一种企业形式,合伙应是一种以合同关系为基础的企业组织形式。

(二) 合伙企业的概念

合伙企业,是指自然人、法人和其他组织依照《中华人民共和国合伙企业法》(下称《合伙企业法》)在中国境内设立的普通合伙企业和有限合伙企业。

(三) 合伙企业的分类

合伙企业分为普通合伙企业和有限合伙企业。普通合伙企业又分为一般普通合伙企业和特殊普通合伙企业。普通合伙企业由普通合伙人组成,合伙人对合伙企业债务承担无限连带责任。

1. 一般普通合伙企业

一般普通合伙企业是普通的合伙企业,是由普通合伙人组成,全体合伙人对合伙企业债务承担无限连带责任的合伙企业。

2. 特殊普通合伙企业

特殊普通合伙企业是指以专业知识和专门技能为客户提供有偿服务而设立的合伙企业,合伙人在执业活动中因故意或重大过失造成合伙企业债务的,该合伙人承担无限连带责任,其他合伙人以其在合伙企业中的财产份额为限承担责任。

3. 有限合伙企业

有限合伙企业由普通合伙人和有限合伙人组成,普通合伙人对合伙企业债务承担无限连带责任,有限合伙人以其认缴的出资额为限对合伙企业债务承担责任。

(四) 合伙企业法的概念和基本原则

1. 合伙企业法的概念

合伙企业法有广义和狭义之分。狭义的合伙企业法,是指由国家最高立法机关依法制定的、规范合伙企业合伙关系的专门法律,即《中华人民共和国合伙企业法》。该法于1997年2月23日由第八届全国人民代表大会常务委员会第二十四次会议通过,2006年8月27日第十届全国人民代表大会常务委员会第二十三次会议修订。广义的合伙企业法,是指国家立法机关或者其他有权机关依法制定的、调整合伙企业合伙关系的各种法律规范的总称。因此,除了《合伙企业法》外,国家有关法律、行政法规和规章中关于合伙企业的法律规范,也都属于合伙企业法的范畴。

2. 合伙企业法的基本原则

《合伙企业法》遵循下列基本原则。

(1) 协商原则。合伙协议是合伙人建立合伙关系,确定合伙人各自的权利和义务,使合伙企业得以设立的前提,也是合伙企业的基础。合伙协议依法由全体合伙人协商一致,以书面形式订立。

(2) 自愿、平等、公平和诚实信用原则。订立合伙协议、设立合伙企业,应当遵循自愿、平等、公平和诚实信用原则。自愿原则是指全体合伙人在签订合伙协议、设立合伙企业的过程中,充分表达自己的真实意愿,根据自己的真实意愿做出签订合伙协议、设立合伙企业的意思表示。平等原则,是指全体合伙人在签订合伙协议、设立合伙企业的过程中,具有平等的法律地位、享受平等的法律待遇以及享有平等的法律保护。公平原则,是指全体合伙人在签订合伙协议、设立合伙企业的过程中,应当本着公平的观念实施自己的行为。同时,司法机关也应当本着公平的观念处理有关纠纷。诚实信用原则,是指全体合伙人在签订合伙协议、设立合伙企业的过程中,讲诚实、守信用,以善意的方式处理有关问题。

(3) 守法原则。合伙企业及其合伙人必须遵守法律、行政法规,遵守社会公德、商业道德,承担社会责任。

(4) 合法权益受法律保护原则。合伙企业及其合伙人的合法财产和合法权益受法律保护。这主要包括两方面的内容。一是受法律保护的对象是合法的财产和权益,也就是合伙企业及其合伙人财产应属于合法占有的财产,其权益也属于依法所享有的权益。非法占有的财产、非法所得利益,不仅不受法律的保护,而且要受到法律的制裁,责任人还应依法承担相应的法律责任。二是严禁任何单位和个人侵犯合伙企业及其合伙人合法占有的财产和依法应享有的权益。

(5) 依法纳税原则。依法纳税是每个公民和企业应尽的义务。合伙企业的生产经营所得和其他所得,按照国家有关税收规定,由合伙人分别缴纳所得税。合伙企业的生产经营所得和其他所得,是指合伙企业从事生产经营以及与生产经营有关的活动所取得的各项收入。合伙企业不缴纳企业所得税。

二、普通合伙企业

(一) 普通合伙企业的概念及特点

1. 普通合伙企业的概念

普通合伙企业,是指由普通合伙人组成,普通合伙人对合伙企业的债务依照《合伙企业法》的规定承担无限连带责任的一种合伙企业。

2. 普通合伙企业的特点

(1) 由普通合伙人组成。所谓普通合伙人,是指在合伙企业中对合伙企业的债务依法承担无限连带责任的自然人、法人和其他组织。《合伙企业法》规定,国有独资公司、国有企业、上市公司以及公益性事业单位、社会团体不得成为普通合伙人。

(2) 合伙人对合伙企业债务依法承担无限连带责任,法律另有规定的除外。所谓无限连带责任,包括两个方面。

一是无限责任,即所有的合伙人不仅以自己投入合伙企业的资金和合伙企业的其他资金对债权人承担清偿责任,而且在不够清偿时还要以合伙人自己所有的财产对债权人承担清偿责任。

二是连带责任,即所有的合伙人都有责任向债权人偿还合伙企业的债务,不管自己在合伙协议中所确定的承担比例如何。一个合伙人不能清偿对外债务的,其他合伙人有清偿的责任。但是,当某一合伙人偿还合伙企业的债务超过自己所应承担的数额时,有权向其他合伙人追偿。

(二) 普通合伙企业的设立条件及程序

1. 普通合伙企业设立的条件

根据《合伙企业法》的规定,设立合伙企业,应当具备下列条件。

(1) 有两个以上合伙人。合伙人为自然人的,应当具有完全民事行为能力。合伙企业的合伙人至少为两人以上,对于合伙企业合伙人数的最高限额,我国合伙企业法未做规定,完全由设立人根据所设企业的具体情况决定。

关于合伙人的资格,《合伙企业法》做了以下限定。①合伙人可以是自然人,也可以是法人或者其他组织。如何组成,除法律另有规定外不受限制。②合伙人为自然人的,应当具有完全民事行为能力。无民事行为能力人和限制民事行为能力人不得成为合伙企业的合伙人。③国有独资公司、国有企业、上市公司以及公益性的事业单位、社会团体不得成为普通合伙人。

(2) 有书面合伙协议。合伙协议是指由各合伙人通过协商,共同决定相互间的权利义务,达成的具有法律约束力的协议。合伙协议应当依法由全体合伙人协商一致,以书面形式订立。合伙协议应当载明下列事项:合伙企业的名称和主要经营场所的地点;合伙目的和合伙经营范围;合伙人的姓名或者名称、住所;合伙人的出资方式、数额和缴付期限;利润分配、亏损分担方式;合伙事务的执行;入伙与退伙;争议解决办法;合伙企业的解散与清算;违约责任等。合伙协议经全体合伙人签名、盖章后生效。合伙人按照合伙协议享有权利,履行义务。修改或者补充合伙协议,应当经全体合伙人一致同意;但是,合伙协议另有约定的除外。合伙协议未约定或者约定不明确的事项,由合伙人协商决定;协商不成的,依照《合伙企业法》和其他有关法律、行政法规的规定处理。

(3) 有合伙人认缴或者实际缴付的出资。合伙协议生效后,合伙人应当按照合伙协议的规定缴纳出资。合伙人可以用货币、实物、知识产权、土地使用权或者其他财产权利出资,也可以用劳务出资。合伙人以实物、知识产权、土地使用权或者其他财产权利出资,需要评估作价的,可以由全体合伙人协商确定,也可以由全体合伙人委托法定评估机构评估。合伙人以劳务出资的,其评估办法由全体合伙人协商确定,并在合伙协议中载明。合伙人应当按照合伙协议约定的出资方式、数额和缴付期限,履行出资义务。以非货币财产出资的,依照法律、行政法规的规定,需要办理财产权转移手续的,应当依法办理。

上述所称货币,是指充当一般等价物的特殊商品,是金钱的具体表现形式和度量单位;实物,一般是指厂房和其他建筑物、机器设备、原材料、零部件等;知识产权,是指基于智力的创造性活动所产生的由法律赋予知识产品所有人对其智力成果所享有的某些专有权利，包括著作权、专利权、商标权、发明权和发现权以及其他科技成果权等；土地使用权，是指公民或者法人、其他组织，依照法律、行政法规的规定，对国有或者集体所有的土地所享有的使用和收益的权利；劳务，是指出资人以自己的劳动技能等并通过自己的劳动体现出来的一种形式，比如司机的驾驶技能。

(4) 有合伙企业的名称和生产经营场所。普通合伙企业应当在其名称中标明"普通合伙"字样，其中特殊的普通合伙企业，应当在其名称中标明"特殊普通合伙"字样，合伙企业的名称必须和"合伙"联系起来，名称中必须有"合伙"二字。

(5) 法律、行政法规规定的其他条件。

【例2-6】甲、乙、丙拟设立一家普通合伙企业，并订立了一份合伙协议，部分内容如下：①甲的出资为现金1000元和劳务作价5万元；②乙的出资为现金5万元，于合伙企业成立后半年内缴付；③丙的出资为作价8万元的房屋一栋，不办理财产权转移手续，且丙保留对该房屋的处分权；④合伙企业的经营期限，于合伙企业成立满1年时再协商确定。

要求：分析该协议的上述4项内容是否符合《合伙企业法》的规定。

【解析】(1) 根据《合伙企业法》规定，合伙人可以用货币、实物、知识产权、土地使用权或者其他财产权利出资，也可以用劳务出资；合伙人以实物、知识产权、土地使用权或者其他财产权利出资，需要评估作价的，可以由全体合伙人协商确定，也可以由全体合伙人委托法定评估机构评估；合伙人以劳务出资的，其评估办法由全体合伙人协商确定，并在合伙协议中载明。因此，甲以现金和劳务出资，符合《合伙企业法》规定。

(2) 根据《合伙企业法》规定，设立合伙企业，应当具备下列条件：①有两个以上合伙人。合伙人为自然人的，应当具有完全民事行为能力；②有书面合伙协议；③有各合伙人认缴或者实际缴付的出资；④有合伙企业的名称和生产经营场所；⑤法律、行政法规规定的其他条件。从上述合伙企业设立条件第三项的规定，有各合伙人认缴或者实际缴付的出资，可知合伙人可以实际一次性缴付出资，也可以"认缴"的形式分期出资，但"认缴"必须在合伙协议中有所体现，不能随意进行。乙的出资于合伙企业成立后半年内缴付符合《合伙企业法》规定。

(3) 根据《合伙企业法》规定，合伙人应当按照合伙协议约定的出资方式、数额和缴付期限，履行出资义务；以非货币财产出资的，依照法律、行政法规的规定，需要办理财产权转移手续的，应当依法办理。丙以房屋出资，但不办理财产权转移手续，且保留对该房屋的处分权，则该房屋并未成为合伙企业的财产。因此，丙的出资不符合《合伙企业法》规定。

(4) 根据《合伙企业法》规定，合伙协议应当载明的事项中并不包括合伙企业的经营期限，因此，合伙企业的经营期限并不一定要在合伙企业成立时确定，该项内容符合《合伙企业法》的规定。

2. 普通合伙企业设立的程序

1) 提出申请

设立合伙企业，应由全体合伙人指定的代表或者共同委托的代理人向企业登记机关申请设立登记。登记机关为工商行政管理部门。

2) 提交材料

申请设立合伙企业，应向企业登记机关提交登记申请书、合伙协议书、全体合伙人的身份证明等文件。

3) 登记

企业登记机关应自收到申请人提交所需的全部文件之日起20日内，做出是否登记的决定。予以登记的，发给营业执照，合伙企业的营业执照签发日期为合伙企业成立之日。不予登记的，登记机关应当给予书面答复并说明理由。

合伙企业领取营业执照之前，合伙人不得以合伙企业的名义从事合伙业务。

(三) 普通合伙企业的财产

1. 合伙财产的概念与构成

合伙财产是指合伙存续期间，合伙人的出资和所有以合伙企业名义取得的收益及依法取得的其他财产。由于合伙不享有法人资格，不形成统一的法人财产所有权，故合伙财产的性质比法人财产更为复杂。

《合伙企业法》第二十条规定："合伙人的出资、以合伙企业名义取得的收益和依法取得的其他财产，均为合伙企业的财产。"从这一规定可以看出，合伙企业的财产主要包括以下三部分。

(1) 合伙人的出资。《合伙企业法》第十六条第一款规定，"合伙人可以用货币、实物、知识产权、土地使用权或者其他财产权利出资，也可以用劳务出资。"这些出资形成了合伙企业的原始财产。

(2) 合伙业务执行所得。合伙企业作为一个独立的经济实体，有自己的独立利益，因此，以其名义取得的收益当然归属于合伙企业，成为合伙企业财产的一部分。这些收益主要包括合伙企业的公共积累资金、未分配的盈余、合伙企业的债权、工业产权和非专利技术等财产权利。

(3) 基于合伙财产而取得的财产，即根据法律、行政法规的规定合法取得的其他财产，如接受赠与的财产等。

2. 合伙企业财产的性质

合伙企业的财产具有独立性和完整性两方面的特征。所谓独立性，是指合伙企业的财产独立于合伙人。合伙人出资以后，一般说来，便丧失了对其作为出资部分的财产的所有权或者持有权、占有权。合伙企业的财产权主体是合伙企业，而不是每一个单独的合伙人。所谓完整性，是指合伙企业的财产作为一个完整的统一体而存在，合伙人对合伙企业财产权益的表现形式仅是依照合伙协议所确定的财产收益份额或者比例。

根据《合伙企业法》的规定，合伙人在合伙企业清算前，不得请求分割合伙企业的财产，但是，法律另有规定的除外。合伙人在合伙企业清算前私自转移或者处分合伙企业财产的，合伙企业不得以此对抗善意第三人。在确认善意取得的情况下，合伙企业的损失只能向合伙人进行追索，而不能向善意第三人追索。合伙企业也不能以合伙人无权处分其财产而对善意第三人的权利要求进行对抗，即不能以合伙人无权处分其财产而主张其与善意第三人订立的合同无效。当然，如果第三人是恶意取得，即明知合伙人无权处分而与之进行交易，或者与合伙人合谋共同侵犯合伙企业权益，则合伙企业可以据此对抗第三人。

3. 合伙人财产份额的转让

合伙人的财产份额是指合伙协议中约定的合伙人对合伙企业财产所享有的份额。财产份额与合伙人的身份紧密相连，拥有财产份额才可能获得合伙人身份。

合伙人财产份额的转让是指合伙企业的合伙人向他人转让其在合伙企业中的全部或者部分财产份额的行为。由于合伙人财产份额的转让将会影响到合伙企业以及其他合伙人的利益，因此，《合伙企业法》对合伙人财产份额的转让做了较为严格的规定。

(1) 内部转让规则。《合伙企业法》第二十二条第二款规定："合伙人之间转让在合伙企业中的全部或者部分财产份额时，应当通知其他合伙人。"这一规定适用于合伙财产份额的内部转让，即合伙人将其在合伙企业中的全部或者部分财产份额转让给其他合伙人的行为。

(2) 外部转让规则。《合伙企业法》第二十二条第一款规定："除合伙协议另有约定外，合伙人向合伙人以外的人转让其在合伙企业中的全部或者部分财产份额时，须经其他合伙人一致同意。"这一规定适用于合伙人财产份额的外部转让，即合伙人将其在合伙企业中的全部或者部分财产份额转让给合伙人以外的第三人的行为。

(3) 优先购买权。《合伙企业法》第二十三条规定："合伙人向合伙人以外的人转让其在合伙企业中的财产份额的，在同等条件下，其他合伙人有优先购买权；但是，合伙协议另有约定的除外。"所谓优先购买权，是指在合伙人转让其财产份额时，在多数人接受转让的情况下，其他合伙人基于同等条件可优先于其他非合伙人购买的权利。优先购买权的发生需要两个前提条件：一是合伙人财产份额的转让没有约定的转让条件、转让范围的限制；二是在同等条件下优先购买，包括购买的价格条件及其他条件。这一规定的目的在于维护合伙企业现有合伙人的利益，维护合伙企业的稳定。

4. 合伙人财产份额的出质

合伙人以其在合伙企业中的财产份额出质的，须经其他合伙人一致同意，因为合伙人一旦将其财产份额设立质押，就有可能发生质权人行使质权的情形，这样必然影响合伙企业和其他合伙人的利益。如果未经其他合伙人一致同意，其行为无效。由此给善意第三人造成损失的，由行为人依法承担赔偿责任。合伙人财产份额的出质，是指合伙人将其在合伙企业中的财产份额作为质押物来担保债权人债权实现的行为。对合伙人财产份额出质的规定，包括以下两方面的内容：一是合伙人可以其在合伙企业中的财产份额作为质物，与他人签订质押合同，但必须经其他合伙人一致同意，否则，合伙人的出质行为无效，即不产生法律上的效力，不受法律的保护。二是合伙人非法出质给善意第三人造成损失的，依法承担赔偿责任。合伙人擅自以其在合伙企业中的财产份额出质，违背了合伙企业存续的基础，具有主观上的过错。合伙人非法出质给善意第三人造成损失的，应当依法赔偿因其过错行为给善意第三人所造成的损失。

【例2-7】甲、乙、丙为某普通合伙企业的合伙人。在征得乙、丙同意的情况下，甲将其在合伙企业中的财产份额转让给丁，双方签订了转让协议并办理了相关手续。后甲对戊负债，无力用个人财产清偿，戊决定向人民法院请求强制执行甲在合伙企业中的财产份额用于清偿。

要求：分析戊是否有权对该财产份额请求强制执行。

【解析】《合伙企业法》规定，除合伙协议另有约定外，合伙人向合伙人以外的人转让其在合伙企业中的全部或者部分财产份额时，须经其他合伙人一致同意。合伙人之间转让在合伙企业中的全部或者部分财产份额时，应当通知其他合伙人。因此，甲在取得其他合伙人一致同意的情况下，可以将其在合伙企业中的财产份额转让给丁。甲与丁已签订了转让协议，那么甲在合伙企业中已没有财产份额，戊也就无权请求强制执行。所以，本例中戊无权请求强制执行。

(四) 普通合伙企业的事务执行

1. 合伙人执行合伙事务的平等权利

合伙事务的执行是指为实现合伙目的而进行的业务活动。执行合伙事务是合伙人的权利，每一个合伙人，不管出资额多少，对执行合伙事务享有同等的权利。《合伙企业法》第二十六条第一款对此有明确的规定："合伙人对执行合伙事务享有同等的权利。"

2. 合伙事务的执行方式

根据《合伙企业法》的规定，合伙人执行合伙企业事务，可以有两种形式。

(1) 全体合伙人共同执行合伙事务。这是合伙事务执行的基本形式，也是在合伙企业中经常使用的一种形式,尤其是在合伙人较少的情况下更为适宜。在采取这种形式的合伙企业中,按照合伙协议的约定,各个合伙人都直接参与经营,处理合伙企业的事务,对外代表合伙企业。

(2) 委托一个或者数个合伙人执行合伙事务。该形式是在各合伙人共同执行合伙事务的基础上引申而来。在合伙企业中,有权执行合伙事务的合伙人并不都愿意行使这种权利,而愿意委托其中的一个或者数个合伙人执行合伙事务,从而就从共同执行合伙事务的基本形式中,引申出了共同委托一部分人去执行合伙事务的形式。按照合伙协议的约定或者经全体合伙人决定,可以委托一个或者数个合伙人对外代表合伙企业,执行合伙事务。①关于合伙企业事务委托给一个或者数个合伙人执行时,其他未接受委托的合伙人是否还可以再执行合伙企业事务的问题,《合伙企业法》对此做了明确规定,即委托一个或者数个合伙人执行合伙事务的,其他合伙人不再执行合伙事务。这一规定主要是考虑到按照合伙协议的约定或者经全体合伙人决定,已经将合伙事务委托给部分合伙人执行,就没有必要再由其他合伙人执行,否则容易引起矛盾与冲突。当然,对合伙协议或者全体合伙人做出的决定以外的某些事项,如果没有委托一个或数个合伙人执行时,可以由全体合伙人共同执行或者由全体合伙人决定委托给某一个特定的合伙人办理。②合伙人可以将合伙事务委托给一个或者数个合伙人执行,但并非所有的合伙事务都可以委托给部分合伙人决定。根据《合伙企业法》的规定,除合伙协议另有约定外,合伙企业的下列事项应当经全体合伙人一致同意:改变合伙企业的名称;改变合伙企业的经营范围、主要经营场所的地点;处分合伙企业的不动产;转让或者处分合伙企业的知识产权和其他财产权利;以合伙企业名义为他人提供担保;聘任合伙人以外的人担任合伙企业的经营管理人员。

【例2-8】甲、乙、丙3人成立一家普通合伙企业,推举甲为负责人并管理合伙企业的日常事务。后甲在执行企业事务时,未经其他合伙人同意,独自决定以合伙企业的房屋为丁公司向银行贷款提供抵押。

要求:分析甲的行为是否符合法律规定。

【解析】根据《合伙企业法》规定,除合伙协议另有约定外,合伙企业的下列事项应当经全体合伙人一致同意:①改变合伙企业的名称;②改变合伙企业的经营范围、主要经营场所的地点;③处分合伙企业的不动产;④转让或者处分合伙企业的知识产权和其他财产权利;⑤以合伙企业名义为他人提供担保;⑥聘任合伙人以外的人担任合伙企业的经营管理人员。以合伙企业的房屋为丁公司向银行贷款提供抵押,属于合伙企业为他人提供担保,需经全体合伙人同意。而甲独自决定实施了该行为,违反了《合伙企业法》的规定。

3. 合伙人在执行合伙事务中的权利和义务

(1) 合伙人在执行合伙事务中的权利。根据《合伙企业法》的规定,合伙人在执行合伙事务中的权利主要包括以下内容。①合伙人对执行合伙事务享有同等的权利。合伙企业的特点之一就是合伙经营,各合伙人无论其出资多少,都有平等享有执行合伙企业事务的权利。②执行合伙事务的合伙人对外代表合伙企业。合伙人在代表合伙企业执行事务时,不是以个人的名义进行一定的民事行为,而是以合伙企业事务执行人的身份组织实施企业的生产经营活动。合伙企业事务执行人与代理人不同,代理人以被代理人的名义行事,代理权源于被代理人的授权;而合伙企业事务执行人虽以企业名义活动,但其权利来自于法律的直接规定。合伙企业事务执行人与法人单位的法定代表人也不同,法定代表人是法律规定的并经过一定登记手续而产生的法人单位的代表,他不一定是该法人单位的出资者;而合伙企业事务执行人则是因其出资行为取得合伙人身份,并可以对外代表合伙企业。考虑到法人和其他组织可以参与合伙,《合伙企业法》同时规定,作为合伙人的法人、其他组织执行合伙企业事务的，由其委托的代表执行。③不执行合伙事务的合伙人有监督权利。《合伙企业法》规定，不执行合伙事务的合伙人有权监督执行事务合伙人执行合伙事务的情况。这一规定有利于维护全体合伙人的共同利益，同时也可以促进合伙事务执行人更加认真谨慎地处理合伙企业事务。合伙事务是合伙企业的公共事务，事务的执行情况涉及每个合伙人的个人利益，每个合伙人都有权去关心合伙企业的利益。因此，不执行合伙事务的合伙人有权监督执行事务的合伙人执行合伙事务的情况。④合伙人有查阅合伙企业会计账簿等财务资料的权利。合伙经营是一种以营利为目的的经济活动，合伙人之间的财产共有关系、共同经营关系、连带责任关系决定了全体合伙人形成了以实现合伙目的为目标的利益共同体。每个合伙人都有权利而且有责任关心了解合伙企业的全部经营活动。因此，查阅合伙企业会计账簿等财务资料，作为了解合伙企业经营状况和财务状况的有效手段，成为合伙人的一项重要权利。⑤合伙人有提出异议的权利和撤销委托的权利。在合伙人分别执行合伙事务的情况下，由于执行合伙事务的合伙人的行为所产生的亏损和责任要由全体合伙人承担，因此，《合伙企业法》规定，合伙人分别执行合伙事务的，执行事务合伙人可以对其他合伙人执行的事务提出异议。提出异议时，应当暂停该项事务的执行。如果发生争议，依照有关规定做出决定。受委托执行合伙事务的合伙人不按照合伙协议或者全体合伙人的决定执行事务的，其他合伙人可以决定撤销该委托。上述"依照有关规定做出决定"是指，合伙人对合伙企业有关事项做出决议，按照合伙协议约定的表决办法办理。合伙协议未约定或者约定不明确的，实行合伙人一人一票并经全体合伙人过半数通过的表决办法。

(2) 合伙人在执行合伙事务中的义务。根据《合伙企业法》的规定，合伙人在执行合伙事务中的义务主要包括以下内容。①合伙事务执行人向不参加执行事务的合伙人报告企业经营状况和财务状况。《合伙企业法》规定，由一个或者数个合伙人执行合伙事务的，执行事务合伙人应当定期向其他合伙人报告事务执行情况以及合伙企业的经营和财务状况，其执行合伙事务所产生的收益归合伙企业，所产生的费用和亏损由合伙企业承担。②合伙人不得自营或者同他人合作经营与本合伙企业相竞争的业务。各合伙人组建合伙企业是为了合伙经营、共享收益，如果某一合伙人又从事或者与他人合作从事与合伙企业相竞争的业务，势必影响合伙企业的利益，背离合伙的初衷。同时还可能形成不正当竞争，使合伙企业处于不利地位，损害其他合伙人的利益。因此，《合伙企业法》规定，合伙人不得自营或者同他人合作经营与本合伙企业相竞争的业务。③合伙人不得同本合伙企业进行交易。合伙企业中每一合伙人都是合伙企业的投资者，如果自己与合伙企业交易，就包含了与自己交易，也包含了与别的合伙人交易，而这种交易极易损害他人利益。因此，《合伙企业法》规定，除合伙协议另有约定或者经全体合伙人一致同意外，合伙人不得同本合伙企业进行交易。④合伙人不得从事损害本合伙企业利益的活动。合伙人在执行合伙事务过程中，不得为了自己的私利，坑害其他合伙人利益，也不得与其他人恶意串通，损害合伙企业的利益。

4. 合伙事务执行的决议办法

《合伙企业法》规定，合伙人对合伙企业有关事项做出决议，按照合伙协议约定的表决办法办理。合伙协议未约定或者约定不明确的，实行合伙人一人一票并经全体合伙人过半数通过的表决办法。《合伙企业法》对合伙企业的表决办法另有规定的，从其规定。这一规定确定了合伙事务执行决议的两种法定办法。

(1) 由合伙协议对决议办法做出约定。这种约定有两个前提：一是不与法律相抵触，即法律有规定的按照法律的规定执行，法律未作规定的可在合伙协议中约定；二是在合伙协议中做出的约定，应当由全体合伙人协商一致共同做出。至于在合伙协议中所约定的决议办法，是采取全体合伙人一致通过,还是采取 2/3 以上多数通过,或者采取其他办法,由全体合伙人视所决议的事项而做出约定。

(2) 实行合伙人一人一票并经全体合伙人过半数通过的表决办法。这种办法也有一个前提,即合伙协议未约定或者约定不明确的,才实行合伙人一人一票并经全体合伙人过半数通过的表决办法。需要注意的是,对各合伙人,无论出资多少和以何物出资,表决权数应以合伙人的人数为准,亦即每一个合伙人对合伙企业有关事项均有同等的表决权,使用经全体合伙人过半数通过的表决办法。这种以合伙人数计算表决权的方式,与公司法规定的公司股东的表决权数,按照股东每股有一表决权的规定不同,体现了无限责任制度与有限责任制度的区别。

5. 合伙企业的损益分配

(1) 合伙损益。合伙损益包括两方面的内容。一是合伙利润,是指以合伙企业的名义所取得的经济利益,它反映了合伙企业在一定期间的经营成果。二是合伙亏损,是指以合伙企业的名义从事经营活动所形成的亏损。合伙亏损是全体合伙人所共同面临的风险,或者说是共同承担的经济责任。

(2) 合伙损益分配原则。合伙损益分配包含合伙企业的利润分配与亏损分担两个方面,对于合伙损益分配原则,《合伙企业法》做了规定,主要内容如下。①合伙企业的利润分配、亏损分担,按照合伙协议的约定办理;合伙协议未约定或者约定不明确的,由合伙人协商决定;协商不成的,由合伙人按照实缴出资比例分配、分担;无法确定出资比例的,由合伙人平均分配、分担。②合伙协议不得约定将全部利润分配给部分合伙人或者由部分合伙人承担全部亏损。

6. 非合伙人参与经营管理

在合伙企业中,往往由于合伙人经营管理能力不足,需要在合伙人之外聘任非合伙人担任合伙企业的经营管理人员,参与合伙企业的经营管理工作。《合伙企业法》规定,除合伙协议另有约定外,经全体合伙人一致同意,可以聘任合伙人以外的人担任合伙企业的经营管理人员。这项法律规定有 3 层含义:①合伙企业可以从合伙人之外聘任经营管理人员;②聘任非合伙人的经营管理人员,除合伙协议另有约定外,应当经全体合伙人一致同意;③被聘任的经营管理人员,仅是合伙企业的经营管理人员,不是合伙企业的合伙人,因而不具有合伙人的资格。

关于被聘任的经营管理人员的职责,《合伙企业法》做了明确规定,主要有:①被聘任的合伙企业的经营管理人员应当在合伙企业授权范围内履行职务;②被聘任的合伙企业的经营管理人员,超越合伙企业授权范围履行职务,或者在履行职务过程中因故意或者重大过失给合伙企业造成损失的,依法承担赔偿责任。

【例2-9】甲、乙、丙成立一普通合伙企业,其合伙协议中约定:"合伙企业的事务由甲全权负责,乙、丙不得过问,也不承担企业亏损的责任。"

要求:分析该约定的效力如何认定。

【解析】《合伙企业法》规定,合伙人对执行合伙事务享有同等的权利。按照合伙协议的约定或者经全体合伙人决定,可以委托一个或者数个合伙人对外代表合伙企业,执行合伙事务。委托一个或者数个合伙人执行合伙事务的,其他合伙人不再执行合伙事务。不执行合伙事务的合伙人有权监督执行事务合伙人执行合伙事务的情况。因此,约定甲全权负责有效,但不得约定乙、丙不得过问。《合伙企业法》规定,合伙协议不得约定将全部利润分配给部分合伙人或者由部分合伙人承担全部亏损。因此,约定乙、丙不承担企业亏损的责任无效。

(五) 普通合伙企业的外部关系

1. 合伙与善意第三人的关系

《合伙企业法》第三十七条规定:"合伙企业对合伙人执行合伙事务以及对外代表合伙企业权利的限制,不得对抗善意第三人。"善意第三人是指本着合法交易的目的,诚实地通过合伙企业的事务执行人,与合伙企业之间建立民事、商事法律关系的法人、非法人团体或自然人,包括善意取得合伙财产和善意与合伙企业设定其他法律关系的人。合伙人设立合伙的目的是通过合伙经营活动营利,而合伙的经营活动不是封闭的,必须通过市场与第三人进行相应的民事活动,达到经营目的。合伙人或聘用的经营管理人执行合伙企业事务受约定或法律规定的限制,但这些限制不得对抗不知情的善意第三人。保护善意第三人的利益是为了维护经济往来的交易安全,这是一项被广泛认同的法律原则。例如,合伙企业内部规定,有对外代表权的合伙人甲在签订合同时,须经乙和丙两个执行事务的合伙人的同意。如果甲自作主张没有征求乙和丙的同意,与第三人丁签订了一份买卖合同,而丁不知道在合伙企业内部对甲所做的限制,在合同的履行中,也没有从中获得不正当的利益。这种情况下,第三人丁应当为善意第三人,丁所得到的利益应当予以保护,合伙企业不得以其内部所做的在行使权利方面的限制为由,否定善意第三人丁的正当权益,拒绝履行合伙企业应承担的责任。

2. 合伙与债务人的关系

1) 合伙债务的性质属于补充性责任

《合伙企业法》规定,合伙企业对其债务,应先以其全部财产进行清偿;合伙企业财产不足以清偿到期债务的,各合伙人应当承担无限连带清偿责任。根据上述规定,合伙人对于合伙债务的清偿责任属于补充性责任,即只有当合伙财产不足以清偿合伙债务时方由合伙人承担责任。

2) 合伙人对合伙债务承担无限责任

各合伙人对于合伙财产不足以清偿的债务,负无限清偿责任,而不以出资额为限。此即合伙的无限责任。

3) 合伙人对合伙债务承担连带责任

连带责任意味着:其一,每个合伙人均须对全部合伙债务负责,债权人可以依其选择,请求全体、部分或者个别合伙人清偿债务,被请求的合伙人即须清偿全部的合伙债务,不得以自己承担的份额为由拒绝;其二,每个合伙人对合伙债务的清偿,均对其他合伙人发生清偿的效力;其三,合伙人由于承担连带责任所清偿债务数额超过其应当承担的数额时,有权向其他合伙人追偿。

4) 合伙人个人债务的清偿规则

(1) 债权人抵销权的禁止。当某一合伙人发生与合伙企业无关的债务,而该合伙人的债权人同时又负有对合伙企业的债务时,该债权人只能请求合伙人履行债务,而不得以其对合伙企业的债权主张相互抵销,即不得以其对某一合伙人的债权抵销其对合伙企业的债务。这是因为,该债权人对合伙企业的负债,实际上是对全体合伙人的负债;而合伙企业某一合伙人对该债权人的负债,只限于该合伙人个人。如果允许两者抵销,就等于强迫合伙企业其他合伙人对个别合伙人的个人债务承担责任。这违反了合伙企业的本意,加大了合伙人的风险,也不利于合伙企业这种经济组织形式的发展。

(2) 代位权的禁止。当合伙人发生与合伙企业无关的债务时,该合伙人的债权人不得以其债权人的身份而主张代为行使合伙人在合伙企业中的权利。这是因为,合伙人之间相互了解和信任是合伙关系稳定的基础,如果允许个别合伙人的债权人代为行使该合伙人在合伙企业中的权利,如参与管理权、事务执行权等,则不利于合伙关系的稳定和合伙企业的正常运营。况且,该债权人因无合伙人身份，其行使合伙人的权利而不承担无限连带责任，这无异于允许他将自己行为的责任风险转嫁于合伙企业的全体合伙人，这显然是不公平的。

(3) 合伙份额的强制执行。如果合伙人的自有财产不足以清偿其个人债务(即与合伙企业无关的债务)时，该合伙人的债权人可以请求人民法院强制执行该合伙人在合伙企业中的财产份额以清偿债务。这既保护了债权人的清偿利益，也无损于全体合伙人的合法权益。因为，在债权人取得其债务人从合伙企业中分取的收益用来清偿的情况下，该债权人并不参与合伙企业内部事务，也不妨碍其债务人作为合伙人正常行使其正当的权利。而在债权人依法请求人民法院强制执行债务人在合伙企业中的财产份额作为清偿的情况下，如果该债权人因取得该财产份额而成为合伙企业合伙人，则无异于合伙份额的转让，因此，债权人取得合伙人地位后，就要承担与其他合伙人同样的责任，因而不存在转嫁责任风险的问题。人民法院强制执行合伙人的财产份额时，应当通知全体合伙人，其他合伙人有优先购买权；其他合伙人未购买，又不同意将该财产份额转让给他人的，依照《合伙企业法》的规定为该合伙人办理退伙结算，或者办理削减该合伙人相应财产份额的结算。这里需要注意三点：一是这种清偿必须通过民事诉讼法规定的强制执行程序进行，债权人不得自行接管债务人在合伙企业中的财产份额；二是人民法院强制执行合伙人的财产份额时，应当通知全体合伙人；三是在强制执行个别合伙人在合伙企业中的财产份额时，其他合伙人有优先购买权。也就是说，如果其他合伙人不愿意接受该债权人成为其合伙企业新的合伙人，可以由他们中的一人或者数人行使优先购买权，取得该债务人的财产份额。受让人支付的价金，用于向该债权人清偿债务。

【例2-10】A合伙企业合伙人甲因个人购房，向非合伙人乙借款2万元，而乙曾与A合伙企业签订了一份买卖合同，还欠A合伙企业货款3万元。当A合伙企业向乙催要货款时，乙提出因甲欠其2万元，所以他只需付合伙企业1万元即可。

要求：分析乙的说法是否正确。

【解析】根据《合伙企业法》规定，合伙人发生与合伙企业无关的债务，相关债权人不得以其债权抵销其对合伙企业的债务；也不得代位行使合伙人在合伙企业中的权利。因此，合伙人的债权人不得对合伙企业主张抵销权。因该债权人对合伙企业的负债，实际上是对全体合伙人的负债；而对他欠债的，只是个别合伙人。如果允许两者抵销，就等于强迫合伙企业其他合伙人对个别合伙人的个人债务承担责任。这样做，违反了合伙制度的本意，加大了合伙人的风险，不利于合伙企业这种经济组织形式的发展。所以，乙的说法不正确。

(六) 普通合伙企业的入伙与退伙

1. 入伙

入伙是指在合伙企业存续期间，合伙人以外的第三人加入合伙企业并取得合伙人资格的行为。

1) 入伙的条件与程序

《合伙企业法》规定，新合伙人入伙，除合伙协议另有约定外，应当经全体合伙人一致同意，并依法订立书面入伙协议。订立入伙协议时，原合伙人应当向新合伙人如实告知原合伙企业的经营状况和财务状况。这一规定包括三层含义：

(1) 新合伙人入伙，应当经全体合伙人一致同意，未获得一致同意的，不得入伙。

(2) 新合伙人入伙，应当依法订立书面入伙协议，入伙协议应当以原合伙协议为基础，并对原合伙协议事项做相应变更，订立入伙协议不得违反公平原则、诚实信用原则。

(3) 订立入伙协议时，原合伙人应当向新合伙人如实告知原合伙企业的经营状况和财务状况。

2) 入伙的后果

①入伙人取得合伙人的资格；②入伙人对入伙前合伙企业的债务承担连带责任；③除入伙协议另有约定外，入伙人与合伙人享有同等权利，承担同等责任。

2. 退伙

退伙是在合伙存续期间，合伙人退出合伙企业，从而丧失合伙人资格。

1) 退伙的形式

根据退伙的原因不同，可将退伙分为自愿退伙和法定退伙。

(1) 自愿退伙。自愿退伙指合伙人依约定或单方面向其他合伙人声明退伙。合伙协议约定了合伙企业的经营期限，出现下列情形之一的，合伙人可以退伙：①合伙协议约定的退伙事由出现；②经全体合伙人一致同意；③发生合伙人难于继续参加合伙的事由；④其他合伙人严重违反协议约定的义务(参见《合伙企业法》第四十五条)。

退伙应当贯彻自愿原则，但是退伙涉及其他合伙人的利益，因此对自愿退伙也有一定的限制。合伙协议未约定合伙企业经营期限的，合伙人在不给合伙企业事务执行造成不良影响的情况下可以退伙，并应提前 30 日通知其他合伙人(参见《合伙企业法》第四十六条)。合伙人违反《合伙企业法》第四十五条、第四十六条的规定退伙的，应当赔偿由此给合伙企业造成的损失。

(2) 法定退伙。法定退伙是指基于法律规定的事由而退伙，包括除名退伙和当然退伙。

除名退伙是指当某合伙人出现除名事由时，经全体合伙人一致同意，将合伙人开除，而使其丧失合伙人资格。除名退伙又称强制退伙。除名退伙的事由包括：①未履行出资义务；②因故意或重大过失给合伙企业造成损失；③执行合伙事务时有不正当行为；④发生合伙协议约定的事由(参见《合伙企业法》第四十九条)。除名退伙必须遵守一定的程序。对合伙人的除名决议，应当书面通知被除名人。被除名人接到除名通知之日起，除名生效。被除名人对除名决议有异议的，可在自接到除名通知之日起 30 日内向人民法院起诉。

当然退伙事由包括：①作为合伙人的自然人死亡或者被依法宣告死亡；②个人丧失偿债能力；③作为合伙人的法人或其他组织依法被吊销营业执照、责令关闭、撤销，或者被宣告破产；④法律规定或者合伙协议约定合伙人必须具有相关资格而丧失相关资格；⑤合伙人在合伙企业中的全部财产份额被人民法院强制执行(参见《合伙企业法》第四十八条)。退伙事由发生日为退伙生效日。

2) 退伙的效力

合伙人因退伙而丧失合伙人资格，同时，退伙人应与合伙人进行财产关系的整理。

(1) 财务结算。其他合伙人应当与该退伙人按照退伙时合伙企业的财产状况进行结算，退还退伙人的财产份额，退伙时有未了结的合伙企业事务的，待了结后进行结算。

(2) 退还财产份额。退伙人在合伙企业中财产份额的退还办法，由合伙协议约定或者由全体合伙人决定，可以退还货币，也可以退还实物。

(3) 原有份额转归其他合伙人。退伙人就合伙财产原有的份额，在退伙发生效力时，当然转归其他合伙人。

(4) 对原有合伙债务的责任。退伙人对退伙后合伙企业发生的债务不负责任，但对其退伙前已发生的合伙企业债务，应与其他合伙人承担连带责任。

(5) 亏损承担。合伙人退伙时合伙企业财产少于企业债务的，退伙人应和其他合伙人依照合伙协议约定的比例分担亏损，合伙协议未约定亏损分担比例的，由各合伙人平均分担。

(七) 特殊的普通合伙企业

随着市场经济的蓬勃发展，社会对专业服务需求的日渐强烈，各种专业服务机构数量激增，合伙人数目大增，而像会计师事务所、律师事务所等专业服务机构的合伙人之间并不熟悉甚至不认识，这种情况完全与传统普通合伙的"人合性"相违背，让合伙人对其并不熟悉的合伙人的债务承担无限连带责任，有失公平。

1. 特殊的普通合伙企业的概念

特殊普通合伙，是指在特定情况下，不由全体合伙人对合伙债务承担无限连带责任的普通合伙。《合伙企业法》第五十五条规定："以专业知识和专门技能为客户提供有偿服务的专业服务机构，可以设立为特殊的普通合伙企业。"特殊的普通合伙仅适用于这类专业服务机构，例如医师事务所、律师事务所、会计师事务所、资产评估师事务所等。

特殊的普通合伙企业名称中应当标明"特殊普通合伙"字样，使企业名称体现其性质和责任形式，使人能够初步评价企业的信用，维护交易安全。

2. 特殊的普通合伙企业的责任形式

这是特殊的普通合伙企业制度的最关键的内容。

特殊的普通合伙企业适用特别规定，未作特别规定的，适用《合伙企业法》的其他规定。一个合伙人或者数个合伙人在执业活动中因故意或者重大过失造成合伙企业债务的，应当承担无限责任或者无限连带责任，其他合伙人以其在合伙企业中的财产份额为限承担责任。合伙人在执业活动中非因故意或者重大过失造成的合伙企业债务及合伙企业的其他债务，由全体合伙人承担无限连带责任。合伙人在执业活动中因故意或者重大过失造成的合伙企业债务，以合伙企业财产对外承担责任后，该合伙人应当按照合伙协议的约定对给合伙企业造成的损失承担赔偿责任。

3. 特殊的普通合伙企业的执业风险防范

特殊的普通合伙企业应当建立执业风险基金，办理职业保险。

(1) 执业风险基金。执业风险基金主要是指为了化解经营风险，特殊的普通合伙企业从其经营收益中提取相应比例的资金留存或者根据相关规定上缴至指定机构所形成的资金。

(2) 职业保险。职业保险又称职业责任保险，是指承保各种专业技术人员因工作上的过失或者疏忽大意所造成的合同一方或者他人的人身伤害或者财产损失的经济赔偿责任的保险。

【例2-11】张某、王某和李某三位注册会计师各出资200万元，设立了A会计师事务所。张某和王某因重大过失出具了虚假的审计报告，致使合伙企业负担了1000万元的债务。请问：这笔债务该如何承担？

【解析】根据《合伙企业法》规定，该会计师事务所属于特殊的普通合伙企业。张某和王某以会计师事务所的名义出具审计报告，属于合伙企业的债务。应当首先以合伙企业的全部财产600万元清偿债务。不足的400万元由当事人张某和王某承担连带责任，而李某无须承担责任，因为李某已经以其在合伙企业中的全部财产份额承担了责任。当事人张某和王某对外承担了无限连带责任后，还应按照合伙协议的约定对给合伙企业造成的损失承担赔偿责任。

三、有限合伙企业

有限合伙企业是普通合伙企业发展到一定阶段的产物,是合伙企业的高级形态。由于部分合伙人的责任与合伙企业债务相分离,使有限合伙企业有更强的稳定性和持久性,适应了市场经济中主体多元化的要求。设立有限合伙,目的是鼓励那些不愿承担无限责任的自然人、法人或者其他组织加入合伙企业。

(一) 有限合伙企业的概念

有限合伙企业是指由一个以上的普通合伙人和一个以上的有限合伙人共同设立的合伙企业。换言之,有限合伙企业中至少有一个普通合伙人和至少有一个有限合伙人,否则就不能称为有限合伙。

(二) 有限合伙企业的设立

1. 有限合伙企业合伙人的人数

根据合伙企业法的规定,有限合伙企业由2个以上50个以下合伙人设立,但法律另有规定的除外。这意味着有限合伙的合伙人最多不超过50人,至少应当有1个普通合伙人。

2. 有限合伙企业的名称

有限合伙企业的名称中应当标明"有限合伙"字样,以区别于普通合伙企业。有限合伙企业登记事项中应当载明有限合伙人的姓名或者名称及认缴的出资数额。这是由于有限合伙企业中的有限合伙人只对合伙企业债务承担有限责任,企业应当将一些情况进行公示,让交易相对人知悉,保护交易相对人的利益。

3. 有限合伙企业的合伙协议

有限合伙企业的合伙协议除需要记载普通合伙企业协议应当载明的事项,还需要载明以下特殊事项:①执行事务合伙人应具备的条件和选择程序;②执行事务合伙人的权限与违约处理办法;③执行事务合伙人的除名条件和更换程序;④有限合伙人入伙、退伙的条件、程序以及相关责任;⑤有限合伙人和普通合伙人相互转变的程序。

4. 有限合伙人的出资

有限合伙人可以货币、实物、知识产权、土地使用权或者其他财产权利作价出资,但不得以劳务出资。这是有限合伙人与普通合伙人在出资方式上的唯一差别。有限合伙人应当按照合伙协议的约定按期足额缴纳出资;未按期足额缴纳的,应当承担补缴义务,并对其他合伙人承担违约责任。

(三) 有限合伙企业的事务执行

1. 有限合伙企业事务执行人

有限合伙企业的事务由普通合伙人执行。

2. 禁止有限合伙人执行合伙事务

有限合伙人不执行合伙事务,也不得对外代表有限合伙企业。这是有限合伙企业与普通合伙企业的重要区别。在普通合伙企业中,任何一个合伙人都有权执行合伙事务,都有权对外代表合伙企业。

3. 不视为有限合伙人执行合伙事务的情形

①参与决定普通合伙人入伙、退伙;②对企业的经营管理提出建议;③参与选择承办有限合

企业审计业务的会计事务所；④获取经审计的有限合伙企业的财务会计报告；⑤对涉及自身利益的情况，查阅有限合伙企业财务会计账簿等财务资料；⑥在有限合伙企业中的利益受损时，向有责任的合伙人主张权利或者提起诉讼；⑦执行事务合伙人怠于行使权利时，督促其行使权利或者为了本企业的利益以自己的名义提起诉讼；⑧依法为本企业提供担保。

(四) 有限合伙人的特殊权利与义务

有限合伙企业的特点，就是有限合伙人以不执行合伙企业事务为代价，获得对合伙企业债务承担有限责任的权利。因此，在有限合伙企业中，有限合伙人的权利是受到一定限制的，包括有限合伙人不得以劳务出资，有限合伙人不执行合伙事务，不得对外代表有限合伙企业等。

有限合伙人对合伙企业债务承担有限责任也不是绝对的，当出现法定情形时，有限合伙人也会对合伙企业债务承担无限连带责任，比如《合伙企业法》第七十六条规定，第三人有理由相信有限合伙人为普通合伙人并与其交易的，该有限合伙人对该笔交易承担与普通合伙人同样的责任，即对该笔债务承担无限连带责任。

(五) 有限合伙与普通合伙的转换

(1) 当有限合伙企业仅剩下普通合伙人时，有限合伙企业转为普通合伙企业，并应当进行相应的变更登记。

(2) 当有限合伙企业仅剩有限合伙人时，则该企业不再是合伙企业，故应解散。

(3) 经全体合伙人一致同意，普通合伙人可以转变为有限合伙人，有限合伙人也可以转变为普通合伙人。有限合伙人转变为普通合伙人的，对其作为有限合伙人期间合伙企业发生的债务承担无限连带责任；普通合伙人转变为有限合伙人的，对其作为普通合伙人期间合伙企业发生的债务承担无限连带责任。

四、合伙企业的解散和清算

(一) 合伙的解散

合伙的解散是指因法定原因或约定原因而使合伙企业终止，分割合伙企业财产，全体合伙人的合伙关系归于消灭的程序或制度。根据《合伙企业法》的规定，合伙解散的事由包括以下几个方面。

(1) 合伙协议约定的经营期限届满，合伙人不愿继续经营。合伙协议约定有经营期限，期限届满时合伙人不愿意继续经营，合伙当然终止。这意味着合伙协议约定的经营期限届满并不必然引起合伙企业的解散，只有在同时具备与合伙人不愿继续经营的条件时，才会引起合伙企业的解散。如果合伙协议约定的经营期限届满后合伙人对继续经营合伙事业均无异议，则可认为合伙人一致同意延长合伙经营期限，延长后的期限则为不定期限。但此时应在原约定的经营期限届满之日起15日内向原登记机关办理有关变更登记手续。

(2) 合伙协议约定的解散事由出现。合伙协议如约定当某一事由出现时合伙便解散，则设立合伙的行为实为附解除条件的法律行为，条件成就时协议解除，合伙解散。

(3) 全体合伙人决定解散。合伙可由合伙人基于合意而设立，自然也可基于合伙人的合意而解散。无论合伙协议是否约定有合伙经营期限，合伙人均可通过合意而终止合伙协议，解散合伙。

(4) 合伙人已不具备法定人数满30天。根据《民法典》和《合伙企业法》的规定，合伙组织的合伙人必须是2人以上，若合伙成立后不断发生退伙而只剩下1人，便出现了合伙人不足法定人数的现象，当这种情形持续满30天时，合伙企业应当解散。

(5) 合伙协议约定的合伙目的已经实现或者无法实现。

(6) 被依法吊销营业执照、责令关闭或者被撤销。
(7) 出现法律、行政法规规定的合伙企业解散的其他原因。

(二) 合伙企业的清算

合伙解散的结果是合伙的终止，但合伙从宣布解散到最后终止有一个过程，中间过程就是要对合伙的债权、债务进行清算，解决合伙与债权、债务人的关系及合伙人内部的关系。合伙清算结束后，如原办理了合伙企业登记的，应依法办理合伙企业的注销登记。清算应按以下程序进行。

1. 确定清算人

合伙企业解散，应当由清算人进行清算。根据《合伙企业法》第八十六条规定，清算人由全体合伙人担任；经全体合伙人过半数同意，可以自合伙企业解散事由出现后 15 日内指定一个或者数个合伙人，或者委托第三人，担任清算人。自合伙企业解散事由出现之日起 15 日内未确定清算人的，合伙人或者其他利害关系人可以申请人民法院指定清算人。

清算人在清算期间执行下列事务：①清理合伙企业财产，分别编制资产负债表和财产清单；②处理与清算有关的合伙企业未了结事务；③清缴所欠税款；④清理债权、债务；⑤处理合伙企业清偿债务后的剩余财产；⑥代表合伙企业参加诉讼或者仲裁活动。

2. 通知和公告债权人

清算人自被确定之日起 10 日内将合伙企业解散事项通知债权人，并于 60 日内在报纸上公告。债权人应当自接到通知书之日起 30 日内，未接到通知书的自公告之日起 45 日内，向清算人申报债权。清算人申报债权，应当说明债权的有关事项，并提供证明材料。清算人应当对债权进行登记。清算期间，合伙企业存续，但不得开展与清算无关的经营活动。

3. 清偿合伙债务

合伙企业财产在支付清算费后，按照下列顺序清偿：①合伙企业所欠招用的职工的工资和劳动保险费用；②合伙企业所欠税款；③合伙企业的债务；④返还合伙人的出资。合伙企业解散后，原合伙人对合伙企业存续期间的债务仍应承担连带责任，但债权人在 5 年内未向债务人提出偿债请求的，该责任消灭。清算结束，应当编制清算报告，经全体合伙人签名、盖章后，在 15 日内向企业登记机关报送清算报告，办理合伙企业注销登记。

合伙企业不能清偿到期债务的，债权人可以依法向人民法院提出破产清算申请，也可以要求普通合伙人清偿。合伙企业依法被宣告破产的，普通合伙人对合伙企业债务仍应承担无限连带责任。

4. 注销登记

清算结束，清算人应当编制清算报告，经全体合伙人签名、盖章后，在 15 日内向企业登记机关报送清算报告，申请办理合伙企业注销登记。

合伙企业注销后，原普通合伙人对合伙企业存续期间的债务仍应承担无限连带责任。

复习思考题

一、单项选择题

1. 关于个人独资企业投资人及其债务责任的下列表述中，正确的是(　　)。
   A. 投资人可以是中国公民，也可以是外国公民

B. 投资人可以是自然人，也可以是法人
   C. 投资人对企业债务承担有限责任
   D. 投资人对企业债务承担无限责任
2. 下列关于个人独资企业法律特征表述中，正确的是(   )。
   A. 个人独资企业没有独立承担民事责任的能力
   B. 个人独资企业不能以自己的名义从事民事活动
   C. 个人独资企业具有法人资格
   D. 个人独资企业对企业债务承担有限责任
3. 某个人独资企业的投资人以家庭共有财产作为出资，根据《个人独资企业法》的规定，下列关于投资人应对个人独资企业债务承担责任的表述中，正确的是(   )。
   A. 投资人以其个人财产承担无限责任   B. 投资人以其出资额为限承担责任
   C. 投资人以家庭共有财产承担无限责任   D. 投资人以企业财产为限承担责任
4. 根据《个人独资企业法》的规定，个人独资企业解散后，原投资人对企业存续期间的债务仍应承担偿还责任，但债权人在(   )年内未向债务人提出偿债要求的，债务人的偿还责任消灭。
   A. 1   B. 2   C. 3   D. 5
5. 下列有关合伙企业的说法正确的是(   )。
   A. 采用合伙制的律师事务所不适用《合伙企业法》的规定
   B. 合伙企业的合伙人只能够是自然人
   C. 外国个人在中国设立合伙企业的管理办法遵循《合伙企业法》的规定
   D. 合伙协议依法由全体合伙人协商一致，以书面形式签订
6. 下列对普通合伙企业设立的论述，符合法律规定的是(   )。
   A. 公民张某与自己年仅 13 周岁的儿子成立一个合伙企业
   B. 合伙人必须一次性全部缴付出资，不可以约定分期出资
   C. 公民甲、乙、丙、丁出资设立一个普通合伙企业，甲可以以劳务出资
   D. 合伙企业名称中没有标明"普通"或是"有限"字样的话，就视为是普通合伙企业

二、多项选择题

1. 根据个人独资企业法的规定，下列个人独资企业设立条件的表述中，正确的是(   )。
   A. 投资人只能是自然人
   B. 投资人可以用家庭共有财产出资
   C. 须有企业章程
   D. 有符合规定的法定最低注册资本
2. 根据个人独资企业法的规定，下列人员中，不能投资设立个人独资企业的有(   )。
   A. 法官   B. 警官   C. 国家公务员   D. 国有工业企业工人
3. 根据个人独资企业法的规定，下列各项中属于个人独资企业解散的法定事由的是(   )。
   A. 投资人决定解散
   B. 投资人死亡，无继承人
   C. 投资人被宣告死亡，其继承人决定放弃继承
   D. 被依法吊销营业执照

4. 根据合伙企业法规定，下列各项中不能成为普通合伙人的有(   )。
   A. 国有独资公司   B. 国有企业   C. 上市公司   D. 公益性事业单位
5. 根据合伙企业法的规定，下列各项中，属于合伙企业财产的有(   )。
   A. 合伙人出资   B. 以合伙企业名义取得的财产
   C. 基于合伙财产而取得的财产   D. 合伙人的家庭财产
6. 根据合伙企业法律制度的规定，下列合伙企业事务中，必须经全体合伙人一致同意方可执行的有(   )。
   A. 处分合伙企业不动产   B. 改变合伙企业名称
   C. 吸收新的合伙人   D. 修改合伙协议

三、名词解释
1. 个人独资企业 2. 普通合伙企业 3. 特殊的普通合伙企业 4. 有限合伙企业
5. 优先购买权 6. 通知退伙

四、简答题
1. 简述合伙企业的法律特征。
2. 简述普通合伙人当然退伙的法定情形。
3. 简述个人独资企业的法律特征。
4. 简述有限合伙企业的事务执行。
5. 简述普通合伙企业设立的条件。

五、案例分析题
1. 甲、乙、丙、丁4人共同投资设立A合伙企业。合伙协议的部分内容如下：由甲、乙执行合伙企业事务，丙、丁不得过问企业事务；利润和损失由甲、乙、丙、丁平均分配和分担。在执行合伙企业事务过程中，为提高管理水平，甲自行决定聘请王某担任合伙企业经营管理人员。因合伙企业发展良好，乙打算让其朋友郑某入伙。在征得甲的同意后，乙即安排郑某参与合伙事务。请回答：
   (1) 合伙协议中关于合伙企业事务执行的约定是否符合法律规定？简要说明理由。
   (2) 甲聘请王某担任经营管理人员是否符合法律规定？简要说明理由。
   (3) 郑某是否已经成为A合伙企业的合伙人？简要说明理由。

第三章

公司法律制度

有限责任公司是现代社会最伟大的独一无二的发现，就连蒸汽机和电都无法与之媲美，而且假若没有有限责任公司，蒸汽机和电的重要性更会相应萎缩。

——美国著名法学家巴特勒

课前导读

公司是以资本联合为基础的经济组织，享有独立的法人财产权。公司不仅向本公司员工集资，而且向社会投资大众集资，各国公司都普遍采用股东负有限责任的制度，即当公司亏损时，股东仅以其出资额为限对公司的债务负责，有限责任使投资人的私人资产安然无恙，从而鼓励投资。公司的经营管理机制要不断适应经营环境变化，从而求得生存和发展，包括经营管理机构和经营管理方式等内容。公司的经营管理机构包括决策机构、执行机构和监督机构。其中，股东会或股东大会是决策机构，董事会是执行机构，监事会是监督机构。公司的组织形式既适用于大中型企业，也适用于小型企业。

要点提示

1. 公司的概念、特征、作用、类型
2. 公司组织机构的基本原理
3. 公司的设立及各机构的性质、职能和运行
4. 公司董事、监事、高级管理人员的任职资格和义务
5. 公司债券的各项法律规定
6. 公司的公积金和利润分配制度
7. 公司的变更、解散和清算

第一节　公司法概述

一、公司

(一) 公司的概念

公司是指股东依照法定的条件与程序设立的，以营利为目的，以其认缴的出资额或认购的股份为限对公司承担责任，以其全部独立法人财产对公司债务承担责任的企业法人。根据《中华人民共和国公司法》(以下简称《公司法》)的规定，公司是指依照公司法在我国境内设立的有限责任公司和股份有限公司。

(二) 公司的特征

1. 法人性

与其他企业组织形式如合伙企业、独资企业相比较，公司最显著的特征之一就是具有"法人性"，享有与自然人一样的独立人格。这种独立人格使其能够区别于其他成员而独立存在。

公司的法人人格意味着公司的独立主体地位。但是，作为法人，公司是法律的产物，公司人格的诞生以满足法律规定的实质和程序要件为前提，这与自然人基于出生而取得人格完全不同。正因为公司的法人人格是法律赋予的，所以可以适用公司法人人格否认规则，公司的法人人格具有可否认性，这一点也与自然人完全不同，自然人的人格不可否认。

2. 社团性

大陆法将法人分为社团法人和财团法人两大类。前者是以社员的结合为基础，如公司、合作社；后者则是以财产的捐助为基础，如慈善机构、基金会等。根据传统公司法，公司是社团法人的一种，具有社团性，即由两人以上的股东组成，单独一人不能组成公司，一人只能设立独资公司。《公司法》承认了一人有限责任公司，并列专节予以规定，承认一人有限责任公司并不是对公司社团性的完全否定，其只是一个例外性规定。公司的社团性仍应当是公司法人的一个重要特征。

3. 营利性

大陆法的社团法人可进一步分为营利社团法人和公益社团法人。前者的目的在于营利，后者的目的在于公益。公司是一种营利社团法人，公司存在的目的就在于营利。而"以营利为目的"包括两层含义：一是公司可以进行营利性活动，二是公司将所得的营业利润最终分配给其成员。公司的营利属性表明公司存在的最高目标就是追求利润最大化，以满足股东的投资回报要求。

4. 法定性

公司的法定性主要体现在两个方面，即公司必须依法设立和履行法定程序。一方面，公司的章程、资本、组织机构、活动原则等必须合法；另一方面，公司设立要履行法定程序，进行工商登记。公司除依公司法设立之外，有时还必须符合其他法律的规定，如商业银行法、保险法、证券法等行业管理法律，有时公司还可能依据特别法或行政命令设立。

(三) 公司的分类

按照不同的划分标准，可以对公司做出不同的分类。

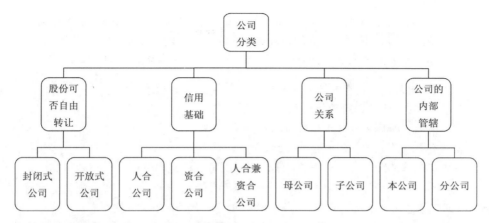

1. 人合公司、资合公司以及人合兼资合公司

根据公司信用基础的不同可以把公司分为人合公司、资合公司以及人合兼资合公司。

人合公司，是指以股东个人信用为基础的公司。人合公司的对外信用主要取决于股东个人的信用状况，故人合公司的股东之间通常存在特殊的人身信任或人身依附关系。人合公司的对外信用不在于公司资本的多少，而在于股东个人的信用如何。无限责任公司是典型的人合公司。

资合公司，是指以其资本额作为信用基础的公司。资合公司的对外信用和债务清偿保障主要取决于公司的资本总额和现有资产状况。正因为如此，为防止公司因资本缺乏而损害债权人的利益，绝大多数大陆法系国家的公司均对资合公司的设立条件予以严格限制，即公司只有具备了法定最低注册资本额才可以设立。股份有限公司是典型的资合公司。

人合兼资合公司，是指公司的设立和经营同时依赖于股东个人信用和公司资本规模的公司。有限责任公司即属此类。

2. 母公司和子公司

根据一个公司对另一个公司的控制和依附关系，可以把公司分为母公司和子公司。母公司、子公司各为独立的法人。虽然子公司受母公司的控制，但在法律上，子公司仍是具有法人地位的独立企业。

母公司又称控股公司，是指拥有另一个公司的股份达到实际控股程度并直接掌握其经营活动的公司。母公司对另一个公司的控股程度，并不一定要拥有另一个公司半数以上的股份，对于股份分散的公司而言，只要拥有百分之十几甚至百分之几便可实际控制该公司。

子公司，是母公司的对称，是指全部股份或达到控股程度的股份被另一个公司控制，或者依照协议被另一个公司实际控制的公司。全部股份被另一个公司控制的子公司，又称全资子公司，在这种情况下，子公司的股东仅有一人，子公司实际上是"一人公司"。

3. 本公司和分公司

依据公司的内部管辖关系进行分类，可以将公司分为本公司和分公司。分公司是指由公司依法设立，并以本公司名义进行经营活动，其法律后果由本公司承担的分支机构。相对分公司而言，公司称为本公司或总公司。

(1) 总公司在法律上具有法人资格，分公司在法律上和经济上不独立，不具有法人资格，只是本公司的一个分支机构。

(2) 分公司可以在总公司授权范围内进行业务活动和诉讼，其行为和诉讼的效力基于本公司，本公司承担分公司的责任。我国《公司法》第十四条第一款规定："公司可以设立分公司。设立分公司，应当向公司登记机关申请登记，领取营业执照。分公司不具有法人资格，其民事责任由公司承担。"分公司实质上不能称之为是一个公司，只是公司的一个业务经营机构。

【例3-1】甲公司的分公司在其经营范围内以自己的名义对外签订一份货物买卖合同。根据《公司法》的规定，下列关于该合同的效力及其责任承担的表述中，正确的是(　　)。
　　A. 该合同有效，其民事责任由甲公司承担
　　B. 该合同有效，其民事责任由分公司独立承担
　　C. 该合同有效，其民事责任由分公司承担，甲公司负补充责任
　　D. 该合同无效，甲公司和分公司均不承担民事责任
【解析】正确答案是A。分公司只是总公司管理的分支机构，不具有法人资格，但可以依法独立从事生产经营活动，其民事责任由设立分公司的总公司承担。本题中，分公司在其经营范围内以自己名义签订的合同，是有效合同，由于其无法人资格，该合同产生的民事责任由总公司承担，故本题参考答案选A。

4. 封闭式公司与开放式公司

以公司股份转让方式为标准，亦即以公司股份是否可以自由转让和流通为标准，可将公司分为封闭式公司与开放式公司。

封闭式公司是指公司股本全部由设立公司的股东拥有，且其股份不能在证券市场上自由转让的公司。有限责任公司属于封闭式公司。

开放式公司是指可以按法定程序公开招股，股东人数通常无法定限制，公司的股份可以在证券市场公开自由转让的公司。在我国，股份有限公司属于开放性公司，但股份有限公司中的非上市公司仍然具有封闭性，只有股份有限公司中的上市公司才是真正意义上的开放式公司。

有限责任公司与股份有限公司的区别如表 3-1 所示。

表 3-1　有限责任公司与股份有限公司的区别

项　　目	有限责任公司	股份有限公司
成立条件	简单	复杂
筹资方式	发起设立	发起或募集设立
组织机构	可以简化	不得简化
股权基础	出资额	股份
股权转让	限制	自由
信息公开程度	低	高

二、公司法的概念和特征

(一) 公司法的概念

公司法是规定公司法律地位，调整公司组织关系，规范公司在设立、变更与终止过程中的组织行为的法律规范的总称。公司法的概念有广义和狭义之分。广义的公司法，既包括专门的公司法典，也包括其他有关公司的法律、法规、行政规章、司法解释以及其他各法之中的调整公司组织关系、规范公司组织行为的法律规范，例如《中华人民共和国公司登记管理条例》《中华人民共和国民法典》

《中华人民共和国外商投资法》等法律中的相关规定。而狭义的公司法，仅指专门调整公司问题的法典，如《公司法》。

我国《公司法》中所称的公司有其特定的适用范围。首先，依据属地主义原则，为依据《公司法》在中国境内设立的公司。其次，组织形式仅限于有限责任公司和股份有限公司，立法未对其他公司组织形式做出规定的，在实践中则不允许设立。

我国的《公司法》是1993年制定的，现行的《公司法》是于2018年修订并施行的。

(二) 公司法的特征

1. 公司法是一种组织法

公司法规定的内容中大部分是公司的组织和活动的基本准则，不仅对公司的设立、变更、终止和公司的章程、组织机构、股东权利与义务等都做出明确的规定，同时调整公司的财产关系、公司内部组织管理关系、公司与股东以及股东相互之间的关系等，体现了组织法的特点，因而公司法是调整公司内部组织结构的一部法律。

2. 公司法是一种活动法

公司法并非调整公司的所有活动，公司活动大致可以分为两类。一是与公司组织机构和公司运作发展有关的活动，例如召开股东会、股票的发行与转让、公司合并与分立、公司清算等。二是与公司有关的对外业务活动。公司法明确规范并调整第一类主体的行为和活动，因此是组织法和活动法相结合的法律。

3. 公司法是强制性和任意性相结合的法律

公司法主要由强制性规范条款构成，不仅对违反公司设立和运作的行为追究法律责任，还通过强制性法律规范保护市场主体的合法权益，体现了国家意志和干预程度，从1993年制定到2018年修订，都合理保留了强制性法律规范。同时公司投资人有选择公司种类、经营范围及有关经营决策事项等的任意性权利。因此，公司法也是体现了强制性和任意性法律规范的一部法律。

4. 公司法是具有较强国际趋向性的国内法

公司的兴起与发展对各国经济的繁荣发挥了任何市场主体都不能取代的作用，它是市场经济国家最主要的企业组织形式，受到各国立法的普遍重视。各国公司呈现较强的国际趋同性主要源于两个方面：一方面，公司法规范的技术性，决定了其不像刑法、民法等伦理性规范那样具有较强的政治色彩、民族特性，容易统一；另一方面，各国为了发展本国的经济，必然要选择公司这种形式来发展本国的经济，在本国没有立法先例的情况下也就必然借鉴一些发达国家的先进立法，在借鉴的过程中必然使得各国的公司法在公司的类型选择、组织形式、财产形式等方面基本相同或者相类似。同时，在完善各国公司立法的过程中，极易实现立法的互相借鉴、互相渗透，使得公司法呈现出较强的国际趋向性。

第二节 有限责任公司

一、有限责任公司的概念和特征

有限责任公司，是指股东以其认缴的出资额为限对公司承担责任，公司以其全部资产对公司债务承担责任的企业法人。有限责任公司的特征如下。

(1) 股东人数的限制性。对于有限责任公司的股东人数，很多国家的公司法有上限和下限的规定。我国《公司法》规定："有限责任公司由五十个以下股东出资设立。"立法之所以对有限责任公司的股东人数设置限制，一方面是由有限责任公司具有较强的人合属性决定的。体现人合性的股东之间的相互熟悉与信任是有限责任公司的基础，如果股东人数太多而不对人数进行限制，不仅难以实现股东之间的熟悉与信任，也不利于股东之间的相互制衡。另一方面是由于股东人数使得有限责任公司区别于股份有限公司。一旦有限责任公司的股东人数突破上限，就应考虑变更公司的形态。

(2) 股东出资的非股份性。这是有限责任公司与股份有限公司的区别之一。有限责任公司的资本一般不分为等额的股份，股东出资并不以股份为单位计算，证明股东出资的凭证为"出资证明书"，亦称股单。每个股东都是一份出资，除非公司章程约定，不以一股一权为标准。因每一份出资的大小不一，其所代表的权利和义务也不同，具体看其出资额所占公司资本比例的大小。

(3) 公司资本的封闭性。此项特征也是有限责任公司与股份有限公司的重要区别之一。有限责任公司的资本只能由全体股东认缴，而不能向社会公开募集股份，不能发行股票。股东的出资证明书只是一种权利证书，不能在证券市场上流通转让。同时，由于有限责任公司不向社会募集股份，其会计账簿亦无须公开。有限责任公司的资本封闭性特点，还表现为对股东转让股权的限制。

(4) 股东责任的有限性。这是公司与其他企业类型的根本区别。除非发生公司法人人格否认，有限责任公司的股东对公司债务仅以其认缴的出资额为限承担责任，对公司债权人不负直接责任。从这个意义上来说，有限责任公司所称的"有限责任"是对公司的股东而言，而不是对公司而言的，因为当公司财产不足以清偿其全部债务时，股东无须以自己出资以外的个人财产清偿公司债务，公司债权人一般也无权要求公司股东对公司未清偿的债务承担责任；而公司对于其债务则不是承担有限责任，而是要以公司全部财产承担责任。

(5) 人资两合性。有限责任公司属于人合兼资合性质的公司，其不仅对股东的人数有限制，强调公司股东人数不能太多以实现股东之间的熟悉与信任，体现了人合性特点；而且强调在设立公司时，必须有符合公司章程规定的全体股东认缴的出资额，否则公司不能成立，体现了有限责任公司的资合性。

二、有限责任公司的设立

(一) 设立条件

根据《公司法》第二十三条的规定，设立有限责任公司，应当具备下列条件。

1. 股东符合法定人数

因我国 2005 年修订后的《公司法》允许设立一人公司，故有限责任公司在设立人数上只有上限而没有下限的规定。有限责任公司虽然以资本联合为基础，但股东是在相互了解、相互信任的基础上进行联合，人数不宜过多；又因有限责任公司不公开募集股份，管理上比较封闭，股东过多会影响公司的经营和决策，使公司难以驾驭股东，所以《公司法》规定股东最高人数不超过 50 人。股东人数的限制，既包括公司设立之时的原始股东，也包括公司设立后由于新增出资、转让出资、公司合并等原因新增加的股东。

2. 有符合公司章程规定的全体股东认缴的出资额

公司资本是公司开展经营活动的物质基础，也是公司对外承担责任的物质保障。公司资本来源于股东的出资,没有股东的出资,就无所谓公司的资本。有限责任公司的注册资本为在公司登记机关登记的全体股东认缴的出资额。2013年《公司法》废除了2005年《公司法》关于有限责任公司注册资本最低限额为人民币3万元的规定。法律、行政法规以及国务院决定对有限责任公司注册资本实缴、注册资本最低限额另有规定的,从其规定。我国《公司法》第二十七条规定,股东可以用货币出资,也可以用实物、知识产权、土地使用权等可以用货币估价并可以依法转让的非货币财产作价出资;但是,法律、行政法规规定不得作为出资的财产除外。对作为出资的非货币财产应当评估作价,核实财产,不得高估或者低估作价。法律、行政法规对评估作价有规定的,从其规定。

【例3-2】下列关于有限责任公司注册资本的表述中,不符合《公司法》规定的有(　　)。
A. 注册资本的最低限额为人民币3万元
B. 公司登记机关登记的全体股东认缴的出资额即为注册资本
C. 全体股东的货币出资额不得低于注册资本的30%
D. 一人有限责任公司的注册资本最低限额为人民币10万元

【解析】正确答案是ACD。除对公司注册资本最低限额另有规定的以外,新《公司法》取消了"有限责任公司、一人有限责任公司、股份有限公司最低注册资本分别应达3万元、10万元、500万元"的规定,取消了"全体股东的货币出资金额不得低于公司注册资本的30%"的规定。故选项ACD不符合《公司法》规定。

【例3-3】甲、乙公司与刘某、谢某欲共同设立一个注册资本为200万元的有限责任公司,他们在拟订公司章程时约定各自以如下方式出资。下列哪些出资是不合法的?(　　)
A. 甲公司以其企业商誉评估作价80万元出资
B. 乙公司以其获得的某知名品牌特许经营权评估作价60万元出资
C. 刘某以保险金额为20万元的保险单出资
D. 谢某以其设定了抵押担保的房屋评估作价40万元出资

【解析】正确答案是ABCD。根据《中华人民共和国公司登记管理条例》第十四条,ABD不合法,应选。C选项中刘某以保险金额为20万元的保险单出资显然不合法的。保险单为保险合同的书面凭证,而保险合同是一种典型的射幸合同,被保险人或者是受益人能否拥有合同载明的保险金额是不确定的,且对保险金额并未现实享有财产权利,所以用并不现实拥有的财产权利出资是不合法的。

3. 股东共同制定公司章程

设立有限责任公司,必须制定公司章程。没有章程或章程不符合法律规定的,公司不得设立。公司自治是指公司依章程自治。公司章程是公司的宪法,体现公司最高决定机构(股东大会)的意志,即公司自身的意志,并非体现公司每位股东的意志。有限责任公司的章程由全体股东制定,股东应当在公司章程上签名、盖章。公司章程对公司、股东、董事、监事和高级管理人员具有约束力。

(1) 公司章程的概念和特点。公司章程是关于公司组织和公司行为的基本规则的书面文件,是对公司内部事务具有法律效力的自治性规范。公司章程一旦发生效力,即对公司、股东、董事、监事和高级管理人员具有拘束力,公司、股东、董事、监事和高级管理人员必须遵守。公司章程具有以下基本特征。①法定性。法定性主要强调公司章程的法律地位、主要内容及修改程序、效力都由法律强制规定,任何公司都不得违反。②自治性。公司章程是由股东共同制定的,效力仅及于公司和相关当事人的内部规章,具有自治规范的特征,无须国家强制力保证其实施,亦不具有普遍的约束力。③公开性。公司章程是一个公开性的文件,其记载的内容都是公开的,股东、债权人等可通过不同的途径进行查阅。

(2) 公司章程的制定和修改。根据我国《公司法》的规定，设立的有限责任公司必须由股东共同依法制定公司章程，一人有限责任公司的公司章程由股东制定。根据我国《公司法》的规定，公司章程的修改必须经过股东会，并且应当经过代表2/3以上表决权的股东通过。

(3) 公司章程的内容。公司章程的内容包括绝对记载事项、相对记载事项和任意记载事项。公司章程的绝对记载事项，是指法律规定公司章程中必须记载的事项。对于绝对记载事项，公司有义务必须一一记载，没有权利做出自由选择。如果缺少其中任何一项或任何一项记载不合法，将导致整个章程无效。根据我国《公司法》的规定，有限责任公司章程应当载明下列事项：公司名称和住所；公司经营范围；公司注册资本；股东的姓名或者名称；股东的出资方式、出资额和出资时间；公司的机构及其产生办法、职权、议事规则；公司法定代表人；股东会会议认为需要规定的其他事项。

4. 有公司名称，建立符合有限责任公司要求的组织机构

首先，设立公司，必须有确定的且符合法律规定的名称。根据《中华人民共和国公司登记管理条例》(以下简称《公司登记管理条例》)的规定，设立公司应当申请名称预先核准，并依法向公司登记机关提交法定文件。公司登记机关自收到申请文件之日起10日内做出核准或不予核准的决定。预先核准的公司名称保留期为6个月，在保留期内，不得用于从事经营活动，不得转让。其次，应建立符合公司要求的组织机构。有限责任公司的运行是由公司的内部组织来进行的，没有组织机构，公司就无法开展正常的生产经营活动，也无法表达公司的意思，公司的运行就更难以继续。

5. 有公司住所

设立公司，必须有公司住所。我国《民法典》和《公司法》都明确规定，公司以其主要办事机构所在地为公司住所。在公司无分公司时，以公司的主要办事机构所在地为公司住所；在公司设有分公司时，以总公司的所在地为公司住所。确立公司住所具有重要的法律意义：一是便于确定诉讼管辖；二是便于确定登记和税收机关；三是便于公司开展正常的生产经营活动。

设立有限责任公司，必须同时具备以上5个条件，否则不得设立。

【例3-4】根据公司法律制度的规定，下列有关有限责任公司股东出资的表述中，正确的是(　　)。
A. 经全体股东同意，股东可以用劳务出资
B. 不按规定缴纳所认缴出资的股东，应对已足额缴纳出资的股东承担违约责任
C. 股东可以用特许经营权、商誉等资产进行出资
D. 公司章程未约定的情况下，股东向股东以外的人转让出资，须经全体股东2/3以上同意
【解析】正确答案是B。股东不得以劳务、信用、自然人姓名、商誉、特许经营权或者设定担保的财产等作价出资；有限责任公司的股东向股东以外的人转让出资，须经其他股东过半数同意。

(二) 设立程序

1. 签订发起人协议

数个发起人签订发起人协议或做成发起人会议决议，明确各人在公司设立中的权利、义务，包括每个发起人的认缴出资额。

2. 制定公司章程、认购出资

由全体发起人共同订立公司章程并签名、盖章。公司章程内容包括发起人的出资额与组织机构。

所以，认购出资在此时就已经完成。而且，首届组织机构的组建也可能在此时完成。

3. 申请名称预先核准

《公司登记管理条例》规定，"设立公司应当申请名称预先核准""法律、行政法规或者国务院决定规定设立公司必须报经批准，或者公司经营范围中属于法律、行政法规或者国务院决定规定在登记前须经批准的项目的，应当在报送批准前办理公司名称预先核准，并以公司登记机关核准的公司名称报送批准"。

4. 必要的行政核准

对于法律、行政法规规定设立公司必须报经批准的，应当在公司登记前依法办理批准手续。

5. 缴纳出资

在认缴制下，股东自然可以选择一次性缴纳也可以分期缴纳出资。依《公司法》规定，发起人应该按期足额缴纳章程规定的各自认缴的出资额，以货币出资的，应当将货币存入公司在银行开设的账户，以非货币财产出资的，应当办理有关出资财产权的转移手续。

6. 组建组织机构

首届公司组织机构的组建最迟在此时完成。

7. 申请设立登记

依《公司法》规定，发起人认足出资后，由全体发起人指定的代表或者共同委托的代理人向公司登记机关申请设立登记，报送公司登记申请书、公司章程等文件。

8. 核准登记

公司登记机关依法受理设立申请后，对申报材料依法进行形式审查，对于认为必要的材料可以进行实质审查。对于符合设立条件的，予以核准登记，签发公司营业执照，公司即告成立；对于不符合法定设立条件的，不予登记。申请人如对不予登记的决定不服，可以提起行政诉讼。营业执照的签发日期为公司的成立日期。按照现行法律的相关规定，公司自成立之日起同时取得法人资格与营业资格，可以刻制印章，开立银行账户，申请纳税登记，以公司名义对外营业。

【例3-5】杜某家乡盛产一种野山菇，食用与营养价值极高，但是由于没有得到当地居民的足够重视，所以一直只是在邻近的几个县有零散的销售。杜某经过充分的市场调查后，打算成立一家有限责任公司，专门经销这种野山菇。考虑到资金投入较大，杜某便与朋友周某、吴某协商，由三人共同出资，一起合作经营。经过协商，三人约定分别出资200万元，但是吴某表示如此大的金额，自己一时筹措不到，想要先缴纳120万元，剩余的部分，在公司成立一个月后缴纳完毕，杜某与周某表示同意，并将此事写入了公司章程。但在公司成立一个月后，吴某始终没有补足剩余的出资，总以各种理由进行推诿。试问，股东不按照公司章程规定缴纳出资的，应如何处理？

【解析】公司章程是为了约束股东的行为、维护股东利益而制定的，每个股东都应该按照公司章程规范自己的行为。根据《公司法》第二十八条规定，股东应当按期足额缴纳公司章程中规定的各自所认缴的出资额。股东以货币出资的，应当将货币出资足额存入有限责任公司在银行开设的账户；以非货币出资的，应当依法办理其财产权的转移手续。股东不按照前款规定缴纳出资的，除应当向公司足额缴纳外，还应当向已按期足额缴纳出资的股东承担违约责任。本案中，吴某作为公司的股东，违背了约定，没有按照公司章程规定的日期对剩余出资进行补足，严重损害了公司和其他股东的利益。所以吴某不但应当及时补足出资额，还要向已按期足额缴纳出资的杜某与周某两位股东承担违约责任。

三、有限责任公司的组织机构

公司机关通常由股东会、董事会和监事会构成。股东会是公司机关的重要组成部分。股东会依法就其职权范围内的事项做出决议,形成公司意思。但股东会本身并不亲自去执行这些决议,而是由董事会负责执行。董事会是公司的业务执行机关,对公司股东会负责,董事会成员由公司股东会选举产生,同时,

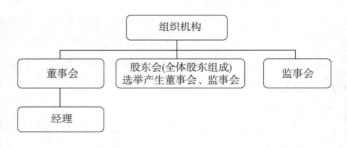

也由股东会解任,因此,它是隶属于股东会之下的一个业务执行机构。监事会是公司的监督机关,对公司董事、经理执行业务以及公司的财务、经营情况进行监督。监事会同样隶属于股东会,须向股东会汇报工作,监事会或监事也是公司的法定必设机构。

公司的组织结构模式体现了分权制衡的思想。股东会是公司的意思表示机关,董事会或董事是公司的执行机关和代表机关,监事会或者监事是公司的监察机关,三者相互依存,相互制约。现代的公司就是一个国家的缩影,它仿照政治上的立法(议会)、行政(政府)和司法(法院)的模式来构建公司的组织机构,它将宪政主义的形式加于公司经济之上。各国公司法中所规定的公司机关模式虽然具体有所差异,但总体来说,都充分体现了这一宪政思想的内容。以下针对有限责任公司的组织机构,加以详细叙述。

(一) 股东会

1. 股东会的性质和组成

有限责任公司的股东会是由公司全体股东组成的,是公司的最高权力机构,也是股东在公司内部行使股东权的法定组织。公司的意志只能是全体股东的共同意志,而股东会则是股东表达意愿并将分散的意愿汇集起来形成股东集体意志的机构。这也就决定了股东会本身虽非公司对外的代表机构和业务执行机构,但在公司内部却拥有最高的权力。政治生活领域民主规则表现为少数服从多数的人头多数决;股东民主规则主要表现为少数股权服从多数股权的资本多数决。股东会是非常设机关,即它不是常设的公司机构,而仅以会议形式存在,只有在召开股东会会议时,股东会才作为公司机关存在。

2. 股东会的职权

股东会是公司的权力机构,行使下列职权:①决定公司的经营方针和投资计划;②选举和更换非由职工代表担任的董事、监事,决定有关董事、监事的报酬事项;③审议批准董事会或者执行董事的报告;④审议批准监事会或者监事的报告;⑤审议批准公司的年度财务预算方案、决算方案;⑥审议批准公司的利润分配方案和弥补亏损方案;⑦对公司增加或者减少注册资本做出决议;⑧对发行公司债券做出决议;⑨对公司合并、分立、变更公司形式、解散和清算等事项做出决议;⑩修改公司章程;⑪公司章程规定的其他职权。对上述事项股东以书面形式一致表示同意的,可以不召开股东会会议,直接做出决定,并由全体股东在会议决定文件上签名、盖章。

3. 股东会会议类型

我国《公司法》第三十九条规定,有限责任公司股东会会议分为定期会议和临时会议两种。定期会议应当依照公司章程的规定按时召开。代表 1/10 以上表决权的股东,1/3 以上的董事,监事会

或者不设监事会的公司的监事提议召开临时会议的，应当召开临时会议。

4. 股东会的召集

首次股东会会议由出资最多的股东召集和主持，依法行使职权。以后的股东会会议，公司设立董事会的，由董事会召集，董事长主持；董事长不能或者不履行职务的，由副董事长主持；副董事长不能或者不履行职务的，由半数以上董事共同推举一名董事主持。公司不设董事会的，股东会会议由执行董事召集和主持。董事会或者执行董事不能或者不履行召集股东会会议职责的，由监事会或者不设监事会的公司的监事召集和主持；监事会或者监事不召集和主持的，代表 1/10 以上表决权的股东可以自行召集和主持。

公司召开股东会会议，应当于会议召开 15 日以前通知全体股东，但公司章程另有规定或者全体股东另有约定的除外。股东会应当对所议事项的决定做成会议记录，出席会议的股东应当在会议记录上签名。

5. 股东会决议

为体现投资风险、投资回报与控制权间的比例关系，公司法实行一股一票和资本多数决的股权平等原则。

股东会会议由股东按照出资比例行使表决权，但公司章程另有规定的除外。股东会的议事方式和表决程序，除《公司法》有规定的外，由公司章程规定。股东会会议做出修改公司章程、增加或者减少注册资本的决议，以及公司合并、分立、解散或者变更公司形式的决议，必须经代表 2/3 以上表决权的股东通过。

【例 3-6】某有限责任公司股东甲、乙、丙、丁分别持有公司 5%、20%、35%和 40%的股权，该公司章程未对股东行使表决权及股东会决议方式做出规定，下列关于该公司股东会会议召开及决议做出的表述中，符合《公司法》规定的是(　　)。

A. 甲可以提议召开股东会临时会议
B. 只有丁可以提议召开股东会临时会议
C. 只要丙和丁表示同意，股东会即可做出增加公司注册资本的决议
D. 只要乙和丁表示同意，股东会即可做出变更公司形式的决议

【解析】正确答案是 C。有限责任公司股东会由全体股东组成。股东会是公司的权力机构。股东会会议分为定期会议和临时会议。定期会议应当按照公司章程的规定按时召开，根据《公司法》的规定，代表 1/10 以上表决权的股东，1/3 以上的董事，监事会或者不设监事会的公司的监事提议召开临时会议的，应当召开临时会议。有限责任公司股东会议做出修改公司章程、增加或者减少注册资本的决议，以及公司合并、分立、解散或者变更公司形式的决议，必须经代表 2/3 以上表决权的股东通过。所以，本题正确答案是选项 C。

(二) 董事会

1. 董事会的性质和组成

董事会，指依照法定程序选举产生，代表公司并行使经营决策权、执行权与监督权的公司常设机关。董事会有以下特征：①依照法定程序产生。在我国，大部分董事会成员由股东会选举产生，但也有一些公司董事会的部分成员由职工民主选举产生。②公司的对外代表机关。董事会的行为可以产生对外效力，董事长、代表董事或者执行董事可担任公司的代表。③行使一定的经营决策权、执行权与监督权。各国公司董事会的职权与职能具有差异性，但大都包括经营决策权、执行权与(或)

监督权，即董事会执行股东会决议，负责公司的经营决策，监督经理层。④公司法定的常设机关。董事会通常是必设机构。在我国，只有股东人数较少或者规模较小的有限公司可以设执行董事而不设董事会。董事会在公司设立过程中已经产生，并伴随公司存续始终，虽然其成员可以更换，但董事会作为一个组织始终存在，不得更换和撤销。⑤集体行权的公司机关。董事会的权力不能分解于董事个人，任何董事均不能以个人名义行使董事会的权力，只能通过召开会议形成表达董事会集体意思的决议。董事会会议实行委员会制，依多数决原则形成董事会的意思。

董事会由董事组成，其成员为3~13人。董事的任期由公司章程规定，各个公司有所不同，但每届任期不得超过3年。换言之，公司章程可以规定董事的任期少于3年，但不得超过3年。董事任期届满时，连选可以连任，并无任职届数的限制。董事在任期届满前，股东会不得无故解除其职务。

2. 董事会职权

我国《公司法》规定了董事会应行使下列职权：①召集股东会会议，并向股东会报告工作；②执行股东会的决议；③决定公司的经营计划和投资方案；④制订公司的年度财务预算方案、决算方案；⑤制订公司的利润分配方案和弥补亏损方案；⑥制订公司增加或者减少注册资本以及发行公司债券的方案；⑦制订公司合并、分立、变更公司形式、解散的方案；⑧决定公司内部管理机构的设置；⑨决定聘任或者解聘公司经理及其报酬事项，并根据经理的提名，决定聘任或者解聘公司副经理、财务负责人，决定其报酬事项；⑩制订公司的基本管理制度；⑪公司章程规定的其他职权。

3. 董事会的召集

董事会会议由董事长召集和主持；董事长不能或者不履行职务的，由副董事长召集和主持；副董事长不能或者不履行职务的，由半数以上董事共同推举一名董事召集和主持。

4. 董事会的议事方式和表决程序

董事会应当对所议事项的决定做成会议记录，出席会议的董事应当在会议记录上签名。董事会决议的表决，实行一人一票。公司董事会的决议内容违反法律、行政法规的视为无效。

(三) 经理

有限责任公司的经理是负责公司日常经营管理工作的高级管理人员。一般来说，公司经理这一位置并非公司的法定机关，因而，其设置无须法律直接规定，而是由公司自己决定。我国《公司法》规定，有限责任公司可以设经理，由董事会聘任或者解聘，经理对董事会负责，经理列席董事会会议。

有限责任公司经理负责公司的日常经营管理工作，行使下列职权：①主持公司的生产经营管理工作，组织实施董事会决议；②组织实施公司年度经营计划和投资方案；③拟订公司内部管理机构设置方案；④拟订公司的基本管理制度；⑤制定公司的具体规章；⑥提请聘任或者解聘公司副经理、财务负责人；⑦决定聘任或者解聘除应由董事会决定聘任或者解聘以外的其他管理人员；⑧董事会授予的其他职权。

公司章程如果对经理职权有规定的，依其规定。

(四) 监事会

1. 监事会的概念和组成

监事会是由依法产生的监事组成，对董事和经理的经营管理行为以及对公司财务进行监督的常设机构。监事会代表全体股东对公司经营管理进行监督，行使监督职能，是公司的监督机构。

我国《公司法》规定，有限责任公司设立监事会，其成员不得少于3人。股东人数较少或者规模较小的有限责任公司，可以设一至两名监事，不设立监事会。监事会应当包括股东代表和适当比例的公司职工代表，其中职工代表的比例不得低于 1/3，具体比例由公司章程规定。监事会中的职工代表由公司职工通过职工代表大会、职工大会或者其他形式民主选举产生。监事会设主席一人，由全体监事过半数选举产生。董事、高级管理人员不得兼任监事。公司的董事以及经理、副经理、财务负责人等高级管理人员是监事会监督的对象，如果同时兼任监事，将导致监事会起不到监督作用，对此应予以禁止。

2. 监事的任期

我国《公司法》规定，监事的任期每届为 3 年。监事任期届满，连选可以连任。监事任期届满未及时改选，或者监事在任期内辞职导致监事会成员低于法定人数的，在改选出的监事就任前，原监事仍应当依照法律、行政法规和公司章程的规定，履行监事职务。

3. 监事会的职权

有限责任公司的监事会，或者不设监事会的公司监事应行使下列职权：①检查公司财务；②对董事、高级管理人员执行公司职务的行为进行监督，对违反法律、行政法规、公司章程或者股东会决议的董事、高级管理人员提出罢免的建议；③当董事、高级管理人员的行为损害公司的利益时，要求董事、高级管理人员予以纠正；④提议召开临时股东会会议，在董事会不履行《公司法》规定的召集和主持股东会会议职责时召集和主持股东会会议；⑤向股东会会议提出提案；⑥依照《公司法》第一百五十一条的规定，对董事、高级管理人员提起诉讼；⑦公司章程规定的其他职权。

此外，监事会、不设监事会的公司的监事发现公司经营情况异常，可以进行调查。必要时，可以聘请会计师事务所等协助其工作，费用由公司承担。

4. 监事会的召集和决议

有限责任公司的监事会会议，由公司监事会主席召集和主持；监事会主席不能或者不履行职务的，由半数以上监事共同推举一名监事召集和主持监事会会议。监事会每年度至少召开一次会议，监事可以提议召开临时监事会会议。

监事会的议事方式和表决程序，除《公司法》有规定的外，由公司章程规定。监事会决议应当经半数以上监事通过。监事会应当对所议事项的决定做成会议记录，出席会议的监事应当在会议记录上签名。

【例3-7】甲、乙两个国有企业出资设立丙有限责任公司。下列关于丙有限公司组织机构的表述中，不符合公司法律制度规定的是（　　）。
A. 丙公司监事会成员中应当有公司股东代表
B. 丙公司监事会成员中应当有公司职工代表
C. 丙公司董事长须由国有监督管理机构从董事会成员中指定
D. 丙公司监事会主席由全体监事过半数选举产生

【解析】正确答案是 C。题中甲、乙两个国有企业出资设立的并不是"国有独资公司"，符合一般的有限责任公司的所有约束条件。有限责任公司设董事会(依法不设董事会的除外)，其成员为 3～13 人。两个以上的国有企业或者其他两个以上的国有投资主体投资设立的有限责任公司，其董事会成员中应当有公司职工代表。选项 B 正确。监事会应当包括股东代表和适当比例的公司职工代表，其中，职工代表的比例不得低于 1/3，具体比例由公司章程规定。故选项 A 正确。董事长、副董事长的产生办法由公司章程规定，即选项 C 错误。有限责任公司的监事会设主席一人，由全体监事过半数选举产生，故选项 D 正确。

四、有限责任公司的股权转让

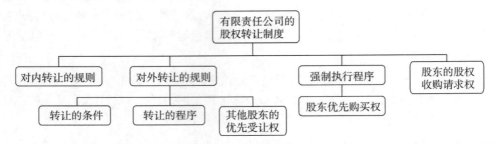

有限责任公司在公司法分类中体现出了人合性兼具资合性的特点,一般情况下,公司出资的股东人数较少,股东之间的人身信用程度较高,股东之间存在稳定的内部关系对公司至关重要。

我国《公司法》对有限责任公司的出资转让条件的规定主要体现在以下几个方面。

(1) 股东之间转让股权。我国《公司法》规定,有限责任公司的股东之间可以相互转让其全部或者部分股权。《公司法》对股东之间转让股权没有作任何限制,这是由于股东向公司的其他股东转让股权,无论是转让全部股权还是转让部分股权,都不会产生新股东,其他股东已有的伙伴关系也不会受到影响,因此,也就没有必要对这种转让进行限制。

(2) 股东向股东以外的人转让股权。我国《公司法》规定,股东向股东以外的人转让股权,应当经其他股东过半数同意。实践中,股东向股东以外的人转让股权不再需要经过股东会决议。《公司法》对股东会职权的规定中,采取股东将其股权转让事项书面通知其他股东的方式个别征求同意,从而彻底解决了股东会如何表决以及实践中股东会可能会因种种原因难以召开,影响股权转让顺利进行的问题,体现了有限责任公司在此问题上具有的人合法律性质。股东应就其股权转让事项书面通知其他股东征求同意,其他股东自接到书面通知之日起满 30 日未答复的,视为同意转让。其他股东半数以上不同意转让的,不同意的股东应当购买该转让的股权;不购买的,视为同意转让。这一规定有利于解决实践中恶意拖延,损害转让人合法权益的问题。

经股东同意转让的股权,在同等条件下,其他股东有优先购买权。两个以上股东主张行使优先购买权的,协商确定各自的购买比例,协商不成的,按照转让时各自的出资比例行使优先购买权。

但是,公司章程对股权转让另有规定的,从其规定。这体现了对当事人意思自治的尊重,即公司章程可以对股东之间的股权转让以及股东向股东以外的人转让股权做出与《公司法》不同的规定。一旦公司章程对股权转让做出了不同的规定,就应当依照公司章程的规定执行。

结合我国施行的《最高人民法院关于适用<中华人民共和国公司法>若干问题的规定(四)》第十八条规定,人民法院在判断是否符合公司法第七十一条第三款及本规定所称的"同等条件"时,应当考虑转让股权的数量、价格、支付方式及期限等因素。同时,在适用该解释的第二十二条中规定,通过拍卖向股东以外的人转让有限责任公司股权的,适用公司法第七十一条第二款、第三款或者第七十二条规定的"书面通知""通知""同等条件"时,根据相关法律、司法解释确定。在依法设立的产权交易场所转让有限责任公司国有股权的,适用公司法第七十一条第二款、第三款或者第七十二条规定的"书面通知""通知""同等条件"时,可以参照产权交易场所的交易规则。

(3) 人民法院强制转让股东股权。人民法院依照法律规定的强制执行程序转让股东的股权时,应当通知公司及全体股东,其他股东在同等条件下有优先购买权。其他股东自人民法院通知之日起满 20 日不行使优先购买权的,视为放弃优先购买权。人民法院依照法律规定的强制执行程序转让股东的股权,是指人民法院依照民事诉讼法等法律规定的执行程序,强制执行生效的法律文书时,以拍卖、变卖或者其他方式转让有限责任公司股东的股权。

(4) 自然人股东资格的继承。《公司法》规定:"自然人股东死亡后,其合法继承人可以继承股东资格;但是,公司章程另有规定的除外。"这表明只要公司章程未另作规定,自然人股东死亡后,合法继承人无须其他股东同意即可继承股东资格。

【例3-8】根据《公司法》的规定,有限责任公司的股东转让股权后,公司不需要办理的事项是( )。
A. 注销原股东的出资证明书
B. 向新股东签发出资证明书
C. 召开股东会做出修改章程中有关股东及其出资额记载的决议
D. 申请变更工商登记
【解析】正确答案是C。股东转让股权后,公司应当注销原股东的出资证明书,向新股东签发出资证明书,并相应修改公司章程和股东名册。对公司章程的该项修改"不需"再由股东会表决。

【例3-9】周某向钱某转让其持有的某有限责任公司的全部股权,并签署了股权转让协议。关于该股权转让和股东的认定问题,下列哪些选项是正确的?( )
A. 在公司登记机关办理股权变更登记前股东仍然是周某
B. 在出资证明书移交给钱某后,钱某即成为公司股东
C. 在公司变更股东名册后,钱某即成为公司股东
D. 在公司登记机关办理股权登记后该股权转让取得对抗效力
【解析】正确答案是CD。根据《公司法》第七十三条规定,依照本法第七十一条、第七十二条转让股权后,公司应当注销原股东的出资证明书,向新股东签发出资证明书,并相应修改公司章程和股东名册中有关股东及其出资额的记载。对公司章程的该项修改不需再由股东会表决。

【例3-10】张某、李某、宋某和王某四人各出资20万元,成立了一家食品加工有限责任公司。张某负责联系客户,李某负责行政工作,宋某负责采购原材料,王某负责管理生产,四人分工明确,都在为新公司忙碌着。此时,张某家中传来噩耗,张某的父亲被检查出患有胃癌。张某为给其父亲治疗癌症,药品以及化疗费用支出巨大,不得已要转让股份。此时,李某和宋某恰好手头较为宽松,都打算购买张某的股份。此时李某和宋某同时竞买张某的股权,应该如何处理?
【解析】优先购买权的行使以"同等的股权转让交易条件"为基础,不仅仅是转让的价格的高低。我国《公司法》第七十一条第三款规定:"经股东同意转让的股权,在同等条件下,其他股东有优先购买权。两个以上股东主张行使优先购买权的,协商确定各自的购买比例;协商不成的,按照转让时各自的出资比例行使优先购买权。"也就是说,包括转让价格因素在内的"同等条件"下多个股东均可行使优先购买权,具体的购买比例协商不成的,按出资比例行使。案例中,李某和宋某在同等条件下,都可以行使优先购买权,对购买比例协商不成的,按照他们各自的出资比例购买相应股权。

五、一人有限责任公司

(一) 一人有限责任公司的概念

一人有限责任公司是指只有一个自然人股东或者一个法人股东的有限责任公司(参见《公司法》

第五十七条)。一人有限责任公司简称一人公司、独资公司或独股公司,是指由一名股东(自然人或法人)持有公司的全部出资的有限责任公司。根据一人公司股东的法律地位,可将一人公司分为:①自然人投资的一人公司(自然人独资公司);②法人投资的一人公司(法人独资公司);③国家投资的一人公司(国有独资公司)。

公司产生的原因在于资本联合及有限责任的驱动。当资本联合的功能不再构成公司的主要功能时,如果一名股东设立的公司能够同样享受有限责任的"优惠",那么让其他人分享公司的经营管理权及利润就不是投资者所不得不接受的代价。也就是说,此时一人公司便成为一种理想选择。

(二) 一人有限责任公司的特征

1. 股东单一性

一人公司的出资人即股东只有一人。股东可以是自然人,也可以是法人。而个人独资企业的投资人只能是自然人,不包括法人。

2. 股东承担责任有限性

一般公司股东承担有限责任,但独资企业的企业主则要承担无限责任。在一人公司中,股东仅以其出资额为限对公司债务承担有限责任。

3. 组织机构设置简易性

一人公司由于只有一个出资人,所以不设股东会,《公司法》规定关于由股东会行使的职权在一人公司由股东独自一人行使。至于一人公司是否设立董事会、监事会,则由公司章程规定,法律未规定其必须设立。

(三) 《公司法》对一人有限责任公司的规制

1. 设立限制

一个自然人只能设立一个一人公司,该公司不能投资设立新的一人公司。形象地说,对一代实行"独生子女"政策,对二代施行"绝育"政策,但对于法人设立一人公司,没有限制。

2. 资本监管

2005年《公司法》曾经规定比普通有限公司更高的最低资本额和出资缴纳要求,由此增加了一人公司设立的门槛,但2013年的修正案就取消了这一规定。

3. 身份公示

我国《公司法》规定,一人公司应当在公司登记中注明自然人独资或者法人独资,并在公司营业执照中载明。在一般情况下,与一人公司从事交易的风险要高于其他公司,因此,关于身份公示的规定可以视为对交易相对人的一种风险提示,使之有机会对一人公司的信用和交易风险做出审慎的分析和判断。

4. 维护独立意思

由于没有其他股东在内部的牵制,一人公司股东的意思事实上就是公司的意思,股东借控制公司之便,可能混淆自己意思与公司意思。《公司法》规定,股东做出相当于普通有限公司股东会的决定时应当采用书面形式,并由股东签字后置备于公司。这一规定意在于尽力区分股东人格与公司人格,维护公司的独立意思。

5. 简易的组织机构

依我国《公司法》,一人公司不设股东会,由单个股东行使相当于普通有限公司股东会的职权,包括制定公司章程。是否设董事会和监事(会)，由股东自己决定；如设，则适用关于普通有限公司的规定，依《公司法》第四十四条、第五十一条设董事会和监事会，或依第五十条、第五十一条设1名执行董事、1~2名监事。股东还可以决定一人公司是否设经理，设经理的，由董事会或者执行董事聘任或者解聘，董事可以兼任经理。

6. 法人人格否认的适用

一人有限责任公司应当在每一会计年度终了时编制财务会计报告，并经会计师事务所审计。《公司法》第六十三条规定："一人有限责任公司的股东不能证明公司财产独立于股东自己财产的，应当对公司债务承担连带责任。"在《公司法》中，股东享受有限责任特权必须有一个前提，即股东与公司各自保有独立的人格，如发生人格混同(如该条所规定的财产混同就是人格混同的重要表现形式之一，尤其是在一人公司更为普遍)，则可能出现公司的独立人格遭到否认，致使股东对公司债务直接承担责任。

六、国有独资公司的特别规定

(一) 国有独资公司的概念与特征

我国《公司法》第六十四条第二款规定，国有独资公司是指国家单独出资，由国务院或者地方人民政府授权本级人民政府国有资产监督管理机构履行出资人职责的有限公司。国有独资公司是我国《公司法》中特有的概念，也是为适应国情而设定的一种特殊类型的有限公司。与普通有限公司相比，国有独资公司具有以下特征。

1. 投资主体的单一性与特定性

单一性指投资主体只有一个，特定性指投资者只能是国家，具体由各级人民政府授权国有资产监督管理机构代为行使出资人职责。

2. 适用范围的特定性

1993年《公司法》曾严格限定国有独资公司的适用范围，虽然2005年修正案删除了这一规定，但实际上国有独资公司主要存在于国家垄断经营的特殊行业中。

3. 法律规范的特殊性

国有独资公司适用法律关于有限公司的一般规定，但在治理结构等许多方面有自己特殊的规则。

(二) 国有独资公司的组织机构

1. 股东会职权的"分权制"

由于国有独资公司只有一个股东，公司不设股东会，相当于普通有限公司的股东会的职权由3个机构分享：①一般由国有资产监督管理机构行使；②董事会基于国有资产监督管理机构的授权可以行使部分职权，但涉及公司合并、分立、解散、增减资本和发行公司债券等重大事项的，必须由国有资产监督管理机构决定，不得授权；③重要的国有独资公司(由国务院确定)合并、分立、解散、申请破产的，由国有资产监督管理机构审核后报本级人民政府批准。另依《公司法》规定，国有独资公司章程由国有资产监督管理机构制定，或由董事会制定并报国有资产监督管理机构批准。

2. 董事会

在不设股东会的前提下，公司治理的核心就是董事会。《公司法》第六十七条规定，董事会为必设机构，每届任期不超过3年，在董事人数与任期等方面与普通有限公司并无不同，其特殊性在于以下几个方面。

(1) 委派董事与职工代表董事。董事会由委派董事和职工代表董事组成，职工代表董事由公司职工代表大会选举产生，没有比例要求。职工代表董事以外的董事由国有资产监督管理机构委派，称为委派董事。董事长、副董事长由国有资产监督管理机构从董事会成员中指定。

(2) 职权。董事会拥有比普通有限公司董事会更大的权力，除了可以行使后者的全部职权外，还根据国有资产监督管理机构的授权"行使股东会的部分职权，决定公司的重大事项"。

(3) 专任制度规定。《公司法》第六十九条规定，董事长、副董事长、董事、高级管理人员未经国有资产监督管理机构同意，不得在其他公司或者其他经济组织兼职。

3. 监事会

根据《公司法》规定，监事会是国有独资公司的必设机构，主要职责是维护公司与国家的利益，防止国有资产流失。相对于普通有限公司的监事会，国有独资公司的监事会的特殊性在于以下几个方面。

(1) 组成及其产生。监事会成员不得少于5人，除了不低于1/3的职工代表监事外，其余成员由国有资产监督管理机构委派，监事会主席由国有资产监督管理机构从监事会成员中直接指定。可见，监事会的主要成员是由国有资产监督管理机构派出的，故称为"外派监事"。

(2) 职权。《公司法》第七十条规定了监事会的两部分职权：一是普通有限公司监事会的部分职权，即《公司法》第五十三条规定的7项监事会职权，国有独资公司监事会可以行使其中的前三项；二是国务院规定的其他职权。

4. 经理

国有独资公司的经理的特殊性在于以下几个方面。

(1) 必设机构。《公司法》第六十八条规定，国有独资公司设经理，系强制性规范；但依《公司法》第四十九条，普通有限公司"可以"设经理，为任意性规范。

(2) 严格限制兼职。董事会成员兼任经理的，须经国有资产监督管理机构同意；在普通有限公司，董事会可以决定董事兼任经理。另外，国有独资公司的法定代表人是由董事长还是由经理担任，也取决于国有资产监督管理部门。

第三节　股份有限公司

一、股份有限公司的概念和特征

股份有限公司，简称股份公司，是指其全部资本分为等额股份，股东以其所持股份为限对公司承担责任，公司以其全部资产对公司的债务承担责任的企业法人。它具有以下特征。

(1) 典型的资合公司。公司通过发行股票筹集资金，其资本划分为等额股份，股东通常较多，绝大多数股东不参与公司的经营活动，而通过股东大会对公司发生影响。

(2) 股份有限公司的设立需履行相对严格的程序，如应有一定数量的发起人，发起人应签订发起协议，从事公司的筹备工作；对公司的最低注册资本额有较高的要求；募集设立的公司，还应当遵守有关证券法律的规定等。

(3) 股份有限公司必须有健全的内部组织机构。公司必须设股东大会、董事会和监事会，法律对公司各机构的职权、议事规则均有较明确的规定；在我国上市公司的实践中还有独立董事的规定。

(4) 如果公司章程不予限制，公司的股份一般可以自由转让。股份的转让不需要其他股东同意。当然，法律对特定主体如发起人等所持股票的转让是有限制的，应当遵守法律的规定。

二、股份有限公司的设立

(一) 设立条件

根据我国《公司法》第七十六条的规定，设立股份有限公司，必须具备下列条件。

1. 发起人符合法定人数

股份有限公司募集设立的情况下，不能由全体股东共同参与设立，而是通过其发起人来实施具体的设立行为。根据《公司法》规定，设立股份有限公司，应当有两人以上200人以下的发起人，其中须有半数以上的发起人在中国境内有住所。

2. 有符合公司章程规定的全体发起人认购的股本总额或者募集的实收股本总额

除法律、行政法规另有规定，我国1993年的《公司法》要求股份有限公司注册资本的最低限额为人民币1000万元。2005年的《公司法》将这个最低限额降为500万元。但2018年的《公司法》第八十条规定："股份有限公司采取发起设立方式设立的，注册资本为在公司登记机关登记的全体发起人认购的股本总额。在发起人认购的股份缴足前，不得向他人募集股份。股份有限公司采取募集方式设立的，注册资本为在公司登记机关登记的实收股本总额。法律、行政法规以及国务院决定对股份有限公司注册资本实缴、注册资本最低限额另有规定的，从其规定。"由此可见，除另有规定的情况外，修改后的《公司法》顺应了公司立法的潮流，废除了股份有限公司的法定注册资本最低限额制度。

3. 股份发行、筹办事项符合法律规定

发起人在发行股份、筹办公司有关事项时，必须符合法律规定的条件和程序，不得有所违反，否则其行为无效。

4. 发起人制定公司章程，采用募集方式设立的经创立大会通过

股份有限公司的章程是记载有关公司组织和活动的基本规则的法律文件。公司章程对公司、股东、董事、监事、高级管理人员具有约束力。由于股份有限公司设立方式不同，其公司章程的制定者也有所不同。以发起方式设立的股份有限公司，公司章程由全体发起人共同制定；以募集方式设立的股份有限公司，公司章程由发起人制定，然后由创立大会通过。

5. 有公司名称，建立符合股份有限公司要求的组织机构

公司名称是公司区别于其他企业的标志，公司必须有符合法律规定的名称。此外还必须建立符合股份有限公司要求的组织机构，应当依法组建股东大会、董事会、监事会，并依法行使职权。

6. 有公司住所

公司住所是指公司主要办事机构的所在地。公司要进行生产经营活动，就必须有相应的活动场所。为了便于他人与公司联系，开展业务，也便于国家有关机关对公司实施监管，同时也为了保障投资者和债权人的合法权益，法律要求公司必须有住所。

(二) 设立方式及程序

1. 以发起设立方式设立股份有限公司的程序

(1) 发起人书面认足公司章程规定其认购的股份。发起人在着手创建公司时，首先要确定公司的资本总额、股份总数及每一个发起人认购的股份数，并将其记载于公司章程中。在公司设立时，按照法律的规定，发起人应依法认购公司应发行的全部股份。而对每一个发起人而言，就是认购公司章程规定由其认购的股份，按承诺履行其出资义务。发起人在认购股份时，应当采取书面形式。

(2) 缴纳出资。发起人以书面形式认足公司章程规定其认购的股份后，对于公司章程规定一次缴纳的，发起人应当立即缴纳全部出资；对于公司章程规定分期分批缴纳的，发起人应当立即缴纳首期出资。以非货币财产出资的，应当依法办理其财产权的转移手续。发起人设立公司时，应当依法签订发起人协议，明确各自在公司设立过程中的权利和义务。发起人协议中应当明确规定各发起人的具体出资数额。发起人不按规定履行出资义务的，应当按照发起人协议承担违约责任。

(3) 选举董事会和监事会。发起人缴纳首次出资以后，应当依法选举董事和监事，组成公司的董事会和监事会，以建立公司组织机构，使公司能够顺利成立，并保证公司成立后的正常运行。

(4) 申请设立登记。发起人在成立董事会和监事会以后，董事会应当向公司登记机关报送公司章程以及法律、行政法规规定的其他文件，申请设立登记。公司登记机关依法颁发营业执照之日，股份有限公司成立，可以开展生产经营活动。

2. 以募集设立方式设立股份有限公司的程序

因募集设立要面向社会公众公开募集资本，涉及社会公众的利益，甚至会影响到正常的社会经济秩序，所以法律对以募集设立方式设立的股份有限公司规定了较为严格的设立程序。

(1) 发起人发起。根据《公司法》的规定，股份有限公司的发起人为2人以上200人以下，为确保公司发起设立成功，发起人应订立发起人协议，在明确各自的权利义务后，实施具体的发起行为。

(2) 发起人制定公司章程并认购股份。发起人应依法制定公司章程，并认购股份，其认购股份不得低于法定最低比例，即发起人认购的股份不得低于公司股份总数的35%。

(3) 向国务院证券监督管理部门申请募股。发起人公开向社会募集股份前，依法必须向国务院证券监督管理部门提交募股申请，并报送下列主要文件：①批准设立公司的文件；②公司章程；③资金运用的可行性报告；④发起人姓名或者名称、发起人认购的股份数、出资种类及验资证明；⑤招股说明书；⑥代收股款银行的名称及地址；⑦承销机构名称及有关协议。未经国务院证券监督管理部门批准，发起人不得向社会公开募集股份。

(4) 公告招股说明书，并制作认股书。招股说明书是法律规定的必须由发起人在公开募集资本前制定的邀请社会公众认股的书面文件。发起人向社会公开募集股份必须公告招股说明书，并制作认股书。招股说明书应当附有发起人制定的公司章程，并载明下列事项：①发起人认购的股份数；②每股的票面金额和发行价格；③无记名股票的发行总数；④募集资金的用途；⑤认股人的权利、义务；⑥本次募股的起止期限及逾期未募足时认股人可以撤回所认股份的说明。同时，发起人还必须依法制作认股书，认股书中应载明公司法所要求的事项。

(5) 签订股票承销协议。发起人向社会公开募集股份，不得直接发行，应当由依法设立的证券公司承销，签订承销协议。

(6) 签订代收股款协议。发起人不得直接收取和保存认股人缴纳的股款，必须与银行签订代收股款的协议。代收股款的银行应当按照协议代收和保存股款，向缴纳股款的认股人出具收款单据，并负有向有关部门出具收款证明的义务。

(7) 社会公众认缴股款。社会公众接受招股说明书的认股邀请决定认股时，应当依法填写发起人制作的认股书，写明其认购的股份数、金额、住所等法定内容，并签字、盖章。认股人应向代收股款的银行缴纳股款，并有权要求代收银行出具收款单据。发行的股份超过招股说明书规定的截止期限尚未募足，或者发行股份的股款交足后，发起人在 30 日内未召开创立大会的，认股人可以按照所缴股款并加算银行同期存款利息，要求发起人返还。

(8) 法定机构验资。验资是指法定的机构对发起人和认股人的出资的价值进行确认并出具相应证明的行为。值得一提的是，2005 年《公司法》第二十九条关于有限责任公司的验资规定："股东缴纳出资后，必须经依法设立的验资机构验资并出具证明书。"修正后的《公司法》将该规定删除了。修正后的《公司法》保留了关于股份有限公司验资的规定，即"发行股份的股款缴足后，必须经依法设立的验资机构验资并出具证明"。

(9) 召开创立大会。发起人应当自股款交足之日起 30 日内主持召开公司创立大会。创立大会由发起人、认股人组成。发起人应当在创立大会召开 15 日前将会议日期通知各股东或者予以公告。创立大会应由代表股份总数过半数的发起人、认股人出席，方可举行。创立大会依法行使下列职权：①审议发起人关于公司筹办情况的报告；②通过公司章程；③选举董事会成员；④选举监事会成员；⑤对公司的设立费用进行审核；⑥对发起人用于抵作股款的财产的作价进行审核；⑦发生不可抗力或者经营条件发生重大变化直接影响公司设立的，可以做出不设立公司的决定。创立大会对上述事项做出决议，必须经出席会议的认股人所持表决权过半数通过。发起人、认股人缴纳股款或者交付抵作股款的出资后，除未按时募足股份、发起人未按期召开创立大会或者创立大会决议不设立公司的情形外，不得抽回其股本。

(10) 申请设立登记。董事会应于创立大会结束后 30 日内，向公司登记机关申请设立登记。申请设立登记时，须依法递交下列文件：①公司登记申请书；②创立大会的会议记录；③公司章程；④依法设立的验资机构出具的验资证明；⑤法定代表人、董事、监事的任职文件及其身份证明；⑥发起人的法人资格证明或者自然人的身份证明；⑦公司住所证明。此外，以募集设立方式设立股份有限公司公开发行股票的，还应当向公司登记机关报送国务院证券监督管理机构的核准文件。

(11) 核准登记并签发营业执照。公司登记机关自接到股份有限公司设立登记申请之日起 30 日内做出是否予以登记的决定。对于符合条件的，予以登记，并签发营业执照。公司营业执照签发之日，公司即正式成立，获得法人资格。

【例 3-11】以募集方式设立股份有限公司的，发起人在认购股份后依法应当做出一系列的行为。以下按时间先后排列的行为顺序，哪一项是正确的？（   ）

　　A. 制作招股说明书；召开创立大会；签订承销协议和代收股款协议；申请核准募股；公开募股；申请设立登记

　　B. 制作招股说明书；签订承销协议和代收股款协议；申请核准募股；公开募股；召开创立大会；申请设立登记

　　C. 制作招股说明书；申请核准募股；签订承销协议和代收股款协议；公开募股；召开创立大会；申请设立登记

　　D. 制作招股说明书；签订承销协议和代收股款协议；召开创立大会；申请核准募股；公开募股；申请设立登记

【解析】正确答案是 C。

(三)公司设立中发起人的责任

股份有限公司发起人承担的责任如表3-2所示。

表3-2 股份有限公司发起人承担的责任

项 目	内 容
公司不能成立时	发起人对设立行为所产生的债务和费用负连带责任
公司不能成立时	发起人对认股人已缴纳的股款,负返还股款并加算银行同期存款利息的连带责任
在公司设立过程中	由于发起人的过失致使公司利益受到损害的,应当对公司承担赔偿责任
公司设立阶段的合同责任	(1) 发起人为设立公司以自己名义对外签订合同,合同相对人请求该发起人承担合同责任的,人民法院应予支持;公司成立后合同相对人请求公司承担合同责任的,人民法院应予支持 (2) 发起人以设立公司名义对外签订合同,公司成立后合同相对人请求公司承担合同责任的,人民法院应予支持

【例3-12】甲、乙、丙、丁拟设立一家商贸股份有限公司,就设立事宜分工负责,其中丙负责租赁公司运营所需仓库。因公司尚未成立,丙为方便签订合同,遂以自己名义与戊签订仓库租赁合同。关于该租金债务及其责任,下列哪些表述是正确的?( )
A. 无论商贸公司是否成立,戊均可请求丙承担清偿责任
B. 商贸公司成立后,如其使用该仓库,戊可请求其承担清偿责任
C. 商贸公司成立后,戊即可请求商贸公司承担清偿责任
D. 商贸公司成立后,戊即可请求丙和商贸公司承担连带清偿责任

【解析】正确答案是AB。本题中丙为设立商贸公司以自己名义与戊签订租赁合同,不论公司是否成立,戊都有权要求丙承担合同责任,所以A选项正确。商贸公司成立后,如使用该仓库,意味着公司已经实际享有合同权利,则戊有权要求公司承担合同责任,所以B选项正确。商贸公司成立后,并不是一概承担合同责任,更不存在与发起人承担连带责任的情形,所以C、D选项均不正确。

三、股份有限公司的组织机构

股份有限公司的组织机构与一般有限责任公司的组织机构基本相同。这里将重点说明二者的不同之处。

(一)股东大会

1. 股东大会的性质及其组成

股东大会为股份有限公司必须设立的公司机关,是股份有限公司的最高权力机构。股东大会由全体股东组成。

2. 股东大会的职权

根据我国《公司法》的规定,有限责任公司和股份有限公司股东会的职权完全一致。

3. 股东大会会议形式

1) 年会

《公司法》第一百条规定,股东大会应当每年召开一次年会。据此,我国股东大会的定期会议采取年会形式,至于是采取自然年度还是会计年度,则由公司自己决定,具体召开时间由公司章程

规定。实务中，股东年会一般于会计年度终了后 6 个月内召开。

2) 临时会议

《公司法》第一百条规定，有下列情形之一的，应当在两个月内召开临时股东大会：①董事人数不足该法规定人数或者公司章程所定人数的 2/3 时；②公司未弥补的亏损达实收股本总额的 1/3 时；③单独或者合计持有公司 10%以上股份的股东请求时；④董事会认为必要时；⑤监事会提议召开时；⑥公司章程规定的其他情形。

4. 股东大会会议的召集与主持

(1) 董事会。对于股东大会年会，董事会应当在章程规定的时间按照本法规定的程序召集。由董事会召集时，董事长为主持人；董事长不能履行职务或者不履行职务的，由副董事长主持；副董事长不能履行职务或者不履行职务的，由半数以上董事共同推举一名董事主持。

(2) 监事会。监事会在以下两种情形下可以召集股东大会：一是在章程规定的期限内董事会不履行召集股东大会年会的义务时；二是出现《公司法》规定的情形，董事会在两个月内未召开股东大会时。在监事会召集的股东大会会议中，监事会为主持人。

(3) 符合条件的股东。董事会、监事会均不履行其召集股东大会会议的义务时，单独或者合计持有公司 10%以上股份且连续持股 90 日以上的股东才能自行召集，召集会议的股东为主持人；股东为数人时，该数人为共同主持人或者推举其中一人履行主持人职责。

5. 股东大会会议的表决和决议事项

股东行使表决权的一般原则可以概括为"一股一票"和"资本多数决"。公司持有的本公司的股份没有表决权。

股东大会决议的事项分为普通事项与特别事项两类。股东大会对普通事项做出的决议，必须经出席会议的股东所持表决权过半数通过。股东大会对修改公司章程、增加或者减少注册资本，以及公司合并、分立、解散或者变更公司形式的特别事项做出的决议，必须经出席会议的股东所持表决权的 2/3 以上通过。

【例 3-13】根据《公司法》的规定，股份有限公司股东大会所做的下列决议中，只需经出席会议的股东所持表决权的过半数通过的是(   )。

A. 公司合并决议
B. 公司分立决议
C. 修改公司章程决议
D. 批准公司年度预算方案决议

【解析】正确答案是 D。股份有限公司的合并、分立、解散和清算以及公司章程的修改属于股东大会的特别决议事项，须经出席会议的股东所持表决权的2/3 以上通过。对于 D 项，是属于普通决议事项，不需要经过出席会议的股东所持表决权的 2/3 以上通过。

6. 累积投票制

累积投票制，是指股东大会选举董事或者监事时，每一股份拥有与应选董事或者监事人数相同的表决权，股东拥有的表决权可以集中使用。累积投票制产生于美国，是一种保护小股东利益的特殊表决规则，和"资本多数决"与"人头决"都有所不同。这种规则只能适用于股份有限公司股东大会投票选举董事或监事的场合，范围有限，目的就在于防止大股东通过控制董事会或监事会的组成，从而全盘操纵公司，损害小股东利益。在累积投票制度下，中小股东通过其投票权的集中使用，可以增加其提名人的当选机会。例如，某股份公司有1000股，其中某大股东占70%，其余股东占30%。如果公司拟选3名董事，在实行直接投票制的情况下，则只能是大股东中意的人选才有可能当选。而实行累积投票制，大股东的累积表决权数为2100票，其余股东为900票。如果其余股东将900票集中投向1名候选人，则该人必然当选；而大股东要想使其3名被提名人都能当选，则最少需要超过2700票，在这种情况下，大股东也只能保证其提名的两人当选。有限责任公司与股份有限公司股东(大)会的比较如表3-3所示。

表3-3 有限责任公司与股份有限公司股东(大)会的比较

	有限责任公司	股份有限公司
临时股东(大)会	(1) 占1/10表决权股东可以要求开会 (2) 1/3董事、监事会或监事也可以要求开会	(1) 单独或合计持有10%以上股份的股东可以要求开会 (2) 董事会、监事会也可以要求开会
股东(大)会召集及主持人	(1) 董事(会) (2) 董事(会)不行，由监事(会) (3) 董事(会)、监事(会)都不行，才由1/10表决权股东召集及主持	(1) 董事(会) (2) 董事(会)不行，由监事(会) (3) 董事(会)、监事(会)都不行，才由连续90日单独或合计持有10%股份股东召集及主持
股东(大)会临时提案	无规定	单独或合计3%以上股份的股东，可在股东会召开前10日，提出临时提案并书面提交董事会
临时董事会	无规定	与有限责任公司召开临时股东会门槛相同 (1) 代表1/10以上表决权股东 (2) 1/3以上董事、监事会

(二) 董事会

1. 董事会的性质及其组成

董事会是股份有限公司必设的业务执行和经营意思决定机构，对股东大会负责。

股份有限公司从性质上讲为资合公司，通常股东人数较多，规模较大，不可能使每一股东都参加公司经营管理，因此需要实行所有权与经营权相分离原则，由股东选任董事组成董事会作为公司的决策机构，负责公司的经营管理。公司可根据此规定和实际需要确定董事会的组成人数，人数为5～19，通常情况下董事会成员人数为单数。

2. 董事的任期和董事会的职权

股份有限公司董事的任期、董事会的职权与有限责任公司相同，此处不再赘述。

3. 董事会机构内部设置

《公司法》第一百零九条规定，董事会设董事长1人，可以设副董事长。董事长和副董事长由董事会以全体董事的过半数选举产生。

董事长召集和主持董事会会议，检查董事会决议的实施情况。副董事长协助董事长工作，董事长不能履行职务或者不履行职务的，由副董事长履行职务；副董事长不能履行职务或者不履行职务的，由半数以上董事共同推举一名董事履行职务。

4. 董事会会议的召开

董事会每年度至少召开两次会议，每次会议应当于会议召开 10 日前通知全体董事和监事。代表 1/10 以上表决权的股东、1/3 以上董事或者监事会，可以提议召开董事会临时会议。董事长应当自接到提议后 10 日内，召集和主持董事会会议。董事会召开临时会议，可以另定召集董事会的通知方式和通知时限。

董事会会议应有过半数的董事出席方可举行。董事会做出决议，必须经全体董事的过半数通过。董事会决议的表决，实行一人一票。董事会会议，应由董事本人出席；董事因故不能出席的，可以书面委托其他董事代为出席，委托书中应载明授权范围。董事会应当将会议所议事项的决定做成会议记录，出席会议的董事应当在会议记录上签名。

董事应当对董事会的决议承担责任。董事会的决议违反法律、行政法规或者公司章程、股东大会决议，致使公司遭受严重损失的，参与决议的董事对公司负赔偿责任。但经证明在表决时曾表明异议并记载于会议记录的，该董事可以免除责任。由此可见，在这种情形下赞同和弃权的董事对公司将承担赔偿责任。有限责任公司与股份有限公司董事会的比较如表 3-4 所示。

表 3-4 有限责任公司与股份有限公司董事会的比较

董事会	股份有限公司	有限责任公司
人数	5～19	3～13
时间	每年至少召开2次	公司章程规定
决议	一人一票，全体董事过半数才可通过	一人一票，具体由公司章程规定
临时董事会	(1) 1/10表决权股东 (2) 1/3董事 (3) 监事会	无
会议记录	会议记录由出席会议董事签名，且当董事作出决议事项损害公司利益时，董事要负赔偿责任	应当对所议事项的决定做成会议记录，出席会议的董事应当在会议记录上签名

(三) 经理

股份有限公司设经理，由董事会决定聘任或者解聘。股份有限公司经理的职权与有限责任公司经理职权相同。股份有限公司董事会可以决定由公司董事会成员兼任经理。

(四) 监事会

1. 监事会的性质及其组成

监事会是股份有限公司必设的监察机构，对公司的财务及业务执行情况进行监督。

监事会由监事组成，其人数不得少于 3 人。监事的人选由股东代表和公司职工代表构成，其中职工代表的比例不得低于 1/3。股东代表由股东大会选举产生；职工代表由公司职工民主选举产生。监事会设主席 1 人，可以设副主席。监事会主席、副主席由全体监事过半数选举产生。监事的任期每届为 3 年，监事任期届满，连选可以连任。

2. 监事会的职权

《公司法》第五十三条、第五十四条关于有限责任公司监事会职权的规定，适用于股份有限公司监事会。监事会行使职权所必需的费用，由公司承担。

四、股份有限公司的股份发行与转让

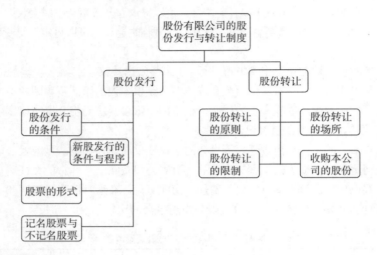

(一) 股份与股票

1. 股份的概念和特征

股份是股份有限公司发行的,以股票为表现形式,按相等金额划分,体现股东的权利和义务,是组成公司资本的基本单位。股份具有以下特征。

(1) 股份的发行主体是股份有限公司,有限责任公司股东的出资不称为股份。

(2) 股份是公司资本的构成单位,具有等额性和不可分性。股份是组成公司资本的最小单位,其总和即为公司的注册资本。

(3) 股份体现股东的权利和义务,具有平等性。股份所代表的资本额一律平等,而作为股东法律地位的表现形式,股份所包含的权利与义务一律平等,每一股份代表一份股东权,拥有股份数额的多少决定股东权利与义务的大小。

(4) 股份是以股票的方式表现的,具有证券性和可转让性。股票是股份有限公司签发的证明股东所持股份的凭证,是表示股东地位和股东权利的可流通的有价证券。股票上一般都载明金额及代表的股数,股票可以自由转让,投资者在规定的场所购得股票即拥有了公司的股份,获得了股东地位及与所购股数相应的权利。

2. 股票的概念及特征

股票是股份有限公司股份证券化的形式,是股份有限公司签发的证明股东所持股份的凭证。股份有限公司的股份采用股票的形式。股票具有以下特征。

(1) 股票是一种要式证券,它的制作和记载事项必须按照法定的方式进行。

(2) 股票是一种非设权证券,即它仅是一种表彰股东权的证券,而非创设股东权的证券。

(3) 股票是一种有价证券,它以证券的持有为权利存在的条件。股票作为一种有价证券,所表示的是股东的财产权。股票的合法持有者就是股东权的享有者。

(二) 股份发行

1. 股份发行的原则

股份有限公司在设立时可以发行股份,在公司成立以后也可以发行股份。股份发行一般也以此为标准分为两大类,即设立发行和新股发行。股份的发行,实行公平、公正的原则,同种类的每一股份应当具有同等权利;同次发行的同种类股票,每股的发行条件和价格应当相同;任何单位或者个人所认购的股份,每股应当支付相同价额。

2. 股票的发行价格

我国《公司法》规定,股票发行价格可以按票面金额,也可以超过票面金额即股票溢价发行,但不得以低于票面金额发行股票。以超过票面金额发行股票所得溢价款,应列入公司资本公积金。

(三) 股份的转让

我国《公司法》中规定了股份转让实行自由转让的原则。但是,股份在转让过程中,为了保护公司、股东及债权人等相关利害关系人的利益,公司法中对股份转让也做出了必要的限制,在内容上包括对转让场所、转让方式以及特定主体的限制,具体体现在以下几个方面。

1. 对股份转让场所的限制

我国《公司法》第一百三十八条规定,股东转让其股份,应当在依法设立的证券交易场所进行或者按照国务院规定的其他方式进行。

2. 对公司发起人持有本公司股份转让的限制

发起人持有的本公司股份,自公司成立之日起一年内不得转让。公司公开发行股份前已发行的股份,自公司股票在证券交易所上市交易之日起一年内不得转让。目的在于防止发起人以发起组织公司为手段,以获取发起人的报酬及特别利益为目的,形成专业的不正当行为。

3. 对公司高管人员持有股份转让的限制

公司董事、监事、高级管理人员应当向公司申报所持有的本公司的股份及其变动情况,在任职期间每年转让的股份不得超过其所持有本公司股份总数的25%;所持本公司股份自公司股票上市交易之日起一年内不得转让。上述人员离职后半年内,不得转让其所持有的本公司股份。公司章程可以对公司董事、监事、高级管理人员转让其所持有的本公司股份做出其他限制性规定。

4. 公司收购自身股票的限制

根据我国《公司法》的规定,公司不得收购本公司股份,但有下列情形之一的除外:①减少公司注册资本;②与持有本公司股份的其他公司合并;③将股份奖励给本公司职工;④股东因对股东大会做出的公司合并、分立决议持异议,要求公司收购其股份的。公司拥有本公司股份,将使该股份所代表的资本实际上处于虚置的地位,违反了公司资本充实的原则。非常容易发生公司的董事或者经理等人员利用负责公司运营的权利,通过其所实际掌握的公司拥有的本公司股份影响公司决策,损害公司股东或者债权人利益的情况。

【例3-14】某股份有限公司于2011年6月在上海证券交易所上市。该公司有关人员的下列股份转让行为中,不符合《公司法》规定的是(   )。

A. 监事张某2012年3月将其所持有的本公司股份总数的25%转让
B. 董事吴某2012年8月将其所持有的本公司全部股份500股一次性转让
C. 董事罗某2013年将其所持有的本公司股份总数的25%转让
D. 经理王某2014年1月离职,8月转让其所持有的本公司所有股份

【解析】正确答案是A。根据《公司法》的规定,发起人持有的本公司股份,自公司成立之日起1年内不得转让。公司公开发行股份前已发行的股份,自公司股票在证券交易所上市交易之日起1

年内不得转让。公司董事、监事、高级管理人员应当向公司申报所持有的本公司的股份及其变动情况，在任职期间每年转让的股份不得超过其所持有本公司股份总数的25%；所持本公司股份自公司股票上市交易之日起1年内不得转让。上述人员离职后半年内，不得转让其所持有的本公司股份。上市公司董事、监事和高级管理人员所持股份不超过1000股的，可一次性全部转让，不受前款转让比例的限制。所以，本题正确答案是选项A。

有限责任公司和股份有限公司股权转让限制比较如表3-5所示。

表3-5 股权转让限制比较

	有限责任公司	股份有限公司
股权转让自由	(1) 对内股东间可以自由转让 (2) 对外转让不自由	股东持有的股份可以自由依法转让(对内、对外都自由)
股权转让特殊限制	对外转让限制 1. 股东让与第三人 (1) 书面通知其他股东 (2) 经其他股东半数以上同意 (3) 自通知后30日内不答复，就视为同意 (4) 半数以上股东不同意转让，不同意的股东要购买股份，不买的视为同意 (5) 半数以上其他股东同意转让，在同等条件下，其他股东有优先购买权，多数股东要买，协商购买比例，如无法协商就按转让时出资比例 (6) 公司章程可以另外约定 2. 股权被强制执行的转让 (1) 法院应通知其他股东 (2) 其他股东没有同意与否的权利，一定要转让 (3) 其他股东只能在同等条件下享有优先购买权 (4) 自通知后20日内不行使优先购买权，视为放弃	转让股权禁售期的限制 1. 发起人自公司成立起一年内，不得转让股票(公开发行股票，自上市交易日起一年内) 2. 公司董事、监事的限制 (1) 任职期间每年转让股份不得超过其持有公司股份总数的25% (2) 上市交易日起一年内不得转让 (3) 离职后半年内，不得转让其所持有股份 (4) 公司章程做出的其他限制(不能更宽松)

第四节　公司的董事、监事、高级管理人员

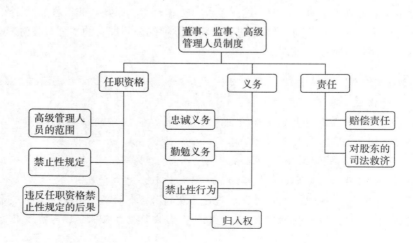

一、董事、监事、高级管理人员的任职资格

我国公司法中，对于公司董事、监事、高级管理人员的任职资格是从消极方面进行的概括规定。由于董事、监事和高级管理人员对于公司的经营管理和业绩效益负有重要的责任，即便不是作为公司的股东，也可以担任公司要职。

依据《公司法》的规定，有下列情形之一的，不得担任公司的董事、监事、高级管理人员。①无民事行为能力或者限制民事行为能力。②因犯有贪污、贿赂、侵占财产、挪用财产罪或者破坏社会经济秩序罪，被判处刑罚，执行期满未逾5年，或者因犯罪被剥夺政治权利，执行期满未逾5年。③担任破产清算的公司、企业的董事或者厂长、经理，并对该公司、企业的破产负有个人责任的，自该公司、企业破产清算完结之日起未逾3年。④担任因违法被吊销营业执照、责令关闭的公司、企业的法定代表人，并负有个人责任的，自该公司、企业被吊销营业执照之日起未逾3年。⑤个人所负数额较大的债务到期未清偿。上述各项规定，适用于有限责任公司和股份有限公司的董事、监事和高级管理人员。董事、监事、高级管理人员如果在任职期间出现上述情形的，公司应当解除其职务。

股东向公司委派董事，公司股东会或者股东大会选举董事和监事，公司董事会聘任高级管理人员，均应遵守上述规定的条件。如果公司未按上述条件委派、选举董事、监事或者聘任高级管理人员，则该委派行为、选举行为和聘任行为无效。

除此之外，依据其他法律、法规，下列情形也需要注意。①《中华人民共和国证券法》《中华人民共和国商业银行法》《中华人民共和国保险法》等商事特别法针对证券公司、商业银行、保险公司的董事资格，分别有特别限制规定。此外，证监会对证券公司、上市公司董事的消极资格也有特别限制。②《中华人民共和国公务员法》规定，公务员不得"从事或者参与营利性活动，在企业或者其他营利性组织中兼任职务"。据此，可以认为公务员不得兼任董事。

【例3-15】甲股份有限公司2014年6月召开股东大会，选举公司董事。根据《公司法》的规定，下列人员中，不得担任该公司董事的是(　　)。
A. 张某，因挪用财产被判处刑罚，执行期满已逾6年
B. 吴某，原系乙有限责任公司董事长，因其个人责任导致该公司破产，清算完结已逾5年
C. 储某，系丙有限责任公司控股股东，该公司股东会决策失误，导致公司负有300万元到期不能清偿的债务
D. 杨某，原系丁有限责任公司法定代表人，因其个人责任导致该公司被吊销营业执照未逾2年
【解析】正确答案是D。根据《公司法》规定，选项D中的杨某不符合担任公司董事、监事和高级管理人员的任职资格。

二、董事、监事、高级管理人员的义务和责任

在英美法系国家，董事、经理等高级管理人员是基于其与公司之间的信托关系而承担"受托义务"。大陆法系国家的公司法，注意义务和忠实义务主要源于民事法律，其他法定义务则主要源于公司法和其他有关法律。与其他各国立法方式不同，我国《公司法》将董事、监事和高级管理人员的义务一并做了规定。

我国《公司法》中规定了董事、监事、高级管理人员对公司负有忠实义务和勤勉义务。忠实义务强调董事、监事、高级管理人员应当忠诚于公司，不得有损害公司利益的行为，勤勉义务强调董事、监事、高级管理人员应当积极履行职责，依法谋求公司利益和股东利益的最大化。应当注意监事与董事、高级管理人员的义务在程度和范围上都有所不同。就注意义务而言，监事的注意义务主要体现为监事是否尽职尽责地履行了其监督职责，而对董事、高级管理人员则是从经营管理角度予以考察。

(一) 董事、监事、高级管理人员的共同义务

公司董事、监事、高级管理人员的共同义务有：①遵守法律、行政法规，遵守公司章程，忠实履行职务，维护公司利益；②不得利用在公司的地位和职权为自己牟取私利；③不得利用职权收受贿赂或者其他非法收入；④不得侵占公司的财产；⑤不得泄露公司秘密。

股东会或者股东大会要求董事、监事、高级管理人员列席会议的，董事、监事、高级管理人员应当列席，并接受股东的质询。

(二) 董事、高级管理人员的特定性义务

董事和高级管理人员负责公司的经营决策和日常管理，其行为直接关乎公司和股东的利益，故法律对他们有更多、更为具体的规定要求，其中特别体现在对他们的禁止性规定方面。董事和高级管理人员应对如下规定予以注意。

(1) 越权使用公司资产的禁止。①挪用公司资金。挪用公司资金，必然会影响公司资金的正常使用，从而影响公司正常的投资经营活动，同时也给公司的经营带来了不可预测的风险，对公司利益造成损害。这种行为是违反董事、高级管理人员对公司的忠实义务的，应当禁止。②将公司资金以其个人名义或者以其他个人名义开立账户存储。这种行为极易造成公司财产的流失，应当禁止。③违反公司章程的规定。④未经股东会、股东大会或者董事会同意，将公司资金借贷给他人或者以公司资产为他人提供担保。

(2) 限制自我交易。违反公司章程的规定或者未经股东会、股东大会同意，与本公司订立合同或者进行交易。

(3) 竞业禁止。未经股东会或者股东大会同意，利用职务之便为自己或者他人谋取属于公司的商业机会，自营或者为他人经营与所任职公司同类的业务。董事、高级管理人员自营或者为他人经营与所任职公司同类的业务，发生与公司争夺商业机会的道德风险会大大增加。因此，未经股东会或者股东大会同意，自营或者为他人经营与所任职公司同类的业务，是违反忠实义务的行为，应当予以禁止。

(4) 商业贿赂的禁止。接受他人与公司交易的佣金归为己有，即利用职务为自己牟取利益，这种行为违背了忠实义务，应当禁止。

(5) 不得擅自披露公司秘密。

(6) 违反对公司忠实义务的其他行为。

(三) 公司的归入权

为保护善意第三人的利益并维护交易安全，董事、高级管理人员违反上述规定行为本身并非当然无效，董事、高级管理人员违反上述规定所得的收入归公司所有。我国《公司法》规定，董事、高级管理人员违反忠实义务所得的收入归公司所有。上述责任形式可以并用，如董事长篡夺公司机会的，应将其所得收入归公司所有，同时赔偿由此造成的公司损失。

【例 3-16】秦某是某大型服装公司的总经理，主持公司的生产管理工作，组织实施公司年度经营计划和投资方案，拟订公司内部管理机构设置方案，提请聘任或解聘公司副经理、财务负责人等。后秦某未经股东会同意，利用自己手中的权力，擅自以高于市场价的价格从自己的侄子所设立的服装公司购入一批服装。后有人向公司董事举报该事件，指明秦某假公济私，利用手中的权力，为自己的侄子创造商业机会，且以高于市场价的价格进行购买，严重损害公司利益，并要求解除秦某的总经理职位。试问，作为公司的高管，应承担怎样的责任，履行何种义务？

【解析】依《公司法》第一百四十七条、第一百四十八条的规定，董事、监事、高级管理人员应当遵守法律、行政法规和公司章程，对公司负有忠实义务和勤勉义务。董事、监事、高级管理人员不得利用职权收受贿赂或者其他非法收入，不得侵占公司的财产。对于他们有违反规定的下列行为：挪用公司资金；将公司资金以其个人名义或者以其他个人名义开立账户存储；违反公司章程的规定，未经股东会、股东大会或者董事会同意，将公司资金借贷给他人或者以公司财产为他人提供担保；违反公司章程的规定或者未经股东会、股东大会同意，与本公司订立合同或者进行交易；未经股东会或者股东大会同意，利用职务便利为自己或者他人谋取属于公司的商业机会，自营或者为他人经营与所任职公司同类的业务；接受他人与公司交易的佣金归为己有；擅自披露公司秘密；违反对公司忠实义务的其他行为。董事、高级管理人员违反前款规定所得的收入应当归公司所有。秦某未经股东会同意，擅自利用职务便利为自己的亲人牟利，有损公司利益，不仅有违公司章程的规定，也未尽到对公司忠实与勤勉义务。其违法所得的收入应上交公司。

(四) 股东诉讼制度

1. 股东代表诉讼制度

股东代表诉讼，又称派生诉讼、股东代位诉讼，是指当公司的合法权益受到不法侵害而公司却怠于起诉时，公司的股东即以自己的名义起诉，而所获赔偿归于公司的一种诉讼形态。显然，代表诉讼发生的前提是公司利益受害，而非股东自己利益受害。本来，公司作为受害人享有当然的诉权，但因为诸多原因可能导致公司不愿起诉(如侵害公司利益者是控股股东或其亲友)。公司忍气吞声的结果自然会导致全体股东利益间接受到损失，所以法律允许股东代表公司作为原告进行诉讼。它是广大股东监督公司经营及预防经营权滥用的最重要的救济和预防手段。股东进行代表诉讼必须满足以下要求。

首先，先诉请求。在代表诉讼中，一般来说，股东应当先向公司提出请求，即要求公司对错误行为提起诉讼。只有在公司自己没有提起诉讼而又没有正当理由时，才允许股东提起本来属于公司的诉讼，这就是所谓的先诉请求，也叫"用尽公司内部救济原则"。具体而言：董事、高级管理人员执行公司职务时违反法律、行政法规或者公司章程的规定，给公司造成损失的或者他人侵犯公司合法权益，给公司造成损失的，有限责任公司的股东、股份有限公司连续 180 日以上单独或者合计持有公司 1%以上股份的股东，可以书面请求监事会或者不设监事会的有限责任公司的监事向法院提起诉讼；监事执行公司职务时违反法律、行政法规或者公司章程的规定，给公司造成损失的，前述股东可以书面请求董事会或者不设董事会的有限责任公司的执行董事向法院提起诉讼。

之所以对股东的原告资格做出了持股时间的限制，是为了防止竞争对手通过短期持股进行恶意诉讼；之所以对股东的原告资格做出了持股比例的限制，是为了防止个别小股东锱铢必较，滥用诉权，妨碍公司的正常经营。

其次，提起诉讼。股东有权在以下 3 种情况发生时以自己的名义直接向法院提起代表诉讼。①监事会、不设监事会的有限责任公司的监事，或者董事会、执行董事收到股东书面请求后拒绝提起诉讼。②监事会、不设监事会的有限责任公司的监事，或者董事会、执行董事自收到请求之日起30日内未提起诉讼。③情况紧急、不立即提起诉讼将会使公司利益受到难以弥补的损害。例如，诉讼时效即将届满，被告正在转移财产、销毁证据等，这种情形允许股东无须"用尽公司内部救济"而可以直接起诉。

2. 股东直接诉讼

股东直接诉讼，是指公司或者股东在自身权利受到董事、监事、经理违反法律或者公司章程的行为侵害时，以自己的名义对侵害者提起诉讼。《最高人民法院关于适用〈中华人民共和国公司法〉若干问题的规定(四)》第二十四条、第二十五条、第二十六条的相关规定，在符合《公司法》第一百五十一条中表述的股东条件时，直接对董事、监事、高级管理人员或者他人提起诉讼的，应当列公司为第三人参加诉讼。股东依据《公司法》第一百五十一条第二款、第三款规定的股东直接提起诉讼案件，胜诉利益归属于公司。股东请求被告直接向其承担民事责任的，人民法院不予支持。而在该诉讼请求部分或者全部得到人民法院支持的，公司应当承担股东因参加诉讼支付的合理费用。

第五节　公司债券

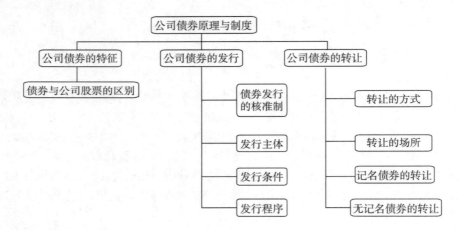

一、公司债券概述

(一) 公司债券的概念

公司债券是指公司依照法定程序发行的、约定在一定期限还本付息的有价证券。

公司取得资金有以下两种途径。①直接融资。其主要有两种方法：一是发行新股；二是发行公司债券。发行公司债券是指公司直接向不特定大众(公募)，或向少数特定人举债(私募)。②间接融资。向金融机构贷款取得公司所需要的资金。

一般短期资金以间接融资方式取得，期限短、利息高。若需要长期且大量的资金，往往偏好以直接融资的方式取得。从股东权益来观察，以发行新股的方式增加资本，会导致公司组织扩大，股份遭到稀释，影响原本股东权益。而公司债对债权人仅负清偿本息的义务，对股东权益基本无影响。

作为公司债表现形式的公司债券，具有以下法律特征。

(1) 有价证券。首先，公司债券是一种证券；其次，公司债券具有价值性，记载有票面金额，属于有价证券。

(2) 债权证券。在内容上，公司债券表彰的是一种债权债务关系，故属于债权证券，区别于股票这样的表彰股权关系的股权证券。

(3) 证权证券。公司债不因为公司债券的发行而发生，公司债券只用于表彰已经发生的公司债。因而，公司债券是证权证券，区别于设权证券。相应地，公司债契约的成立不以交付债券为要件，在公司债契约成立且购买人缴足其所认购金额后发行公司债券。债券持有人以所持债券向发行公司主张债权。

(4) 要式证券。公司债券必须依法记载一定事项，如《公司法》中规定，公司以实物券方式发行公司债券的，必须在债券上载明公司名称、债券票面金额、利率、偿还期限等事项并由法定代表人签名，公司盖章。

(5) 可流通证券。公司债券可以自由转让。

(二) 公司债券与股票本质上的区别

公司债券与股票的区别如表 3-6 所示。

表 3-6 公司债券与股票的区别

项 目	股 票	公司债券
性质不同	股票表示的是股东权，是股权凭证	公司债券表示的是债权，是债权凭证
收益不同	股票持有人是从公司利润中分取股息、红利	不论公司是否盈利，公司债券持有人都有权依事先约定的利率计取利息
承担的风险不同	股票的风险大于债券，只能转让、不能退股	公司债券一旦到了清偿期，发债人就必须偿还本金
对公司经营管理享有的权利不同	股票持有人能在股东大会上行使表决权，参与公司的经营管理	公司债券持有人无权参与公司经营管理

二、公司债券的发行

从保护投资者利益和维护证券市场有序运行的角度,法律有必要为公司债的发行设定一定条件。各国(地区)规定的主要技术性措施包括以下几个方面。

1. 与公司的净资产相联系

我国台湾地区还区分有无担保而设定不同限额：担保公司债的发行总额不得超过公司现有全部资产减去全部负债及无形资产后的余额；无担保公司债的发行总额，不得超过上述余额的1/2。

2. 与公司的实收资本相联系

如丹麦公司法规定，股份公司发行可转换公司债数额不得超过实收资本的 50%。

3. 兼顾公司的实收资本数额和净资产数额

如意大利公司法规定，公司债券的发行额不超过公司实收资本以及股东大会通过的最近一次财务报告实际盈余的总和。

我国《公司法》规定，公司发行公司债券应当符合《中华人民共和国证券法》(以下简称《证券法》)规定的发行条件。《证券法》规定了首次和再次发行公司债券的条件，这些条件主要是与公司净资产相联系：净资产不低于人民币 3000 万元(股份公司)或者 6000 万元(有限公司)；累计债券余额不超过净资产的 40%；最近三年的平均可分配利润足以支付公司债券一年的利息。

三、公司债券的转让

1. 转让价格

《公司法》规定，公司债券可以转让，转让价格由转让人与受让人约定。公司债券在证券交易所上市交易的，按照证券交易所的交易规则转让。

2. 转让方式

公司债券的转让，对于公司债券持有人而言是一种退出机制，对于潜在的投资者而言是一种进入机制，对于发行公司而言是参与债券交易市场的一种机制。我国《公司法》不禁止公司回购本公司发行的债券，回购债券是提前偿还公司债的方式。另外，发行公司参与债券交易，还可以通过维持公司债券价格间接地达到维持股票价格的目的。

公司债券的转让方式因债券形式的不同而异。《公司法》第一百六十条规定，记名公司债券，由债券持有人以背书方式或者法律、行政法规规定的其他方式转让；转让后由公司将受让人的名称及住所记载于公司债券存根簿，以供备案。无记名公司债券的转让，由债券持有人将该债券交付给受让人后即发生转让的效力。依此，公司债券的转让一般没有特定的场所，但债券在证券交易所上市交易的，按照证券交易所的交易规则转让。

公司债券转让的实质是其表彰的债权，出让人失去债权人身份，受让人成为新的债权人。债权让与的原理，公司债债权转让的生效，既不以债务人——发行公司的同意为要件，也不以通知发行公司为要件。

第六节　公司的财务会计

一、公司财务会计制度

公司应当在每一会计年度终了时制作财务会计报告，并依法经审查验证。公司的财务会计报告主要包括：①资产负债表；②损益表(旧会计制度称为利润表)；③财务状况变动表；④财务情况说明书；⑤利润分配表。上市公司在每一会计年度的上半年结束之日，还应当制作中期财务会计报告。

公司财务会计报告制作的主要目的，是向有关人员和部门提供财务会计信息，满足有关各方了解公司财务状况和经营成果的需要。因此，公司的财务会计报告应及时报送有关人员和部门。有限责任公司应当按照公司章程规定的期限将财务会计报告送交各股东。股份有限公司的财务会计报告应当在召开股东大会年会的 20 日以前置备于本公司，供股东查阅。以募集设立方式成立的股份有限公司必须公告其财务会计报告。依照有关法律的规定，公司财务会计报告要报送国家有关行政部门，以接受其管理和监督，如报送财政部门或其他有关部门。

《公司法》规定，公司应当依照法律、行政法规和国务院财政部门的规定建立本公司的财务、会计制度；公司应当在每一会计年度终了时编制财务会计报告，并依法经会计师事务所审计。财务会计报告应当依照法律、行政法规和国务院财政部门的规定制作。建立公司财务、会计制度的意义主要体现在如下 3 个方面。

(1) 有利于保护股东利益。就股东而言，其投资的直接目的在于获利。公司有健全的财务、会计制度，便于股东进行监督。

(2) 有利于保护债权人利益。只有公司财务、会计制度健全，才能获得债权人的信任而与之打交道。

(3) 有利于保护社会公众的利益。当公司向社会公众发行股份或者债券时，就涉及社会公众投资者的利益，他们有权利了解公司的财务、会计状况。

二、公积金制度

(一) 公积金的意义

公积金是指公司为了弥补公司的亏损，扩大公司生产经营或者转为增加公司资本，依照法律或者公司章程的规定，从公司盈余或资本中提取的积累资金。公司全体股东对于公司债权人，除公司财产以外，别无其他担保，为求公司资本维持，巩固公司财产状态，增强其信用，以保护债权人及维持股票价格。

(二) 公积金的分类

1. 盈余公积金和资本公积金

从形成公积金的来源看，公积金可分为盈余公积金和资本公积金。盈余公积金是指公司在会计年度决算时从税后利润中按照一定比例提取的公积金。资本公积金又称资本储备金，是指因法律规定而由资本及与资本有关的资产项目所产生的应作为资本储备的利益收入。按照《公司法》和相关制度的规定，资本公积金的来源主要包括以下几个方面：①股份有限公司以超过股票票面金额的发行价格发行股份所得的溢价款；②受领赠予所得；③处分资产的溢价收入；④因公司合并而接受其他公司、企业财产减去被合并公司、企业的债务，并减去向该公司、企业给付的价款后的余额；⑤资产评估时，从资产评估的增值中扣除估价减值的溢价额。

2. 法定公积金和任意公积金

根据盈余公积金提取方式的不同，可将盈余公积金区分为法定公积金和任意公积金。法定公积金是指基于法律的规定而强行提取的公积金。《公司法》规定，公司分配当年税后利润时，应当提取利润的10%列入公司法定公积金。公司法定公积金累计额为公司注册资本的50%以上的，可以不再提取。公司的法定公积金不足以弥补以前年度亏损的，在依照前款规定提取法定公积金之前，应当先用当年利润弥补亏损。任意公积金是指公司于法定公积金之外，根据公司章程规定或者股东会决议而特别储备的公积金。公司从税后利润中提取法定公积金后，经股东会或者股东大会决议，还可以从税后利润中提取任意公积金。

3. 公积金的作用

根据《公司法》第一百六十八条规定，公司的公积金可作以下用途。

(1) 弥补公司的亏损。公司的法定公积金不足以弥补以前年度亏损的，在依照法律规定提取法定公积金之前，应当先用当年利润弥补亏损。同时，资本公积金不得用于弥补公司的亏损。

(2) 扩大公司生产经营。如果公司对外募集扩大公司生产经营规模的资金，手续复杂，成本较高。如果公司用公司的公积金来扩大公司的生产或者经营规模，手续简单，成本也较低。

(3) 转为增加公司资本。法定公积金转为资本时，所留存的该项公积金不得少于转增前公司注册资本的25%。

【例3-17】下列关于法定公积金的表述中，符合公司法律制度规定的是( )。
A. 法定公积金按照公司股东会或者股东大会决议，从公司税后利润中提取
B. 法定公积金按照公司税后利润的10%提取，当公司法定公积金累计额为公司注册资本的50%以上时可以不再提取
C. 股份有限公司以超过股票票面金额的发行价格发行股份所得的溢价款，应当列为公司法定公积金
D. 对用法定公积金转增资本的，法律没有限制

【解析】正确答案是B。①选项A：法定公积金依法强制提取，股东会或者股东大会决议无权决定是否提取。②选项B：法定公积金按照公司税后利润的10%提取，当公司法定公积金累计额为公司注册资本的50%以上时可以不再提取。③选项C：股票发行溢价款应当列为公司资本公积金，而非法定公积金。④选项D：用法定公积金转增资本的，转增后所留存的该项公积金不得少于转增前公司注册资本的25%。

三、公司利润分配

1. 公司利润分配的原则

(1) 同股同利、优股优先。同股同利，指同种类的每一股份所分得的股利数量和方式应该相同，不得歧视；优股优先，指不同种类的股份在分配顺序上有先后之分，具体指优先股先于普通股，普通股先于劣后股。

(2) 无盈余不分配。公司没有盈利不得分红。只有公司有利润，股东才能分取股利；而且，公司有利润，也并不必然分红。

(3) 自有股份不分。《公司法》规定，公司持有的本公司股份不得分配利润。原因是：如允许公司自有股份分红，等于使本应分配于其他股东的利润流入了公司，不仅会出现这部分利润归属不明的问题，且可能产生新老股东之间的不公平。

(4) 按股分红。股东按照持有公司股份的多少分取股利。资合公司是"股份民主"企业，在股利分配标准上实行按股分红原则，既是股份民主原则的体现，也是股权平等原则的体现。《公司法》规定，有限公司按照股东"实缴的出资比例"分红，股份公司按照股东"持有的股份比例"分红。但考虑到充分尊重股东自治，有限公司可以根据全体股东的约定不按出资比例分红，股份公司可以根据公司章程的规定不按持股比例分红。

2. 公司利润分配顺序

公司利润是指公司在一定会计期间的经营成果，包括营业利润、投资净收益和营业外收支净额等。根据《公司法》以及有关规定，公司应当按照如下顺序进行利润分配。

(1) 弥补以前年度的亏损，但不得超过税法规定的弥补期限。公司如有亏损，应当先行以盈余弥补其亏损，以此充实资本，维持资本的不变。结合《中华人民共和国企业所得税法》(以下简称《企业所得税法》)第十八条规定："企业纳税年度发生的亏损，准予向以后年度结转，用以后年度的所得弥补，但结转年限最长不得超过五年。"

(2) 缴纳所得税。

(3) 弥补在税前利润弥补亏损之后仍存在的亏损。

(4) 提取法定公积金。法定公积金按照公司税后利润的10%提取，当公司法定公积金累计额为公司注册资本的50%以上时可以不再提取。

(5) 提取任意公积金。任意公积金按照公司股东会或者股东大会决议,从公司税后利润中提取。

(6) 向股东分配利润。公司弥补亏损和提取公积金后所余税后利润,有限责任公司按照股东实缴的出资比例分配,但全体股东约定不按照出资比例分配的除外;股份有限公司按照股东持有的股份比例分配,但股份有限公司章程规定不按持股比例分配的除外。

公司股东会、股东大会或者董事会违反规定,在公司弥补亏损和提取法定公积金之前向股东分配利润的,股东必须将违反规定分配的利润退还公司。公司持有的本公司股份不得分配利润。

第七节 公司变更

一、公司合并

(一) 公司合并的概念与方式

公司合并是指两个以上的公司依照法定程序,不需要经过清算程序,直接合并为一个公司的行为。合并能扩大经营,增强生产效率,节省营业费用,降低成本,并可避免相互间的市场竞争。

《公司法》规定,公司合并的形式可分为吸收合并和新设合并。新设合并,又称联合,指两个以上的公司合并为一个新设公司,合并各方全部消灭,称为消亡公司,如 A 公司与 B 公司合并为 C 公司。新设公司获得消亡公司的全部财产并承担全部债务。新设合并在法律性质上属于一种特殊的公司设立。所以,新设合并除了适用《公司法》关于合并的规定外,还应当适用《公司法》关于公司设立的规定。

吸收合并,也称兼并(狭义),指一个公司吸收其他公司,被吸收的公司解散,如 A 公司兼并 B 公司,B 公司消灭,A 公司成为存续公司。吸收合并的主要特征在于参与合并的公司中有一个公司成为存续公司,其余消灭,存续公司获得消亡公司的全部财产并承担其全部债务。

(二) 公司合并的程序

为确保合并顺利进行以及保护各方当事人的利益,公司合并必须按照法定的程序进行。各国公司法关于公司合并程序的规定大同小异。《公司法》规定的公司合并程序如下:

1. 订立合并协议

《公司法》第一百七十三条规定必须订立合并协议,但未规定其内容。参照《关于外商投资企业合并与分立的规定》,合并协议主要条款包括:合并后公司的注册资本;合并形式;合并各方债权、债务的承继方案;职工安置办法等。该条规定的"合并各方"是指合并公司而非合并公司的股东。因此,无论采取哪种合并方式,都由合并的公司而非其股东签订合并协议。

2. 通过合并决议

公司合并是公司的重大事项,决定权在股东会。依《公司法》规定,公司合并由董事会制定、提出方案,交股东会决议;参与合并的各公司须经各自的股东会以特别决议通过合并协议。

3. 编制资产负债表和财产清单

合并各方应编制资产负债表和财产清单,以供债权人查询。资产负债表应明确公司资产的借贷情况,财产清单应将公司所有的动产、不动产、债权、债务及其他资产分别注明。

4. 通知、公告债权人与债权人异议

《公司法》规定，公司合并，应当自做出合并决议之日起10日内通知债权人，并于30日内在报纸上公告。债权人自接到通知书之日起30日内，未接到通知书的自公告之日起45日内，可以要求公司清偿债务或者提供相应的担保。

5. 进行资本合并和财产移转

债权人未提出异议或者债权人的上述要求得到满足后，合并各方即可进行资本合并及财产移转。

6. 办理公司登记

因合并而存续的公司，须变更登记；因合并而消灭的公司，须注销登记；因合并而设立的公司，须进行设立登记。需要注意的是，合并公司应在法定期限内办理登记手续。登记后，公司合并程序即告完成。

(三) 公司合并效果

1. 公司人格的消灭、变更或者设立

(1) 公司消灭。公司合并必然有一个以上的公司解散：在吸收合并中，被吸收的公司解散；在新设合并中，被合并的公司解散。所以公司合并也是公司解散的事由之一。

(2) 公司变更。在兼并中，兼并公司继续存在但已经发生变更，如其资产或股权结构发生变动。

(3) 公司设立。在新设合并时，新公司由此设立。

2. 股东身份发生变更

合并各方的股东要么丧失股东身份，要么取得另一个公司的股东身份。

3. 债权、债务法定概括移转

《公司法》规定，公司合并时，合并各方的债权、债务，应当由合并后存续的公司或者新设的公司承继，不得附有任何先决条件。

二、公司分立

(一) 公司分立的概念与方式

公司分立，指一个公司分成两个以上的公司，或者公司因分立而与一个以上的现存公司进行合并的法律行为。公司分立的形式有两种。一种是派生分立。也称存续分立，指原公司继续存在，并分立出一个以上的新公司。派生分立的实质，是公司分离出去部分营业作为出资，成立一个以上的新公司，而原公司以剩余营业存续。如A公司分离出B公司，但自身存续。另一种是新设分立。也称解散分立，指原公司解散，同时分立为两个以上的公司。新设分立的实质，是公司将其全部营业分割为两个以上的部分作为出资，分别成立两个以上的新公司，如A公司分立为B、C公司，自身消灭。

(二) 公司分立的程序

我国公司法中的公司分立程序如下。

1. 做出分立决议

公司分立属于公司重大变更事项，同公司合并一样，须由股东会以特别决议通过。《公司法》规定，国有独资公司的分立由国有资产监督管理机构决定，其中，重要的国有独资公司分立，应当由国资委审核后，报本级人民政府批准，以示慎重。

2. 订立分立协议

《公司法》没有明确规定分立协议，但其第一百七十六条关于分立前债务分担的规定明确使用了"协议"的字样。实务中公司分立确实需要订立"分立协议"。参照《关于外商投资企业合并与分立的规定》，分立协议的主要条款包括：分立形式；各方对拟分立公司财产的分割方案；各方对拟分立公司债权、债务的承继方案，职工安置办法等。除法律、行政法规规定需要行政审批的外，公司分立协议自其成立时生效。

3. 编制资产负债表和财产清单

《公司法》规定，分立公司的财产作相应的分割，故公司分立，应编制资产负债表和财产清单。

4. 通知、公告债权人

《公司法》规定，公司应当自做出分立决议之日起 10 日内通知债权人，并于 30 日内在报纸上公告。

5. 办理登记手续

《公司法》规定，在派生分立中，原公司的登记事项如注册资本等发生变化，办理变更登记，分立出来的公司办理设立登记；在新设分立中，原公司解散，办理注销登记，分立出来的公司办理设立登记。

(三) 公司分立前债务的承担

公司分立前的债务由分立后的公司承担连带责任。但是，公司在分立前与债权人就债务清偿达成的书面协议另有约定的除外。

【例 3-18】甲公司将两个业务部门分出设立乙公司和丙公司，并在公司分立决议中明确，甲公司以前所负的债务由新设的乙公司承担。分立前甲公司欠丁企业贷款 12 万元，现丁企业要求偿还。根据《民法典》的规定，下列关于该 12 万元债务承担的表述中，正确的是(　　)。
A. 由甲公司承担
B. 由乙公司承担
C. 由甲、乙、丙 3 个公司平均承担
D. 由甲、乙、丙 3 个公司连带承担
【解析】正确答案是 D。当事人订立合同后分立的，除债权人和债务人在分立前另有约定的外，由分立的法人或者其他组织对合同的权利和义务享有连带债权，承担连带债务。但本题中，是债务人内部达成的协议，而不是债权人和债务人之间达成的协议，因此该协议对债权人无效，分立后的法人(甲、乙、丙)应承担连带责任。

三、公司组织变更

(一) 公司组织变更概述

公司组织形态变更，是指依据《公司法》的规定，在不改变公司法人资格的前提下，将公司从一种法定形态变更为另一种法定形态的行为。公司变更组织无须清算，既可以免除清算的繁杂手续，又免除了重新设立的程序，程序简化，仅须办理变更登记。可就其实际情况，配合经济建设之政策及社会环境，对公司的组织做适度调整，以适应社会的需要。

(二) 我国《公司法》关于组织形式变更的规定

1. 公司变更须符合法定条件

公司变更须符合法定条件。《公司法》第九条第一款规定，有限责任公司变更为股份有限公司，应当符合《公司法》规定的股份有限公司的条件。股份有限公司变更为有限责任公司，应当符合《公司法》规定的有限责任公司的条件。

2. 须经多数股东同意

《公司法》规定，有限责任公司股东会对变更公司形式做出的决议，必须经代表 2/3 以上表决权的股东通过。股份有限公司股东大会对变更公司形式做出的决议，必须经出席会议的股东所持表决权的 2/3 以上通过。

3. 债务承担

由于公司组织形式的变更并不导致公司法人资格的中断，所以，原有公司的债权债务由变更后的公司概括承继。对此，《公司法》第九条明确规定，有限责任公司变更为股份有限公司的，或者股份有限公司变更为有限责任公司的，公司变更前的债权、债务由变更后的公司承继。

第八节　公司解散和清算

一、公司解散

(一) 公司解散的概念

公司解散是指已成立的公司基于一定的合法事由而使公司消灭的法律行为。公司解散的原因，按照是否出于公司股东的意愿，分为任意解散(自愿解散)与强制解散(非任意解散)两大类，任意解散与强制解散可分为若干具体类型。

(二) 公司解散的原因

(1) 任意解散。任意解散，指基于公司自己的意思(也可理解为股东的意思)而解散公司。任意解散的具体情形有两种。①公司章程规定的事由发生：营业期限届满；其他解散事由出现。公司章程规定的营业期限以外的其他解散事由，常见的有，目的事业已经完成或者无法实现、重要股东消亡、股东低于法定人数等，属于公司章程的相对必要记载事项。一旦公司章程规定的解散事由出现，公司即解散。②股东(大)会决议。《公司法》第一百八十条第二项规定，"股东会或者股东大会决议解散"是解散公司的事由之一，公司是存续还是终止，可由自己决定。因为事关重大，所以由股东会(股东大会)决议，并适用特别决议的表决规则。《最高人民法院关于适用<公司法>若干问题的规定(二)》第一条规定："单独或者合计持有公司全部股东表决权百分之十以上的股东，以下列事由之一提起解散公司诉讼，并符合公司法第一百八十二条规定的，人民法院应予受理：(一)公司持续两年以上无法召开股东会或者股东大会，公司经营管理发生严重困难的；(二)股东表决时无法达到法定或者公司章程规定的比例，持续两年以上不能做出有效的股东会或者股东大会决议，公司经营管理发生严重困难的；(三)公司董事长期冲突，且无法通过股东会或者股东大会解决，公司经营管理发生严重困难的;(四)经营管理发生其他严重困难,公司继续存续会使股东利益受到重大损失的情形。股东以知情权、利润分配请求权等权益受到损害,或者公司亏损、财产不足以偿还全部债务,以及公司被吊销企业法人营业执照未进行清算等为由,提起解散公司诉讼的,人民法院不予受理。"

(2) 强制解散。强制解散,指并非由于公司自己的意志,而是基于法律规定、行政机关命令或司法机关命令、裁判而解散公司的情形。强制解散又分为以下3种情形。①法定解散。法定解散,指发生了法律规定的解散事由而解散公司。主要包括以下两种情形。第一,股东不足法定人数。如果股东人数变动后不足法定人数的,公司是否须解散?对此有不同的认识。在我国,由于承认了一人有限公司,有限公司不存在这一问题。对于股份公司,《公司法》既不承认一人股份公司,也没有将股份公司股东人数不足两人作为解散事由,可以认为:股东人数不足法定人数的,不构成解散的法定事由;公司如存续,可以变更为一人有限公司。第二,合并与分立。《公司法》规定,"因公司合并或者分立需要解散"属于解散事由之一。具体而言,合并肯定会涉及公司解散:在吸收合并中,被吸收的公司解散;在新设合并中,合并各方解散。而在公司分立,只有解散分立才发生被分立的公司解散;存续分立的存续公司和分立公司均不解散。②行政解散。行政解散,指因公司违反法律而由行政主管机关做出的行政处罚决定导致公司解散。《公司法》第一百八十条第四项规定,"依法被吊销营业执照、责令关闭或者被撤销"属于解散事由之一。此即为一种行政解散。行政解散的立法依据在于,为了维护社会经济秩序,公司经营严重违反工商、税收、市场、环境保护等法律的,行政主管机关可以做出终止其主体资格、永远禁入市场经营的行政处罚。公司对这些行政处罚不服的,可以寻求行政复议、行政诉讼等救济。这些行政处罚一经生效,公司即告解散。③司法解散。司法解散,指法院依职权或者依检察官、利害关系人之请求,发布命令或者做出裁判解散公司。司法解散包括命令解散和裁判解散。司法命令解散,也即公法意义上的司法解散。不少国家的公司法规定,公司违反法律、损害社会公共利益的,法院依职权或应检察官、利害关系人之请求,以危害公共利益为由命令解散公司。命令解散的宗旨是纠正因公司设立准则主义而引起的公司滥设之弊端,维护社会公共利益。我国《公司法》没有规定这一制度。司法裁判解散,也即司法意义上的司法解散。公司经营管理发生严重困难,继续存续会使股东利益受到重大损失,通过其他途径不能解决时,持有公司全部股东表决权10%以上的股东,可以请求人民法院解散公司。裁判解散的宗旨主要是保护少数股东利益。

二、公司清算

(一) 清算的概念

公司清算,是指公司解散后,依照法定程序处分公司财产,了结各种法律关系,并最终使公司归于消灭的行为。从清算中公司的法律地位来看,公司经宣告解散后,其法人人格于解散后、清算完结前仍然存在。但是,这时公司存在的目的只是为了便于清算,因此,其权利只存在于清算范围内,而不得从事以营业为目的的其他法律行为。

(二) 清算组织

依据我国《公司法》第一百八十三条规定,有限责任公司的清算组由股东组成,股份有限公司的清算组由董事或股东大会确定的人员组成。逾期不成立清算组进行清算的,经债权人申请,人民法院应当指定有关人员组成清算组,进行清算。但该法未对清算组的具体组成作明确规定。为此,《最高人民法院关于适用〈公司法〉若干问题的规定(二)》第八条第一款规定:"人民法院受理公司清算案件，应当及时指定有关人员组成清算组。"同条第二款规定："清算组成员可以从下列人员或者机构中产生：(一)公司股东、董事、监事、高级管理人员；(二)依法设立的律师事务所、会计师事务所、破产清算事务所等社会中介机构；(三)依法设立的律师事务所、会计师事务所、破产清算事务所等社会中介机构中具备相关专业知识并取得执业资格的人员。"依此，除公司股东、董事、监事、高级管理人员外，法院还可将律师事务所、会计师事务所、破产清算事务所等社会中介机构，以及这些机构中具备相关专业知识并取得执业资格的人员指定为清算组成员，从而有利于解决公司清算实践中难以指定合适的清算组成员的问题。

(三) 清算的程序

根据我国《公司法》《最高人民法院关于适用<公司法>若干问题的规定(二)》之规定，并结合公司清算实践，公司清算的程序具体包括以下 7 个方面。

1. 成立清算组，开始清算

公司因法定原因而解散的，应当在解散事由出现之日起 15 日内成立清算组，开始清算。公司解散后逾期不能组成清算组进行清算，或者成立清算组开始清算后故意拖延清算，或者有其他违法清算、可能严重损害公司债权人或者股东利益行为的，公司股东、债权人申请人民法院对公司进行清算的，人民法院应当受理。清算组成立后，公司清算正式开始。清算开始后，公司的法律人格即进入受限制的清算法人状态。此后，公司权利均由清算组统一行使，清算组应停止与清算无关的活动。

2. 通知、公告债权人

清算组应当自成立之日起 10 日内将公司解散清算事宜书面通知全体已知债权人，并于 60 日内根据公司规模和营业地域范围在全国或者公司注册登记地省级有影响的报纸上进行公告。清算组未按照以上规定履行通知和公告义务，导致债权人未及时申报债权而未获清偿，债权人主张清算组成员对因此造成的损失承担赔偿责任的，人民法院应依法予以支持。

3. 债权申报和债权登记

债权人应当自接到通知书之日起 30 日内，未接到通知书的自公告之日起 45 日内，向清算组申报其债权。债权人申报债权，应当说明债权的有关事项，并提供证明材料。清算组应当对债权进行登记。但在申报债权期间，清算组不得对债权人进行清偿。

4. 清理公司财产、编制资产负债表和财产清单

清算开始后，清算组要全面清理公司财产，并以此为基础，编制资产负债表和财产清单。但在此期间，如果清算组发现公司财产不足以清偿债务的，应当立即向人民法院申请宣告破产。公司经法院裁定宣告破产后，清算组应当将清算事务移交给法院，自此进入破产清算程序。

5. 制定清算方案，并报股东会、股东大会或者人民法院确认

清算组在清理公司财产、编制资产负债表和财产清单后，应当制定清算方案，报股东会、股东大会或者人民法院确认。在普通清算情形下，因不涉及法院的监督，清算方案报股东会、股东大会确认即可。在特别清算情形下，清算方案应当报人民法院确认。未经确认的清算方案，清算组不得执行。执行未经确认的清算方案给公司或者债权人造成损失，公司、股东或者债权人主张清算组成员承担赔偿责任的，人民法院应依法予以支持。

6. 分配公司清算财产

清算组在制定清算方案并报股东会、股东大会或者人民法院确认后，就进入公司清算财产的阶

段。我国《公司法》规定:"公司财产在分别支付清算费用、职工的工资、社会保险费用和法定补偿金,缴纳所欠税款,清偿公司债务后的剩余财产,有限责任公司按照股东的出资比例分配,股份有限公司按照股东持有的股份比例分配。"

7. 清算结束,公告公司终止

我国《公司法》规定:"公司清算结束后,清算组应当制作清算报告,报股东会、股东大会或者人民法院确认,并报送公司登记机关,申请注销公司登记,公告公司终止。"

对于公司解散和清算的诉讼案件的管辖法院,《最高人民法院关于适用<公司法>若干问题的规定(二)》第二十四条规定:"解散公司诉讼案件和公司清算案件由公司住所地人民法院管辖。公司住所地是指公司主要办事机构所在地。公司办事机构所在地不明确的,由其注册地人民法院管辖。基层人民法院管辖县、县级市或者区的公司登记机关核准登记公司的解散诉讼案件和公司清算案件;中级人民法院管辖地区、地级市以上的公司登记机关核准登记公司的解散诉讼案件和公司清算案件。"

【例3-19】2011年,张某、何某和席某在天津市南开区设立了某房地产开发有限公司,其中张某股份为45%,何某股份为30%,席某股份为25%。公司办事机构也位于天津市南开区。受国家宏观调控及国际经济形势的影响,公司自成立之后开发的几个项目多数都处于亏损状态,导致公司经营管理发生严重困难,到2014年年底,公司已经歇业半年。股东席某为减少损失,准备向法院提起解散公司的诉讼。只是席某不知道应该向哪个法院提起诉讼。请分析,解散公司的诉讼案件应该由哪个法院管辖?

【解析】根据我国《最高人民法院关于适用<公司法>若干问题的规定(二)》第二十四条规定,解散公司诉讼案件和公司清算案件由公司住所地人民法院管辖。公司住所地是指公司主要办事机构所在地。公司办事机构所在地不明确的,由其注册地人民法院管辖。基层人民法院管辖县、县级市或者区的公司登记机关核准登记公司的解散诉讼案件和公司清算案件;中级人民法院管辖地区、地级市以上的公司登记机关核准登记公司的解散诉讼案件和公司清算案件。本案中,某房地产开发有限公司由天津市南开区登记机关核准登记,办事机构也位于天津市南开区,因此,股东席某提起解散公司的诉讼,由天津市南开区人民法院管辖。

复习思考题

一、单项选择题

1. 有限责任公司的股东人数为(　　)人。
   A. 1~50　　　　　　B. 2~50　　　　　　C. 3~13　　　　　　D. 3~30
2. 根据《公司法》相关规定,下列有关有限责任公司股东出资的表述中,正确的是(　　)。
   A. 经全体股东同意,股东可以用劳务出资
   B. 不按规定缴纳所认缴出资的股东,应对已足额缴纳出资的股东承担违约责任
   C. 股东在认缴出资并经法定验资后,不得抽回出资
   D. 股东向股东以外的人转让出资,须经全体股东2/3以上同意
3. 有限责任公司股东会首次会议由(　　)主持。
   A. 董事长　　　　　B. 监事会　　　　　C. 股东会选举的股东　　D. 出资最多的股东

4. 有限责任公司的董事会人数是( )人。
   A. 2~5   B. 5~9   C. 3~9   D. 3~13
5. 可以担任公司监事的人员是( )。
   A. 董事   B. 经理   C. 职工   D. 财务负责人
6. 下列有关一人公司的哪些表述是正确的( )?
   A. 国有企业不能设立一人公司
   B. 一人公司发生人格或财产混同时，股东应当对公司债务承担连带责任
   C. 一人公司的注册资本必须一次性足额缴纳
   D. 一个法人只能设立一个一人公司
7. 国有独资公司是由国家授权投资的机构或国家授权的部门单独投资设立的( )。
   A. 有限责任公司   B. 股份有限公司   C. 无限责任公司   D. 非有限责任公司
8. 华昌有限公司有 8 个股东，麻某为董事长。2013 年 5 月，公司经股东会决议，决定变更为股份公司，由公司全体股东作为发起人，发起设立华昌股份公司。下列哪些选项是正确的( )?
   A. 该股东会决议应由全体股东一致同意
   B. 发起人所认购的股份，应在股份公司成立后两年内缴足
   C. 变更后股份公司的董事长，当然由麻某担任
   D. 变更后的股份公司在其企业名称中，可继续使用"华昌"字号
9. 设立股份有限公司，应当有( )人为发起人。
   A. 2~200   B. 5~50   C. 2~50   D. 5~200
10. 股份有限公司监事会的人数为( )人以上。
    A. 3   B. 4   C. 5   D. 6
11. 不属于股份有限公司监事会职权的是( )。
    A. 检查公司的财务
    B. 对董事、经理执行公司职务违反法律或章程的行为进行监督
    C. 制定公司的年度财务预算方案、决算方案
    D. 提议召开临时股东大会
12. 依《公司法》规定，公司分配当年税后利润时，应当提取利润的( )列入公司法定公积金。
    A. 5%   B. 10%   C. 15%   D. 20%
13. 公司合并时，应在法定期限内通知债权人，该法定期限为( )。
    A. 公司做出合并决议之日起 10 日内   B. 合并各方签订合并协议之日起 10 日内
    C. 合并方主管部门批准之日起 10 日内   D. 公司办理工商登记后 10 日内
14. 公司在解散时，应当自解散之日起( )内成立清算组。
    A. 5 日   B. 10 日   C. 15 日   D. 20 日

二、多项选择题

1. 甲公司欲单独出资设立一家子公司。甲公司的法律顾问就此向公司管理层提供了一份法律意见书，涉及子公司的设立、组织机构、经营管理、法律责任等方面的问题。关于子公司设立问题，下列说法正确的是( )。
   A. 子公司的名称中应当体现甲公司的名称字样
   B. 子公司的营业地可不同于甲公司

C. 甲公司对子公司的注册资本必须在子公司成立时一次性足额缴清
D. 子公司的组织形式只能是有限责任公司

2. 有限责任公司须经代表 2/3 以上表决权的股东通过的事项包括( )。
   A. 增加或者减少注册资本　　　　　B. 分立、合并、解散
   C. 变更公司形式　　　　　　　　　D. 修改公司章程

3. 根据《公司法》的规定，有限责任公司监事会可行使的职权包括( )。
   A. 检查公司财务　　　　　　　　　B. 组织实施公司年度经营计划
   C. 检查董事会决议的实施情况　　　D. 提议召开临时股东会

4. 张某为避免合作矛盾与问题，不想与人合伙或合股办企业，欲自己单干。朋友对此提出以下建议，其中哪些建议是错误的？( )
   A. "可选择开办独资企业，也可选择开办一人有限公司"
   B. "如选择开办一人公司，那么注册资本不能少于 10 万元"
   C. "如选择开办独资企业，则必须自己进行经营管理"
   D. "可同时设立一家一人公司和一家独资企业"

5. 张某有 200 万元资金，打算在烟台投资设立一家注册资本为 300 万元左右的餐饮企业。张某可以选择( )。
   A. 与他人共同出资设立一家合伙企业
   B. 单独出资设立一家个人独资企业
   C. 与韩国商人共同设立一家中外合作经营企业
   D. 与他人共同出资设立一家股份有限责任公司

6. 关于股份有限公司的设立，下列表述符合《公司法》规定的是( )。
   A. 股份有限公司的发起人最多为 200 人
   B. 发起人之间的关系属于合伙关系
   C. 采取募集方式设立时，发起人不能分期缴纳出资
   D. 发起人之间如发生纠纷，该纠纷的解决应当同时适用民法典和公司法

7. 采用募集方式设立股份有限公司时，董事会向公司登记机关提交的申请文件包括( )。
   A. 公司登记申请书　　　　　　　　B. 创立大会的会议记录
   C. 公司章程　　　　　　　　　　　D. 验资证明

8. 某股份有限公司拟定成立监事会，根据《公司法》的规定，下列人员中不能担任监事的有( )。
   A. 公司董事长王某　　　　　　　　B. 公司聘任的临时工李某
   C. 公司所在地的市财政局副局长刘某　D. 公司财务负责人陈某

9. 甲股份有限公司是一家上市公司，拟以增发股票的方式从市场融资。公司董事会在讨论股票发行价格时出现了不同意见，下列意见符合法律规定的是( )。
   A. 现股市行情低迷，应以低于票面金额的价格发行，便于快速募集资金
   B. 现公司股票的市场价格为 8 元，可在高于票面金额低于 8 元之间定价，投资者易于接受
   C. 超过票面金额发行股票须经证监会批准，成本太高，以平价发行为宜
   D. 以高于票面金额发行股票可以增加公司的资本公积金，故应争取溢价发行

10. 某股份有限公司拟减少注册资本,应当履行的合法程序是( )。
   A. 由董事会做出减少注册资本的决议
   B. 公司自做出减资决议之日起 10 日内通知债权人,并于 30 日内在报纸上公告
   C. 债权人自接到通知书之日起 30 日内,未接到通知书的自第一次公告之日起 90 日内,有权要求公司清偿债务或者提供相应的担保
   D. 债权人自接到通知书之日起 30 日内,未接到通知书的自第一次公告之日起 45 日内,有权要求公司清偿债务或者提供相应的担保

三、名词解释

1. 公司 2. 有限公司 3. 股份有限公司 4. 公司债券 5. 公积金 6. 股票
7. 公司合并 8. 公司解散

四、简答题

1. 简述公司的特征。
2. 简述有限责任公司的特征。
3. 简述股份有限公司设立的条件。
4. 简述不得担任公司董事、监事、高级管理人员的情形。
5. 简述公司债与公司股份的区别。
6. 简述公司合并的程序。

五、案例分析题

1. 甲、乙、丙、丁、戊拟共同组建一有限责任公司,其中甲、乙打算以货币出资,分别是 20 万元和 60 万元,丙以实物出资,经评估机构评估为 20 万元,丁、戊拟以劳务出资。公司不设董事会、监事会,并拟由乙担任公司执行董事兼总经理,丙担任公司的董事,丁、戊分别担任副总经理。请回答下列问题。

(1) 在本案中,丁、戊是否可以用劳务出资?

(2) 公司成立后,庚打算加入并拟投入 10 万元,按公司法的规定,应当如何履行程序?

(3) 公司成立后甲要求转让出资给庚,丙表示同意,丁、戊称无所谓,但并不反对。乙曾与庚有过恩怨,故坚决反对,但出价不如庚高。后甲将出资转让给庚,并办理了变更登记手续。乙不服,认为甲故意跟自己过不去并认为转让无效。甲的出资转让行为是否有效?为什么?

2. 2006 年 3 月 10 日,张某、赵某和薛某签订出资协议书,约定三方出资建立北京奥运之星公司,张某出资 400 万享有公司 40%的股权,赵某出资 500 万享有公司 50%的股权,薛某出资 100 万享有公司 10%的股权。当日,张某和赵某又签订一份借款协议书,约定赵某出借 400 万给张某用于北京奥运之星出资,出借时间与公司注册交纳出资时间相同。2006 年 3 月 20 日,北京方石公司垫资 1000 万作为北京奥运之星公司的注册资金,大成会计师对该出资进行了验资,北京奥运之星公司经工商登记依法成立。2006 年 3 月 25 日,赵某将注册资金 1000 万全部退还方石公司。截至 2006 年 12 月,赵某共实际出资 500 万,但未替代张某履行出资义务,张某也未实际缴纳出资,薛某已完成出资。公司成立以后,三位股东组成了公司董事会,其中赵某为董事长,薛某兼任监事。

2007 年 5 月,薛某因为搬家到外地不再参与公司的事务也不再担任公司的职务。其后不久,赵某代表公司书面通知薛某,因为他已经离开公司所以其股权应转让给其他股东,并要求其领取相应的转让款。

(1) 奥运之星公司是否已经有效成立？为什么？
(2) 奥运之星的董事会组成是否有违法之处？为什么？
(3) 薛某的股权是否已经转让？为什么？

3. 孙某与几个合作伙伴共同发起成立了一家餐饮股份有限公司，该公司以发起设立的方式设立，孙某认购了20%的股份。但在缴纳出资期间，因为市场问题，孙某本身经营的公司出现了一系列问题，导致银行停止了对孙某的贷款，孙某难以缴清餐饮股份有限公司认购的股份，最终导致餐饮股份有限公司未能成立。对此，其他合伙人打算就准备公司成立期间的损失要求孙某进行赔偿。

试问：作为发起人，孙某可能会承担哪些债务呢？

第四章

破产法律制度

> 资产价值最大化是破产法的关键目标之一。
>
> ——联合国国际贸易法委员会破产法立法指南

课前导读

从企业法的角度讲,传统破产法是一种企业优胜劣汰的机制。从这个意义上看,破产法是企业淘汰法,而集体受偿是破产程序的一个显著特征。当代的破产程序不仅包括以变价分配为目标的破产清算制度,而且包括以企业再建为目标的重整及和解制度,从而维护社会安定,实现资源优化组合。破产法的目标,在于增强市场的确定性并促进经济稳定增长,实现资产价值最大化。

第一节 破产法概述

一、破产的概念与特征

(一) 破产的概念

据学者考证,英文中的"bankrupt"(破产)一词源于意大利语"banca cotta","banca"意为"板凳","cotta"意为"砸烂"。它来源于中世纪后期意大利商业城市的习惯。当时,商人们在市中心交易市场中各有自己的板凳,当某个商人不能偿付债务时,他的债权人就按照惯例砸烂他的板凳,以示其经营失败。

法律意义上的破产有狭义、广义之分。狭义上的破产,特指清算型破产,它是指当债务人不能清偿到期债务时,由法院根据当事人的申请对破产案件予以受理后,将破产财产公平分配给全体债权人的清算程序。广义上的破产,是指债务人不能清偿到期债务时,人民法院依当事人申请,强制执行债务人的全部财产,公平清偿全体债权人;或者在人民法院的监督下,由债务人与债权人达成和解协议,重整企业,清偿债务,避免倒闭清算的法律制度。它是由破产清算程序与破产和解、破产重整预防性程序共同构成的一个统一的破产法律制度体系。

现代意义上的破产一般就广义概念而言。除非另有说明，本书也是从广义上使用破产概念的。

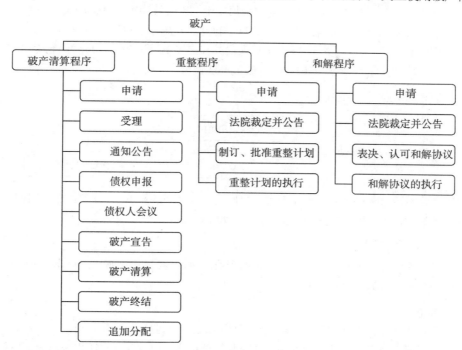

(二) 破产的特征

破产是一种特殊的偿债程序，它以消灭债务人主体资格来实现债务的清偿；破产是在特定情况下适用的偿债程序，一般以债务人不能清偿到期债务或者资不抵债为特定条件；破产制度的核心是保证公平的清偿债务，破产制度以公平为前提；破产是一种强制执行程序，破产通过诉讼程序实施公平清偿，通过国家司法强制力得以实施。

二、破产法的概念、立法概况和适用范围

(一) 破产法的概念

破产法是指规范破产程序的各种法律规范的总称。理论界一般认为，破产法有广义和狭义之分。狭义的破产法仅指专门规范破产程序的法律，在我国，特指2006年颁布的《中华人民共和国企业破产法》；广义的破产法既包括专门规范破产程序的法律，也包括散见于其他立法中的调整破产关系的法律规范，如《中华人民共和国商业银行法》《中华人民共和国保险法》《中华人民共和国公司法》《中华人民共和国合伙企业法》等立法中有关破产的规定。

(二) 我国破产法立法概况

1986年12月2日，第六届全国人大常委会第十八次会议通过了《中华人民共和国企业破产法(试行)》。其适用对象为全民所有制企业，于《中华人民共和国全民所有制工业企业法》实施满3个月之日即1988年11月1日起施行。由于《中华人民共和国企业破产法(试行)》仅适用于全民所有制企业，而其他企业同样需要破产法的调整，1991年4月9日，第七届全国人大第四次会议修订《中华人民共和国民事诉讼法》时，在其中又增加了第19章"企业法人破产还债程序"，对非国有的企

业法人破产问题做出规定。

2006年8月27日，第十届全国人大常委会第二十三次会议通过了《中华人民共和国企业破产法》(以下简称《企业破产法》)，自2007年6月1日起正式施行。根据2007年10月28日第十届全国人大常委会第30次会议《关于修改<中华人民共和国民事诉讼法>的决定》，删除原法第19章"企业法人破产还债程序"，破产问题统一由新破产法调整。

(三) 我国破产法的适用范围

我国破产法不适用于自然人。具体而言，根据《企业破产法》第二条、第一百三十四条、第一百三十五条的规定，《企业破产法》适用范围具体如下。

1. 企业法人

《企业破产法》适用于所有具有法人资格的企业，包括全民所有制企业、有限责任公司、股份有限责任公司等具有法人资格的企业。

2. 金融机构

《企业破产法》对金融机构破产问题做出了特别规定：商业银行、保险公司、证券公司等金融机构出现资不抵债等破产情形的，国务院金融监督管理机构可以向人民法院提出对该金融机构进行重整或者破产清算的申请。

3. 其他非法人组织参照适用

为解决其他非法人型企业和社会组织的破产无法可依问题，《企业破产法》规定企业法人之外的其他组织的清算，属于破产清算的，参照适用此法规定的程序。

第二节　破产申请与受理

一、破产原因

(一) 破产原因的概念

破产原因，又称为破产界限，是指法院据以宣告债务人破产的法律标准，即启动破产程序的原因。

《企业破产法》第二条规定："企业法人不能清偿到期债务，并且资产不足以清偿全部债务或者明显缺乏清偿能力的，依照本法规定清理债务。企业法人有前款规定情形，或者有明显丧失清偿能力可能的，可以依照本法规定进行重整。"

(二) 破产原因的情形

关于破产原因，《企业破产法》规定了3种情形。

1. 不能清偿到期债务，并且资产不足以清偿全部债务

不能清偿到期债务，又称之为"支付不能"。下列情形同时存在的，人民法院应当认定债务人支

付不能：①债权债务关系依法成立；②债务履行期限已经届满；③债务人未完全清偿债务。

2. 不能清偿到期债务，明显缺乏清偿能力

这一破产原因除具备支付不能要件外，还要求债务人的资产状况表明其明显不具有清偿全部债务的能力。债务人账面资产虽大于负债，但存在下列情形之一的，人民法院应当认定其明显缺乏清偿能力：①因资金严重不足或者财产不能变现等原因，无法清偿债务；②法定代表人下落不明且无其他人员负责管理财产，无法清偿债务；③经人民法院强制执行，无法清偿债务；④长期亏损且经营扭亏困难，无法清偿债务；⑤导致债务人丧失清偿能力。

相关当事人以对债务人的债务负有连带责任的人未丧失清偿能力为由，主张债务人不具备破产原因的，人民法院应不予支持。

3. 有明显丧失清偿能力的可能

该项破产原因仅适用于提起重整申请。

二、破产申请

破产申请是指破产申请人依法请求人民法院受理破产案件的意思表示。破产申请是启动破产程序的必要条件，未经破产申请，人民法院不得依职权启动破产程序、受理破产案件。

(一) 破产申请的主体

破产申请的主体，是指依法具有破产申请资格的民事主体。破产申请必须由具有破产申请权的人提出。

1. 债务人

债务人发生破产原因，可以向人民法院提出重整、和解或破产清算申请。《企业破产法》第七条第一款规定，债务人在不能清偿到期债务，并且资产不足以清偿全部债务或者明显缺乏清偿能力时，可以向人民法院提出重整、和解或者破产清算申请。赋予债务人破产申请权，有利于债务人尽早从沉重的债务包袱中解脱出来。

2. 债权人

债务人不能清偿到期债务，债权人可以向人民法院提出对债务人进行重整或者破产清算的申请。因债权人证明债务人资产状况比较困难，所以债权人提出破产申请时，仅要求债务人不能清偿其到期债务即可。

3. 依法负有清算责任的人

企业法人已解散但未清算或者未清算完毕，资产不足以清偿债务的，依法负有清算责任的人应当向人民法院申请破产清算。

4. 金融监督管理机构

当发生重大经营风险、出现破产原因的金融机构或者其债权人不主动提出破产申请时，基于金融机构的特点，为避免风险进一步扩大，可由金融监管机构向法院提出破产申请。《企业破产法》赋予金融监管部门具有申请破产的主体资格，规定商业银行、证券公司、保险公司等金融机构有《企业破产法》第二条规定情形的，国务院金融监督管理机构可以向人民法院提出对该金融机构进行重整或者破产清算的申请。

(二) 破产申请的提出与撤回

1. 破产申请的提出

企业破产案件由债务人住所地人民法院管辖。债务人住所地是指债务人主要办事机构所在地；债务人主要办事机构不明确的，由其注册地人民法院管辖。

破产申请应当以书面的形式提出。向人民法院提出破产申请时，企业应当向人民法院提交破产申请书和有关证据。破产申请书应当载明下列事项：①申请人、被申请人的基本情况；②申请目的；③申请的事实和理由；④人民法院认为应当载明的其他事项。债务人提出申请的，还应当向人民法院提交财产状况说明、债务清册、债权清册、有关财务会计报告、职工安置预案以及职工工资的支付和社会保险费用的缴纳情况等。

2. 破产申请的撤回

破产申请的撤回，是指破产申请主体向人民法院提出破产申请后又反悔其申请，从而提出撤回破产申请的意思表示。《企业破产法》第九条规定，在人民法院受理破产申请前，申请人可以请求撤回申请。我国企业破产法采取的是受理开始主义，即法院收到破产申请之时，破产程序尚未开始；只有当法院对破产申请做出受理裁定时，程序才告开始。除清算责任人外，申请人向人民法院提出破产申请是行使法律赋予的权利，其撤回申请也是行使权利。

三、破产申请受理

破产申请受理，是指人民法院在收到破产案件申请后，经审查认为破产申请符合法定条件而予以接受，并因此开始破产程序的司法行为。法院裁定受理破产申请，是破产程序开始的标志。

(一) 破产申请的审查

我国的破产程序开始制度，实行的是对破产申请审查受理制而不是当然受理制。因此，对破产申请的审查是案件受理程序的必要环节。对破产申请的审查包括形式审查和实质审查两方面。

1. 形式审查

形式审查旨在判定破产申请是否具备法律规定的申请形式。其审查的主要事项包括：①受案法院是否享有管辖权；②申请人是否具有破产申请的主体资格；③债务人是否为依法可适用企业破产程序的主体；④申请材料是否符合法律规定，等等。

2. 实质审查

实质审查旨在判定破产申请是否具有法律规定的破产申请实质条件。破产原因的存在是一个事实问题。对这种事实的确定通常需要一个调查和证明的过程，而这个过程只能在破产程序开始以后才能进行。所以，在破产案件受理阶段的实质审查只是表层的、初步的。初步的实质审查由人民法院根据破产申请人提交的证据材料来判断债务人是否达到了破产界限。

(二) 破产申请受理的程序

通过形式审查和实质审查，人民法院认为破产申请符合企业破产法规定的破产条件的，应当裁定受理破产申请;法院认为破产申请不符合法定条件或者申请理由不成立的,则应裁定驳回破产申请,并向破产申请人说明理由。

1. 受理期限

《企业破产法》第十条对破产申请的受理期限做了如下规定。

(1) 债权人提出破产申请的受理期限以及债务人的异议期限。债权人提出破产申请的,人民法院应当自收到申请之日起5日内通知债务人。债务人对债权人的申请有异议的,应当自收到人民法院的通知之日起7日内向人民法院提出,人民法院应当自异议期满之日起10日内裁定是否受理。一方面,债务人有异议的,必须在异议期内提出。即使没有收到债务人的异议,人民法院也不得在异议期限内做出受理裁定;另一方面,人民法院最迟应当在异议期满之日起10日内裁定是否受理破产申请。

(2) 债务人或清算责任人提出破产申请的受理期限。在债务人或者清算责任人提出破产申请的情形下,不存在债务人提出异议的问题。因此,人民法院应当自收到破产申请之日起15日内裁定是否受理。

(3) 特殊情况下人民法院受理破产申请期限的规定。当出现一些比较特殊的情况时,如债权人人数众多、债权债务关系复杂、一时难以查明等情况,人民法院难以在很短的时间内完成对破产申请的审查。为了保证裁定的准确性,保护相关当事人的合法权益,应当允许受理破产申请的人民法院适当延长做出是否受理破产申请裁定的时限。因此,需要延长受理期限的,经上一级人民法院批准,可以延长15日。

2. 送达

《企业破产法》第十一条、第十二条规定了以下内容。

(1) 人民法院受理破产申请的,应当自裁定做出之日起5日内送达申请人。债权人提出申请的,人民法院应当自受理裁定做出之日起5日内送达债务人。债务人应当自裁定送达之日起15日内,向人民法院提交财产状况说明、债务清册、债权清册、有关财务会计报告以及职工工资的支付和社会保险费用的缴纳情况。

(2) 人民法院裁定不受理破产申请的,应当自裁定做出之日起5日内送达申请人并说明理由。为了充分保护当事人的权利,申请人对不予受理的裁定不服的,可以自裁定送达之日起10日内向上一级人民法院提起上诉。

3. 公告

由于破产申请中债权人人数众多,并且存在潜在的债权人,人民法院受理破产申请后很难一一通知所有债权人。为了弥补这一不足,《企业破产法》第十四条规定,人民法院应当自裁定受理破产申请之日起25日内通知已知债权人,并予以公告。公告的意义在于使未知的债权人和其他利害关系人能够尽可能地得知破产申请受理的事实及相关事项,并使破产程序对他们与债务人之间的法律关系自动地发生约束力。

(三) 破产申请受理的法律效力

1. 债务人的有关人员应当承担法定义务

债务人的"有关人员",指的是企业的法定代表人。经法院决定,可以包括企业的财务管理人员和其他经营管理人员。《企业破产法》第十五条明确规定,自人民法院受理破产申请的裁定送达债务人之日起至破产程序终结之日,债务人的有关人员承担下列义务:①妥善保管其占有和管理的财产、印章、账簿、文书等资料；②根据人民法院、管理人的要求进行工作，并如实回答询问；③列席债权人会议并如实回答债权人的询问；④未经人民法院许可，不得离开住所地；⑤不得新任其他企业的董事、监事、高级管理人员。

2. 债务人对个别债权人的清偿无效

我国《企业破产法》第十六条规定，人民法院受理破产申请后，债务人对个别债权人的债务清偿无效。清偿的财产将被追回，将其纳入到债务人的财产中，以保全债务人的财产，同时也防止债务人以清偿为名转移或者转让企业的财产。

3. 管理人对程序开始时已成立但尚未履行的合同有权选择履行或者拒绝履行

人民法院受理破产申请后，管理人对破产申请受理前成立而债务人和对方当事人均未履行完毕的合同有权决定解除或者继续履行，并通知对方当事人。管理人自破产申请受理之日起2个月内未通知对方当事人，或者自收到对方当事人催告之日起30日内未答复的，视为解除合同。管理人决定继续履行合同的，对方当事人应当履行，但是，对方当事人有权要求管理人提供担保。管理人不提供担保的，视为解除合同。

4. 有关债务人财产的保全措施解除和执行程序中止

保全措施与执行程序均以实现个别债权为目的，与破产法所要实现的对债权人集体公平清偿目的不符，因此《企业破产法》第十九条规定："人民法院受理破产申请后，有关债务人财产的保全措施应当解除，执行程序应当中止。"以便使债务人的财产和债权人的权利行使都纳入到统一的集体程序之中。执行程序中止后，相关的权利人可以向管理人申报债权，在破产程序中受偿。

【例4-1】甲、乙公司于2020年1月10日签订买卖合同，乙公司按期发货后，甲公司拒绝支付200万元货款，乙公司于2020年4月1日提起诉讼，A法院审理后于5月20日判决，判决甲公司向乙公司支付货款及违约金合计220万元。判决生效后，根据乙公司的请求，A法院将甲公司办公楼查封，准备用于清偿乙公司的债务。2020年7月1日，B法院受理了甲公司的破产申请。对于已查封的甲公司办公楼应作何处理？

【解析】应解除保全措施，办公楼计入债务人财产。执行程序中止后，乙公司凭A法院生效法律文书，向受理破产案件的B法院申报220万元债权。

5. 已经开始而尚未终结的民事诉讼或者仲裁应当中止

为了防止债务人对其涉诉或者仲裁财产的不当处分，《企业破产法》第二十条规定："人民法院受理破产申请后，已经开始而尚未终结的有关债务人的民事诉讼或者仲裁应当中止；在管理人接管债务人的财产后，该诉讼或者仲裁继续进行。"《最高人民法院关于适用<中华人民共和国企业破产法>若干问题的规定(二)》第二十一条规定："破产申请受理前，债权人就债务人财产提起下列诉讼，破产申请受理时案件尚未审结的，人民法院应当中止审理：(一)主张次债务人代替债务人直接向其偿还债务的；(二)主张债务人的出资人、发起人和负有监督股东履行出资义务的董事、高级管理人员，或者协助抽逃出资的其他股东、董事、高级管理人员、实际控制人等直接向其承担出资不实或者抽逃出资责任的；(三)以债务人的股东与债务人法人人格严重混同为由，主张债务人的股东直接向其偿还债务人对其所负债务的；(四)其他就债务人财产提起的个别清偿诉讼。"

6. 有关债务人的民事诉讼只能向受理破产申请的人民法院提起

为了提高破产程序的效率，便于破产案件的审理，对破产程序进行中发生的有关债务人的民事诉讼,有必要集中于审理破产案件的人民法院一并审理。对此,《企业破产法》第二十一条规定:"人民法院受理破产申请后,有关债务人的民事诉讼,只能向受理破产申请的人民法院提起。"

第三节 管理人制度

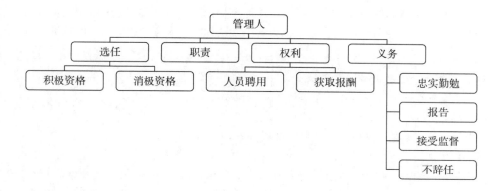

一、管理人的概念

管理人,也称破产管理人,是指人民法院依法受理破产申请的同时指定的在破产程序中全面接管债务人并负责债务人财产的保管、清理、估价、处理和分配,总管破产事务的人。

二、管理人的选任

(一) 管理人的选任范围

管理人由人民法院指定,人民法院在裁定受理破产申请的同时一般应从本地管理人名册中指定管理人。债权人会议认为管理人不能依法、公正执行职务或者有其他不能胜任职务情形的,可以申请人民法院予以更换。

(二) 管理人的任职资格

1. 积极资格

(1) 由机构担任管理人。《企业破产法》第二十四条第一款规定,管理人可以由有关部门、机构的人员组成的清算组或者依法设立的律师事务所、会计师事务所、破产清算事务所等社会中介机构担任。

(2) 由个人担任管理人。对于一些规模小、债权债务关系比较清楚的破产案件,人民法院根据债务人的实际情况,可以在征询有关社会中介机构的意见后,指定该机构具备相关专业知识并取得执业资格的人员担任管理人。但个人担任管理人的,应当参加执业责任保险。

2. 消极资格

《企业破产法》第二十四条第三款规定,有下列情形之一的,不得担任管理人:①因故意犯罪受过刑事处罚;②曾被吊销相关专业执业证书;③与本案有利害关系;④人民法院认为不宜担任管理人的其他情形。

三、管理人的职责

管理人依法履行职责，根据《企业破产法》第二十五条的规定，管理人的职责包括：①接管债务人的财产、印章和账簿、文书等资料；②调查债务人财产状况，制作财产状况报告；③决定债务人的内部管理事务；④决定债务人的日常开支和其他必要开支；⑤在第一次债权人会议召开之前，决定继续或者停止债务人的营业；⑥管理和处分债务人的财产；⑦代表债务人参加诉讼、仲裁或者其他法律程序；⑧提议召开债权人会议；⑨人民法院认为管理人应当履行的其他职责。

【例4-2】千叶公司因不能清偿到期债务，被债权人百草公司申请破产，法院指定甲律师事务所为管理人。下列哪一选项是错误的？（　　）
A. 甲律师事务所租赁百草公司酒店用作管理人办公室的行为不违反破产法的规定
B. 甲律师事务所有权处分千叶公司的财产
C. 甲律师事务所有权因担任管理人而获得报酬
D. 如甲律师事务所不能胜任职务，债权人会议有权罢免其管理人资格

【解析】D。根据《企业破产法》关于管理人职责的相关规定，选项B表述正确，非本题正确答案。管理人在破产程序中应保持中立地位，选项A所表述的行为，看似有违其要求，但是就本题所给信息很难判断其违反了破产法的规定，且本题是单项选择题，最佳答案是选项D。

四、管理人的权利与义务

(一) 管理人的权利

1. 必要人员聘用权

管理人经人民法院许可，可以聘用必要的工作人员。

2. 获取报酬权

管理人的破产管理是有偿的服务，其报酬属于破产费用，管理人的报酬由人民法院确定。债权人会议对管理人的报酬有异议的，有权向人民法院提出。

(二) 管理人的义务

1. 忠实义务和勤勉义务

管理人应当勤勉尽责，忠实执行职务。依《企业破产法》第一百三十条之规定，如果管理人未能尽到忠诚与勤勉义务，将可能承担罚款与民事赔偿的法律责任。

2. 报告义务

管理人应适时向人民法院报告工作。管理人实施《企业破产法》规定的重大财产的处分行为，应当及时报告债权人委员会；未设立债权人委员会的，应当及时报告人民法院。

3. 接受监督的义务

管理人依法执行职务，并接受债权人会议和债权人委员会的监督。管理人应当列席债权人会议，向债权人会议报告职务执行情况，并回答询问。

4. 不辞任义务

为了保证管理人处理破产事务的统一性和稳定性，《企业破产法》第二十九条规定，管理人没有正当理由不得辞去职务，管理人辞去职务应当经人民法院许可。

第四节 债务人财产

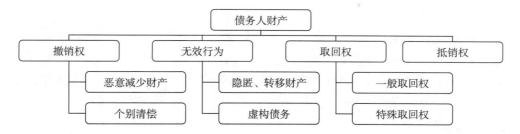

一、债务人财产的概念

债务人财产,是指破产申请受理时属于债务人的全部财产,以及破产申请受理后至破产程序终结前债务人取得的财产。

根据《最高人民法院关于适用<中华人民共和国企业破产法>若干问题的规定(二)》的规定,债务人的财产除了债务人所有的货币、实物外,其依法享有的可以用货币估价并可以依法转让的债权、股权、知识产权、用益物权等财产和财产权益,以及债务人对按份享有所有权的共有财产的相关份额,或者共同享有所有权的共有财产的相应财产权利,以及依法分割共有财产所得部分也都包含在内。但债务人基于仓储、保管、承揽、代销、借用、寄存、租赁等合同或者其他法律关系占有、使用的他人财产;债务人在所有权保留买卖中尚未取得所有权的财产;所有权专属于国家且不得转让的财产;其他依照法律、行政法规不属于债务人的财产,则不认定为债务人的财产。

债务人被宣告破产后,债务人称为破产人,债务人财产称为破产财产。在破产宣告以前,债务人的财产管理服从于债务清理和企业拯救这两个目的,只有在法院做出破产宣告以后,债务人财产才成为以清算为目的的破产财产。

【例4-3】绿杨公司因严重资不抵债向法院申请破产,法院已经受理其申请。根据《企业破产法》的规定,在法院已经受理破产申请、尚未宣告绿杨公司破产之时,下列哪一项财产不构成债务人财产?( )
A. 绿杨公司享有的未到期债权
B. 管理人撤销绿杨公司6个月前以明显不合理价格进行交易涉及的财产
C. 绿杨公司所有但已设定抵押的财产
D. 绿杨公司购买的正在运输途中的但尚未付清货款的货物
【解析】D。根据《企业破产法》的规定,ABC都属于绿杨公司的财产;根据《企业破产法》第三十九条,人民法院受理破产申请时,出卖人已将买卖标的物向作为买受人的债务人发运,债务人尚未收到且未付清全部价款的,出卖人可以取回在运途中的标的物。但是,管理人可以支付全部价款,请求出卖人交付标的物。由此,D项中,除非管理人支付全部价金,否则绿杨公司对该批货物不享有所有权,发货人可以取回运输途中的货物。本题正确答案是D。

二、撤销权

(一) 撤销权的概念

撤销权,是指管理人对于债务人在临近破产程序开始的期间内实施的不当减少财产并危及债权人债权的行为,有诉诸人民法院予以撤销的权利。设立撤销权制度的目的在于恢复债务人财产,最大限度地确保债权人债权的实现。

(二) 可撤销的行为

1. 恶意减少财产行为

《企业破产法》第三十一条规定,在人民法院受理破产申请前1年内,涉及债务人财产的下列行为,管理人有权请求人民法院予以撤销:①无偿转让财产的;②以明显不合理的价格进行交易的;③对没有财产担保的债务提供财产担保的;④对未到期的债务提前清偿的;⑤放弃债权的。

2. 个别清偿行为

《企业破产法》第三十二条规定,在人民法院受理破产申请前6个月内,债务人有不能清偿到期债务,并且资产不足以清偿全部债务或者明显缺乏清偿能力,仍对个别债权人进行清偿的,管理人有权请求人民法院予以撤销。但是,债务人对债权人进行的以下个别清偿,管理人不得申请撤销:①债务人为维系基本生产需要而支付水费、电费等的;②债务人支付劳动报酬、人身损害赔偿金的;③使债务人财产受益的其他个别清偿。

(三) 撤销权的行使

撤销权为债权人利益而设,但在破产程序中只能由管理人以向人民法院提起诉讼的方式行使,并非由单个债权人或者债权人会议行使。

【例4-4】A公司因投资决策失误,不能清偿到期债务,其债权人B公司于2020年8月10日申请A公司破产,人民法院于同年8月18日裁定受理该破产申请。在破产程序进行中,B公司向管理人提供,A公司于2019年10月1日将其价值100万元的产品无偿赠予其全资子公司C公司,管理人能否请求人民法院撤销A公司赠予100万元产品的行为?

【解析】管理人可以请求人民法院撤销A公司赠予100万元产品的行为。因为根据《企业破产法》规定,可撤销的行为必须发生在人民法院受理破产申请前1年内。

三、涉及债务人财产的无效行为

无效行为,是指债务人实施的有害于债权人整体利益而在法律上被认定为不发生法律效力的行为。与破产撤销权制度相似,破产无效行为制度也是为了防止债务人责任财产因不当处分而减少,从而保护全体债权人的利益。

为了强化对债权人债权的保护,《企业破产法》第三十三条规定,涉及债务人财产的下列行为无效:①为逃避债务而隐匿、转移财产的;②虚构债务或者承认不真实的债务的。

四、取回权

(一) 取回权的概念

取回权,是指在破产程序中,对于不属于债务人的财产,财产权利人可以依法通过管理人直接取回的权利。

(二) 取回权的类型

1. 一般取回权

我国《企业破产法》第三十八条规定："人民法院受理破产申请后，债务人占有的不属于债务人的财产，该财产的权利人可以通过管理人取回。"

权利人行使取回权应当向管理人主张。如果管理人对此予以拒绝，权利人可以向法院提出取回权确认之诉，对于法院予以确认的取回权，管理人不得拒绝权利人的取回请求。

财产权利人行使取回权，不受约定条件的限制。即使债务人依据合同约定仍有权占有该财产，但债务人的破产申请被人民法院受理后，财产权利人就可以行使取回权，取回该财产。但是，《企业破产法》第七十六条规定，债务人合法占有的他人财产，该财产的权利人在重整期间要求取回的，应当符合事先约定的条件。按照这一规定，财产权利人在重整期间行使取回权的，应当按照其与债务人事先约定的条件办理。例如出租人行使取回权的，如果是在重整期间，要等到租赁合同到期后方可行使。

2. 特殊取回权

特殊取回权，是指人民法院受理破产申请时，出卖人已将买卖标的物向作为买受人的债务人发运，债务人尚未收到且未付清全部价款的，出卖人所享有的可以取回在运途中的标的物的权利。但是，管理人可以支付全部价款，请求出卖人交付标的物。

出卖人行使特殊取回权一般应当具备下列条件。

(1) 出卖人必须已经将买卖标的物发运，并且尚未收到全部买卖价款。建立特殊取回权制度，主要目的是担保已经脱离了对标的物控制权的出卖人获得买卖价款的权利。因此，出卖人发送了买卖标的物并且未收到全部价款是行使特殊取回权的前提。

(2) 进入破产程序时，买卖标的物尚处于在运途中。如果进入破产程序时，买卖标的物已经被买受人收取，即使买受人尚未向出卖人支付全部买卖价款，出卖人也只能以价款的给付请求权向破产管理人申报债权，而不能行使出卖人取回权。

【例4-5】甲公司向乙公司购买100万元的货物，货物正在运输途中，甲公司尚未付款，法院受理甲公司的破产申请，那么乙公司可以依法怎样主张权利？

【解析】乙公司可以取回运输途中的货物，行使特殊取回权。否则，100万元的货款只能作为破产债权申报。

五、抵销权

(一) 抵销权的概念

破产法上的抵销权，是指债权人在破产申请受理前对债务人负有债务的，不论其债权与所负债务种类是否相同，也不论其债权是否已届清偿期，均可在破产分配前以破产债权抵销其所负债务的权利。

(二) 抵销权的行使

《企业破产法》第四十条规定："债权人在破产申请受理前对债务人负有债务的，可以向管理人主张抵销。"因此，抵销权的行使主体为债务人的债权人，且债权人行使抵销权应通过管理人进行；债权人行使抵销权的期间为破产财产最终分配前；超出抵销债权额范围之外的债权仍然存在。未依法申报的债权,其真实性、准确性未经过债权人会议审查确认的,不能主张抵销。

(三) 不适用抵销权的情形

我国《企业破产法》第四十条规定,有下列情形之一的,不得抵销:①债务人的债务人在破产申请受理后取得他人对债务人的债权的;②债权人已知债务人有不能清偿到期债务或者破产申请的事实,对债务人负担债务的,债权人因为法律规定或者有破产申请1年前所发生的原因而负担债务的除外;③债务人的债务人已知债务人有不能清偿到期债务或者破产申请的事实,对债务人取得债权的,债务人的债务人因为法律规定或者有破产申请1年前所发生的原因而取得债权的除外。此外,《最高人民法院关于适用<中华人民共和国企业破产法>若干问题的规定(二)》第四十四条规定,破产申请受理前六个月内,债务人有企业破产法第二条第一款规定的情形,债务人与个别债权人以抵销方式对个别债权人清偿,其抵销的债权债务属于企业破产法第四十条第(二)、(三)项规定的情形之一,管理人在破产申请受理之日起三个月内向人民法院提起诉讼,主张该抵销无效的,人民法院应予支持。

第五节 债权申报与债权人会议

一、债权申报

债权是债权人参与破产程序的基础,只有全面申报并得到确认,债权人才能依照《企业破产法》的规定行使权利。

(一) 债权申报的概念

债权申报,是指债权人在破产程序开始后,在法定期限内向管理人申请登记债权,以使自己的债权获得确认的行为。债权人要参加破产程序,必须依法申报债权。没有申报债权的债权人,不得参加债权人会议。

(二) 债权申报的期限

债权申报是破产程序中的一个重要环节,只有通过债权申报,才能确定可以依法行使权利的人员范围。因此,人民法院受理破产申请后,应当及时确定债权申报的期限,并在受理裁定的通知和公告中载明申报债权的期限。债权人应当在人民法院确定的债权申报期限内向管理人申报债权。

1. 法定申报期限

《企业破产法》第四十五条规定,人民法院受理破产申请后,应当确定债权人申报债权的期限。债权申报期限自人民法院发布受理破产申请公告之日起计算,最短不得少于30日,最长不得超过3个月。

2. 延展申报期限

《企业破产法》第五十六条规定:"在人民法院确定的债权申报期限内,债权人未申报债权的,可以在破产财产最后分配前补充申报;但是,此前已进行的分配,不再对其补充分配。为审查和确认补充申报债权的费用,由补充申报人承担。债权人未依照本法规定申报债权的,不得依照本法规定的程序行使权利。"

(三) 债权申报的范围

《企业破产法》第四十四条规定:"人民法院受理破产申请时对债务人享有债权的债权人,依照本法规定的程序行使权利。"这是对可申报债权的一般性规定。应当指出的是，破产申请受理前成立的有财产担保的债权和无财产担保的债权均属于可申报的债权。未到期的债权，在破产申请受理时视为到期。附利息的债权自破产申请受理时起停止计息。附条件、附期限的债权和诉讼、仲裁未决的债权，债权人可以申报。

《最高人民法院关于适用<中华人民共和国企业破产法>若干问题的规定(三)》第四条规定："保证人被裁定进入破产程序的，债权人有权申报其对保证人的保证债权。主债务未到期的，保证债权在保证人破产申请受理时视为到期。一般保证的保证人主张行使先诉抗辩权的，人民法院不予支持，但债权人在一般保证人破产程序中的分配额应予提存，待一般保证人应承担的保证责任确定后再按照破产清偿比例予以分配。保证人被确定应当承担保证责任的，保证人的管理人可以就保证人实际承担的清偿额向主债务人或其他债务人行使求偿权。"

《最高人民法院关于适用<中华人民共和国企业破产法>若干问题的规定(三)》第五条规定："债务人、保证人均被裁定进入破产程序的，债权人有权向债务人、保证人分别申报债权。债权人向债务人、保证人均申报全部债权的，从一方破产程序中获得清偿后，其对另一方的债权额不作调整，但债权人的受偿额不得超出其债权总额。保证人履行保证责任后不再享有求偿权。"

债权申报是民事债权顺利转化为破产债权的程序性条件，但是并非所有可在破产程序中得到清偿的债权都必须申报。无须申报的债权主要体现为劳动债权：①债务人所欠职工的工资和医疗、伤残补助、抚恤费用；②债务人所欠的应当划入职工个人账户的基本养老保险、基本医疗保险费用；③法律、行政法规规定应当支付给职工的补偿金。

二、债权人会议

(一) 债权人会议的概念

债权人会议是协调和形成全体债权人的共同意思，通过对破产程序的参与和监督来体现全体债权人共同利益的议事机构。

(二) 债权人会议的组成

1. 债权人会议主席

债权人会议设主席一人，由人民法院从有表决权的债权人中指定，不允许债权人会议自行选任。

2. 债权人会议的成员

所有依法申报债权的债权人，不论其债权性质、数额如何，均为债权人会议的成员。债权尚未确定的债权人，除人民法院能够为其行使表决权而临时确定债权额的之外，不得行使表决权。对债务人的特定财产享有担保权的债权人，未放弃优先受偿权利的，对通过和解协议和破产财产的分配方案不享有表决权。

为了维护企业职工的利益，债权人会议应当有债务人的职工和工会代表参加，对有关事项发表意见。

(三) 债权人会议的职权

根据《企业破产法》第六十一条的规定，债权人会议行使下列职权：①核查债权；②申请人民法院更换管理人，审查管理人的费用和报酬；③监督管理人；④选任和更换债权人委员会成员；⑤决定继续或者停止债务人的营业；⑥通过重整计划；⑦通过和解协议；⑧通过债务人财产的管理方案；⑨通过破产财产的变价方案；⑩通过破产财产的分配方案；⑪人民法院认为应当由债权人会议行使的其他职权。债权人会议应当对所议事项的决议做成会议记录。

(四) 债权人会议的召集与主持

根据《企业破产法》第六十二条、六十三条规定，第一次债权人会议由人民法院召集，自债权申报期限届满之日起 15 日内召开。以后的债权人会议，在人民法院认为必要时，或者管理人、债权人委员会、占债权总额 1/4 以上的债权人向债权人会议主席提议时召开。

债权人会议由债权人会议主席主持。召开债权人会议，有事项需要讨论和决议，应当给各债权人必要的准备时间，管理人应当提前 15 日通知已知的债权人。

(五) 债权人会议的决议

1. 决议的方式

债权人会议的决议，采用双重多数通过方式，既考虑债权人的人数，又考虑表决权数。债权人会议的决议分为普通决议和特殊决议。

1) 普通决议

为了提高债权人会议的效率，平衡有财产担保债权人和无财产担保债权人的利益。债权人会议普通决议的通过，需要由出席会议的有表决权的债权人过半数，并且其所代表的债权额占无财产担保债权总额的 1/2 以上通过。

2) 特殊决议

(1) 债权人会议通过重整计划时，分组进行表决，须出席会议的同一表决组的债权人过半数同意重整计划草案，并且其所代表的债权额占该组债权总额的 2/3 以上，即为该组通过重整计划草案。

(2) 债权人会议通过和解协议时，由出席会议的有表决权的债权人过半数同意，并且其所代表的债权额占无财产担保债权总额的 2/3 以上。

(3) 债权人会议表决未能通过债务人财产的管理方案和变价方案的，由人民法院裁定。债权人对裁定不服的，可以自裁定宣布之日或者收到通知之日起 15 日内向该人民法院申请复议。复议期间不停止裁定的执行。

债权人会议经两次表决未能够通过破产财产的分配方案的，由人民法院裁定。债权额占无财产担保债权总额 1/2 以上的债权人对裁定不服的，同样可以自裁定宣布之日或者收到通知之日起 15 日内向该人民法院申请复议。

2. 决议的效力

债权人会议的决议，是债权人团体一致表示的意思，决议一经做出就对全体债权人产生约束力。不论该债权人是否出席了会议、是否享有表决权，或者放弃表决、表决时持保留意见，还是赞成决议还是反对决议，均受债权人会议决议的约束。

债权人会议的决议具有以下情形之一，损害债权人利益，债权人申请撤销的，人民法院应予支持：

(1) 债权人会议的召开违反法定程序；
(2) 债权人会议的表决违反法定程序；
(3) 债权人会议的决议内容违法；
(4) 债权人会议的决议超出债权人会议的职权范围。

人民法院可以裁定撤销全部或者部分事项决议，责令债权人会议依法重新做出决议。

债权人申请撤销债权人会议决议的,应当提出书面申请。债权人会议采取通信、网络投票等非现场方式进行表决的,债权人申请撤销的期限自债权人收到通知之日起算。

(六) 债权人委员会

债权人委员会,是代表债权人会议、为实现债权人的共同利益、确保破产程序顺利进行而设立的常设机构。债权人会议可以决定设立债权人委员会。

1. 债权人委员会的组成

债权人委员会由债权人会议选任的债权人代表和一名债务人的职工代表或者工会代表组成。债权人委员会成员不得超过9人。债权人委员会成员应当经人民法院书面决定认可。

2. 债权人委员会的职权

根据《企业破产法》第六十八条之规定,债权人委员会行使下列职权:①监督债务人财产的管理和处分;②监督破产财产分配;③提议召开债权人会议;④债权人会议委托的其他职权。

3. 债权人委员会的决议

根据《最高人民法院关于适用<中华人民共和国企业破产法>若干问题的规定(三)》第十四条之规定,债权人委员会决定所议事项应获得全体成员过半数通过,并作成议事记录。债权人委员会成员对所议事项的决议有不同意见的,应当在记录中载明。

债权人委员会行使职权应当接受债权人会议的监督,以适当的方式向债权人会议及时汇报工作,并接受人民法院的指导。

债权人委员会执行职务时,有权要求管理人、债务人的有关人员对其职权范围内的事务做出说明或者提供有关文件。

管理人、债务人的有关人员违反规定拒绝接受监督的,债权人委员会有权就监督事项请求人民法院做出决定;人民法院应当在5日内做出决定。

第六节 重整与和解

一、重整

(一) 重整的概念

重整是当企业无力清偿到期债务时,经债务人或债权人申请,人民法院依法定条件许可,允许企业继续经营,实现债务调整和企业重组,使企业摆脱困境、获得复苏的法律制度。重整制度在兼顾债权人利益的同时,更注重对债务人企业的挽救和复苏,以避免因对债务人实施破产清算而导致大量职工失业和社会财富的损失。

依照《企业破产法》第二条第二款规定,重整原因包括以下两种情况。

(1) 企业法人不能清偿到期债务,并且资产不足以清偿全部债务或者明显缺乏清偿能力的,可以依照本法规定进行重整。

(2) 企业法人有明显丧失清偿能力可能的,可以依照本法规定进行重整。企业法人进行重整除了已经具备破产原因外,还包括虽然尚不具备破产原因,但存在丧失清偿能力可能,有可能导致破产的情况。

(二)重整申请

直接申请	债务人或者债权人可直接向法院申请	
间接申请	债权人申请对债务人进行破产清算	
	在法院受理破产申请后破产宣告前	
	申请人	债务人
		出资额占债务人注册资本1/10以上的出资人

《企业破产法》第七十条将提出重整申请的情形规定为：债务人、债权人、出资额占债务人注册资本 1/10 以上的出资人，可以向人民法院申请重整。另外，根据本法第一百三十四条的规定，国务院金融监督管理机构可以向人民法院提出对该金融机构进行重整或者破产清算的申请。

(三)重整期间

人民法院经审查认为重整申请符合本法规定的，应当裁定债务人重整，并予以公告。自人民法院裁定债务人重整之日起至重整程序终止，为重整期间。

(四)重整计划草案的制定和表决

1. 重整计划草案的制定

债务人自行管理财产和营业事务的，由债务人制作重整计划草案；管理人负责管理财产和营业事务的，由管理人制订重整计划草案。

重整计划草案应当包括下列内容：①债务人的经营方案；②债权分类；③债权调整方案；④债权受偿方案；⑤重整计划的执行期限；⑥重整计划执行的监督期限；⑦有利于债务人重整的其他方案。

债务人或者管理人应当自人民法院裁定债务人重整之日起 6 个月内，同时向人民法院和债权人会议提交重整计划草案，如该期限届满，经债务人或者管理人请求，有正当理由的，人民法院可以裁定延期 3 个月。债务人或者管理人未按期提出重整计划草案的，人民法院应当裁定终止重整程序，并宣告债务人破产。

2. 重整计划草案的表决

(1) 分组表决。我国《企业破产法》采用的是强制性分组标准，依债权的性质分类，将重整债权分为 4 个表决组，分别是：①对债务人的特定财产享有担保权的债权组，即有别除权债权组；②劳动债权组；③税收债权组；④普通债权组。人民法院在必要时可以决定在普通债权组中设小额债权组对重整计划草案进行表决。

对重整计划草案进行分组表决时，权益因重整计划草案受到调整或者影响的债权人或者股东，有权参加表决；权益未受到调整或者影响的债权人或者股东，参照《企业破产法》第八十三条的规定，不参加重整计划草案的表决。

(2) 表决通过。债权人会议小组表决采用双重标准。具体而言，出席会议的同一表决组的债权人过半数同意重整计划草案，并且其所代表的债权额占该组债权总额的 2/3 以上的，即为该组通过重整计划草案。当各个表决组均按该表决方式通过重整计划草案时，重整计划即为通过。

(五)重整计划的批准

一般来说，人民法院对经过债权人会议表决通过的重整计划予以批准，是重整计划获得法律效力的必要条件。

经人民法院裁定批准的重整计划,对债务人和全体债权人均有约束力。债权人未依照本法规定申报债权的,在重整计划执行期间不得行使权利;在重整计划执行完毕后,可以按照重整计划规定的同类债权的清偿条件行使权利。债权人对债务人的保证人和其他连带债务人所享有的权利,不受重整计划的影响。

重整计划通过程序:

申请受理 → 管理人 → 申报债权 → 法院裁定 → 债权人会议 → 法院批准

(六) 重整计划的执行、监督和终止

1. 重整计划的执行

《企业破产法》第八十九条规定:"重整计划由债务人负责执行。人民法院裁定批准重整计划后,已接管财产和营业事务的管理人应当向债务人移交财产和营业事务。"

2. 重整计划的监督

自人民法院裁定批准重整计划之日起,在重整计划规定的监督期内,由管理人监督重整计划的执行。在监督期内,债务人应当向管理人报告重整计划执行情况和债务人财务状况。

监督期届满时,管理人应当向人民法院提交监督报告。自监督报告提交之日起,管理人的监督职责终止。对于管理人向人民法院提交的监督报告,重整计划的利害关系人有权查阅。经管理人申请,人民法院可以裁定延长重整计划执行的监督期限。

3. 重整计划的终止

1) 重整计划因执行完毕而终止

重整计划顺利执行完毕,则重整成功。自重整计划执行完毕时起,按照重整计划减免的债务,债务人不再承担清偿责任。

2) 重整计划因执行不能而被裁定终止

债务人不能执行或者不执行重整计划的,人民法院经管理人或者利害关系人请求,应当裁定终止重整计划的执行,并宣告债务人破产。经人民法院裁定终止重整计划执行后,债权人在重整计划中做出的债权调整的承诺失去效力。债权人因执行重整计划所受的清偿仍然有效,债权未受清偿的部分作为破产债权。

【例4-6】张某、李某和美澳公司共同出资设立了飞正有限责任公司,张某出资20%,李某出资10%,美澳公司出资70%,美澳公司的总经理王某任飞正公司的董事长,公司成立后,经其他股东同意,李某将5%的股份转让给王某。飞正公司成立后一直经营困难,长期拖欠欧陆公司货款,欧陆公司向人民法院申请宣告飞正公司破产,法院受理了申请,并指定方正律师事务所为管理人。飞正公司向法院提出重整申请,法院经审查后,裁定重整,并确定重整期间飞正公司自行管理和营业。重整计划通过,飞正公司在履行重整计划期间,有隐匿财产行为,经欧陆公司请求,法院裁定终止重整程序,宣告飞正公司破产。根据以上情况,关于重整计划的通过和批准,下列说法正确的是( )。

A. 出席会议的同一表决组的债权人过半数同意重整计划草案,并且所代表的债权额占无财产担保债权总额的1/2上,方为该组通过草案

B. 应设出资人组,对重整计划草案进行表决

C. 各表决组均通过重整计划草案时,重整计划即为通过

D. 部分表决组未通过的，经协商可以再表决一次，如又未通过，经飞正公司申请，法院可强行批准重整计划

【解析】C、D。

二、和解

(一) 和解的概念

和解是指具备破产原因的债务人，为避免破产清算，在人民法院主持下，与债权人会议就债务人延期清偿债务、减免债务等事项达成协议的制度。

(二) 和解的程序

和解协议通过程序：

申请受理 → 管理人 → 申报债权 → 法院裁定 → 债权人会议 → 法院认可

1. 和解申请

申请人	(仅限于)债务人
申请的类型	直接申请
	法院受理破产申请后、破产宣告前申请

只有债务人才享有提起和解申请的权利。债务人可以依照《企业破产法》规定，直接向人民法院申请和解；也可以在人民法院受理破产申请后、宣告债务人破产前，向人民法院申请和解。债务人申请和解，应当提出和解协议草案。和解协议草案是债务人向人民法院提交的具体和解办法，以供债权人会议讨论采纳。

2. 和解协议的通过

债务人提出和解申请后，除经法院审查而驳回和解申请的情况外，应将和解协议草案提交债权人会议讨论，由债权人会议做出是否接受和解条件的决议。这是和解程序的实质性阶段。债权人会议接受和解条件，即为达成和解协议；债权人会议否决和解协议，和解程序即告终结。

债权人会议通过和解协议的决议，应由出席会议的有表决权的债权人过半数同意，并且其所代表的债权额占无财产担保债权总额的 2/3 以上。

债权人会议通过和解协议的决议，经人民法院裁定认可，并予以公告。管理人应当向债务人移交财产和营业事务，并向人民法院提交执行职务的报告。

和解协议草案经债权人会议表决未获得通过，或者已经债权人会议通过的和解协议未获得人民法院认可的，人民法院应当裁定终止和解程序，并宣告债务人破产。

(三) 和解协议的效力

经人民法院裁定认可的和解协议，对债务人和全体和解债权人均有约束力。

1. 对债务人的效力

(1) 债务人应当严格履行和解协议约定的义务。《企业破产法》第一百零二条规定："债务人应当按照和解协议规定的条件清偿债务。"

(2) 债务人重新获得对债务人财产的管理处分权。

(3) 债务人依和解协议获得相对免责。按照和解协议减免的债务，自和解协议执行完毕时起，债务人不再承担清偿责任。债务人按照和解协议规定的条件清偿债务后，债务人的债务消灭。和解协议没有强制执行力，债务人不执行和解协议的，只能请求人民法院裁定终止和解协议的执行，并宣告债务人破产。

2. 对和解债权人的效力

和解债权人是指人民法院受理破产申请时对债务人享有无财产担保债权的债权人。和解债权人受到和解协议的约束，不得要求或接受和解协议以外的清偿或额外利益。和解债权人未依照《企业破产法》规定申报债权的，在和解协议执行期间不得行使权利；在和解协议执行完毕后，可以按照和解协议规定的清偿条件行使权利。

3. 对债务人的保证人和其他连带债务人的效力

和解债权人对债务人的保证人和其他连带债务人所享有的权利，不受和解协议的影响。这意味着，和解债权人对债务人所做的债务分期、延期及减免偿还的让步，其效力不及于债务人的保证人或连带债务人。和解债权人不因为和解协议的存在失去向债务人的保证人和其他连带债务人求偿的权利。

第七节　破产清算

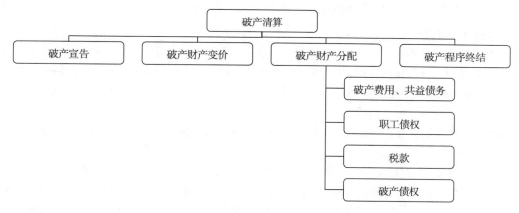

一、破产宣告

（一）破产宣告的原因

破产宣告是人民法院依法宣告债务人破产，并使债务人进入破产清算程序以清偿债务的活动。破产宣告，标志着通过对债务人进行破产清算从而最终导致债务人消亡程序的开始。债务人可能因出现下列情况之一而被宣告破产：①具备破产原因，且不具备不予宣告破产条件的；②重整或和解程序被人民法院依法终止；③人民法院依法裁定终止重整计划或和解协议的执行。

（二）破产宣告的做出

《企业破产法》第一百零七条规定，人民法院依照本法规定宣告债务人破产的，应当自裁定做出之日起5日内送达债务人和管理人，自裁定做出之日起10日内通知已知债权人，并予以公告。

(三) 破产宣告的障碍

破产宣告的障碍，是指阻止人民法院宣告债务人进行破产清算的法定事由。根据《企业破产法》第一百零八条的规定，破产宣告前，有下列情形之一的，人民法院应当裁定终结破产程序，并予以公告：①第三人为债务人提供足额担保或者为债务人清偿全部到期债务的；②债务人已清偿全部到期债务的。

(四) 破产宣告的法律效力

1. 对债务人的效力

债务人被宣告破产后，被称为破产人。债务人自破产宣告之日起停止营业活动，完全丧失了支配财产的权利。债务人被宣告破产后，债务人财产被称为破产财产。破产财产被用于分配，不能再用于生产经营或者挽救企业等目的。

2. 对债权人的效力

债务人被宣告破产后，人民法院受理破产申请时对债务人享有的债权称为破产债权。在破产清算程序中，只有对破产人享有破产债权的债权人才可以参加破产财产的分配，获得债权清偿。

(五) 别除权

1. 别除权的概念

别除权，是指对破产人的特定财产享有担保物权的权利人，对该特定财产享有优先受偿的权利。该优先受偿权的行使不受破产清算及和解程序的限制，但受到重整程序的限制。在破产程序中保证担保物权人优先受偿的权利，是各国破产法普遍接受的一项原则。

2. 别除权的行使

债权人在破产程序中享有和行使别除权，需具备以下条件：①有财产担保的权利应在破产宣告前依法成立并经申报和确认，即债权和担保权应合法成立并生效且债权已依法申报并获得确认；②该权利的担保应为物权担保。《民法典》规定的物权担保形式有抵押、质押和留置三种，因此以这三种方式担保的债权可以构成别除权。

别除权人行使别除权，不受破产程序的约束。行使别除权的方法，依标的物的占有状态，分为以下两种情况。

(1) 别除权人占有标的物的。按照《民法典》的规定，在质押的情况下，标的物应移交债权人占有而留置则以债权人依合同占有标的物为前提。所以，在破产宣告时，质权人、留置权人是别除权标的物的实际占有人。他们可以不经管理人同意行使别除权，而依《民法典》的规定以标的物折价抵偿债务，或者将标的物拍卖、变卖后以价款偿还债务。

(2) 别除权人未占有担保物的。根据《民法典》的规定，在抵押的情况下，标的物不转移占有。所以，在宣告破产时，抵押权人不是别除权标的物的实际占有人。此时，管理人依照《企业破产法》的规定，取得对抵押物的合法占有。在这种情况下，抵押权人要行使别除权，必须向管理人主张权利，经管理人同意，取得对抵押物的占有，然后按《民法典》的规定，以抵押物折价抵偿债务，或者以拍卖、变卖后的从价款偿还债务。

实践中，别除权标的物折价或者拍卖、变卖后，其价款超过债权数额的部分，应当归入破产财产。其价款不足以清偿全部债务的，不足清偿的部分作为破产债权，通过清算分配程序受偿。

如果别除权标的物对于破产企业的继续营业或者破产财产的整体变价具有重要意义，需要收回和列入破产财产的，则管理人可以在被担保债权由该标的物所能实现的清偿范围内，提供相同数额的清偿或者替代担保，从而收回该标的物。

管理人可以通过清偿债务或者提供为债权人接受的担保，收回质物、留置物。

二、破产财产的变价

破产财产的分配应当以货币分配方式进行。破产财产的变价，是指管理人将非货币的破产财产，通过合法方式加以出让，使之转化为货币形态，以便进行破产财产分配的过程。

(一) 破产财产的变价方案

管理人应当及时拟订破产财产变价方案，提交债权人会议讨论。管理人应当按照债权人会议通过的或者人民法院依法裁定的破产财产变价方案，适时变价出售破产财产。

(二) 破产财产的变价方式

根据《企业破产法》第一百一十二条规定，破产财产的变价方式主要有3种。

1. 拍卖

破产财产的变价原则上应当通过拍卖的方式进行。拍卖是以公开竞价的方式出售财产。以拍卖的方式对破产财产实施变价，可以实现破产财产的价值最大化，维护破产债权人的利益。而且这种变价方式以公开竞价的方式进行，由出价最高者获得所拍卖标的物，可以保证破产财产变价的公平、公开，但拍卖并非唯一方式。

2. 对破产企业进行全部或者部分变价出售

破产企业在变卖破产财产的时候，可以将破产企业的整体或者部分作为一个独立的财产进行变卖。对于破产企业中的无形财产和其他财产，如果将其单独变卖可以提高破产财产的整体变卖价格，也可以单独变卖。

3. 拍卖或者转让受限的财产应按照国家规定的方式处理

按照国家规定不能拍卖或者限制转让的财产，应当按照国家规定的方式处理。如果破产财产中有属于国家实行特别管制或者限制流通的物品，按照国家规定不能拍卖或者限制转让，就应当按照国家关于该物品的流通管理规定，依照法定的方式予以处理。

【例4-7】关于破产财产的变价，下列说法不正确的是(　　)。
A. 变价方案由管理人拟定
B. 债权人会议通过变价方案的决议，须经出席会议的有表决权的债权人过半数通过，且其所代表的债权额占无担保债权总额的2/3以上
C. 债权人会议未通过的，人民法院可以裁定通过变价方案
D. 破产企业变价出售时，可以将无形财产和其他财产单独变价出售
【解析】B。

三、破产财产的分配

破产财产的分配，是指基于债权人公平受偿的原则，管理人将变价后的破产财产，根据符合法定顺序并经合法程序确定的分配方案，对全体破产债权人进行公平清偿的程序。

(一) 破产财产的分配顺序

破产财产按照下列顺序进行分配。

1. 支付破产费用和共益债务

1) 破产费用的范围

破产费用,是指在破产程序中为全体债权人的共同利益而支出的旨在保障破产程序顺利进行所必需的程序上的费用。破产程序本身也是需要耗费成本的,这种成本体现为破产费用。

根据《企业破产法》第四十一条规定,人民法院受理破产申请后发生的下列费用,为破产费用:①破产案件的诉讼费用;②管理、变价和分配债务人财产的费用;③管理人执行职务的费用、报酬和聘用工作人员的费用。

根据《最高人民法院关于适用<中华人民共和国企业破产法>若干问题的规定(三)》第一条规定:"人民法院裁定受理破产申请的,此前债务人尚未支付的公司强制清算费用、未终结的执行程序中产生的评估费、公告费、保管费等执行费用,可以参照企业破产法关于破产费用的规定,由债务人财产随时清偿。

2) 共益债务的范围

共益债务是指破产程序开始后为了全体债权人的共同利益而负担的非程序性债务。

根据《企业破产法》第四十二条规定,共益债务包括:①因管理人或者债务人请求对方当事人履行双方均未履行完毕的合同所产生的债务;②债务人财产受无因管理所产生的债务;③因债务人不当得利所产生的债务;④为债务人继续营业而应支付的劳动报酬和社会保险费用以及由此产生的其他债务;⑤管理人或者相关人员执行职务致人损害所产生的债务;⑥债务人财产致人损害所产生的债务。

3) 破产费用和共益债务的清偿规则

(1) 破产费用和共益债务由债务人财产随时清偿。在破产程序中,破产费用和共益债务是随时发生的,为了保证破产程序的顺利进行,当破产费用或者共益债务发生时,应当由债务人财产随时予以清偿。

(2) 破产费用优先清偿。债务人财产不足以清偿所有破产费用和共益债务的,优先清偿破产费用。所谓优先清偿是指在破产费用和共益债务两者都未受清偿时何者优先的问题。

(3) 按比例清偿。当债务人财产不足以清偿所有破产费用或者共益债务时,按照比例清偿。

(4) 债务人财产不足以支付破产费用时破产程序的处理。在债务人财产不足以支付破产费用时,管理人应当提请人民法院终结破产程序;人民法院应当自收到请求之日起 15 日内裁定终结破产程序,并予以公告。但是如债务人财产不足以清偿破产费用和共益债务,而债权人、管理人、债务人的出资人以及其他利害关系人愿意垫付并经人民法院同意的,破产程序可以不予终结。

2. 优先清偿破产费用和共益债务之后的清偿

破产财产在优先清偿破产费用和共益债务后,依照下列顺序清偿。

(1) 职工债权。包括破产人所欠职工的工资和医疗、伤残补助、抚恤费用,所欠的应当划入职工个人账户的基本养老保险、基本医疗保险费用,以及法律、行政法规规定应当支付给职工的补偿金。

(2) 其他社会保险费用和税款。其他社会保险费用是指破产人欠缴的除前项规定以外的社会保险费用。

(3) 普通破产债权。

破产财产不足以清偿同一顺序的清偿要求时，按照比例分配。

> 【例4-8】某建筑公司因严重资不抵债向法院申请破产救济。关于该案破产财产范围和清偿顺序等，下列哪些选项是错误的？（　　）
> A．该公司所欠民工工资应当列入破产费用先行清偿
> B．该公司租用甲公司的一套建筑设备不能列入破产财产
> C．该公司的一批脚手架已抵押给某银行，该批脚手架不能列入破产财产
> D．该公司员工对该公司的投资款只能作为普通债权受偿
> 【解析】ACD。本题中，农民工的工资并不属于破产费用，其受偿顺序在破产费用之后，A项说法错误。B项说法正确，C项说法错误，按照破产财产的定义，抵押物也属于破产财产。员工对公司投资后是作为公司股东身份存在的，其不是债权人，因此不能作为债权人受偿，D项说法错误。本题的正确答案是ACD。

（二）破产财产分配的方式

《企业破产法》第一百一十四条规定："破产财产的分配应当以货币分配方式进行。但是，债权人会议另有决议的除外。"破产财产分配必须以货币分配为主，属于原则性规定。如果债权人会议有特别规定，也可以采取规定的方式进行分配。

（三）破产财产分配方案的执行

管理人应当及时拟订破产财产分配方案，提交债权人会议讨论。破产财产分配方案经人民法院裁定认可后，由管理人执行。管理人按照破产财产分配方案实施多次分配的，应当公告本次分配的财产额和债权额。管理人实施最后分配的，应当在公告中指明。

【例4-9】A公司被法院宣告破产。清算组查明，该公司在宣告破产时经营的财产价值150万元，未到期的净债权价值50万元，已作担保的财产价值20万元，在法院受理该公司破产案件的半年内，公司隐匿、无偿转让、放弃债权共60万元，后被清算组追回。清算组花去清算费用10万元，公司欠税款10万元，欠职工工资70万元。公司破产公告后，债权人B公司登记债权90万元，债权人C公司登记债权85万元，由于清算组决定终止该公司所签合同，为此给债权人D公司造成35万元损失。问：本案中，债权人B、C、D各自可以得到多少清偿额？
【解析】本案中，A公司的破产财产共计280万元(150万元+50万元+60万元+20万元)，其中20万元已作担保，因此由担保权人优先受偿，破产财产的其他260万元按顺序清偿清算费用10万元、工资70万元、税款10万元后，剩余170万元由公司的普通破产债权按比例清偿，而公司的普通破产债权为210万元(90万元+85万元+35万元)，因此B、C、D分别获得72.86(90/210×170)万元、68.81(85/210×170)万元、28.33(35/210×170)万元。

四、破产程序的终结

破产程序的终结，是指破产程序的目的已经达到或者不能达到，导致继续进行破产程序已无必要，而由人民法院裁定结束破产程序。破产程序的终结表明破产程序的彻底结束。

（一）破产程序终结的原因

破产程序基于如下原因而终结：①因重整计划执行完毕而终结破产程序；②因和解协议的达成而终结破产程序；③因提供足额担保或清偿全部债务而终结破产程序；④因破产财产分配完毕而终

结破产程序；⑤因破产人无财产可供分配而终结破产程序。

（二）破产程序终结的法律效力

破产人无财产可供分配的，管理人应当请求人民法院裁定终结破产程序。管理人在最后分配完结后，应当及时向人民法院提交破产财产分配报告，并提请人民法院裁定终结破产程序。人民法院应当自收到管理人终结破产程序的请求之日起 15 日内做出是否终结破产程序的裁定。裁定终结的，应当予以公告。

1. 对破产人的效力

从人民法院对企业法人破产程序终结的裁定生效之日起，破产程序终结。法人的主体资格归于消灭，其所负债务也随即消灭。

2. 对破产管理人的效力

管理人应当自破产程序终结之日起 10 日内，持人民法院终结破产程序的裁定，向破产人的原登记机关办理注销登记。管理人于办理注销登记完毕的次日终止执行职务。但是，存在诉讼或者仲裁未决情况的除外。

3. 对破产人的保证人和其他连带债务人的效力

破产人的保证人和其他连带债务人，在破产程序终结后，对债权人依照破产清算程序未受清偿的债权，依法继续承担清偿责任。

4. 追加分配

追加分配，是在破产程序终结以后，对于新发现的属于破产人的可用于破产分配的财产，由人民法院按照破产分配方案对尚未获得完全清偿的债权人所进行的补充分配。

根据《企业破产法》第一百二十三条规定，自破产程序或因破产财产不足以清偿破产费用而终结，或因破产财产分配完毕而终结之日起 2 年内，又发现有应当追回的财产或者其他应供分配的财产，债权人可以请求人民法院按照破产财产分配方案进行追加分配。

如果有应当追回的财产，但财产数量不足以支付实施追加分配所需费用的，没有必要再进行追加分配，由人民法院将其上交国库。

复习思考题

一、单项选择题

1. 在某公司破产案件中，债权人会议经出席会议的有表决权的债权人过半数通过，并且其所代表的债权额占无财产担保债权总额的 60%，就若干事项形成决议。该决议所涉下列哪一事项不符合《企业破产法》的规定？（   ）

　　A. 选举 8 名债权人代表与 1 名职工代表组成债权人委员会
　　B. 通过债务人财产的管理方案
　　C. 申请法院更换管理人
　　D. 通过和解协议

2. 2020年8月1日，某公司申请破产。8月10日，法院受理并指定了管理人。该公司出现的下列哪一项行为属于《企业破产法》中规定的欺诈破产行为，管理人有权请求法院予以撤销？（　　）

　　A. 2019年7月5日，将市场价格100万元的仓库以30万元出售给母公司

　　B. 2019年10月15日，将公司一辆价值30万元的汽车赠与甲

　　C. 2020年5月5日，向乙银行偿还欠款50万元及利息4万元

　　D. 2020年6月10日，以协议方式与债务人丙相互抵销20万元债务

3. 辽沈公司因不能清偿到期债务而申请破产清算。法院受理后，管理人开始受理债权人的债权申报。对此，下列哪一项债权人申报的债权属于应当受偿的破产债权？（　　）

　　A. 债权人甲的保证人，以其对辽沈公司的将来求偿权进行的债权申报

　　B. 债权人乙，以其已超过诉讼时效的债权进行的债权申报

　　C. 债权人丙，要求辽沈公司作为承揽人继续履行承揽合同进行的债权申报

　　D. 某海关，以其对辽沈公司进行处罚尚未收取的罚款进行的债权申报

4. 甲公司严重资不抵债，因不能清偿到期债务向法院申请破产。下列哪一项财产属于债务人财产？（　　）

　　A. 甲公司购买的一批在途货物，但尚未支付货款

　　B. 甲公司从乙公司租用的一台设备

　　C. 属于甲公司但已抵押给银行的一处厂房

　　D. 甲公司根据代管协议合法占有的委托人丙公司的两处房产

5. 根据民事诉讼法的规定，破产财产优先拨付破产费用后，按一定顺序清偿。下列哪一个清偿顺序是正确的？（　　）

　　A. ①破产债权②破产企业所欠税款③破产企业所欠职工工资和劳动保险费用

　　B. ①破产企业所欠税款②破产债权③破产企业所欠职工工资和劳动保险费用

　　C. ①破产企业所欠职工工资②破产企业所欠税款③破产债权④破产企业所欠职工的劳动保险费用

　　D. ①破产企业所欠职工工资和劳动保险费用②破产企业所欠税款③破产债权

6. 甲煤矿拥有乙钢厂普通债权40万元，现乙钢厂被宣告破产，清算组查明，甲煤矿尚欠乙钢厂20万元运费未付。清算组预计破产清偿率为50%，甲煤矿要求抵销债务。债权人会议各方为甲煤矿的债权发生争执。下列哪一种观点是正确的？（　　）

　　A. 甲煤矿可以抵销20万元债务，并于抵销后拥有10万元破产债权

　　B. 甲煤矿可以抵销20万元债务，并于抵销后拥有20万元破产债权

　　C. 甲煤矿必须偿还20万元债务，并拥有40万元破产债权

　　D. 甲煤矿在抵销后无须偿还债务，也不拥有破产债权

二、多项选择题

1. 南翔物流有限责任公司因严重亏损，已无法清偿到期债务。2020年6月，各债权人上门讨债无果，欲申请南翔公司破产还债。下列各债权人中谁有权申请南翔公司破产？（　　）

　　A. 甲公司：南翔公司租用其仓库期间，因疏于管理于2019年12月失火烧毁仓库

　　B. 乙公司：南翔公司拖欠其燃料款40万元应于2018年1月偿还，但该公司一直未追索

　　C. 丙公司：法院于2019年10月终审判决南翔公司10日内赔偿该公司货物损失20万元，该公司一直未申请执行

D. 丁公司：南翔公司就拖欠该公司货款 30 万元达成协议，约定于 2020 年 10 月付款

2. 2020 年 9 月 1 日，某法院受理了湘江服装公司的破产申请并指定了管理人，管理人开始受理债权申报。下列哪些请求权属于可以申报的债权？（　　）

A. 甲公司的设备余款给付请求权，但根据约定该余款的支付时间为 2020 年 10 月 30 日

B. 乙公司请求湘江公司加工一批服装的合同履行请求权

C. 丙银行的借款偿还请求权，但该借款已经设定财产抵押担保

D. 当地税务机关对湘江公司做出的 8 万元行政处罚决定

3. 中南公司不能清偿到期债务，债权人天一公司向法院提出对其进行破产清算的申请，但中南公司以其账面资产大于负债为由表示异议。天一公司遂提出各种事由，以证明中南公司属于明显缺乏清偿能力的情形。下列哪些选项符合法律规定的关于债务人明显缺乏清偿能力、无法清偿债务的情形？（　　）

A. 因房地产市场萎缩，构成中南公司核心资产的房地产无法变现

B. 中南公司陷入管理混乱，法定代表人已潜至海外

C. 天一公司已申请法院强制执行中南公司财产，仍无法获得清偿

D. 中南公司已出售房屋质量纠纷多，市场信誉差

4. 不能适用企业法人破产还债程序的单位、组织和个人有哪些？（　　）

A. 甲国有企业与乙国有企业共同投资成立的联合企业

B. 个体工商户

C. 中外合资企业

D. 农村承包经营户

5. 甲公司依据买卖合同，在买受人乙公司尚未付清全部货款的情况下，将货物发运给乙公司。乙公司尚未收到该批货物时，向法院提出破产申请，且法院已裁定受理。对此，下列哪些选项是正确的？（　　）

A. 乙公司已经取得该批货物的所有权

B. 甲公司可以取回在运货物

C. 乙公司破产管理人在支付全部价款情况下，可以请求甲公司交付货物

D. 货物运到后，甲公司对乙公司的价款债权构成破产债权

6. 甲公司被法院宣告破产，清算组在清理该公司财产时，下列哪些发现的财产应列入该公司的破产财产？（　　）

A. 该公司依合同将于三个月后获得的一笔投资收益

B. 该公司提交某银行质押的一辆轿车

C. 该公司对某大桥上的未来 20 年的收费权

D. 该公司一栋在建的办公楼

三、名词解释

1. 破产原因　2. 取回权　3. 债权申报　4. 重整　5. 和解　6. 别除权　7. 共益债务
8. 债务人财产

四、简答题

1. 简述企业破产法关于破产原因的规定。

2. 简述债权人会议决议的方式。
3. 简述破产财产的分配顺序。
4. 简述不能行使抵销权的情形。
5. 简述债权人会议的职权。

五、案例分析题

1. 海航贸易有限责任公司(以下简称"贸易公司")系由甲公司和乙公司分别出资 300 万元和 200 万元设立,贸易公司实际到位的注册资本为 400 万元,甲公司尚有 100 万元出资因公司章程规定的出资期限未到期而没有完全履行出资义务。贸易公司在经营中因投资决策发生严重失误,造成重大损失,不能清偿到期债务,向其所在地的人民法院申请破产。人民法院于 2017 年 2 月 8 日受理了该破产申请后,指定了管理人全面接管贸易公司。经审理,人民法院于 2018 年 1 月 8 日依法宣告贸易公司破产。管理人对贸易公司的相关事项清理如下。

(1) 2016 年 4 月 20 日向丙公司无偿赠与一批物资,价值 30 万元。

(2) 2016 年 1 月 24 日向丁银行借款 10 万元,借期两年。其借款利息截至 2017 年 2 月 8 日为 8 万元,其后截至 2018 年 1 月 8 日为 15 万元。

(3) 2016 年 12 月 16 日与甲公司签订一份买卖合同,约定甲公司为贸易公司定制一批特殊规格的服装,合同标的额为 68 万元,由甲公司于 2017 年 4 月上旬交货,货到付款。现双方均尚未履行该合同,管理人决定解除该合同,由此造成甲公司实际经济损失为 10 万元。

(4) 武汉一债权人因参加债权人会议发生差旅费 1 万元,南京一债权人为参加贸易公司的破产清算而聘请律师的费用 2 万元。

(5) 2017 年 6 月 19 日贸易公司的一幢危房突然倒塌,致路人戊不幸受到伤害,损失 3 万元。

(6) 贸易公司经评估确认尚有资产 1200 万元(变现价值),应付工资 300 万元、基本养老保险费用 100 万元、基本医疗保险费用 50 万元、应缴税金 400 万元、其他流动负债 1950 万元、破产费用 100 万元。

要求:根据以上事实和破产法律制度的规定,分别分析回答下列问题:

(1) 甲公司享有的破产债权是多少数额?其尚未缴纳的出资是否应补缴?并分别说明理由。

(2) 贸易公司向丙公司赠与物资的行为是否可以撤销?并说明理由。破产财产造成的他人损失如何处理,和破产费用之间是什么关系?

(3) 丁银行享有的破产债权是多少?并说明理由。

(4) 丁银行享有的破产债权在破产清算中能得到清偿的具体数额是多少?(小数点后保留两位)

2. 甲公司签发金额为 1000 万元、到期日为 2020 年 5 月 30 日、付款人为大满公司的汇票一张,向乙公司购买 A 楼房。甲乙双方同时约定:汇票承兑前,A 楼房不过户。

其后,甲公司以 A 楼房作价 1000 万元、丙公司以现金 1000 万元出资共同设立丁有限公司。某会计师事务所将未过户的 A 楼房作为甲公司对丁公司的出资予以验资。丁公司成立后占有使用 A 楼房。

2019 年 9 月,丙公司欲退出丁公司。经甲公司、丙公司协商达成协议:丙公司从丁公司取得退款 1000 万元后退出丁公司;但顾及公司的稳定性,丙公司仍为丁公司名义上的股东,其原持有丁公司 50%的股份,名义上仍由丙公司持有 40%,其余 10%由丁公司总经理贾某持有,贾某暂付 200 万元给丙公司以获得上述 10%的股权。丙公司依此协议获款后退出,据此,丁公司变更登记为:甲公司、丙公司、贾某分别持有 50%、40%和 10%的股权;注册资本仍为 2000 万元。

丙公司退出后，甲公司要求丁公司为其贷款提供担保，在丙公司代表未到会、贾某反对的情况下，丁公司股东会通过了该担保议案。丁公司遂为甲公司从 B 银行借款 500 万元提供了连带责任保证担保，同时，乙公司亦将其持有的上述 1000 万元汇票背书转让给陈某。陈某要求丁公司提供担保，丁公司在汇票上签注："同意担保，但 A 楼房应过户到本公司。"陈某向大满公司提示承兑该汇票时，大满公司在汇票上批注："承兑，到期丁公司不垮则付款。"

2020 年 6 月 5 日，丁公司向法院申请破产获受理并被宣告破产。债权申报期间，陈某以汇票未获兑付为由、贾某以替丁公司代垫了 200 万元退股款为由向清算组申报债权，B 银行也以丁公司应负担保责任为由申报债权并要求对 A 楼房行使优先受偿权。同时乙公司就 A 楼房向清算组申请行使取回权。

问题：

(1) 陈某和贾某所申报的债权是否构成破产债权？为什么？

(2) B 银行和乙公司的请求是否应当支持？为什么？

(3) 各债权人若在破产程序中得不到完全清偿，还可以向谁追索？他们各自应承担什么责任？

第五章

合同法律制度

> 在商业社会里，财富多半是由允诺构成的。
>
> ——美国著名法学家庞德

课前导读

合同在当事人之间具有相当于法律的效力，合同的本质目标是使人们能实现其私人目的，防止对方当事人由于信息不对称和人的有限理性实施损人利己的机会主义行为，保护利益的交换，在不损害他人利益和社会利益的前提下追求自己的利益。当事人根据合同自由的原则(私法自治原则)设定自己的权利与义务，因此合同成为私法上权利与义务的最重要依据。通过自愿交易的方式，各种资源的流向必然趋于最有价值的利用，实现资源的最有效的利用，进而创造了财富。2020年5月28日，第十三届全国人民代表大会第三次会议审议通过了《中华人民共和国民法典》，标志着我国正式进入民法的法典化时代。合同编的调整范围，本应该是因合同产生的民事法律关系，即合同法律关系。不过，由于民法典立法体例上的原因，本编规定的内容实际上超出了合同法律关系，还包括无因管理之债和不当得利之债的法律关系。形成这个问题的原因，是民法典未设置债法总则，而在合同编通则分编中规定了债法的一般性规则，且将侵权责任之债单独规定为侵权责任编，因而使无因管理之债和不当得利之债的规则无处规定。因此，合同编专门规定了第三分编，即"准合同"分编。但本章仅仅调整合同法律关系，并不包括无因管理之债和不当得利之债的调整。

第一节 合同法律制度概述

一、合同概述

(一) 合同的概念及特征

1. 合同的概念

合同在理论上也称契约。我国《民法典》第四百六十四条规定："合同是民事主体之间设立、变更、终止民事法律关系的协议。婚姻、收养、监护等有关身份关系的协议，适用有关该身份关系的法律规定；没有规定的，可以根据其性质参照适用本编规定。"

2. 合同的特征

(1) 合同的主体是民事主体，包括自然人、法人和非法人组织。
(2) 合同的内容是民事主体设立、变更、终止民事法律关系。
(3) 合同是协议，是民事主体之间就上述内容达成的协议。因此，合同的本质是民事主体就民事权利与义务关系的变动达成合意而形成的协议。

婚姻、收养、监护等有关身份关系的协议也是民事合同，由于其内容的性质不同，因而应当适用有关该身份关系的法律规定。例如，结婚、离婚、收养、解除收养、设置监护等协议，应当适用有关编和其他法律的规定。"等"字包含的不仅是与婚姻、收养、监护等具有相同性质的身份关系的协议，还包含了有关人格关系的协议，例如，人格权编规定的肖像许可使用协议。这些具有身份关系、人格关系的协议在总则编、人格权编、婚姻家庭编等或者其他法律中没有规定的，可以根据其性质参照适用本编关于合同的规定。

3. 合同的相对性

《民法典》第四百六十五条规定："依法成立的合同，受法律保护。依法成立的合同，仅对当事人具有法律约束力，但是法律另有规定的除外。"合同的法律约束力是有限度的，即只对合同当事人发生，对合同以外的人不发生法律拘束力。这就是合同的相对性原则，是对合同的法律约束力不可扩张到合同当事人之外的其他民事主体的准则。合同不同于其他民事法律关系的重要特征就在于合同关系的相对性，作为合同规则和制度的基石，合同关系的相对性主要是指合同关系只能发生在特定的合同当事人之间，只有合同当事人一方能够向另一方基于合同提出请求或提起诉讼；与合同当事人没有发生基于合同产生权利与义务关系的第三人原则上不能依据合同向合同当事人提出请求或提起诉讼，也不应承担合同的义务或责任，非依法律规定或合同约定，第三人不能主张基于合同产生的权利。合同的相对性贯穿合同的订立、合同的履行、违约责任追究等环节，广泛体现在合同的各项制度中。

然而，《民法典》第四百六十五条第二款规定的但书，含义是在法律另有规定的情况下，可以打破合同相对性原则，主要是：①涉他合同，合同约定为他人设置权利的，债务人应当向第三人履行义务，突破了合同相对性原则拘束；②债的保全，即债权人代位权和债权人撤销权是为保护债权人债权实现的广义担保形式，一旦法定的条件具备，债权人可以向非合同当事人的债务人或者处分行为的相对人主张代位权或撤销权；③第三人侵害债权，债权人得以请求合同外的第三人承担侵权责任。

【例 5-1】甲汽车运输公司(简称甲公司)与乙公司订立一份货物运输合同，双方约定甲公司负责运输乙公司的一批货物到乙的仓库。后甲公司因自己安排不出车辆，便委托丙运输公司(简称丙公司)代为运输该批货物。运输过程中，因丙公司的过失发生交通事故，致货物受损。乙公司因未能及时收到货物而发生损失。那么乙公司应该向谁请求损失赔偿？

【解析】根据合同相对性原则，乙公司可向甲公司主张索赔。

【例 5-2】下列选项中不能体现合同关系相对性的是(　　)。
A. 租赁物在租赁期间发生所有权变动的，不影响租赁合同的效力
B. 当事人一方因第三人的原因造成违约的，应当向对方承担违约责任
C. 债务人向债权人交付标的物被第三人毁坏时，债权人追究第三人的侵权责任

D. 债务人无偿处分其财产使债权人的债权受到侵害的，债权人可请求人民法院撤销债务人的处分行为

【解析】本题考核合同的相对性及其例外，债权的物权化、合同的保全措施(代位权和撤销权)等被视为合同相对性原则的例外，依据法律规定，答案是ACD。

(二) 合同的分类

1. 有名合同与无名合同

根据《民法典》合同编或其他法律是否对某类合同赋予名称并为其设定具体规则，将合同分为有名合同与无名合同。有名合同，又称为典型合同，是指《民法典》合同编或其他法律对某类合同赋予名称并为其设定具体规则的合同。《民法典》第四百六十七条规定："本法或者其他法律没有明文规定的合同，适用本编通则的规定，并可以参照适用本编或者其他法律最相类似合同的规定。在中华人民共和国境内履行的中外合资经营企业合同、中外合作经营企业合同、中外合作勘探开发自然资源合同，适用中华人民共和国法律。"本条是对无名合同及涉外合同法律适用规则的规定。

无名合同又叫非典型合同，是指法律尚未规定，也未赋予其一定名称的合同。"本法或者其他法律没有明文规定的合同"，就是无名合同。依照合同自由原则，在不违反法律强制性规定和公序良俗的前提下，当事人可以根据实际生活需要，选择订立法律未设有规范的无名合同。无名合同对应的是典型合同。典型合同也叫有名合同，是指法律设有规范，并赋予其一定的名称的合同。例如，买卖合同、赠与合同、借款合同等，都是有名合同。

无名合同的法律适用规则是：①尊重当事人的约定；②适用本编通则对合同规定的一般性规则规定；③针对不同类型的无名合同采用本编或者其他法律规定的典型合同的法律规则，即能够找到相类似的典型合同的，参照本编规定的典型合同的规则适用法律，对纯粹的无名合同，即法律对其具体事项全无规定的合同，其内容不符合任何有名合同的要件的合同。如果当事人的意思表示不完整，则根据诚信原则，并斟酌交易惯例，确定权利与义务关系，解决纠纷。

2. 单务合同与双务合同

根据当事人双方是否存在对待给付义务，将合同分为单务合同与双务合同。单务合同是指仅有一方当事人负担给付义务的合同，如赠与合同、借用合同。双务合同是指当事人双方互负对待给付义务的合同，如买卖合同、租赁合同等。区分单务合同与双务合同的法律意义在于是否适用同时履行抗辩权的规则以及在风险负担等方面存在不同。

3. 有偿合同与无偿合同

根据当事人取得利益是否支付相应代价为标准，可以将合同分为有偿合同与无偿合同。

有偿合同是指一方当事人获得合同约定的利益时，须向对方当事人支付相应代价的合同。例如买卖合同、租赁合同、融资租赁合同等为有偿合同。无偿合同是指一方当事人享有合同约定的利益，无须向对方当事人支付相应代价的合同。例如，赠与合同即为典型的无偿合同。另外，委托合同、保管合同如果未约定报酬，也属于无偿合同。

区分有偿合同与无偿合同的法律意义在于，其一，对合同主体要求不同。订立有偿合同的当事人原则上应为完全民事行为能力人，限制民事行为能力人订立的重大有偿合同须经其法定代理人允许或追认才能生效。但是，限制民事行为能力人和无民事行为能力人作为无偿合同中纯获利益的一方时，该合同无须经其法定代理人允许或追认即具有法律效力。其二，当事人的责任轻重不同。有偿合同中，债务人应负有较高的注意义务；无偿合同中，单纯给予利益的债务人原则上只负有较低

的注意义务。

4. 诺成合同与实践合同

根据合同的成立是否以交付标的物为条件，可以将合同分为诺成合同与实践合同。

诺成合同，又称不要物合同，是指当事人意思表示一致即可成立的合同。实践中大多数合同均为诺成合同，如买卖合同、赠与合同、委托合同等。实践合同，又称要物合同，是指合同的成立除当事人意思表示一致以外，还需要以标的物的交付为成立要件的合同。实践合同则必须有法律的特别规定。常见的实践合同有保管合同、借用合同、定金合同、自然人之间的借款合同。

区分诺成合同与实践合同的法律意义在于，二者成立的时间不同。诺成合同双方当事人意思表示一致即告成立；而实践合同在当事人达成合意后，尚需交付标的物或者完成其他给付，合同才能成立。

5. 要式合同与不要式合同

根据合同的成立是否需要采取特定的形式或程序，可将合同分为要式合同与不要式合同。

要式合同是指按照法律规定或者当事人约定必须采用特定形式才能成立的合同。不要式合同是指对合同成立的形式法律未规定或者当事人未约定的合同。

区分要式合同与不要式合同的法律意义在于，二者成立、生效要件不同。如果为要式合同，则只有在符合法律规定或当事人约定的特别形式或程序时，合同才能成立或生效；如果是不要式合同，则只要符合合同的一般成立或生效要件时，合同就能成立或生效。

6. 主合同与从合同

根据合同相互间的主从关系，可将合同分为主合同与从合同。

主合同是指不依赖其他合同即可独立存在的合同。这种合同具有独立性。从合同又称附属合同，是指依赖主合同、自身不能独立存在的合同。

区分主合同与从合同的法律意义在于，二者之间具有效力上的从属关系。从合同具有从属性，从属于主合同而存在。主合同变更，从合同原则上随之变更；主合同被宣告无效、撤销或终止，从合同原则上消灭，法律另有规定除外。

7. 利己合同和利他合同

根据当事人订立合同是为了谁的利益，可将合同分为利己合同和利他合同。在现实生活中，绝大多数的合同都是为自己订立的。

利己合同是严格遵循合同相对性原则，为自己的利益订立的合同。利他合同是指合同的权利是为第三人设立的，利他合同突破了合同的相对性原则，如为第三人利益订立的保险合同。

区分利己合同和利他合同的法律意义在于，两者的缔约目的和效力范围不同。利己合同为缔约当事人自己的利益订立，合同不涉及第三人；而利他合同是为第三人设定权利的合同，合同涉及第三人。

【例5-3】新年将至，张某到商场为小孩买了两双旱冰鞋，一双留给自己7岁大的儿子，另一双送给了侄子。考虑到小孩子调皮，为防止万一，张某又到保险公司为儿子购买了意外伤害保险一份。请分析张某共形成了几个合同？这些合同属于何种类型？

【解析】张某购买旱冰鞋的买卖合同是双务合同；张某赠送给侄子的赠与合同是单务合同、无偿合同；买卖合同及保险合同都是双务合同、有偿合同；张某为儿子购买保险的合同是利他合同。以上买卖合同、赠与合同、保险合同都是有名合同。

二、民法典体系中的合同法概述

(一) 民法典体系中的合同法的概念

合同法是调整平等主体之间商品交易关系的法律规范的总称,其规范合同的订立、合同的有效和无效,以及合同的履行、变更、解除、保全、违反合同的责任等问题。合同编的调整范围,本应该是因合同产生的民事法律关系,即合同法律关系。不过,由于民法典立法体例上的原因,本编规定的内容实际上超出了合同法律关系,还包括无因管理之债和不当得利之债的法律关系。

形成这个问题的原因,是民法典未设置债法总则,而在合同编通则分编中规定了债法的一般性规则,且将侵权责任之债单独规定为侵权责任编,因而使无因管理之债和不当得利之债的规则无处规定。因此,合同编专门规定了第三分编,即"准合同"分编,形成的立法格局是:

(1) 债法总则的一般性规定包含在合同编的通则之中;
(2) 合同编的第一分编和第二分编主要规定的是合同之债;
(3) 合同编的第三分编规定的是无因管理之债和不当得利之债;
(4) 侵权之债规定在民法典第七编即侵权责任编。

(二) 民法典体系中的合同法的基本原则

合同法的基本原则,是指合同立法的指导思想以及调整民事主体间合同关系必须遵循的基本方针和准则,也是人民法院、仲裁机构审理合同纠纷案件时应当遵循的原则。这些原则包括以下几个方面。

1. 平等原则

合同当事人的法律地位平等,一方不得将自己的意志强加给另一方。在法律上,合同当事人是平等主体,没有高低、从属之分,不存在命令者与被命令者、管理者与被管理者。合同当事人必须以平等、协商的方式,设立、变更或消灭合同关系,避免一方将自己的意志强加于对方。

2. 自愿原则

合同当事人依法享有自愿订立合同的权利,任何单位和个人不得非法干预。

自愿原则贯彻于合同活动的全过程,包括订约自由、选择合同相对人的自由、决定合同内容的自由、选择合同方式的自由、变更和解除合同的自由等。当然,自愿也不是绝对的。当事人订立、履行合同,应当遵守法律、行政法规,尊重社会公德,不得损害社会公共利益。

3. 公平原则

当事人应当遵循公平原则确定各方的权利和义务。公平原则强调一方给付与对方给付之间的等值性,要求合同双方当事人之间的权利与义务要大体上平衡,要公平合理,合同上的负担与风险的分配要合理。

4. 诚实信用原则

当事人行使权利、履行义务应当遵循诚实信用原则。从合同的订立到合同的履行直至合同终止的整个过程中,都要诚实、讲信用并相互协作。这有利于促使当事人更好地履行合同的义务。同时,当合同没有约定或者约定不明确而法律又未做规定时,可以根据诚实信用原则解释合同,以平衡当事人之间的利益关系。

5. 遵守法律与公序良俗原则

当事人订立、履行合同,应当遵守法律、行政法规,尊重社会公德,不得扰乱社会经济秩序,损害社会公共利益。对于损害社会公共利益、扰乱社会经济秩序的行为,国家应当予以干预。

【例5-4】北京罗杰斯西餐厅明确规定,进入餐厅用餐者必须着西装,周恩杰穿短裤拖鞋欲进入餐厅就餐,遭到门卫阻拦。周恩杰于是状告北京罗杰斯餐饮有限公司。讨论此案例是否违背合同自愿原则。

【解析】对顾客进行区分的目的在于保持良好的就餐环境,维护其他就餐者的利益和企业的正常经营,并不涉及歧视弱者的问题,而且这种做法在社会上也已经获得广泛的认可,因此是适当的,并不违背合同自愿原则。

第二节　合同的订立

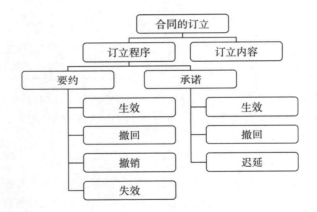

一、合同订立的含义

《民法典》第四百七十一条规定:"当事人订立合同,可以采取要约、承诺方式或者其他方式。"合同订立,是缔约人做出意思表示并达成合意的状态。合同订立是当事人为实现预期目的,做出意思表示并达成合意的动态过程,包含当事人各方为了进行交易,与对方进行接触、洽谈,最终达成合意的整个过程,是动态行为和静态协议的统一体。合同订立与合同成立不同,是两个既互相联系又互相区别的概念。合同成立是合同订立的组成部分,标志着合同的产生和存在,属于静态的协议。合同订立既含合同成立,又包括缔约各方接触和洽商的动态过程,涵盖了交易行为的主要内容。

二、合同订立的程序

合同订立的方式是要约和承诺。在订立合同中,一方当事人提出要约,另一方当事人予以承诺,双方就交易目的及其实现达成合意,合同即告成立。因此,要约和承诺既是合同订立的方式,也是合同订立的两个阶段,其结果是合同成立。合同成立的其他方式,主要是指格式条款和悬赏广告等。格式条款订立时,要约、承诺的外在形态不够明显,而悬赏广告更是缺少典型的要约、承诺的过程,因而是合同成立的其他方式。

(一) 要约

1. 要约的概念及其必要条件

根据我国《民法典》第四百七十二条的规定,我国合同编关于要约的概念应该是:要约是希望和他人订立合同的意思表示,该意思表示的内容必须具体确定并含有表意人在该意思表示被接受时就受其约束的意旨。要约是希望与他人订立合同的意思表示,该意思表示应当符合下列条件。

(1) 内容具体确定。要约的内容应当包括合同的主要条款,以便于受要约人考虑是否做出承诺。要约的内容必须明确清楚,而非模棱两可、有歧义。

(2) 表明经受要约人承诺,要约人即受该意思表示约束。要约以追求合同的成立为直接目的,要约是为了唤起承诺,并接受承诺的约束。要约在获得承诺后,要约所包含的条件转化为合同内容,当事人进入债的锁链。

【例 5-5】甲公司通过电视发布广告,称其有 100 辆某型号汽车,每辆价格 15 万元,广告有效期 10 天。乙公司于该则广告发布后第 5 天自带汇票去甲公司买车,但此时车已全部售完,无货可供。请问,甲公司是否承担法律责任?如若承担责任,承担何种法律责任?

【解析】应承担违约责任。甲公司发布的广告为要约,乙公司以行为方式承诺,经受要约人承诺,买卖合同成立,要约人甲公司即受该要约约束。甲公司违反合同,应当承担违约责任。

2. 要约与要约邀请的区别

要约邀请是希望他人向自己发出要约的表示。并非任何一个与缔结契约有关的意思表示均为要约,有时意思表示人只是唤起相对人的缔约意识,即由相对人向自己发出要约,并有意识地将承诺权,即是否最终成立契约的决定权留给自己。这就是所谓的要约邀请。拍卖公告、招标公告、招股说明书、债券募集办法、基金招募说明书、商业广告和宣传、寄送的价目表等为要约邀请。商业广告和宣传的内容符合要约条件的,构成要约。

要约与要约邀请在学理上有着明显的区别(见表 5-1)。

(1) 目的不同。要约以订立合同为直接目的,要约若被接受,则合同成立;要约邀请是唤起要约的意思表示,继而进入合同订立阶段。

(2) 对象不同。要约一般是向特定相对人发出,而要约邀请则是向不特定的人发出。

(3) 内容不同。必须具备足以使合同成立的主要条款;而要约邀请则不具备这些条件。

(4) 性质不同。要约一经生效,要约人即受到要约的拘束;要约人违反有效要约,应当承担相应的法律责任。而要约邀请人违反其发出的要约邀请无须承担法律责任。

表 5-1 要约和要约邀请的区别

	要 约	要约邀请
目的	以订立合同为直接目的	希望他人向自己发出要约
对象	一般是向特定相对人发出	向不特定的人发出
内容	内容具体明确,足以确定合同的主要条款	不包含合同的主要条款
性质	在一定期间内对要约人有拘束力	没有拘束力

【例 5-6】 喜好网球和游泳的赵某从宏大公司购买某小区商品房一套，交房时发现购房时宏大公司售楼部所展示的该小区模型中的网球场和游泳池并不存在。经查，该小区设计中并无网球场和游泳池。请问，赵某是否有权要求宏达公司承担违约责任？

【解析】 应当承担。出卖人就商品房开发规划范围内的房屋及相关设施所做的说明和允诺具体确定，并对商品房买卖合同的订立及房屋价格的确定有重大影响，应视为要约。该说明和允诺即使未载入商品房买卖合同，亦应视为合同内容，当事人违反要约的，应承担违约责任。

3. 要约的生效

《民法典》第四百七十四条规定："要约生效的时间适用本法第一百三十七条的规定。"

要约生效，是指要约从什么时间开始发生法律效力。要约生效，对要约人及受要约人都发生法律效力：①对要约人发生拘束力，不得随意撤销或者对要约加以限制、变更或者扩张。②受要约人在要约生效时取得承诺的权利，取得了依其承诺而成立合同的法律地位。

按照总则编第一百三十七条的规定，我国的要约生效时间采用到达主义。采用到达主义的理由是，要约是希望和他人订立合同的意思表示，要约的约束力不仅针对要约人也针对受要约人。以对话方式发出的要约，在受要约人知道其内容时生效。非对话方式的要约，在要约脱离要约人后，到达受要约人之前，受要约人不可能知悉要约的内容。如果采取发信主义，受要约人还不知道要约的内容，要约发生法律效力对受要约人是不合乎情理的。只有受要约人收到要约后，要约才生效，要约人才能够对此要约针对变化的需求和市场情况，及时地撤回、撤销，既不负法律责任，也不会损害受要约人的利益或者危及交易安全。

4. 要约的撤回及撤销

要约人发出要约—(到达前可撤回)→受要约人—(到达后承诺前可撤销)→做出承诺

《民法典》第四百七十五条规定："要约可以撤回。要约的撤回适用本法第一百四十一条的规定。"要约撤回，是指在要约人发出要约之后，要约生效之前，宣告收回发出的要约，取消其效力的行为。要约撤回也是意思表示撤回，因此规定适用总则编第一百四十一条关于意思表示撤回的规定。

要约撤回的通知不应当迟于受要约人收到要约的时间，才不至于使受要约人的利益受损。以语言对话方式表现的要约，由于是当事人当面进行订约的磋商，要约一经发出，受要约人即刻收到，因而对话要约的性质决定了是无法撤回的。由他人转达的语言要约，视为需要通知的形式，可以撤回。

以电子数据形式发出的要约，因其性质，发出和收到之间的时间间隔几乎可以忽略不计，也难以撤回。因为要约人的要约撤回无法先于或同时与要约到达收件人。

要约撤回只能是非直接对话式的要约和非电子计算机数据传递方式的要约，即主要是书面形式的要约。为了使后发出的要约撤回通知早于要约的通知或与要约的通知同时到达受要约人，要约人应当采取比要约更迅捷的送达方式。

要约撤回符合要求的，发生要约撤回的效力，视为没有发出要约，受要约人没有取得承诺资格。要约撤回的通知迟于要约到达受要约人的，不发生要约撤回的效力，要约仍然有效，受要约人取得承诺的资格。

《民法典》第四百七十六条规定："要约可以撤销，但是有下列情形之一的除外：(一)要约人以确定承诺期限或者其他形式明示要约不可撤销；(二)受要约人有理由认为要约是不可撤销的，并已经为履行合同做了合理准备工作。"

要约撤销与要约撤回的区别在于，要约撤销发生在要约生效之后，受要约人可能已经做了承诺和履行的准备，允许要约人撤销要约，可能会损害受要约人的利益和交易安全。要约撤回没有这样的问题。

要约撤回与要约撤销的区别如表 5-2 所示。

表 5-2　要约撤回与要约撤销的区别

	要约的撤回	要约的撤销
对象	针对未生效的要约	针对已经生效的要约
时间	发生在要约生效之前或生效之时	发生在受要约人做出承诺通知之前
效果	阻止要约生效	使已经生效的要约失去效力

5. 要约的失效

要约的失效是指要约丧失法律效力，对当事人不再具有约束力。《民法典》第四百七十八条规定，有下列情形之一的，要约失效：

(1) 要约被拒绝；

(2) 要约被依法撤销；

(3) 承诺期限届满，受要约人未作出承诺；

(4) 受要约人对要约的内容作出实质性变更。

【例 5-7】甲公司于 6 月 10 日向乙公司发出要约订购一批红木，要求乙公司于 6 月 15 日前答复。6 月 12 日，甲公司欲改向丙公司订购红木，遂向乙公司发出撤销要约的信件，于 6 月 14 日到达乙公司。而 6 月 13 日，甲公司收到乙公司的回复，乙公司表示红木缺货，问甲公司能否用杉木代替。甲公司的要约于何时失效？

【解析】于 6 月 13 日失效。因为甲公司的要约中规定了承诺期限，所以要约不得撤销，要约也就不可能因为甲公司要撤销要约而失效。导致要约失效的原因在于在要约生效前，甲公司于 6 月 13 日对该要约内容做了实质性变更，导致要约失效。

(二) 承诺

1. 承诺的概念及其必要条件

承诺是受要约人同意要约的意思表示。在一般情况下，承诺到达要约人，合同即告成立。承诺符合以下条件才能生效。

(1) 承诺必须由受要约人做出。因为要约是向受要约人做出的，只有受要约人才享有承诺的资格，任何第三人做出同意要约的意思表示，只能视为是对要约人发出了要约。

(2) 承诺必须向要约人做出。因为承诺是对要约的同意，因此，受要约人同意要约的意思表示应当向要约人做出。向其他第三人做出的意思表示不是承诺，而是要约。

(3) 承诺的内容应当与要约的内容一致。承诺作为受要约人愿意按照要约的内容与要约人订立合同的意思表示，承诺的内容应与要约的内容一致。如果受要约人对要约的内容只是部分接受，或做出实质性变更的，不应认为是一项承诺，而应是对要约的拒绝并可能构成新要约。承诺对要约的内容做出非实质性变更的，除要约人及时表示反对或者要约表明承诺不得对要约内容做出任何变更的以外，该承诺有效，合同的内容以承诺的内容为准。

(4) 承诺应在要约有效期内做出。承诺应当在要约确定的期限内到达要约人。要约没有确定承诺期限的，如果要约是以对话方式做出的，应当即时做出承诺，但当事人另有约定的除外；如果要约是以非对话方式做出的，承诺应当在合理期限内到达。

2. 承诺的生效

《民法典》第四百八十一条规定，承诺应当在要约确定的期限内到达要约人。要约没有确定承诺期限的，承诺应当依照下列规定到达：

(1) 要约以对话方式作出的，应当即时作出承诺；

(2) 要约以非对话方式作出的，承诺应当在合理期限内到达。

以通知方式作出的承诺，生效的时间适用《民法典》第一百三十七条的规定。承诺不需要通知的，根据交易习惯或者要约的要求作出承诺的行为时生效。

3. 承诺的撤回

承诺的撤回 ➡ ➡ 先于(同时)承诺通知到达要约人 ➡ ➡ 不存在撤销

根据《民法典》第四百八十五条的规定，承诺可以撤回。承诺的撤回适用本法第一百四十一条的规定。民法典总则编第一百四十一条规定了意思表示撤回的规则，承诺撤回权的行使规则适用该条的规定。因此，撤回承诺有严格的时间限制，即撤回承诺的通知应当在承诺到达要约人之前或者同时到达要约人。

4. 逾期承诺、承诺迟到及效果

《民法典》第四百八十六条规定："受要约人超过承诺期限发出承诺，或者在承诺期限内发出承诺，按照通常情形不能及时到达要约人的，为新要约；但是，要约人及时通知受要约人该承诺有效的除外。"

《民法典》第四百八十七条规定："受要约人在承诺期限内发出承诺，按照通常情形能够及时到达要约人，但是因其他原因致使承诺到达要约人时超过承诺期限的，除要约人及时通知受要约人因承诺超过期限不接受该承诺外，该承诺有效。"

5. 承诺的变更

承诺应当与要约内容一致，但严格要求承诺与要约完全一致，会在一定程度上限制合同的成立。为了鼓励交易，承诺可以在有限的程度上对要约内容进行变更而不影响承诺的效力。承诺对要约内容的变更，有限制、有扩张，同时还包括形态变更、方法变更、内容变更。

(1) 实质性变更。实质变更要约的承诺实际上是受要约人对要约的否定，其实质为新要约，不产生成立合同的法律效力。要约的实质性内容应当是合同内容主要的部分。根据《民法典》的规定，实质性变更要约内容，是有关合同当事人的姓名或者名称和住所，标的，数量，质量，价款或者报酬，履行期限、地点和方式，违约责任和解决争议方法等要约内容的变更。就具体合同而言，影响当事人主要权利义务的并不仅仅是这八种情形，只要是实质性改变当事人权利义务的要约内容的变更，均应作为实质性变更。

(2) 非实质性变更。《民法典》对非实质性变更没有具体规定，一般认为，是指《民法典》规定的八种实质性变更之外的承诺对要约内容的变更。非实质性变更要约内容的，除要约人表示反对或者表明承诺不得对要约做出任何变更的以外，该承诺有效，合同的内容以承诺的内容为准。

【例5-9】甲商场是一家主要经营电器的商场。2013年1月20日，某电视机厂向甲商场发函称愿以每台2400元的价格卖给甲商场300台某型号的电视机。甲商场回函：要以每台2100元的价格

买200台。电视机厂收到商场函后又发一函称：愿以每台2200元的价格卖给甲商场200台电视，且函到即发货。甲商场因对条件不满意，故未予理睬。1月30日，该电视机厂将200台电视运至商场，商场拒绝接收。后该电视机厂到法院起诉甲商场。请问：甲商场与某电视机厂是否存在买卖电视机的合同？为什么？

【解析】某电视机厂向甲商场第一次发出的函是要约，甲商场的回函为一个新的要约(其已经对电视机厂要约的内容做了实质性变更)针对甲商场的新要约，电视机厂没有承诺(其第二次所发的函也是一个新要约，其中规定的"函到即发货"，表明不需甲商场承诺该买卖合同就生效，依据要约的效力，此规定对受要约人甲商场没有效力)。某电视机厂第二次函所发出的新要约，甲商场未予以理会，因而，合同没有成立。甲商场没有接受电视机厂所发的货物并付款的义务。电视机厂应当为自己的行为承担损失。

三、合同成立的时间和地点

(一) 合同成立的时间

《民法典》第四百九十条规定，当事人采用合同书形式订立合同的，自当事人均签名、盖章或者按指印时合同成立。在签名、盖章或者按指印之前，当事人一方已经履行主要义务，对方接受时，该合同成立。法律、行政法规规定或者当事人约定合同应当采用书面形式订立，当事人未采用书面形式但是一方已经履行主要义务，对方接受时，该合同成立。第四百九十一条规定："当事人采用信件、数据电文等形式订立合同要求签订确认书的，签订确认书时合同成立。当事人一方通过互联网等信息网络发布的商品或者服务信息符合要约条件的，对方选择该商品或者服务并提交订单成功时合同成立，但是当事人另有约定的除外。"

(二) 合同成立的地点

《民法典》第四百九十二条规定，承诺生效的地点为合同成立的地点。采用数据电文形式订立合同的，收件人的主营业地为合同成立的地点；没有主营业地的，其住所地为合同成立的地点。当事人另有约定的，按照其约定。

【例5-10】张某和李某采用书面形式签订一份买卖合同，双方在甲地谈妥合同的主要条款，张某于乙地在合同上签字，李某于丙地在合同上摁了手印，合同在丁地履行。请问该合同签订地在哪里？

【解析】合同的签订地在丙地。李某的摁手印具有与签字或者盖章同等的法律效力。当事人签字或者盖章不在同一地点的，人民法院应当认定最后签字或者盖章的地点为合同签订地，即最后签字的李某签字或者盖章的地点即丙地为合同签订地。

四、合同的形式与内容

(一) 合同的形式

合同的形式，是指当事人记载合同内容的方式。

1. 口头形式

口头形式是当事人只用语言进行意思表示订立合同的形式。口头形式简便易行，在日常生活中经常被采用，但不足之处是发生纠纷时难以举证。一般现货交易、商店零售等数额较小、能及时结清的合同多采用口头形式。

2. 书面形式

书面形式是以文字记载当事人所订立合同内容的形式。书面形式主要表现为合同书、信件以及电报、电传、传真、电子数据交换和电子邮件等数据电文形式。书面形式的优点是当事人权利义务明确，有据可查，发生纠纷时便于分清责任。因此重要的、内容复杂的合同最好采取书面形式。

3. 其他形式

其他形式是指订立合同以口头或者书面以外的形式，包括推定形式和默示形式。

当事人未以书面形式或者口头形式订立合同，但从民事行为能够推定当事人有订立合同意愿的，人民法院可以认定是以其他形式订立合同，但法律另有规定的除外，学理上称之为推定形式，如商店里的自动售货机，顾客将规定的货币投入机器内，买卖合同即成立。

默示形式是指当事人以不作为方式进行意思表示的形式。此形式仅限于有法律规定、商业惯例或者当事人承认的情况下采用。

(二) 合同的内容

合同的内容就是合同当事人的权利和义务，是通过合同的条款体现出来的。合同的内容由当事人约定，一般包括以下条款：①当事人的名称或姓名和住所；②标的，即合同当事人的权利义务指向的对象；③数量；④质量；⑤价款或报酬；⑥履行期限、地点和方式；⑦违约责任；⑧解决争议的方法。当事人可以参照各类合同的示范文本订立合同。

五、格式条款

(一) 格式条款的概念和法律特征

《民法典》第四百九十六条规定："格式条款是当事人为了重复使用而预先拟定，并在订立合同时未与对方协商的条款。"采用格式条款订立合同，适用于水、电、煤气、铁路、公路、航空、海运、电信、邮政、保险等公用事业和垄断行业。采用格式条款订立合同，一方面降低交易成本，使交易更为快捷；另一方面，因双方经济地位的悬殊也可能会带来显失公平的结果。因此，需要对格式条款做必要的法律规制。

格式条款的法律特征可以概括为以下几个方面。

1. 格式条款是由当事人一方为了重复使用而预先拟定的

格式条款在订约以前即已预先拟定，而不是在双方当事人反复协商的基础上而制定出来的，拟定格式条款的一方多为固定提供某种商品和服务的公用事业部门、企业和有关的社会团体等。而且格式条款一般都是为了重复使用而不是为一次性使用而拟定的，从经济上看有助于降低交易成本。

2. 格式条款适用于不特定的相对人

由于在格式条款的订立中，与条款的制订人订立合同的都是社会上分散的消费者，他们具有不特定性。因此，格式条款是为不特定的人拟定的，而不是针对特定的某个相对人。

3. 格式条款的内容具有定型化的特点

所谓定型化的特点，是指格式条款具有稳定性和不变性，它将普遍适用于一切要与格式条款提供者订立合同的不特定的相对人，而不因相对人的不同而有所区别。

4. 订约双方当事人地位不平等

格式条款文件在订约以前就已经预先拟定出来，而不是在双方当事人反复协商的基础上制定出来的。相对人并不参与协商过程，只能对提供者提供的格式条款概括地予以接受或不接受，而不能就合同条款讨价还价，因此，他们在合同关系中处于附从地位。

（二）格式条款的法律规制

规制格式条款的目的在于在社会利益的天平上平衡契约自由与契约正义，平衡效率与公平，维护消费者权益。

1. 格式条款提供人的法定义务

(1) 遵循公平原则义务。《民法典》第四百九十六条第二款规定："采用格式条款订立合同的，提供格式条款的一方应当遵循公平原则确定当事人之间的权利和义务"，不能利用自己的优势地位制定不公平的条款损害对方当事人的利益。立法所要规制的主要是没有遵循公平原则的不公平格式条款。当事人间权利与义务的确定要符合公平原则，才能实现保护经济上的弱者利益的目的。

(2) 提请注意与说明义务。《民法典》第四百九十六条第二款还规定，提供格式条款的一方应采取合理的方式提示对方注意免除或者减轻其责任等与对方有重大利害关系的条款，按照对方的要求，对该条款予以说明。提供格式条款的一方未履行提示或者说明义务，致使对方没有注意或者理解与其有重大利害关系的条款的，对方可以主张该条款不成为合同的内容。

2. 格式条款无效的事由

《民法典》第四百九十七条规定，有下列情形之一的，该格式条款无效：
(1) 具有本法第一编第六章第三节和本法第五百零六条规定的无效情形；
(2) 提供格式条款一方不合理地免除或者减轻其责任、加重对方责任、限制对方主要权利；
(3) 提供格式条款一方排除对方主要权利。

【例 5-11】A 公司开发某杀毒软件，在安装程序中做了"本软件可能存在风险，继续安装视为同意自己承担一切风险"的声明。张某购买正版软件，安装时同意了该声明。该软件误将操作系统视为病毒而删除，导致张某电脑瘫痪并丢失其所有的文件。请问，张某是否有权要求 A 公司承担赔偿责任？

【解析】有权。A 公司在安装程序中做出的声明属于格式条款，提供格式条款一方免除其责任、加重对方责任、排除对方主要权利的，该条款无效，张某不受其约束。

3. 格式条款的解释

(1) 非格式条款优先。格式条款和非格式条款不一致的，应当采用非格式条款。此"非格式条款"，通常称为个别商议条款。个别商议条款与格式条款共同构成合同的一部分时，个别商议条款的效力均较格式条款的效力优先。

(2) 按通常理解解释。对格式条款的理解发生争议的,应当按照通常理解予以解释。此所谓"通常理解",是指社会上一般人的理解。

(3) 做不利于提供格式条款一方的解释。对格式条款有两种以上解释的,应当做出不利于提供格式条款一方的解释。这便是所谓的"不利解释规则"。

六、缔约过失责任

(一) 缔约过失责任的概念

缔约过失责任是指当事人在订立合同过程中,因违背诚实信用原则而给对方造成损失的赔偿责任。缔约过失责任主要调整的是合同成立之前的行为。

(二) 缔约过失责任的构成要件

1. 缔约过失责任发生在订立合同阶段

只有在合同尚未成立,或者虽已成立,但因为不符合法定的生效要件而被确认为无效或撤销时,才可能发生缔约过失责任。如果是在合同生效后一方违反合同义务而产生的法律责任,则构成违约责任。这是缔约过失责任与违约责任的根本区别。

2. 缔约当事人有违反合同义务的行为

在订约阶段,依诚实信用原则当事人负有通知、协助、忠实、保密等先合同义务。缔约过失责任作为一种责任形态存在,必须以先合同义务的存在及违反作为前提。

3. 缔约人在实施违反合同义务的行为时主观上具有过错

缔约过失责任属于过错责任,只有在缔约当事人一方有过错时才会发生;如无过错,则无须承担责任。

4. 缔约相对方遭受损失

相信对方会与自己订立合同而支出的一定费用,后因对方违反诚实信用原则导致合同未成立或无效,因而受到损失。

5. 违反合同义务与损失之间有因果关系

对方的损失是因为未履行先合同义务一方造成的。

(三) 缔约过失责任的表现形式

根据我国《民法典》第五百条、第五百零一条的规定,缔约过失责任的表现形式主要有以下四种。

1. 假借订立合同,恶意进行磋商

即非出于订立合同的目的,而假借订立合同之名与他人磋商。其真实目的,或是阻止他人与对方订立合同,或是使对方贻误商机,或仅为戏耍对方。

【例5-12】A公司得知B公司正在与C公司谈判。A公司本来并不需要这个合同,但为排挤B公司,向C公司提出了更好的条件。B公司退出后,A公司也借故中止谈判,给C公司造成了损失。C公司可以对A公司主张什么责任?

【解析】主张缔约过失责任,属于假借订立合同恶意磋商的缔约过失责任情形。

2. 故意隐瞒与订立合同有关的重要事实或者提供虚假情况

为了获得缔约机会，而故意隐瞒与订立合同有关的重要事实或者提供虚假情况，如出具虚假资信证明等。

3. 泄露或者不正当地使用在订立合同过程中知悉的商业秘密

当事人在订立合同过程中知悉对方的商业秘密，无论合同是否成立，均不得泄露或者不正当地使用。泄露或者不正当地使用该商业秘密给对方造成损失的，应当承担损害赔偿责任。

4. 其他违背诚实信用原则的行为

如一方未尽协助、通知等义务，增加相对方的缔约成本造成对方财产损失；一方未尽照顾、保护义务，造成相对方人身或者财产损失的；一方未尽告知义务，造成相对方损失的，均应当承担缔约过失责任。

(四) 缔约过失责任的法律后果

当事人的行为违反先合同义务构成缔约过失给对方造成损失时，应承担相应的法律责任。

1. 损害赔偿

损害赔偿是缔约过失责任最主要的形式，其赔偿对象仅限于受害人信赖利益(非履行利益)损失，而不包括因合同的成立和生效所获得的各种利益未能获得的损失。所谓信赖利益，是指缔约人信赖合同有效成立，但因法定事由发生，致使合同不成立、无效、不被追认或被撤销等造成的损失。一般认为，其具体范围主要包括：①缔约费用，即当事人为签订合同而支付的差旅费、邮寄费等必要费用。②准备履约所支付的费用。其包括车辆租赁费、货款利息以及为履约已经支付的其他所有必要费用。③受害人支出前述费用所失去的利息。④所失利益，即因缔约过失而导致的与第三人另订合同机会的丧失所产生的损失。需要说明的是，对所失利益的赔偿，必须限定在该利益是在可预见的范围内，且该损失与缔约过失之间有相当的因果关系。信赖利益的赔偿，原则上不得超过当事人在订立合同时所应当预见的因合同不成立、无效或被撤销所可能造成的损失，也不得超过合同有效或者合同成立时相对人所可能得到的履行利益。

【例 5-13】甲公司与乙工厂洽商成立一个新公司，双方草签了合同，甲公司要将合同带回本部加盖公章。临行前，甲公司法定代表人提出，乙工厂须先征用土地并培训工人后甲公司方能在合同上盖章，乙工厂出资 100 万元征用土地并培训工人，在征地和培训工人将近完成时，甲公司提出因市场行情变化，无力出资设立新公司，要求终止与乙工厂的合作，乙工厂遂起诉到人民法院。该案该如何处理？

【解析】根据《民法典》的规定，合同尚未成立，甲公司应承担缔约过失责任，赔偿乙工厂的损失。

2. 返还不当得利

在缔约过程中，缔约人相互之间有保密义务。如果缔约人泄露或者不正当地使用在缔约过程中知悉的对方的商业秘密，给对方造成损失的，缔约人应当在承担损害赔偿责任的同时将因为泄露或者不正当地使用该商业秘密而获得的不当利益返还给受损失的人。当然，在这种情况下，权利人可以要求违反保密义务人停止侵害。

3. 合同解除

根据《中华人民共和国保险法》第十六条的规定，投保人故意或者因重大过失未履行前款规定的如实告知义务足以影响保险人决定是否同意承保或者提高保险费率的，保险人有权解除合同。投保人故意不履行如实告知义务的，保险人对于合同解除前发生的保险事故，不承担赔偿或者给付保险金的责任，并不退还保险费。投保人因重大过失未履行如实告知义务，对保险事故的发生有严重影响的，保险人对于合同解除前发生的保险事故，不承担赔偿或者给付保险金的责任，但应当退还保险费。

第三节　合同的履行

一、合同履行概述

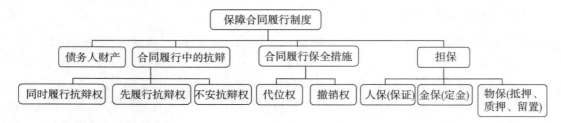

(一) 合同履行的概念

合同的履行是指合同生效后，双方当事人按照合同约定或者法律的规定，全面、适当地完成各自承担的义务和实现各自权利的过程。例如，买卖合同中卖方交付标的物，买方支付货款的过程。合同的履行是实现合同利益的根本措施，是合同法制度中的核心内容。合同的义务主要通过合同的履行来实现，当事人应当严格按照合同的约定全面履行自己的义务。当事人不履行或不适当履行有效合同的，要承担违约责任。正确履行合同，能够使合同当事人的权利得以实现，合同关系归于消灭。

(二) 合同履行的原则

合同履行的原则，是指合同当事人履行合同义务时应遵循的基本准则。根据《民法典》第五百零九条规定："当事人应当按照约定全面履行自己的义务。当事人应当遵循诚信原则，根据合同的性质、目的和交易习惯履行通知、协助、保密等义务。当事人在履行合同过程中，应当避免浪费资源、污染环境和破坏生态。"合同履行的原则主要有以下几个方面。

1. 遵守约定原则

遵守约定原则亦称约定必须信守原则。依法订立的合同对当事人具有法律约束力。双方的履行过程一切都要服从于约定，信守约定，约定的内容是什么就履行什么，一切违反约定的履行行为都属于对该原则的违背。遵守约定原则包括：①适当履行原则。合同当事人按照合同约定的履行主体、标的、时间、地点以及方式等履行，且均须适当，完全符合合同约定的要求。②全面履行原则。要求合同当事人按照合同所约定的各项条款，全部而完整地完成合同义务。

2. 诚实信用原则

对于合同及合同履行的各个方面均应适用，根据合同的性质、目的和交易习惯履行合同义务，具体包括：①协作履行原则。要求当事人要基于诚实信用原则的要求，对对方当事人的履行债务行为给予协助，一是及时通知，二是相互协助，三是予以保密。②经济合理原则。要求当事人在履行合同时应当讲求经济效益，付出最小的成本，取得最佳的合同利益。

3. 绿色原则

依照《民法典》第五百零九条规定，履行合同应当避免浪费资源、污染环境和破坏生态，遵守绿色原则。

4. 情势变更原则

1) 情势变更原则的概念

《民法典》第五百三十三条规定："合同成立后，合同的基础条件发生了当事人在订立合同时无法预见的、不属于商业风险的重大变化，继续履行合同对于当事人一方明显不公平的，受不利影响的当事人可以与对方重新协商；在合理期限内协商不成的，当事人可以请求人民法院或者仲裁机构变更或者解除合同。人民法院或者仲裁机构应当结合案件的实际情况，根据公平原则变更或者解除合同。"情势变更原则，是指在合同成立后，订立合同的基础条件发生了当事人在订立合同时无法预见的、不属于商业风险的重大变化，仍然维持合同效力履行合同对于当事人一方明显不公平的情势，受不利影响的当事人可以请求对方重新协商，变更或解除合同并免除责任的合同效力规则。

2) 情势变更原则的适用条件

在合同领域，对情事变更原则的适用条件是相当严格的，应当具备的条件是：①须有应变更或解除合同的情势，即订立合同时合同行为的基础条件发生了变动，在履行时成为一种新的情势，与当事人的主观意思无关；②变更的情势须发生在合同成立后至消灭前；③情势变更的发生不可归责于双方当事人，当事人对于情势变更的发生没有主观过错；④情势变更须未为当事人所预料且不能预料，而且不属于商业风险；⑤继续维持合同效力将会产生显失公平的结果。

3) 情势变更原则适用的法律效力

当事人重新协商，即再协商，再协商达成协议的，按照协商达成的协议确定双方当事人的权利与义务关系。再协商达不成协议的，可以变更或解除合同并免除当事人责任。人民法院或者仲裁机构应当结合案件的实际情况，根据公平原则确定变更或者解除合同。

情势变更原则发生两次效力。第一次效力，是维持原法律关系，只变更某些内容。第一次效力多用于履行困难的情况，变更方式包括增减给付、延期或分期给付、变更给付标的或者拒绝先行给付。第一次效力不足以消除显失公平的结果时，发生第二次效力，是采取消灭原法律关系的方法以恢复公平，表现为终止合同、解除合同、免除责任或者拒绝履行。

二、合同履行的规则

(一) 条款约定不明确时的履行规则

根据《民法典》第五百一十条的规定，合同生效后，当事人就质量、价款或者报酬、履行地点等内容没有约定或者约定不明确的，可以协议补充；不能达成补充协议的，按照合同相关条款或者交易习惯确定。当事人就有关合同内容约定不明确，依据前条规定仍不能确定的，适用五百一十一条的规定。

1. 当事人协议补充原则

合同生效后，当事人就质量、价款或者报酬、履行地点等内容没有约定或者约定不明确的，可以通过协议补充。

2. 按照合同有关条款或交易习惯确定原则

未能达成补充协议的，按照合同有关条款或者交易习惯确定。按照合同有关条款是指结合合同的其他方面内容加以确定，使合同具体化；按照交易习惯确定是指按照人们在同样的交易中通常采用的合同内容加以确定，使合同明确化。

3. 法定补充原则

当事人就有关合同内容约定不明确，在适用当事人协商补充原则、按照合同有关条款或交易习惯确定原则仍不能确定时，就应当适用法定补充原则。法定补充原则，又称合同的补缺规则，是指法律规定的适用于主要条款欠缺或合同条款约定不明确，但并不影响合同效力的合同，以弥补当事人所欠缺或未明确表示的意思，使合同内容合理、确定，便于履行的法律条款。《民法典》第五百一十一条规定，当事人就有关合同内容约定不明确，依照本法第五百一十条的规定仍不能确定的，适用下列规定。

(1) 质量要求不明确的，按照强制性国家标准履行；没有强制性国家标准的，按照推荐性国家标准履行；没有推荐性国家标准的，按照行业标准履行；没有国家标准、行业标准的，按照通常标准或者符合合同目的的特定标准履行。

(2) 价款或者报酬不明确的，按照订立合同时履行地的市场价格履行；依法应当执行政府定价或者政府指导价的，依照规定履行。

(3) 履行地点不明确，给付货币的，在接受货币一方所在地履行；交付不动产的，在不动产所在地履行；其他标的，在履行义务一方所在地履行。

(4) 履行期限不明确的，债务人可以随时履行，债权人也可以随时请求履行，但是应当给对方必要的准备时间。

(5) 履行方式不明确的，按照有利于实现合同目的的方式履行。

(6) 履行费用的负担不明确的，由履行义务一方负担；因债权人原因增加的履行费用，由债权人负担。

(二) 执行政府定价或政府指导价的履行规则

《民法典》第五百一十三条规定："执行政府定价或者政府指导价的，在合同约定的交付期限内政府价格调整时，按照交付时的价格计价。逾期交付标的物的，遇价格上涨时，按照原价格执行；价格下降时，按照新价格执行。逾期提取标的物或者逾期付款的，遇价格上涨时，按照新价格执行；价格下降时，按照原价格执行。"

(三) 向第三人履行和第三人代为履行的规则

向第三人履行，是指债权人与债务人约定由债务人向第三人履行债务，原债权人的地位不变。第三人代为履行，是指合同当事人约定由第三人代替债务人向债权人履行债务，第三人并不因此而成为合同当事人。合同是特定主体之间的法律行为，但在合同的履行中经常会涉及第三人，如当事人约定由债务人向第三人履行或由第三人向债权人履行。为维护涉及第三人的合同履行中各方当事人的合法权益，《民法典》第五百二十二条规定，当事人约定由债务人向第三人履行债务，债务人未向第三人履行债务或者履行债务不符合约定的，应当向债权人承担违约责任。《民法典》第五百二十三条规定，当事人约定由第三人向债权人履行债务，第三人不履行债务或者履行债务不符合约定的，债务人应当向债权人承担违约责任。

三、双务合同履行中的抗辩权

双务合同履行中的抗辩权,是指在符合法定条件时,当事人一方对抗对方当事人的履行请求权,暂时拒绝履行其债务的权利。双务合同的履行抗辩权是当事人将自己的给付暂时保留的权利。双务合同中的双方当事人互负债权债务,为了体现双方权利义务的对等,维护交易安全,《民法典》为双务合同的债务人规定了同时履行抗辩权、先履行抗辩权和不安抗辩权三种,使债务人可以在法定情况出现时对抗债权人的请求权,使保留给付的行为不构成违约。

1. 同时履行抗辩权

(1) 同时履行抗辩权的概念。同时履行抗辩权是指合同当事人的债务没有先后履行顺序,一方当事人在对方未履行义务前,可以拒绝对方的履行要求。《民法典》第五百二十五条规定:"当事人互负债务,没有先后履行顺序的,应当同时履行。一方在对方履行之前有权拒绝其履行请求。一方在对方履行债务不符合约定时,有权拒绝其相应的履行请求。"

(2) 同时履行抗辩权的适用条件是:①当事人基于同一双务合同互负债务;②互负的债务均已届清偿期;③互负的债务没有先后履行顺序;④对方未履行债务或者履行债务不符合约定的条件;⑤对方的履行是可能的。

(3) 同时履行抗辩权适用范围与效力。同时履行抗辩权制度主要适用于双务合同,如买卖、互易、租赁、承揽等合同。例如,甲、乙约定,甲向乙购买办公用品,价款30万元,若甲到期不支付货款,则乙可以拒绝甲的交付办公用品的请求。同样,在乙向甲请求履行时,甲可以乙未给付价款为由拒绝自己的履行。

同时履行抗辩权是一种延缓的抗辩权,有利于督促对方当事人履行义务,增进协作,维护交易秩序。行使同时履行抗辩权后,在实体法上发生阻却他方请求权行使的效果,即在他方未履行或未按合同履行时,可以暂时拒绝自己债务的履行,但没有消灭对方请求权的效力。当对方当事人完全履行了合同义务时,同时履行抗辩权即行消灭,当事人应当履行自己的债务。

2. 先履行抗辩权

(1) 先履行抗辩权的概念。先履行抗辩权是指合同当事人双方的债务有先后履行顺序,先履行一方未履行前,后履行一方可以拒绝对方履行要求的抗辩权。《民法典》第五百二十六条规定:"当事人互负债务,有先后履行顺序,应当先履行债务一方未履行的,后履行一方有权拒绝其履行请求。先履行一方履行债务不符合约定的,后履行一方有权拒绝其相应的履行请求。"

(2) 先履行抗辩权的适用条件:①当事人基于同一双务合同互负债务;②债务的履行有先后顺序;③先履行的一方未履行其债务或者履行债务不符合约定的;④应当先履行的一方有履行债务的可能性。

(3) 先履行抗辩权的行使。先履行抗辩权的行使是否需要明示,应根据具体情况区分。在先履行一方未构成违约的情况下,先履行一方未请求后履行一方履行的,先履行抗辩权的行使不需要明示;先履行一方请求后履行一方履行的,后履行一方拒绝履行需要明示。在先履行一方已构成违约并请求后履行一方履行的,先履行抗辩权的行使需要明示。

(4) 先履行抗辩权的效力。先履行抗辩权的效力是,先履行抗辩权的行使,产生后履行一方可以一时性中止履行债务的效力,对抗先履行一方的履行请求,依此保护自己的期限利益。在先履行一方采取了补救措施，变违约为适当履行的情况下，先履行抗辩权消灭，后履行一方须履行自己的债务。同时，先履行抗辩权的行使并不影响后履行一方向违约方主张违约责任。

【例5-17】甲与乙订立买卖钢材的合同，约定甲于3月1日前交货，乙收到货后15日内付款。到3月1日，甲未交货，但甲要求乙付款，乙答复："你必须先交货，我15日后再付款。"乙的主张有无法律依据？

【解析】有。双务合同有履行的先后顺序，甲先履行，乙后履行。后履行义务人乙在先履行义务人甲未履行义务或履行义务有重大瑕疵的情况下，可以拒绝甲的要求。

3. 不安抗辩权

(1) 不安抗辩权的概念。不安抗辩权是指合同当事人双方的债务有先后履行顺序，先履行债务的一方当事人在有确切证据证明对方难为对待给付并未提供担保之前，享有的暂时中止履行的抗辩权。规定不安抗辩权的目的是促使后履行义务一方当事人履行义务，以更全面地保护先履行一方的权利。

(2) 不安抗辩权的适用情形。根据《民法典》第五百二十七条规定，应当先履行债务的当事人，有确切证据证明对方有下列情形之一的，可以中止履行：①经营状况严重恶化；②转移财产、抽逃资金，以逃避债务；③丧失商业信誉；④有丧失或者可能丧失履行债务能力的其他情形。

(3) 不安抗辩权的适用条件如下：①当事人基于同一双务合同而互负债务；②有先后的履行顺序，享有不安抗辩权之人为先履行义务的当事人；③后履行义务的当事人的履行能力明显降低或丧失，有不能为对待给付的现实危险；④先履行义务人必须有充足的证据证明后履行义务人无能力履行债务。

(4) 不安抗辩权的行使后果。按照《民法典》第五百二十八条的规定："当事人依据前条规定中止履行的，应当及时通知对方。对方提供适当担保的，应当恢复履行。中止履行后，对方在合理期限内未恢复履行能力且未提供适当担保的，视为以自己的行为表明不履行主要债务，中止履行的一方可以解除合同并可以请求对方承担违约责任。"

【例5-18】甲与乙签订购销合同，合同约定甲应于2015年8月1日交货，乙应于同年8月15日付款。7月底，甲发现乙财产状况恶化，无支付货款之能力，并有确切证据，于是提出中止合同，但乙未同意。基于上述原因，甲于8月1日未按约定交货。请问甲的行为是否有法律依据？

【解析】有。甲行使了不安抗辩权，且有确实证据，而乙并未做出担保，因此甲可以中止履行合同。

表5-4为双务合同履行中的抗辩权比较。

表5-4 双务合同履行中的抗辩权比较

类型	同时履行抗辩权	先履行抗辩权	不安抗辩权
履行顺序	没有先后顺序	有先后履行顺序	有先后履行顺序
适用条件	一方没有履行或履行不符合约定	先履行一方没有履行或履行不符合约定	先履行的当事人有确切证据证明对方有下列情形： ① 经营状况严重恶化； ② 转移财产抽逃资金以逃避债务； ③ 丧失商业信誉丧失； ④ 可能丧失履行债务的能力

(续表)

类型	同时履行抗辩权	先履行抗辩权	不安抗辩权
权利行使	另一方有权拒绝其履行要求或有权拒绝其相应的履行要求	后履行一方有权拒绝其履行要求或有权拒绝其相应的履行要求	先履行一方有确切证据,有权中止履行;后履行义务人提供担保的,应当恢复履行;先履行义务人中止履行后,后给付义务人未恢复履行能力、未提担保的,可以解除合同
法律效果	暂缓履行	暂缓履行	中止履行或解除履行

四、合同的保全

(一) 合同保全的概念

合同保全是指法律为防止因债务人财产的不当减少给债权人的债权带来危害,允许债权人对债务人或者第三人行使代位权或者撤销权,以保护其债权。合同保全主要包括两种方法,即债权人的代位权与撤销权。

合同保全制度是合同相对性的例外,目的在于保障债权人的利益,确认债权可以产生对第三人的效力,以保证合同债务的履行。

(二) 合同保全的种类

1. 代位权

1) 代位权的概念

债权人代位权,是指当债务人怠于行使其对第三人享有的权利而危及债权人债权时,债权人为保全自己的债权,以自己的名义行使债务人的债权的权利。

2) 代位权的行使要件

根据《民法典》第五百三十五条规定:"因债务人怠于行使其债权或者与该债权有关的从权利,影响债权人的到期债权实现的,债权人可以向人民法院请求以自己的名义代位行使债务人对相对人的权利,但是该权利专属于债务人自身的除外。代位权的行使范围以债权人的到期债权为限。债权人行使代位权的必要费用,由债务人负担。相对人对债务人的抗辩,可以向债权人主张。"

(1) 合法性。债权人对债务人的债权合法,是行使代位权的首要条件。法律赋予债权人行使代位权的目的是保护其债权,所以必须以债权人对债务人享有合法债权为前提,如因违法合同被认定无效、超过诉讼时效等情形,债权人就不能行使代位权。

(2) 因果性。债务人怠于行使其债权或者与该债权有关的从权利。这是行使代位权最根本的条件。总之,只要对债权人造成损害的事实是因为债务人怠于行使其到期债权而导致的,债权人就可以行使代位权。另外,《民法典》第五百三十六条规定:"债权人的债权到期前,债务人的债权或者与该债权有关的从权利存在诉讼时效期间即将届满或者未及时申报破产债权等情形,影响债权人的债权实现的,债权人可以代位向债务人的相对人请求其向债务人履行、向破产管理人申报或者作出其他必要的行为。"这是对未到期债权行使债权人代位权的规定。

(3) 非专属性。债务人怠于行使的到期债权并非是所有性质的债权,而限于具有金钱给付内容的债权,即债务人的债权不是专属于债务人自身的债权。"专属于债务人自身的债权",是指基于扶养关系、抚养关系、赡养关系、继承关系产生的给付请求权和劳动报酬、退休金、养老金、抚恤金、安置费、人寿保险、人身伤害赔偿请求权等权利。对于这些权利,债权人不得行使代位权。债务人享有的可由债权人代为行使的债权有：合同上的债权、基于无因管理而产生的返还请求权等。

3) 债权人代位权的行使

《民法典》第五百三十七条规定："人民法院认定代位权成立的，由债务人的相对人向债权人履行义务，债权人接受履行后，债权人与债务人、债务人与相对人之间相应的权利义务终止。债务人对相对人的债权或者与该债权有关的从权利被采取保全、执行措施，或者债务人破产的，依照相关法律的规定处理。"

【例5-19】甲、乙签订货物买卖合同，合同到期，甲按约定交付了货物，乙以资金紧张为由拖延支付货款。后来甲了解到，乙因怠于行使其对丙的到期债权，致使甲的到期债权得不到清偿，甲请求法院以自己的名义向丙追讨欠款的权利在法律上被称为什么权利？如果甲对乙的债权为100万，乙对丙的债权为80万，甲向法院请求的数额是多少？

【解析】甲行使的权利是代位权，数额以乙对丙的债权额为限，即只能请求丙向其清偿80万元。

2. 债权人撤销权

1) 债权人撤销权的概念

债权人撤销权，是指债务人实施了减少财产行为，危及债权人债权实现时，债权人可以请求人民法院予以撤销的权利。撤销权的行使必须依一定的诉讼程序进行，故又称废罢诉权。

合同保全中的撤销权与可变更、可撤销权不同，合同保全中的撤销权是债权人请求法院撤销债务人与第三人之间已经生效的法律关系。突破了合同相对性，效力涉及合同外的第三人，目的是防止债务人的清偿能力减弱或丧失。而可变更、可撤销合同中的撤销权并没有涉及第三人，目的是消除意思表示的瑕疵。

2) 债权人撤销权的构成要件

根据《民法典》第五百三十八条的规定，债务人以放弃其债权、放弃债权担保、无偿转让财产等方式无偿处分财产权益，或者恶意延长其到期债权的履行期限，影响债权人的债权实现的，债权人可以请求人民法院撤销债务人的行为。

债权人行使撤销权，应当具备以下条件。

(1) 债权人须以自己的名义行使撤销权。

(2) 债权人对债务人存在有效成立的债权，如果债权并未依法成立，或者法律不予认可，或者已超过诉讼时效，债权人均不得行使撤销权，债权人对债务人的债权可以到期，也可以未到期。

(3) 债务人实施了减少财产的处分行为。①放弃其债权，债务人放弃对自己作为债权人的相对人享有的债权，无论是到期还是未到期债权，均可行使撤销权。②放弃债权担保，债务人对自己负有的债务，由相对人或者第三人设置的担保予以放弃，使债务人享有的债权失去担保的财产保障，对债权人的债权构成威胁，可以行使撤销权。③无偿转让财产，债务人无偿将自己的财产转让给他人，使债权人的债权实现构成威胁，可以行使撤销权。④恶意延长其到期债权的履行期限，债务人对相对人享有的债权已经到期，为逃避债务延长履行期限，也是对债权构成威胁，可以行使撤销权。

(4) 债务人的处分行为有害于债权人债权的实现。《民法典》第五百三十九条规定了对债务人有偿处分财产行使债权人撤销权的规定，即债务人以明显不合理的低价转让财产、以明显不合理的高价受让他人财产或者为他人的债务提供担保，影响债权人的债权实现，债务人的相对人知道或者应当知道该情形的，债权人可以请求人民法院撤销债务人的行为。

3) 债权人撤销权的行使。

撤销权由债权人以自己的名义通过诉讼方式行使，其行使范围以债权人的债权为限。《民法典》

对撤销权的行使规定有期限限制。撤销权自债权人知道或者应当知道撤销事由之日起 1 年内行使;自债务人的行为发生之日起 5 年内没有行使撤销权的,该撤销权消灭。上述规定中的"5 年"期间为除斥期间,不适用诉讼时效中止、中断或者延长的规定。

4) 债权人撤销权行使的效力。

撤销权必须通过诉讼程序行使。在诉讼中,债权人为原告,债务人为被告,受益人或者受让人为诉讼上的第三人。债务人行为一经撤销,发生溯及既往的效果,债务人的处分行为即归于无效,受益人应当返还从债务人处获得的财产。撤销权行使的目的是恢复债务人的财产,债权人就撤销权行使的结果并无优先受偿权利。代位权和撤销权的区别见表 5-5。

表 5-5 代位权和撤销权的区别

名 称	代 位 权	撤 销 权
行使条件	债务人怠于行使到期债权且给债权人造成损害	债务人放弃到期债权
债权是否到期	到期	可以到期,也可以未到期
诉讼被告	次债务人	债务人
是否有优先受偿权	债权人有优先受偿权	债权人没有优先受偿权
费用负担	诉讼费用由次债务人负担,其他费用由债务人承担	律师代理费、差旅费等必要费用由债务人负担,第三人有过错的,应当适当分担

第四节 合同的变更、转让与终止

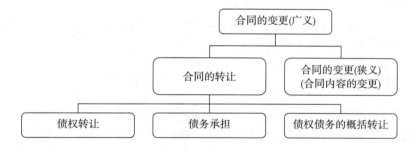

一、合同的变更

(一) 合同变更的概念

合同的变更有广义的和狭义的区分。广义的合同变更,包括合同内容的变更与合同主体的变更,狭义的合同变更是指合同内容的变更,具体来说,是指在合同成立以后、尚未履行完毕之前,当事人就合同的内容进行修改或补充达成协议。

(二) 合同变更的条件

1. 原已存在有效的合同关系

这是合同变更的前提条件。合同的变更,是改变原合同关系,没有原合同关系就没有变更的对象,所以合同的变更离不开原已存在着合同关系这一条件。同时,原合同关系若不是合法有效,也谈不上合同变更。

2. 合同内容发生变化

合同的变更采用狭义的概念，仅指合同内容的变更，不包括合同主体的变更。合同内容的变更包括标的物在质量和数量方面的变化、价款或酬金的增减、履行条件的变更、违约责任的变更、解决争议方法的变更，等等。

3. 当事人就合同的变更已经协商一致

这里的协商一致，实际上是订立一个新合同，仍需经过要约、承诺程序。其要约人须是原合同的一方当事人，受要约人须是原合同的另一方当事人，若为其他人发出变更合同的要约，或其他人受变更合同的要约，都不发生合同变更的效果。所谓协商一致，自然是真正的意思表示一致。若含糊其辞或对合同变更的内容约定不明，按《民法典》规定，推定为未变更，当事人仍应当按原合同履行。

4. 须遵守法律要求的方式

对合同的变更法律要求采取一定方式，须遵守此种要求。法律、行政法规规定变更合同应当办理批准、登记等手续的，依照其规定。

(三) 合同变更的效力

变更后的合同内容在不违反法律、行政法规的强制性规定，不损害社会公共利益，不违反社会公德的情况下，发生合同变更的法律效果。

(1) 合同的变更是在保持原合同关系的基础上，使合同的内容发生变化，其实质是以变更后的合同代替了原合同。因此，在合同发生变更后，当事人应当按照变更后的合同内容履行，任何一方违反变更后的合同内容都构成违约。

(2) 合同的变更原则上向将来发生效力，已经履行的债务不因合同的变更而失去法律根据，未变更的权利义务继续有效。

(3) 合同的变更不影响当事人要求赔偿损失的权利。原则上，提出变更的一方当事人对对方当事人因合同变更所遭受的损失应负赔偿责任。

二、合同的转让

合同的转让即合同主体的变更，是指不改变合同关系内容的前提下，合同关系的一方当事人依法将合同的权利、义务全部或部分地转让给第三人的现象。合同转让包括债权转让、债务承担和债权债务的概括转让三种类型。

(一) 债权转让

1. 债权转让概述

债权转让即债权人将依据合同所享有的权利全部或者部分转让给第三人的行为。其中的债权人叫作让与人，第三人称为受让人。

一般情况下，为了鼓励交易，当事人有权自主地将合同的权利全部或者部分转让给第三人，但有下列情形的除外：①根据债权性质不得转让；②按照当事人约定不得转让；③依照法律规定不得转让。

债权人转让权利的，应当通知债务人，未经通知，该转让对债务人不发生效力。债权人转让权利的通知不得撤销，但经受让人同意的除外。

2. 债权转让的效力

(1) 债权转让在让与人与受让人之间发生的效力，主要表现在：①债权人发生变化，债权如果是全部转让，让与人的债权人地位被受让人取代，让与人脱离债的关系；债权如果是部分转让，则让与人与受让人为共同债权人；②从权利的转让，债权人转让权利的，受让人取得与债权有关的从权利，但该从权利专属于债权人自身的除外；③让与人对转让的债权承担瑕疵担保责任；让与人应保证其所转让的债权没有瑕疵，即不受第三人追索；如果在权利转让后因权利存在瑕疵而给受让人造成损害的，让与人应承担赔偿责任；④让与人应将合同权利的证明文件等全部交付受让人，并告知受让人行使合同权利所必要的一切情况。

(2) 债权转让在受让人与债务人之间发生的效力，主要表现在：①在全部债权转让的情况下，合同主体变为债务人和受让人；②债务人对让与人的抗辩，可以向受让人主张；③债务人对让与人享有债权，并且债务人的债权先于转让的债权到期或者同时到期的，债务人可以向受让人主张抵销。

(二) 债务承担

1. 债务承担概述

债务承担，是指在不改变合同内容的前提下，当事人将依据合同应当承担的义务全部或者部分转移给第三人的行为。债务转移有可能损害债权人债权的实现，因此，《民法典》第五百五十一条规定，债务人将合同的义务全部或者部分转移给第三人的，应当经债权人同意。债务人或者第三人可以催告债权人在合理期限内予以同意，债权人未作表示的，视为不同意。

2. 债务承担的效力

(1) 债务如果是全部转让，让与人的债务人地位被受让人取代，受让人因债务承担而在合同之债中获得债务人的法律地位。债务如果是部分转让，则让与人与受让人为共同债务人。

(2) 抗辩权及从债务一并转移。债务承担中，新债务人可以主张原债务人对债权人的抗辩；新债务人应当承担与主债务有关的从债务，但该从债务专属于原债务人自身的除外。

(三) 债权债务的概括转让

合同权利义务的概括转让，是指原合同当事人一方将其合同权利义务一并转移给第三人，由该第三人概括地继受这些权利义务的法律现象。在概括转让的情形下，当事人一方将自己在合同中的权利和义务一并转让给第三人，须经对方同意。

在概括转让的场合，附随于让与人的全部权利和义务完全转让给受让人。受让人取得与债权有关的从权利，但该从权利专属于债权人自身的除外。受让人应当承担与主债务有关的从债务，但该从债务专属于原债务人自身的除外。债务人对让与人的抗辩，可以向受让人主张。债务人对让与人享有债权，并且债务人的债权先于转让的债权到期或者同时到期的，债务人可以向受让人主张抵销。

法律、行政法规规定转让权利或者转移义务应当办理批准、登记等手续的，依照其规定办理相应的批准、登记手续。

债权债务的概括转让包括两种情形。

1. 合同承受

合同承受，又称合同承担，是指合同关系的一方当事人将其合同上的权利义务全部地转移给第三人合同承受，由该第三人在转移范围内承受自己在合同上的地位，享受合同权利并负担合同义务。

根据《民法典》第五百五十五条的规定，合同承受必须经对方当事人的同意才能生效。因为合同承受不仅包括合同权利的转移，还包括合同义务的转移，所以当事人一方通过合同承受对合同和义务进行概括转移的，必须取得对方的同意才能生效。

2. 企业的合并与分立

企业合并引起的合同权利义务的概括转移，是指两个以上的企业合并在一起成立一个新的企业，由新的企业承担原企业的债权债务，或者一个企业被撤销之后，将其债权债务一并移转给另一个企业。企业分立引起的合同权利义务的概括转移，是指在撤销一个企业的基础上，成立一个或数个新的企业，被撤销企业的债权债务移转给新的企业承担。

三、合同的权利义务终止

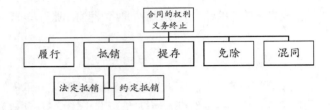

(一) 合同的权利义务终止的概念

合同的权利义务终止，也叫合同的消灭，是指当事人之间合同关系的结束和当事人债权债务的不复存在。

(二) 合同终止的原因

根据《民法典》第五百五十七条的规定，导致合同终止的原因主要有以下几个方面。

1. 债务已经履行

债务已经履行，即当事人已经按照合同约定全面履行了各自的义务。合同存在的目的在于满足合同当事人的特定利益追求，债务已经按照约定得到履行，表明合同的订约目的得以实现。因此，这是导致合同权利义务终止的最为正常的原因。

2. 债务相互抵销

根据抵销产生的基础不同，抵销可以分为法定抵销和约定抵销。

(1) 法定抵销。法定抵销是指当事人互负到期债务，该债务的标的物种类、品质相同的，任何一方可以将自己的债务与对方的债务抵销，但依照法律规定或者按照合同性质不得抵销的除外。当事人主张抵销的，应当通知对方。通知自到达对方时生效。抵销不得附条件或者附期限，因为附条件或者附期限，将使抵销的效力不确定，有害于对方当事人的利益。

(2) 约定抵销。约定抵销是指当事人互负债务，标的物种类、品质不相同的，经双方协商一致，也可以抵销。

3. 债务人依法将标的物提存

1) 提存的概念

提存是指在债务人因债权人的原因而无法向其给付标的物时，债务人将该标的物提交给提存机关而终止合同的制度。这是一种清偿债务的特殊形式。提存涉及三方当事人：债务人(提存人)、债权人(提存受领人)和第三人。当事人提存的财产，称为提存物。

2) 提存的意义

一方面，提存可以使无过错的债务人摆脱债务缠身的烦恼，免于承担风险或违约责任；另一方面，可以及早确认权利义务关系及权利归属的不确定状态，排除隐患，从而使社会的交易生活和商品经济有一个祥和、安全、健康的生存和发展空间。

3) 提存的适用条件

根据《民法典》第五百七十条规定，有下列情形之一，难以履行债务的，债务人可以将标的物提存：①债权人无正当理由拒绝受领，主要是指债权人客观上能够接受却不接受履行；②债权人下落不明，主要是指债权人离开自己的住所地，不明去向，债务人失去与债权人联络的任何方式，又无委托代为受偿人或财产管理人；③债权人死亡未确定继承人、遗产管理人，或者丧失民事行为能力未确定监护人，在这种情况下，没有清偿受领人，债务人无法履行自己的债务；④法律规定的其他情形。

4) 提存规则

(1) 提存物。提存的标的物必须是适于提存的物品，如易腐烂的食品、体积过大的物品等就不适于提存。标的物不适于提存或者提存费用过高的，债务人依法可以拍卖或者变卖标的物，提存所得的价款。

(2) 提存成立的时间及效果。《民法典》第五百七十一条规定，债务人将标的物或者将标的物依法拍卖、变卖所得价款交付提存部门时，提存成立。提存成立的，视为债务人在其提存范围内已经交付标的物。

(3) 提存通知。标的物提存后，除债权人下落不明的以外，债务人应当及时通知债权人或者债权人的继承人、遗产管理人、监护人、财产代管人。

(4) 提存的后果。标的物提存后，毁损、灭失的风险由债权人承担。提存期间，标的物的孳息归债权人所有。提存费用由债权人负担。

(5) 提存期间。债权人可以随时领取提存物，但债权人对债务人负有到期债务的，在债权人未履行债务或者提供担保之前，提存部门根据债务人的要求应当拒绝其领取提存物。债权人领取提存物的权利，自提存之日起 5 年内不行使而消灭，提存物扣除提存费用后归国家所有。

【例5-20】贾某到某药厂购买了一批中成药，总价款 7800 元，贾某当日付清了货款，但未提货。双方协商，20 天之内提货。但过了一年贾某不仅未提货，而且下落不明。在此情况下，药厂就该药品向其所在地公证处申请提存。药厂的行为属于什么性质？是否合法？

【解析】药厂的行为属于依法将标的物提存，是合法的。

4. 债权人免除债务

债务免除，也叫债权抛弃，是指债权人自愿采用以债务人不必清偿债务即达到债消灭目的的一种终止合同的方法。债务免除应由债权人向债务人做出明确的意思表示，自债权人向债务人做出明确的免除其债务的意思表示时起，债务消灭，合同终止。债权人免除债务人部分或者全部债务的，债权债务部分或者全部终止，但是债务人在合理期限内拒绝的除外。免除具有使债务绝对消灭的效力，免除的效力还同时及于债权的从权利。

5. 债权债务同归于一人

债权债务同归于一人而使债权债务关系归于消灭的，称为混同。混同须具备以下条件：须有债权债务同归于一人的事实并且不损害第三人的利益。《民法典》规定，债权和债务同归于一人的，债权债务终止，但是损害第三人利益的除外。

6. 法律规定或者当事人约定终止的其他情形

略。

合同解除是指合同当事人一方或者双方的意思表示使合同权利义务关系归于消灭的一种行为。合同解除有约定解除和法定解除两种情况。

(1) 合同的约定解除。合同的约定解除，是指合同因当事人约定的条件出现或者协商一致解除合同关系。按照合同自由原则，合同当事人享有解除合同的权利，当事人通过约定行使解除权从而导致合同的解除。

(2) 合同的法定解除。合同的法定解除，是指已经生效的合同在没有履行或者没有履行完毕之前，当事人一方行使法定的解除权而使合同的权利义务消灭的行为。法定解除是由法律直接规定合同的解除条件，当事人在法定解除条件出现时可以解除合同。根据《民法典》第五百六十三条的规定，当事人享有法定解除权主要有以下几种情形：①因不可抗力致使不能实现合同目的；②在履行期限届满前，当事人一方明确表示或者以自己的行为表明不履行主要债务；③当事人一方迟延履行主要债务，经催告后在合理期限内仍未履行；④当事人一方迟延履行债务或者有其他违约行为致使不能实现合同目的；⑤法律规定的其他情形。根据规定，当事人基于情势变更请求人民法院变更或者解除合同的，人民法院应当根据公平原则，并结合案件的实际情况确定是否变更或者解除。当事人一方主张解除合同时，应当通知对方。合同自通知到达对方时解除。对方有异议的，可以请求人民法院或者仲裁机构确认解除合同的效力。当事人解除合同，法律、行政法规规定应当办理批准、登记等手续的，应依照其规定。

(3) 合同解除权行使的期间。合同当事人依照法律的规定或者合同的约定享有解除权的，应当及时行使，如果该当事人不及时行使解除权，会影响到双方当事人权利义务的确定。因此，《民法典》第五百六十四条规定了合同解除权消灭的原因：法律规定或者当事人约定解除权行使期限，期限届满当事人不行使的，该权利消灭；法律没有规定或者当事人没有约定解除权行使期限，自解除权人知道或者应当知道解除事由之日起一年内不行使，或者经对方催告后在合理期限内不行使的，该权利消灭。在《最高人民法院关于适用〈中华人民共和国民法典〉时间效力的若干规定》中，第二十五条规定，民法典施行前成立的合同，当时的法律、司法解释没有规定且当事人没有约定解除权行使期限，对方当事人也未催告的，解除权人在民法典施行前知道或者应当知道解除事由，自民法典施行之日起一年内不行使的，人民法院应当依法认定该解除权消灭；解除权人在民法典施行后知道或者应当知道解除事由的，适用民法典第五百六十四条第二款关于解除权行使期限的规定。

(4) 合同解除的程序。当事人一方依法行使约定解除权或者法定解除权主张解除合同的，应当通知对方。合同自通知到达对方时解除。对方有异议的，可以请求人民法院或者仲裁机构确认解除合同的效力。法律、行政法规规定解除合同应当办理批准、登记等手续的，依照其规定。

(5) 合同解除的法律后果。合同解除后，尚未履行的，终止履行；已经履行的，根据履行情况和合同性质，当事人可以要求恢复原状或者采取其他补救措施，并有权要求赔偿损失。

第五节　违约责任

一、违约责任概述

(一) 违约责任的概念和特征

违约责任，是指合同当事人不履行合同义务或履行合同义务不符合约定时应承担的法律责任。合同义务是违约责任的前提。这里的合同义务既包括基于合同约定产生的给付义务，也包括根据诚实信用原则、合同的性质、目的和交易习惯发生的通知、协助和保密等附随义务。违约责任制度是合同制度的重要内容，是保障债权实现及债务履行的重要措施。违约责任具有以下法律特征。

(1) 违约责任是当事人不履行或不按约定履行合同债务所产生的民事责任。首先，违约责任是民事责任。民事责任是指民事主体在民事活动中，因实施违法行为而依照民法应承担的民事法律后果或者基于法律规定而应承担的民事法律责任。尽管违约行为可能导致承担刑事责任或行政责任的后果，但违约责任仅限于民事责任。其次，违约责任的产生以有效合同的存在为前提，如果合同未成立、无效或被撤销，均不会产生违约责任。另外，违约责任的产生以合同当事人违反合同义务为条件。

(2) 违约责任具有相对性。合同责任的相对性是指违约的合同一方当事人必须向遵守合同的一方当事人承担违约责任，即违约方自己承担违约责任，并且向合同的对方当事人承担违约责任。即使债务人违约是第三方原因造成的，受害方也只能向对方要求承担违约责任。

(3) 违约责任具有强制性和任意性的双重属性。违约责任的强制性，是指在发生违约时，债权人可以请求国家强制债务人承担违约责任；违约责任的任意性是指合同双方当事人对违约责任的约定及债权人对违约责任形式的选择。

（二）违约责任的归责原则

在社会生活中，人们通常不用为其他人的损害承担责任，一个人的损害由他人负责必须有特定事由。在民法上，把一个人的损害归由他人来负责称为归责，归责他人的一般依据称为归责原则。归责原则在民事责任中处于极为重要的地位。归责原则决定民事责任的构成要件、赔偿范围、违约责任方式以及举证责任等。归责原则主要有过错责任原则和无过错责任原则两大类。过错责任原则是只有在他人有过错的情况下才能把责任归属于他人；无过错责任原则是不考虑他人的过错，只要他人行为造成损害后果，如果没有特定免责事由则他人就需要负责。

《民法典》在违约责任的一般构成中不考虑过错，如《民法典》第五百七十七条的规定，当事人一方不履行合同义务或者履行合同义务不符合约定的，应当承担继续履行、采取补救措施或者赔偿损失等违约责任。可见，当事人一方不履行合同义务或者履行合同义务不符合约定的，就需要承担违约责任，不论主观上是否有过错。这样有利于减轻守约方的举证责任，保护其合法的利益，同时也方便裁判，增强缔约人的守约意识。但是为了平衡行为人的行为自由和受害人的法益保护这两个价值，避免违约方绝对承担违约责任所导致的风险不合理分配，《民法典》做了一些相关的规定，如《民法典》第六百六十条第二款规定："依据前款规定应当交付的赠与财产因赠与人故意或者重大过失致使毁损、灭失的，赠与人应当承担赔偿责任。"由此可见，我国在违约责任的归责原则方面，实行以无过错责任原则为主导，以过错责任原则为补充的归责原则体系。

二、违约行为形态

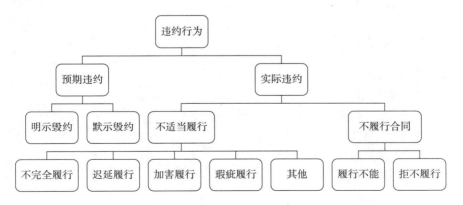

违约行为是指当事人没有完全按照合同约定和法律规定履行合同义务的行为。由于我国的合同责任以无过错责任为原则，所以通常情况下只要合同当事人存在违约行为就必须承担违约责任，无须具备其他条件。只有在采取过错责任的特别合同中，才另外需要违约的当事人主观上有过错。

由于当事人可以在法律和公序良俗许可范围内任意约定合同内容，所以合同义务具有多样性，因而违约行为形态也会因合同的不同而各异，关于违约行为的形态，各国规定有较大差异。我国《民法典》规定了预期违约与实际违约两种基本违约形态。

(一) 预期违约

预期违约也称先期违约，是指在履行期限到来之前，一方无正当理由而明确表示其在履行期到来后将不履行合同，或者以自己的行为表明其在履行期到来后将不可能履行合同。预期违约包括明示毁约和默示毁约两种类型。

(1) 明示毁约是指一方当事人无正当理由，明确地向另一方当事人表示其在履行期到来时不履行合同。

(2) 默示毁约是指在履行期到来之前，一方以自己的行为表明其将在履行期到来后不履行合同。

(二) 实际违约

实际违约，是指当事人一方在合同履行期限到来后不履行合同义务或者履行合同义务不符合约定。实际违约包括不履行合同和不适当履行。

1. 不履行合同

不履行合同是指当事人根本就没有实施履行合同义务的行为。具体表现为履行不能和拒不履行。

(1) 履行不能，又称不能履行、给付不能，是指合同当事人一方已经不可能履行自己的义务，也就是说债务人在客观上已经不具备履行合同义务的条件。

(2) 拒不履行，是指在合同履行期限到来后当事人能够履行义务而无正当理由地拒绝履行。

2. 不适当履行

不适当履行包括不完全履行、迟延履行、加害履行、瑕疵履行等行为。

(1) 不完全履行，是指债务人虽有履行但其履行在数量上不足。

(2) 迟延履行，是指当事人在合同履行期限届满时能够履行而未履行合同义务。

(3) 加害履行，又称为加害给付，是指因债务人履行的标的不符合要求而给债权人造成人身或者其他财产损害。

(4) 瑕疵履行，是指债务人有履行行为但其履行在质量上不符合要求。

(5) 其他不适当履行的行为。

三、违约责任的主要形式

违约责任的形式是指合同当事人承担违约责任的方式。根据《民法典》的规定，当事人承担违约责任的方式包括继续履行、赔偿损失、支付违约金、定金责任和其他补救措施。

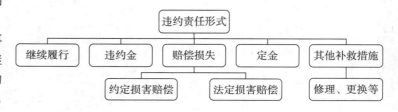

(一) 继续履行

继续履行，是指在合同当事人未按照合同约定的内容履行义务时，守约方可以请求人民法院强制违约方继续履行合同债务的一种违约责任的承担方式。因必须依靠国家强制才能实现，又被称为强制履行。继续履行依然是履行原合同债务，但与债务人在合同期限届满时主动履行合同债务不同的是，继续履行是依靠国家公权力强制违约方履行合同以实现合同目的。

继续履行可以适用于金钱债务，也可以适用于非金钱债务。金钱债务由于不存在债务人给付不能以及不适合强制履行的情形，所以合同当事人可以要求违约方继续履行，不受任何条件限制。而非金钱债务则受到诸多限制，根据《民法典》规定，下列非金钱债务不能强制履行。

1. 法律上或者事实上不能履行

继续履行是在人民法院的强制下履行合同约定的债务的。如果合同在事实上已经没有履行的可能性时，则即使是人民法院强制履行，合同的目的也无法实现。

2. 债务的标的不适于强制履行或者履行费用过高

债务的标的不适于强制履行是指合同约定的内容在性质上是不适宜强制实现的，这类合同主要是指具有人身专属性的合同。

合同的目的通常是追求一定的经济利益，继续履行确保这一目标实现。但是合同目的也不能依靠过高的成本来实现，继续履行必然要衡量合同履行给整个社会利益带来的影响，让债务人用过高的成本履行合同显然对整体的社会利益是不利的，尤其不能依靠国家强制力保障过高的成本的实现，这样对债务人也有失公平。所以，如果履行费用过高也不适于采取继续履行的违约责任方式。至于何谓履行费用过高，需要法院根据实际情况来确定。

3. 债权人在合理期限内未要求履行

债务人违约后，债权人一直没有要求债务人继续履行，待很长一段时间后才开始主张继续履行，这会给债务人的履行造成较大的困难。所以《民法典》中规定如果债权人没有在合理期限内要求履行，就不能再要求债务人承担继续履行的违约责任。合理期限首先可以由当事人事先约定；如果没有约定或者约定不明的，当事人可以协议补充；无法协议补充的，按照合同有关条款或者交易习惯来确定，这需要在个案中结合合同的性质、种类、目的等综合因素予以具体判断。

有上述 3 种的除外情形之一，致使不能实现合同目的的，人民法院或者仲裁机构可以根据当事人的请求终止合同权利义务关系，但是不影响违约责任的承担。

(二) 赔偿损失

赔偿损失是指违约方因不履行或不完全履行合同义务而给对方造成损失，依法或根据合同规定应承担的损害赔偿责任。违约责任以补偿性为原则，即违约责任旨在弥补或补偿因违约而给对方所造成的损害。因此，法律要求以实际损失作为确定损失赔偿额的标准。

赔偿损失以完全赔偿为原则。完全赔偿原则是指违约方应对其违约行为所造成的全部损失负责。一方违反合同，对方不仅可能遭受实际财产的损失(直接损失)，而且可能遭受可得利益的损失(间接损失)，这些损失都应当得到补偿。《民法典》第五百八十三条规定，当事人一方不履行合同义务或者履行合同义务不符合约定的，在履行义务或者采取补救措施后，对方还有其他损失的，应当赔偿损失。

完全赔偿原则必须在法律上给予适当的限制。对完全赔偿原则的限制包括可预见规则、减轻损失规则与有过失规则。

(1) 可预见规则体现为当事人一方违约给对方造成损失的，损失赔偿额不得超过违反合同一方订立合同时预见到或者应当预见到的因违反合同可能造成的损失。

(2) 减轻损失规则是指在一方违约并造成损失后，另一方应及时采取合理的措施防止损失扩大，否则，无权请求违约方对扩大的损失进行赔偿。

(3) 过失相抵规则是指在计算违约方因违约而承担的赔偿额时，如果合同相对方有过错，应当扣除因相对方自身过错而造成的损失部分。

(三) 支付违约金

违约金是指一方当事人违约时按照法律的规定或者当事人之间的约定向另一方支付的一定数额的货币。

《民法典》第五百八十五条规定，当事人可以约定一方违约时应当根据违约情况向对方支付一定数额的违约金，也可以约定因违约产生的损失赔偿额的计算方法。

约定的违约金低于造成的损失的，人民法院或者仲裁机构可以根据当事人的请求予以增加；约定的违约金过分高于造成的损失的，人民法院或者仲裁机构可以根据当事人的请求予以适当减少。

当事人就迟延履行约定违约金的，违约方支付违约金后，还应当履行债务。

(四) 定金责任

1. 定金的概念和特征

定金是指合同当事人为了确保合同的履行，依照法律的规定或者当事人的约定，由一方当事人在合同履行之前，预先付给对方的一定数额的金钱。定金的目的是确保债权的实现。定金主要有以下特征。

1) 定金属于金钱担保

定金是通过一方当事人向对方当事人交付一定数量的金钱，履行与否与该金钱的得失挂钩，使当事人产生压力，从而积极而适当地履行债务，以发挥定金担保的作用。它与人的担保和物的担保不同，属于金钱担保。

2) 定金是依照法律的规定或当事人的约定由一方向另一方交付的金钱

无论是法定还是约定的定金，都应在一定的范围内，不能超过主合同标的额的一定比例，且给付定金的一方应为合同当事人，而非第三人。

3) 定金以交付为成立条件

定金合同是民事法律行为的一种，适用民事法律行为的一般规则，可以在合同的主文中载明，也可以单独设立，但定金担保只有在交付定金后才能成立。因此，定金合同为实践性的合同，从交付定金之日生效。如果约定的定金与实际交付的定金不一致，以实际交付的为准。

4) 定金担保的是合同双方当事人的债权

定金所担保的合同为双务合同，当事人双方都享有相应的权利和义务，尽管定金是一方交付给另一方的，但若对方不履行债务，须双倍返还定金，因此，定金实际上担保合同双方的债权。

2. 定金的成立

定金需双方当事人通过签订定金合同而成立。下面我们介绍定金合同的相关内容。

1) 定金合同的当事人

定金合同的当事人为主合同中的债权人与债务人。不是主合同的当事人不能成为定金合同的当事人。因此，定金实际上是主债权债务的当事人一方以其金钱提供的担保，而不能是由第三人提供的。

2) 定金数额的限制

《民法典》第五百八十六条第二款规定:"定金的数额由当事人约定;但是,不得超过主合同标的额的百分之二十,超过部分不产生定金的效力。实际交付的定金数额多于或者少于约定数额的,视为变更约定的定金数额。"

【例 5-1】甲向乙订购 15 万元货物,双方约定:"乙收到甲的 5 万元定金后,即应交付全部货物。"合同订立后,乙在约定时间内只收到甲的 2 万元定金。下列说法哪一个是正确的?(2004 年司法考试题卷三单选第 8 题)

A. 实际交付的定金少于约定数额的,视为定金合同不成立
B. 实际交付的定金少于约定数额的,视为定金合同不生效
C. 实际交付的定金少于约定数额的,视为定金合同的变更
D. 当事人约定的定金数额超过合同标的额 20%,定金合同无效

【解析】C。定金的数额由当事人约定,但不得超过主合同标的额的 20%,超过部分无效。实际交付的定金数额多于或者少于约定数额,视为变更定金合同。

3. 定金的效力

定金的效力因定金种类的不同而不同,但一般情况下我们所说的定金指的就是违约定金,因此,以下只是介绍违约定金的效力。

无论何种定金,其基本效力都是担保债权的实现。在当事人不履行约定的债务时,定金的违约制裁效力开始起作用,这种效力的发挥,是通过定金罚则来实现的,即根据我国《民法典》第五百八十七条的规定:"债务人履行债务的,定金应当抵作价款或者收回。给付定金的一方不履行债务或者履行债务不符合约定,致使不能实现合同目的的,无权请求返还定金;收受定金的一方不履行债务或者履行债务不符合约定,致使不能实现合同目的的,应当双倍返还定金。"

(1) 适用定金罚则的具体情形:①根本违约的,即一方当事人迟延履行或者其他违约行为导致合同目的不能实现的情形。②因第三人原因根本违约的。此时违约一方首先适用定金罚则,承担定金责任后,再向第三方追偿。③当事人一方不完全履行合同,按照未履行部分占合同约定内容的比例,适用定金罚则。

综上,定金罚则的适用限于一方根本违约的情形,这就意味着,若一方仅出现轻微违约行为,是不能动辄适用定金罚则的。定金罚则是严厉的违约惩罚措施,其适用受到严格的限制。

(2) 定金罚则的例外:①如果违约方因不可抗力而免责,则不能适用定金罚则。②《民法典》第五百八十八条规定:"当事人既约定违约金,又约定定金的,一方违约时,对方可以选择适用违约金或者定金条款。定金不足以弥补一方违约造成的损失的,对方可以请求赔偿超过定金数额的损失。"由此可见,当事人在合同中不能并用约定定金和约定违约金的,只能选择其一适用。所谓的并用,分两种情况来理解:其一,若收定金的一方违约,两者并用是指非违约方主张违约方支付违约金的同时还请求对方双倍返还定金;其二,如果是交付定金的一方违约,两者并用是指非违约方不退还定金的同时还要求对方支付违约金。

【例 5-2】甲为建筑公司,乙为水泥厂。甲乙订立一购销合同,约定乙于 6 月 1 日前送水泥 1000 吨给甲,甲向乙支付定金 10 万元。后乙迟延履行 1 天,于 6 月 2 日将水泥 1000 吨送至甲处。甲以乙违约为由,要求乙双倍返还定金 20 万元。问:甲的请求应否得到支持。如果后来乙未将水泥交付给甲,是因为遭遇洪水,将厂房冲毁造成的。能不能要求适用定金罚则?

【解析】不能。定金罚则是在当事人根本违约或者因为第三人原因根本违约的情况下才能适用。如果仅是出现轻微违约行为，是不能动辄适用定金罚则的。因不可抗力或者意外事件导致合同不能履行的情况，也不能适用定金罚则。

(五) 其他补救措施

其他补救措施是与继续履行、赔偿损失、支付违约金、定金责任相并列的一种违约责任形式。其他补救措施形式多样，如质量不符合约定时，受损害方根据标的的性质以及损失的大小，合理选择要求对方承担修理、更换、重作、退货、减少价款或者报酬等违约责任；再如履行地点不正确，债权人要求按照正确的地点履行等都属于其他补救措施。

【例5-3】甲与乙签订了一份荔枝购销合同，约定甲向乙交付20万公斤荔枝，价款为40万元，乙向甲支付定金4万元；如果任何一方不履行合同应支付违约金6万元。后甲将荔枝卖于丙而无法向乙交付荔枝，乙向甲主张哪种违约责任既可以最大限度地保护自己的利益，又能得到法院的支持？

【解析】根据《民法典》第五百八十八条的规定，乙可以选择向甲主张违约金责任或定金责任。如选择定金责任，甲双倍返还定金，乙只能获得4万元赔偿。如果乙选择违约金责任可以获得6万元赔偿，4万元的定金由甲返还给乙。

四、违约责任的免除

违约责任的免除是指在合同的履行过程中，由于法律规定的或者当事人约定的免责事由致使当事人不能履行合同义务或者履行合同义务不符合约定的，当事人可以免于承担违约责任。根据《民法典》的规定，免责事由包括以下两个方面。

(一) 法定免责事由

1. 不可抗力

不可抗力是指不能预见、不能避免并且不能克服的客观现象。根据这一定义，不可抗力包含主客观双重因素。首先，不可抗力是一种一般人力无法左右的客观现象，如属于自然现象的地震、火山爆发、洪水和台风，以及属于社会现象的战争、罢工等。其次，当事人必须主观上没有过错。在客观现象发生前如果当事人能够预见客观现象的发生却没有预见，或者客观现象发生时能够避免或者克服客观现象的后果而没有采取措施都构成当事人主观上过错，当事人主观上有过错，不能主张不可抗力免除违约责任。当事人预见能力和避免、克服客观现象后果的能力以社会一般人为标准较为合适。

不可抗力通常导致如下法律后果。

(1) 不可抗力发生后，如果不可抗力导致合同部分不能履行，则免除债务人相应部分的违约责任；如果导致合同全部不能履行，则免除全部违约责任。但是如果不可抗力是在迟延履行后发生的，则不能免除债务人的责任。

(2) 当事人一方因不可抗力不能履行合同时，应当及时通知对方，以减轻可能给对方造成的损失，并且应当在合理的期限内提供证明。如果当事人怠于通知对方的，应当就怠于通知而给对方造成的损失承担赔偿责任。

2. 法律的特别规定

这是指除不可抗力之外，法律有特别规定的免责，一旦发生违约又符合该条件时，可免除其违约责任。《民法典》针对不同合同类型的具体特点，规定了具体的法定免责事由。例如《民法典》第七百一十条规定，承租人按照约定的方法或者根据租赁物的性质使用租赁物，致使租赁物受到损耗的，不承担赔偿责任。

(二) 约定免责事由

约定的免责事由是指当事人在合同中以免责条款的方式约定的可以排除或者限制其未来责任的事由。对免责事由的约定是当事人的缔约自由，但是免责条款不得违反法律、行政法规的强制性规定。

需要指出的是，根据《民法典》第五百九十三条规定，当事人一方因第三人的原因造成违约的，应当依法向对方承担违约责任。当事人一方和第三人之间的纠纷，依照法律规定或者按照约定处理。

五、违约责任与侵权责任的关系

(一) 违约责任与侵权责任的区别

违约责任与侵权责任是最主要的两类民事责任，二者存在以下差异。

1. 责任构成的基础不同

违约责任以合同义务为前提，是违反合同义务的法律后果。侵权责任以不得侵害他人的法定义务为前提，这些不得损害他人的法定义务都是不作为义务，侵权责任是违反这些法定不侵犯他人的不作为义务的法律后果。

2. 责任的规则原则不同

违约责任的归责原则以无过错责任为原则，过错责任为例外。侵权责任的归责原则以过错责任为原则，无过错责任为例外。

3. 责任的构成要件不同

首先，在过错要件的认定方面，违约责任的过错认定在不同合同中要求各异，而侵权责任对过错认定通常不因侵权行为的差异受影响而不同。其次，在损害要求方面，侵权责任构成要件的损害包括财产和精神损害，而违约责任中的损害一般不包括精神损害。

4. 责任的赔偿范围不同

违约责任的赔偿范围包括违约行为所造成的实际损失，以及合同履行后可以获得的预期利益。侵权责任的赔偿范围通常不包括预期利益。

5. 责任方式不同

违约责任主要是财产责任。侵权责任可以是财产责任，也可以是非财产责任。

(二) 违约责任与侵权责任的竞合

广义的责任竞合，是指同一法律事实的出现会产生两种以上法律责任的现象。例如，侵害他人生命，既可构成刑事犯罪，又构成侵权行为，行为人既应承担刑事责任，又应承担民事责任。狭义的责任竞合，是指同一法律事实的出现会产生两种以上的相互冲突的同一性质的法律责任的现象。例如，违约行为人的违约行为同时又对债权人的人身造成损害，就会同时既发生违约责任，又发生侵权责任，此为违约责任与侵权责任的竞合。

《民法典》第一百八十六条规定："因当事人一方的违约行为，损害对方人身权益、财产权益的，受损害方有权选择请求其承担违约责任或者侵权责任。"因此，在发生违约和侵权责任竞合的情况下，允许受害人选择一种责任提起诉讼。实践中，违约责任和侵权责任在规则原则、诉讼管辖、责任构成要件、免责条件、举证责任、时效期限、责任形式、损害赔偿的范围、对第三人的责任等方面存在区别，受害人选择不同的责任，将影响对其利益的保护和对不法行为人的制裁。

第六节 几种典型的合同

典型合同在市场经济活动和社会生活中应用普遍。为适应现实需要，《民法典》在原有买卖合同、赠与合同、借款合同、租赁合同等15种典型合同的基础上，增加了4种新的典型合同：一是吸收了原《担保法》中关于保证的内容，增加了保证合同；二是适应我国保理行业发展和优化营商环境的需要，增加了保理合同；三是针对物业服务领域的突出问题，增加规定了物业服务合同；四是增加规定合伙合同，将原《民法通则》中有关个人合伙的规定纳入其中。由于篇幅有限，本节只介绍19种典型合同中的买卖合同、赠与合同、借款合同、租赁合同的内容。

一、买卖合同

(一) 买卖合同的概念和特征

买卖合同是一方当事人转移标的物所有权，对方当事人以支付价款为代价接受标的物所有权的协议。转移所有权的一方当事人称为出卖人，接受标的所有权，并支付价金的当事人称为买受人。

买卖是社会经济生活中最普遍、最基本，同时也是最复杂、最高级的交易形式。因此，买卖合同也是最基本最常用的合同类型，合同法的基本理论也大多源于买卖合同，体现买卖交易的基本规则。

买卖合同具有以下法律特征。

1. 买卖合同是双务合同

出卖人与买受人互为给付，双方都享有一定的权利，又都负有相应的义务。卖方负有交付标的物并转移其所有权于买方的义务，买方也同时负有向卖方支付价款的义务。

2. 买卖合同是有偿合同

出卖人与买受人有对价关系，卖方取得价款是以转移标的物的所有权为代价的，买方取得标的物的所有权是以给付价款为代价的。

3. 买卖合同多是诺成合同

一般当事人就买卖达成合意，买卖合同即成立，而不以标的物或者价款的现实交付为成立的要件。但是，买卖合同当事人也可以在合同中作出这样的约定，标的物或者价款交付时，买卖合同始为成立。此时的买卖合同即为实践合同或者称要物合同。

(二) 买卖合同的内容

合同法的规范大多数属于任意性规范，只有少数属于强制性规范。只要合同当事人不违反合同法的强制性规范，可以任意地约定合同的内容。买卖合同当事人在订立买卖合同时，其中通常应包括以下条款内容。

1. 标的物的名称

标的物是买卖合同当事人权利义务指向的对象。

2. 标的物的数量

标的物的数量,是指当事人约定的买卖标的物的数目。

3. 标的物的质量

当事人应当就标的物的品种、规格、品质等级、型号、级别等作出明确约定。没有明确约定的,应当适用《民法典》第五百一十条以及第五百一十一条第一项的规定。

4. 标的物的价款

关于价款,国家法律有强制性规定的,应当执行强制性的规定;没有强制性规定的,由当事人自己约定。

5. 履行期限

履行期限,是指买卖合同的当事人所约定的履行合同义务的时间界限,包括交货时间和付款时间。

6. 履行地点和方式

履行地点,是指买卖合同的当事人所约定的履行合同义务的具体地点,如合同的提货地点、付款地点等。履行方式,是指买卖合同当事人履行合同义务的具体方式,如是送货式、自提式还是代办托运式等。

7. 包装方式

包装方式既可以指包装物的材料,又可以指包装的操作方式。

8. 检验标准和方法

关于检验标准,如果当事人没有特殊要求,可以依据国家标准或者行业标准进行检验;如果当事人有特殊要求,则应在合同中作出明确约定。关于检验方法,有国家标准或者行业标准的应当执行该标准;没有国家标准或者行业标准的,应当由当事人在合同中作出约定。

9. 结算方式

结算方式主要有两种:一是现金结算;二是转账结算。

10. 合同使用的文字及其效力

此条款主要涉及涉外合同。涉外合同常用中外文两种文字书写,且两种文字具有同等效力。

(三) 买卖合同的效力

买卖合同的效力是指生效买卖合同所具有的法律约束力。它既包括买卖合同的对外效力,又包括买卖合同的对内效力。我们着重介绍买卖合同的对内效力,买卖合同的对内效力主要体现为合同当事人依据合同所享有的权利和所负担的义务。

1. 出卖人的义务

1) 交付标的物或交付提取标的物的单证

交付标的物或交付提取标的物的单证是出卖人最基本的义务。交付,是指标的物占有的转移。标的物的交付一般分为两种:①现实的交付,是指出卖人将标的物的占有直接转移给买受人,使标的物处于买受人的实际控制之下。②拟制的交付,是指出卖人将对标的物占有的权利转移给买受人,以替代现实的交付。

单证(documents)分为两类：一类是提取标的物的单证，另一类是辅助单证和有关资料，主要包括保险单、保修单、普通发票、增值税专用发票、产品合格证、质量保证书、质量鉴定书、品质检验证书、产品进出口检疫书、原产地证明书、使用说明书、装箱单等。交付提取标的物的单证的意义与交付辅助单证和有关资料的意义并不相同，前者的交付是标的物的拟制交付，是完成基本义务的行为；后者的交付，是为了保证给付效果，是为了基本义务的履行。

此外，当标的物为无须以有形载体交付的电子信息产品时，当事人对交付方式约定不明确，且依照《民法典》第五百一十条的规定仍不能确定的，买受人收到约定的电子信息产品或者权利凭证即为交付。

2) 转移标的物所有权

买卖合同中买受人的目的是取得标的物的所有权，因此，将标的物的所有权转移给买受人，同样是出卖人的基本义务。标的物所有权的转移方法，依法律的规定而定。动产以占有为权利的公示方法，因此，除法律特别规定或者当事人另有约定以外，动产所有权依交付而转移。不动产以登记为权利公示的方法，因此，其所有权的转移须由所有权人办理转让登记。无论合同是否作出约定，出卖人都应当协助买受人办理所有权的转让登记手续，并将有关的产权证明文书交付买受人。

3) 瑕疵担保义务

买受人要通过买卖获得对标的物完整而无欠缺的占有、使用、收益、处分的权利，标的物必须是无瑕疵的，因此出卖人具有瑕疵担保义务。标的物的瑕疵包括权利瑕疵和质量瑕疵两种。权利瑕疵担保义务是指出卖人应保证出卖物无权利瑕疵，即其对标的物有处分权，不致让第三人追索；质量瑕疵担保义务是指出卖人应保证出卖物无质量瑕疵。质量瑕疵有表面瑕疵和隐蔽瑕疵之分：表面瑕疵，出卖人一般无告知的义务，隐蔽瑕疵，出卖人应如实告知买受人。法律对瑕疵担保义务另有规定的依照规定。

4) 回收标的物的义务

依照法律、行政法规的规定或者按照当事人的约定，标的物在有效使用年限届满后应予回收的，出卖人负有自行或者委托第三人对标的物予以回收的义务。

2. 买受人的义务

1) 支付价款

买受人应当按照约定的时间、地点、数额、方式支付价款是买卖合同中买受人的主要义务。该义务的圆满履行，首先，要求买受人依据合同约定的数额支付价金；其次，要求买受人依据合同约定的支付期限、支付地点、支付方式履行支付价金的义务。如果对价款的数额和支付方式没有约定或者约定不明确的，适用《民法典》第五百一十条、第五百一十一条第二项和第五项的规定。

2) 受领标的物

买受人有依照合同约定或者交易惯例接受标的物的义务，只有买受人接受标的物，出卖人的交付义务才能消灭。通常情况下，买受人应当及时受领，不及时受领的，应当承担相应的责任。出卖人多交标的物的，买受人可以接收或者拒绝接收多交的部分。买受人接收多交部分的，按照合同的价格支付价款，买受人拒绝接收多交部分的，应当及时通知出卖人。

3) 检验义务

检验是买受人对标的物数量、质量等进行的检查。检验是买受人的权利，按照约定的时间及时检验，则是买受人的义务。买受人收到标的物时应当在约定的检验期限内检验，并在检验期限内将标的物的数量或者质量不符合约定的情形通知出卖人。买受人怠于通知的，视为标的物的数量或者质量符合约定。当事人没有约定检验期限的，买受人应当及时检验，并将标的物的数量或者质量不符合约定的情况在发现或者应当发现该情况的合理期限内通知出卖人。如在合理期限或者自标的物收到之日起2年内未通知出卖人的，视为标的物的数量或者质量符合约定。但是，对标的物有质量保证期的，适用质量保证期，不适用该2年的规定。出卖人知道或者应当知道提供的标的物不符合约定的，买受人不受前述通知时间的限制。

当事人约定的检验期限过短，根据标的物的性质和交易习惯，买受人在检验期限内难以完成全面检验的，该期限仅视为买受人对标的物的外观瑕疵提出异议的期限。约定的检验期限或者质量保证期短于法律、行政法规规定期限的，应当以法律、行政法规规定的期限为准。

当事人对检验期限未作约定，买受人签收的送货单、确认单等载明标的物数量、型号、规格的，推定买受人已经对数量和外观瑕疵进行检验，但是有相关证据足以推翻的除外。出卖人依照买受人的指示向第三人交付标的物，出卖人和买受人约定的检验标准与买受人和第三人约定的检验标准不一致的，以出卖人和买受人约定的检验标准为准。

(四) 买卖合同的风险负担与利益承受

1. 风险承担

风险负担是指买卖合同的标的物在合同生效后因不可归责于买卖合同双方当事人的事由如地震、火灾、飓风等致使发生毁损、灭失所造成的损失应由谁来承担。我国《民法典》就买卖合同中的风险承担设有明文，第六百零四条规定，标的物毁损、灭失的风险，在标的物交付之前由出卖人承担，交付之后由买受人承担，但法律另有规定或者当事人另有约定的除外。需要说明的是，这条规定只是买卖合同风险承担的一般性规则。针对延迟交付标的物、路货买卖中的标的物、需要运输的标的物、买受人不收取标的物的风险承担则适用《民法典》第六百零五条、第六百零六条、第六百零七条、六百零八条的特别规定。

2. 利益承受

利益承受是指标的物于买卖合同订立后所生的孳息的归属。标的物于合同订立后所生孳息的归属与风险的负担是密切相关的，二者遵循同一原则。因此在利益承受上，也采用交付主义作为一般规则，即标的物在交付前产生的孳息，归出卖人所有；标的物交付后产生的孳息，由买受人承受。当事人另有约定的，依其约定。

【例5-22】张某到某商场购买摩托车，张某挑选后决定购买价格为8000元的摩托车一辆，张某当时就付清价款并约定第二天取货。为防止摩托车被别人买走，商场将张某挑选的摩托车放到了商店的后院。不幸，该车当晚被盗。第二天张某来取货时发现摩托车被盗，遂要求商场返还自己已经支付的8000元，商场称自己并不承担摩托车被盗的责任。问：本案中，摩托车丢失的责任由谁承担？

【解析】根据《民法典》第六百零四条规定，标的物毁损、灭失的风险，在标的物交付之前由出卖人负担，交付之后由买受人负担，但法律另有规定或者当事人另有约定的除外。本案中摩托车丢失是在交付前，因此，责任由商场承担。

(五) 特种买卖合同

1. 分期付款买卖合同

分期付款买卖合同，是指由出卖人先向买受人交付标的物，买受人将应付的总价款在一定期限内至少分三次向出卖人支付的买卖合同。《民法典》第六百三十四条规定，分期付款的买受人未支付到期价款的数额达到全部价款的五分之一的，经催告在合理期限内仍未支付到期价款的，出卖人可以要求买受人支付全部价款或者解除合同。出卖人解除合同的，可以向买受人请求支付该标的物的使用费。

法律对出卖人请求支付全部价款的特别约定的限制，属于法律强制性规定。当事人在合同中不得限制、排除或者违反这些限制，否则合同无效。但需指出的是，并非只要当事人的约定与本条规定不一致就导致约定无效。法律作出这样的规定，目的在于保护买受人的利益，如果当事人在合同中的约定对保护买受人的利益更加有利，则是不违反法律规定的。

在合同解除后，买卖当事人应当将从对方取得的财产进行返还，违约的一方应当赔偿对方因此而受到的损失。一般情况下，出卖人因买受人的原因解除合同时，出卖人向买受人请求支付或者抵扣的金额，不得超过相当于该标的物的使用费的金额。如果标的物有毁损，那么出卖人当然还可以请求相应的赔偿。

分期付款买卖合同约定出卖人在解除合同时可以扣留已受领价金，出卖人扣留的金额超过标的物使用费以及标的物受损赔偿额，买受人可以请求返还超过部分。当事人对标的物的使用费没有约定的，可以参照当地同类标的物的租金标准确定。

2. 凭样品买卖合同

凭样品买卖合同，又称货样买卖，是指买卖双方根据货物样品而订立的由出卖人按照样品交付标的物的合同。出卖人就其交付的标的物与样品及其说明的质量相同负有瑕疵担保责任。《民法典》第六百三十五条规定："凭样品买卖的当事人应当封存样品，并可以对样品质量予以说明。出卖人交付的标的物应当与样品及其说明的质量相同。"第六百三十六条规定："凭样品买卖的买受人不知道样品有隐蔽瑕疵的，即使交付的标的物与样品相同，出卖人交付的标的物的质量仍然应当符合同种物的通常标准。"

3. 试用买卖合同

试用买卖合同，也称试验买卖合同，是指出卖人和买受人约定，由买受人对标的物进行试用，并由买受人决定是否购买标的物的一种特殊的买卖合同。但在买卖合同存在约定标的物经过试用或者检验符合一定要求时，买受人应当购买标的物；约定第三人经试验对标的物认可时，买受人应当购买标的物；约定买受人在一定期限内可以调换标的物；约定买受人在一定期限内可以退还标的物等内容的，不属于试用买卖。

在试用买卖中，买卖当事人双方约定由买受人试用标的物，以买受人经过一段时间后认可标的物为合同生效条件。因此，标的物的试用期限是试用买卖合同中的重要条款，基于合同的自愿原则，合同当事人可以就标的物的试用期限进行约定。所以，本条首先规定试用买卖的当事人可以约定标的物的试用期限。如果当事人在试用买卖合同中对试用期限没有约定或者约定不明确，双方又不能达成补充协议或者按照交易惯例仍然不能确定的，由出卖人确定。试用买卖的买受人在试用期内可以购买标的物，也可以拒绝购买。试用期间届满，买受人对是否购买标的物未作表示的，视为购买。

4. 招标投标买卖

招标投标买卖，是指招标人公布买卖标的物的出卖条件，投标人参加投标竞买，招标人选定中标人的买卖方式。这是现代社会中一种重要的竞争买卖形式，尤其在大宗订货和政府采购中被广泛使用。《民法典》规定，招标投标买卖的当事人的权利义务以及招投标程序等，依照有关法律、行政法规的规定。《中华人民共和国投标招标法》是规范招标投标活动，保护国家利益、社会公共利益和招标投标活动当事人的合法权益的法律。

二、租赁合同

(一) 租赁合同的概念和特征

租赁合同是出租人将租赁物交付承租人使用、收益，承租人支付租金的合同。交付租赁物供对方使用、收益的一方称为出租人，使用租赁物并支付租金的一方称为承租人。

租赁合同具有以下特征。

1. 租赁合同是转移财产使用权的合同

在租赁的有效期内，承租人可以对租赁物占有、使用、收益，而不能任意处分租赁物。

2. 租赁合同是双务、有偿合同

在租赁合同中，出租人和承租人均享有权利和承担义务，出租人须将租赁物交付承租人，并保证租赁物符合约定的使用状态。承租人负有妥善保管租赁物并按约定按期向出租人支付租金的义务。任何一方当事人在享有权利的同时都是以履行一定义务为代价的。

3. 租赁合同具有临时性

租赁合同具有临时性。租赁是出租人将租赁物有限期地交给承租人使用，承租人按照约定使用该租赁物并获得收益。对于租赁的期限，《民法典》第七百零五条规定，租赁期限不得超过二十年。超过二十年的，超过部分无效。租赁期限届满，当事人可以续订租赁合同；但是，约定的租赁期限自续订之日起不得超过二十年。

(二) 租赁合同的内容

《民法典》第七百零四条规定："租赁合同的内容一般包括租赁物的名称、数量、用途、租赁期限、租金及其支付期限和方式、租赁物维修等条款。"这条规定的是一个指导性条款，是指在一般情况下，租赁合同应当具备的主要条款，包括如下内容。

1. 有关租赁物的条款

一是租赁物的名称；二是租赁物的数量；三是租赁物的用途。

2. 有关租赁期限的条款

租赁期限的长短由当事人自行约定，但不能超过法律规定的最高期限。

3. 有关租金的条款

租金同租赁物一样是租赁合同中必不可少的条款。

4. 有关租赁物维修的条款

对租赁物的维修义务应当由出租人承担，这是出租人在租赁合同中的主要义务。但并不排除在有些租赁合同中承租人负有维修义务，一般有几种情况。一是法律规定承租人负有维修义务。例如，《中华人民共和国海商法》规定，光船租赁由承租人负责维修、保养。二是根据商业习惯，租赁物的维修义务由承租人负责。例如，在汽车租赁中，一般都是由承租人负责汽车的维修。三是根据民间习俗。

(三) 租赁合同的分类

1. 定期租赁与不定期租赁

以租赁合同是否有固定期限为标准，租赁合同可以分为定期租赁合同和不定期租赁合同。定期

租赁合同指约定有明确租赁期限的合同；当事人双方未约定租期的合同，则为不定期租赁合同。此外，在下列两种情况下，租赁合同也为不定期租赁合同：①当事人在租赁合同中将租赁期限约定为6个月以上，但未采取书面形式的，视为不定期租赁合同；②租赁期间届满，承租人继续使用租赁物，出租人没有提出异议的，原租赁合同继续有效，但租赁期限为不定期。

2. 动产租赁与不动产租赁

以租赁合同的标的物为标准，租赁合同可以分为动产租赁合同和不动产租赁合同。以动产为标的物的租赁合同，为动产租赁合同；以不动产为标的物的租赁合同为不动产租赁合同。

(四) 租赁合同的效力

租赁合同的效力主要体现在以下几个方面。

1. 出租人的义务

1) 交付租赁物并保证承租人正常使用、收益的义务

由于租赁合同为诺成性合同，无须将标的物的交付作为合同的成立要件，因此交付租赁物是出租人于租赁合同成立后的一项义务，而且出租人应担保所交付的租赁物能够为承租人依约正常使用、收益。如果租赁物有使承租人不能为正常使用、收益的瑕疵，出租人即应承担违约责任。

2) 租赁物的修缮义务

除当事人另有约定外，出租人对租赁物有维修的义务。承租人在租赁物需要维修时可以请求出租人在合理期间内维修。出租人未履行维修义务的，承租人可以自行维修，维修费用由出租人负担。因维修租赁物影响承租人使用的，应当相应减少租金或者延长租期。

3) 出租人的瑕疵担保义务

出租人的瑕疵担保义务包括物的瑕疵担保义务和权利瑕疵担保义务。出租人的权利瑕疵担保，是指出租人担保第三人不能就租赁物主张任何权利。权利瑕疵担保责任是指当第三人对租赁物主张权利时，出租人所应承担的责任。权利瑕疵担保责任的构成要件为：

(1) 权利瑕疵在合同成立时已存在；

(2) 相对人不知有权利瑕疵的存在，如果在订立合同时相对人明知行为人对该物无处分权而与之订立合同，相对人不能作为善意相对人而享受对方的权利的瑕疵担保的要求；

(3) 权利瑕疵在合同成立后仍未能排除，如果在合同成立时，虽有权利瑕疵，但在合同成立后，行为人取得了该物的处分权，则应视为权利瑕疵已经除去。

2. 承租人的义务

1) 支付租金的义务

支付租金是承租人的主要义务。根据《民法典》第七百二十一条规定，承租人应当依照约定的期限支付租金，对支付期限没有约定或者约定不明确的，可以通过协议补充，不能达成补充协议的，按照合同有关条款或者交易习惯确定。仍不能确定的，租赁期间不满一年的，应当在租赁期间届满时支付。租赁期间在一年以上的，应当在每届满一年时支付，剩余期间不满一年的，应当在租赁期间届满时支付。

2) 按照合同约定的方法或者租赁物的性质使用租赁物的义务

承租人在占有租赁物期间，应当依照约定的方法使用租赁物，对使用租赁物的方法没有约定或者约定不明确，双方当事人可以协议补充，不能达成补充协议的，按照合同有关条款或者交易习惯确定；仍不能确定的，应当按照租赁物的性质使用。

3) 妥善保管租赁物的义务

由于租赁期满时承租人需向出租人返还租赁物，因此其应当妥善保管租赁物。承租人未尽妥善保管义务，造成租赁物毁损、灭失的，应当承担损害赔偿责任。

4) 返还租赁物的义务

租赁关系终止后，租赁物仍然存在的，承租人应当返还租赁物。

5) 不作为义务

承租人的不作为义务包括两个方面的内容：①未经出租人同意，承租人不得对租赁物进行改善或者，增设他物；②未经出租人同意，承租人不得转租。

3. 特别效力

1) 承租人获取租赁物收益的权利

在租赁期间因占有、使用租赁物获得的收益，归承租人所有，但当事人另有约定的除外。

2) 买卖不破租赁

《民法典》第七百二十五条规定："租赁物在承租人按照租赁合同占有期限内发生所有权变动的，不影响租赁合同的效力。"也就是说，出租人在租赁合同有效期内将租赁物的所有权转让给第三人时，租赁合同对新所有权人有效。

3) 承租人的优先购买权

承租人的优先购买权，是指当出租人出卖房屋时，承租人在同等条件下，依法享有优先于其他人购买房屋的权利。《民法典》规定，出租人出卖租赁房屋的，应当在出卖之前的合理期限内通知承租人，承租人享有以同等条件优先购买的权利；但房屋按份共有人行使优先购买权或者出租人将房屋卖给近亲属的除外。出租人履行通知义务后，承租人在十五日内未明确表示购买的，视为承租人放弃优先购买权。

三、赠与合同

(一) 赠与合同的概念和特征

赠与合同是指赠与人将自己的财产无偿给予受赠人，受赠人表示接受该赠与的合同。与买卖合同一样，赠与合同也是转移财产所有权的合同，其中转让财产的一方为赠与人，接受财产的一方为受赠人。赠与合同具有以下特征。

1. 赠与是一种合意，是双方的法律行为

赠与合同虽为单务、无偿合同，但也需有当事人双方一致的意思表示才能成立。如果一方有赠与意愿，而另一方无意接受该赠与，赠与合同不能成立。

2. 赠与合同为无偿合同

赠与合同为无偿合同，指仅由当事人一方为给付，另一方不必向对方偿付相应代价的合同。

3. 赠与合同是单务合同

赠与合同是单务合同，指仅由当事人一方负有债务，另一方不负债务，或者另一方虽负有债务但无对价关系的合同。

4. 赠与合同为诺成合同

赠与合同为诺成合同，指当事人之间意思表示一致，即能成立的合同。它以当事人的合意为成

立要件。

5. 赠与合同为不要式合同

赠与合同为不要式合同，指法律没有要求必须具备特定的形式的合同。不要式合同不排斥合同采用书面、公证等形式，只是合同的形式不影响合同的成立。依照法律的规定，赠与合同为不要式合同。赠与合同既可采用口头形式，又可采用书面形式或者在合同订立后办理公证证明。无论采用何种形式，也无论是否经过公证，都不影响赠与合同的成立。

(二) 赠与合同的效力

赠与合同的效力即赠与当事人双方的权利和义务，由于赠与合同为单务合同，故赠与合同的效力主要表现为赠与人所负担的合同义务。赠与人的义务主要有以下几项。

1. 转移赠与标的物的义务

赠与合同依法成立后，赠与人有向受赠人转移财产权利的义务，如赠与的财产依法需要办理登记或者其他手续的，应当办理有关手续。

2. 瑕疵担保义务

(1) 赠与的财产有瑕疵的，赠与人原则上不承担责任。

(2) 附义务的赠与中，赠与的财产如有瑕疵的，赠与人需要在受赠人所附义务的限度内承担与出卖人相同的责任。

(3) 赠与人故意不告知瑕疵或者保证无瑕疵，造成受赠人损失的，应当承担赔偿责任。

(三) 赠与合同的终止

1. 赠与合同的任意撤销

赠与合同的任意撤销是指在赠与合同成立后，赠与财产的权利转移之前，赠与人可以根据自己的意思不再为赠与的行为。但经过公证的赠与合同和具有救灾、扶贫、助残等公益、道德义务性质的赠与合同赠与人不得任意撤销。

2. 赠与合同的法定撤销

赠与合同的法定撤销是指赠与合同成立后，在具备法定情形时，撤销权人可以撤销赠与。法定撤销与任意撤销的区别在于：法定撤销只要具备法定事由，不论何种赠与合同，也不论赠与财产的权利是否转移，撤销权人均可撤销；而任意撤销虽然不需要法定事由，但受到法律的限制。

依赠与撤销权人的不同，法定撤销可以分为赠与人的撤销和赠与人的继承人或法定代理人的撤销两种。

1) 赠与人的撤销

依《民法典》第六百六十三条规定，赠与人撤销赠与应具有以下3种情形：①受赠人严重侵害赠与人或者赠与人近亲属的合法权益；②受赠人对赠与人有扶养义务而不履行；③受赠人不履行赠与合同约定的义务。赠与人的撤销权，自知道或者应当知道撤销原因之日起一年内行使。

2) 赠与人的继承人、法定代理人的撤销

因受赠人的违法行为致使赠与人死亡或者丧失民事行为能力的，其继承人或其法定代理人可以撤销赠与。赠与人的继承人或者法定代理人的撤销权，自知道或者应当知道撤销原因之日起6个月内行使。

3. 赠与合同的法定解除

赠与人的经济状况显著恶化,严重影响其生产经营或者家庭生活的,可以解除赠与合同,不再履行赠与义务。

四、借款合同

(一) 借款合同的概念和特征

借款合同,是指借款人向贷款人借款,到期返还借款并支付利息的合同。其中向对方借款的一方称为借款人,出借钱款的一方称为贷款人。借款合同具有下列特征。

1. 借款合同是以转让货币所有权为目的的合同

由于货币是典型的代替物、消耗物,在任何情形下,货币的支付均发生其所有权的转移。因此,借款合同的目的就是由借款人取得所借货币的所有权。

2. 借款合同是以货币为标的物的合同

借款合同是以货币为标的物的合同,而不包括其他消耗物的借贷。

3. 借款合同的贷款人包括金融机构和自然人

借款合同的当事人包括贷款人和借款人。其中,贷款人可以是金融机构,也可以是自然人。

(二) 借款合同的内容

借款合同的主要内容应当包括以下几个方面。

1. 借款种类

借款种类主要是指金融机构作为贷款人的情况下,根据国家有关规定和资金市场的需求创设的货币商品种类。借款人可以根据自己的需要向贷款人申请某种特定形式的贷款。

2. 币种

币种主要是指借款合同标的是哪一种货币,是人民币还是其他国家或地区的货币。

3. 用途

用途主要是指借款使用的目的和范围。

4. 数额

数额是指借款数量的多少。数量是借款合同的重要内容,是确定资金的给付和计算利息的依据,是借贷双方当事人权利义务的重要标志。在订立借款合同时,没有数额或者数额不清,合同便不能成立。因此,当事人应当在合同中明确借款的总金额以及在分批支付借款时,每一次支付借款的金额,以便于合同的具体履行。

5. 利率

利率是指借款人和贷款人约定的应当收的利息的数额与所借出资金的比率。在我国,国务院批准和授权中国人民银行制定的各种利率为法定利率,具有法定效力,其他任何单位和个人均无权制定和变动,法定利率的公布、实施由中国人民银行总行负责。

6. 期限

期限是指借款人在合同中约定能使用借款的时间。

7. 还款方式

还款方式是指贷款人和借款人约定以什么结算方式偿还借款给贷款人。

(三) 借款合同的分类

借款合同依据贷款人的不同可以分为金融机构借款合同和自然人间的借款合同。二者的区别如下。

前者是有偿合同，后者对支付利息没有明确约定或者约定不明确的，视为不支付利息。

前者为要式合同，后者可以是要式合同也可以是不要式合同。

前者为诺成合同，后者为实践合同，且自贷款人提供借款时成立。

(四) 借款合同当事人的权利和义务

1. 贷款人的义务

贷款人应当按约定提供借款。贷款人未按照约定的日期、数额提供借款，造成借款人损失的，应当赔偿损失。

2. 借款人的义务

(1) 如实提供信息的义务。订立借款合同，借款人应当按照贷款人的要求提供与借款有关的业务活动和财务状况的真实情况。

(2) 收取借款的义务。借款人未按照约定的日期、数额收取借款的，应当按照约定的日期、数额支付利息。

(3) 按照约定使用借款的义务。借款人未按照约定的借款用途使用借款的，贷款人可以停止发放借款、提前收回借款或者解除合同。

(4) 配合监督的义务。贷款人按照约定可以检查、监督借款的使用情况。借款人应当按照约定向贷款人定期提供有关财务会计报表或者其他资料。

(5) 返还本金并依约支付利息的义务。借款人应当按照约定的期限返还借款。对借款期限没有约定或者约定不明确，依法仍不能确定的，借款人可以随时返还；贷款人可以催告借款人在合理期限内返还。

(五) 利息的支付方式

禁止高利放贷，借款的利率不得违反国家有关规定。借款合同对支付利息没有约定的，视为没有利息。借款合同对支付利息约定不明确，当事人不能达成补充协议的，按照当地或者当事人的交易方式、交易习惯、市场利率等因素确定利息。自然人之间借款，视为没有利息。

(1) 借款人应当按照约定的期限支付利息。

(2) 对支付利息的期限没有约定或者约定不明确，依照《民法典》第五百一十条的规定加以确定。

(3) 上述方式仍不能确定，借款期间不满 1 年的，应当在返还借款时一并支付，借款期间 1 年以上的，应当在每届满 1 年时支付，剩余期间不满 1 年的，应当在返还借款时一并支付。

(4) 借款人未按照约定的期限返还借款的，应当按照约定或者国家有关规定支付逾期利息。

(5) 借款的利息不得预先在本金中扣除。利息预先在本金中扣除的，应当按照实际借款数额返还借款并计算利息。

(6) 借款人提前偿还借款的，除当事人另有约定的以外，应当按照实际借款的期间计算利息。

复习思考题

一、单项选择题

1. 下面是关于合同相对性规则的表述，正确的是(　　)。
   A. 合同的相对性是指主体的相对性
   B. 合同的相对性是指内容的相对性
   C. 合同的相对性不仅包括主体的相对性，而且包括内容的相对性和责任的相对性
   D. 合同的相对性仅包括内容的相对性和责任的相对性

2. 下列属于利他合同的是(　　)。
   A. 赠与合同　　　B. 居间合同　　　C. 委托合同　　　D. 人寿保险合同

3. 下列属于要约的是(　　)。
   A. 某股份公司的招股说明书
   B. 某公司在电视台播放的售房广告，但称"价格面议"
   C. 某出租车未打开顶灯，在马路上行驶
   D. 运营中的自动售货机

4. 下列不是要约邀请的是(　　)。
   A. 寄送的价目表　　C. 招股说明书　　B. 拍卖公告　　D. 悬赏广告

5. 受要约人拒绝要约后，在承诺期限内又表示同意的应视为(　　)。
   A. 要约邀请　　　B. 变更承诺　　　C. 发出新的要约　　D. 承诺有效

6. 甲公司在发往乙公司的一信函中称：如果乙公司能在3月15日生产出某种技术先进的产品，则甲将与之订立购买此产品的合同。于是乙公司组织全公司的人力、物力、财力，进行了技术攻关和生产制造，于3月15日前完成了该项工作。于是请求甲公司与其订立合同，但甲公司拒绝与之签订合同，本案中(　　)。
   A. 甲应承担违约责任
   B. 甲应负责赔偿"信赖利益的损失"
   C. 因合同并未成立，甲不负责任
   D. 甲、乙均负有一定责任

7. 当事人对合同中价格或者报酬约定不明确，又不能达成补充协议，根据合同有关条款或交易习惯仍然不能确定的，依法按照下列价格履行(　　)。
   A. 订立合同时履行地的市场价格　　C. 履行合同时订立地的市场价格
   B. 履行合同时履行地的市场价格　　D. 订立合同时订立地的市场价格

8. 一份执行国家定价的购销合同，供方逾期交货，此时货物价格上涨，需方应按(　　)付款。
   A. 原价格　　　B. 市场平均价格　　　C. 新价格　　　D. 双方重新商定价格

9. 甲与乙订立了一份合同，约定甲供给乙围脖200条，总价6万元，但合同未规定围脖的质量标准和等级，也未封存样品。甲如期发货，乙验收后支付了货款。后乙因有20条围脖未能销出，便以产品质量不合格为由，向法院起诉，其诉讼代理人在审理过程中又主张合同无效。本案中，下列选项中表述正确的是(　　)。
   A. 合同不具备质量条款，合同未成立　　B. 合同不具备质量条款，合同无效
   C. 合同有效，但甲应承担违约责任　　　D. 合同有效，甲不应承担违约责任

10. 行使不安抗辩权的一方一定是(　　)。
　　A. 先给付义务人　　B. 第三人　　C. 后给付义务人　　D. 债权人
11. 对下列债务人的哪个权利，债权人可以行使代位权？(　　)
　　A. 人寿保险金　　B. 养老金　　C. 安置费　　D. 让与权
12. 乙欠甲1万元到期未还，甲多次催要，乙均以无钱为由拒绝偿还。现甲得知丙欠乙1万元，也已到期，要求乙向丙催要，乙对此毫无反应。甲可以(　　)。
　　A. 行使不安抗辩权　　　　　　　　B. 行使撤销权
　　C. 请求乙转让债权　　　　　　　　D. 行使代位权

二、多项选择题

1. 下列协议中哪项协议适用民法典体系中的合同法？(　　)
　　A. 甲与乙签订的遗赠扶养协议
　　B. 乙与丙签订的监护责任协议
　　C. 丙与本集团经济组织签订的联产承包协议
　　D. 丁与戊企业签订的企业承包协议
2. 下面是关于诚实信用原则的表述，正确的有(　　)。
　　A. 诚实信用原则贯穿合同的订立、履行、解释等各个环节，但主要体现于履行环节
　　B. 诚实信用原则被称为帝王条款，所以它比其他基本原则的效力高
　　C. 诚实信用原则是指当事人在民事活动中，应诚实守信，不得规避法律规定或合同约定的义务
　　D. 诚实信用原则是道德规范法律化的结果
3. 关于要约内容的哪些变更，构成对要约内容的实质性变更？(　　)
　　A. 合同标的的变更　　　　　　　　C. 合同履行地点和方式的变更
　　B. 合同履行期限的变更　　　　　　D. 争议解决方法的变更
4. 甲企业与乙企业就彩电购销协议进行洽谈，其间，乙采取了保密措施的市场开发计划被甲得知。甲遂推迟与乙签约，开始有针对性地吸引乙的潜在客户，导致乙的市场份额锐减。下列说法哪些是正确的？(　　)
　　A. 甲的行为属于正常的商业竞争行为
　　B. 甲的行为违反了先合同义务
　　C. 甲的行为侵犯了乙的商业秘密
　　D. 甲应承担缔约过失责任
5. 甲乙两公司依法签订了一份购销某产品的合同。该产品依规定须执行国家定价。在乙公司逾期交货的情况下，该产品的价格应如何执行？(　　)
　　A. 遇有价格上涨时，按原价格执行
　　B. 遇有价格上涨时，按新价格执行
　　C. 遇有价格下降时，按新价格执行
　　D. 遇有价格下降时，按原价格执行
6. 合同一方违约时，对方可以同时适用的补救方式包括(　　)。
　　A. 实际履行与解除合同　　　　　　B. 赔偿损失与解除合同
　　C. 违约金与定金　　　　　　　　　D. 赔偿损失与实际履行

7. 下列哪些情形中，赠与人在赠与财产的权利转移前可以撤销赠与？（ ）
   A. 甲赠送乙外国友人一幅中国山水画
   B. 葛某向中国青少年发展基金会捐赠 500 台电脑
   C. 1998 年抗洪期间，某公司捐赠 1000 个活动帐篷给灾民
   D. 甲答应在乙结婚那天赠送一辆奔驰跑车给乙

8. 2003 年甲向乙借款 3000 元，借据中有"借期一年，明年十月十五前还款"字样，落款时间为"癸未年九月二十日"。后来二人就还款期限问题发生争执。法院查明"癸未年九月二十日"即公元 2003 年 10 月 25 日，故认定还款期限为 2004 年 10 月 15 日。法院运用了哪几种合同解释规则？（ ）
   A. 文义解释   B. 整体解释   C. 目的解释   D. 习惯解释

三、名词解释

1. 合同   2. 无名合同   3. 要约   4. 承诺   5. 格式条款   6. 合同解除
7. 代位权   8. 租赁合同

四、简答题

1. 简述要约的失效情形。
2. 简述代位权的行使条件。
3. 简述合同不安抗辩权的适用情形。
4. 简述债权人撤销权行使的条件。
5. 简述提存的原因。
6. 简述违约责任的主要形式。
7. 简述赠与人行使法定撤销权的时间和条件。
8. 简述买卖合同的概念及其特征。

五、案例分析题

1. 郑某于 11 月 1 日在报纸上刊登广告出售某件古画，价金 70 万元。魏某于 11 月 3 日致函于郑某，表示愿意以 50 万元的价格购买。郑某于 11 月 6 日函复降价 5 万元，但应于一周内答复，魏某未为任何表示。到 11 月 26 日，郑某再致函于魏某，愿以 60 万元出售。魏某不知郑某之来信，于 11 月 27 日致函于郑某愿以 60 万元购买。郑某之信于 11 月 28 日上午到达，魏某之信于 11 月 29 日下午到达。郑某发信后，获悉有人愿以高价购买，即于 11 月 27 日下午以特快专递发出撤回之通知，因邮差误投，于 11 月 30 日下午始到达。魏某即发迟到之通知，并请求交付该件古画，并转移所有权。12 月 5 日在郑某、魏某二人履行完毕后，经魏某请专家鉴定，该古画为赝品，仅值 1 万元。而且郑某刊登广告时即明知其是赝品。

根据以上案情回答下列问题：
(1) 郑某于 11 月 1 日在报上刊登广告属于要约还是要约邀请？为什么？
(2) 魏某于 11 月 3 日致函于郑某的行为是什么性质？为什么？
(3) 郑某发出撤回的通知是否生效？为什么？
(4) 魏某与郑某关于买卖古画的合同何时成立？

2. 甲公司与乙公司签订一个供货合同，约定由乙公司在一个月内向甲公司提供一级精铝锭 100 吨，价值 130 万元，双方约定如果乙公司不能按期供货，每逾期一天须向甲公司支付货款价值 0.1%

的违约金。由于组织货源的原因，乙公司在两个月后才给甲公司交付了 100 吨精铝锭，甲公司验货时发现不是一级精铝锭，而是二级精铝锭，就以对方违约为由拒绝付款，要求乙公司支付一个月的违约金 39000 元，并且要求乙公司重新提供 100 吨一级精铝锭。但是乙公司称逾期供货不是自己的过错，而是国家的产业政策调整所致，不应该支付违约金，而且所提供的精铝锭是经过质量检验机构检验合格的产品，甲公司不应当小题大做，现在精铝锭供应比较紧张，根本不可能重新提供精铝锭。甲公司坚持乙公司应当支付违约金和按照合同约定的质量标准履行合同。双方为此发生争议，甲公司起诉至法院，要求乙公司支付违约金和重新履行合同。乙公司在答辩状中称，逾期供货不是自己的本意，也不是自己所能控制得了的，不应当支付违约金，即使支付违约金，也不应当支付 39000 元之多，这个请求不公平。

试分析：

(1) 甲公司与乙公司之间签订的合同是否有效？
(2) 乙公司没有在约定的时间内交付货物是客观原因还是市场原因？
(3) 甲公司要求乙公司支付违约金和重新提供一级品标准的说法有无依据？
(4) 乙公司主张不能按时供应货物有无依据？
(5) 乙公司主张违约金的数额太高了，自己不应当承担这么多的违约金的说法有无依据？

第六章

担保法律制度

> 担保之所以行之有效，关键是允许企业以其资产本身的价值作为降低风险的手段。债权人认识到拟进行的信贷交易中不还款的风险降低，他们更愿意发放信贷，并愿意增加信贷提供量或降低信贷成本。
>
> ——联合国国际贸易法委员会担保交易立法指南

课前导读

现代经济涉及在国内和国际范围内制造和出售动产及提供服务。制造商、出卖人、服务供应商和买受人通常无法满足其在现金方面的所有资金需求。因此，提供信贷，尤其是以尽可能低的成本提供信贷对经济的增长至关重要。如果能尽量降低所提供的信贷成为呆账的风险，出贷人和其他信贷提供人就能最为有效地弥合在需求和可动用资源方面的差距。对债务人的动产(以及不动产)设定担保权可成为减少这一风险的关键要素，因为这种担保权使信贷提供人能够依赖其债务人资产的固有价值作为偿还信贷的替代来源。换言之，设定担保权使得企业和个人在无法以合理费用获得或者根本无法获得无担保信贷的情况下有机会获得信贷。担保法律制度的基本依据在于这样一种前提，即如果能够提供更多的担保信贷，以此作为无担保信贷的一种补充，国家净财富的总和就会增加。

要点提示

1. 理解担保的概念、特征、种类及担保无效的后果
2. 熟练掌握保证、抵押权、质权、留置权等担保方式的概念、特征及效力
3. 掌握担保竞合的规则，能够应用知识解决实际问题

第一节 担保法律制度概述

一、担保的概念和特征

(一) 担保的概念

担保,即债的担保,是促使债务人履行其债务,保障债权人的债权得以实现的法律措施。在民法理论上,债的担保有一般担保和特别担保之分。

1. 债的一般担保

债的一般担保,是由债务人用自己的全部财产对债务的履行承担抽象的担保责任,而不针对特定债权人的债权。不论债权的性质、种类及成立先后,一般担保的效力及于债务人的所有债权人,债务人以其全部财产担保其全部债务的履行。债的一般担保主要是民事责任和债的保全两种制度。但是,由于债务人在经济生活中可能会不断参与新的交易关系,债务也可能随之而不断增加,债务人的清偿能力有可能降低乃至丧失,因此债权人直接面临债权受偿不能或者不能足额受偿的风险。可见,仅有债的一般担保是不够的。在债务人的清偿能力外,债权人要避免其债权不能受偿或者不能足额受偿的危险的发生,有必要借助于法律上的特别担保制度。

2. 债的特别担保

债的特别担保,即通常所说的债的担保制度,是指以第三人的信用或者以特定财产上设定的权利来保障债权实现的一种法律手段。我们所称的债的担保,一般仅指特别担保。其主要方式除了保证、定金、抵押、质押、留置典型担保之外,在《中华人民共和国民法典》(以下简称《民法典》)中还扩大了担保合同的范围,明确融资租赁、保理、所有权保留等非典型担保合同的担保功能。在本书中主要对保证、定金、抵押、质押、留置五种典型担保进行阐述。

自罗马法以来,债的担保制度备受各国立法的重视,并处于不断发展和完善之中。我国民法顺应债的担保制度的发展趋势,在《民法典》出台之前,通过《中华人民共和国合同法》《中华人民共和国物权法》《中华人民共和国担保法》及其司法解释等法律确立了我国的担保法律制度。随着《民法典》在 2021 年 1 月 1 日的正式实施和相关法律的废止,担保制度根据不同担保类型的特性,分布在《民法典》的不同章节当中,我国的担保法律制度在《民法典》中的整合与完善,不仅使得担保制度变得系统和科学,也更加适应我国经济发展的需求。

(二) 担保的法律特征

担保是为了保障债权的实现而设立的。基于这一要求,担保具有以下特征。

(1) 从属性。在任何一个担保方式中都存在着至少两种法律关系,即担保法律关系和被担保的债权法律关系。担保是为了保障主债权而设立的,担保从属于所担保的债权,因此其存在与否取决于主债权的状态。担保的成立以主债权的存在为前提,主债权不存在,担保则不成立;主债权无效,担保也无效;主债权消灭,担保也消灭。《民法典》和《最高人民法院关于适用〈中华人民共和国民法典〉有关担保制度的解释》都坚持了担保的从属性特征。《最高人民法院关于适用〈中华人民共和国民法典〉有关担保制度的解释》第二条规定,当事人在担保合同中约定担保合同的效力独立于主合同,或者约定担保人对主合同无效的法律后果承担担保责任,该有关担保独立性的约定无效。主合同有效的,有关担保独立性的约定无效不影响担保合同的效力;主合同无效的,人民法院应当认定担保合同无效,但是法律另有规定的除外。因金融机构开立的独立保函发生的纠纷,不适用此款规定。

(2) 补充性。担保对债权人权利的实现仅具有补充作用,一般只有在所担保的债务得不到履行时才行使担保权利。担保的设立,使特定的债权人或从第三人的财产中受偿,或从特定财产价值中优先于其他债权人受偿,债的效力得到进一步增强。因此,担保在债务人不履行债务时使债权人的利益得到保障,从而使债的效力得到补充。

(3) 相对独立性。担保的相对独立性,是指担保关系与其所担保债务的关系是不同的法律关系。首先,债务的担保的成立,须有当事人的合意,或者依照法律的规定而发生,与被担保的债权的发生或者成立分属于两个不同的法律关系;其次,担保的范围也不必与所担保债务的范围完全一致;再次,债务的担保有其自己的成立要件和消灭原因。

二、担保的分类

根据不同的标准,担保方式可以有不同的分类。我们介绍几种主要的分类。

(一) 人的担保、物的担保和金钱担保

根据担保标的的不同,可以将担保分为人的担保、物的担保和金钱担保。人的担保是指以第三人的信用作为担保标的的担保,保证属于典型的人的担保。物的担保是指以债务人或者第三人的特定财产作为担保标的的担保,抵押、质权和留置权均属于物的担保。金钱担保是指以一定数额的金钱作为担保标的的担保,定金属于典型的金钱担保。

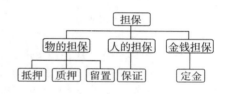

(二) 约定担保和法定担保

根据担保设定的依据来划分,可以将担保划分为约定担保和法定担保。约定担保是指当事人为保障债权的实现而自愿设定的担保,如典型担保中的保证、抵押、质押和定金均属于约定担保;非典型担保中的所有权保留、融资租赁、保理、让与担保等也属于约定担保。法定担保是指法律为特别保护某种债权而直接规定的担保,只要具备法律规定的条件,法定担保即可产生,留置权即为法定担保。

(三) 典型担保与非典型担保

根据法律上规定的适用与类型化的程度,担保可以分为典型担保和非典型担保。典型担保,是指法律明确规定的、规则明确的担保方式。在我国保证、抵押、质押、留置和定金都是典型的担保方式,除此以外,其他法律规定的一些担保方式也应属于典型担保方式。例如《中华人民共和国海商法》中规定的船舶优先权、《中华人民共和国民用航空法》中规定的民用航空器优先权等,其适用范围尽管有限,但因为法律明确规定为担保方式,故也属于典型担保。非典型担保,是指法律上未明确规定为担保、不具有典型担保意义,但是可以发挥担保功能的所有权保留、融资租赁、保理、让与担保、保证金等。

(四) 单独担保与共同担保

根据担保人的人数或者担保物的数量,担保可以分为单独担保与共同担保。单独担保是指担保人为一人或者担保物为一物的担保。单独担保仅涉及担保人与债权人、债务人之间的关系,不涉及

担保人之间的关系，在担保方式中，单独担保比较常见。

共同担保是指担保人为两人以上或者担保物为两物以上的担保。在共同担保中，由于担保人或者担保物较多，因而更有利于债权的受偿。提供担保的第三人承担担保责任后，有权向债务人进行追偿。同时，某一担保人在承担担保责任后，又涉及向其他担保人追偿的问题，按照下列规则进行处理：

(1) 同一债务有两个以上第三人提供担保，担保人之间约定相互追偿及分担份额，承担了担保责任的担保人请求其他担保人按照约定分担份额的，人民法院应予支持；

(2) 担保人之间约定承担连带共同担保，或者约定相互追偿但是未约定分担份额的，各担保人按照比例分担向债务人不能追偿的部分；

(3) 同一债务有两个以上第三人提供担保，担保人之间未对相互追偿做出约定且未约定承担连带共同担保，但是各担保人在同一份合同书上签字、盖章或者按指印，承担了担保责任的担保人请求其他担保人按照比例分担向债务人不能追偿部分的，人民法院应予支持。

除上述的情形外，承担了担保责任的担保人请求其他担保人分担向债务人不能追偿部分的，人民法院不予支持。

(五) 反担保

《民法典》第三百八十七条第二款规定："第三人为债务人向债权人提供担保的，可以要求债务人提供反担保。反担保适用本法和其他法律的规定。"《民法典》六百八十九条规定："保证人可以要求债务人提供反担保。"反担保是指债务人或者第三人为确保担保人承担担保责任后实现对主债务人的追偿权而设定的担保。反担保并非一种独立的担保方式，而是相对于本担保而设的一种担保。第三人(担保人)为债务人向债权人提供担保时，由债务人或者其他第三人向担保人提供担保，担保的对象是担保人向债权人承担担保后，担保人不能向债务人追偿时，由反担保人负责清偿该追偿责任，或就第三人、债务人的特定财产进行优先受偿。

反担保的方式在实践中运用较多的是保证、抵押和质押。因为留置权属于法定的担保物权，而反担保产生于约定，所以留置权不能作为反担保的方式。定金虽然在理论上可以作为反担保方式，但是因为定金的支付往往会进一步削弱债务人向债权人支付价款或酬金的能力，而且往往定金的数额与本担保的数额不成比例，起不到担保的作用，所以实践中极少采用。反担保人为债务人时，反担保的方式可以是抵押或者质押；反担保人是第三人时，反担保的方式可以是保证、抵押或者质押。

三、担保合同的无效与责任承担

(一) 担保合同的有效要件

法定担保不需要当事人之间订立担保合同，而是直接根据法律的规定产生担保法律关系。约定担保通过合同设立，担保合同是一种双方民事行为，因此，担保合同的有效要件包括如下几项。

(1) 当事人具有相应的民事行为能力。担保权人作为主合同的债权人，只要具有主债权人资格，即可成为担保权人。无论是债务人还是第三人作为担保人，均需具有担保能力。就人的担保而言，担保人不仅需具有民事行为能力，而且还需要有可成为保证人的资格。凡是法律规定不得成为保证人的，不具有保证人的资格。就物的担保而言，担保人不仅需具有民事行为能力，还需要对担保财产有处分权利。同时法律对担保人的资格有特殊要求的，担保人只有具备了这种资格，才能具备担保能力。

(2) 当事人的意思表示真实。担保合同是当事人意思表示一致的结果，而且是自愿协商的结果，因此，保证合同当事人的意思表示必须真实，表示行为必须与内心意思一致。

(3) 不违反法律、行政法规的强制性规定，不违背公序良俗。其主要是指合同的内容、目的及形式合法。如果内容、目的或者形式违反法律、行政法规的强制性规定，或者违反社会公共利益和社会公德，则担保合同无效。

(二) 担保合同无效的法律责任

担保合同应当具备法律所规定的有效要件，才能发生法律效力。同时担保合同是主合同的从合同，因此，主合同无效也将导致担保合同无效。担保合同无效将导致不能发生当事人预期的法律后果，即不能在当事人之间产生担保的权利和义务。但是，却并非不发生任何法律后果。一般来说，在担保合同无效后，当事人之间会发生民事责任关系。

1. 主合同无效而导致担保合同无效

《民法典》第三百八十八条规定："设立担保物权，应当依照本法和其他法律的规定订立担保合同。担保合同包括抵押合同、质押合同和其他具有担保功能的合同。担保合同是主债权债务合同的从合同。主债权债务合同无效的，担保合同无效，但是法律另有规定的除外。担保合同被确认无效后，债务人、担保人、债权人有过错的，应当根据其过错各自承担相应的民事责任。"《民法典》第六百八十二条规定："保证合同是主债权债务合同的从合同。主债权债务合同无效的，保证合同无效，但是法律另有规定的除外。保证合同被确认无效后，债务人、保证人、债权人有过错的，应当根据其过错各自承担相应的民事责任。"根据担保的从属性，主合同无效，担保合同当然无效，不允许当事人通过约定使担保的效力独立于主合同，法律另有规定的除外。

在主合同无效而导致担保合同无效的情况下，担保人应该承担什么样的民事责任呢？《最高人民法院关于适用〈中华人民共和国民法典〉有关担保制度的解释》第十七条第二款做出了具体规定："主合同无效导致第三人提供的担保合同无效，担保人无过错的，不承担赔偿责任；担保人有过错的，其承担的赔偿责任不应超过债务人不能清偿部分的三分之一。"

2. 主合同有效而第三人提供的担保合同无效

担保合同的效力除了受被担保的主合同的效力的影响外，还可能因自身不符合相关的法律规定而无效。根据《民法典》和《最高人民法院关于适用〈中华人民共和国民法典〉有关担保制度的解释》的有关规定，存在以下情况的担保合同无效。

(1) 机关法人提供担保的，人民法院应当认定担保合同无效，但是经国务院批准为使用外国政府或者国际经济组织贷款进行转贷的除外。居民委员会、村民委员会提供担保的，人民法院应当认定担保合同无效，但是依法代行村集体经济组织职能的村民委员会，依照村民委员会组织法规定的讨论决定程序对外提供担保的除外。

(2) 以公益为目的的非营利性学校、幼儿园、医疗机构、养老机构等提供担保的，人民法院应当认定担保合同无效，但是有下列情形之一的除外：①在购入或者以融资租赁方式承租教育设施、医疗卫生设施、养老服务设施和其他公益设施时，出卖人、出租人为担保价款或者租金实现而在该公益设施上保留所有权；②以教育设施、医疗卫生设施、养老服务设施和其他公益设施以外的不动产、动产或者财产权利设立担保物权。

登记为营利法人的学校、幼儿园、医疗机构、养老机构等提供担保，当事人以其不具有担保资格为由主张担保合同无效的，人民法院不予支持。

(3) 以法律、法规禁止流通的财产或者不可转让的财产设定担保的，担保合同无效。

《最高人民法院关于适用〈中华人民共和国民法典〉有关担保制度的解释》第十七条第一款规定，主合同有效而第三人提供的担保合同无效，人民法院应当区分不同情形确定担保人的赔偿责任：①债权人与担保人均有过错的，担保人承担的赔偿责任不应超过债务人不能清偿部分的二分之一；②担保人有过错而债权人无过错的，担保人对债务人不能清偿的部分承担赔偿责任；③债权人有过错而担保人无过错的，担保人不承担赔偿责任。

担保合同无效，承担了赔偿责任的担保人，可以在其承担责任的范围内向债务人追偿或者按照反担保合同的约定，在其承担赔偿责任的范围内请求反担保人承担担保责任。同一债权既有债务人自己提供的物的担保，又有第三人提供的担保，承担了赔偿责任的第三人，主张行使债权人对债务人享有的担保物权的，人民法院应予支持。

【例6-1】甲欠乙债务1 000万元，丙以一栋违法建筑提供抵押，乙明知其为一栋违法建筑而接受，后甲偿还600万，余下债务不能偿还，而该抵押合同被宣告无效。问：丙承担的赔偿责任最高为多少？
【解析】200万元。主合同有效而保证合同无效且债权人、担保人均有过错的，担保人承担民事责任的部分，不应超过债务人不能清偿部分的1/2。

四、担保法律规范概述

我国规范担保关系的法律规范主要集中在《民法典》中，但是未设立独立的担保编，而是分布于不同章节。其中的抵押、质押和留置权规定在《民法典》物权编第四分编担保物权中，而定金规定在合同编通则分编第八章违约责任中，保证与所有权保留、融资租赁合同、保理合同规定在合同编第二分编典型合同中。最高人民法院按照"统一规划、分批制定，急用现行、重点推进"的原则，制定了与民法典配套的第一批新的司法解释，于2021年1月1日与《民法典》同步实行，其中的《最高人民法院关于适用〈中华人民共和国民法典〉有关担保制度的解释》根据《民法典》对司法实践中有关担保可能出现的问题做了具体规定。

在本章中会介绍典型担保中的保证、抵押、质押和留置，而定金在合同法律制度中违约责任部分进行学习。

第二节　保　　证

一、保证的概念和特征

（一）保证的概念

《民法典》第六百八十一条规定："保证合同是为保障债权的实现，保证人和债权人约定，当债务人不履行到期债务或者发生当事人约定的情形时，保证人履行债务或者承担责任的合同。"由此可见，保证是第三人与主合同的债权人之间订立保证合同约定，当债务人不履行到期债务或者发生当事人约定的情形时，保证人履行债务或者承担责任的一种担保方式。与债权人签订保证合同，提供担保的第三人称为保证人。

（二）保证的特征

（1）保证是人的担保方式。保证不是以担保人的特定财产作为担保的对象，而是以担保人的不特定财产担保债务人履行义务，即以担保人的全部财产、担保人的信用为对象来设定担保。

（2）保证是由第三人提供的担保。在一个债权债务关系中，债务人负有一项基本义务，即以自己全部的财产保障履行债务。因此，债务人是不能以其不特定财产为自己设定一个保证担保的，保证必须由债务人以外的第三人提供。

（3）保证具有从属性。保证是为了担保债权的受偿而由债务人以外的第三人提供的担保，其效力受被担保债权效力的影响。一般而言，保证的发生、生效、转移或者消灭均从属于被担保的债权，保证债务的范围和强度也从属于主债务。《民法典》第六百八十二条规定："保证合同是主债权债务合同的从合同。主债权债务合同无效的，保证合同无效，但是法律另有规定的除外。保证合同被确认无效后，债务人、保证人、债权人有过错的，应当根据其过错各自承担相应的民事责任。"如果当事人对担保责任的承担约定专门的违约责任，或者约定的担保责任范围超出债务人应当承担的责任范围，担保人主张仅在债务人应当承担的责任范围内承担责任的，人民法院应予支持。担保人承担的责任超出债务人应当承担的责任范围，担保人向债务人追偿，债务人主张仅在其应当承担的责任范围内承担责任的，人民法院应予支持；担保人请求债权人返还超出部分的，人民法院依法予以支持。

（4）保证具有补充性。保证不仅是对主债务的加强，而且是对主债务的一种补充。因为只有"当债务人不履行债务时"，保证人才"按约定履行债务或者承担责任"，所以保证具有补充性。

二、保证合同

保证合同，是指保证人与债权人订立的，在主债务人不履行其债务时或者发生当事人约定的情形时，由保证人承担保证债务的协议。除了主债务人不履行债务之外，当事人可以在保证合同中对保证人履行债务或者承担责任的情形作出约定。保证合同为单务、无偿、诺成、要式及附从性合同。保证合同是担保合同的一种，因此，担保合同的有效要件及无效的责任等有关内容亦适用于保证合同。

【例6-2】张三为了扩大生意，欲向李四借款20万。同时，张三请王五作保证人，王五不愿意，张三承诺，若王五同意作保证人愿意支付报酬3000元，于是王五同意，与李四签订保证合同。思考一下：此保证合同是不是无偿、单务合同？

【解析】仍然是无偿、单务合同。保证合同是李四与王五之间的合同，与张三是否向王五支付报酬没有关系，是另一种法律关系。

（一）保证合同的当事人

保证合同是为保障债权的实现，保证人和债权人约定，当债务人不履行到期债务或者发生当事人约定的情形时，保证人履行债务或者承担责任的合同。所以保证的当事人为保证人与债权人，保证合同的债权人就是主债的债权人，保证人为主合同债权人、债务人之外的第三人。保证人可以是自然人、法人、其他组织，范围十分广泛，但并非任何一个民事主体都适合担任保证人。对此，《民法典》规定，下列组织不能担任保证人。

（1）未经国务院批准的机关法人。机关法人的职能是为了维持社会的正常秩序，为了实现其职能，各国家机关都会享有国家拨付的经费。如果允许机关法人担当保证人，在债务人到期不履行债务时，机关法人就必须用经费来承担保证责任，这就必然严重影响其职能的实现。因此，机关法人不得为保证人，但是经国务院批准为使用外国政府或者国际经济组织贷款进行转贷的除外。居民委员会、村民委员会不能做保证人，但是依法代行村集体经济组织职能的村民委员会，依照村民委员会组织法规定的讨论决定程序对外提供担保的除外。

(2) 以公益为目的的非营利法人、非法人组织。为了公共利益而设立的非营利法人、非法人组织的活动范围是有严格限制的，不得从事与社会公益事业无关的经济活动。以担保债权实现为目的的保证则是一种典型的经济行为，如果允许以公益为目的的非营利法人、非法人组织担当保证人，就可能会对公共利益产生损害。因此，我国《民法典》第六百八十三条第二款明确规定："以公益为目的的非营利法人、非法人组织不得为保证人。"只有以公益为目的的非营利法人、非法人组织不得为保证人，所以登记为营利法人的学校、幼儿园、医疗机构、养老机构等做保证人是可以的，如无其他导致保证合同无效的情形，当事人以其不具有担保资格为由主张担保合同无效的，人民法院不予支持。

(二) 保证合同的形式与内容

要订立一个有效的保证合同，除了应具备订立保证合同的实质条件外，合同的形式也应符合法律的规定，即签订书面保证合同。我国《民法典》第六百八十五条规定："保证合同可以是单独订立的书面合同，也可以是主债权债务合同中的保证条款。第三人单方以书面形式向债权人作出保证，债权人接收且未提出异议的，保证合同成立。"根据法律规定，保证合同的书面形式主要包括3种情况。①保证人与债权人订立单独的保证合同，包括合同书、信件和数据电文等。②以主合同的保证条款形式订立的保证合同。此时保证合同与主合同虽然共存于同一合同文书中，但是保证合同仍然是一个独立的合同。③第三人单方以书面形式向债权人作出保证，债权人接收且未提出异议。《民法典》第六百八十五条吸收了原《担保法》第九十三条和《最高人民法院关于适用〈中华人民共和国担保法〉若干问题的解释》第二十二条第一款的规定并予以整合完善。但是，没有吸收《最高人民法院关于适用〈中华人民共和国担保法〉若干问题的解释》第二十二条第二款的规定，即在主合同中虽然没有保证条款，但是保证人在主合同上以保证人的身份签字或者盖章的，保证合同成立。这也体现了《民法典》由原来的优先保护债权人利益向优先保护保证人利益的转变。

保证合同的内容，也就是保证合同的条款。我国《民法典》第六百八十四条规定，保证合同应当包括以下内容：①被保证的主债权种类、数额；②债务人履行债务的期限；③保证的方式；④保证担保的范围；⑤保证的期间；⑥双方需要约定的其他事项。

保证合同的内容是确定保证当事人双方权利义务的依据，因此，保证合同的内容应当完全、具体、明确，以避免双方发生歧义。但《民法典》第六百八十四条中规定的内容并不全是保证合同的必要条款。即使合同中不完全包括前述的内容，保证合同也仍然可有效成立，在合同订立后，双方可以就合同的有关内容予以补充或者由法律进行推定。

【例6-3】甲向乙借款10万，乙要求甲提供担保，甲分别找到朋友丙、丁、戊、己，他们分别做出以下表示，其中哪些构成保证？(   )
A. 丙在甲向乙出具的借据上签署"保证人丙"
B. 丁向乙出具字据称"如果甲到期不向乙还款，本人愿代还5万元"
C. 戊向乙出具字据称"如果甲到期不向乙还款，由本人负责"
D. 己向乙出具字据称"如果甲到期不向乙还款，由本人以某处私房抵债"

【解析】BC。B 选项中债权人与保证人的约定限定了承担责任的份额,这是允许的。D 项只具有合同法的效力,不属于任何一种担保类型。

三、保证方式和保证责任

(一) 保证方式

保证方式是保证人承担保证责任的方式,按照不同标准,保证方式可以做不同的划分。

1) 保证方式在我国现行法上分为一般保证和连带责任保证

当事人在保证合同中约定,债务人不能履行债务时,由保证人承担保证责任的,为一般保证。当事人在保证合同中约定了保证人在债务人不能履行债务或者无力偿还债务时才承担保证责任等类似内容,具有债务人应当先承担责任的意思表示的,人民法院应当将其认定为一般保证。连带责任保证是指在保证合同中约定保证人与债务人对债务承担连带责任的保证方式。当事人在保证合同中约定了保证人在债务人不履行债务或者未偿还债务时即承担保证责任、无条件承担保证责任等类似内容,不具有债务人应当先承担责任的意思表示的,人民法院应当将其认定为连带责任保证。

一般保证和连带责任保证的区别在于债权人对保证人是否享有先诉抗辩权。先诉抗辩权,即在主合同纠纷未经审判或仲裁,并就主债务人财产依法强制执行仍不能履行债务前,对债权人可以拒绝承担保证责任。一般保证人享有先诉抗辩权,但有下列情况之一的,保证人不得行使先诉抗辩权:①债务人下落不明,且无财产可供执行;②人民法院已经受理债务人破产案件;③债权人有证据证明债务人的财产不足以履行全部债务或者丧失履行债务能力;④保证人书面表示放弃规定的权利。

【例6-4】一般保证人不能行使先诉抗辩权的情形包括(   )。
A. 债务人下落不明,且无财产可供执行
B. 人民法院已经受理债务人破产案件
C. 债权人有证据证明债务人的财产不足以履行全部债务或者丧失履行债务能力
D. 保证人书面表示放弃规定的权利
【解析】ABCD。依据是《民法典》第六百八十七条规定。

连带责任保证的债务人在主合同规定的债务履行期届满没有履行债务的,债权人可以要求债务人履行债务,也可以要求保证人在其保证范围内承担保证责任,也可以一并要求债务人、保证人承担连带责任。因此,在连带责任保证中,保证人不享有先诉抗辩权。在连带保证中,债权人可以单独起诉债务人,也可以单独起诉保证人,也可以将债务人、保证人列为共同被告。

保证人以何种方式承担保证责任,由当事人在保证合同中约定。但是在实践中,经常出现当事人在签订保证合同时并没有约定保证人应承担何种责任。对此,我国《民法典》第六百八十六条规定:"当事人在保证合同中对保证方式没有约定或者约定不明确的,按照一般保证承担保证责任。"即保证合同未约定或者约定不明的,推定当事人之间成立一般保证。当事人在保证合同中对保证方式没有约定或者约定不明确的,按照一般保证承担保证责任,这是民法典对于担保方式推定规则的重大变化。

2) 从保证人的数量角度来看,保证方式可分为单独保证和共同保证

单独保证也称一人保证,指只有一个人的保证;共同保证,是指两个或两个以上的保证人担保同一债权的保证。通常所说的保证为单独保证。对于保证人为两个以上的共同保证,我国《民法典》第六百九十九条规定:"同一债务有两个以上保证人的,保证人应当按照保证合同约定的保证份额,

承担保证责任；没有约定保证份额的，债权人可以请求任何一个保证人在其保证范围内承担保证责任。"对于共同保证中的责任承担，可以分为按份共同保证和连带共同保证。

(1) 按份共同保证，即保证人与债权人约定了各个保证人所承担的保证份额的，债权人只能在约定的份额内向各个保证人请求承担保证责任。

(2) 连带共同保证，即各共同保证人与债权人之间并未就保证责任的份额做出约定，各个保证人对全部债务代为履行或者承担连带清偿责任的共同保证。债权人可以请求任何一个保证人在其保证范围内承担保证责任。

(3)《民法典》第七百条规定："保证人承担保证责任后，除当事人另有约定外，有权在其承担保证责任的范围内向债务人追偿，享有债权人对债务人的权利，但是不得损害债权人的利益。"所谓"享有债权人对债务人的权利"指保证人取得债权人对债务人享有的权利，也取得与债权有关的从权利。"不得损害债权人利益"可以理解为保证人享有的承担担保责任后的对债务人的追偿权劣后于债权人的债权。

保证人承担保证责任后，除当事人另有约定外，有权在其承担保证责任的范围内向债务人追偿，保证人承担担保责任后只有在以下两种情况下可以向其他保证人进行追偿。

第一，同一债务有两个以上保证人的，保证人之间约定相互追偿及分担份额，承担了担保责任的保证人请求其他保证人按照约定分担份额的，人民法院应予支持；保证人之间约定承担连带共同保证，或者约定相互追偿但是未约定分担份额的，各保证人按照比例分担向债务人不能追偿的部分。

第二，同一债务有两个以上保证人，保证人之间未对相互追偿作出约定且未约定承担连带共同保证，但是各保证人在同一份合同书上签字、盖章或者按指印，承担了担保责任的保证人请求其他保证人按照比例分担向债务人不能追偿部分的，人民法院应予支持。

(二) 保证责任

1. 保证责任的内容

保证责任又称为保证债务或保证义务，是指保证人依照保证合同的约定，当债务人不履行到期债务或者发生当事人约定的情形时，向债权人承担的代主债务人履行债务或赔偿损失的义务。保证人承担何种内容的保证责任，当事人可在合同中约定。但是，只有非专属性的债务，才可由他人代为履行。所以，当事人仅能对非专属性的主债务，约定保证人负履行责任。若主债务是专属性债务，当事人不能约定保证人负履行责任，即使当事人在保证合同中有保证人负代为履行责任的约定，该约定也为无效。保证人在债务人不履行债务时仍不能承担实际履行的责任，而仅能承担主债务不履行的赔偿责任。

2. 保证责任的范围

保证责任的范围即保证人所要承担的法律责任的大小。关于保证责任的范围，我国《民法典》第六百九十一条规定："保证的范围包括主债权及其利息、违约金、损害赔偿金和实现债权的费用。当事人另有约定的，按照其约定。"

《民法典》规定的保证责任的最大范围包括主债权及利息、违约金、损害赔偿金和实现债权的费用。如果当事人约定承担全部保证责任，或者当事人没有约定保证责任的范围，则保证责任的范围包括上述各项内容。当事人对保证责任的承担约定专门的违约责任，或者约定的保证责任范围超出债务人应当承担的责任范围，保证人主张仅在债务人应当承担的责任范围内承担责任的，人民法院应予支持。

保证人承担的责任超出债务人应当承担的责任范围，保证人向债务人追偿，债务人主张仅在其应当承担的责任范围内承担责任的，人民法院应予支持；保证人请求债权人返还超出部分的，人民法院依法予以支持。

3. 主债的转让、变更与保证责任的承担

保证作为一种担保方式具有从属性的特点，其效力受主债权效力的影响。在主债的当事人或主债的内容发生变动时，保证责任的范围也可能随之发生变动。

1) 主债权的转让与保证责任的承担

根据债的一般原理，债权转让无须债务人的同意，债权人与债权受让人意思表示一致，债权转让即可成立。由于债权转让仅仅只是变更债权人，不会改变原债权的实质内容，不会加重保证人保证责任，不会影响保证人与债务人原有的关系。《民法典》第六百九十六条规定："债权人转让全部或者部分债权，未通知保证人的，该转让对保证人不发生效力。保证人与债权人约定禁止债权转让，债权人未经保证人书面同意转让债权的，保证人对受让人不再承担保证责任。"债权转让自债权人与受让人达成转让协议即可发生转让效力，无须保证人同意，但是如果没有通知保证人，则转让对保证人不发生效力。如果保证人与债务人事先约定禁止债权转让的，保证人对未经其书面同意转让的债权不再承担保证责任。

2) 主债务的转让与保证责任的承担

根据债的一般原理，债务人转让债务一般需要经债权人的同意。对于无保证的债务，债务的转让会影响债权人的利益，因此必须经债权人的同意方能转让；对于有保证的债务，债务的转让还会影响保证人的利益。因此，《民法典》第六百九十七条规定："债权人未经保证人书面同意，允许债务人转移全部或者部分债务，保证人对未经其同意转移的债务不再承担保证责任，但是债权人和保证人另有约定的除外。第三人加入债务的，保证人的保证责任不受影响。"债务的转让包括全部转让和部分转让，保证人对未经其书面同意的债务的全部转让，不再承担保证责任。保证期间，债权人许可债务人转让部分债务未经保证人书面同意的，保证人对未经其书面同意转让部分的债务，不再承担保证责任。但是，保证人仍应当对未转让部分的债务承担保证责任。

3) 主债的变更与保证责任

保证责任的确定一般是以主债权的内容为标准，如果主债权的内容发生变更，如延长债务人的履行时间等，将会影响保证责任的范围。对此，《民法典》第六百九十五条规定："债权人和债务人未经保证人书面同意，协商变更主债权债务合同内容，减轻债务的，保证人仍对变更后的债务承担保证责任；加重债务的，保证人对加重的部分不承担保证责任。债权人和债务人变更主债权债务合同的履行期限，未经保证人书面同意的，保证期间不受影响。"主债变更对保证的影响如表6-1所示。

表6-1 主债变更对保证的影响

主债权转让	原则上保证责任不变，未通知保证人的，该转让对保证人不发生效力
	例外：保证人与债权人约定禁止债权转让，债权人未经保证人书面同意转让债权的，保证人对受让人不再承担保证责任
主债务转让	(1) 除非经保证人书面同意，否则部分转让，保证人部分免责；全部转让，保证人全部免责
	(2) 第三人加入债务的，保证人的保证责任不受影响
主债内容变更	(1) 债权人和债务人未经保证人书面同意，协商变更主债权债务合同内容，减轻债务的，保证人仍对变更后的债务承担保证责任；加重债务的，保证人对加重的部分不承担保证责任
	(2) 债权人和债务人变更主债权债务合同的履行期限，未经保证人书面同意的，保证期间不受影响

主债内容变更	(3) 主合同当事人协议以新贷偿还旧贷，债权人请求旧贷的保证人承担担保责任的，人民法院不予支持；债权人请求新贷的担保人承担担保责任的，按照下列情形处理：①新贷与旧贷的担保人相同的，人民法院应予支持；②新贷与旧贷的担保人不同，或者旧贷无担保新贷有担保的，人民法院不予支持，但是债权人有证据证明新贷的担保人提供担保时对以新贷偿还旧贷的事实知道或者应当知道的除外

4. 保证期间

保证期间是确定保证人承担保证责任的期间。在保证期间内，债权人有权要求保证人承担保证责任，超过保证责任期间，保证人无须再承担保证责任。保证期间不发生中止、中断和延长。

1) 保证期间的种类

(1) 债权人与保证人可以约定保证期间，但是约定的保证期间早于主债务履行期限或者与主债务履行期限同时届满的，视为没有约定；没有约定或者约定不明确的，保证期间为主债务履行期限届满之日起六个月。

(2) 保证合同约定保证人承担保证责任直至主债务本息还清时为止等类似内容的，视为约定不明，保证期间为主债务履行期限届满之日起六个月。

债权人与债务人对主债务履行期限没有约定或者约定不明确的，保证期间自债权人请求债务人履行债务的宽限期届满之日起计算。

2) 保证期间的经过及效果

(1) 一般保证保证期间的经过。根据《民法典》第六百九十三条第一款的规定，一般保证的债权人未在保证期间对债务人提起诉讼或者申请仲裁的，保证人不再承担保证责任。反过来，债权人向债务人提起了诉讼或者仲裁，也就意味着保证人需要承担保证责任。一般保证的债权人在保证期间内对债务人提起诉讼或者申请仲裁后，又撤回起诉或者仲裁申请，债权人在保证期间届满前未再行提起诉讼或者申请仲裁，保证人主张不再承担保证责任的，人民法院应予支持。

(2) 连带保证保证期间的经过。根据《民法典》第六百九十三条第二款的规定，连带责任保证的债权人未在保证期间请求保证人承担保证责任的，保证人不再承担保证责任。连带责任保证的债权人在保证期间内对保证人提起诉讼或者申请仲裁后，又撤回起诉或者仲裁申请，起诉状副本或者仲裁申请书副本已经送达保证人的，人民法院应当认定债权人已经在保证期间内向保证人行使了权利。

3) 保证期间与保证债务诉讼时效期间的关系

一般保证的债权人在保证期间届满前对债务人提起诉讼或者申请仲裁的，从保证人拒绝承担保证责任的权利消灭之日起，开始计算保证债务的诉讼时效。连带责任保证的债权人在保证期间届满前请求保证人承担保证责任的，从债权人请求保证人承担保证责任之日起，开始计算保证债务的诉讼时效。

一般保证中，主债务诉讼时效中断，保证债务诉讼时效中断；连带责任保证中，主债务诉讼时效中断，保证债务诉讼时效不中断。一般保证和连带责任保证中，主债务诉讼时效中止的，保证债务的诉讼时效同时中止。

5. 保证责任的免除和消灭

保证责任的免除和消灭是指保证人因有法定的事由而不再承担保证责任。根据《民法典》及其解释，保证人除了保证合同无效不需要承担保证责任之外，在下列情形下可不再承担保证责任。

(1) 保证期间届满，一般保证中债权人未对债务人提起诉讼或者仲裁，一般保证人免除保证责任；连带保证中债权人未请求保证人承担保证责任的，连带责任保证人免除保证责任。

(2) 一般保证的保证人在主债务履行期限届满后，向债权人提供债务人可供执行财产的真实情况，债权人放弃或者怠于行使权利致使该财产不能被执行的，保证人在其提供可供执行财产的价值范围内不再承担保证责任。

(3) 债务人对债权人享有抵销权或者撤销权的，保证人可以在相应范围内拒绝承担保证责任。

(4) 债权人未经保证人书面同意，允许债务人转移全部或者部分债务，保证人对未经其同意转移的债务不再承担保证责任，但是债权人和保证人另有约定的除外。

(5) 主合同当事人协议以新贷偿还旧贷，债权人请求旧贷的担保人承担担保责任的，人民法院不予支持。

(6) 债权人知道或者应当知道债务人破产，既未申报债权也未通知担保人，致使担保人不能预先行使追偿权的，担保人就该债权在破产程序中可能受偿的范围内免除担保责任，但是担保人因自身过错未行使追偿权的除外。

(7) 同一债务有两个以上保证人，保证人之间相互有追偿权，债权人未在保证期间内依法向部分保证人行使权利，导致其他保证人在承担保证责任后丧失追偿权，其他保证人主张在其不能追偿的范围内免除保证责任的，人民法院应予支持。

(8) 债权人在保证期间内未依法行使权利的，保证责任消灭。保证责任消灭后，债权人书面通知保证人要求承担保证责任，保证人在通知书上签字、盖章或者按指印，债权人请求保证人继续承担保证责任的，人民法院不予支持，但是债权人有证据证明成立了新的保证合同的除外。

【例6-5】甲、乙于2018年10月5日签订一份借款合同，丙作为担保方在借款合同上签字。合同约定乙的还款日期为2019年2月5日，到期未还由丙对借款本金500万元承担连带责任。2018年12月1日，甲、乙双方经协商将还款期延至2019年4月5日，并通知丙，丙对此未置可否。2019年5月1日，甲因乙未按期还款而首次要求丙偿还借款本息。根据上述案情，请回答下列问题。

(1) 就保证范围而言，丙对本金的利息是否需要承担保证责任？
(2) 由于丙对延期还款未置可否，丙是否需要继续承担保证责任？
(3) 根据约定的保证方式，甲应该怎样主张权利？
(4) 若丙不同意变更还款期，则甲向丙主张权利的保证期间止于什么时候？

【解析】(1) 不应该承担。根据合同约定，到期未还由丙对借款本金500万元承担连带责任。根据《民法典》第六百九十一条规定，保证的范围包括主债权及其利息、违约金、损害赔偿金和实现债权的费用。当事人另有约定的，按照其约定。案例中当事人约定丙对借款本金500万元承担连带责任，所以丙不需要对利息承担责任。

(2) 需要。根据《民法典》六百九十五条第二款规定，债权人和债务人变更主债权债务合同的履行期限，未经保证人书面同意的，保证期间不受影响，所以保证人仍需在原保证期间承担责任。

(3) 合同约定的是承担"连带责任"，丙承担的是"连带责任保证"。只要债务人在主合同规定的债务履行期限届满时没有履行债务的，债权人可要求债务人承担保证责任或者直接要求保证人在其保证范围内承担保证责任。

(4) 保证人与债权人未约定保证期间的，法律规定的保证期间为主债务履行期届满之日起6个月。

四、保证人的权利

(一) 保证人的抗辩权

保证人的抗辩权包括专属于保证人自己的抗辩权和保证人享有的债务人的抗辩权。专属于保证人的抗辩权主要指一般保证人享有的先诉抗辩权。债务人的抗辩权是指债权人行使债权时,债务人可以根据法定事由,对抗债权人行使请求权的权利。该权利同样为保证人享有。这里所说的保证人的抗辩权,就是指保证人享有的债务人的抗辩权。

保证人享有的债务人的抗辩权具有两个特点。

(1) 保证人的抗辩权来源于债务人的抗辩权,保证人对该权利的享有不受不同保证方式的影响。因此,一般保证的保证人和连带责任保证的保证人都享有债务人的抗辩权。

(2) 保证人的抗辩权虽然来源于债务人,但该项权利并不属于债务人专有,保证人的抗辩权不因债务人的放弃而丧失。保证人在债务人放弃抗辩权后,仍可行使抗辩权对抗债权人以及行使请求权。

(二) 保证人的追偿权

1. 保证人追偿权的行使条件

保证人的追偿权,是指保证人在承担保证责任后,可以要求债务人偿还的权利。《民法典》第七百条即是对保证人追偿权的规定。保证人承担保证责任后,除当事人另有约定外,有权在其承担保证责任的范围内向债务人追偿,享有债权人对债务人的权利,但是不得损害债权人的利益。

保证人行使追偿权的前提是代债务人承担了法律责任。因此,保证人行使追偿权需具备以下条件。

(1) 保证人已经承担了保证责任。至于承担保证责任的内容,由当事人在保证合同中约定。

(2) 债务人因保证人的履行而免除了责任,即由于保证人承担了保证责任,使得债务人不需要再向债权人履行债务。保证人通过承担保证责任而使债务人免除的债务可以是全部的,也可以是部分的。如果仅是免除了部分债务,则保证人只能就该部分向债务人行使追偿权。

(3) 保证人的履行行为没有过错,即保证人在承担保证责任时并没有因为自己未尽到应有的注意而使债务人蒙受损失。例如,当债权人要求其履行时,如果保证人享有债务人的抗辩权,应当及时行使,否则应承担过错责任。

2. 保证人追偿权的预先行使

保证人行使追偿权的前提是保证人已经向债权人承担了保证责任。但在特殊情况下,为保护保证人的权利,法律允许保证人可以在承担保证责任之前行使对债务人的追偿权,这就是保证人预先行使追偿权的制度。《最高人民法院关于适用〈中华人民共和国民法典〉有关担保制度的解释》第二十四条规定:"债权人知道或者应当知道债务人破产,既未申报债权也未通知担保人,致使担保人不能预先行使追偿权的,担保人就该债权在破产程序中可能受偿的范围内免除担保责任,但是担保人因自身过错未行使追偿权的除外。"由此可见,保证人预先行使追偿权需要满足以下条件。

(1) 人民法院受理了债务人破产案件,即债务人已经进入了破产程序,并因此而中止对债务人的强制执行程序,这时保证人丧失了先诉抗辩权,债权人可以直接要求保证人承担保证责任。

(2) 债权人未申报债权。债务人破产时,债权人可以通过申报破产债权,参加破产财产分配,然后再就债务人的财产不足以清偿的部分让保证人承担责任;债权人也可以不申报债权,不参加破产财产的分配，而直接要求保证人承担保证责任。在这种情况下，法律允许保证人可以通过参加破产财产分配，预先行使追偿权，以避免保证人在向债权人承担保证责任后，因债务人财产已经分配完毕而无法追偿。

另外，债权人知道或应当知道债务人破产，但债权人既未申报债权，又未通知保证人，致使保证人不能预先行使追偿权的，保证人在该债权在破产程序中可能受偿的范围内免除保证责任，但是因为保证人自身的过错未行使追偿权的除外。

五、最高额保证

(一) 最高额保证的概念及特点

《民法典》六百九十条第一款规定："保证人与债权人可以协商订立最高额保证的合同，约定在最高债权额限度内就一定期间连续发生的债权提供保证。"对在一定期间内连续发生的若干特定债权预先确定一个最高限额，由保证人在此限额内承担保证责任的保证，即为最高额保证。最高额保证则属于一种为将来存在的债权设定的特殊的保证，其特殊性主要表现在以下几点。

(1) 最高额保证所担保的债权是未来的、不特定的。保证原则上是对已经存在的债权的担保，而最高额保证却是对未来债权的担保。最高额保证的保证合同订立时，不仅主债权债务并没有发生，而且将来能否发生也不能完全确定。

(2) 最高额保证所担保的债权是基于若干个合同发生的。保证所担保的债权一般仅是一个合同债权，而最高额保证所担保的合同债权却是几个合同债权。

(3) 最高额保证所担保的债权必须是在一定期间内发生的，而且必须有一个最高额的限制。最高额保证所担保的债权尽管是由几个合同产生的，但必须是在一定期间内连续发生的，且相互之间有关联性。

(二) 最高额保证的保证责任

《民法典》中简化了对于最高额保证的规定，只是保留了最高额保证的概念。但是在第六百九十条第二款中规定，最高额保证除适用本章规定外，参照适用本法第二编最高额抵押权的有关规定。所以最高额保证的规定在最高额抵押中有更加详细的规定。

《最高人民法院关于适用〈中华人民共和国民法典〉有关担保制度的解释》第三十条规定："最高额保证合同对保证期间的计算方式、起算时间等有约定的，按照其约定。最高额保证合同对保证期间的计算方式、起算时间等没有约定或者约定不明，被担保债权的履行期限均已届满的，保证期间自债权确定之日起开始计算；被担保债权的履行期限尚未届满的，保证期间自最后到期债权的履行期限届满之日起开始计算。"

第三节 抵 押 权

一、抵押权概述

(一) 抵押权的概念

抵押权，是指债权人对于债务人或第三人不转移占有而为债权提供担保的抵押财产，于债务人不履行到期债务或者发生当事人约定的实现抵押权的情形，依法享有的就该物变价并优先受偿的担保物权。《民法典》第三百九十四条规定："为担保债务的履行，债务人或者第三人不转移财产的占有，将该财产抵押给债权人的，债务人不履行到期债务或者发生当事人约定的实现抵押权的情形，债权人有权就该财产优先受偿。"

在抵押权法律关系中，提供抵押财产的债务人或者第三人为抵押人；享有抵押权的债权人为抵押权人；抵押人提供担保的财产为抵押财产，也叫抵押物。

（二）抵押权的特别属性

1. 从属性

抵押权是就抵押物所卖得的价金优先受偿的权利，因而，抵押权必须从属于其所担保的债权存在。抵押权以主债成立为前提，随主债的转移而转移，并随主债的消灭而消灭，即具有成立、转移、消灭上的从属性。抵押权不得与债权分离而单独转让或者作为其他债权的担保。债权转让的，担保该债权的抵押权一并转让，但法律另有规定或者当事人另有约定的除外。

2. 不可分性

不可分性指抵押权设定后，不因抵押财产、被担保债权及债务的分割或让与而受影响。抵押物一部分灭失，残存的部分仍担保债权全部；抵押物被分割的，每个分得人分得的部分抵押物仍然担保债权全部；债权一部分消灭，未消灭部分仍然对抵押物全部行使权利；债权被分割的，每个分得人分得的部分债权仍然对抵押物全部行使；抵押权设定后，抵押物价格上涨的，债务人无权要求减少担保物。抵押物价格下降的，债务人无义务补充担保。

3. 物上代位性

物上代位性即抵押权的效力不仅及于抵押物的全部还及于抵押物的代位物。抵押物因某种原因毁损、灭失或者被征收、征用的情况下，抵押权人可以就该抵押物的保险金、赔偿金或者补偿金行使权利。

二、抵押权的设立

（一）抵押权的设立

1. 抵押合同的形式与内容

抵押权的设定应当由双方当事人签订抵押合同。抵押合同应当采用书面形式，抵押合同一般包括下列条款：①被担保债权的种类和数额；②债务人履行债务的期限；③抵押财产的名称、数量等情况；④抵押担保的范围。抵押合同不完全具备上述内容的，可以补正。

订立抵押合同时，抵押权人和抵押人在合同中如果约定在债务履行期届满抵押权人未受清偿时，抵押财产的所有权转移为债权人所有，这叫作流押或者流押契约。各国法律一般都禁止流押契约，其主要目的是防止抵押权人乘人之危，保护抵押人的利益。原《物权法》第一百八十六条对流押契约采取了否定的态度，规定抵押权人与抵押人订立流押契约的，一律无效。《民法典》改变了这种"一刀切"完全否定的规定方式，在第四百零一条中规定："抵押权人在债务履行期限届满前，与抵押人约定债务人不履行到期债务时抵押财产归债权人所有的，只能依法就抵押财产优先受偿。"即在抵押合同中约定了流押契约后果只是与普通抵押权相同，依法就抵押财产优先受偿而已。

2. 抵押当事人

抵押当事人包括抵押人和抵押权人。抵押权人就是债权人，因为抵押权是担保主债权而存在的，所以只有被担保的主债权中的债权人才能成为抵押权人。抵押人既可能是债务人，也可能是第三人。由于设定抵押权在性质上属于处分财产的行为，因此抵押人必须对设定抵押的财产享有所有权或处分权。

3. 抵押标的物

抵押标的物，又称抵押物或者抵押财产，是指抵押人用以设定抵押权的财产。抵押物必须权属明晰，具有特定性、交换价值、可让与性且不易损耗。如果抵押标的物没有约定或者约定不明，当事人可以对抵押合同进行补正。无法补正的，抵押合同不成立。

1) 允许抵押的财产

根据《民法典》第三百九十五条规定，债务人或者第三人有权处分的下列财产可以抵押：①建筑物和其他土地附着物；②建设用地使用权；③海域使用权；④生产设备、原材料、半成品、产品；⑤正在建造的建筑物、船舶、航空器；⑥交通运输工具；⑦法律、行政法规未禁止抵押的其他财产。

抵押人可以将前款所列财产一并抵押。

2) 禁止抵押的财产

《民法典》第三百九十九条规定，下列财产不得抵押：①土地所有权；②宅基地、自留地、自留山等集体所有土地的使用权，但是法律规定可以抵押的除外；③学校、幼儿园、医疗机构等为公益目的成立的非营利法人的教育设施、医疗卫生设施和其他公益设施；④所有权、使用权不明或者有争议的财产；⑤依法被查封、扣押、监管的财产；⑥法律、行政法规规定不得抵押的其他财产。

3) 抵押财产的特别规定

(1) 建筑物与其建设用地使用权一并抵押。以建筑物抵押的，该建筑物占用范围内的建设用地使用权同时抵押。以建设用地使用权抵押的，该土地上的建筑物一并抵押，即"地随房走，房随地走或者房地一体"。即使抵押人未依照前款规定一并抵押的，未抵押的财产视为一并抵押。

建设用地使用权抵押后，该土地上新增的建筑物不属于抵押财产。该建设用地使用权实现抵押权时，应当将该土地上新增的建筑物与建设用地使用权一并处分。但是，新增建筑物所得的价款，抵押权人无权优先受偿。

乡镇、村企业的建设用地使用权不得单独抵押。以乡镇、村企业的厂房等建筑物抵押的，其占用范围内的建设用地使用权一并抵押。《民法典》第四百一十八条规定："以集体所有土地的使用权依法抵押的，实现抵押权后，未经法定程序，不得改变土地所有权的性质和土地用途。"

(2) 未确定财产的浮动抵押。经当事人书面协议，企业、个体工商户、农业生产经营者可以将现有的以及将有的生产设备、原材料、半成品、产品抵押。债务人不履行到期债务或者发生当事人约定的实现抵押权的情形，有权就抵押财产确定时的动产优先受偿。抵押权自抵押合同生效时设立；未经登记，不得对抗善意第三人。

上述财产始终处于流转之中，在抵押权设定时，抵押财产还是未确定的财产。抵押财产自下列情形之一发生时确定：债务履行期限届满，债权未实现；抵押人被宣告破产或者解散；当事人约定的实现抵押权的情形；严重影响债权实现的其他情形。但是特别需要注意的是，实现抵押权，不得对抗正常经营活动中已支付合理价款并取得抵押财产的买受人。

(二) 抵押权登记

抵押权登记是指根据财产权利人的申请，登记机关依法在登记簿上就抵押物上的抵押权状态予以记载。抵押登记是抵押权获得公信力的有力手段，它对于发挥抵押的担保作用，维护交易安全，保护第三人的利益，预防纠纷的发生具有极其重要的意义。

抵押登记的效力有两种情形。

(1) 登记是抵押权的生效条件。根据《民法典》的规定，建筑物和其他土地附着物、建设用地使用权、海域使用权、正在建造的建筑物这四种财产及财产权利设定抵押的，应当办理抵押登记。抵押权自登记之日起设立。如果当事人未办理登记，虽然抵押权没有生效，但是不影响抵押合同的效力。抵押登记记载的内容与抵押合同约定不一致的，以登记记载的内容为准。

(2) 登记是抵押权的对抗要件。根据《民法典》第四百零三条规定，以动产抵押的，抵押权自抵押合同生效时设立；未经登记，不得对抗善意第三人。因此，以动产抵押的，当事人是否进行抵押登记，不影响抵押权的设立。如果没有登记，不能对抗善意第三人。

同时，以动产抵押的，不得对抗正常经营活动中已经支付合理价款并取得抵押财产的买受人。抵押登记的效力如表 6-2 所示。

表 6-2 抵押登记的效力

	登记生效主义(强制登记)	登记对抗主义(自愿登记)
设立	抵押合同+抵押登记=抵押权设立	抵押合同生效=抵押权设立；未经登记不具有对抗善意第三人的效力
适用范围	建筑物和其他土地附着物、建设用地使用权、海域使用权、正在建造的建筑物	动产

三、抵押权的效力

(一) 抵押权对担保债权的效力

抵押权对担保债权的效力就是抵押权所担保的债权的范围，是指抵押权担保的债权及其涉及的其他债权利益。就抵押权人而言，该范围是指抵押权人得以从抵押物的变价中优先受偿的范围；就债务人、抵押人或者抵押财产第三取得人而言，该范围则是为使抵押权消灭所必须清偿的债务范围。

《民法典》第三百八十九条规定："担保物权的担保范围包括主债权及其利息、违约金、损害赔偿金、保管担保财产和实现担保物权的费用。当事人另有约定的，按照其约定。"

(二) 抵押权对抵押财产的效力

抵押权的效力及于抵押物的全部。主债权未受全部清偿的，抵押权人可以就抵押物的全部行使其抵押权。抵押物被分割或者部分转让的，抵押权人可以就分割或转让后的抵押物行使抵押权。抵押权所担保的债权超出其抵押物价值的，超出部分不具有优先受偿的效力。

(1) 抵押物的从物，是指与抵押物同时使用并与抵押物同属于抵押人的物。抵押权设定前为抵押物的从物的，抵押权的效力及于抵押物的从物，即可以将从物同主物一同变价。对于抵押权设定后才成为抵押物的从物的，抵押权的效力是否及于该物，法律没有明文规定，基于我国目前的现实情况，为强化抵押权的效力，保障抵押权人的合法权益，应该采取肯定说比较适合，即抵押权设定后才成为抵押财产从物的，抵押权的效力亦及于该物。

(2) 抵押物的孳息，是指由抵押物产生的收益。抵押人并没有丧失抵押财产的所有权，所以对抵押财产的孳息仍然有权收取。原则上抵押权的效力不及于抵押物的孳息。只有在符合特定条件即抵押财产被扣押后，抵押财产所产生的孳息才为抵押权效力所及。债务人不履行到期债务或者发生当事人约定的实现抵押权的情形，致使抵押财产被人民法院依法扣押的，自扣押之日起，抵押权人有权收取该抵押财产的天然孳息或者法定孳息，但是抵押权人未通知应当清偿法定孳息义务人的除外。抵押权所及的孳息应当是首先扣除了收取孳息的费用后所剩余的孳息。

(3) 抵押物因附和、混合或者加工使抵押物的所有权为第三人所有的，抵押权的效力及于补偿金；抵押物的所有人为附和物、混合或者加工物的所有人的，抵押权的效力及于附和物、混合物或者加工物；第三人与抵押物所有人为附和物、混合或者加工物的共有人的，抵押权的效力及于抵押人对共有物享有的份额。

(三) 抵押权对抵押人的效力

1. 抵押人的权利

(1) 抵押物的占有权和孳息收取权。抵押设定以后，由于并不转移占有，抵押人有权继续占有抵押物，并有权取得抵押物的孳息。抵押人收取孳息的时间有两个：一是抵押财产被扣押前；二是抵押财产在扣押期间至变卖前，抵押权人未通知应当清偿法定孳息的义务人的。

(2) 转让抵押财产的权利。抵押设定以后，抵押人并不丧失对抵押物的所有权，在能够保障抵押权人权利的基础上，抵押人有权将抵押物转让给他人。对抵押关系存续期间的抵押财产转让规则是：①抵押期间，抵押人转让抵押财产的，法律并不加以禁止；②如果当事人对此另有约定的，按照当事人的约定；③抵押期间，抵押人将抵押财产转让的，抵押权不受影响，即抵押财产是设定了抵押权负担的财产，进行转让，抵押权随着抵押财产所有权的转让而转让，取得抵押财产的受让人在取得所有权的同时，也负有抵押人所负担的义务，受到抵押权的约束；④抵押人转让抵押财产的，应当及时通知抵押权人。抵押权人能够证明抵押财产转让可能损害抵押权的，可以请求抵押人将转让所得的价款向抵押权人提前清偿债务或者提存。转让的价款超过债权数额的部分归抵押人所有，不足部分由债务人清偿。

(3) 在抵押财产上多次设定抵押权的权利。财产抵押后，该财产的价值大于担保债权的余额部分，可以再次抵押。多次设定抵押权的限制是：数个抵押权担保的债权总额不得超过抵押财产的总价值，就是禁止超额抵押。违反禁止超额抵押规则的后果是超出的部分不具有优先受偿的效力。所以，在实现抵押权时，被担保的债权超出抵押财产价值的部分只能作为一般债权，不具有优先受偿的效力。在同一抵押物上有数个抵押权时，各个抵押权人应按照法律规定的顺序行使抵押权。

(4) 出租抵押财产的权利。抵押权设定以后，由于抵押物仍然归抵押人占有，因此抵押人有权将抵押物出租。这里需要注意抵押权与出租之间的关系。《民法典》第四百零五条规定："抵押权设立前，抵押财产已经出租并转移占有的，原租赁关系不受该抵押权的影响。"对抵押权设定前抵押财产出租，租赁关系不受抵押权影响的条件是：①订立抵押合同前抵押财产已经出租；②成立租赁合同关系并且已经将租赁物转移占有。抵押权设立之前仅订立了租赁关系，但是抵押财产并未被承租人占有的，不受抵押不破租赁的限制。抵押权设立后抵押财产出租的，抵押人出租抵押物时，应当书面告知承租人该财产抵押的情况，由于在抵押权实现时，租赁合同并不继续有效而是自然终止，对受让人不具有约束力，由此造成承租人的损失，抵押人应当承担赔偿责任；如果租赁时，抵押人书面告知该财产已设定抵押的，承租人自己承担损失。

抵押权与租赁权的关系如表 6-3 所示。

表 6-3 抵押权与租赁权的关系

抵押权与租赁权的关系	1. 抵押权设立前，抵押财产已经出租并转移占有的，原租赁关系不受该抵押权的影响
	2. 先抵后租
	(1) 如果抵押在先，但是没有登记的，则抵押权实现之后，对租赁没有影响
	(2) 如果抵押在先，且办理登记的，则一旦实现抵押权，直接打破租赁。如果租赁时，书面告知已设定抵押的，承租人自己承担损失；未书面告知的，抵押人承担损失

2. 抵押人的义务

抵押人的主要义务是妥善保管抵押物。根据《民法典》规定，抵押人的行为足以使抵押财产价值减少的，抵押权人有权请求抵押人停止其行为；抵押财产价值减少的，抵押权人有权请求恢复抵押财产的价值，或者提供与减少的价值相应的担保。抵押人不恢复抵押财产的价值，也不提供担保的，抵押权人有权请求债务人提前清偿债务。

(四) 抵押权对抵押权人的效力

抵押权人的权利主要有以下几项。

(1) 保全抵押权的权利。在抵押期间，抵押权人虽未实际占有抵押物，但法律为了保护抵押权人的利益，赋予其保全抵押物的权利。《民法典》第四百零八条规定："抵押人的行为足以使抵押财产价值减少的，抵押权人有权请求抵押人停止其行为；抵押财产价值减少的，抵押权人有权请求恢复抵押财产的价值，或者提供与减少的价值相应的担保。抵押人不恢复抵押财产的价值，也不提供担保的，抵押权人有权请求债务人提前清偿债务。"这一规则包括了抵押权保全的两种方法：①防止抵押财产价值减少请求权；②恢复抵押财产价值或增加担保请求权。

(2) 放弃抵押权或者抵押权的顺位。抵押权人可以放弃抵押权或者抵押权的顺位。抵押权人与抵押人可以协议变更抵押权顺位以及被担保的债权数额等内容。但是，抵押权的变更未经其他抵押权人书面同意的，不得对其他抵押权人产生不利影响。

债务人以自己的财产设定抵押，抵押权人放弃该抵押权、抵押权顺位或者变更抵押权的，其他担保人在抵押权人丧失优先受偿权益的范围内免除担保责任，但是其他担保人承诺仍然提供担保的除外。

(3) 抵押权的处分权。抵押权人可以让与其抵押权，或就抵押权为他人提供担保。但由于抵押权的从属性，抵押权不得与债权分离单独转让或作为其他债权的担保。债权转让的，担保该债权的抵押权一并转让，但法律另有规定或者当事人另有约定的除外。

(4) 优先受偿权。在债务人不履行到期债务时或者发生当事人约定的实现抵押权的情形时，抵押权人有权与抵押人协议以抵押财产折价或者以拍卖、变卖抵押物的价款优先于普通债权人受偿。协议损害其他债权人利益的，其他债权人可以请求法院撤销该协议。抵押权人与抵押人未就抵押权实现方式达成协议的，抵押权人可以请求人民法院拍卖、变卖抵押财产。抵押物折价或者拍卖、变卖该抵押物的价款不足清偿债权的，不足清偿的部分由债务人按普通债权清偿。

【例 6-6】张某欲开办一个酒店，但资金不足，于 2015 年以自己的 4 间房屋作为抵押向农业银行贷款 8 万元，并办理了登记手续，之后张某把房屋中向西的两间租给了李某，在经营酒店的过程中，张某又向工商银行贷款 4 万元并以上面的四间房屋作为抵押，签订了抵押合同，办理了登记手续，又用同一办法在建设银行贷款 2 万元，也办理了登记手续。2016 年 5 月归还了农业银行 4 万元、工商银行 2 万元、建设银行 1 万元，张某将 4 间房屋中靠东的 2 间卖给了孙某。2016 年 10 月，张某的酒店倒闭，此时仍欠农业银行 4 万元，工商银行 2 万元，建设银行 1 万元，在 2016 年 7 月，农业银行将 2 万元贷款的抵押权转让给了工商银行，现贷款已到期，张某无力偿还，问：

(1) 农业银行将抵押权单独转让的行为是否有效，说明理由。
(2) 工商银行、农业银行、建设银行如何实现自己的抵押权？
(3) 设工商银行的债权先到期，农业银行的债权未到期，应如何处理？
(4) 设李某的租赁合同尚未到期，抵押权人行使抵押权时能否终止租赁合同？

【解析】(1) 将抵押权单独转让无效。根据《民法典》第四百零七条，抵押权不得与债权分离而单独转让或者作为其他债权的担保。债权转让的，担保该债权的抵押权一并转让，但是法律另有规定或者当事人另有约定的除外。

(2) 根据《民法典》第四百零一、四百一十四条之规定，债务人不履行到期债务或者发生当事人约定的实现抵押权的情形，抵押权人可以与抵押人协议以抵押财产折价或者以拍卖、变卖该抵押财产所得的价款优先受偿。同一财产向两个以上债权人抵押的，拍卖、变卖抵押财产所得的价款依照下列规定清偿：①抵押权已经登记的，按照登记的时间先后确定清偿顺序；②抵押权已经登记的先于未登记的受偿；③抵押权未登记的，按照债权比例清偿。因此，工商银行、农业银行、建设银行可以拍卖、变卖抵押物，将所得价款按抵押登记的先后顺序依次受偿，即先清偿农业银行贷款，有余款时再清偿工商银行，再有余款时方清偿建设银行。

(3) 同一财产向两个以上债权人抵押的，顺序在后的抵押权所担保的债权先到期的，抵押权人只能就抵押物价值超出顺序在先的抵押担保债权的部分受偿。工商银行的抵押权顺序在农业银行之后，因此只能就抵押物价值超出农业银行债权的部分受偿。

(4) 可以。抵押人将已抵押的财产出租的，已经登记的抵押权实现后，租赁合同对受让人不具有约束力。张某将房屋抵押之后方租给李某，因此抵押权人可以终止租赁合同。

(五) 抵押权对其他权利的效力

1. 抵押权对留置权

无论是抵押财产被留置还是留置财产被抵押，处理的规则都是：同一财产上抵押权与留置权并存时，留置权人优先于抵押权人受偿。理由是：①留置权为法定的担保物权，法定的担保物权应当优先于约定的担保物权即抵押权；②留置权一般因留置权人就标的物提供了材料或者劳务而未得到适当的补偿而产生的，为了保证留置权人为标的物提供材料或者劳务而使标的物价值增加的价值能够得以回收，应当承认留置权优先。

2. 抵押权对质权

《民法典》第四百一十五条规定："同一财产既设立抵押权又设立质权的，拍卖、变卖该财产所得的价款按照登记、交付的时间先后确定清偿顺序。"这是对抵押权和质押权关系规定的规则，这一规则简单明确，即无论是抵押权还是质押权，先看公示的时间，无论是以登记作为公示方式还是以交付作为公示方式的，按公示先后确定清偿顺序；顺序相同的，按照债权比例清偿；质权有效设立，抵押权未办理抵押登记的，质权优先于抵押权；质权未有效设立，抵押权未办理抵押登记的，因为抵押权已经有效设立，故抵押权优先清偿。

3. 抵押权对动产购买价款抵押担保优先权

《民法典》第四百一十六条规定"动产抵押担保的主债权是抵押物的价款，标的物交付后十日内办理抵押登记的，该抵押权人优先于抵押物买受人的其他担保物权人受偿，但是留置权人除外。"该条主要针对交易实践中借款人借款购买货物，再以该货物抵押给贷款人作为价款的担保的情形，该条规定赋予了该购买价款抵押权优先于其他抵押权的效力，但是对留置权除外。

四、抵押权的实现

(一) 抵押权实现的概念

抵押权的实现，是指债务履行期间届满，债务人未履行债务，通过依法处理抵押财产而使债权获得清偿。抵押权的实现是抵押权人的权利而非义务，因而当抵押权人要求债务人清偿债务时，债务人不能以应先行使抵押权为抗辩，并不得强行以抵押财产清偿债务。

(二)抵押权实现的条件

债务履行期限届满,债权未受清偿的,抵押权人可以与抵押人通过协议以抵押财产折价或者以拍卖、变卖该抵押财产所得的价款优先受偿。抵押权的实现,必须具备以下要件:①抵押权有效存在;②债务已届清偿期;③债权人的债权未受清偿。具备以上3个条件,抵押权人可以实现其抵押权。

(三)抵押权的实现方式

债务人不履行到期债务或者发生当事人约定的实现抵押权的情形时,抵押权人可以与抵押人协议以抵押财产折价或者以拍卖、变卖该抵押财产所得的价款优先受偿。抵押权人与抵押人未就抵押权实现方式达成协议的,抵押权人可以请求人民法院拍卖、变卖抵押财产。抵押权人应当在主债权诉讼时效期间行使抵押权;未行使的,人民法院不予保护。具体方式包括以下3种。

(1)折价,是指在抵押权实现时,抵押权人与抵押人通过协商,或者协议不成经由人民法院判决,按照抵押财产自身的品质、参考市场价格折算为价款,把抵押财产的所有权转移给抵押权人,从而实现抵押权的抵押权实现方式。

(2)拍卖,是一种特殊的交易方式,是在法定的场所以竞价的方式,将财产出售给出价最高的买主,以其变价款实现抵押权。

(3)变卖,是指抵押权人不愿意拍卖抵押物,也不愿意取得抵押财产的所有权,可以用一般的买卖方式将抵押物出卖,以卖得的价金受偿。

(四)变价款的分配

在实现抵押权时,抵押财产折价或者拍卖、变卖所得的价款低于抵押权设定时约定的价值的,应当按抵押财产实现的价值进行清偿,不足部分由债务人清偿,其价款超过债权数额的部分归抵押人所有。实现抵押权时所得的价款,当事人没有约定的,按照下列顺序清偿:①实现抵押权的费用;②主债权的利息;③主债权。

既然同一抵押财产可以为两个以上的债权设立抵押担保,在实现抵押权时,必然会产生受偿的顺序问题。对此,《民法典》第四百一十四条做出了明确规定,同一财产向两个以上债权人抵押的,拍卖、变卖抵押财产所得的价款依照下列规定清偿。

(1)抵押权已登记的,按照登记的先后顺序清偿。《民法典》中取消了原来法律中"登记顺序相同,按照债权比例清偿"的规定,因为在统一的电子化登记系统之中,各抵押权之间登记的先后可以明确确定,已经无"顺序相同"的情形。

(2)抵押权已经登记的先于未登记的受偿。已经登记的优先受偿,没有登记的,只能在经过登记的抵押权实现后,以剩余的抵押财产进行受偿。

(3)抵押权未登记的,按照债权比例清偿。抵押权未经登记的,经抵押权担保的债权仍然是平等债权,不具有对抗效力,仍然按照债权比例清偿。

在《民法典》中首次规定了其他可以登记的担保物权,清偿顺序参照适用前款规定。例如权利质押中需要进行质押登记的,同一权利如果向两个以上债权人质押的,清偿顺序就可以参照上面边的规定。

五、特殊抵押

(一)共同抵押

共同抵押是指为担保同一债权,而在数项不动产、动产或权利上设定的抵押权。共同抵押的标的物可以是动产、不动产以及权利，可以为一人所有，也可以分属不同的抵押人。共同抵押的特殊之处在于抵押权及于数个抵押财产之上，而一般抵押权只存在于一个抵押财产之上。

共同抵押既可以同时设定，也可以追加设定。共同抵押的效力分为两种情形。

(1) 按份共同抵押。如果抵押人分别或者共同与债权人就每个抵押财产应担保的债权份额做了明确约定，为按份共同抵押。那么当债务人届期不履行债务时，抵押权人可以将抵押财产全部拍卖或者变卖，依照约定的范围就各个抵押财产变价款优先受偿。实际上就是每一个标的物分别负担债权的一部分，这种约定不仅有利于对共同抵押权人抵押权的实现，也利于对抵押财产上后顺位抵押权人或者普通债权人利益的保护。

(2) 连带共同抵押。在设定抵押时抵押人未与债权人约定债权人行使抵押权的顺序与份额的，为连带共同抵押。在连带共同抵押中，债权人行使抵押权不受顺序与份额限制，抵押权人可以就其中任一或者各个财产行使抵押权。连带共同抵押，既包括债务人自己提供的抵押物与第三人提供的抵押物并存的情况，也包括两个以上第三人提供抵押的情况。债务人以自己的财产设定抵押，抵押权人放弃该抵押权、抵押权顺位或者变更抵押权的，其他担保人在抵押权人丧失优先受偿权益的范围内免除担保责任，但是其他担保人承诺仍然提供担保的除外。

(二) 最高额抵押权

1. 最高额抵押权的概念

最高额抵押权，是指为担保债务的履行，债务人或者第三人对一定期间内将要连续发生的债权提供担保财产的，债务人不履行到期债务或者发生当事人约定的实现抵押权的情形，抵押权人有权在最高债权额限度内就该担保财产优先受偿。其主要适用于连续交易关系、劳务提供关系及连续借款关系的情况。最高额抵押权的特殊之处在于其是为将来发生的债权提供担保，而普通的抵押权必须先有债权后才能设定抵押权，即抵押权的成立必须以债权的存在为前提。所以最高额抵押对担保物权的从属性有所突破，且最高额抵押担保的将来债权数额并不确定，仅预定一个最高数额限度，作为担保范围的标准。

2. 最高额抵押权的设立

设定最高额抵押权须当事人订立书面抵押合同，并且抵押合同中应包括最高债权额限度。最高额抵押权设立前已经存在的债权，经当事人同意，可以转入最高额抵押担保的债权范围。

3. 最高额抵押权的特别效力

(1) 最高额抵押担保的债权确定前，部分债权转让的，最高额抵押权不得转让，但是当事人另有约定的除外。

(2) 最高额抵押担保的债权确定前，抵押权人与抵押人可以通过协议变更债权确定的期间、债权范围以及最高债权额。但是，变更的内容不得对其他抵押权人产生不利影响。

4. 最高额抵押权担保债权的确定

《民法典》第四百二十三条规定，有下列情形之一的，抵押权人的债权可被确定：①约定的债权确定期间届满；②没有约定债权确定期间或者约定不明确，抵押权人或者抵押人自最高额抵押权设立之日起满二年后请求确定债权；③新的债权不可能发生；④抵押权人知道或者应当知道抵押财产被查封、扣押；⑤债务人、抵押人被宣告破产或者解散；⑥法律规定债权确定的其他情形。

5. 最高额抵押权的实现

最高额抵押所担保的债权是不确定的将来债权，但是抵押权实现时必须将债权予以确定，最高额抵押的债权确定后，该抵押权就与普通抵押权没有什么本质区别了。最高额抵押权人可以根据普通抵押权的规定行使抵押权。

抵押权人实现最高额抵押权时，如果实际发生的债权余额高于最高限额，以最高限额为限，超过部分不具有优先受偿的效力；如果实际发生的债权余额低于最高限额，以实际发生的债权余额为限对抵押物优先受偿。

第四节 质 权

一、质权概述

(一) 质权的概念

质权，是指债务人或第三人将特定的财产交由债权人占有，或以财产权利为标的，作为债权的担保，当债务人不履行到期债务或者发生当事人约定的实现质权的情形时，债权人以该财产或权利折价或者以其拍卖、变卖所得的价款优先受偿的权利。

债务人或者第三人交由债权人占有的特定财产，叫作质押财产，也叫作质物。提供质押财产的人为出质人，债权人叫作质权人。

(二) 质权的特征

质权具有如下几个特点。

(1) 质权是为担保债权的实现而设立的约定担保物权。质权以担保债权的实现为目的，与所担保的债权之间具有从属关系，被担保的债权为主权利，而质权为从权利。性质上属于担保物权，需要当事人约定产生。

(2) 质权只能在债务人或者第三人提供的特定动产或者权利上设定。质权是在债务人或者第三人提供的特定财产上设定的，质权的标的只能是动产或者可让与的权利，而不能是不动产。不动产只能作为抵押权的标的物。

(3) 质权的产生以质权人占有质物为条件，当事人之间设定质权合同后出质人要将质物交给债权人占有。动产质权的设定须以质权人占有质押财产为生效要件，当事人之间设定动产质权必须转移标的物的占有，即由质权人占有质押财产，这是抵押权与质权的重要区别。即使是权利质权，也需要交付权利凭证或者进行登记才能成立。

(4) 质权人在债务人履行债务前对质押财产享有留置的权利和优先受偿权。质权在担保的主债权受偿前质权人得留置质押财产而拒绝质押财产所有人的返还请求。债务人不履行到期债务或者发生当事人约定的实现质权的情形时，质权人有权对质押财产的变价款享有优先受偿的权利。

质权具有与抵押权相同的从属性、不可分性和物上代位性等属性。依据质权标的物性质的不同，质权可以分为动产质权和权利质权，《民法典》物权编第十八章分为两节，第一节是动产质权，第二节是权利质权，采用的就是这种分类。

二、动产质权

(一) 动产质权的概念和特征

动产质权，债务人或者第三人将其动产移交债权人占有，将该动产作为债权的担保，债务人不履行到期债务或者发生当事人约定的实现质权的情形，债权人拥有依法以该动产折价或者以拍卖、变卖该动产的价款优先受偿的权利。《民法典》第四百二十五条第一款规定："为担保债务的履行，债务人或者第三人将其动产出质给债权人占有的，债务人不履行到期债务或者发生当事人约定的实现质权的情形，债权人有权就该动产优先受偿。"债务人或者第三人为出质人，债权人为质权人，交付的动产为质押财产。法律、行政法规禁止转让的动产不得出质。

动产质权的特征：动产质权以转移质押财产的占有于债权人为必要；动产质权是在债务人或者第三人的动产上设立的物权；动产质权是就质押财产优先受偿的权利。

(二) 动产质权的设立

动产质权合同是明确出质人与质权人权利义务的协议，应采用书面形式订立。质权自出质人交付质押财产时设立，出质人未按照质押合同的约定交付质押财产的，质权不能设立。由此给质权人造成损失的，出质人应当根据其过错承担赔偿责任。标的物的占有移转不是动产质押合同的生效条件，而是质权设立的条件。质权人曾经占有质物又返还给出质人的，质权消灭。

1. 动产质权合同的内容

动产质权合同一般包括下列条款：①被担保债权的种类和数额；②债务人履行债务的期限；③质押财产的名称、数量等情况；④担保的范围；⑤质押财产交付的时间、方式。

动产质权合同自合同成立时生效，但法律另有规定或者当事人另有约定的除外。

如果质权合同中对质押的财产约定不明，或者约定的出质财产与实际交付财产不一致，应当以实际交付占有的财产为准。

出质人与质权人可以协议设立最高额质权。最高额质权除适用动产质权有关规定外，参照最高额抵押权的规定。

2. 流质契约的规定

《民法典》第四百二十八条规定："质权人在债务履行期限届满前，与出质人约定债务人不履行到期债务时质押财产归债权人所有的，只能依法就质押财产优先受偿。"质权人在债务履行期限届满前，与出质人约定债务人不履行到期债务时质押财产归债权人所有的，该约定即为流质契约，又称流质合同，我国《民法典》中对于流质契约的规定与流押契约的规定保持了一致性，即便有流质契约的约定，质权不受影响，质权人仍然可以依法就质押财产优先受偿。

(三) 动产质权的效力

1. 动产质权对所担保的债权的效力

动产质权对所担保的债权的效力就是动产质权担保的范围，指在质押关系中出质人所承担的担保责任的范围。根据《民法典》第三百八十九条规定，质权的担保范围包括主债权及其利息、违约金、损害赔偿金、保管担保财产和实现担保物权的费用。当事人另有约定的，按照其约定，也就是该范围应以出质人和质权人在质押合同中的约定为准。如果当事人未在质押合同中约定或者约定不明，则质押担保的责任范围包括主债权、利息、违约金、损害赔偿金、保管担保财产和实现质权的费用。

2. 动产质权对质押财产的效力

质权的效力及于质物的全部。主债权未全部清偿的，质押权人可以就质物的全部行使其质权。质物被分割或者部分转让的，质押权人可以就分割或转让后的质物行使质权。动产质押的效力不仅仅及于设定之初的质物的全部，还可及于质物的从物、孳息和代位物。

(1) 动产质押的效力及于质物的从物。实现质权时，质权人可以将从物同主物一同变价并优先受偿。但是，从物未随同质物交付于质权人占有的，质权的效力不及于质物的从物。

(2) 质物的孳息，是指质物所生的收益。《民法典》第四百三十条规定："质权人有权收取质押财产的孳息，但合同另有约定的除外。"动产质押的效力及于质物的孳息。质权所及的孳息应当是首先扣除了收取孳息的费用后所剩余的孳息。

(3) 质物的代位物，是指质物因某种原因灭失而转化成的他种价值形态。通常，质权因质物灭失而消灭。但基于质权的物上代位性，在质物毁损、灭失或者被征收、征用的情况下，如果存在代位物，则质权的效力及于质物的代位物上，质押权人可以就该质物的保险金、赔偿金或者补偿金优先受偿。

(4) 质物因附和、混合或者加工使质物的所有权为第三人所有的，质权的效力及于补偿金；质物的所有人为附和物、混合或者加工物的所有人的，质权的效力及于附和物、混合或者加工物；第三人与质物所有人为附和物、混合或者加工物的共有人的，质权的效力及于出质人对共有物享有的份额。

(四) 动产质权当事人的权利和义务

1. 质权人的权利和义务

1) 质权人的权利

(1) 占有质押财产的权利。对质押财产的占有，既是质权的成立要件，也是质权的存续要件。质权人有权在债权受清偿前占有质押财产。一旦质权人将质押财产返还给出质人，即不能以其质权对抗第三人。在质权存续期间，除当事人另有约定或者为了质押财产的养护目的外，质权人仅享有占有权，而不得使用质押财产。

(2) 收取孳息的权利。如前所述，质权人有权收取质押财产所生的孳息，但是收取孳息不是直接获得孳息的所有权，而是将收取的孳息与原物一起担保债权的实现。

(3) 费用偿还请求权。质权人对于保管质押财产所支出的必要费用有权请求出质人偿还。

(4) 质权的保全。《民法典》第四百三十三条规定，因不可归责于质权人的事由可能使质押财产毁损或者价值明显减少，足以危害质权人权利的，质权人有权请求出质人提供相应的担保；出质人不提供的，质权人可以拍卖、变卖质押财产，并与出质人协议将拍卖、变卖所得的价款提前清偿债务或者提存。

(5) 优先受偿权。债务履行期届满，债务人不履行到期债务或者发生当事人约定的实现质权的情形，质权人可以与出质人协商将质押财产折价，也可以依法拍卖、变卖质押财产，用所得价款优先清偿所担保的债权。

(6) 转质权。质权人在质权存续期间，经出质人同意，可以以其所占有的质押财产担保自己的债务，再次设定质权，但其应当在原质权所担保的债权范围之内，超过的部分不具有优先受偿的效力。转质权的效力优于原质权。未经出质人同意而转质的，是无权处分，若第三人是不知情的善意的第三人，可以善意取得质权。同时若未经出质人同意转质，造成质押财产毁损、灭失的，应当承担赔偿责任。

【例6-7】甲为乙的债权人，乙将其电动车出质于甲。现甲为了向丙借款，未经乙同意将电动车出质于丙，丙不知此车为乙所有。下列哪些选项是正确的？(   )

A. 丙因善意取得而取得质权
B. 因未经乙的同意丙不能取得质权

C. 甲对电动车的毁损、灭失应该向乙承担赔偿责任
D. 由于丙的原因导致电动车毁损、灭失的，乙可向丙索赔
【解析】ACD。质权人甲未经乙同意，在乙的电动车上擅自设定质权，属于无权处分，丙不知情，故丙可善意取得质权，甲对于电动车的毁损应当承担侵权赔偿责任，AC 正确；若由于丙的原因导致毁损、灭失的，乙可以基于所有权，主张丙承担侵权责任，故 D 正确。

(7) 放弃质权。质权人可以放弃质权，债务人以自己的财产出质，质权人放弃该质权的，其他担保人在质权人丧失优先受偿权益的范围内免除担保责任，但其他担保人承诺仍然提供担保的除外。

2) 质权人的义务

(1) 质押财产的保管义务。根据《民法典》第四百三十二条第一款规定："质权人负有妥善保管质押财产的义务；因保管不善致使质押财产毁损、灭失的，应当承担赔偿责任。"妥善保管义务，就是以善良管理人的注意义务加以保管，质权人之所以要承担比较高的注意义务，是因为质权人占有质押财产并不是为了出质人的利益，而是为了确保实现自己的债权的必要即为了自己的利益，所以，质权人的责任要重于为他人利益而占有他人之物的人的责任。

质权人在质权存续期间，未经出质人同意，擅自使用、处分质押财产，给出质人造成损害的，应当承担赔偿责任。

(2) 返还质押财产的义务。债务人履行债务或者出质人提前清偿所担保的债权的，则债权消灭，质权也随之消灭，质权人应当返还质押财产。

2. 出质人的权利和义务

1) 出质人的权利

(1) 保全质押财产的权利。尽管出质人将其质押财产设置质权，但这不会改变质押财产仍然属于质押财产所有人的事实。在质押财产被质权人占有时，质权人因保管不善致使质物毁损灭失时，出质人享有保全质押财产的权利。质权人的行为可能使质押财产毁损、灭失的，出质人可以请求质权人将质押财产提存，或者请求提前清偿债务并返还质押财产。

(2) 质押财产返还请求权。债务人如期或者提前履行债务的，出质人有权要求质权人立即返还质物。

(3) 物上保证人的代位权。出质人如果是债务人以外的第三人，他为物上保证人，其代为清偿债权或者因质权实行丧失质押财产的所有权时，享有代位权，有权向债务人追偿。

(4) 及时变价请求权。出质人可以请求质权人在债务履行期届满后及时行使质权；质权人不行使的，出质人可以请求人民法院拍卖、变卖质押财产。出质人请求质权人及时行使质权，因质权人怠于行使权利致使质物价格下跌造成损失的，由质权人承担赔偿责任。

2) 出质人的义务

出质人对于质物的瑕疵以及相关的注意事项有及时告知的义务。因质押财产存在隐蔽瑕疵而致使质权人遭受损害时，应由出质人承担赔偿责任。但是，质权人在质押财产移交时明知质押财产有瑕疵而予以接受的除外。

(五) 动产质权的实现

动产质权的实现，是指质权人所担保的债权已届清偿期，债务人未履行债务，质权人与出质人协议以质押财产折价，或依法拍卖、变卖质押财产并就所得价款优先受偿的行为。

《民法典》四百三十六条第二款规定："债务人不履行到期债务或者发生当事人约定的实现质权

的情形,质权人可以与出质人协议以质押财产折价,也可以就拍卖、变卖质押财产所得的价款优先受偿。"质押财产折价或者变卖的,应当参照市场价格。

动产质权的实现方式有3种:折价、拍卖与变卖,其中拍卖是主要方法。质押财产折价或者拍卖、变卖后,其价款超过债权数额的部分归出质人所有,不足部分由债务人清偿。

【例6-8】甲欠乙100万元,甲与乙于5月1日订立书面质押合同,以甲的2辆汽车质押,5月3日甲将汽车交付给乙,问:
(1) 该质押合同何时生效?质权何时生效?
(2) 如果甲交付的不是2辆汽车,而是1辆汽车,该质押权是否生效,若生效,标的是什么?
【解析】(1) 质押合同于5月1日生效,质权于交付汽车的5月3日生效。
(2) 生效,标的为1辆汽车。质押物约定与交付不一致的,以交付为准。

(六) 最高额质权

《民法典》第四百三十九条规定:"出质人与质权人可以协议设立最高额质权。最高额质权除适用本节有关规定外,参照适用本编第十七章第二节的有关规定。"按照这一规定,关于最高额抵押权的法律规定可以适用于质权。设定最高额质权,是在质押财产的价值范围内,对一定时期发生的连续性交易关系进行担保。具体的规则应当参照关于质权的规定和关于最高额抵押权的规定确定。

三、权利质权

(一) 权利质权的概念和特征

1. 权利质权的概念

权利质权,是指债务人或者第三人以其财产权利为标的而设定的质权。除法律关于权利质权的特别规定外,权利质权适用动产质权的规定。

《民法典》第四百四十条规定,债务人或者第三人有权处分的下列权利可以出质:①汇票、支票、本票;②债券、存款单;③仓单、提单;④可以转让的基金份额、股权;⑤可以转让的注册商标专用权、专利权、著作权等知识产权中的财产权;⑥现有的以及将有的应收账款;⑦法律、行政法规规定可以出质的其他财产权利。

2. 权利质权的特征

(1) 权利质权是担保物权。权利质权的实质内容在于支配并取得质押财产权利的交换价值,以担保债权的优先受偿,其性质属于担保物权。

(2) 权利质权是以所有权以外的财产权为标的的质权。权利质权的标的是权利,但不是任何权利都可以成为其标的,而是所有权以外的可让与的财产权。而且该权利必须是不违背现行法的规定及权利质权性质的财产权利。

(3) 权利质权的设定以登记或者权利凭证的交付等方式作为生效要件。对于已经证券化的财产权,如汇票、本票等,由于其已经具有与动产相类似的法律地位,因而可以以交付权利凭证作为其生效要件。对于那些尚未证券化的权利,如依法可以转让的商标专用权、专利权、著作权中的财产权,由于其不具有实体性的形式,需要通过登记加以公示,以表明权利质权的产生与消灭。

(二) 权利质押的设立及实现

(1) 以汇票、支票、本票、债券、存款单、仓单、提单出质的,当事人应当订立书面合同。质权自权利凭证交付质权人时设立；没有权利凭证的，质权自办理出质登记时设立。法律另有规定的，依照其规定。以汇票、支票、本票、公司债券出质，出质人与质权人没有背书记载"质押"字样，票据、债券的出质不得对抗善意第三人。

《民法典》第四百四十二条规定："汇票、本票、支票、债券、存款单、仓单、提单的兑现日期或者提货日期先于主债权到期的，质权人可以兑现或者提货，并与出质人协议将兑现的价款或者提取的货物提前清偿债务或者提存。"

(2) 以基金份额、股权出质的，当事人应当订立书面合同。《民法典》四百四十三条第一款规定："以基金份额、股权出质的，质权自办理出质登记时设立。"

基金份额、股权出质后，不得转让，但是出质人与质权人协商同意的除外。出质人转让基金份额、股权所得的价款，应当向质权人提前清偿债务或者提存。

(3) 以注册商标专用权、专利权、著作权等知识产权中的财产权出质的，质权自办理出质登记时设立。

知识产权中的财产权出质后，出质人不得转让或者许可他人使用，但是出质人与质权人协商同意的除外。出质人转让或者许可他人使用出质的知识产权中的财产权所得的价款，应当向质权人提前清偿债务或者提存。

(4) 以应收账款出质的，当事人应当订立书面合同。以应收账款出质的，质权自办理出质登记时设立。

应收账款出质后，不得转让，但是出质人与质权人协商同意的除外。出质人转让应收账款所得的价款，应当向质权人提前清偿债务或者提存。

第五节　留　置　权

一、留置权概述

(一) 留置权的概念

留置权，是指在债务人不履行到期债务时，债权人有权依照法律规定留置已经合法占有的债务人的动产，并有权就该动产折价或者以拍卖、变卖该动产所得的价款优先受偿的担保物权。《民法典》第四百四十七条规定："债务人不履行到期债务，债权人可以留置已经合法占有的债务人的动产，并有权就该动产优先受偿。"

在留置权法律关系中，留置债务人财产的债权人为留置权人，占有的动产为留置财产。

(二) 留置权的特征

留置权具有以下特征。

(1) 留置权属于担保物权，因此具有担保物权的从属性、不可分性和物上代位性等担保物权的特征。

(2) 留置权属于法定的担保物权。留置权只有在符合法律规定的条件时产生，并非依当事人约定产生，但当事人可以通过合同约定排除留置权的适用。

二、留置权的成立要件

由于留置权是法定的担保物权，在符合一定的条件时，基于法律规定产生，而非依当事人之间的约定产生，取得留置权应满足下列条件。

(一) 留置权成立的积极要件

留置权成立的积极要件，是留置权成立应当具备的事实，包括以下3项。

(1) 债权人合法占有债务人的动产。债权人占有债务人的动产，是留置权成立的最基本要件，是债权人依自己的意思对债务人的某物予以控制，包括占有的心素和占有的体素。占有不同于单纯的持有，例如雇人操持家，受雇者在工作中使用家中的器具；工厂的工人对于劳动工具或者产品，只是持有而不是占有，留置权不能成立。

留置权的标的必须是动产，不能在不动产上设立留置权。债权人对于债务人动产的占有必须是合法的，即其占有必须是基于合法的原因。

(2) 债权已届清偿期，债务人不履行到期债务。债权人的债权尚未届清偿期时，尚不存在履行债务的问题，不产生留置权。

如果债权人的债权未届清偿期，而其交付占有的动产的义务已届清偿期的，不能行使留置权。但是，债权人能够证明债务人无支付能力的除外。

(3) 债权人留置的动产，应当与债权属于同一法律关系，但企业之间留置的除外。一般来说，留置的动产应当与债权有牵连关系，即留置的动产与债权是基于同一法律关系。例如，保管人因保管物的瑕疵而受损害的赔偿请求权，对该物有留置权。对于企业之间的留置权的行使，可以不以同一债权债务关系为要件。

【例6-9】甲公司与运输个体户乙于9月1日订立运输合同，委托乙将木材从A市运至B市，运到B市后即向乙支付运费。但是木材运到B市后，甲未支付运费，问：
(1) 乙可以对这批木材行使留置权吗？
(2) 如果木材运到后甲向乙支付了运费，但是乙提出，一个月前乙给甲运过一批货物还没有支付运费，可不可以留置该批木材，如果乙不是一个个体户而是一个运输公司可不可以行使留置权？

【解析】(1) 可以行使留置权。
(2) 不可以行使留置权，因为一个月前的运费与该批木材之间无牵连关系，如果乙是一个运输公司的话则可以行使留置权，因为企业之间的留置不受该条件的限制。

(二) 留置权成立的消极要件

留置权成立的消极要件，是留置权成立的否定条件，即虽然具备留置权成立的上述积极要件，但因为消极要件的存在，而使留置权仍不能成立。留置权的消极要件有很多项，但是只要具备其中的一项，留置权就不能成立，发生否定留置权的效果。

(1) 须当事人事先无不得留置的约定。《民法典》第四百四十九条规定："法律规定或者当事人约定不得留置的动产，不得留置。"当事人在合同中约定不得留置某物，债权人对该物不得行使留置权。如果当事人事先有此约定，债权人仍留置不得留置的物，则构成债的不履行，应负违约责任。《民法典》对于留置权的范围没有进行列举式的规定，从而扩大了留置权的适用范围。

(2) 对动产的占有不是因侵权行为取得。留置权的成立，须以对动产的占有为前提，但其占有必须是合法的占有，且债权与占有的动产有牵连关系。如果债权人是因侵权行为而占有他人的动产，则不发生留置权。例如，债权已届清偿期，债务人仍不履行债务，债权人强行或窃取占有债务人的动产，不能享有留置权。

(3) 留置债务人财产不违反公共利益或善良风俗。例如，对于他人的居民身份证、他人待用的殡葬物品以及承运的尸体等，债权人不得行使留置权。

(4) 对动产的留置不得与债权人的义务相抵触。债权人所承担的义务，是指债权人依双方的约定或者法律的规定应承担的义务。例如，承运人有将货物运送到指定地点的义务，在运送途中，不得以未付运费为由留置货物。

(5) 留置财产与对方交付财产前或者交付财产时所为的指示不相抵触。债务人于交付财产给债权人之时或者之前，明确指示债权人于履行义务后将标的物交还给债务人的，债权人不得留置。例如，甲委托维修部修理摩托车，明确表示，摩托车修好后要试用10天，修理部修好后，应将摩托车交付甲，不得以甲未支付修理费而留置摩托车。

三、留置权的效力

(一) 留置权所担保的债权的范围

留置权所担保的债权范围，原则上应与担保物权所担保的债权范围相同，应当适用《民法典》三百八十九条的规定："担保物权的担保范围包括主债权及其利息、违约金、损害赔偿金、保管担保财产和实现担保物权的费用。当事人另有约定的，按照其约定。"与留置权有牵连关系的债权都在留置权所担保的范围之内，包括主债权、债权的利息、迟延的利息、违约金、损害赔偿金、留置财产的保管费用和实现留置权的费用等。

(二) 留置权对留置财产的效力

留置权的效力及于留置财产的全部，此外，还及于其从物、孳息和代位物，其原理与抵押、质押的情况相同，不再赘述。留置的财产为可分物的，留置物的价值应当相当于债务的金额；留置物为不可分物的，留置权人可以就其留置物的全部行使留置权。

四、留置权人的权利和义务

(一) 留置权人的权利

留置权人具有以下权利。

(1) 留置财产的占有权，即在债权受到清偿前，有权继续占有留置物。留置财产的占有权是持续的，它使留置权人得以保持对留置财产的持续占有，直到留置权消灭或者留置权实现。在此期间，留置财产的占有权是不被侵夺的。

(2) 对留置物的变价权及优先受偿权。留置权人对留置财产享有变价权，这一权利是必不可少的，如果留置权没有包含变价权在内，那么留置权的第二次效力就不能发生，优先受偿权就没有发生的基础，留置权的担保作用也就不能最终体现出来。我国法律承认留置权的优先受偿权，使债权能够优先于债务人的其他债权人，就留置财产的变价款优先得到实现。

(3) 留置财产的孳息收取权。留置权人在占有留置财产期间，对留置财产的孳息有收取的权利，但孳息应当先充抵收取孳息的费用。留置权人只能以收取的孳息与留置财产一同优先受偿，担保债权的实现，而不能直接取得孳息的所有权。

(4) 必要费用的偿还请求权。债权人因保管留置财产所支出的必要费用，是为了债务人的利益支出的，所以这种必要费用应该由债务人支付，有权向债务人请求偿还。必要费用是为保存、管理留置财产所不可缺少的费用，应依支出时的客观标准而定，不是以留置权人的主观认识为标准。必要费用包括在留置权的担保范围内，于清偿债权时一并清偿或者实现留置权时一并优先受偿。

(5) 与其他担保物权并存时的优先权。《民法典》第四百五十六条规定："同一动产上已经设立抵押权或者质权，该动产又被留置的，留置权人优先受偿。"《民法典》第四百一十六条规定："动产抵押担保的主债权是抵押物的价款，标的物交付后十日内办理抵押登记的，该抵押权人优先于抵押物买受人的其他担保物权人受偿，但是留置权人除外。"留置权作为法定的担保物权不仅优先于抵押权、质权，也优先于购买价金担保权。

(二) 留置权人的义务

留置权人应履行以下义务。

(1) 妥善保管留置财产的义务。《民法典》四百五十一条规定："留置权人负有妥善保管留置财产的义务；因保管不善致使留置财产毁损、灭失的，应当承担赔偿责任。"这一条文规定的就是留置权人于留置期间对留置财产负有保管义务和损害赔偿责任。

(2) 不得擅自使用、处分留置物的义务。留置权人未经债务人同意而擅自使用、处分留置财产，构成对应负义务的违反，留置权人应负损害赔偿责任。

(3) 负有返还留置财产的义务。留置权消灭时，留置权人丧失对留置财产的占有权，应将留置财产返还于债务人。

五、留置权的实现与消灭

(一) 留置权的实现

1. 留置权实现的程序和条件

留置权实现要具备一定的条件，经过一定的程序才能实现。

根据《民法典》第四百五十三条的规定："留置权人与债务人应当约定留置财产后的债务履行期限；没有约定或者约定不明确的，留置权人应当给债务人六十日以上履行债务的期限，但是鲜活易腐等不易保管的动产除外。债务人逾期未履行的，留置权人可以与债务人协议以留置财产折价，也可以就拍卖、变卖留置财产所得的价款优先受偿。留置财产折价或者变卖的，应当参照市场价格。"

(1) 确定留置财产后的履行债务宽限期。债权人一经留置合法占有的债务人的动产，应当立即确定宽限期。宽限期的确定有两种办法：一是由当事人约定，即留置权人与债务人应当约定留置财产后的债务履行期限；二是没有约定或者约定不明确的，留置权人应当给债务人六十日以上履行债务的期限，但是鲜活易腐等不易保管的动产除外。

(2) 对债务人的通知义务。债权人留置标的物后，应该立即通知债务人。通知已经将财产留置，并告知履行债务的宽限期，催告债务人在宽限期内履行债务。债权人未通知上述内容的，不得实现留置权。如果双方当事人在合同中已经事先约定宽限期，则债权人不承担通知义务，期满即可实现留置权。

(3) 对留置财产变价、取偿。债务人在宽限期届满仍不履行债务，也不另行提供担保的，即具备了实现留置权的条件，留置权人可以对留置财产变价，对债权进行清偿。

2. 留置权实现的方式

根据《民法典》第四百五十四条的规定："债务人可以请求留置权人在债务履行期限届满后行使留置权；留置权人不行使的，债务人可以请求人民法院拍卖、变卖留置财产。"

依照我国《民法典》的规定，留置权的实现方式包括折价、通过拍卖或者变卖而变价。当事人协商一致的可依约定方式办理；当事人无法协商一致的，留置权人可以请求人民法院拍卖、变卖留置财产。

留置财产折价或者拍卖、变卖后，其价款超过债权数额的部分归债务人所有，不足部分由债务人清偿。但剩余债权已成为普通债权，并无优先受偿权。

(二) 留置权的消灭

留置权的消灭原因主要有以下几种情形。
(1) 留置物的毁损、灭失且无代位物的。
(2) 留置权所担保的主债权消灭。
(3) 留置权的实现。
(4) 留置权人接受债务人另行提供担保的。
(5) 留置权人对留置财产丧失占有的。

六、担保物权的竞合与混合担保

(一) 担保物权的竞合

担保物权的竞合，是指在同一个标的物上设定了数个不同种类的担保物权，且担保不同的债权，如何解决哪类担保物权具有优先效力的问题。

1. 动产抵押权与动产质权的竞合

《民法典》第四百一十五条规定："同一财产既设立抵押权又设立质权的，拍卖、变卖该财产所得的价款按照登记、交付的时间先后确定清偿顺序。"该条规定确立了同一动产上抵押权、质权并存时的清偿规则，即质权有效设立、抵押权办理抵押登记的，按照公示的先后也就是登记、交付的时间的先后确定清偿顺序。还有一种情况就是登记、交付的时间相同的如何确定抵押权、质权的顺序，应视为顺序相同，按照债权比例清偿。

2. 留置权、质权、抵押权的竞合

《民法典》第四百五十六条规定："同一动产上已经设立抵押权或者质权，该动产又被留置的，留置权人优先受偿。"所以，先设立抵押权或者质权后成立留置权的，留置权优先，因为留置权是法定担保物权，优先于意定担保物权。而且，留置权担保的是留置权人已经付出劳务的费用，而抵押与质押通常担保的是普通债权，劳务费应该获得优先保护。担保物权竞合的处理规则如表 6-4 所示。

表 6-4 担保物权竞合的处理规则

抵押、质押和留置权并存	1. 三者并存时，通常留置权优先 2. 留置权不优先的情形 (1) 留置权人将留置的财产进行抵押 (2) 留置权人将留置的财产进行出质
抵押权和质押并存	1. 同一财产既设立抵押权又设立质权的，拍卖、变卖该财产所得的价款按照登记、交付的时间先后确定清偿顺序 2. 顺序相同的，按照债权比例清偿 3. 质权有效设立，抵押权未办理抵押登记的，质权优先于抵押权 4. 质权未有效设立，抵押权未办理抵押登记的，因抵押权已经有效设立，故抵押权优先受偿

(二) 混合担保

被担保的债权既有物的担保又有人的担保的，债务人不履行到期债务或者发生当事人约定的实现担保物权的情形，债权人应当按照约定实现债权；没有约定或者约定不明确，债务人自己提供物的担保的，债权人应当先就该物的担保实现债权；第三人提供物的担保的，债权人可以就物的担保实现债权，也可以请求保证人承担保证责任。提供担保的第三人承担担保责任后，有权向债务人追偿。

担保并存的规则如表 6-5 所示。

表 6-5 担保并存的规则

物保与人保的关系		
当事人有约定的	债权人应当按照约定实现债权	
	债务人提供的物保与第三人保证并存	第三人提供的物保与第三人保证并存
当事人没有约定或者约定不明确的	1. 无约定时，先物保，后保证 2. 债权人放弃物保的，保证人在债权人弃权范围内免责 3. 保证人承担责任后，向债务人追偿	1. 第三人提供物的担保的，债权人可以就物的担保实现债权，也可以请求保证人承担保证责任 2. 提供担保的第三人承担担保责任后，有权向债务人追偿

【例 6-10】甲将自己的汽车抵押给乙，但是没有进行抵押登记，后因急需用钱又不经常用车，便将该汽车出质给丙借款 5 万元，某日丙开车肇事致车损坏去丁的修配厂维修，但因为 6000 元维修费无力支付，丁将车扣留。丙要求甲支付维修费，但此时甲因生意亏损已身无分文，且对乙的债务也期满未履行，乙主张实现抵押权，将汽车变现优先受偿。乙、丙、丁的担保物权的优先次序按( )行使。

A. 乙—丙—丁　　B. 丙—丁—乙　　C. 丁—乙—丙　　D. 丁—丙—乙

【解析】D。《民法典》第四百五十六条规定："同一动产上已经设立抵押权或者质权，该动产又被留置的，留置权人优先受偿。"所以丁的留置权最优先，乙的抵押权虽然设定在先，但是没有登记，无法对抗第三人，所以乙的抵押权不能对抗丙的已经设立的质权，所以丙的质权优先于乙的抵押权。

复习思考题

一、单项选择题

1. 具有以人的信用为履行合同之保障特征的担保方式是(　　)。
   A. 抵押　　　　　　B. 保证　　　　　　C. 质押　　　　　　D. 留置
2. 一般保证的保证人与债权人未约定保证期间的,保证期间为主债务履行期届满之日起(　　)。
   A. 3 个月　　　　　B. 6 个月　　　　　C. 1 年　　　　　　D. 2 年
3. 下列各项中,可以做保证人的是(　　)。
   A. 主债务人　　　　　　　　　　　　　B. 企业法人的职能部门
   C. 有企业法人书面授权的企业分支机构　D. 学校、医院等以公益为目的的非营利法人
4. 下列担保方式中,不以转移物的占有权为要件的是(　　)。
   A. 抵押　　　　　　B. 动产质押　　　　C. 留置　　　　　　D. 权利质押
5. 根据《民法典》的规定,下列财产中,不得用于抵押的是(　　)。
   A. 抵押人所有的机器　　　　　　　　　B. 抵押人依法有权处分的国有土地使用权
   C. 股份有限公司的厂房　　　　　　　　D. 被依法扣押的财产
6. 某大学为修缮教育设施向银行借款,银行要求该学校提供担保,学校以自有财产向银行设立抵押,以下财产可以设定抵押的是(　　)。
   A. 该学校的办公楼　　　　　　　　　　B. 该学校的操场
   C. 该学校的小汽车　　　　　　　　　　D. 与邻校存在权属争议的财产
7. 以下列财产抵押,抵押权自办理抵押登记时设立的是(　　)。
   A. 生产设备　　　　　　　　　　　　　B. 正在建造的船舶
   C. 交通运输工具　　　　　　　　　　　D. 正在建筑的建筑物
8. 以下列财产设定的抵押权中,协议生效的是(　　)。
   A. 房屋　　　　　　　　　　　　　　　B. 建设用地使用权
   C. 电视机　　　　　　　　　　　　　　D. 正在建造的建筑物
9. 个体工商户甲将其现有的以及将有的生产设备、原材料、半成品、产品一并抵押给乙银行,但未办理抵押登记。抵押期间,甲未经乙同意以合理价格将一台生产设备出卖给丙。后甲不能向乙履行到期债务。下列选项中,正确的是(　　)。
   A. 该抵押权因抵押物不特定而不能成立
   B. 该抵押权因未办理抵押登记而不能成立
   C. 该抵押权虽已成立但不能对抗正常经营活动中已经支付合理价款并取得抵押财产的买受人
   D. 乙有权对丙从甲处购买的生产设备行使抵押权
10. 甲将一间房屋作为抵押向乙借款 2 万元。抵押期间,丙向某甲表示愿以 3 万元购买甲的房屋,甲也想将抵押的房屋出卖。对此,下列表述正确的是(　　)。
    A. 甲有权将该房屋出卖,应当及时通知抵押权人乙
    B. 甲可以将该房屋出卖,无须通知抵押权人乙
    C. 甲可以将该房屋卖给丙,但应征得抵押权人乙的同意
    D. 甲无权将该房屋出卖,因为房屋上已设置了抵押权

11. 黄河公司以其房屋作抵押，先后向甲银行借款 100 万元，乙银行借款 300 万元，丙银行借款 500 万元，并依次办理了抵押登记。后丙银行与甲银行商定交换各自抵押权的顺位，并办理了变更登记，但乙银行并不知情。因黄河公司无力偿还三家银行的到期债务，银行拍卖其房屋，仅得价款 600 万元。关于三家银行对该价款的分配，下列选项中，正确的是(　　)。
   A. 甲银行 100 万元、乙银行 300 万元、丙银行 200 万元
   B. 甲银行得不到清偿、乙银行 100 万元、丙银行 500 万元
   C. 甲银行得不到清偿、乙银行 300 万元、丙银行 300 万元
   D. 甲银行 100 万元、乙银行 200 万元、丙银行 300 万元

12. 甲为出租人与乙签订房屋租赁合同，并将房屋交付乙使用，之后甲又以该房屋作为抵押与丙银行签订抵押合同，则(　　)。
   A. 甲与乙的租赁合同有效，甲与丙的抵押合同无效
   B. 甲与乙的租赁合同有效，经乙同意，甲与丙的抵押合同也有效
   C. 甲与乙的租赁合同无效，甲与丙的抵押合同有效
   D. 甲与乙的租赁合同有效，甲与丙的抵押合同也有效

13. 如果一个抵押物有两个以上的抵押权人时，各抵押权人(　　)。
   A. 同时按比例受偿　　　　　　　　B. 先办理抵押登记的先受偿
   C. 共同协商受偿　　　　　　　　　D. 先签订抵押合同的先受偿

14. 甲因业务需要，以其房子(价值 11 万元)作抵押，分别向乙、丙二人各借款 5 万元。甲与乙于 3 月 10 日签订抵押合同，3 月 20 日办理了抵押登记；甲与丙于 3 月 13 日签订了抵押合同，并于同日办理了抵押登记。后甲无力还款，乙、丙将甲之房屋拍卖，只得价款 8 万元，乙、丙的分配方式是(　　)。
   A. 乙 4 万元、丙 4 万元　　　　　　B. 乙 5 万元、丙 3 万元
   C. 丙 5 万元、乙 3 万元　　　　　　D. 丙 4.5 万元、乙 3.5 万元

15. 以依法可以转让的股票出质的，质权自(　　)时起设立。
   A. 质权合同成立　　　　　　　　　B. 交付股票
   C. 办理出质登记　　　　　　　　　D. 公司同意

16. 甲将自己的汽车抵押给乙，但是没有进行抵押登记，后因急需用钱又不经常用车将该汽车出质给丙借款 5 万元，某日丙开车肇事致车损坏去丁的修配厂维修，但因为 6000 元维修费无力支付，丁将车扣留。丙要求甲支付维修费，但此时甲因生意亏损已身无分文，且对乙的债务也期满未履行，乙主张实现抵押权，将汽车变现优先受偿。乙、丙、丁的担保物权的优先次序按(　　)行使。
   A. 乙—丙—丁　　　　　　　　　　B. 丙—丁—乙
   C. 丁—乙—丙　　　　　　　　　　D. 丁—丙—乙

17. 甲向乙借款 20 万元，以其价值 10 万元的房屋和 5 万元的汽车作为抵押担保，以价值 1 万元的音响设备作为质押担保，同时还有丙为其提供保证担保。其间汽车遇车祸毁损，获保险赔偿金 3 万元。如果上述担保均有效，丙应对借款本金在(　　)万元内承担保证责任。
   A. 7　　　　　　B. 6　　　　　　C. 5　　　　　　D. 4

18. 甲公司将一批价值 60 万元，并被丙公司保留所有权的空调交给乙仓库保管，保管费 5 万元。甲公司未按时付款，乙仓库留置了价值约 6 万元的货物并通知甲公司，要求在一个月内付款。一个月后，甲公司仍未付款，乙仓库就把留置物依法拍卖，得款 5.5 万。在扣除保管费 5 万元和其他费用 3000 元后，将其余 2000 元退回甲公司。甲公司表示此事未通知他们，他们不能接受乙仓库的处

理。丙公司也对乙仓库的行为提出异议。在这一事件中，不合法的行为是( )。
   A. 乙仓库留置价值 6 万元的空调　　B. 乙仓库要求甲公司在一个月内付款
   C. 乙仓库不通知甲公司即拍卖货物　　D. 乙仓库扣除 5.3 万元后才将 2000 元退回甲公司

二、多项选择题

1. 一般保证的保证人在主合同纠纷未经审判或仲裁，并就债务人财产依法强制执行仍不能履行债务前，对债权人可以拒绝承担保证责任。有下列( )情形之一的，保证人不得行使上述权利。
   A. 债务人下落不明，且无财产可供执行
   B. 人民法院已经受理债务人破产案件
   C. 债权人有证据证明债务人的财产不足以履行全部债务或者丧失履行债务能力
   D. 保证人书面表示放弃先诉抗辩权的

2. 下列各项中不能作为抵押标的物的是( )。
   A. 土地所有权
   B. 学校、幼儿园、医疗机构等为公益目的成立的非营利法人的教育设施、医疗卫生设施和其他公益设施
   C. 所有权、使用权不明或者有争议的财产
   D. 依法被查封、扣押、监管的财产

3. 抵押期间，抵押人转让已办理登记的抵押物的，应当( )。
   A. 抵押人转让抵押财产的，应当及时通知抵押权人
   B. 抵押财产转让的，抵押权不受影响
   C. 抵押权人能够证明抵押财产转让可能损害抵押权的，可以请求抵押人将转让所得的价款向抵押权人提前清偿债务或者提存
   D. 须征得抵押权人同意才可以转让

4. 甲因个人购房向乙借款 15 万元，乙要求甲将自己使用了一年的桑塔纳轿车进行抵押，双方签订了抵押合同且办理了抵押登记，后甲开车与他人相撞，保险公司支付保险金 5 万元。因车受损，乙向甲提出了下述请求，其中( )不能成立。
   A. 请求甲提供新的担保物　　B. 请求甲将保险金 5 万元提存
   C. 请求甲提前还款　　D. 请求甲提供担保人

5. 2017 年 10 月 2 日张某向刘某借款 8000 元，同时签订了一份质权合同，由张某于 2017 年 10 月 5 日将一头受胎的母牛作为质物交付给刘某。同年 11 月 8 日母牛生小牛一只。下列表述中正确的是( )。
   A. 质权于 2017 年 10 月 2 日设立　　B. 质权于 2017 年 10 月 5 日设立
   C. 小牛应归张某所有　　D. 刘某在接受还款前有权占有小牛

6. 甲向乙借款而将自己的货物出质给乙，但乙将该批货物放置在露天地里风吹日晒。在此情况下，法院对甲的下列( )请求应给予支持。
   A. 因乙保管不善，请求解除质押关系
   B. 因乙保管不善，请求提前清偿债务返还质物
   C. 因乙保管不善，请求乙向有关机构提存该批货物
   D. 因乙保管不善，请求乙承担货物的损失

7. 可以出质的权利有( )。
   A. 汇票　　　　B. 股权　　　　C. 提单　　　　D. 存款单

8. 张三向李四借款 20 万元做生意，由丙提供价值 15 万元的房屋抵押，并订立了抵押合同。张三因办理登记手续费过高，经李四同意未办理登记手续。张三又以自己的一辆价值 10 万元的"现代"车质押给李四，双方订立了质押合同。李四认为将车放在自家附近不安全，决定仍放在张三处。一年后，张三因亏损无力还债，李四诉至法院要求行使抵押权、质权。本案中下列说法正确的是(　　)。
    A. 抵押合同、质押合同均有效　　　　B. 抵押合同、质押合同均无效
    C. 抵押权、质押权均无效　　　　　　D. 质押权无效、抵押权有效

9. 公民甲为从事出租业务购买一辆价值 9 万元的汽车，在购车时以该车作为抵押向某银行借款 4 万元，并办理了抵押登记。在借款期限内，因发生交通事故，甲的汽车被送到某修理厂维修，无力支付修理费，经过两个月的宽限期。此间，借款到期，银行要求行使抵押权，但被修理厂拒绝，而汽车只值 4 万元。下列论述中，不正确的是(　　)。
    A. 抵押权应优先于留置权得到实现，因为抵押权的成立早于留置权
    B. 留置权应优先于抵押权得到实现
    C. 抵押权应与留置权同时得到实现，银行和修理厂应就汽车卖得价金按照一定比例受偿
    D. 留置权不成立，因为留置物上有他人抵押权存在

10. 留置权的设立和成立，必须具备的条件是(　　)。
    A. 当事人约定
    B. 债务已到清偿期，债务人未履行给付义务
    C. 债权人留置的动产，应当与债权属于同一法律关系
    D. 当事人一方合法占有对方的相关财产

三、名词解释

1. 担保　2. 保证　3. 一般保证　4. 先诉抗辩权　5. 抵押权　6. 质权　7. 留置权

四、简答题

1. 简述一般保证人不得主张先诉抗辩权的情形。
2. 简述法律禁止抵押的财产范围。
3. 简述多个抵押权并存时的清偿顺序。
4. 简述质权与抵押权的区别。
5. 简述可以出质的权利。
6. 简述留置权的积极构成要件。

五、案例分析题

1. 甲五金厂向银行申请贷款 100 万元，除用本单位价值 30 万元的轿车抵押外，还请乙钢铁厂为此笔贷款提供担保。银行与钢铁厂签订的保证合同没有约定保证方式。贷款到期后，五金厂未能清偿贷款，银行向法院起诉，诉讼请求为：①甲五金厂偿还本息并支付违约金；②要求乙钢铁厂对此笔贷款承担连带责任。请回答：
    (1) 银行的诉讼请求是否正确？为什么？
    (2) 法院做出判决后，能否要求乙钢铁厂承担保证责任？为什么？
    (3) 乙钢铁厂的保证责任范围是多少？

2. 2018 年 7 月 1 日，甲因经营需要，向乙借款人民币 8 万元，约定同年 12 月底前归还。并与乙签订了以甲所有的汽车为标的物的质押合同。7 月 4 日，甲将汽车(价值 10 万元)交付给乙作为质

押，约定如甲无力归还借款，则该汽车归乙所有。此外，甲为该汽车购买了保险，金额为8万元。后甲因经营不善，于同年12月29日，向乙表示无力还款。此后一天，甲的汽车被盗。

请回答：

(1) 甲乙的质押合同何时生效？乙的质权何时生效？

(2) 甲乙的质押合同约定"如甲无力归还借款，则该汽车归乙所有"会产生什么法律效果？

(3) 汽车被盗后，乙的质权是否丧失？

3. 冯某系养鸡专业户，为改建鸡舍和引进良种鸡需资金20万元。冯某向陈某借款10万元，以自己的一套价值10万元的音响设备抵押，双方立有抵押字据，但未办理抵押登记。冯某又向朱某借款10万元，以该音响设备质押，双方立有质押字据，并将音响设备交付朱某占有。冯某得款后，改造了鸡舍，且与良种站签订了良种鸡引进合同。因发生不可抗力事件，冯某预计的收入落空，冯某因不能及时偿还借款和支付货款而与陈某、朱某及县良种站发生纠纷。诉至法院后，法院查证上述事实后又查明，朱某在占有该设备期间，不慎将该设备损坏，送蒋某修理，朱某无力交付蒋某的修理费1万元，该设备现已被蒋某留置。

问：

(1) 冯某与陈某之间的抵押关系是否有效？为什么？

(2) 冯某与朱某之间的质押关系是否有效？为什么？

(3) 朱某与蒋某之间存在什么法律关系？

(4) 陈某要求对该音响设备行使抵押权，朱某要求行使质押权，蒋某要求行使留置权，应由谁优先行使其权利？为什么？

第七章

银行法律制度

银行是信用的创造者,货币和信用都是财富,因而也是资本的创造者。

——麦克鲁德

课前导读

间接融资的基本特点是资金融通通过金融中介机构来进行,信用中介是商业银行最基本、最能反映其经营活动特征的职能。这一职能的实质,是通过银行的负债业务,把社会上的各种闲散货币集中到银行里来,再通过资产业务,把它投向经济各部门;商业银行在资金需求者和闲散货币供应者之间发挥桥梁作用,获取利益收入,形成银行利润。银行监管的主要目的也是降低银行风险,保护存款人的利益。

要点提示

1. 我国的银行业金融机构体系
2. 中央银行的性质、地位、业务范围和监督管理职能
3. 商业银行的设立、变更、终止
4. 政策性银行的业务范围
5. 我国主要的非银行业金融机构

第一节 银行法概述

一、银行概述

银行是当代社会重要的金融机构之一,从不同的角度可以做出不同的定义。《现代汉语词典》将其解释为:"经营存款、贷款、汇兑、储蓄等业务的金融机构。"《经济大辞典(金融卷)》的定义是:

银行是英文 bank 的意译,经营存款、放款、汇兑等业务,充当信用中介的金融机构。在我国法律中没有直接规定银行的概念,按照我国现行规定,银行应当包括中央银行、商业银行、政策性银行、非银行业金融机构等。此外,银行业监督管理机构和自律组织也应当属于特殊的与银行业直接相关的机构,也应在"银行法"的总体调整范围之内。

二、银行法的概念、基本原则和体系

(一) 银行法的概念

金融法是调整金融关系的法律规范的总称,有广义和狭义之分。广义的金融法包括银行法、货币法、证券法、票据法、信托法、基金法、保险法等;狭义的金融法专指银行法,从而可见银行是金融体系的核心,银行法是金融法的基本法。

银行法是指有关银行组织和银行业务活动的法律规范的总称。银行法的基本内容包括规范银行的性质、地位、组织体系、管理体制、职责权限等的银行组织法和规范银行的从业范围及业务活动中当事人的基本权利义务等的银行业务法。

(二) 银行法的基本原则

银行法的基本原则是指贯穿于整个银行法体系的基本指导思想或基本准则,它对具体法律规范的制定和司法裁判具有重要的指导意义。银行法的主要基本原则包括以下 3 项。

1. 整体金融利益原则

银行在整体经济中占据主导性地位,银行业务活动的状况决定着整体经济运行和增长状况,影响着居民生活水平的稳定和提高,并最终影响着所有社会主体的财产利益和经济利益。因此,银行法的首要原则是整体金融利益原则。根据这一原则,任何银行法律的制定和执行,都必须有利于维护和促进整体金融利益。其具体包括整体金融效率、整体金融秩序和整体金融安全 3 个方面。

2. 银行业务特征原则

银行的业务活动是一种系统性经济活动。银行的每项业务活动都与整个社会具有直接或间接的联系,其业务相对人包括了全社会几乎所有的经济主体。由于它们的业务活动具有非常复杂和严格的内在运行机制,这些运行机制不能被任意改变。同时,金融机构之间还具有严格的业务协作机制,这些业务协作机制是保证社会货币流通秩序和融通秩序的必要条件,也不能被任意调整。因此,银行法的制定与实施都必须遵守并维护这些客观的银行业务特征。

3. 保护主体利益原则

主体利益原则既包括银行业金融机构的利益,也包括银行业务相对人的利益,保护银行业务活动双方的利益是银行法的又一重要原则。银行业金融机构的业务收入来源于业务相对人,没有相对人就没有业务来源,银行也不可能得到发展,所以,银行法必须保护相对人的利益。与此同时,投资人的投资安全和投资收益取决于银行业的业务经营收益,没有银行业的业务经营收益,投资人的收益也就没有了最终的来源。因此,银行法必须保护银行业的利益。

(三) 银行法的体系

世界各国专门的银行法立法主要包括 7 大类:一是中央银行法;二是商业银行法;三是专业银行法;四是准银行机构法;五是货币法;六是支付结算法;七是监督管理法。从银行法的调整对象来说,银行法的体系主要包括以下几个方面。

1. 银行组织法

银行组织法是指确认我国银行体系中所有银行以及从事某些银行业务的非银行金融机构的法律地位,调整其组织内部各部门之间的组织管理关系和经营协作关系的法律规范的总称。银行组织法的作用是规定银行等金融机构的法律主体资格,赋予不同银行参加金融活动时各自的权利、义务,确定银行组织机构的形式和经营规则等。我国银行组织法的法律规范大多表现在《中华人民共和国中国人民银行法》《中华人民共和国商业银行法》《中华人民共和国公司法》《金融机构管理规定》《外资金融机构管理条例》等法律、行政法规和其他法规中。

2. 银行业务法

银行业务法是指调整银行之间以及银行与客户之间,在经营货币或其他信用业务等活动中所形成的经济关系的法律规范的总称。简而言之,银行业务法是调整银行业务关系的法律规范的总称。银行业务关系是一种横向的平等主体之间的经济关系,主要包括存款业务关系、贷款业务关系、结算业务关系等。这种业务关系的一方是银行,另一方是其服务的对象,包括自然人、法人(包括银行)和国家等。银行业务法的法律规范大多表现在《中华人民共和国商业银行法》《中华人民共和国票据法》《储蓄管理条例》《贷款通则》等规范性法律文件中。

3. 银行管理法

银行管理法是指调整国家中央银行和有关国家经济管理机关对银行业进行监督管理和宏观调控过程中形成的社会关系的法律规范的总称。银行管理法通过明确银行管理的目标,确定管理机构的职责权限、规范管理手段等,贯彻国家货币政策,规范金融秩序。银行管理法在宏观经济调控体系中具有十分重要的作用。银行管理法的法律规范大多表现在《中华人民共和国中国人民银行法》《中华人民共和国商业银行法》《中华人民共和国外汇管理条例》《结汇、售汇及付汇管理规定》《人民币利率管理规定》《金融统计管理规定》等规范性法律文件中。

银行组织法、银行业务法和银行管理法相互协调配合,共同构成了我国银行法体系不可分割的有机整体。

第二节 中国人民银行法律制度

一、中国人民银行法概述

1995年3月18日,第八届全国人民代表大会第三次会议审议通过并公布了《中华人民共和国中国人民银行法》(以下简称《中国人民银行法》)。这是我国关于中央银行的第一部法律,是确定中国人民银行性质、职能和法律地位的重要法律。《中国人民银行法》的颁布实施,对于保障中国人民银行依法制定和执行货币政策,抑制通货膨胀,调节货币供应量,保持国际收支平衡,加强金融监管,维护金融秩序等提供了法律依据。

2003年12月27日,第十届全国人民代表大会常务委员会第六次会议通过了《全国人大常委会关于修改<中华人民共和国中国人民银行法>的决定》,自2004年2月1日起施行。《中国人民银行法》的立法宗旨主要体现在以下4个方面。

(一) 确立中国人民银行的地位,明确其职责

中国人民银行是我国的中央银行,具有发行的银行、政府的银行和银行的银行三大职能,主要

职责是在国务院领导下，制定和实施货币政策，防范和化解金融风险，维护金融稳定。

(二) 保证国家货币政策的正确制定和执行

制定和执行国家货币政策是中央银行最重要的职能。货币政策是指国家为实现特定的宏观经济目标采取控制和调节货币供应量的方针政策的总称。我国法律规定的国家货币政策目标是：保持货币币值的稳定，并以此促进经济增长。

(三) 建立和完善中央银行宏观调控体系

在我国，随着社会主义市场经济体制的建立和完善，中国人民银行作为中央银行在宏观调控体系中的作用将更加突出。中国人民银行可以通过加强制定和执行货币政策，在不断完善有关金融机构运行规则和改进对金融业的宏观调控政策等职能工作中，更好地发挥中央银行在宏观调控和防范与化解金融风险中的作用。

(四) 维护金融稳定

金融是否稳定关系到国家社会、经济的发展和稳定，因此维护金融稳定是制定银行法所必须遵循的宗旨。

二、中国人民银行的性质、职能与组织机构

(一) 中国人民银行的性质

中国人民银行是国家的中央银行，中央银行是国家金融体系中的核心。一般说来，中央银行是负责制定和执行国家的货币信用政策，维护金融稳定的国家金融机构。中国人民银行在国务院领导下依法独立执行货币政策，履行职责，开展业务，不受地方政府、各级政府部门、社会团体和个人干涉。

(二) 中国人民银行的职能

中国人民银行的职能是中国人民银行性质的具体体现，反过来，中国人民银行职能的高度概括便成为中国人民银行性质的集中反映。可以把中国人民银行的职能概括为"发行的银行、银行的银行和政府的银行"。

1. 中国人民银行是"发行的银行"

中国人民银行作为"发行的银行"，是指中国人民银行独享货币发行权，是唯一有权发行货币的机构。从中国人民银行产生和发展的历史看，独享货币发行权是其最先具有的职能，也是它区别于普通商业银行的根本标志。货币发行权须经国家以法律形式授予，中国人民银行还对调节货币供应量、保证货币流通的正常与稳定负有重要责任。垄断货币发行是中国人民银行形成的基本标志。中国人民银行职责中的"发行人民币，管理人民币流通"即为"发行的银行"职能的具体体现。

2. 中国人民银行是"银行的银行"

中国人民银行作为"银行的银行"，是指中国人民银行只与商业银行和其他金融机构发生业务往来，并不与企业和个人发生直接的信用关系。它集中保管商业银行的准备金，并对它们发放贷款。中国人民银行职责中的"维护支付、清算系统的正常运行"即为"银行的银行"职能的具体体现。

3. 中国人民银行是"政府的银行"

中国人民银行是国家宏观经济经济管理的一个部门，但在一定程度上又超脱于国家政府的其他部门，与一般政府机构相比独立性更强。中国人民银行是"政府的银行"，即为国家提供各种金融服务、代表国家制定执行货币政策和处理对外金融关系。综合运用法定存款准备金、再贴现、公开市场业务、基准利率、再贷款等货币政策工具调节宏观经济运行。中国人民银行职责中的"发布与履行其职责有关的命令和规章""依法制定和执行货币政策""监督管理银行间同业拆借市场和银行间债券市场""实施外汇管理，监督管理银行间外汇市场""监督管理黄金市场""持有、管理、经营国家外汇储备、黄金储备""经理国库""组织协调国家反洗钱工作，指导、部署金融业反洗钱工作，负责反洗钱的资金监测"以及"作为国家的中央银行，从事有关的国际金融活动"等，是"政府的银行"职能的具体体现。

（三）中国人民银行的组织机构

根据中国人民银行履行各项职能的需要，中国人民银行的组织机构分为3个层次，即中国人民银行行长、货币政策委员会和分支机构。

1. 中国人民银行行长

《中国人民银行法》对中国人民银行的最高权力机构未做明确规定，但规定了中国人民银行设立行长1人，副行长若干人，并实行行长负责制。这实际上也等于规定了中国人民银行的领导机构及领导体制。中国人民银行行长领导中国人民银行的工作，副行长协助行长工作。中国人民银行行长的人选，由国务院总理提名，报全国人民代表大会决定；全国人民代表大会闭会期间，由全国人民代表大会常务委员会决定，由国家主席任免。中国人民银行副行长由国务院总理任免。

2. 货币政策委员会

中国人民银行设立货币政策委员会，其性质为咨询议事机构，而非决策机构。货币政策委员会的职责是，在综合分析国家宏观经济形势的基础上，依据国家的宏观经济调控目标，讨论货币政策事项，并提出建议。货币政策委员会的职责、组成和工作程序由国务院规定，报全国人民代表大会常务委员会备案。货币政策委员会会议每月至少召开一次，并定期向全国人民代表大会常务委员会报告工作。

3. 分支机构

中国人民银行根据履行职责的需要可以设立分支机构，分支机构是中国人民银行的派出机构，不具备法人资格。中国人民银行对分支机构实行统一领导和管理。其履行职责必须根据中国人民银行的授权进行，维护本辖区的金融稳定，承办有关业务。

【例7-1】中国人民银行实行何种责任形式？（　　）
A. 行长负责制　　　　　　　　　B. 集体负责制
C. 货币政策委员会共同负责制　　D. 党委负责制
【解析】《中国人民银行法》对中国人民银行的最高权力机构未做明确规定，但规定了中国人民银行设立行长1人，副行长若干人，并实行行长负责制。正确选项为A。

三、中国人民银行的职责和业务

(一) 中国人民银行的职责

中国人民银行的各项业务活动必须围绕着各项法定职责展开，必须以有利于履行职责为最高原则。在具体的业务活动中，中国人民银行一般遵循非营利性、流动性、公开性3个原则。

非营利性是指中国人民银行的业务活动不以营利为目的，不经营商业银行业务，不与商业银行竞争，以执行货币政策、保证货币政策目标实现为指导原则，业务范围受到严格限制。

流动性是指资产业务需要保持流动性。因为中国人民银行在充当金融机构的"最后贷款人"，进行货币政策操作时，必须拥有相当数量的可用资金，才能及时满足其调节货币供求、稳定币值和调节经济运行的需要。所以，为了保证中央银行资金可用灵活调度，及时运用，中国人民银行必须使自己的资产保持最大的清偿性，不能形成不易变现的资产。

公开性是指中国人民银行的业务状况公开化，定期向社会公布业务与财产状况，并向社会提供有关的金融统计资料。中国人民银行的业务活动保持公开性，一是可以使中国人民银行的业务活动置于社会公众监督之下，有利于中国人民银行依法规范其业务活动，确保其业务活动的公平合理性；二是可以增强中国人民银行业务活动的透明度，使国内外有关方面及时了解中国人民银行的政策、意图及操作力度，有利于增强实施货币政策的告示效应；三是可以及时、准确地向社会提供必要的金融信息，有利于各界分析研究金融和经济形势，也便于他们进行合理预期，调整经济决策和行为。

根据《中国人民银行法》的规定，中国人民银行应履行下列职责：发布与履行与其职责有关的命令和规章；依法制定和执行货币政策；发行人民币，管理人民币流通；监督管理银行间同业拆借市场和银行间债券市场；实施外汇管理，监督管理银行间外汇市场；监督管理黄金市场；持有、管理、经营国家外汇储备、黄金储备；经理国库；维护支付、清算系统的正常运行；指导、部署金融业反洗钱工作，负责反洗钱的资金监测；负责金融业的统计、调查、分析和预测；作为国家的中央银行，从事有关的国际金融活动；国务院规定的其他职责。

(二) 中国人民银行的业务

与商业银行及其他金融机构相比，中国人民银行的业务有两个显著特点：一是不以营利为目的。二是不经营一般银行业务。中国人民银行依法开展如下业务。

1. 人民币业务

1) 人民币的法定地位

《中国人民银行法》规定，中华人民共和国的法定货币是人民币。在我国境内的一切公共费用的支出，包括各类行政经费、国债、国家赔偿费用等支出，都必须使用人民币；各种经济合同的债务履行、劳务报酬以及其他原因形成的债权债务也都必须以人民币为支付工具进行计价结算。当以人民币进行实际支付时，任何单位和个人不得以任何理由拒绝接受人民币，这是公民、法人和其他组织必须遵守的义务。

2) 人民币的发行权

《中国人民银行法》第十八条规定："人民币由中国人民银行统一印制、发行。"第二十条规定："任何单位和个人不得印刷、发售代币票券，以代替人民币在市场上流通。"发行人民币应当坚持以下3个原则。第一，集中统一发行。多年的经验证明，只有集中统一发行人民币，才能稳定货币，适应货币流通规律，促进国家经济可持续发展。第二，有计划地印制、发行。有计划地印制、发行是指要从国民经济发展的需要出发,有计划地印制、发行人民币。印制、发行人民币的计划应当报经国务院批准后组织实施。第三,信贷发行。信贷发行,是指根据国民经济发展的需要,有计划地通过信贷收支活动来发行货币。由于信贷发行适应国民经济发展的需要,所以我国人民币的印制、发行多是通过这种办法来发行的。

3) 残损人民币的管理

《中国人民银行法》第二十一条规定:"残缺、污损的人民币,按照中国人民银行的规定兑换,并由中国人民银行负责收回、销毁。"污损人民币是指因自然或人为磨损、侵蚀,造成外观、质地受损,颜色变暗,图案不清晰,防伪功能下降,不宜再继续流通使用的人民币;残缺人民币是指票面撕裂、损缺的人民币。人民币在流通中因使用磨损发生残缺、污损不能继续使用,需要收回、销毁。残损人民币销毁权属于中国人民银行。中国人民银行总行授权中国人民银行各分行、营业管理部、省会(首府)城市中心支行、深圳市中心支行具体负责残损人民币销毁业务。

4) 人民币的保护

《中国人民银行法》第十九条规定:"禁止伪造、变造人民币。禁止出售、购买伪造、变造的人民币。禁止运输、持有、使用伪造、变造的人民币。禁止损毁人民币。禁止在宣传品、出版物或其他商品上非法使用人民币图样。"人民币是我国的法定货币,受法律保护,对人民币进行伪造、变造或者出售、购买、运输、持有、使用伪造、变造人民币的行为,为法律所禁止。同时为了维护人民币的尊严,确立人民币的威信和信誉,人民币的图样受法律保护,不得滥用。使用人民币图样必须经过中国人民银行批准,未经批准使用人民币图样的是违法行为。

2. 与执行货币政策相关的业务

货币政策是指中央银行或货币当局为实施特定的经济目标所采取的各种控制和调节货币供给量和信用量,进而影响宏观经济的方针、政策和措施的总称。其实质是正确处理经济发展和货币稳定的关系,使国民经济的有关指标通过货币机制的调控服从和服务于国民经济政策,并成为国民经济政策的重要组成部分。货币政策现已成为各国中央银行对宏观经济进行调节的重要手段。

1) 货币政策目标

货币政策目标是一国中央银行据以制定和实施货币政策的目的。《中国人民银行法》第三条规定,中国人民银行的"货币政策目标是保持货币币值的稳定,并以此促进经济增长"。这一规定既充分肯定了"稳定货币"是货币政策目标第一位的职能,又明确了稳定货币的目标是"促进经济增长",界定和理顺了稳定货币与发展经济增长之间的关系。

2) 货币政策工具

货币政策目标是通过货币政策工具的运用来实现的。《中国人民银行法》第二十三条对可运用的货币政策工具做了如下规定。

(1) 存款准备金制度。存款准备金是指商业银行及其他吸收存款的金融机构吸收存款后,必须按照中央银行规定的比率向中央银行缴存一部分,作为一种必要的准备。中央银行规定的这个比率即存款准备金率。存款准备金制度最初的设立目的是防止银行出现大量现金挤兑时发生金融恐慌和危机,以保证银行资产的流动性和支付能力,后来发展成为一项货币政策工具。运用此制度,中央银行能够调节和控制信贷规模,进而达到影响货币供应量的目的。在经济高涨时,提高法定存款准备金率,意味着金融机构在吸收的存款中必须保留更高的准备金,使放出的货币量减少。其结果是市场上的货币供应量减少,货币的供求关系发生变化,利息率上升。这势必会抑制投资需求,从而抑制社会总需求的扩张势头。在经济衰退时期,中央银行降低法定存款准备金率,其结果与上述经济上涨时期的情况正好相反。

(2) 基准利率。基准利率是指中央银行对金融机构的存贷款利率,它在整个社会利率体系中处于最低水平。基准利率水平的确定与变动,对整个利率体系中的各项利率都具有影响,它是中央银行利率政策最主要的部分。基准利率也是一项重要的货币政策工具,当中央银行提高基准利率时,社会货币供应量就会减少;反之,当中央银行降低基准利率时,货币供应量就会增加。中央银行通过提高或降低基准利率,来达到限制或扩张社会信贷规模的作用。

(3) 再贴现制度。贴现就是将未到期的票据向商业银行转让来融通资金。再贴现是指商业银行或其他金融机构将贴现所获得的未到期票据向中央银行转让,也就是商业银行和中央银行之间的票据买卖和资金让渡。中央银行通过制定或者调整再贴现率干预和影响市场利率及货币市场的供给和需求,以调整货币供应量。

(4) 向商业银行提供贷款。向商业银行提供贷款,作为中央银行的一种货币政策工具,对于中央银行控制市场货币供应量和信用规模,实现货币政策目标具有重要作用。中央银行对商业银行提供贷款,意味着中央银行注入市场的基础货币增加;反之,中央银行收回对商业银行的贷款,就意味着基础货币的减少。

(5) 公开市场业务。公开市场业务是指中央银行在金融市场(证券市场)上公开买卖有价证券(主要指国库券、政府债券、金融债券)和银行承兑票据等,从而起到扩张或收缩信用规模、调节货币供应量作用的一种业务活动。公开市场业务作用的基本原理是中央银行通过在公开市场买卖证券改变基础货币的数量,影响货币供应量,从而起到调节货币供给与信用作用。

(6) 其他货币政策工具。除上述五种货币政策工具外,中央银行还可运用其他的货币政策工具,如信用控制工具、消费信用控制工具、证券信用控制工具和不动产信用控制工具等。

3. 经理国库业务

国库是国家金库的简称,负责办理国家预算资金的收入和支出,是国家预算执行工作的重要组成部分。国库是国家预算的统一出纳机关。在我国,财政部门代表国家管理预算资金,中国人民银行负责经理国库、执行国库出纳的职责。政府的财政收支均由中国人民银行代理,财政存款成为中国人民银行重要的资金来源,中国人民银行对财政存款不付利息。因此,中国人民银行经理国库既为政府提供了服务,同时又增加了自身的资金实力。中国人民银行经理国库的意义在于:沟通财政与金融之间的关系,使国家的财源与金融机构的资金来源相连接,有利于充分发挥货币资金的作用,并为政府资金的融通提供了一个有利的调剂机制。

4. 代理政府债券业务

中国人民银行可以代理国务院财政部门向金融机构组织发行、兑付国债和其他政府债券,具有监督管理金融市场的职责。中国人民银行经营证券业务的目的不在于盈利,而是为了调剂金融市场的资金供求,实现货币币值的稳定,并以此促进经济增长。

5. 提供资金清算业务

清算指为避免现款支付的不便,而以转账方式了结银行之间债权债务关系的结算手段。中国人民银行具有维护支付、清算系统正常运行的职责。

根据《中国人民银行法》的有关规定,中国人民银行应当组织或者协助组织银行业金融机构相互之间的清算系统,协调银行业金融机构相互之间的清算事项,提供清算服务。中国人民银行会同国务院银行监督管理机构制定支付结算规则。

6. 中国人民银行的业务限制

中国人民银行的性质、经营特点不同于其他银行，因此，中国人民银行的业务活动需要一定的限制。《中国人民银行法》对中国人民银行业务活动明确规定以下限制。①中国人民银行不得对政府财政透支，不得直接认购、包销国债和其他政府债券。本规定是为了制约中国人民银行与财政部门的关系，防止国家财政出现赤字时向中国人民银行透支，增加过多的货币供应量。②中国人民银行不得向地方政府、各级政府部门提供贷款，不得向非银行金融机构及其他单位和个人提供贷款，但国务院决定中国人民银行可以向特定的非银行金融机构提供贷款的除外。③中国人民银行不得对银行业金融机构的账户透支。④中国人民银行不得向任何单位和个人提供担保。

> 【例7-2】中国人民银行的业务不包括(   )。
> A. 代理存款业务   B. 银行间清算业务
> C. 经理国库   D. 代理经营政府债券业务
> 【解析】A。代理存款业务属于商业银行的业务范围。

四、中国人民银行的财务会计制度

中国人民银行会计工作在整个金融调控体系中占有重要地位，一方面它是货币政策实施和传导过程的终端，另一方面，它又是连接货币政策实施主体和调控对象的纽带。人民银行会计工作这一地位与作用通过办理各项会计业务得到体现。

(一) 财务预算管理

根据《中国人民银行法》第三十七条、第三十八条的规定，中国人民银行实行独立的财务预算管理制度，中国人民银行的预算经国务院财政部门审核后，纳入中央预算，接受国务院财政部门的预算执行监督。中国人民银行每一会计年度的收入减除该年度的支出，并按照国务院财政部核定的比例提取总准备金后的净利润，全部上缴中央财政。中国人民银行的亏损由中央财政拨款弥补。

1. 中国人民银行的财务预算隶属于中央预算

中国人民银行作为发行的银行、银行的银行和政府的银行，是整个国家金融体系的中心，是国务院领导下的一个部门，在法律上具有机关法人和金融行政主体的法律身份。一方面，中国人民银行依法行使职权的活动是国家政府活动的重要组成部分，政府理应保证其必要的经费来源，因此，中国人民银行的财务收支必须纳入中央预算范畴；另一方面，将中国人民银行的预算纳入中央预算，可以保证中国人民银行充分发挥其宏观调控作用，保证金融业的稳定、健康与繁荣发展；最后，将中国人民银行的财务预算纳入中央预算也符合国际惯例。

2. 中国人民银行的财务预算是一种独立预算

中国人民银行的财务预算既独立于政府财政，又独立于商业银行和其他金融机构，这是由金融业在国民经济中的地位所决定的。金融业的兴衰成败直接关系到整个国民经济与社会的稳定与发展，因此，实现独立的财务预算管理，既有利于从法律上进一步明晰中国人民银行的地位和具体的收支关系，实现财权与事权的有机统一，又有利于掌握金融业务活动情况，并以此反映整个国民经济自己的运动态势，为中国人民银行行使职能提供充足的资金保障。

(二) 财务收支与会计事务

中国人民银行的财务收支和会计事务，应当执行法律、行政法规和国家统一的财务会计制度，接受国务院审计机构和财政部门依法分别进行审计和监督。实行这一财务预算管理,改变了先前人民银行总行和各分支机构的利润留成制度,其好处是使中央银行更加集中精力依法执行国家货币政策,进行金融宏观调控。

(三) 会计报表与年度报告

中国人民银行应当于每一会计年度结束后 3 个月内,编制资产负债表、损益表和相关的财务会计报表,并编制年度报告,按照国家有关规定予以公布。中国人民银行的会计年度自公历 1 月 1 日起至 12 月 31 日止。

中国人民银行年度报表和年度报告的编制应遵循《中华人民共和国会计法》等相关法律法规的规定,即应遵循以下要求:①应按照国家统一的会计制度的规定编制年度报表和报告;②应当根据登记完整、核对无误的会计账簿记录和其他有关资料编制年度报表和报告,做到数字真实、计算准确、内容完整、说明清楚,任何人不得篡改财务会计报告数字,或者提供虚假的财务会计报告;③会计报表之间、会计报表各项目之间,凡有对应关系的数字,应当相互一致。

五、中国人民银行的金融监督管理

《中国人民银行法》规定,中国人民银行依法对金融机构及其业务实施监督管理,维护金融业的合法、稳健运行。

(一) 中国人民银行金融监管的目标是对金融市场进行监测和实施宏观调控

金融监督管理简称金融监管,是中国人民银行的重要职能和职责之一。中国人民银行实施金融监督,对于保证货币政策的顺利实施,抑制通货膨胀,维护公众利益,保持社会安定以及保证金融体系安全,保障金融市场稳定都具有十分重要的意义。

《中国人民银行法》第三十一条规定,中国人民银行依法监测金融市场的运行情况,对金融市场实施宏观调控,促进其协调发展。这是中国人民银行对金融市场进行监测和实施宏观调控的规定,也是履行《中国人民银行法》第二条规定的制定和执行货币政策,发挥防范和化解金融风险有关的金融监督管理职能。

中国人民银行对金融市场进行监测和宏观调控就是从宏观金融的角度防范和化解金融风险。这与银行业监督管理法主要从监管银行业金融机构的经营管理的角度防范和化解金融风险相辅相成,共同指向维护整个金融体系的安全有效运行。

(二) 中国人民银行金融监管主要内容

《中国人民银行法》第三十二条规定,中国人民银行有权对金融机构以及其他单位和个人的下列行为进行检查监督。

1. 执行有关存款准备金管理规定的行为

中国人民银行根据一定时期的货币政策要求,为不同的存款种类和规模确定存款准备金率。各商业银行及其他金融机构,必须根据存款类别和数额,按照人民银行确定的存款准备金率上缴存款准备金。同时,人民银行有权监督检查执行有关存款准备金管理规定的行为。

2. 与中国人民银行特种贷款有关的行为

特种贷款,是指国务院决定的由中国人民银行向金融机构发放的用于特定目的的贷款。中国人民银行根据国务院的决定向金融机构发放特种贷款后,有权检查监督与中国人民银行特种贷款有关的行为。

3. 执行有关人民币管理规定的行为

中国人民银行作为我国的中央银行，发行与管理人民币是其法定职责。中国人民银行不仅负责人民币的发行，还要管理好人民币的流通。对此，中国人民银行可以制定有关人民币管理的规定，并有权检查监督执行有关人民币管理规定的行为。

4. 执行有关银行间同业拆借市场、银行间债券市场管理规定的行为

目前，我国银行间同业拆借市场和银行间债券市场都已形成，需要规范化管理。中国人民银行法规定，中国人民银行有权对执行有关银行间同业拆借市场、银行间债券市场管理规定的行为进行检查监督。

5. 执行有关外汇管理规定的行为

外汇管理是中国人民银行的职责，外汇存储、外汇的汇出汇入、购入外汇、人民币与外汇的兑换等活动，以及银行间的外汇买卖等，都由中国人民银行管理。因此中国人民银行法规定，人民银行履行实施外汇管理，监督管理银行间外汇市场的职责。为保证人民银行履行好这一职责，中国人民银行有权对执行有关外汇管理规定的行为进行检查监督。

6. 执行有关黄金管理规定的行为

根据我国的有关规定，国家对于金银实行统一管理、统购统配的政策。黄金管理的主管机关是中国人民银行。中国人民银行不仅负责国家的黄金储备，还负责收购与配售；会同国家物价主管机关制定和管理黄金的收购与配售价格；会同国家有关主管机关审批经营金银制品等。中国人民银行法明确规定中国人民银行履行监督管理黄金市场的职责。为履行好这一职责，中国人民银行有权对执行有关黄金管理规定的行为进行检查监督。

7. 代理中国人民银行经理国库的行为

中国人民银行作为我国的中央银行，具有经理国库的职责。为履行好这一职责，中国人民银行依据本条规定有权对代理中国人民银行经理国库的行为进行检查监督。

8. 执行有关清算管理规定的行为

《中国人民银行法》规定，中国人民银行履行的职责之一是维护支付、清算系统的正常运行。中国人民银行应当组织或者协助组织银行业金融机构相互之间的清算系统，协调银行业金融机构相互之间的清算事项，提供清算服务。为维护清算系统的正常运行，中国人民银行有权依照本条的规定对执行有关清算管理规定的行为进行检查监督。

9. 执行有关反洗钱规定的行为

过去，组织协调国家反洗钱工作是国家公安机关的职责。金融体制改革之后，将过去由国家公安机关组织协调国家反洗钱工作的职责，转由中国人民银行负责，即指导、部署金融业反洗钱工作，负责反洗钱的资金监测。为了保证中国人民银行制定的有关反洗钱规定得以落实，保证中国人民银行履行好指导、部署金融业反洗钱工作的职责，《中国人民银行法》规定中国人民银行有权对执行有关反洗钱规定的行为进行检查监督。

(三) 中国人民银行的检查监督权

1. 直接的检查监督权

中国人民银行有权对金融机构及其他单位和个人的下列行为进行检查监督：①执行有关存款准

备金管理规定的行为;②与中国人民银行特种贷款有关的行为;③执行有关人民币管理规定的行为;④执行有关银行间同业拆借市场、银行间债券市场管理规定的行为;⑤执行有关外汇管理规定的行为;⑥执行有关黄金管理规定的行为;⑦依法经理国库的行为;⑧执行有关清算管理规定的行为;⑨执行有关反洗钱规定的行为。

2. 建议检查权

中国人民银行根据执行货币政策和维护金融稳定的需要,可以建议国务院银行业监督管理机构对银行业金融机构进行检查监督。国务院银行业监督管理机构应当自收到建议之日起30日内予以回复。

3. 全面检查监督权

当银行业金融机构出现支付困难,可能引发金融风险时,为了维护金融稳定,中国人民银行经国务院批准,有权对银行业金融机构进行全面检查监督。

4. 中国人民银行有权要求银行业金融机构报送有关报表资料

中国人民银行根据履行职责的需要,有权要求银行业金融机构报送必要的资产负债表、利润表及其他财务会计、统计报表和资料。

中国人民银行负责统一编制全国金融统计数据、报表,并按照国家有关规定予以公布。

5. 建立监管信息共享机制

中国人民银行应当和国务院银行业监督管理机构、国务院其他金融监督管理机构建立监督管理信息共享机制。监督管理信息共享机制是指中央银行与其他金融监督管理机构之间将各自在一份履行职责过程中掌握的金融机构、金融市场和金融管理信息进行交流的一种制度。它是中央银行和其他金融监督管理机构协调机制的一个重要的制度安排。

第三节 商业银行法律制度

商业银行法是指规范商业银行组织和商业银行行为的法律规范的总称。狭义的商业银行法是指1995年5月10日第八届全国人民代表大会常务委员会第十三次会议通过,根据2003年12月27日第十届全国人民代表大会常务委员会第六次会议《关于修改〈中华人民共和国商业银行法〉的决定》第一次修正,根据2015年8月29日第十二届全国人民代表大会常务委员会第十六次会议《关于修改〈中华人民共和国商业银行法〉的决定》第二次修正的《中华人民共和国商业银行法》(以下简称《商业银行法》),并于2004年2月1日起实行。广义的商业银行法包括所有与商业银行的设立、变更、终止和业务经营有关的法律规范,如《中华人民共和国中国人民银行法》(以下简称《中国人民银行法》)、《公司法》等法律法规。

一、商业银行概述

(一) 商业银行的概念和特征

商业银行是指依照《商业银行法》和《公司法》设立的吸收公众存款、发放贷款、办理结算等业务的企业法人。我国商业银行是以安全性、流动性、效益性为经营原则,实行自主经营、自担风险、自负盈亏、自我约束的金融机构。商业银行依法开展业务,不受任何单位和个人的干涉,并以其全部法人财产独立承担民事责任，是一种以营利为目的的商法人。

其特征具有如下三个。

1. 商业银行是以营利为目的的企业

商业银行是经营货币和资金的金融企业，具有独立的权利能力和行为能力，依法自主经营、自负盈亏，以其全部法人财产独立承担民事责任，是一种以营利为目的的商法人。

2. 商业银行以金融资产和金融负债为经营对象

商业银行经营的是特殊商品——货币和货币资本，经营内容包括货币收付、借贷以及各种与货币运动相联系的金融服务。

3. 依照商业银行法和公司法设立

商业银行组织普遍采用公司形式，不仅商业银行的设立，而且商业银行的组织机构、合并与分立、解散与清算均需要适用公司法的规定。就法律适用而言，商业银行法是特别法，公司法是一般法。

(二) 商业银行的组织形式

商业银行的组织形式有两种：第一种是有限责任公司，指股东以其出资额为限对银行承担责任，银行以其全部资产对外承担责任的金融企业法人；第二种是股份有限公司，指银行将其全部资本划分为等额股份，股东以其所持股份为限对银行承担责任，银行以其全部资产对外承担责任的金融企业法人。

(三) 商业银行的经营原则

1. 安全性、流动性、效益性的原则

安全性就是要使其资产尽可能地免遭或降低风险，使其经营保持长期稳定，保证各方利益不受损失。流动性是指银行资金的流动和融通，能够随时应付客户的提存、借贷的需求。效益性包括经济效益和社会效益，这里主要是强调经济效益即银行的营利性。获取利润是商业银行经营所追求的目标，银行只有盈利才可以增加银行自身的经营实力，提高银行的信用，更好地服务于社会。

2. 独立经营的原则

《商业银行法》第四条规定，商业银行实行自主经营、自担风险、自负盈亏、自我约束。商业银行依法开展业务，不受任何单位和个人的干涉。商业银行以其全部法人财产独立承担民事责任。

3. 遵循平等、自愿、公平和诚实信用的原则

平等指商业银行与客户之间处于同等的地位，享有同样的权利。自愿即自己愿意，当事人在与商业银行业务往来时完全受自己意志的支配，不受任何其他人的左右。公平指合情合理或者公平合理，处理事务以同一个标准和尺度，不倾斜于哪一方。诚实信用的基本含义是指诚实守信用，遵守商业道德，不欺骗对方。

4. 保障存款人合法权益的原则

《商业银行法》第六条规定，商业银行应当保障存款人的合法权益不受任何单位和个人的侵犯。商业银行办理个人储蓄存款业务，应当遵循存款自愿、取款自由、存款有息、为存款人保密的原则。对于个人储蓄存款，商业银行有权拒绝任何单位或者个人查询、冻结、扣划，但法律另有规定的除外。对于单位存款，商业银行有权拒绝任何单位或者个人查询，但法律、行政法规另有规定的除外；有权拒绝任何单位或者个人冻结、扣划，但法律另有规定的除外。

5. 商业银行审慎经营原则

商业银行作为经营货币这种特殊商品的金融企业，其业务本身具有高风险性特征。因此，商业银行法把保障商业银行的审慎经营作为银行经营的基本原则。《中华人民共和国银行业监督管理法》(以下简称《银监法》)第二十一条规定，银行业金融机构应当严格遵守审慎经营规则。审慎经营规则，包括风险管理、内部控制、资本充足率、资产质量、损失准备金、风险集中、关联交易、资产流动性等内容。商业银行的审慎经营原则包括但不限于以下几个方面。

1) 严格遵守贷款审查程序

商业银行根据国民经济和社会发展的需要，在国家产业政策指导下开展贷款业务。商业银行贷款，应当对借款人的借款用途、偿还能力、还款方式等情况进行严格审查。

商业银行贷款，应当实行审贷分离、分级审批的制度。

2) 贷款担保规则

商业银行贷款，借款人应当提供担保。商业银行应当对保证人的偿还能力，抵押物、质物的权属和价值以及实现抵押权、质权的可行性进行严格审查。经商业银行审查、评估，确认借款人资信良好，确能偿还贷款的，可以不提供担保。

任何单位和个人不得强令商业银行发放贷款或者提供担保。商业银行有权拒绝任何单位和个人强行要求其发放贷款或者提供担保。

3) 资产负债比例管理规则

为了适应新的金融管理体制，增强商业银行自我约束和自我发展的能力，保证银行业的稳定健康发展，中国人民银行从1994年开始，对商业银行的资金使用实行资产负债比例管理。《商业银行法》第三十九条规定，商业银行开展各种业务，包括贷款业务，都应当遵守有关资产负债比例管理的有关规定：①资本充足率不得低于8%；②流动性资产余额与流动性负债余额的比例不得低于25%；③对同一借款人的贷款余额与商业银行资本余额的比例不得超过10%；④国务院银行业监督管理机构对资产负债比例管理的其他规定。

4) 向关系人发放贷款时的规则

商业银行不得向关系人发放信用贷款；向关系人发放担保贷款的条件不得优于其他借款人同类贷款的条件。关系人是指：商业银行的董事、监事、管理人员、信贷业务人员及其近亲属；前项所列人员投资或者担任高级管理职务的公司、企业和其他经济组织。

5) 商业银行禁止从事的业务

商业银行在中华人民共和国境内不得从事信托投资和证券经营业务，不得向非自用不动产投资或者向非银行金融机构和企业投资，但国家另有规定的除外。

(四) 商业银行与中国人民银行和银监会的关系

(1) 商业银行依法向中国人民银行报送资产负债表等报表和其他资料，接受中国人民银行的业务指导和检查监督。

商业银行办理存款业务，需遵循中国人民银行规定的利率幅度确定存款利率，向人民银行交存存款准备金，需遵循人民银行关于资产负债比例管理的规定，保持合理的资产种类和资产期限结构。

(2) 商业银行接受银监会的行政监督管理。

商业银行的设立、变更和终止，需经中国银行业监督管理委员会(以下简称银监会)批准。银监会还负责对商业银行的董事、高级管理人员任职资格的监督管理；对存款人保护的监督管理；对商业银行的贷款或其他业务的监督管理；对商业银行财务会计制度的行政监管。

二、商业银行的设立

按照我国《商业银行法》的规定，我国商业银行设立的法律依据是《商业银行法》和《公司法》以及其他有关的法律和法规。设立商业银行，应当经国务院银行业监督管理机构审查批准。未经国务院银行业监督管理机构批准，任何单位和个人不得从事吸收公众存款等商业银行业务，任何单位不得在名称中使用"银行"字样。

（一）设立条件

1. 有符合《商业银行法》和《公司法》规定的章程

银行章程是关于银行组织和行为的基本准则，主要内容有：银行的名称、住所、注册资本、经营范围、法人代表、内部管理制度、利润分配等，是体现银行性质、地位、权利能力、行为能力、责任能力以及银行对内对外关系的规范性文件。银行章程一经有关部门批准，即产生法律效力，银行按照其章程从事经营活动。

2. 有符合《商业银行法》规定的注册资本最低限额

注册资本是指银行在有关部门登记的资本总额，既是银行经营所需要的资本，又是银行对外承担民事责任的保障。设立全国性商业银行的注册资本最低限额为 10 亿元人民币。设立城市商业银行的注册资本最低限额为一亿元人民币，设立农村商业银行的注册资本最低限额为 5000 万元人民币。注册资本应当是实缴资本。国务院银行业监督管理机构根据审慎监管的要求可以调整注册资本最低限额，但不得少于前款规定的最低限额。

3. 有具备任职专业知识和业务工作经验的董事、高级管理人员

银行是一种特殊企业，它经营的对象不是一般商品，而是货币这种特殊商品。因此，银行必须具有懂得金融专业知识、熟悉银行业务、拥有丰富工作经验的金融管理人员，否则就不能有效地开展经营活动。

4. 有健全的组织机构和管理制度

组织机构是银行开展业务的基础，管理制度是维持银行正常运行的保障。因此，要求商业银行必须有健全的组织机构和管理制度。

5. 有符合要求的营业场所、安全防范措施和与业务有关的其他设施

设立银行必须具有固定的、符合要求的、具有防盗、报警、通信、消防等安全防范设施的营业场所和安全防范规章、制度等措施以及与业务有关的其他设施。

6. 其他审慎性条件

（二）设立程序

1. 提出申请

设立商业银行，申请人应当向国务院银行业监督管理机构提交下列文件、资料：①申请书，申请书应当载明拟设立的商业银行的名称、所在地、注册资本、业务范围等；②可行性研究报告；③国务院银行业监督管理机构规定提交的其他文件、资料。

申请符合相关规定的填写正式申请表，并提交文件、资料，包括：①章程草案；②拟任职的董事、高级管理人员的资格证明；③法定验资机构出具的验资证明；④股东名册及其出资额、股份；⑤持有注册资本 5%以上的股东的资信证明和有关资料；⑥经营方针和计划；⑦营业场所、安全防范措施和与业务有关的其他设施的资料;⑧国务院银行业监督管理机构规定的其他文件、资料。

2. 审批与登记

经批准设立的商业银行,由国务院银行业监督管理机构颁发经营许可证,并凭该许可证向工商行政管理部门办理登记,领取营业执照。

3. 公告

金融许可证颁发时,应在中国银监会或其派出机构指定的全国公开发行的报纸上进行公告。中国银监会对商业银行的设立统一进行公告;工商行政管理机关发布企业登记公告。商业银行的营业时间应当方便客户,并予以公告。商业银行应当在公告的营业时间内营业,不得擅自停止营业或者缩短营业时间。

商业银行及其分支机构自取得营业执照之日起无正当理由超过6个月未开业的,或者开业后自行停业连续6个月以上的,由中国银监会吊销其营业许可证,并予以公告。

(三) 分支机构的设立

商业银行根据业务需要可以在中华人民共和国境内外设立分支机构。设立分支机构必须经国务院银行业监督管理机构审查批准。在中华人民共和国境内的分支机构,不按行政区划设立。

商业银行在中华人民共和国境内设立分支机构,应当按照规定拨付与其经营规模相适应的营运资金额。拨付各分支机构营运资金额的总和,不得超过总行资本金总额的60%。商业银行分支机构不具有法人资格,在总行授权范围内依法开展业务,其民事责任由总行承担。商业银行对其分支机构实行全行统一核算,统一调度资金,分级管理财务制度。

设立商业银行分支机构,申请人应当向国务院银行业监督管理机构提交相关文件、资料,经批准设立的商业银行分支机构,由国务院银行业监督管理机构颁发经营许可证,并凭该许可证向工商行政管理部门办理登记,领取营业执照。

(四) 商业银行的组织机构

我国商业银行的组织形式、组织机构也是以我国《公司法》为基本法,以《商业银行法》为特别法的规定来建立和发展的,按照公司法的规定,我国商业银行的组织形式为有限责任公司和股份有限公司。组织机构由股东会或股东大会、董事会和监事会组成。

国有独资商业银行应设立监事会。监事会的产生办法由国务院规定。监事会对国有独资商业银行的信贷资产质量、资产负债比例、国有资产保值增值等情况以及高级管理人员违反法律、行政法规或者章程的行为和损害银行利益的行为进行监督。

【例7-3】根据《商业银行法》,关于商业银行的设立和变更,下列哪一说法是错误的(   )?
A. 国务院银行业监督管理机构可以根据审慎监管的要求,在法定标准的基础上提高商业银行设立的注册资本最低限额
B. 商业银行的组织形式、组织机构适用《公司法》
C. 商业银行的分立、合并不适用《公司法》
D. 任何单位和个人购买商业银行股份总额5%以上的,应事先经国务院银行业监督管理机构批准
【解析】C。按照我国《商业银行法》的规定,我国商业银行设立的法律依据是《商业银行法》和《公司法》以及其他有关的法律和法规,所以在《商业银行法》没有特殊规定的情况下,商业银行的分立、合并也适用《公司法》的相关规定。

三、商业银行的职能

商业银行的各项业务可以从商业银行的货币信用功能理解。绝大部分业务是商业银行的货币信用功能所决定的,其他少部分业务是由此派生的,或者是附带的,如提供保管箱业务等。商业银行的货币信用功能是中央银行和其他非银行金融机构所不具备的,主要表现在以下3个方面。

(一) 信用中介职能

1. 信用中介的概念

信用中介是指商业银行从社会借入资金,再贷给借款人,银行在社会货币供需过程中起着一种中介作用。商业银行是经营货币的企业,从事放款和投资业务需要充足的资金,其资金主要来源于存款、发行金融债券和其他形式吸收的资金。吸收资金被称为负债业务,运用资金的业务称为资产业务。

2. 资产业务分为放款和投资两类

放款包括办理票据承兑与贴现的业务和从事银行卡业务。投资包括买卖政府债券、金融债券的业务。商业银行经中国人民银行批准,可以经营结汇、售汇业务。

3. 因行使抵押、质押权取得的不动产和股权投资规定

《商业银行法》第四十二条规定,借款人到期不归还担保贷款的,商业银行依法享有要求保证人归还贷款本金和利息或者就该担保物优先受偿的权利。商业银行因行使抵押权、质权而取得的不动产或者股权,应当自取得之日起2年内予以处分。

(二) 支付中介职能

支付中介职能即货币经营的职能,是指将债务人客户账上的存款式货币转到债权人客户账上,帮助交易当事人实现支付与转移。商业银行的中介职能主要表现在中间业务上,包括汇兑业务、代收代付业务和代理融资业务等。

(三) 信用创造职能

这是商业银行区别于其他金融机构最显著的特征。商业银行在吸收存款的基础上发放贷款,在票据流通和转账结算的基础上,贷款又转化为存款。在此存款不提取的情况下,就增加了商业银行的资金来源,可再次转为贷款。最后整个银行体系形成了超过原始存款的派生存款,这就是商业银行的信用创造功能。

四、商业银行的业务

商业银行的经营范围由商业银行章程规定,报国务院银行业监督管理机构批准。商业银行经批准可以经营下列部分或者全部业务:①吸收公众存款;②发放短期、中期和长期贷款;③办理国内外结算;④办理票据承兑与贴现;⑤发行金融债券;⑥代理发行、代理兑付、承销政府债券;⑦买卖政府债券、金融债券;⑧从事同业拆借;⑨买卖、代理买卖外汇;⑩从事银行卡业务;⑪提供信用证服务及担保;⑫代理收付款项及代理保险业务;⑬提供保管箱服务;⑭经国务院银行业监督管理机构批准的其他业务。商业银行经中国人民银行批准,可以经营结汇、售汇业务。

商业银行开展业务,应当遵守法律、行政法规的有关规定,不得损害国家利益、社会公共利益。

商业银行开展业务，应当遵守公平竞争的原则，不得从事不正当竞争。商业银行的经营业务概括起来可以分为以下几类：负债业务、资产业务及中间业务。

(一) 负债业务

商业银行的负债业务是其所承担的能以货币计量、需要在未来一定时间内以资产或劳务偿付的债务，主要包括各项存款、借入资金和占用其他资金与项目。商业银行负债业务是商业银行通过吸收存款形成资金来源的业务。负债业务是银行经营活动的起点，是资产业务的前提和基础。没有负债业务的筹集资金，就没有资产业务的运用资金。一般来说，商业银行经营资本的90%要通过负债业务筹集。负债业务的规模和结构制约资产业务的规模和结构。

我国商业银行法规定的负债业务主要包括三项，即吸收公众存款，发行金融债券，进行同业拆借。

1. 存款业务

存款业务主要指商业银行的各项存款，包括活期存款、定期存款、定活两便存款、零存整取存款、同业存款等存款业务。

2. 金融债券

金融债券是银行为了筹集社会闲散资金所发行的一种有价证券，持券人有权按期取得固定利息和到期收回本金。发行金融债券的资金只能用于发放特种贷款，不可挪用作为一般的工商企业贷款。

3. 同业拆借

同业拆借指商业银行因临时资金不足向其他银行及金融机构的临时借款。同业拆借一般都是短期的，尽管时间较短，但可维持资金的正常周转，避免或减少出售资产而发生的损失。因此，同业拆借是各金融机构彼此间共荣共济的一种资金调剂活动，其利率水准一般较低。《商业银行法》第四十六条规定，同业拆借，应当遵守中国人民银行规定。禁止利用拆入资金发放固定资产贷款或者用于投资。拆出资金限于交足存款准备金、留足备付金和归还中国人民银行到期贷款之后的闲置资金。拆入资金用于弥补票据结算、联行汇差头寸的不足和解决临时性周转资金的需要。

> 【例7-4】商业银行用于同业拆借的拆出资金限于解决下列(　　)情况以后的闲置资金。
> A. 留足当月到期的偿债资金　　B. 交足存款准备金
> C. 留足备付金　　D. 归还中国人民银行到期贷款
> 【解析】BCD。

(二) 资产业务

商业银行的资产业务一般包括现金资产、信贷资产、固定资产和贴现资产等部分。资产业务是商业银行运用资金的业务，是银行取得收益的主要来源，也是商业银行的主体业务。通过开展资产业务，银行获取利息和投资收益等资产收入，扣除掉储蓄存款利息和其他各种费用后成为银行的经营利润，达到经营的目标。商业银行授信取得负债，就是为了经营资产业务，取得最佳经济效益，可见，资产业务是商业银行的经营主体和经营根本。资产业务通常包括但不限于以下内容。

1. 现金资产业务

现金资产是银行随时可以用来应付现金需要的资产，由库存现金和在人民银行的存款两部分组成。

2. 信贷业务

信贷业务是商业银行最重要的资产业务，通过放款收回本金和利息，扣除成本后获得利润，所以信贷是商业银行的主要盈利手段。

3. 投资业务

投资业务主要指商业银行在金融市场购买有价证券，追求买卖差价的活动。投资业务可分为政府证券投资和企业证券投资两种类型。《商业银行法》第四十三条规定，商业银行在我国境内不得从事信托投资和证券经营业务，不得投资于非自用不动产，不得向非银行金融机构和企业投资，以保障银行资金的运作安全。

4. 票据的承兑和贴现业务等

具体内容参见《票据法》相关章节。

（三）中间业务

中间业务是指商业银行不需要运用自己的资金，代客户承办交付和其他委托事项而收取手续费的业务。中间业务与资产业务、负债业务共同构成了现代商业银行的三大业务。传统的中间业务有汇兑业务、信用证业务、代收业务、同业往来、代客买卖业务、信托业务和租赁业务。在市场经济条件下，社会经济发展极为迅速，带来多种融资和多样化金融服务的需求。中间业务可较少地占用银行的资金，相对减轻银行的经营风险，有利于提高银行的经济效益。中间业务可使银行盈利结构呈现多元化发展，结束传统情况下银行单纯依靠存贷利率差获利的现象。因此，商业银行应该大力发展中间业务。中间业务通常包括但不限于以下内容。

1. 结算性中间业务

结算性中间业务是指商业银行利用汇票、支票、本票和其他信用工具清算债权人和债务人之间的债权、债务关系的银行业务。

2. 担保性中间业务

担保性中间业务的法律性质，主要指银行为商业汇票提供承兑服务。

五、商业银行的财务会计制度

商业银行应当依照法律和国家统一的会计制度以及国务院银行业监督管理机构的有关规定，建立、健全本行的财务、会计制度。真实记录并全面反映其业务活动和财务状况，编制年度财务会计报告，及时向国务院银行业监督管理机构、中国人民银行和国务院财政部门报送。商业银行不得在法定的会计账册外另立会计账册。

商业银行应当于每一个会计年度终了的三个月内，按照国务院银行业监督管理机构的规定，公布其上一年度的经营业绩和审计报告。

商业银行应当按照国家有关规定，提取呆账准备金，冲销呆账。

六、商业银行的监督管理

（一）商业银行的自律管理

（1）商业银行应当按照有关规定，制定本行的业务规则，建立、健全本行的风险管理和内部控制制度。

(2) 商业银行应当建立、健全本行对存款、贷款、结算、呆账等各项情况的稽核、检查制度。商业银行对分支机构应当进行经常性的稽核和检查监督。

(二) 外部的监督检查

(1) 银行业监督管理机构的监管。商业银行应当按照规定向国务院银行业监督管理机构及中国人民银行报送资产负债表、利润表以及其他财务会计、统计报表和资料。国务院银行业监督管理机构有权依照《商业银行法》和相关法规的规定，随时对商业银行的存款、贷款、结算、呆账等情况进行检查监督。检查监督时，检查监督人员应当出示合法的证件。商业银行应当按照国务院银行业监督管理机构的要求，提供财务会计资料、业务合同和有关经营管理方面的其他信息。

(2) 中国人民银行有权依照《中国人民银行法》第三十二条、第三十四条的规定对商业银行进行检查监督。

(3) 审计机关的监督。商业银行应当依法接受审计机关的审计监督。

七、商业银行的变更、接管和终止

(一) 商业银行的变更

商业银行有下列变更事项之一的，应当经国务院银行业监督管理机构批准：①变更名称；②变更注册资本；③变更总行或者分支行所在地；④调整业务范围；⑤变更持有资本总额或者股份总额百分之五以上的股东；⑥修改章程；⑦国务院银行业监督管理机构规定的其他变更事项。

更换董事、高级管理人员时，应当报经国务院银行业监督管理机构审查其任职资格。

商业银行的分立、合并，适用《中华人民共和国公司法》的规定。商业银行的分立、合并，应当经国务院银行业监督管理机构审查批准。

(二) 接管

1. 接管的原因

商业银行已经或者可能发生信用危机，严重影响存款人的利益时，国务院银行业监督管理机构可以对该银行实行接管。

2. 接管的目的

接管的目的是对被接管的商业银行采取必要措施，以保护存款人的利益，恢复商业银行的正常经营能力。被接管的商业银行的债权债务关系不因接管而变化。

3. 接管的机构

接管由国务院银行业监督管理机构决定，并组织实施。国务院银行业监督管理机构的接管决定应当载明下列内容：①被接管的商业银行名称；②接管理由；③接管组织；④接管期限。

4. 接管的程序

接管决定由国务院银行业监督管理机构予以公告。接管自接管决定实施之日起开始，由接管组织行使商业银行的经营管理权力。

5. 接管的期限

接管期限届满，国务院银行业监督管理机构可以决定延期，但接管期限最长不得超过两年。

6. 接管的效力

接管的效力表现在以下两个方面。

(1) 商业银行的经营管理权发生转移。如前所述，接管的目的是对被接管的银行采取必要的措施以保护存款人的利益，恢复商业银行的正常经营能力。因此，为了有效地贯彻这一目的，在接管开始后，被接管的商业银行必须将其经营管理权转移给接管组织。对此，《商业银行法》第六十六条第二款明确规定，自接管开始之日起，由接管组织行使商业银行的经营管理权力。

(2) 接管期间，商业银行的地位不变。尽管接管期间，商业银行的权力机关发生了变化，但这仍然只是商业银行的内部变化。因此，商业银行并不因被接管而丧失其独立的法律地位。所以，在接管期间，商业银行的法律地位不变。对此，《商业银行法》第六十四条第二款规定，被接管的商业银行的债权债务不因接管而变化。

7. 接管的终止

有下列情形之一的，接管终止：①接管决定规定的期限届满或者国务院银行业监督管理机构决定的接管延期届满；②接管期限届满前，该商业银行已恢复正常经营能力；③接管期限届满前，该商业银行被合并或者被依法宣告破产。

(三) 终止

商业银行因解散、被撤销和被宣告破产而终止。

1. 解散

商业银行因分立、合并或者出现公司章程规定的解散事由需要解散的，应当向国务院银行业监督管理机构提出申请，并附解散的理由和支付存款的本金和利息等债务清偿计划。经国务院银行业监督管理机构批准后解散。

商业银行解散的，应当依法成立清算组进行清算，按照清偿计划及时偿还存款本金和利息等债务。国务院银行业监督管理机构监督清算过程。

2. 被撤销

商业银行因吊销经营许可证被撤销的，国务院银行业监督管理机构应当依法及时组织成立清算组，进行清算，按照清偿计划及时偿还存款本金和利息等债务。

3. 被宣告破产

商业银行不能支付到期债务的，经国务院银行业监督管理机构同意，由人民法院依法宣告其破产。商业银行被宣告破产的，由人民法院组织国务院银行业监督管理机构等有关部门和有关人员成立清算组，进行清算。

商业银行破产清算时，在支付清算费用、所欠职工工资和劳动保险费用后，应当优先支付个人储蓄存款的本金和利息。

第四节 政策性银行法律制度

一、政策性银行概述

政策性银行，是指服务于国家经济和社会政策，专门经营政策性货币信用业务的特殊银行机构。

按照党的十四届三中全会的决定和国务院关于金融体制改革的决定,实行政策性金融与商业性金融相分离,建立政策性银行,发展商业银行,是我国金融体制的一项重大改革。1994年,我国组建了国家开发银行、中国进出口银行和国家农业发展银行三家政策性银行。在2015年国务院明确将国家开发银行定位为开发性金融机构,将国家开发银行从政策性银行中剥离,所以现阶段我国的政策性银行为中国农业发展银行和中国进出口银行。政策性银行的特征如下。

(1) 政策性银行的资本金多由政府拨付。

(2) 政策性银行经营时主要考虑国家的整体利益、社会效益,不以营利为目标。

(3) 政策性银行有其特定的资金来源,主要依靠发行金融债券或向中央银行举债,一般不面向公众吸收存款。

(4) 政策性银行有特定的业务领域,不与商业银行竞争。

二、中国农业发展银行

(一) 中国农业发展银行的性质和任务

中国农业发展银行是根据中华人民共和国国务院1994年4月19日发出的《关于组建中国农业发展银行的通知》(国发〔1994〕25号)成立的国有农业政策性银行,是直属国务院领导、支持农业农村持续健康发展、具有独立法人地位的国有政策性银行。

中国农业发展银行为独立法人,实行独立核算,自主、保本经营,企业化管理。中国农业发展银行的主要任务是:按照国家的法律、法规和方针、政策,以国家信用为基础,筹集农业政策性信贷资金,承担国家规定的农业政策性和经批准开办的涉农商业性金融业务,代理财政性支农资金的拨付,为农业和农村经济发展服务。

(二) 中国农业发展银行的机构设置

中国农业发展银行在机构设置上实行总行、分行、支行制。中国农业发展银行总行设在北京;分支机构的设置,须经中国人民银行批准。在管理上实行总行一级法人制,总行行长为法定代表人。中国农业发展银行设行长1人,副行长若干人,由国务院任命。系统内实行垂直领导的管理体制,各分支机构在总行授权范围内依法依规开展业务经营活动。中国农业发展银行在业务上接受中国人民银行的指导和监督。

中国农业发展银行设立监事会。监事会由中国人民银行、国家计划委员会、国家经济贸易委员会、财政部、农业部、国内贸易部等有关部门选派人员组成,报国务院批准。监事会设主席1人,由国务院任命。监事会监督中国农业发展银行执行国家方针政策的情况;检查中国农业发展银行的业务经营和财务状况;查阅、审核中国农业发展银行的财务会计报告和其他财务会计资料;监督、评价中国农业发展银行行长的工作,提出任免、奖惩建议;监事会不干预中国农业发展银行的具体业务。

(三) 中国农业发展银行的注册资本和业务范围

1. 注册资本

中国农业发展银行注册资本为200亿元人民币。中国农业发展银行的运营资金来源长期以来主要依靠中国人民银行的再贷款,从2005年开始加大了市场化筹资的力度。

2. 中国农业发展银行的业务范围

中国农业发展银行的业务范围如下:

(1) 办理由国务院确定、中国人民银行安排资金并由财政部予以贴息的粮食、棉花、油料、猪肉、食糖等主要农副产品的国家专项储备贷款；

(2) 办理粮、棉、油、肉等农副产品的收购贷款及粮油调销、批发贷款；办理承担国家粮、油等产品政策性加工任务企业的贷款和棉麻系统棉花初加工企业的贷款；

(3) 办理国务院确定的扶贫贴息贷款、老少边穷地区发展经济贷款、贫困县县办工业贷款、农业综合开发贷款以及其他财政贴息的农业方面的贷款；

(4) 办理国家确定的小型农、林、牧、水利基本建设和技术改造贷款；

(5) 办理中央和省级政府的财政支农资金的代理拨付，为各级政府设立的粮食风险基金开立专户并代理拨付；

(6) 发行金融债券；

(7) 办理业务范围内开户企事业单位的存款；

(8) 办理开户企事业单位的结算；

(9) 境外筹资；

(10) 办理经国务院和中国人民银行批准的其他业务。

(四) 中国农业发展银行的经营管理

中国农业发展银行以国家信用为基础，以市场为依托，筹集支农资金，支持"三农"事业发展，发挥国家战略支撑作用。经营宗旨是紧紧围绕服务国家战略，建设定位明确、功能突出、业务清晰、资本充足、治理规范、内控严密、运营安全、服务良好、具备可持续发展能力的农业政策性银行。中国农业发展银行实行统一计划、指标管理、统筹统还、专款专用的资金计划管理办法。

中国农业发展银行按照《中华人民共和国会计法》《企业会计准则》《企业财务通则》和财政部有关金融、保险企业财务、会计制度的要求建立财务会计制度。以公历自然年度为会计年度，每年向财政部报送年度财务决算。每年定期公布资产负债表和损益表，并由中华人民共和国的注册会计师和审计事务所出具审计报告。

三、中国进出口银行

(一) 中国进出口银行的性质和任务

中国进出口银行成立于1994年，是直属国务院领导、支持中国对外经济贸易投资发展与国际经济合作、具有独立法人地位的国有政策性银行，其国际信用评级与国家主权评级一致。

中国进出口银行是我国外经贸支持体系的重要力量和金融体系的重要组成部分，是我国机电产品、成套设备、高新技术产品进出口和对外承包工程及各类境外投资的政策性融资主渠道，也是外国政府贷款的主要转贷行和中国政府对外优惠贷款的承贷行，为促进我国开放型经济的发展发挥着越来越重要的作用。中国进出口银行依托国家信用支持，积极发挥在稳增长、调结构、支持外贸发展、实施"走出去"战略等方面的重要作用，加大对重点领域和薄弱环节的支持力度，促进经济社会持续健康发展。

(二) 中国进出口银行的注册资本和经营原则

中国进出口银行注册资本为1500亿元人民币，董事长为法定代表人。该行资金来源主要是财政专项资金和对金融机构发行的金融债券。

中国进出口银行实行自主、保本经营，企业化管理，不与商业性金融机构竞争。在业务上接受财政部、对外贸易经济合作部、银监会、中国人民银行的指导和监督。进出口银行的经营宗旨是紧紧围绕服务国家战略，建设定位明确、业务清晰、功能突出、资本充足、治理规范、内控严密、运营安全、服务良好、具备可持续发展能力的政策性银行。进出口银行支持外经贸发展和跨境投资、国际产能和装备制造合作，科技、文化以及中小企业"走出去"和开放型经济建设等领域。

(三) 中国进出口银行的机构设置和业务范围

1. 机构设置

中国进出口银行总部设在北京。目前在国内设有 32 家营业性分支机构和中国香港地区代表处；在海外设有巴黎分行、东南非代表处、圣彼得堡代表处、西北非代表处。

进出口银行设董事会。董事会由 13 名董事组成，包括 3 名执行董事(含董事长)、10 名非执行董事。进出口银行设监事会。监事会由国务院根据《国有重点金融机构监事会暂行条例》(国务院令第 282 号)等法律、法规委任派出并对国务院负责。

2. 业务范围

进出口银行的经营范围包括：经批准办理配合国家对外贸易和"走出去"领域的短期、中期和长期贷款，含出口信贷、进口信贷、对外承包工程贷款、境外投资贷款、中国政府援外优惠贷款和优惠出口买方信贷等；办理国务院指定的特种贷款；办理外国政府和国际金融机构转贷款(转赠款)业务中的三类项目及人民币配套贷款；吸收授信客户项下存款；发行金融债券；办理国内外结算和结售汇业务；办理保函、信用证、福费廷等其他方式的贸易融资业务；办理与对外贸易相关的委托贷款业务；办理与对外贸易相关的担保业务；办理经批准的外汇业务；买卖、代理买卖和承销债券；从事同业拆借、存放业务；办理与金融业务相关的资信调查、咨询、评估、见证业务；办理票据承兑与贴现；代理收付款项及代理保险业务；买卖、代理买卖金融衍生产品；资产证券化业务；企业财务顾问服务；组织或参加银团贷款；海外分支机构在进出口银行授权范围内经营当地法律许可的银行业务；按程序经批准后以子公司形式开展股权投资及租赁业务；经国务院银行业监督管理机构批准的其他业务。

进出口银行通过资本金的运用，境内外发行金融债券及其他有价证券、同业拆借、同业存款、回购业务，吸收授信客户项下存款等方式筹集资金。进出口银行发行的债券为政策性金融债券，由国家给予信用支持。进出口银行按照国家有关法律、法规和规章开展业务，在国际业务和经贸活动中遵守有关国际公约和协议。经国务院授权，进出口银行可代表中国政府参加国际出口信用机构组织及活动。

进出口银行建立全面风险管理体系，以有效识别、计量、监测、控制和处置各类风险；制定完备的风险管理制度；建立职能清晰、管理顺畅、协同高效的业务流程；强化以资本、资产、负债平衡匹配为核心的风险管控机制；建立健全符合监管要求的风险管理架构；健全风险管理责任制，建立激励与约束相适应的责任追究和问责机制；强化全员依法合规意识，建立全面风险管理文化。

进出口银行建立决策科学、执行有力、监督有效的内部控制体系，明确内部控制职责，完善内部控制措施，强化内部控制保障，持续开展内部控制评价与监督，确保依法、合规、稳健经营。有关部门依法依规、按职责分工对进出口银行进行监督与管理。

进出口银行按照国家有关法律、法规，执行国家财政主管部门制定的财务政策、会计制度和国务院银行业监督管理机构的有关规定，制定进出口银行的财务会计制度和内部审计制度。依法建立内部审计制度，设立内部审计部门，内部审计部门及其负责人向董事会负责并报告工作。应聘请会计师事务所进行年度审计，也可根据需要开展半年度审阅及专项审计。依法接受国家审计机关的审计。进出口银行按照法律、法规及相关规定，制定信息披露制度。

第五节 非银行业金融机构法律制度

一、非银行业金融机构的概念和特征

非银行金融机构,是指以发行股票和债券、接受信用委托、提供保险等形式筹集资金,并将所筹资金运用于长期性投资的金融机构。

非银行金融机构与银行的区别在于信用业务形式不同,其业务活动范围的划分取决于国家金融法规的规定。非银行金融机构在社会资金流动过程中所发挥的作用是:从最终借款人那里买进初级证券,并为最终贷款人持有资产而发行间接债券。通过非银行金融机构的这种中介活动,降低投资的单位成本;通过多样化降低投资风险,调整期限结构以最大限度地缩小流动性危机的可能性;正常地预测偿付要求的情况,即使流动性比较小的资产结构也可以应付自如。非银行金融机构吸引无数债权人债务人从事大规模借贷活动,可以用优惠贷款条件的形式分到债务人身上,可以用利息支付和其他利息形式分到债权人身上,也可以用优厚红利的形式分到股东身上以吸引更多的资本。中国非银行金融机构的形式主要有金融资产管理公司、信托投资公司、证券机构、财务公司、租赁公司和保险公司等。

二、非银行业金融机构的主要种类

我国的非银行业金融机构主要包括以下几种。

(一)金融资产管理公司

金融资产管理公司是指经国务院决定设立的收购国有银行不良贷款,管理和处置因收购国有银行不良贷款形成的资产的国有独资非银行金融机构。金融资产管理公司以最大限度保全资产、减少损失为主要经营目标,依法独立承担民事责任。

1999年,我国为了管理和处置国有银行的不良贷款,成立了信达资产管理公司、长城资产管理公司、东方资产管理公司和华融资产管理公司,分别收购、管理和处置四家国有商业银行和国家开发银行的部分不良资产。目前,四家资产管理公司已完成了处置政策性不良资产的任务,正在探索实行股份制改造及商业化经营的模式。

(二)信托投资公司

信托投资公司是一种以受托人的身份,代人理财的金融机构。它与银行信贷、保险并称为现代金融业的三大支柱。我国信托投资公司的主要业务是:经营资金和财产委托、代理资产保管、金融租赁、经济咨询、证券发行以及投资等。根据国务院关于进一步清理整顿金融性公司的要求,我国信托投资公司的业务范围主要限于信托、投资和其他代理业务,少数确属需要的经中国人民银行批准可以兼营租赁、证券业务和发行专项信托受益债券,用于进行有特定对象的贷款和投资,但不准办理银行存款业务。信托业务一律采取委托人和受托人签订信托契约的方式进行。信托投资公司受托管理和运用信托资金、财产时,只能收取手续费,费率由中国人民银行会同有关部门制定。信托投资公司业务特点是:收益高、责任重、风险大、管理复杂等。

(三) 证券机构

证券，指政府部门批准发行和流通的股票、债券、基金、存托凭证等有价凭证。

1. 证券公司

证券公司又称证券商，主要业务有推销政府债券、企业债券和股票代理买卖和自营买卖已上市流通的各类有价证券，参与企业收购、兼并，充当企业财务顾问等，如华夏证券有限公司、国泰证券有限公司等。

2. 证券交易所

证券交易所不以营利为目的，为证券的集中和交易的组织提供证券交易的场所和设施，并履行相关职责，实行自律性管理，如上海证券交易所和深圳证券交易所。

3. 登记结算公司

证券登记结算机构是指为证券的发行和交易活动办理证券登记、存管、结算业务的中介服务机构。证券登记结算机构为证券交易提供集中的登记、托管与结算服务，是不以营利为目的的法人。设立证券登记结算机构必须经国务院证券监督管理机构批准。

(四) 财务公司

我国的财务公司，是由企业集团内部各成员单位入股，向社会集中长期资金，为企业技术进步服务的金融股份有限公司。其主要业务包括：吸收集团成员的存款；发行财务公司债券；对集团成员发放贷款；办理同业拆借业务；对集团成员单位产品的购买者提供买方信贷等。财务公司的定位，应为筹集中长期资金，支持企业技术改造，而企业集团成员所需短期资金转由商业银行贷款支持。

(五) 其他金融机构

其他金融机构如融资租赁公司(根据企业的要求，筹措资金，提供以"融物"代替"融资"的设备租赁；租期内承租人只有使用权)等。

三、非银行业金融机构的监督管理

对在中华人民共和国境内设立的金融资产管理公司、信托投资公司、财务公司、金融租赁公司以及经国务院银行业监督管理机构批准设立的其他金融机构的监督管理，适用《银监法》对银行业金融机构监督管理的规定。2004年6月，银监会、证监会、保监会三家机构签署了《三大金融监管机构金融监管分工合作备忘录》，建立了定期信息交流制度、经常联系机制及联席会议机制，明确划定各监管部门的监管范围和职责。银监会负责统一监督管理全国银行、金融资产管理公司、信托投资公司及其他存款类金融机构；证监会依法对全国证券、期货市场实行集中统一监管；保监会统一监督管理全国保险市场，维护保险业的合法、稳健运行。

复习思考题

一、单项选择题

1. (　　)是我国的中央银行。
    A. 中国人民银行　　B. 中国银行　　C. 中国建设银行　　D. 中国招商银行

2. 中国人民银行的亏损应( )弥补。
   A. 由下一年度的利润来弥补　　　　　　B. 从总准备金中弥补
   C. 通过发行货币弥补　　　　　　　　　D. 由中央财政拨款弥补
3. 《商业银行法》规定，设立城市商业银行的最低注册资本为( )元人民币。
   A. 10亿　　　　B. 3亿　　　　C. 1亿　　　　D. 5000万
4. 任何单位和个人购买商业银行股份总额( )%以上的，应事先经银行业监督管理机构批准。
   A. 5　　　　　B. 8　　　　　C. 10　　　　D. 15
5. 下列( )不符合《商业银行法》关于贷款的规定。
   A. 商业银行贷款应当实行审贷分离、分级审批的制度
   B. 商业银行贷款，借款人应当提供担保
   C. 商业银行应当按照中国人民银行规定的贷款利率的上下限确定贷款利率
   D. 商业银行可以向关系人提供贷款
6. 国务院银行业监督管理机构在商业银行( )的情况下，对其实施接管。
   A. 已经或者可能发生信用危机　　　　　B. 严重违法经营
   C. 重大违法行为　　　D. 擅自开办新业务
7. 国务院银行业监督管理机构可以决定延长接管期限，但接管期限最长不得超过( )。
   A. 3个月　　　　B. 6个月　　　　C. 1年　　　　D. 2年
8. 根据《商业银行法》的规定，下列有关商业银行的表述中正确的是( )。
   A. 商业银行既可以是国有独资银行，也可以是非国有的股份制银行
   B. 商业银行是依照《商业银行法》而非《公司法》设立的
   C. 经国务院银行业监督管理机构批准成立的商业银行的分支机构依法独立承担民事责任
   D. 商业银行只能被接管而不能破产
9. 根据《商业银行法》规定，商业银行贷款余额与存款余额的比例( )。
   A. 不得低于75%　　B. 不得高于75%　　C. 不得低于25%　　D. 不得高于25%
10. 商业银行在中国境内可以从事下列选项中的哪项业务( )。
    A. 信托投资　　　　B. 房地产投资　　　　C. 股票交易　　　　D. 政府债券交易
11. 关于《银行业监督管理法》的适用范围，下列哪一说法是正确的( )？
    A. 信托投资公司适用本法　　　　　　B. 金融租赁公司不适用本法
    C. 金融资产管理公司不适用本法　　　D. 财务公司不适用本法
12. 下列哪一选项不属于国务院银行业监督管理机构职责范围( )？
    A. 审查批准银行业金融机构的设立、变更、终止以及业务范围
    B. 受理银行业金融机构设立申请或者资本变更申请时，审查其股东的资金来源、财务状况、诚信状况等
    C. 审查批准或者备案银行业金融机构业务范围内的业务品种
    D. 接收商业银行交存的存款准备金和存款保险金

二、多项选择题

1. 根据《人民银行法》的规定，中国人民银行执行货币政策，可以运用以下( )货币政策。
   A. 法定存款准备金　　　　　　　　　B. 中央银行贷款
   C. 贷款限额　　　　　　　　　　　　D. 中央银行贷款利率

2. 中国人民银行的业务包括( )。
   A. 为执行货币政策经营的业务
   B. 为加强对金融业的监管而经营的业务
   C. 对金融机构提供服务而经营的业务
   D. 对政府机构和其他机构提供服务而经营的业务
3. 中国人民银行可以对金融机构的下列哪些情况随时进行稽核、检查和监管( )?
   A. 贷款   B. 存款   C. 结算   D. 呆账
4. 下列( )是我国的政策性银行。
   A. 中国农业发展银行   B. 中国进出口银行
   C. 国家开发银行   D. 上海浦发银行
5. 商业银行的经营原则是( )。
   A. 安全性   B. 流动性   C. 信用性   D. 效益性
6. 商业银行的资产业务包括( )。
   A. 贷款业务   B. 投资业务   C. 存款业务   D. 认购债券
7. 商业银行的中介业务包括( )。
   A. 代理保险业务   B. 提供保险箱服务
   C. 办理国内外结算   D. 票据贴现业务
8. 依据商业银行法，下列表述中错误的是( )。
   A. 商业银行的工作人员不得在任何组织中兼职
   B. 商业银行的高级管理人员及信贷业务人员不能从本银行取得贷款
   C. 商业银行对任何一个关系人的贷款余额不得超过商业银行资本余额的10%
   D. 个人所负数额较大债务到期未能清偿的人不能招聘为商业银行的高级管理人员
9. 下列人员中，属于《商业银行法》中的"关系人"的是( )。
   A. 商业银行的董事   B. 商业银行的监事
   C. 商业银行的信贷业务人员   D. 商业银行的董事投资的公司
10. 下列选项关于对商业银行接管的表述中正确的是( )。
    A. 接管是用来挽救经营出现问题的银行的法律措施
    B. 接管由中国人民银行组织实施
    C. 接管是商业银行破产之前的必经程序，未经接管中国人民银行不得同意商业银行破产
    D. 被接管商业银行的债权债务关系不因接管而不发生任何变化

三、简答题

1. 简述中国人民银行的法律地位。
2. 简述商业银行设立的条件。
3. 简述商业银行的业务种类。
4. 简述商业银行终止的原因。

四、案例分析题

2017年，某市一家商业银行在经营过程中发生了如下业务：①用自有资金800万元投资到股市；②组织员工春游停业一天，于是在门口贴上"外出学习，停业一天"的通知；③该行张行长强令信

贷员李某向其亲属贷款 500 万元，结果造成该笔贷款无法收回。

请回答：
1. 该银行用自有资金购买股票的做法是否正确？
2. 该银行是否可以自行决定停业一天？
3. 张行长的做法是否违反相关法律的规定？

第八章

证券法律制度

"货物出门概不退换,买主须自行当心"是众所周知的古老规则,今天的证券法在此基础上还要加上一条新的教义,那就是"卖主也应该当心"。通过对卖主赋予实话实说的义务,来推动诚实证券交易、恢复公众信心。

——罗斯福(这段讲话,被认为是对政府与证券市场关系的最佳阐述。)

课前导读

直接融资是间接融资的对称,亦称"直接金融",是没有金融中介机构介入的资金融通方式。直接融资是以股票、债券为主要金融工具的一种融资机制,这种资金供给者与资金需求者通过股票、债券等金融工具直接融通资金的场所,即为直接融资市场,也称证券市场。直接融资能最大可能地吸收社会游资,直接投资于企业生产经营之中,从而弥补了间接融资的不足。证券法中的交易自由是一种有限自由,与证券法所要调整达到的管理市场秩序的目的是一致的。在证券交易中,主体缺乏一般民商法那样完整的意思自治的自由权利,交易自始至终受到程序的限制。其核心任务是保护投资者的合法权益,维护证券市场秩序。我国的证券法律制度为证券市场规范运行充分发挥积极作用并提供了重要保障。

要点提示

1. 证券的概念和特征
2. 证券法的基本原则
3. 证券发行、证券交易制度
4. 上市公司收购法律制度

第一节 证券法基本理论

一、证券的概念、特征与种类

(一) 证券的概念和特征

1. 证券的概念

证券是证明特定经济权利的凭证。证券必须依法设置,依照法律或行政法规规定的形式、内容、格式与程序制作、签发。这就是说,凡是记载并且代表一定权利的凭证,都可以看作证券,如现实生活中的车船票、飞机票、入场券、提单、仓单、邮票、存折、股票、债券等。

证券的概念有广义和狭义之分。广义的证券一般可以区分为物权证券、债权证券和资本证券。物权证券,如仓单、提单等,是表示一定财产权利的证券。债权证券,包括各种票据和各种债券,是表示一定债权的证券。资本证券,如股票、公司债券等,则是表示一定投资权利的证券。狭义的证券仅指资本证券。《中华人民共和国证券法》(以下简称《证券法》)规定的证券为股票、公司债券、存托凭证和国务院依法认定的其他证券。本书的证券指狭义的证券。

2. 证券的特征

证券法上的证券与其他证券相比,具有以下特征。

(1) 证券是一种投资凭证。它是证明投资者投资和投资权利的载体,投资者依据它可以享有其代表的一切权利,如:分红权、还本付息权、参与股东大会权等。

(2) 证券是一种权益凭证。它是投资者获得相应收益的凭据,如股息分红、债息收入、基金分红、获得送股分红等。它又具有相应的投资风险,投资的证券不同,风险亦有区别。

(3) 证券是一种可转让的权利凭证。证券持有人可以随时依法转让所持有的证券,实现其自身利益,证券法规定证券的流通性是其本质特征。

(4) 证券是一种要式凭证。它必须依法设置,依照法律或行政法规规定的形式、内容、格式与程序制作、签发。

(二) 证券的种类

根据不同的标准,证券可以分为不同的种类。按照经济性质不同,证券可以分为基础证券和金融衍生证券。其中,股票、债券和投资基金属于基础证券,是证券市场的主要交易对象。金融衍生证券,是指由基础证券派生出来的证券交易品种。目前,我国证券市场上流通的证券种类主要有:股票、债券、投资基金份额、认股权证和期货等。

1. 股票

股票是股份有限公司签发的,证明股东所持股份的凭证。我国证券市场上流通的股票有人民币普通股(A 股)和境内上市外资股(B 股),另外,中国境内注册的公司还可以发行境外上市外资股。

(1) 人民币普通股(A 股),是指由中国境内注册的股份有限公司发行,供境内机构、组织或个人(不含台、港、澳地区投资者)以人民币认购和交易的普通股股票。

(2) 境内上市外资股(B 股),是指在中国境内注册的股份有限公司向境内外投资者发行、筹集外币资金并在中国境内证券交易所上市交易的股票。

(3) 境外上市外资股,是指在中国境内注册的公司在境外上市的股票,包括 N 股(纽约上市)、L

股(伦敦上市)、S 股(新加坡上市)等。

2. 债券

债券，是指政府、金融机构、公司企业等单位依照法定程序发行的、约定在一定期限还本付息的有价证券，交易方式有现券交易和回购交易。我国证券市场流通的债券有国债、央行票据、短期融资券、金融债、企业债、公司债、可转换公司债券、资产支持证券等。就发行量而言，央行票据、国债和政策性银行金融债是一级市场的主要品种，三者的发行量达百分之九十以上。

3. 证券投资基金份额

证券投资基金份额，是指基金投资人持有基金单位的权利凭证。证券投资基金，是指通过公开发售基金份额筹集资金，由资金托管人托管，由基金管理人管理和运用资金，为基金份额持有人的利益，从事股票、债券等金融工具组合方式进行的一种利益共享、风险共担的集合证券投资方式。基金托管人由依法设立并取得托管资格的商业银行担任，基金管理人由依法设立的基金管理公司担任。证券投资基金，依照其运作方式不同，可以分为封闭式基金和开放式基金。

(1) 封闭式基金，是指经核准的基金份额在基金合同期限内固定不变，基金份额可以在依法设立的证券交易场所交易，但基金份额持有人不得申请赎回的基金。

(2) 开放式基金，是指基金份额总额不固定，基金份额可以在基金合同约定的时间和场所申购或者赎回的基金。

开放式基金包括股票型基金、债券型基金、货币型基金、混合型基金和合格境内机构投资者(QDII)基金、伞形基金、交易型开放式指数基金、上市开放式基金等。

4. 认股权证

权证，是指证明持有人拥有特定权利的契约，持有权证的投资者有权在到期时(或到期前)以约定价格买入或卖出特定证券。按照未来权利的不同，权证可以分为认购权证和认沽权证，分别表明未来买入权利和未来卖出权利的权证。

认股权证，是指股份有限公司给予持证人的无限期或在一定期限内，以确定价格购买一定数量普通股份的权利凭证。认股权证代表持证人认购公司股票的一种长期选择权，本身不是权利证明书，其持有人不具备股东资格，认股权证的收益主要来自其依法转让的收益。

5. 期货

期货是一种跨越时间的交易方式。买卖双方透过签订标准化合约，同意按约定的时间、价格与其他交易条件，交收指定数量的现货。

按照现货标的物的种类不同，期货可以分为商品期货与金融期货。

(1) 商品期货，由上海期货交易所、郑州商品交易所、大连商品交易所负责经营，主要品种有农产品期货、金属期货和能源期货。

(2) 金融期货，由中国金融期货交易所负责经营，主要品种有外汇期货、利率期货和股指期货等。

二、证券法的概念及立法概况

(一) 证券法的概念

证券法是规范证券发行与交易的法律。证券法的概念有狭义和广义之分。狭义的证券法指《证券法》。广义的证券法除《证券法》外，还包括其他法律中有关证券管理的规定、国务院颁发的有关证券管理的行政法规、证券管理部门发布的部门规章、地方立法部门颁布的有关证券管理的地方性法规和规章等。证券交易所等有关证券自律性组织依法制定的业务规则和行业活动准则等对我国证券市场的规范运作也起到重要的调整作用。

(二) 证券法的立法概况

我国《证券法》由第九届全国人民代表大会常务委员会(以下简称全国人大常委会)第六次会议于1988年12月29日通过。根据2004年8月28日第十届全国人民代表大会常务委员会第十一次会议通过的《关于修改〈中华人民共和国证券法〉的决定》进行了第一次修正,于2005年10月27日第十届全国人民代表大会常务委员会第十八次会议进行了第一次修订,根据2013年6月29日第十二届全国人民代表大会常务委员会第三次会议通过的《关于修改〈中华人民共和国文物保护法〉等十二部法律的决定》进行了第二次修正,根据2014年8月31日第十二届全国人民代表大会常务委员会第十次会议通过的《关于修改〈中华人民共和国保险法〉等五部法律的决定》进行了第三次修正。

2019年12月28日,第十三届全国人大常委会第十五次会议审议通过了修订后的《证券法》,已于2020年3月1日起施行。这次《证券法》修订,进一步完善了证券市场基础制度,体现了市场化、法治化、国际化方向,为证券市场全面深化改革落实落地,有效防控市场风险,提高上市公司质量,切实维护投资者合法权益,促进证券市场服务实体经济功能发挥,打造一个规范、透明、开放、有活力、有韧性的资本市场,提供了坚强的法治保障。

同时,为了加强证券市场法律监督,完善证券市场法律制度,我国陆续出台了证券相关法律、行政法规、部门规章和司法解释,如《中华人民共和国证券投资基金法》《证券公司债券管理暂行办法》《首次公开发行股票并上市管理办法》《首次公开发行股票并在创业板上市管理暂行办法》《股权出资登记管理办法》《证券发行上市保荐业务管理办法》《证券发行与承销管理办法》《证券投资基金销售管理办法》《证券公司监督管理条例》等。

三、证券法的基本原则

证券法的基本原则是指贯穿于整个证券法的行为规范和价值判断标准,是证券法的基本精神的高度概括。我国证券法主要包括以下几项基本原则。

1. 公开、公平、公正的原则

《证券法》第三条规定"证券的发行、交易活动,必须遵循公开、公平、公正的原则。"这明确确立了证券立法的"三公"原则,即公开、公平和公正原则。

公开原则,主要是信息公开原则,是指在证券发行、交易过程中,证券发行人和其他相关当事人履行信息披露的义务,根据法律和行政法规,向证券监督管理机构和证券投资者提供影响证券价格的相关信息。公开原则是证券法的最基本原则之一,其设立目的在于公众能更好地对企业进行监督,进一步提高管理水平,有利于降低投资风险,保护投资者的利益,完善投资环境,维护证券市场的稳步发展。公平原则,是指证券发行和交易活动中,相关主体要平等地享有权利和承担义务,如发行人的公平筹资机会、证券经营机构的公平交易权利和责任以及证券投资人获得公平交易的机会等。公正原则,是指在证券市场中,证券监督机关应当对所有的证券市场参与者给予公正的待遇,公正地制定和执行规则。

2. 平等、自愿、有偿、诚实信用原则

《证券法》明确规定,证券发行、交易活动的当事人具有平等的法律地位,应当遵守自愿、有偿、诚实信用的原则。其中自愿原则是指证券发行人与投资者在自愿的基础上进行证券发行和交易行为，不应当受任何人的威胁和逼迫。有偿原则是指证券的发行、交易是等价有偿的，这是市场经济等价交换原则的具体体现。诚实信用原则，是指证券活动中应讲诚实、守信用，以善意的方式履行义务。这要求证券当事人不得以损害他人利益为目的为自己赢利更不能进行证券欺诈行为，滥用自己的权利。

3. 守法原则

根据《证券法》规定，证券的发行、交易活动，必须遵守法律、行政法规；禁止欺诈、内幕交易和操纵证券市场的行为。证券的发行和交易活动应当在遵循法律法规的前提下进行，证券监督管理机构在证券活动中做到反欺诈、反操纵证券市场、反内幕交易等。《证券法》守法原则的目的在于禁止任何证券当事人损害国家、集体和个人的利益。

4. 分业经营与分业管理原则

证券业和银行业、信托业、保险业实行分业经营、分业管理。证券公司与银行、信托、保险业机构分别设立。证券业、银行业、信托业和保险业具有各自不同的业务范围和运行规则。分业经营与分业管理有利于工作的顺利开展，实现金融业管理的规范化，尽可能地降低证券、银行、信托和保险业的金融风险。

5. 政府统一监管和行业自律监管相结合的原则

国务院证券监督管理机构依法对全国证券市场实行集中统一监督管理。国务院证券监督管理机构根据需要可以设立派出机构，按照授权履行监督管理职责。在国家对证券发行、交易活动实行集中统一监督管理的前提下，依法设立证券业协会，实行自律性管理。证券市场的复杂性要求在其规范、管理的过程中需要以统一监督管理与自我约束管理相结合，两者构成了我国证券市场监管的有机整体。

6. 审计监督原则

审计监督原则，是指由国家审计机关对证券机构重大项目和财务收支状况的真实性、合法性等进行事前和事后的审查。国家审计机关根据《审计法》的内容和程序，依法对证券交易所、证券公司、证券登记结算机构、证券监督管理机构进行审计监督，保护证券市场的稳定和维护投资者的经济利益。

四、证券市场

证券市场是指证券发行与交易的场所，具有直接交换权利、利益和风险的特征，在筹集资本、引导投资、配置资源方面有着不可替代的独特功能。

（一）证券市场的结构

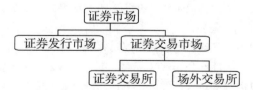

证券市场的结构，是指证券市场的构成及其各部分之间的量比的关系。证券市场的结构包括纵向结构和横向结构。

1. 证券市场的纵向结构

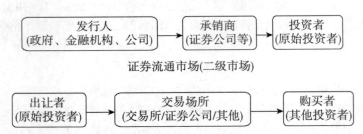

证券市场的纵向结构是指按照有价证券进入市场的顺序而形成的结构，包括发行市场和交易市场。发行市场，又称"一级市场"或"初级市场"，是发行人以筹集资金为目的，按照一定的发行条件和程序，向投资者出售证券所形成的市场；交易市场，又称"二级市场"或"次级市场"，是已发行的证券通过买卖、转让交易实现流通转让的场所。

2. 证券市场的横向结构

证券市场的横向结构是指依据有价证券的品种而形成的结构，包括股票市场、债券市场、投资基金市场以及金融衍生品市场等。

(二) 证券市场的主体

1. 证券交易场所

证券交易所、国务院批准的其他全国性证券交易场所为证券集中交易提供场所和设施，组织和监督证券交易，实行自律管理，依法登记，取得法人资格。

证券交易所、国务院批准的其他全国性证券交易场所的设立、变更和解散由国务院决定。国务院批准的其他全国性证券交易场所的组织机构、管理办法等，由国务院规定。证券交易所、国务院批准的其他全国性证券交易场所可以根据证券品种、行业特点、公司规模等因素设立不同的市场层次。按照国务院规定设立的区域性股权市场为非公开发行证券的发行、转让提供场所和设施，具体管理办法由国务院规定。

证券交易所履行自律管理职能，应当遵守社会公共利益优先原则，维护市场的公平、有序、透明。设立证券交易所必须制定章程。证券交易所章程的制定和修改，必须经国务院证券监督管理机构批准。

证券交易所必须在其名称中标明证券交易所字样。其他任何单位或者个人不得使用证券交易所或者近似的名称。证券交易所可以自行支配的各项费用收入，应当首先用于保证其证券交易场所和设施的正常运行并逐步改善。

实行会员制的证券交易所的财产积累归会员所有，其权益由会员共同享有，在其存续期间，不得将其财产积累分配给会员。实行会员制的证券交易所设理事会、监事会。证券交易所设总经理一人，由国务院证券监督管理机构任免。

投资者应当与证券公司签订证券交易委托协议，并在证券公司实名开立账户，以书面、电话、自助终端、网络等方式，委托该证券公司代其买卖证券。证券公司为投资者开立账户，应当按照规定对投资者提供的身份信息进行核对。证券公司不得将投资者的账户提供给他人使用。投资者应当使用实名开立的账户进行交易。

2. 证券公司

1) 证券公司的设立条件

设立证券公司，应当具备下列条件，并经国务院证券监督管理机构批准。

(1) 有符合法律、行政法规规定的公司章程。

(2) 主要股东及公司的实际控制人具有良好的财务状况和诚信记录，最近三年无重大违法违规记录。

(3) 有符合证券法规定的公司注册资本。证券公司的注册资本因业务范围的不同而有不同的要求。其经营下列业务范围第①项至第③项业务的，注册资本最低限额为人民币5000万元；经营第④项至第⑧项业务之一的，注册资本最低限额为人民币1亿元；经营第④项至第⑧项业务中两项以上的，注册资本最低限额为人民币5亿元。证券公司的注册资本应当是实缴资本。国务院证券监督管理机构根据审慎监管原则和各项业务的风险程度，可以调整注册资本最低限额，但不得少于前款规定的限额。

(4) 董事、监事、高级管理、从业人员符合证券法规定的条件。

(5) 有完善的风险管理与内部控制制度。

(6) 有合格的经营场所、业务设施和信息技术系统。

(7) 法律、行政法规规定的和经国务院批准的国务院证券监督管理机构规定的其他条件。

未经国务院证券监督管理机构批准，任何单位和个人不得以证券公司名义开展证券业务活动。

2) 证券公司的业务范围

经国务院证券监督管理机构核准，取得经营证券业务许可证，证券公司可以经营下列部分或者全部证券业务：①证券经纪；②证券投资咨询；③与证券交易、证券投资活动有关的财务顾问；④证券承销与保荐；⑤证券融资融券；⑥证券做市交易；⑦证券自营；⑧其他证券业务。

国务院证券监督管理机构应当自受理前款规定事项申请之日起三个月内，依照法定条件和程序进行审查，作出核准或者不予核准的决定，并通知申请人；不予核准的，应当说明理由。证券公司经营证券资产管理业务的，应当符合《中华人民共和国证券投资基金法》等法律、行政法规的规定。除证券公司外，任何单位和个人不得从事证券承销、证券保荐、证券经纪和证券融资融券业务。证券公司从事证券融资融券业务，应当采取措施，严格防范和控制风险，不得违反规定向客户出借资金或者证券。

【例8-1】根据《证券法》的规定，下列各项中，正确的是(   )。
A. 证券公司均可以从事证券自营业务
B. 证券公司均不得从事证券自营业务
C. 证券公司只能从事由包销产生的证券自营业务
D. 一部分证券公司可以从事证券自营业务

【解析】正确答案是D。根据规定，证券公司可以经营下列部分或者全部业务：①证券经纪；②证券投资咨询；③与证券交易、证券投资活动有关的财务顾问；④证券承销与保荐；⑤证券融资融券；⑥证券做市交易；⑦证券自营；⑧其他证券业务。经营第④项至第⑧项业务之一的，注册资本最低限额为人民币1亿元；经营第④项至第⑧项业务中两项以上的，注册资本最低限额为人民币5亿元。因此，并不是所有的证券公司都可以从事证券自营业务。

3. 证券登记结算机构

证券登记结算机构为证券交易提供集中登记、存管与结算服务，不以营利为目的，依法登记，取得法人资格。设立证券登记结算机构必须经国务院证券监督管理机构批准。

证券登记结算机构一般具有登记、托管和结算三项职能。登记职能是指证券登记结算机构具有记录并确定当事人证券账户、证券持有情况及相关权益的职责与功能；托管职能是指证券登记结算机构具有接受证券商或投资者委托，代为保管证券并提供相应服务的职责与功能；结算职能是指证券登记结算机构具有协助证券交易的双方相互交付证券与价款的职责与功能。

《证券法》第一百四十八、一百四十九条规定，在证券交易所和国务院批准的其他全国性证券交易场所交易的证券的登记结算，应当采取全国集中统一的运营方式。前款规定以外的证券，其登记、结算可以委托证券登记结算机构或者其他依法从事证券登记、结算业务的机构办理。证券登记结算机构应当依法制定章程和业务规则，并经国务院证券监督管理机构批准。证券登记结算业务参与人应当遵守证券登记结算机构制定的业务规则。

4. 证券服务机构

会计师事务所、律师事务所以及从事证券投资咨询、资产评估、资信评级、财务顾问、信息技术系统服务的证券服务机构，应当勤勉尽责、恪尽职守，按照相关业务规则为证券的交易及相关活动提供服务。从事证券投资咨询服务业务，应当经国务院证券监督管理机构核准；未经核准，不得为证券的交易及相关活动提供服务。从事其他证券服务业务，应当报国务院证券监督管理机构和国务院有关主管部门备案。证券服务机构应当妥善保存客户委托文件、核查和验证资料、工作底稿以及与质量控制、内部管理、业务经营有关的信息和资料，任何人不得泄露、隐匿、伪造、篡改或者毁损。上述信息和资料的保存期限不得少于十年，自业务委托结束之日起算。

5. 证券业协会

证券业协会是证券业的自律性组织，是社会团体法人。证券公司应当加入证券业协会。证券业协会的权力机构为全体会员组成的会员大会。

6. 证券监督管理机构

国务院证券监督管理机构依法对证券市场实行监督管理，维护证券市场公开、公平、公正，防范系统性风险，维护投资者合法权益，促进证券市场健康发展。

第二节　证券发行法律制度

一、证券发行概述

(一) 证券发行的概念

证券发行是指证券的发行者为了筹措资金，具备法律要求的发行条件后，依照相关法律法规的内容和程序要求，向社会公众出售各类资本证券的行为。

(二) 证券发行的特征

(1) 证券发行以筹集资金为目的。
(2) 证券发行必须符合法律所设定的条件和程序。
(3) 证券发行在实质上表现为一种证券的销售行为。

二、股票的发行

(一) 股票发行的概念和种类

股票发行是指符合发行条件的股份有限公司,以筹集资金为目的,依法定程序,以同一条件向特定或不特定的公众招募或出售股票的行为。

股票发行人必须是具有股票发行资格的股份有限公司,包括已成立的股份有限公司和经核准拟设立的股份有限公司。

(二) 股票发行的条件

股票的发行分为设立发行和新股发行,两者的发行条件并不完全一致。

1. 设立发行的条件

设立股份有限公司公开发行股票,应当符合《中华人民共和国公司法》(以下简称《公司法》)规定的条件和经国务院批准的国务院证券监督管理机构规定的其他条件,向国务院证券监督管理机构报送募股申请和下列文件:①公司章程;②发起人协议;③发起人姓名或者名称,发起人认购的股份数、出资种类及验资证明;④招股说明书;⑤代收股款银行的名称及地址;⑥承销机构名称及有关的协议。依照证券法规定聘请保荐人的,还应当报送保荐人出具的发行保荐书。法律、行政法规规定设立公司必须报经批准的,还应当提交相应的批准文件。

2. 新股发行的条件

股份有限公司成立后,基于增资目的而再次申请公开发行股票,在《公司法》中称为新股发行。首次公开发行新股,应当符合下列条件:①具备健全且运行良好的组织机构;②具有持续经营能力;③最近三年财务会计报告被出具无保留意见审计报告;④发行人及其控股股东、实际控制人最近三年不存在贪污、贿赂、侵占财产、挪用财产或者破坏社会主义市场经济秩序的刑事犯罪;⑤经国务院批准的国务院证券监督管理机构规定的其他条件。

上市公司发行新股,应当符合经国务院批准的国务院证券监督管理机构规定的条件,具体管理办法由国务院证券监督管理机构规定。公开发行存托凭证的,应当符合首次公开发行新股的条件以及国务院证券监督管理机构规定的其他条件。

三、公司债券的发行

(一) 公司债券的概念

公司债券,是指公司依照法定程序发行的,约定在一定期限还本付息的有价证券。股份有限公司、国有独资公司和两个以上的国有企业或者其他两个国有投资主体投资设立的有限责任公司,为筹集生产经营资金,可以依照《公司法》规定的条件发行公司债券。

(二) 公司债券发行的基本条件

(1) 具备健全且运行良好的组织机构。
(2) 最近三年的平均可分配利润足以支付公司债券一年的利息。
(3) 国务院及其证券监督管理部门规定的其他条件。

(三) 公司债券公开发行的限制条件

公开发行公司债券筹集的资金，必须按照公司债券募集办法所列资金用途使用；改变资金用途，必须经债券持有人会议作出决议。公开发行公司债券筹集的资金，不得用于弥补亏损和非生产性支出。

有下列情形之一的，不得再次公开发行公司债券：
(1) 对已公开发行的公司债券或者其他债务有违约或者延迟支付本息的事实，仍处于继续状态；
(2) 违反《证券法》规定，改变公开发行公司债券所募资金的用途。

四、证券承销

证券承销，是指证券经营机构依照协议包销或者代销发行人向社会公开发行的证券的行为。发行人向不特定对象公开发行的证券，法律、行政法规规定应当由证券公司承销的，发行人应当同证券公司签订承销协议。公开发行证券的发行人有权依法自主选择承销的证券公司。

(一) 承销业务的种类

根据我国《证券法》的规定，我国证券承销业务分为代销和包销两种方式。证券代销与证券包销的比较见表 8-1。

表 8-1　证券代销与证券包销的比较

项目	证券代销	证券包销
发行人与承销人的法律关系性质	委托代理关系	证券包销为买卖法律关系，证券包销在承销期内为委托代理关系，承销期届满后为买卖法律关系
发行风险承担	发行人承担发行失败的风险	不存在发行失败问题，承销商承担证券销售风险
承销费用	较低	较高
所有权是否转移	证券所有权不转移给承销人	证券所有权由发行人转移给承销人

1. 证券代销

证券代销又称代理发行，是指证券公司代发行人发售证券，在承销期结束时，将未售出的证券全部退还给发行人的承销方式。对发行人而言，这种承销方式风险较大，但承销费用相对较低。

2. 证券包销

证券包销是指证券公司将发行人的证券按照协议全部购入或者在承销期结束时将未售后剩余证券全部自行购入的承销方式。包销又可分为全额包销和余额包销两种形式。证券包销合同签订后，发行人将证券的所有权转移给证券承销人。因此，证券销售不出去的风险由承销人承担，但其费用高于代销的费用。

(二) 承销协议的主要内容

证券公司承销证券，应当同发行人签订代销或者包销协议，该协议载明的主要事项如下：①当事人的名称、住所及法定代表人姓名；②代销、包销证券的种类、数量、金额及发行价格；③代销、包销的期限及起止日期；④代销、包销的付款方式及日期；⑤代销、包销的费用和结算办法；⑥违约责任；⑦国务院证券监督管理机构规定的其他事项。

(三) 证券的销售期限

证券的代销、包销期限最长不得超过九十日。证券公司在代销、包销期内，对所代销、包销的证券应当保证先行出售给认购人，证券公司不得为本公司预留所代销的证券和预先购入并留存所包销的证券。

股票发行采用代销方式，代销期限届满，向投资者出售的股票数量未达到拟公开发行股票数量的百分之七十的，为发行失败。发行人应当按照发行价并加算银行同期存款利息返还股票认购人。公开发行股票，代销、包销期限届满，发行人应当在规定的期限内将股票发行情况报国务院证券监督管理机构备案。

为了规范证券发行与承销行为，保护投资者的合法权益，《证券发行与承销管理办法》规定了"证券承销"。投资者申购缴款结束后，发行人和主承销商应当聘请具有证券、期货相关业务资格的会计师事务所对申购和募集资金进行验证，并出具验资报告；还应当聘请律师事务所对网下发行过程、配售行为、参与定价和配售的投资者资质条件及其与发行人和承销商的关联关系、资金划拨等事项进行见证，并出具专项法律意见书。证券上市后10日内，主承销商应当将验资报告、专项法律意见随同承销总结报告等文件一并报中国证监会。

首次公开发行股票数量在四亿股以上的，发行人及其主承销商可以在发行方案中采用超额配售选择权。超额配售选择权的实施应当遵守中国证监会、证券交易所和证券登记结算机构的规定。公开发行证券的，主承销商应当在证券上市后十日内向中国证监会报备承销总结报告，总结说明发行期间的基本情况及新股上市后的表现，并提供下列文件：①募集说明书单行本；②承销协议及承销团协议；③律师见证意见(限于首次公开发行)；④会计师事务所验资报告；⑤中国证监会要求的其他文件。上市公司非公开发行股票的，发行人及其主承销商应当在发行完成后向中国证监会报送下列文件：①发行情况报告书；②主承销商关于本次发行过程和认购对象合规性的报告；③发行人律师关于本次发行过程和认购对象合规性的见证意见；④会计师事务所验资报告；⑤中国证监会要求的其他文件。

【例8-2】2018年，甲股份有限公司拟公开发行股票，甲公司得知本公司的股票发行申请已通过核准后，在公告公开发行募集文件前，将拟发行股票总额的15%自行卖给当地投资者，其余部分委托乙证券公司代销，并确定代销期限为4个月。请问甲公司的哪些行为不符合规定？

【解析】不符合规定之处有：①甲公司不应在公告公开发行募集文件前发行股票；②甲公司不应私自将拟发行股票总额的15%卖给当地投资者，而应通过证券公司承销；③代销证券的期限最长不应超过90天。

第三节 证券交易法律制度

一、证券交易概述

(一) 证券交易的概念

证券交易，又称证券买卖，是指证券持有人将已经发行并交付的证券有偿转让给其他人的法律行为。

(二) 证券交易的条件

证券交易的条件是指在证券市场上公开进行交易的证券必须符合法律规定的相关条件才能买卖。按照证券法的规定，证券交易的条件主要包括以下内容。

(1) 证券交易当事人依法买卖的证券，必须是依法发行并交付的证券。非依法定程序发行的证券，不得买卖。

(2) 依法发行的证券，《公司法》和其他法律对其转让期限有限制性规定的，在限定的期限内不得转让，如我国《公司法》规定，股份有限公司发起人持有的股份有限公司的股份，自公司成立之日起一年内不得转让。

(3) 公开发行的证券，应当在依法设立的证券交易所上市交易或者在国务院批准的其他全国性证券交易场所交易。非公开发行的证券，可以在证券交易所、国务院批准的其他全国性证券交易场所、按照国务院规定设立的区域性股权市场转让。

(三) 证券上市

申请证券上市交易，应当符合证券交易所上市规则规定的上市条件。证券交易所上市规则规定的上市条件，应当对发行人的经营年限、财务状况、最低公开发行比例和公司治理、诚信记录等提出要求。

上市交易的证券，有证券交易所规定的终止上市情形的，由证券交易所按照业务规则终止其上市交易。证券交易所决定终止证券上市交易的，应当及时公告，并报国务院证券监督管理机构备案。

二、限制的证券交易行为

(一) 对证券交易主体的限制

(1) 证券交易场所、证券公司和证券登记结算机构的从业人员，证券监督管理机构的工作人员以及法律、行政法规规定禁止参与股票交易的其他人员，在任期或者法定限期内，不得直接或者以化名、借他人名义持有、买卖股票或者其他具有股权性质的证券，也不得收受他人赠送的股票或者其他具有股权性质的证券。

任何人在成为前款所列人员时，其原已持有的股票或者其他具有股权性质的证券，必须依法转让。

实施股权激励计划或者员工持股计划的证券公司的从业人员，可以按照国务院证券监督管理机构的规定持有、卖出本公司股票或者其他具有股权性质的证券。

(2) 为证券发行出具审计报告或者法律意见书等文件的证券服务机构和人员，在该证券承销期内和期满后六个月内，不得买卖该证券。

除前款规定外，为发行人及其控股股东、实际控制人，或者收购人、重大资产交易方出具审计报告或者法律意见书等文件的证券服务机构和人员，自接受委托之日起至上述文件公开后五日内，不得买卖该证券。实际开展上述有关工作之日早于接受委托之日的，自实际开展上述有关工作之日起至上述文件公开后五日内，不得买卖该证券。

(3) 公司董事、监事、高级管理人员应当向公司申报所持有的本公司的股份及其变动情况，在任职期间每年转让的股份不得超过其所持有本公司股份总数的百分之二十五；所持有公司股份自公司股票上市交易之日起一年内不得转让。上述人员离职后半年内，不得转让其所持有的本公司股份。公司章程可以对公司董事、监事、高级管理人员转让其所持有的本公司股份做出其他限制性规定。

(二) 对证券交易客体的限制

(1) 证券交易当事人依法买卖的证券，必须是依法发行并交付的证券。非依法发行的证券，不得买卖。

(2) 依法发行的证券，《公司法》和其他法律对其转让期限有限制性规定的，在限定的期限内不得转让。

(三) 对短线交易的限制

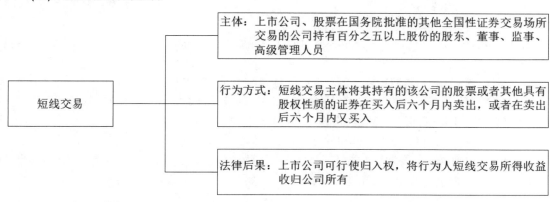

1. 短线交易的概念

短线交易是指上市公司、股票在国务院批准的其他全国性证券交易场所交易的公司持有百分之五以上股份的股东、董事、监事、高级管理人员，将其持有的该公司的股票或者其他具有股权性质的证券在买入后六个月内卖出，或者在卖出后六个月内又买入的证券交易行为。

前款所称董事、监事、高级管理人员、自然人股东持有的股票或者其他具有股权性质的证券，包括其配偶、父母、子女持有的及利用他人账户持有的股票或者其他具有股权性质的证券。

2. 短线交易主体

短线交易主体是指上市公司、股票在国务院批准的其他全国性证券交易场所交易的公司持有百分之五以上股份的股东、董事、监事、高级管理人员。

3. 短线交易的收益归属

由短线交易所得收益归该公司所有，公司董事会应当收回其所得收益。

4. 短线交易相关的诉讼

(1) 公司董事会不履行收回义务的，股东有权要求董事会在三十日内执行。

(2) 公司董事会未在上述期限内执行的，股东有权为了公司的利益以自己的名义直接向人民法院提起诉讼。

(3) 公司董事会不按照规定执行的，负有责任的董事依法承担连带责任。

三、禁止的证券交易行为

(一) 禁止内幕交易行为

内幕交易是指知悉证券交易内幕信息的知情人和非法获取内幕信息的人，利用内幕信息进行证券交易的活动。

《证券法》明确规定，下列人员为知悉证券交易内幕信息的知情人员。

(1) 发行人及其董事、监事、高级管理人员。

(2) 持有公司百分之五以上股份的股东及其董事、监事、高级管理人员，公司的实际控制人及其董事、监事、高级管理人员。

(3) 发行人控股或者实际控制的公司及其董事、监事、高级管理人员。

(4) 由于所任公司职务或者因与公司业务往来可以获取公司有关内幕信息的人员。

(5) 上市公司收购人或者重大资产交易方及其控股股东、实际控制人、董事、监事和高级管理人员。

(6) 因职务、工作可以获取内幕信息的证券交易场所、证券公司、证券登记结算机构、证券服务机构的有关人员。

(7) 因职责、工作可以获取内幕信息的证券监督管理机构工作人员。

(8) 因法定职责对证券的发行、交易或者对上市公司及其收购、重大资产交易进行管理可以获取内幕信息的有关主管部门、监管机构的工作人员。

(9) 国务院证券监督管理机构规定的可以获取内幕信息的其他人员。

证券交易活动中，涉及发行人的经营、财务或者对该发行人证券的市场价格有重大影响的尚未公开的信息，为内幕信息。《证券法》第八十条第二款、第八十一条第二款所列重大事件均属于内幕信息。

【例8-3】吴某在担任甲上市公司董事期间，利用甲公司与乙上市公司进行资产重组、乙公司主营业务将要发生重大变化这一信息，于11月18日至20日期间，在某证券公司营业部投入资金480万元，以平均6元的价格买入乙公司股票80万股，信息公开后以每股7元的价格全部卖出，共计获利80万元。同年12月，甲公司与乙公司相继公告进行了资产重组的信息。请问吴某的行为是否合法？

【解析】不合法。吴某的行为属于利用内部信息进行证券交易、非法获利的行为。根据《证券法》的规定，证券交易内幕信息的知情人，在内幕信息公开前，不得买入和卖出该公司的证券。

(二) 禁止操纵证券市场行为

操纵证券市场行为，是指行为人背离市场自由竞价和供求关系原则，以各种不正当的手段，影响证券市场价格或者证券交易量，制造证券市场假象，以引诱他人参与证券交易，为自己谋取不正当利益或者转嫁风险的行为。

操纵市场的行为包括以下几种。

(1) 单独或者通过合谋，集中资金优势、持股优势或者利用信息优势联合或者连续买卖。

(2) 与他人串通，以事先约定的时间、价格和方式相互进行证券交易。

(3) 在自己实际控制的账户之间进行证券交易。

(4) 不以成交为目的，频繁或者大量申报并撤销申报。

(5) 利用虚假或者不确定的重大信息，诱导投资者进行证券交易。

(6) 对证券、发行人公开作出评价、预测或者投资建议，并进行反向证券交易。

(7) 利用在其他相关市场的活动操纵证券市场。

(8) 操纵证券市场的其他手段。

操纵证券市场行为给投资者造成损失的，行为人应当依法承担赔偿责任。

> 【例8-4】某证券公司利用资金优势,在3个交易日内对某一上市公司的股票进行连续买卖,使该股票从每股20元迅速上升至每股26元,然后在此价位大量卖出获利。请分析该证券公司的行为是否违法?
>
> 【解析】该证券公司的行为违法。根据《证券法》的规定,该证券公司的行为属于操纵市场的违法行为。

(三) 禁止虚假陈述和信息误导行为

我国《证券法》规定,禁止任何单位和个人编造、传播虚假信息或者误导性信息,扰乱证券市场。

禁止证券交易场所、证券公司、证券登记结算机构、证券服务机构及其从业人员,证券业协会、证券监督管理机构及其工作人员,在证券交易活动中做出虚假陈述或者信息误导。

各种传播媒介传播证券市场信息必须真实、客观,禁止误导。传播媒介及其从事证券市场信息报道的工作人员不得从事与其工作职责发生利益冲突的证券买卖。

编造、传播虚假信息或者误导性信息,扰乱证券市场,给投资者造成损失的,应当依法承担赔偿责任。

(四) 禁止欺诈客户行为

欺诈客户,是指证券公司及其从业人员在证券交易及相关活动中,为了谋取不法利益,而违背客户的真实意思进行代理的行为,以及诱导客户进行不必要的证券交易的行为。《证券法》规定,在证券交易中,禁止证券公司及其从业人员从事下列损害客户利益的行为,具体内容如下。

(1) 违背客户的委托为其买卖证券。
(2) 不在规定时间内向客户提供交易的确认文件。
(3) 未经客户的委托,擅自为客户买卖证券,或者假借客户的名义买卖证券。
(4) 为牟取佣金收入,诱使客户进行不必要的证券买卖。
(5) 其他违背客户真实意思表示,损害客户利益的行为。

违反上述规定给客户造成损失的,应当依法承担赔偿责任。

> 【例8-5】某证券公司挪用客户账户上的资金用于股票买卖,但在获利后及时、足额地归还到客户账户中。请问该证券公司的行为是否合法?属于何种行为?
>
> 【解析】不合法。根据《证券法》的规定,该证券公司的行为属于欺诈客户的行为。

第四节 上市公司收购法律制度

一、上市公司收购概述

(一) 上市公司收购的概念

上市公司收购是指投资者为达到对上市公司控股或者兼并的目的,而依法购买其已发行上市的股份的行为。根据我国《证券法》的规定,投资者可以采取要约收购、协议收购及其他合法的方式收购上市公司。上市公司收购有利于优化资源配置,加速资本聚集,促进规模经济的形成,同时也有利于证券市场的稳定和有序运作。

（二）上市公司收购的特征

(1) 收购的对象是上市公司。上市公司是指经证券交易所批准，股票在证券交易所上市交易的股份有限公司。
(2) 收购的目标是上市公司的股份。
(3) 收购的主体是收购人，包括投资者及其一切行动人。
(4) 收购是一种投资者之间的股份转让行为。
(5) 收购的目的是获得或者巩固对上市公司的控制权。

（三）上市公司收购的分类

1. 要约收购

要约收购是指投资者向目标公司的所有股东发出要约，表明愿意以要约中的条件购买目标公司的股票，以期达到对目标公司控制权的获得或巩固。

2. 协议收购

协议收购是指投资者在证券交易所外与目标公司的股东，主要是持股比例较高的大股东就股票的价格、数量等方面进行私下协商，购买目标公司的股票，以期达到对目标公司控制权的获得或巩固。

3. 其他合法方式

此为兜底条款，主要指通过法院判决、继承、赠与等合法方式获得上市公司控制权。

（四）大股东持股披露制度

1. 大股东持股比例披露

通过证券交易所的证券交易，投资者持有或者通过协议、其他安排与他人共同持有一个上市公司已发行的有表决权股份达到百分之五时，应当在该事实发生之日起三日内，向国务院证券监督管理机构、证券交易所作出书面报告，通知该上市公司，并予公告，在上述期限内不得再行买卖该上市公司的股票，但国务院证券监督管理机构规定的情形除外。

2. 大股东持股变动披露

投资者持有或者通过协议、其他安排与他人共同持有一个上市公司已发行的有表决权股份达到百分之五后，其所持该上市公司已发行的有表决权股份比例每增加或者减少百分之五，应当依照前述规定进行报告和公告，在该事实发生之日起至公告后三日内，不得再行买卖该上市公司的股票，但国务院证券监督管理机构规定的情形除外。

投资者持有或者通过协议、其他安排与他人共同持有一个上市公司已发行的有表决权股份达到百分之五后，其所持该上市公司已发行的有表决权股份比例每增加或者减少百分之一，应当在该事实发生的次日通知该上市公司，并予公告。

二、要约收购

（一）要约收购的概念

所谓要约收购是指根据证券法的规定，通过证券交易所的证券交易，投资者持有或者通过协议、其他安排与他人共同持有一个上市公司已发行的有表决权股份达到百分之三十时，继续进行收购的，应当依法向该上市公司所有股东发出收购上市公司全部或者部分股份的要约。

(二) 要约收购的法律规定

收购要约约定的收购期限不得少于三十日，并不得超过六十日。在收购要约确定的承诺期限内，收购人不得撤销其收购要约；收购人需要变更收购要约的，应当及时公告，载明具体变更事项，且不得存在以下情形：

(1) 降低收购价格；
(2) 减少预定收购股份数额；
(3) 缩短收购期限；
(4) 国务院证券监督管理机构规定的其他情形。

采取要约收购方式的，收购人在收购期限内，不得卖出被收购公司的股票，也不得采取要约规定以外的形式和超出要约的条件买入被收购公司的股票。

三、协议收购

采用协议收购方式的，收购人可以依照法律、行政法规的规定同被收购公司的股东以协议方式进行股份转让。以协议方式收购上市公司时，达成协议后，收购人必须在三日内将该收购协议向国务院证券监督管理机构及证券交易所做出书面报告，并予公告。在公告前不得履行收购协议。

采取协议收购方式的，协议双方可以临时委托证券登记结算机构保管协议转让的股票，并将资金存放于指定的银行。

采取协议收购方式的，收购人收购或者通过协议、其他安排与他人共同收购一个上市公司已发行的有表决权股份达到百分之三十时，继续进行收购的，应当依法向该上市公司所有股东发出收购上市公司全部或者部分股份的要约。但是，按照国务院证券监督管理机构的规定免除发出要约的除外。收购人依照上述规定以要约方式收购上市公司股份，应当遵守《证券法》第六十五条第二款、第六十六条至第七十条的规定。

【例8-6】根据《证券法》的规定，下列关于上市公司收购的说法中，正确的有(   )。
A. 上市公司收购可以采取要约收购或者协议收购的方式
B. 投资者持有一个上市公司已发行的股份的5%时，应当在该事实发生之日起3日内，向国务院证券监督管理机构、证券交易所做出书面报告，通知该上市公司，并予以公告
C. 收购要约的期限不得少于20日，并不得超过1年
D. 在收购要约的有效期限内，收购人不得撤回其收购要约
【解析】正确答案是ABD。根据规定，收购要约约定的收购期限不得少于30日，并不得超过60日。因此，C是错的。

四、上市公司收购的法律后果

上市公司收购结束，依法产生如下法律后果。

(一) 收购成功

根据《股票发行与交易管理暂行办法》的规定，收购结束后，收购人所持有的被收购的上市公司股份比例达百分之五十时，为收购成功，收购人取得被收购公司的控制权。在收购行为完成后，如果被收购公司不再具有公司法规定的条件的，则应当依法变更其企业形式。

(二) 收购失败

当要约收购期满，收购人持有的普通股未达到该公司发行在外的股份总数百分之五十的为收购失败。收购要约人除发出新的收购要约外，其以后每年购买的该公司发行在外的普通股，均不得超过该公司发行在外的普通股总数的百分之五十。

(三) 公司合并

《证券法》第七十六条规定，收购行为完成后，收购人与被收购公司合并，并将该公司解散的，被解散公司的原有股票由收购人依法更换。收购行为完成后，收购人应当在十五日内将收购情况报告国务院证券监督管理机构和证券交易所，并予公告。

第五节　证券监督管理制度

一、证券监督管理概述

证券监督管理是指证券监督管理部门根据证券法规对证券发行和交易实施的监督管理。证券监管的目的是确保证券市场公正、透明、有序地运行，保护投资者的利益。我国证券监管的主要内容是对上市公司、证券公司、会计师事务所、律师事务所、资产评估事务所等中介机构以及对特殊交易的监管。

根据我国《证券法》的规定，国务院证券监督管理机构依法对证券市场实行监督管理，维护证券市场公开、公平、公正，防范系统性风险，维护投资者合法权益，促进证券市场健康发展。

二、国务院证券监督管理机构

(一) 国务院证券监督管理机构的性质

《证券法》第七条规定："国务院证券监督管理机构依法对全国证券市场实行集中统一监督管理"。根据我国目前监管体制的运行状况，国务院证券监管机构即为证监会。按照国务院规定，证监会由专家组成，是国务院直属事业单位，非国家机关。

(二) 证券监督管理机构的职责

国务院证券监督管理机构在对证券市场实施监督管理中履行下列职责。

(1) 依法制定有关证券市场监督管理的规章、规则，并依法进行审批、核准、注册，办理备案。

(2) 依法对证券的发行、上市、交易、登记、存管、结算等行为，进行监督管理。

(3) 依法对证券发行人、证券公司、证券服务机构、证券交易场所、证券登记结算机构的证券业务活动，进行监督管理。

(4) 依法制定从事证券业务人员的行为准则，并监督实施。

(5) 依法监督检查证券发行、上市、交易的信息披露。

(6) 依法对证券业协会的自律管理活动进行指导和监督。

(7) 依法监测并防范、处置证券市场风险。

(8) 依法开展投资者教育。

(9) 依法对证券违法行为进行查处。
(10) 法律、行政法规规定的其他职责。

三、自律性监管机构

(一) 自律性监管概述

自律性监管也称自我管理，与政府监管相对应，是由特定范围的组织成员通过制定章程等规范性文件方式设立的，凭借组织成员赋予的适当权力，对组织成员参与证券发行、交易及相关活动进行监督、检查和处理的管理性行为。

自律性组织的形态多种多样，其中以证券公司自我管理最具有代表性。证券管理的最主要内容也是对证券商的管理。从体制方面来说，分为证券公司内部管理、证券业自律机构的管理以及政府证券管理部门的管理。可见，自律管理既区别于政府监管，也不同于证券公司的内部管理，而是众多从业机构彼此之间的自我监督和管理体制。

虽然没有任何国家否认自律管理的存在价值，但并非任何国家的自律监管机构都发挥同样的作用。国家对自律监管的认可程度，取决于诸多因素。首先，国家对自律管理价值的认识程度。凡是政府监管不涉足或退出的领域，就是自律监管充分发挥作用的领域。其次，证券市场的发育程度。证券市场越发达，就越需要自律监管，甚至越需要范围广泛的自律监管。再次，证券市场的发育原因。自由经济推动的证券市场中，自律监管的影响力往往大于政府推动型证券市场对自律监管的需求。由于上述原因的存在，不同国家的自律监管制度就会存在明显差别。

(二) 自律性监管的组织形态

证券自律监管，是证券市场参与者通过设立自律组织的方式实现的。各国自律组织名称有异，但大体上分为证券业协会和证券交易所两大类。

1. 证券业协会

证券业协会是证券公司或者其他证券业从业机构或个人依法组成的行业性协会。凡是接受和承认证券业协会章程，并具有相应资格的证券公司和证券从业机构或个人，均得申请成为证券业协会的成员。

2. 证券交易所

证券交易所是证券业自我管理的重要机构，在各国证券法中的地位高于证券业协会。

除证券业协会和证券交易所以外，各国因其特殊体制或传统，还造就了其他形式的自律性组织，或者赋予某种组织具有自律性组织的性质。在欧陆体系中，部分金融行业组织也担当着证券自律组织的职责。

复习思考题

一、单项选择题

1. 下列有关证券特征的表述，不正确的是(　　)。
   A. 证券是一种投资凭证　　　　　B. 证券是一种权益凭证
   C. 证券是一种可转让的权利凭证　　D. 证券是非要式凭证

2. 根据发行对象不同，证券发行可分为(   )。
   A. 公开发行与非公开发行　　　　B. 直接发行与间接发行
   C. 设立发行与新股发行　　　　　D. 国内发行与国外发行
3. 向不特定的对象发行证券为(   )。
   A. 直接发行　　B. 公开发行　　C. 间接发行　　D. 非公开发行
4. 短线交易所得收益归(   )所有。
   A. 股东　　　　B. 董事　　　　C. 公司　　　　D. 监事
5. 股票发行采用代销方式，代销期限届满，向投资者出售的股票数量未达到拟公开发行股票数量的(   )的，为发行失败。
   A. 30%　　　　B. 40%　　　　C. 50%　　　　D. 70%
6. 要约收购中约定的收购期限不得超过(   )日。
   A. 30　　　　　B. 40　　　　　C. 50　　　　　D. 60

二、多项选择题

1. 我国目前证券市场上发行和流通的资本证券主要包括(   )。
   A. 股票　　　　　　　　　　　　B. 债券
   C. 证券投资基金　　　　　　　　D. 国务院依法认定的其他证券
2. 依票面上是否记载股东名称，股票可分为(   )。
   A. 普通股　　　B. 记名股票　　C. 不记名股票　D. 优先股
3. 依股票所代表的股东权利内容和行使顺序不同，股票可以分为(   )。
   A. 普通股　　　B. 优先股　　　C. 有表决权股　D. 无表决权股
4. 证券发行市场又称为(   )。
   A. 一级市场　　B. 二级市场　　C. 初级市场　　D. 次级市场
5. 依据证券市场的组织形式，证券市场可以分为(   )。
   A. 初级市场　　B. 次级市场　　C. 场内交易市场　D. 场外交易市场
6. 证券市场的主体包括(   )。
   A. 证券发行人　B. 证券投资者　C. 交易场所　　D. 证券监管机构

三、名词解释

1. 股票　2. 债券　3. 要约收购　4. 证券发行　5. 上市公司收购　6. 证券承销

四、简答题

1. 简述证券法的基本原则。
2. 简述证券公司的业务范围。
3. 简述公司债券发行的条件。
4. 简述上市公司收购的法律后果。
5. 简述操纵证券市场行为。
6. 简述我国证券公司的设立条件。

第九章

保险法律制度

> 保险乃为预防特定危险之发生，集合多数经济单位，根据合理计算，共酿[jù]资金，公平负担而将个人之损失，分散于社会大众，以确保经济之安定的制度。
>
> ——梁宇贤

课前导读

人类自诞生以来，就始终面临着各种各样的危险，正因为这样，如何规避、消除各种危险，危险发生后，如何消除或弥补危险造成的损失，成为人类活动中的一项重要内容。保险活动就是在人类共同抵御危险的实践中发展起来的，它是抵御常见的、个别的、零散的危险最有效的方法。保险法律制度是保险事业顺利发展的重要保障。随着我国社会主义市场经济体系的逐步建立和健全，保险将会更加广泛地扩大到我国国民经济和人民群众生活的各个领域，据此，保险法将会发挥越来越重要的作用。

要点提示

1. 保险的种类
2. 保险法的基本原则
3. 保险合同的特点
4. 保险合同的解除

第一节 保险与保险法概述

一、保险的概念和种类

（一）保险的概念

保险一词源自 14 世纪意大利的商业用语，本意为一种商业上的风险损失分散制度或行为，后随着保险制度的不断演进，逐步成为一个专有名词，并为各国所采用。

保险是以危险的存在为前提的，没有危险就没有保险。保险的基本功能在于消化损失、分散风险。自然灾害和意外事故是造成人们财产损失或人身伤亡危险的主要来源，为将这些危险分散和消化，保险以危险为经营对象，对因危险造成的损失给予补偿。

从经济学的角度看，保险是一种分散风险、消化损失的经济补偿制度。

从法律的角度看，《中华人民共和国保险法》(以下简称《保险法》)第二条的规定，保险是指投保人根据合同约定，向保险人支付保险费，保险人对于合同约定的可能发生的事故因其发生所造成的财产损失承担赔偿保险金责任，或者当被保险人死亡、伤残、疾病或者达到合同约定的年龄、期限等条件时承担给付保险金责任的商业保险行为。

从法律的角度理解保险的概念，应该把握以下三个层次。

(1) 保险是发生在保险人与投保人、被保险人或受益人之间的权利义务关系。
(2) 保险的适用范围包括财产保险和人身保险两大类型。
(3) 我国《保险法》仅调整商业保险行为，社会保险不属于《保险法》的调整范围。

(二) 保险的种类

依据不同的标准可以对保险进行不同的分类，主要有以下几种(参见表9-1)。

表9-1 保险的种类

划 分 依 据	表 现 种 类
保险标的不同	财产保险、人身保险
实施方式不同	强制保险、自愿保险
危险转移方式	原保险、再保险
保险人人数不同	单保险、复保险
保险金额与保险价值关系	足额保险、不足额保险、超额保险

1. 财产保险和人身保险

按照保险标的不同，保险可分为财产保险和人身保险，这是保险最基本的分类。

财产保险是以财产及其有关利益为保险标的的保险。其适用于补偿被保险人因发生保险事故造成的保险标的的损失，相应地，保险人在财产保险合同中承担保险责任的根据是承保的财产及其有关利益的经济价值，则履行保险责任的范围限于保险标的的实际损失。

人身保险是以人的寿命和身体为保险标的的保险。作为保险标的的人的寿命和身体是不能以货币来衡量价值的，也难以用货币评价其损失后果。所以，人身保险在适用的时候，一般都是根据投保人支付保险费的数额以及保险人的承保范围确定保险金额，在保险事故发生后或者保险合同期限届满时予以给付。

2. 强制保险和自愿保险

按照保险的实施方式不同，保险可分为自愿保险和强制保险。

自愿保险是基于投保人与保险人自愿协商签订保险合同而建立的保险。保险实践中，大多数保险属于自愿保险，它的订立与否完全取决当事人的意思表示。

强制保险又称法定保险，是根据相关法律规定当事人必须进行的保险。可见，强制保险的特殊之处在于，其订立与否不取决于当事人的意志，取决于法律的规定。

3. 原保险和再保险

按照危险转移的方式，保险可分为原保险和再保险。

原保险又称第一次保险，是由非经营保险业务的社会成员作为投保人，与保险人订立的保险。从而，原保险中的保险人所接受的危险，来自于保险业以外的单位或公民个人在社会生产和生活中因保险事故所遭受的直接损失。

再保险又称第二次保险，是指原保险中的保险人，为了减轻其在原保险中承担的保险责任，将其承保危险的一部分转移给其他保险人所订立的保险。可见，再保险实际上是承保危险在保险人之间再次转移的法律形式。其中，原保险中的保险人在再保险中处于投保人的地位，以交纳再保险费为代价，分出其承保危险的全部或部分，实践中称之为分保；而接受分保的保险人则作为再保险人，对其接受的再次转移的危险，向分出人承担相应的保险责任。原保险与再保险的比较见表9-2。

表9-2 原保险与再保险的比较

原 保 险	再 保 险
发生在投保人与保险人之间	发生在保险人与保险人之间
保险人所接受的危险来自于保险业以外	是承保危险在保险人之间再次转移
按照危险转移方式又称为第一次保险	其建立以原保险为前提，又称第二次保险

4. 单保险和复保险

按照承保的保险人人数为标准，保险可分为单保险和复保险。

单保险是投保人对于同一保险标的、同一保险利益、同一保险事故与一个保险人订立保险合同的保险。一般情况下，投保人与一个保险人订立单个保险合同，便可以满足其寻求保险保障的需求，所以，多数的保险都属于单保险。

复保险也称重复保险，是投保人对于同一保险标的、同一保险利益、同一保险事故分别与两个以上保险人订立保险合同，且保险金额总和超过保险价值的保险。我国《保险法》把重复保险规定在财产保险合同项下而非总则中，由此可以看出，重复保险仅适用于财产保险，而不适用于人身保险，这是由财产保险的补偿性所决定的。

5. 足额保险、不足额保险、超额保险

按照保险金额与保险价值的关系，保险可分为足额保险、不足额保险和超额保险。

足额保险是指保险金额等于保险价值的保险。保险事故发生时，如果保险标的全部损失，保险人按保险金额全部赔偿；如果保险标的部分损失，保险人按实际损失额赔偿。

不足额保险是指保险金额低于保险价值的保险。出现不足额保险时，保险人对被保险人损失的赔偿责任仅以保险金额为限，超出保险金额以外的部分，保险人不负赔偿责任。不足额保险合同中，除合同另有约定外，保险人按保险金额与保险价值之间的比例承担赔偿责任。

超额保险是指保险金额大于财产价值的保险。《保险法》规定，保险金额不得超过保险价值；超过保险价值的，超过部分无效。

【例9-1】刘某为自己12万元购买的二手汽车投保盗窃险，保险金额为该汽车的出厂价20万元。在保险期间，该汽车被盗，王某请求保险公司赔偿，保险公司应如何赔偿？

【解析】保险公司应承担12万元的赔偿责任。本案中刘某为价值12万元的汽车购买了保险金额为20万元的保险，构成了超额保险。根据我国《保险法》的规定，保险金额超过保险价值的，超过部分无效，因此发生保险事故，保险公司不能按照保险金额赔偿，赔偿的金额只能是保险价值的数额。

二、保险法概述

(一) 保险法的概念

保险法是调整保险关系的法律规范体系的总称。在此,保险关系是指基于保险合同在各方当事人之间产生的权利义务关系和国家对保险业实施管理监督过程中所产生的各种社会关系。

(二) 我国保险立法概况

1995年6月30日,第八届全国人大常委会第十四次会议通过了《保险法》,这是中华人民共和国成立以来我国的第一部保险基本法,采用了保险业法和保险合同法为一体的立法体例,该法于同年10月1日正式施行。

2002年,针对我国加入世界贸易组织时所做出的承诺中对保险业的要求,根据2002年10月28日第九届全国人民代表大会常务委员会第三十次会议关于修改《保险法》的决定,《保险法》进行了第一次修正,并于2003年1月1日起实施。为适应保险业改革发展新形势的需要,《保险法》的修订工作再次启动。2009年2月28日,第十一届全国人大常委会第七次会议对该法作出了重大修订,修订后的《保险法》共8章187条,自2009年10月1日起施行。《保险法》根据2014年8月31日第十二届全国人民代表大会常务委员会第十次会议通过的《关于修改〈中华人民共和国保险法〉等五部法律的决定》进行了第三次修正,根据2015年4月24日第十二届全国人民代表大会常务委员会第十四次会议通过的《关于修改〈中华人民共和国计量法〉等五部法律的决定》进行了第四次修正,修正后的《保险法》共8章185条,分别为总则、保险合同、保险公司、保险经营规则、保险代理人和保险经纪人、保险业监督管理、法律责任、附则。

【例9-2】下列关于保险的说法不正确的是(   )。
A. 保险可以使少数不幸的被保险人的损失由未发生损失的被保险人分担
B. 我国《保险法》将保险定义为商业保险
C. 保险是建立在"我为人人、人人为我"这一社会互助基础之上的
D. 保险是消灭风险的一种方法
【解析】保险并不能消灭危险,只是在危险发生后给当事人经济补偿,因此正确答案是D。

第二节 保险法的基本原则

保险法的基本原则,是指贯穿整个保险法规范之中,人们在保险活动中必须遵循的根本性准则。保险法的基本原则是保险制度本质的反映,它不仅对保险立法和司法实践有相当的指导意义,而且对我们深入理解保险的实质,适用保险法的规范,增强保险法律意识也具有重要作用。保险法的基本原则有四个,即最大诚信原则、保险利益原则、损失补偿原则、近因原则。

一、最大诚信原则

(一) 最大诚信原则的概念

诚实信用原则是市场经济活动的基本规则,是协调各方当事人之间的利益、保障市场有序运行

的重要法律原则。鉴于保险市场的特殊性，决定着其较之一般民事活动，对诚实信用要求更为严格，因此很多国家的保险立法将民法的该原则加以强化，提升为最大诚信原则。最大诚信原则在保险领域中的运用，最早可追溯到海上保险初期。当时因为通信条件十分落后，在商定保险合同时，被保险的船货往往在千里之外，保险人承保与否仅凭投保人提供的有关资料，如果投保人以欺诈手段订立合同，将使保险人深受其害，所以要求当事人双方必须有超出一般合同的诚实信用。我国《保险法》第五条规定："保险活动当事人行使权利、履行义务应当遵循诚实信用原则。"

最大诚信原则的含义可以表述为：保险合同各方当事人在签订保险合同时都必须最大限度地按照诚实的精神，将各自知道的有关事实告知对方，如实陈述，不得不予告知、隐瞒、伪报或欺诈；而在保险合同生效后各方当事人应当按照信用的精神，认真行使各自的权利和履行各自的义务。

(二) 最大诚信原则的内容

最大诚信原则产生的初期主要是保险人约束投保人的工具。随着保险立法的发展，最大诚信原则已成为同时约束投保人和保险人的一项共同原则。

1. 最大诚信原则对投保人的要求

1) 告知

我国《保险法》明确规定，订立保险合同，保险人就保险标的或者被保险人的有关情况提出询问的，投保人应当如实告知。投保人故意或者因重大过失未履行如实告知义务，足以影响保险人决定是否同意承保或者提高保险费率的，保险人有权解除合同。投保人故意不履行如实告知义务的，保险人对于合同解除前发生的保险事故，不承担赔偿或者给付保险金的责任，且不退还保险费。投保人因重大过失未履行如实告知义务，对保险事故的发生有严重影响的，保险人对于合同解除前发生的保险事故，不承担赔偿或者给付保险金的责任，但应当退还保险费。

2) 保证

保险中的保证是保险人要求投保人或被保险人在保险期间对某一事项的作为与不作为，某种事态的存在或不存在做出的许诺。保证的目的在于控制危险，确保保险标的及其周围环境处于良好的状态之中，如果没有该保证，保险人将不接受承保或者改变此保单所适用的费率。例如，在盗窃险中，投保人承诺安装防盗门等防盗系统就是保证；签订火灾保险合同时，投保人承诺不在房屋内堆放易燃品，这个承诺也为保证。

2. 最大诚信原则对保险人的要求

1) 说明

缔约时的说明规则，是针对保险人的缔约行为而制定的，由于保险合同是格式合同，合同条款由保险人事先制定并提供，投保人只有表示接受与否的权利；同时，面对十分专业的保险合同条款、市场上形形色色的保险产品，投保人通常又缺乏知识、经验和信息，在保险知识和信息上，投保人处于不对称的弱势方。因此在订立保险合同时，保险人应当向投保人说明合同条款，让投保人在充分了解合同条款的基础上，做出投保与否的意思表示，这是最大诚信原则对保险人的诚信要求。

我国《保险法》明确规定，订立保险合同，采用保险人提供的格式条款的，保险人向投保人提供的投保单应当附格式条款，保险人应当向投保人说明合同的内容。

对保险合同中免除保险人责任的条款，保险人在订立合同时应当在投保单、保险单或者其他保险凭证上做出足以引起投保人注意的提示，并对该条款的内容以书面或口头形式向投保人做出明确说明；未做提示或者明确说明的，该条款不产生效力。

2) 弃权和禁止反言

弃权是指保险合同的一方当事人放弃其在保险合同中可以主张的权利，通常是指保险人或其代理人放弃了对投保人或被保险人因不实告知、违反保证等义务而享有的保险合同解除权与抗辩权。

禁止反言是指保险合同一方如果放弃其在合同中的某种权利，将来不得再向他方主张这种权利。

显然，弃权与禁止反言是相互对应的两个概念，弃权是禁止反言的前提，禁止反言则是弃权引起的法律后果。弃权和禁止反言是建立在最大诚信基础之上的，通过弃权和禁止反言的适用，体现保险法的最大诚信原则。从平等的角度讲，弃权与禁止反言对于保险活动的双方当事人均应适用，不过，保险实务更为强调弃权和禁止反言对保险人的约束力。因为，保险人出于疏忽大意或为了扩大保险业务而有意放弃权利的，理所当然由其承担禁止反言的法律后果，从而保护投保人、被保险人的合法权益。

【例9-3】2011年3月，某厂45岁的机关干部龚某因患胃癌(亲属因怕其情绪波动，未将真实病情告诉本人)住院治疗手术后出院，并正常参加工作。8月24日，龚某经吴某推荐，与其一同到保险公司投保了简易人身险，办妥有关手续。填写投保单时没有申报身患癌症的事实。2012年5月，龚某旧病复发，经医治无效死亡。龚某的妻子以指定受益人的身份，到保险公司请求给付保险金。保险公司在审查提交有关的证明时，发现龚某的病史上载明其曾患癌症并动过手术，于是拒绝给付保险金。龚妻以丈夫不知自己患何种病，未违反告知义务为由抗辩，双方因此发生纠纷。问：保险公司应如何处理？

【解析】在本案中，龚某不知自己已患有胃癌，仅从其没有声明自己患胃癌的角度看，并不算违反告知义务。但是，龚某对自己几个月前住过院，动过手术的事实(这一事实对保险人来说无疑是很重要的)是不可能不知道的，他却没有加以说明，则违背了最大诚信原则，应当承担违反告知义务的不利后果。保险人是有正当理由拒绝赔偿的，保险人因此获得抗辩权，拒绝给付保险金。

二、保险利益原则

(一) 保险利益原则的概念

保险利益原则确立由来已久，时至今日已经成为国际保险市场的通用原则之一，被称为"保险秩序的基石"。在18世纪中叶以前，海上保险人通常并不要求投保人证明他们对投保的船舶或货物拥有所有权或其他合乎法律规定的利益关系，结果导致许多人以被承保的船舶能否完成航程作为赌博的对象，海事欺诈大量存在。在这种情况下，要求被保险人对承保财产具有利益是保险投保的前提条件。

保险利益是指投保人或者被保险人对保险标的具有法律上承认的利益。利益就是能够得到好处，保险利益就是投保人或被保险人对保险标的具有法律上承认的经济利害关系，这种经济利害关系体现着投保人或被保险人因保险标的的存在而享有经济利益，如果发生保险事故，投保人的经济利益一定遭到损害。

适用保险利益原则，应当具备如下条件。

(1) 保险利益应当是法律承认的经济利益，即必须是法律承认的合法利益。投保人或被保险人作为保险合同当事人，依法可以主张的经济利益才属于保险利益。而违反法律的利益，以及通过不正当手段获取的利益，不构成保险利益。

(2) 保险利益是确定存在的经济利益。一般衡量标准是能够运用货币予以计算的、确定的、客观存在的、合法的经济利益，并非主观臆断、推测可能获得的利益。

(3) 保险利益的存在是与保险合同直接相关的。它既是保险合同生效的依据，更是保险人履行保险责任的前提。

(4) 我国《保险法》强调投保人或者被保险人应当依法具有保险利益，从而防止保险领域中出现道德危险和投机行为。

(二) 保险利益原则的适用意义

1. 消除赌博的可能性

虽然都具有一定的射幸性，但保险与赌博的最大区别就是保险中有保险利益的要求，没有保险利益的保险就是赌博。保险事故的发生使被保险人遭到了事实上的损失，保险利益使得保险的给付只是对被保险人提供的一种保险保障，而不是一种额外的获利。规定保险利益原则可以消除投保人、被保险人及受益人侥幸获利的心理，追求侥幸情形下获得的巨大利益。

2. 预防道德危险的发生

道德风险是指投保人、被保险人或受益人为骗取或诈取保险赔款而违反法律或合同，甚至故意犯罪，促使保险事故的发生或在保险事故发生时故意放任使损失扩大。有了保险利益的规定，将投保人与被保险人的利益同保险标的的安全紧密相连，保险事故发生后，给付的保险赔偿仅为原有的保险利益，这样既能保证被保险人获得足够的补偿，又不会因为保险获得额外的利益，就可以防止道德风险，维护社会的安定和善良风俗。

3. 限制损害赔偿的程度

保险利益是保险保障的最高限额，也是赔付的最高额度，保险利益的范围是保险人承担保险责任的最大范围，这就起到了限制保险人保险责任范围的作用。投保人投保的目的在于损失时获得补偿，保险补偿的限度在于对保险标的所具有的保险利益。如果约定的保险金额大于保险标的的实际价值的，超过实际价值的部分，投保人或被保险人不享有保险利益，因此超过部分无效。如果补偿额不受保险利益的限制，投保人与被保险人可能会获得与其所受损失不相称的高额赔偿，从而损害了保险人的合法权益。

(三) 保险利益原则的运用

我国《保险法》明确规定，人身保险的投保人在保险合同订立时，对被保险人应当具有保险利益。财产保险的被保险人在保险事故发生时，对保险标的应当具有保险利益。

人身保险的投保人对下列人员具有保险利益：①本人；②配偶、子女、父母；③前两项以外与投保人有抚养、赡养或者扶养关系的家庭其他成员、近亲属；④与投保人有投保关系的劳动者。

除以上规定外，被保险人同意投保人为其订立合同的，视为投保人对被保险人具有保险利益。

【例9-4】张某于2012年6月10日购买一栋别墅，价值120万元，同月15日，张某向保险公司为自己的别墅投保了房屋火灾险，保险期间为1年，保险金额为120万元，并于投保当日交清了保险费。2013年2月10日，张某将该别墅以125万元的价格卖给周某，张某与周某办理了房屋过户手续后，并没有通知保险公司，也未办理任何手续。2013年3月10日，因意外发生巨大火灾，房屋全部被烧毁。问：如果张某向保险公司索赔，保险公司是否赔偿？为什么？

【解析】保险公司不予赔偿。因为财产保险要求被保险人在保险事故发生的时候对保险标的具有保险利益。发生保险事故时，张某已经不是该别墅的所有权人，因此他对保险标的不具有保险利益。

三、损失补偿原则

（一）损失补偿原则的概念

损失补偿原则是保险制度保障职能的法律表现。它是指保险人对于保险标的因保险事故造成的损害在保险金额范围内进行保险赔偿，用以补偿被保险人遭受的实际损失。显然，损失补偿原则是保险制度保障职能的法律表现，因为，保险补偿的目的，是使被保险人得到的保险赔偿基本能够弥补其因保险事故造成的保险金额范围内的实际损失，借此及时恢复其正常的生产或生活，保障被保险人原有状态不变。

损失补偿原则的内涵包括以下三个方面。

(1) 保险人的保险赔偿是以被保险人遭受实际损失为前提的，因此，无实际损失，则无保险赔偿。

(2) 保险人的保险赔偿是以保险责任为依据，从而，保险责任是界限，无保险责任的损失部分无保险赔偿。

(3) 保险人的保险赔偿是以保险金额为限度的，由于保险金额是保险费的对价条件，保险人作为保险商品的提供者，对保险金额范围内的保险利益提供保险保障，这意味着被保险人在保险金额范围内所损失的保险利益可以获得补偿。

（二）损失补偿原则的适用范围

被保险人的损失既包括保险标的的实际损失，也包括被保险人为防止或减少保险标的的损失所支付的必要的、合理的施救费用和诉讼费用。在保险实务中，有时还包括其他费用，如为确定保险责任所支付的用于标的检验、估价、出售等费用。

依据保险法的规定，保险事故发生后，保险标的发生了全部损失应得到全部赔偿，保险标的部分损失得到部分赔偿，但都以保险金额为限，即最高赔偿金额不能超过保险金额。除此之外，保险事故发生后，被保险人为防止或减少保险标的的损失所支付的必要的、合理的费用，由保险人承担；保险人所承担的费用数额在保险标的的损失赔偿金额以外另行计算，最高不超过保险金额的数额。

保险法还规定，保险人、被保险人为查明和确定保险事故的性质、原因和保险标的的损失程度所支付的必要的、合理的费用由保险人承担。责任保险的被保险人因给第三者造成损害的保险事故而被提起仲裁或诉讼的，被保险人支付的仲裁或者诉讼费用以及其他必要的、合理的费用，除合同另有约定外，由保险人承担。

四、近因原则

（一）近因原则的概念

近因原则是为了明确事故与损失之间的因果关系，认定保险责任而专门设立的一项基本原则。其内涵是指保险人在承保范围内的保险事故中，对作为直接的、最接近的原因所引起的损失，承担保险责任，而对承保范围以外的原因造成的损失，不负赔偿责任。

各国保险法和保险业普遍重视近因原则，根源是它对保险活动的正常进行，对保障功能的实现具有重要的指导意义。由于保险活动涉及的风险事故多种多样，错综复杂，因危险事故导致保险标的损失的原因不止一个。保险人出于其保险商品经营的性质和自身利益的需要，不可能将这些致损原因全部承保。于是，保险人根据对各种危险事故的性质、发生概率及与损害后果的关系予以分类研究，设立相应的保险险种、险别，确立各自所承保的危险范围。当损失发生后，保险人从致损原因与损害结果之间的因果关系入手，认定直接造成损失或最接近损失后果的原因是否属于其承保范围，进而判断是否承担赔偿责任。因此，近因原则是确认保险人承担保险责任的主要依据。

(二) 近因原则在保险领域中的适用

1. 近因的适用标准

认定近因的标准是直接作用论，即将对于致损具有最直接、具有决定性作用的原因作为近因。如果保险事故是作为直接原因造成保险标的损失的，保险人须承担保险责任。如果保险事故并非造成保险标的损失的直接原因，则保险人不承担保险责任。

2. 近因的认定方法

根据近因原则的要求，认定近因的关键，在于寻找致损的因果关系。对此，各国保险实践逐渐总结出若干行之有效的规则，用于近因的认定，作为确定保险人是否承担保险责任的依据。

1) 单一原因导致的损失

若导致保险标的损失的，仅限于一个原因，该原因即为近因。那么，保险人是否承担保险责任，就取决于该致损原因是否属于保险合同约定的保险事故。

2) 多种原因导致的损失

如果是多种原因导致保险标的损失的，那么从多种致损原因中确认处于支配地位、具有决定性作用的原因是近因。

具体到保险实务中，认定多种原因中导致损失的近因会涉及以下几种情况。

(1) 如果多种原因同时发生，就均属于致损的近因。若这些原因都是保险合同约定的保险事故，则保险人应承担保险责任；若致损的多种原因均属于责任免除的，则保险人不承担保险责任；若致损的多种原因中，有的属于保险事故，有的属于责任免除，从而对于可以区分责任范围的，仅承担保险责任范围内的赔偿责任，而不能区分责任范围的，双方可协商赔付范围。

(2) 如果多种原因连续发生而导致损失的，一般认定最近的具有决定作用的原因(后因)为近因。但是，后因是前因的合理延续或直接的必然结果时，则前因属于近因。

(3) 如果多种原因间接导致损失的，由于前因与后因是中断的，两者不相关联，后因并非前因的直接的必然结果，而是独立的原因，该后因构成近因。若该后因属于保险责任，保险人承担保险责任；若该后因属于责任免除，保险人不承担保险责任。

【例9-5】2013年12月15日，某干鲜果品公司与哈尔滨某公司签订了一份购销合同，由哈尔滨某公司购买干鲜果品公司一批柑橘，共计5000篓，价值90万，通过铁路从深圳运往哈尔滨。干鲜果品公司通过铁路承运部门投保了货物运输综合险，保险费为3500元，保险金额70万。2013年12月25日，保险公司向果品公司出具了保险单。2014年1月，到达哈尔滨车站以后，哈尔滨某公司发现装载柑橘的一节车厢门被撬开，靠近车门处有明显的盗窃痕迹，覆盖柑橘的保温棉被被掀开2米。该批柑橘卸载后立刻进行了清点，经统计，这批柑橘共丢失120篓，冻坏变质240篓，直接损失72000元。经查实，当时黑龙江的最低气温为零下20摄氏度左右。于是干鲜果品公司要求保险公司对其货物遭受的盗窃损失和冻损损失予以保险赔偿。保险公司认为被盗窃的120篓属于货物运输综合险的保险责任范围，对其予以保险赔偿无可争议，但是对货物冻损的240篓柑橘不应当承担保险责任，保险公司认为造成柑橘冻损的最直接原因是天气寒冷，而不是盗窃，所以不在货物运输综合险的保险责任范围，拒绝予以赔付。双方对此争议无法达成协议，于是果品公司向法院提起诉讼。

问：本案该如何处理？

【解析】认定本案造成柑橘损失的近因情况，要分为两个部分，其中被盗窃的120篓柑橘损失属于一因一果的情形，盗窃属于近因。被冻损的柑橘损失，属于多因一果中的多种原因连续发生致损的情形。具体到本案，客观地说，盗窃、防冻设施被破坏、天气寒冷对柑橘冻损均有实质上的影响，尽管天气寒冷这一因素一直存在，但是，投保的货物被运往黑龙江，已经知道天气寒冷这一因素的存在，并采取了严格的防冻措施，如果没有盗窃行为的发生，保温棉被也不会被损坏，即使气温一直在零下20摄氏度左右，也不会产生240篓柑橘冻损的事件发生，因此天气寒冷并不是保险事故发生的最直接的原因，盗窃才是最直接的原因。天气寒冷冻坏货损是盗窃行为的必然结果，合理的延续，因此，盗窃行为是这240篓柑橘损失发生的近因。保险公司应该向干鲜果品有限责任公司赔付被盗窃和冻损柑橘的所有损失。

第三节　保险合同

一、保险合同的概念和特点

(一) 保险合同的概念

保险合同是指投保人与保险人所签订的约定保险权利义务关系的协议。其基本内容是，投保人根据保险合同的约定，向保险人支付保险费，而保险人一方在保险合同约定的保险事故发生造成保险标的的损失或者具备保险期限届满条件时，承担保险赔偿或者给付保险金责任。保险商品交换是内容，而保险合同则是其得以实现的法律手段，所以，保险合同是确立保险关系当事人之间权利义务的法律形式。

(二) 保险合同的特点

1. 保险合同是双务合同

根据保险合同的内容，保险人在保险合同约定的保险事故发生或者保险合同期限届满承担赔偿或给付保险金的义务，而投保人在获得保险保障之前需承担支付保险费的义务，可见，保险合同的当事人按照合同的约定互负义务，所以保险合同是双务合同。

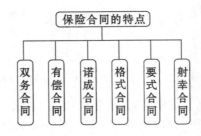

2. 保险合同是有偿合同

由于投保人、被保险人能够获得保险人提供的保险保障，须以缴纳保险费为代价，保险人承担保险责任的前提是投保人支付了保险费，因此保险合同是有偿合同。

3. 保险合同是诺成合同

依据《保险法》第十三条的规定，投保人提出保险要求，经保险人同意承保，保险合同成立。可见，只要投保人提出保险要求，保险人同意承保，并就合同的条款达成协议，保险合同就成立了，保险合同的成立与否，取决于双方当事人是否就合同的条款达成一致意见，因此保险合同是诺成合同。

4. 保险合同是格式合同

一般情况下，签订合同是由双方当事人在平等法律地位的基础上自愿协商约定合同条款，并在此基础上制作书面的合同文书。但是，针对特定的商品经营行为，因其经营的特殊性或长期性，对其经营中所适用的合同，往往是由一方当事人为了重复使用而事先拟定合同条款，这种包含有格式条款的合同是格式合同。在保险实务中，格式化的保险合同被普遍适用，即签订保险合同的过程中，保险人一方将其拟定的保险合同提供给投保人，而投保人则处于被动地位，对合同的内容只能接受或不接受。

5. 保险合同是要式合同

投保人提出保险要求，经保险人同意承保，保险合同成立。保险人应当及时向投保人签发保险单或者其他保险凭证。保险单或其他保险凭证应当载明当事人双方约定的合同内容，当事人也可以约定采用其他书面形式载明合同内容。可见，为了保证保险合同的严肃性，保险法要求保险合同必须以书面的形式订立，因此，保险合同是要式合同。

6. 保险合同是射幸合同

保险人是否履行保险责任取决于是否发生了保险事故，而保险事故的发生是具有不确定性的，投保人支付了保险费，但能否获得保险人的保险赔偿或给付是由保险事故发生的偶然性决定的，从这个角度看，保险合同具有射幸性。

二、保险合同的构成

（一）保险合同的主体

保险合同的主体，即保险合同的当事人和参加者，包括当事人、关系人和辅助人。

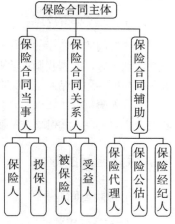

1. 保险合同的当事人

保险合同的当事人是指订立保险合同，并在保险合同中享有权利和承担义务的人，包括保险人和投保人。

（1）保险人又称为承保人，是指与投保人订立保险合同，并按照合同约定承担赔偿或者给付保险金责任的保险公司。

（2）投保人又称为要保人，是指与保险人订立保险合同，并按照合同约定负有支付保险费义务的人。

2. 保险合同的关系人

保险合同的关系人是指在保险事故或者保险合同约定的条件满足时，对保险人享有保险金给付请求权的人，包括被保险人和受益人。

（1）被保险人是指其财产或者人身受保险合同保障，享有保险金请求权的人。投保人可以为被保险人。

（2）受益人是指人身保险合同中由被保险人或者投保人指定的享有保险金请求权的人。投保人、被保险人可以为受益人。受益人的受益权具有以下特点：①受益人由被保险人或投保人指定，但投保人指定受益人必须征得被保险人同意。②受益人本身具有不确定性。③受益人享受的受益权是一种期待利益，只有在保险事故发生后才能享受。④受益权不能继承，受益人可以放弃受益权但不能行使出售、转让等任何处分的权利。⑤被保险人或投保人可变更受益人，但投保人变更受益人须征得被保险人同意而无须征得保险人同意，只要通知保险人即可。⑥受益权只能由受益人独享，具有排他性，其他人都无权剥夺或分享受益人的受益权。受益人领取的保险金不是遗产，无须交遗产税，不用抵偿被保险人生前的债务。⑦受益人先于被保险人死亡、受益人放弃或丧失受益权且无其他受益人时，保险金可依法作为被保险人的遗产处理。

3. 保险合同的辅助人

保险合同的辅助人是指为订立、履行保险合同充当中介人或提供服务，并收取相应中介、服务费的人。其主要包括保险代理人、保险经纪人和保险公估人。

(1) 保险代理人是根据保险人的委托，向保险人收取佣金，并在保险人授权范围内代为办理保险业务的机构或者个人。对保险代理人的含义可理解为：①保险代理人既可以是法人，也可以是自然人。②要有保险人的委托授权，其授权形式一般采用书面授权即委托授权书的形式，有明示授权、默示授权、追认。③以保险人的名义办理保险业务，而不是以自己的名义。④向保险人收取代理手续费。⑤代理行为所产生的权利和义务的后果直接由保险人承担。

(2) 保险经纪人是基于投保人的利益，为投保人和保险人订立保险合同提供中介服务，并依法收取佣金的机构。

(3) 保险公估人是保险业特有的一种中介人，它是指依法设立，接受保险人或投保人、被保险人的委托，专门从事保险标的的评估、勘验、鉴定、估损、理算等业务，并向委托人收取报酬的单位。

保险公估人作为一种特殊的中介机构，发挥着专业技术服务功能、保险信息沟通功能和风险管理咨询功能。保险公估人出具的公估报告书，一般是作为理赔的参考依据，其本身并不具有法律权威性。

(二) 保险合同的内容

保险合同的内容指的是保险合同当事人依法约定的权利和义务。保险合同的内容主要通过保险条款体现出来，根据我国保险业在实践中订立保险合同的内容来看，必须列入的条款有：①保险人名称和住所；②投保人、被保险人的姓名或者名称、住所，以及人身保险的受益人的姓名或者名称、住所；③保险标的；④保险责任和责任免除；⑤保险期间和保险责任开始时间；⑥保险金额；⑦保险费及支付办法；⑧保险金赔偿或者给付办法；⑨违约责任和争议处理；⑩订立合同的年、月、日。

三、保险合同的效力

(一) 保险合同的生效

1. 保险合同生效的概念

保险合同的生效是指保险合同对于各方当事人具有法律约束力。这意味着保险合同各方当事人应当遵守保险合同的规定，按照合同的约定行使各项权利和履行各项义务，以便实现订立保险合同的目的。

2. 保险合同生效的法律要件

1) 当事人应当具有法定的缔约资格

订立保险合同当事人应当具有缔约能力，该缔约能力，对于保险人而言，必须依据保险业法的规定,经保险管理监督机构的批准,取得经营保险业务的主体资格;对于投保人而言,其必须具有完全的民事行为能力。

2) 双方当事人的意思表示真实

这是《民法典》对于各类合同的基本要求,同样适用于保险合同。保险合同是双方的法律行为,其成立必须出于双方当事人的真实意思,并达成协议,才可能符合当事人追求的法律目的,便于双方当事人自觉履约。

3) 订立保险合同不得违反法律和社会公共利益

当事人订立的保险合同应当符合国家法律规定,不得与法律的强制性或禁止性规范相抵触,也不得滥用法律的授权性或任意性规定规避法律。

4) 订立保险合同所采取的形式应当符合法律的强制性规定和保险业规则

保险合同是格式合同,《保险法》和《民法典》等法律均对保险合同的形式规定了相应的强制性规范,当事人在签订保险合同时应当予以遵守。

(二) 保险合同的变更

1. 保险合同变更的含义

保险合同的变更,就是指保险合同在其有效期间内全部履行完毕之前,因有关情况的变化,由当事人依法律规定的条件和程序,对某些合同条款进行修改或补充而保险合同的效力仍然存在的法律行为。

2. 保险合同变更的程序

(1) 投保人或被保险人及时向保险人提出变更合同的请求及其变更内容,向保险人出具变更申请。

(2) 保险人进行审核,表示同意。

(3) 保险人在原保险单或其他保险凭证上予以批注或者加贴批单,或者双方签订变更保险合同的书面协议。

至此,保险合同的变更才产生相应的法律后果,保险人按批改后的保单内容承担保险责任。

(三) 保险合同的转让

1. 保险合同转让的含义

保险合同的转让是指保险合同的一方当事人将其在保险合同关系中的权利义务的全部或者部分转让给第三人的情况。换言之,保险合同的转让实质就是保险合同主体的变更。

2. 保险合同转让的法律适用

在保险实践中,保险人变更的情形较为少见,因为保险人作为从事保险业经营的保险公司,如果需要其他保险人分担保险责任,一般会将自己承担的部分保险业务通过再保险转移给其他保险人。因而,保险人除发生合并、分立、破产、因违法而被撤销等情形外,一般不存在转让保险合同即主体变更的问题。

1) 财产保险合同的转让

在日常经济生活中,商品的流通十分普遍,比如投保的财产出售就会引起保险合同中主体的变更,为此,《保险法》第四十九条对此问题做了相关的规定。保险标的转让的,保险标的的受让人承继被保险人的权利和义务。保险标的转让的,被保险人或者受让人应当及时通知保险人,但货物运输保险合同和另有约定的合同除外。因保险标的转让导致危险程度显著增加的,保险人自收到前款规定的通知之日起三十日内,可以按照合同约定增加保险费或解除保险合同。保险人解除合同的,应当将已收取的保险费,按照保险合同约定扣除自保险责任开始之日起至合同解除之日止应收的部分后，退还投保人。被保险人、受让人没有履行转让后的通知义务的，因转让导致保险标的危险程度显著增加而发生的保险事故，保险人不承担赔偿保险金的责任。

2) 人身保险合同的转让

在保险实务中，基于当事人的意思表示或者《保险法》的相关规定，经常会发生投保人、被保险人和受益人的变更，上述保险合同主体的变化，意味着保险合同的约束力因合同主体的转移而转到新的合同主体身上，对原合同主体丧失了效力。具体表现为以下几个方面。

(1) 投保人的变更。因为人身保险合同的保险期间较长，在保险期间内有可能变更投保人，比如投保人死亡，需要由新的民事主体作为投保人，继续承担缴纳保险费的义务。

(2) 被保险人的变更。投保团体人身保险合同的投保单位有新增职工需要参加人身保险或者有职工调离投保单位，此时就需要增加或减少原参保人。

(3) 受益人的变更。人身保险合同中的受益人是由相关主体指定产生的，相应地，在保险期间内该主体也可以变更其指定的受益人。

(四) 保险合同的解除

1. 保险合同解除的概念

保险合同的解除是指保险合同的一方当事人在保险合同的有效期间内，依法行使合同解除权而提前终止保险合同效力的法律行为。

2. 保险合同解除的条件

《保险法》第十五条规定："除本法另有规定或者保险合同另有约定外，保险合同成立后，投保人可以解除合同，保险人不得解除合同。"可见，投保人享有保险合同的任意解除权，除保险法规定或保险合同约定不得解除以外，投保人都可以解除合同；而保险人的保险合同解除权是受到限制的，也就是只有在保险法规定或合同约定可以解除的时候才可以解除合同，除此之外，保险人不能解除合同。

1) 投保人的保险合同解除权

《保险法》第五十条规定："货物运输保险合同和运输工具航程保险合同，保险责任开始后，合同当事人不得解除合同。"

尽管投保人享有任意的合同解除权，但在货物运输保险合同和运输工具航程保险合同中，投保人的解除权不能行使。

2) 保险人的保险合同解除权

我国《保险法》列举性地规定了保险人可以解除保险合同的情形。

(1) 投保人未履行如实告知义务。投保人故意或者因重大过失未履行如实告知义务，足以影响保险人决定是否同意承保或者提高保险费率的，保险人有权解除合同。保险人的合同解除权，自保险人知道有解除事由之日起，超过三十日不行使而消灭。自合同成立之日起超过二年的，保险人不得解除合同；发生保险事故的，保险人应当承担赔偿或者给付保险金的责任。投保人故意不履行如实告知义务的，保险人对于合同解除前发生的保险事故，不承担赔偿或者给付保险金的责任，且不退还保险费。投保人因重大过失未履行如实告知义务，对保险事故的发生有严重影响的，保险人对于合同解除前发生的保险事故，不承担赔偿或者给付保险金的责任，但应当退还保险费。

(2) 被保险人或受益人谎称发生保险事故骗保。未发生保险事故，被保险人或者受益人谎称发生了保险事故，向保险人提出赔偿或者给付保险金请求的，保险人有权解除合同，且不退还保险费。

(3) 投保方故意制造保险事故。投保人、被保险人故意制造保险事故的，保险人有权解除合同，不承担赔偿或者给付保险金的责任。

(4) 投保方未履行安全责任。投保人、被保险人应当遵守国家有关消防、安全、生产操作、劳动保护等方面的规定，维护保险标的的安全。投保人、被保险人未按照约定履行其对保险标的的安全应尽责任的，保险人有权要求增加保险费或者解除合同。

(5) 保险标的的危险程度显著增加。在保险合同有效期内，保险标的的危险程度显著增加的，被保险人应当按照合同约定及时通知保险人，保险人可以按照合同约定增加保险费或者解除合同。保险人解除合同的，应当将已收取的保险费，按照合同约定扣除自保险责任开始之日起至合同解除之日止应收的部分后，退还投保人。被保险人未履行危险增加的通知义务的，因保险标的的危险程度显著增加而发生的保险事故，保险人不承担赔偿保险金的责任。

(6) 被保险人年龄不实并且真实年龄不符合合同约定的年龄限制。投保人申报的被保险人年龄不真实，并且其真实年龄不符合合同约定的年龄限制的，保险人可以解除合同，并按照合同约定退还保险单的现金价值。此种情况下的保险人解除权也受到一定的限制，例如保险人在合同订立时已经知道该情况的就不再享有解除权。行使解除权时，也受到时间的限制。

(7) 人身保险合同效力中止后未能复效。人身保险合同效力中止的，自合同效力中止之日起满两年，投保人与保险人未达成恢复合同效力协议的，保险人有权解除合同。此种情况解除时，应当按照合同约定退还保险单的现金价值。

(8) 保险标的的部分损失。财产保险合同中保险标的发生部分损失的，自保险人赔偿之日起三十日内，投保人可以解除合同；除合同另有约定外，保险人也可以解除合同，但应当提前十五日通知投保人。

【例9-6】甲新买了一辆轿车，并与保险公司签订了一份车辆保险合同。在下述情形中，保险公司可以与甲解除保险合同的有(　　)。
　　A. 甲在投保过程中因过失而致陈述有误，但该错误陈述不足以影响保险公司是否承保或提高保险费
　　B. 甲故意隐瞒事实，不履行如实告知义务
　　C. 甲虚构保险事故，向保险公司提出支付保险金的请求
　　D. 在合同有效期内，该保险合同标的的危险程度显著增加

【解析】BCD。投保人故意隐瞒事实，不履行如实告知义务的，或者因过失未履行如实告知义务，足以影响保险人决定是否同意承保或者提高保险费率的，保险人有权解除保险合同。在合同有效期内，保险标的的危险程度显著增加的，被保险人按照合同约定应当及时通知保险人，保险人有权要求增加保险费或者解除合同。A项中甲的行为不足以影响保险公司是否承保或提高保险费，因此保险公司不得以此为由解除合同。B项中甲故意不履行如实告知的义务，C项中甲的行为属于保险欺诈行为，D项中的情况满足法定的解除条件，因此，上述BCD三种情况下保险公司均有权解除合同。

(五) 保险合同效力的中止和恢复

1. 保险合同效力的中止和恢复的概念

保险合同效力的中止，是指保险合同在其生效后，因法定或者合同约定的事由而暂时失去法律效力的情况。保险实务中称其为保险合同的失效。

保险合同效力的恢复，是相对于保险合同效力的中止而言的，表现为保险合同在其法律效力中止后，基于法定或者合同约定的事由而恢复其效力的情况。保险实务中称其为保险合同的复效。

2. 保险合同失效和复效的适用

在保险实务中,保险合同的失效和复效仅适用于人寿保险合同,而不适用于短期的人身保险合同和财产保险合同,这是由人寿保险合同保险期间长,投保人分期支付保险费的特点所决定的。

在人寿保险合同中,投保人一般会选择按年支付保险费,当投保人支付完首期保险费,保险合同生效之后,若投保人不按时缴纳后续的当期保险费,就会导致保险合同效力的中止,保险合同效力中止后,发生了保险事故,保险人当然不承担给付保险金的责任。但是,出于维护保险合同保障功能的需要,保险立法允许投保人享受一定的期限利益,即给予投保人一定的宽限期,宽限期的多长取决于保险人是否催告投保人缴纳保险费,保险人催告之日起超过三十日未支付当期保险费,或者超过约定的期限六十日未支付当期保险费的,保险合同效力中止。可见,这个宽限期可以是三十日也可以是六十日,但这是法定的宽限期间。当然,当事人也可以在合同中约定宽限期,只不过约定的宽限期不应短于法定的宽限期。

保险合同效力的中止只是暂时停止了保险合同的法律效力。在保险合同效力中止之后,如果具备法定条件时,保险合同的效力还可以恢复,人寿保险合同效力恢复的条件包括以下几个方面。

(1) 投保人向保险人提出复效申请。这是保险合同复效的前提条件,表明投保人有希望恢复保险合同效力的愿望,投保人不提出复效申请,保险合同的效力是不能自行恢复的。

(2) 保险人对投保人的复效申请进行审查后,双方协商达成复效协议。仅仅有投保人的复效申请并不能产生保险合同效力恢复的结果,要经过保险人同意投保人的复效申请,并且双方就复效事宜达成协议才能复效。

(3) 投保人补交保险费。如果保险合同效力中止的原因是由于投保人没有按时交纳保险费造成的,那么保险合同效力得以恢复一定是投保人补交了保险费。

(4) 投保人的复效申请及双方协商达成的协议是在保险合同效力中止后 2 年内提出并完成的。

四、财产保险合同

(一) 财产保险合同的概念和特点

1. 财产保险合同的概念

财产保险是以财产及其有关利益为保险标的的保险。财产保险合同,是投保人与保险人之间所达成的,由投保人缴付保险费,保险人对于承保的物质财产及其有关利益因保险事故遭受的损失承担赔偿责任的保险合同。

2. 财产保险合同的特征

1) 财产保险合同的保险标的是财产

纳入财产保险合同承保范围的财产既包括有形财产,也包括无形财产。

2) 财产保险合同是补偿性合同

由于财产保险合同中保险标的的价值可以用货币衡量,因此,发生保险事故后,保险人通过支付保险赔偿金的方式补偿被保险人保险财产的损失。

3) 财产保险合同根据承保财产的价值确定保险金额

财产保险合同中,保险标的的实际价值是被保险人对保险财产享有保险利益的货币表现,基于财产保险合同的补偿性,保险人与投保人应在保险财产的实际价值范围内约定保险金额,保险人也只能在保险财产的实际价值范围内承担保险赔偿责任。

4) 财产保险合同的保险期间一般比较短

财产保险合同承保的财产都是具有使用价值和交换价值的商品，在市场经济条件下，这些商品要保持流动性，为避免过于频繁地更改保险合同，保险人一般与投保人按年约定财产保险合同的保险期间。

5) 代位求偿制度是财产保险合同中特有的制度

由于财产保险合同具有补偿性，发生了保险事故，保险人赔偿给被保险人的赔偿金不能超过实际的财产损失，为防止被保险人通过财产保险合同额外获利，特规定了代位求偿制度。

(二) 适用于财产保险合同的代位求偿制度

1. 代位求偿的概念

代位求偿是指保险人在向被保险人进行保险赔偿之后，取得了该被保险人享有的依法向负有民事赔偿责任的第三人追偿的权利，并依据此权利予以追偿的制度。保险人取得的该项向第三人追偿的权利，称为代位求偿权。

2. 代位求偿的构成要件

(1) 保险事故的发生是由第三者的行为引起的。这是被保险人享有代位求偿权的前提，只有第三者的违法行为导致保险事故的发生，才可能产生第三者承担的民事赔偿责任，同时，第三者造成的损失又必须是在保险合同约定的保险责任范围之内，否则保险公司也不需要承担保险责任。

(2) 被保险人必须享有向第三者的赔偿请求权。保险人代位求偿必须建立在被保险人享有向第三者追偿权的基础上，这样，被保险人才可能在获得保险赔偿后，对保险人转让其向第三者享有的赔偿请求权。

(3) 代位求偿一般应在保险人向被保险人进行保险赔付之后才开始实施。在保险实践中，被保险人在保险事故发生后，可以依法律规定或合同约定向负有赔偿责任的第三者行使赔偿请求权。若被保险人已经从第三者取得损害赔偿的，保险人赔偿保险金时，可以相应扣减被保险人从第三者已取得的赔偿金额。

3. 代位求偿权的行使

保险人行使代位求偿的权利，不影响被保险人就未取得赔偿的部分向第三者请求赔偿的权利。

保险事故发生后，保险人未赔偿保险金之前，被保险人放弃对第三者请求赔偿的权利的，保险人不承担赔偿保险金的责任。保险人向被保险人赔偿保险金后，被保险人未经保险人同意放弃对第三者请求赔偿的权利的，该行为无效。被保险人故意或者因重大过失致使保险人不能行使代位请求赔偿的权利的，保险人可以扣减或者要求返还相应的保险金。

除被保险人的家庭成员或者其组成人员故意造成的保险事故外，保险人不得对被保险人的家庭成员或其组成人员行使代位请求赔偿的权利。

保险人向第三者行使代位请求赔偿的权利时，被保险人应当向保险人提供必要的文件和所知道的有关情况。

【例 9-7】李某给自己的越野车投保了 10 万元责任险。李某让其子小李(年 16 岁)学习开车，某日小李独自开车时不慎撞坏叶某的轿车，叶某为此花去修车费 2 万元。下列哪些选项是正确的( )?

　　A. 应当由李某对叶某承担侵权赔偿责任
　　B. 应当由小李对叶某承担侵权赔偿责任

C. 因李某疏于管理保险财产，保险公司有权单方通知李某解除保险合同
D. 保险公司支付保险赔款后不能对小李行使代位追偿权

【解析】AD。保险公司应该赔偿，并且赔偿后不得向小李追偿。本案中，因为小李是李某的家庭成员，其也不是故意造成保险事故，根据《保险法》的规定，被保险人的家庭成员非故意的行为引起的保险事故，保险公司赔偿后不得行使代位求偿权，所以保险公司不得对小李进行代位追偿。

五、人身保险合同

(一) 人身保险合同的概念和特点

1. 人身保险合同的概念

人身保险是以人的寿命和身体为保险标的的保险。人身保险合同，是保险人与投保人签订的，因合同约定范围内的意外事故、意外灾害或疾病、年老等原因，致被保险人死亡、伤残或者丧失劳动能力或合同约定的期限届满的，保险人按照约定，向被保险人或受益人给付保险金的保险合同。

2. 人身保险合同的特征

(1) 人身保险合同主体的限定性。由于人身保险是以人的寿命和身体为保险标的的，那么人身保险合同中的被保险人应为自然人，法人或其他组织不能成为被保险人。

(2) 人身保险合同属于定额保险合同。保险标的的价值不能用货币衡量，因此保险金额不能像财产保险合同那样以保险价值为依据，而是由投保人与保险人约定一个数额，保险人据此固定数额履行保险责任。

(3) 人身保险是给付性合同。发生保险事故保险标的的损失不能用货币衡量，保险人按照保险合同的约定向被保险人或受益人支付保险金，无论其是否从其他途径得到补偿。

(4) 人身保险合同的保险期间较长。人身保险合同尤其是人寿保险合同都是长期性的，保险期间少则几年，多则终身。原因在于，被保险人的年龄越大，其寻求保险保障的需要越大，而其交费能力却在下降，所以，人身保险合同采取长期保险形式，有利于降低保险费用，增强保障作用。

(5) 人身保险合同具有储蓄性。人身保险合同主要是将投保人多次缴纳的保险费集中起来，构成人身保险责任准备金，并最终以保险金的形式返还给被保险人或受益人。因此，人身保险合同具有储蓄的性质。

(二) 人身保险合同的条款

1. 人身保险合同的一般条款

人身保险合同的一般条款是在各类保险合同中都会出现的内容，比如当事人条款、保险标的条款、保险责任和责任免除条款、保险事故条款、保险金额及保险费条款等，此处可参见保险合同内容。

2. 人身保险合同的特殊条款

1) 不可抗辩条款

不可抗辩条款是人身保险合同中的常见条款，主要是针对保险人的保险合同解除权而设定的。其内容是当投保人违反了法定义务而保险人可以解除保险合同时，保险人必须在法定的期间内行使解除权，这个法定期间称为可抗辩期，过了这个期间保险人就不能行使解除保险合同的权利了。

在实践中，不可抗辩条款主要适用于投保人没有履行如实告知义务，保险人可以解除保险合同的情形。比如，我国《保险法》第十六条规定，合同解除权自保险人知道有解除事由之日起，超过

三十日不行使而消灭。自合同成立之日起超过二年的，保险人不得解除合同；发生保险事故的，保险人应当承担赔偿或者给付保险金的责任。可见，这种情况下法定的抗辩期间就是三十日和两年，过了这个期间就进入了不可抗辩期。

2) 年龄不实条款

年龄不实条款又称年龄误告条款，是对投保人申报被保险人年龄不真实的处理，即投保人误告被保险人年龄的，应当按被保险人的真实年龄予以更正。因为，在人身保险中，被保险人的年龄是保险人是否承保以及用什么样费率承保的重要依据，如果出现了误告的情况，必然会影响到保险人正确的判断，所以，保险人根据误告的原因，做不同的更正处理。

实践中，投保人申报的被保险人年龄不真实，有以下几种更正方法。

(1) 如果申报的年龄不真实并且真实年龄不符合合同约定的年龄限制的，保险人可以解除合同。

(2) 如果申报的年龄不真实致使投保人支付的保险费少于应付保险费的，保险人有权更正并要求投保人补交保险费，或者在给付保险金时按照实付保险费与应付保险费的比例支付。

(3) 如果申报的年龄不真实致使投保人支付的保险费多于应付保险费的，保险人应当将多收的保险费退还投保人。

3) 宽限期条款

宽限期条款的主要内容是投保人虽未按合同约定的时间交付保险费，但在合同约定或法定的缴费宽限期内人身保险合同仍然有效，发生保险事故保险人仍应给付保险金。宽限期条款是人身保险合同中的常见条款，这与人身保险合同的长期性特征是分不开的，由于保险期间长，投保人一般会选择分期支付保险费，当合同生效后，支付下一期保险费时会因为主观或客观的原因而延误，所以合同中才会有关于宽限期的约定。

《保险法》第三十六条规定，合同约定分期支付保险费，投保人支付首期保险费后，除合同另有约定外，投保人自保险人催告之日起超过三十日未支付当期保险费，或者超过约定的期限六十日未支付当期保险费的，合同效力中止。这里的三十日和六十日就是法定的宽限期。

4) 复效条款

复效条款是指因投保人在宽限期内未缴纳保险费而导致保险合同效力中止后，在一定期限内，经投保人向保险人申请并补交保险费以请求恢复保险合同效力的条款。

根据宽限期条款，投保人在宽限期满仍然未缴纳保险费的，保险合同效力中止。投保人若要重新获得保险保障，可以和保险人重新签订人身保险合同，也可以在合同效力中止后一定期间内向保险人申请复效。通常而言，申请复效比重新投保对投保人更有利，因为保险合同效力中止后，由于时间的经过，被保险人可能已经超过投保的年龄限制，在这种情况下，只有通过申请复效才能继续取得保险保障。

我国《保险法》第三十七条规定，人身保险合同效力中止的，经保险人与投保人协商并达成协议，在投保人补交保险费后，合同效力恢复。但是，自合同效力中止之日起满二年双方未达成协议的，保险人有权解除合同。

5) 贷款条款

贷款条款是指当人身保险合同经过一定期间，积存一定责任准备金时，投保人以保险单为质押，在责任准备金范围内向保险人申请贷款的条款，习惯上称之为保单质押贷款或保单贷款。保单贷款是投保人享有的一项权利。

虽然人身保险单本身并没有价值，但由于投保人交纳的保险费所包含的储蓄保险费积存起来形成的责任准备金应归属于投保人所有，最终应返还给投保人，故使得人身保险单具有现金价值，该现金价值随着保险期间的经过而持续上升。所以，人身保险合同就具有了有价证券的性质，可以作为担保手段，用于贷款质押。

保险单之所以要经过一定缴费期才具有现金价值，是因为订立保险合同之初，保险人投入了大量原始成本和费用，为了尽快收回原始成本和费用用于发展新业务，保险人在投保人最初缴纳的保费中扣除分摊的死亡责任准备金后，基本上用于抵消原始成本和费用，在此期间，保单基本不具有现金价值，投保方也不能行使现金价值的权利。

适用贷款条款时应当注意，根据法律规定，只有在保险合同中约定或者订立质押合同的情况下，才可适用该条款。另外，《保险法》第三十四条规定："按照以死亡为给付保险金条件的合同所签发的保险单，未经被保险人书面同意，不得转让或者质押。"

6) 自杀条款

自杀条款是除外责任的内容，是指人身保险的被保险人，在投保一定期间内自杀，保险人不承担给付保险金的义务，仅退还保险单的现金价值；但法定期间经过后的自杀，保险人应承担保险责任。

如果被保险人自杀所引起的事故属于保险责任，对保险人不利，且有悖于保险原理，因为保险人承担的风险应该是非故意的，被保险人自杀是故意行为造成的，保险人不能承保。另外，自杀是违反自然规律的，是社会不提倡的行为，因此保险人不能为社会所反对的行为提供保障，保险人若对自杀一概承担保险责任则会有人利用自杀谋取保险金，滋生道德危险。

但引起自杀的因素有很多，而不必然都带有骗保的企图，尤其是在签订合同之后经过较长时间发生的自杀，多半也是在签订合同时所不可预见的行为，符合偶然性原则。另外，自杀毕竟是死亡的一种，在作为计算保险费基础的生命表中，也包括自杀这一因素，因此，只要能够避免道德危险，没有必要把自杀一概列入除外责任。基于以上考虑，很多国家对自杀都做了时间上的限制。我国《保险法》第四十四条规定，以被保险人死亡为给付保险金条件的合同，自合同成立或者合同效力恢复之日起二年内，被保险人自杀的，保险人不承担给付保险金的责任，但被保险人自杀时为无民事行为能力人的除外。保险人依照前款规定不承担给付保险金责任的，应当按照合同约定退还保险单的现金价值。

7) 受益人条款

受益人是指人身保险合同中由被保险人或投保人指定的享有保险金请求权的人。我国《保险法》中对受益人的相关内容做了详尽的规定。

(1) 受益人的产生。人身保险合同中的受益人由被保险人或投保人指定产生，但投保人指定时需要经被保险人同意。出现以下三种情况时，被保险人死亡后，保险金作为被保险人的遗产依照民法典给付给被保险人的继承人：①没有指定受益人，或者受益人指定不明无法确定的；②受益人先于被保险人死亡，没有其他受益人的；③受益人依法丧失受益权或者放弃受益权，没有其他受益人的。

(2) 受益人的数量与顺序。受益人可以为一人也可以为多人，受益人为数人时，被保险人或者投保人可以确定受益顺序和受益份额，未确定受益份额的，受益人按照相等份额享有收益权。

(3) 受益人的变更。在保险期间被保险人和投保人可以变更受益人，被保险人或投保人将变更受益人的决定书面通知保险人，保险人收到变更受益人的书面通知后，应当在保险单或者其他保险凭证上批注或者附贴批单，投保人变更受益人时须经被保险人同意。

(4) 受益人丧失受益权。受益人故意造成被保险人死亡、伤残、疾病的，或者故意杀害被保险人未遂的，该受益人丧失受益权。

(5) 共同死亡的处理。受益人与被保险人在同一事件中死亡，且不能确定死亡先后顺序的，推定受益人死亡在先。

【例9-8】甲向某保险公司投保人寿保险，指定其秘书乙为受益人。保险期间内，甲、乙因交通事故意外身亡，且不能确定死亡时间的先后。该起交通事故由事故责任人丙承担全部责任。现甲的继承人和乙的继承人均要求保险公司支付保险金。问：保险公司该如何支付保险金？

【解析】保险公司应将保险金支付给甲的继承人。根据我国《保险法》的规定，当受益人与被保险人在同一事件中死亡，且不能确定死亡先后顺序的，推定受益人死亡在先。本案中，应推定乙先于甲死亡。又根据我国《保险法》的规定，受益人先于被保险人死亡，没有其他受益人的，保险金作为被保险人的遗产依照民法典支付给被保险人的继承人。因此，本案中的保险金应支付给被保险人甲的继承人。

8) 不丧失价值任选条款

长期的人寿保险往往采取均衡费率的方式，以年轻时较高的保险费率平衡整个年龄段的保费负担，于是投保前段多交的保费就产生了现金价值。显然，这部分现金价值属于投保方所有，换言之，保险人无权将现金价值占为己有，故所谓不丧失价值，就是不丧失保险单上的现金价值。所谓不丧失价值任选条款，是规定投保人有权处置保险单现金价值，使之最符合被保险人利益的条款。

投保人处置保险单上现金价值的方式主要有三种。

(1) 解约退保，领回现金价值。在保险合同有效期内，投保人享有随时解除保险合同领取现金价值的权利。

(2) 减额一次缴清保费。投保人因各种原因无法继续缴费，又希望被保险人的保险保障得以维持时，可以利用保险单现金价值，作为一次缴清的保费，要求在不改变保险期间和保险责任的条件下，重新确定保险金额。

(3) 缩期一次缴清保费。其是指在不改变保险金额和保险责任的条件下，缩短保险期间。

复习思考题

一、单项选择题

1. 按照保险标的不同，可以将保险分为(　　)。
   A. 原保险和再保险　　　　　　　　B. 单保险和复保险
   C. 财产保险和人身保险　　　　　　D. 自愿保险和强制保险
2. 下列对保险法损失补偿原则的理解，正确的是(　　)。
   A. 投保人投保后，凡有损失的，保险人均应予以赔偿
   B. 当保险事故发生使被保险人遭受损失时，保险人在其责任范围内对被保险人所遭受的实际损失进行赔偿
   C. 损失多少，赔偿多少
   D. 既适用于财产保险，也适用于人身保险
3. 财产或人身受保险合同保障，享有保险金请求权的人是(　　)。
   A. 保险人　　　　B. 投保人　　　　C. 被保险人　　　　D. 受益人
4. 孙某为自己投保一份人寿保险，指定其年仅4岁的儿子为受益人，后受益人意外夭折，孙某也因悲伤过度而死亡，此时该份保险的保险金应如何处理(　　)。
   A. 保险金作为孙某的遗产，由孙某的继承人继承

B. 保险金作为孙某之子的遗产，由孙某之子的继承人继承
C. 保险金由孙某的继承人和孙某之子的继承人共同继承
D. 由于被保险人指定的受益人已死亡，所以保险公司不承担给付保险金的责任

5. 李某为自己20万元购买的汽车投保车辆损失险，保险金额为10万元。在保险期间，李某驾驶该车不慎发生碰撞，发生修理费4万元，李某请求保险公司赔偿，保险公司应赔付李某( )。

A. 4万元　　　　　B. 2万元　　　　　C. 1万元　　　　　D. 10万元

二、多项选择题

1. 根据实施形式不同，可将保险分为( )。
   A. 财产保险　　　B. 人身保险　　　C. 自愿保险　　　D. 强制保险
2. 关于重复保险的表述正确的有( )。
   A. 保险标的是同一的　　　　　　　B. 保险利益是同一的
   C. 保险事故是同一的　　　　　　　D. 保险人是同一的
3. 保险法的基本原则包括( )。
   A. 保险利益原则　B. 最大诚信原则　C. 损失补偿原则　D. 近因原则
4. 下列选项中，属于保险合同当事人的有( )。
   A. 投保人　　　　B. 被保险人　　　C. 保险人　　　　D. 受益人
5. 下列有关保险合同中受益人的表述，不正确的是( )。
   A. 受益人可以放弃受益权
   B. 受益人只能由投保人单独指定
   C. 投保人可以变更受益人而不必经被保险人同意
   D. 受益人先于被保险人死亡的，保险金作为被保险人的遗产由其继承人继承

三、名词解释

1. 原保险　2. 重复保险　3. 保险利益　4. 保险合同　5. 代位求偿

四、简答题

1. 简述保险合同的特点。
2. 简述保险合同生效的法律要件。
3. 简述财产保险合同的代位求偿制度。
4. 简述人身保险合同的特殊条款。
5. 简述保险法的基本原则。

五、案例分析题

2010年10月25日，甲征得其母的书面同意，为其母投保了以死亡为给付保险金条件的人身保险，保险期间为10年，并指定甲与其子乙两人为受益人。保险合同签订后，乙于2011年12月12日发生意外不幸身亡。2012年8月18日甲母与甲争吵，在争吵过程中，甲故意用棍棒击打其母，导致其母伤残，次日甲母自杀身亡。甲父已于五年前病故，现甲以其是受益人为由要求保险公司给付保险金，问：

(1) 本案中的保险合同是否有效？为什么？
(2) 甲是否具有受益权？为什么？
(3) 本案中保险公司是否应当承担给付保险金的义务？为什么？

第十章

票据法律制度

"助长流通"乃法律上对于票据所采取之最高原则,票据法上之一切制度,无不以此原则为出发点。

——郑玉波

课前导读

票据在社会经济生活中发挥着不可或缺的作用。人们赞誉票据是"商品交易的血管中流动的血液""能够带来金钱的魔杖"。票据法是调整经济关系的重要的商法的部门法之一,票据法的完善能够促进我国市场经济的健康发展。促进票据流通和保障票据权利是票据法的独特立法精神。促进票据流通,确保票据流转的便利和迅速,是法律对于票据行为所采取的最高准则,票据法的所有制度都应以此为出发点。保障票据权利,使票据上的权利免受基础关系的影响,增强票据权利的确定性,让人们乐于接受票据。

要点提示

1. 票据的概念、特征、功能
2. 票据法的宗旨与功能
3. 票据关系和非票据关系
4. 票据权利和票据行为
5. 汇票、本票、支票的记载事项
6. 背书、承兑、追索等

第一节 票据法

一、票据概述

(一) 票据的概念和种类

1. 票据的概念

票据有广义和狭义之分，广义的票据指代表一定权利的文书凭证，包括债券、提单、股票、仓单、保险单等；狭义的票据指由出票人签发的，约定由自己或委托他人无条件支付一定金额给持票人或收款人的有价证券。票据法上规定的票据指狭义的票据。

2. 票据的种类

关于票据的种类，各国的法律规定有较大区别。《中华人民共和国票据法》(以下简称《票据法》)上的票据仅指汇票、本票和支票。

汇票是由出票人签发的，委托付款人在见票时或者在指定的日期无条件支付确定的金额给收款人或者持票人的票据。

本票是由出票人签发的，承诺自己在见票时无条件支付确定的金额给收款人或持票人的票据。

支票是由出票人签发的，委托办理支票存款业务的银行或者其他金融机构在见票时无条件支付确定的金额给收款人或持票人的票据。

(二) 票据的法律特征

1. 票据是完全有价证券

票据是有价证券的一种，有价证券是代表一定民事财产权利，可以自由流转的权利证书。证券上权利的发生、转移和行使以持有有价证券为条件。完全有价证券是指证券上的权利和证券本身不可分离，即证券上权利的产生、转移及行使都以证券存在为必要条件。票据作为完全有价证券，票据权利不能离开票据而独立存在。

2. 票据是要式证券

票据的制作格式和记载事项都由法律明确规定，如果不按照相关法律规定进行记载，将会对票据效力产生影响。我国的汇票、本票和支票的票据样式都由中国人民银行统一决定，票据行为都要按照《票据法》的方式进行，否则无效。

3. 票据是文义证券

票据上所载权利义务和票据行为的效力等内容由票据上所记载的文字的含义来确定，不允许任何人以票据文义之外的事实，来认定或改变票据权利和义务。票据的文义性，在于保护善意第三人的利益，维护交易安全。例如，票据上记载的出票日期与实际出票日期不符，要以票据上记载的出票日期为准。

4. 票据是流通证券

票据具有很强的流通性，票据流通的次数越多，票据的信用度越高。如果票据的流通性减弱，票据的作用和功能也会受到影响。因此，票据法规定的各种制度，都是为了促进票据的流通。票据流通的方式有两种：一是背书的方式，二是单纯交付的方式。

5. 票据是无因证券

只要持票人持有票据，就享有票据权利，就能够依法行使自己的票据权利。持票人持有或取得票据的原因是否真实、有效，不影响票据的效力。因此，持票人行使票据权利时无须证明取得票据的原因。规定票据的无因性能够维护票据的流通，保护持票人的权益。

(三) 票据的功能

1. 支付功能

这是票据最基本、最简单的功能。在生活中小额支付我们可以用现金来完成，但是数额大、次数多的支付，用现金支付就会产生保管、携带和清点方面的不便。用票据代替货币支付，避免了携带现金的不变和风险，又避免了清点现钞可能产生的错误，减少了所花费的时间，达到迅速、准确、简便、安全的目的。在现代经济中，票据支付在货币支付中占有越来越大的比重。

2. 信用功能

票据的信用功能是指将票据未来即将取得资金的能力转变为当前的支付能力。票据作为信用工具，能够"把未来的钱变为现在的钱"。在商品交易和金融活动中，票据可以作为预期付款或延期付款的工具，还可以通过将尚未到期的票据向银行贴现，提前取得相应的资金，以解决企业资金周转困难。票据的信用功能是票据的核心功能。

3. 汇兑功能

汇兑功能是票据最初的功能，作为异地运送现金和兑换货币的工具，票据的汇兑功能克服了金钱支付在空间上的障碍，避免现金运送带来的成本和风险。我国唐宋时期出现的"飞钱""交子"就是最早票据汇兑功能的体现。

我国的票据制度中，支票主要限于同城或同一票据交换区内使用，因此票据的汇兑功能主要通过汇票来实现，汇票已成为异地交易、支付金钱的最佳工具。

4. 融资功能

票据的融资功能是指票据当事人将票据转让或者贴现来实现资金融通。票据作为重要的短期融资工具，主要是通过票据贴现实现融资功能，即通过对未到期票据的买卖，使持有未到期票据的持票人通过出售票据获得资金。但目前在我国票据法中，票据的这一作用受到很大的限制，有待于进一步完善。

二、票据法概述

(一) 票据法的概念

在理论上，票据法有广义和狭义之分。广义的票据法是实质意义上的票据法，指一切涉及票据和票据关系的各种法律规范，包括狭义的票据法、民法和刑法诉讼法等法律规范，如民法中代理制度、质押等规定；刑法中关于伪造、变造有价证券罪的规定；民事诉讼法中的公示催告制度、票据诉讼的规定等，都是广义上票据法的范畴。

狭义的票据法是指形式意义上的票据法，它以部门法的形式存在，指因调整票据行为而发生的票据关系的法律规范的总称。本章介绍的主要是狭义的票据法。

(二) 票据法特征

1. 强行性特征

票据法属于商法的部门法，属于私法范畴，私法强调意思自治，但是在票据法中却规定了大量的强行性规范。例如，票据的种类规定只有汇票、本票和支票三种类型；票据的格式和记载事项不能由当事人自己的意志来决定，而由票据法规定；出票、背书、承兑和保证等票据行为都受到严格的限制，必须符合票据法规定的形式才有效。在票据法中，当事人可以选择的余地较小。规定票据法的强行性能够稳定票据流通秩序，维护交易安全。

2. 技术性特征

与技术性规范相对的是道德性规范，道德性规范体现社会道德伦理的取向，如民法中规定的近亲不婚，刑法中规定的不得故意伤害他人等，这类规定是有道德意义的。而在票据法中有大量的技术性规定，这些规定不具有任何道德意义和伦理色彩。例如《票据法》第四条规定，票据出票人制作票据，应当按照法定条件在票据上签章，并按照所记载的事项承担票据责任；第三十一条规定，以背书转让的票据，背书应当连续等。这些规则不体现任何道德意义，仅仅是为了促进票据流通、维护交易安全而设计出来。

3. 国际统一性特征

票据法属于国内法。票据的产生，始于国际贸易。而国际贸易的不断扩大，更使得各国间票据法的统一成为一种需要。为了拓展票据流通的范围，与国际规则接轨，票据法越来越显现出国际统一性特征。在世界经济一体化的今天，为了更好地参与国际经济活动，各国都尽量使本国的票据法与国际票据法相统一。这就决定了各国的票据法不仅要根植于本国的经济发展情况，还必须迎合国际法和国际惯例，因此具有较强的国际统一性特征。

4. 公法性特征

票据法调整平等主体之间的票据关系，属于私法，但是票据法中为了保障票据权利的确定性和促进票据的流通的规定几乎都是强行性规范。例如，《票据法》第一百零二条规定，对票据欺诈行为依法追究刑事责任。

(三) 票据法的宗旨和功能

我国《票据法》第一条规定，票据法的宗旨是"为了规范票据行为，保障票据活动中当事人的合法权益，维护社会经济秩序，促进社会主义市场经济发展"。多数学者认为，票据法有两大基本宗旨和功能：保障票据上权利的确定和助长票据的流通。前者是指票据法应当保障任何形式合法的票据具有确定的效力，并且确认它不受基础关系的影响；后者指票据法应当确保票据权利人自由转让票据的权利。

三、票据法律关系

票据法律关系是指票据当事人之间基于票据的签发和转让等过程中产生的权利和义务关系，包括票据关系和非票据关系两类。前者属于票据固有的法律关系，称为票据关系；后者不属于票据固有的法律关系，不是基于票据行为而产生的权利义务关系，称为非票据关系。非票据关系又分为两种：票据法上的非票据关系和民法上的非票据关系。

(一) 票据关系

1. 票据关系概念

票据关系是一种特殊的民事法律关系，指票据当事人基于出票、背书等票据行为而直接发生的票据上的权利义务关系。票据当事人实施票据行为时，在当事人之间即形成票据关系。

2. 票据关系的当事人

票据关系的当事人一般包括出票人、持票人、付款人、背书人和保证人等。根据行为是否依据出票行为而产生,将票据关系的当事人分为基本当事人和非基本当事人。

(1) 基本当事人是指基于票据出票行为而直接产生的当事人。例如,汇票的出票人、收款人、付款人,本票的出票人和收款人。在票据形式上缺乏基本当事人,票据关系就不能成立,票据也就无效。

(2) 非基本当事人指票据出票完成后,通过各种票据行为而加入票据关系中的当事人,如背书人、承兑人、保证人等。在票据形式上缺乏任何非基本当事人,都不会影响票据关系的成立。

(二) 非票据关系

非票据关系,指票据关系以外的与票据行为有密切关系,且存在于当事人之间的权利义务关系。非票据关系有两种:一是票据法上的非票据关系;二是民法上的非票据关系。民法上的非票据关系又叫作票据基础关系。

1. 票据法上的非票据关系

票据法上的非票据关系,是指由票据法直接规定,不是基于票据行为而产生的票据权利义务关系。票据法上的非票据关系直接由票据法规定而出现,例如,行使票据返还请求权的非票据关系。我国《票据法》第十二条规定,以欺诈、偷盗或者胁迫等手段取得票据的,或者明知有前列情形,出于恶意取得票据的,不得享有票据权利。持票人因重大过失取得不符合本法规定的票据的,也不得享有票据权利。此时,票据的正当权利人和因恶意或重大过失而取得票据的人之间就会出现票据返还的非票据关系。又如,利益返还的非票据关系,我国《票据法》第十八条规定,持票人因超过票据权利时效或者因票据记载事项欠缺而丧失票据权利的,仍享有民事权利,可以请求出票人或者承兑人返还其与未支付的票据金额相当的利益。

2. 民法上的非票据关系

民法上的非票据关系是指引起票据关系产生的事实存在于票据关系之外,由民法规定的非基于票据行为产生的法律关系,又称为票据基础关系。票据基础关系可分为票据原因关系、票据资金关系和票据预约关系三种。

(1) 票据原因关系,指票据当事人之间授受票据的理由。出票人与收款人之间签发和授受票据的理由,包括买卖、借贷、赠与、保证等。同一票据行为可以有许多不同的原因关系。原因关系只存在于授受票据的直接当事人之间,票据一经转让,其原因关系就会断裂。

(2) 票据资金关系,指存在于汇票的出票人和付款人之间、支票的出票人和付款人之间的票据基础关系。票据资金关系可以由金钱、债权和信用等构成。票据的资金关系只存在于汇票和支票中,本票是自付票据,不存在资金问题。

(3) 票据预约关系,指票据当事人在授受票据之前,就票据的种类、金额、到期日等事项达成一致的意思表示而产生的关系。票据预约关系存在于出票人和付款人之间、背书人和被背书人之间。票据当事人之间若不履行票据预约属于民法上的违约,与票据效力无关。当事人之间产生票据关系的顺序为:原因关系→票据预约关系→出票行为→票据关系。

【例 10-1】甲公司与乙公司约定,由甲公司签发一张 10 万元的汇票给乙公司作为货款。但甲公司却实际签发了一张面额 9 万元的汇票交给乙公司。该汇票的效力如何?

【解析】票据当事人之间若不履行票据预约是民法上的违约,与票据效力无关,汇票有效。

图 10-1 中，票据由出票人签发，交付给收款人。收款人背书转让票据，由持票人向付款人请求付款。出票人和收款人之间、背书人和被背书人之间有原因关系和票据预约关系，出票人和付款人之间存在资金关系。

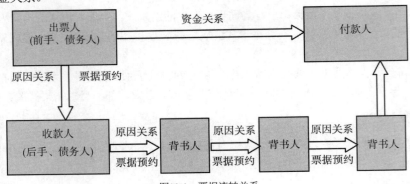

图10-1 票据流转关系

【小幽默：支票=现金？】

一个人去世，他的三个朋友去参加葬礼。一个朋友提议：送死者一些钱，以备他使用。其他二人表示同意。第一个人丢进坟墓100美元。第二个人虽然心疼钱，也只好丢进坟墓100美元。第三个人当然也心疼钱，想了一下，丢进坟墓一张300美元的支票，将那200美元找回来，说："我也给100美元，但是没有零钱，只好给一张支票"。所以说，支票与现金是有区别的。

第二节 票据权利和票据行为

一、票据权利

(一) 票据权利的概念和特征

1. 票据权利的概念

根据我国《票据法》第四条的规定，票据权利是指持票人向票据债务人请求支付票据金额的权利，包括付款请求权和追索权。

2. 票据权利的特征

第一，票据权利是以取得票据金额为目的的债权。票据作为一种金钱债权，其目的在于获取一定金额的货币。第二，票据权利与票据不可分离。票据权利的产生、转让和行使都不能离开票据本身。第三，票据权利体现为二次请求权。一般的债权只有简单的一次性的请求权，而票据权利有付款请求权和追索权两次请求权。票据法上规定的二次请求权能够保护票据权利人的合法权益，让人们放心地使用票据，以此促进票据的流通。

(二) 票据权利的内容

1. 付款请求权

付款请求权又称为第一次请求权，是指持票人对票据主债务人所享有的、依票据而请求支付票据金额的权利。这是票据上的主权利，持票人必须首先向主债务人行使第一次请求权，只有在第一次请求权不被满足的情况下才能行使追索权。

2. 追索权

追索权是指在付款请求权没有得到满足时，向付款人以外的票据债务人要求偿还票据所载金额及有关费用的权利。行使追索权的条件是持票人第一次请求权未能得到满足，因此称其为第二次请求权。追索权行使的对象包括持票人的所有前手，出票人、背书人、承兑人、保证人等都可以成为追索的对象。追索权不仅能追回票面所载金额，还要追加相关费用和利息。付款请求权与追索权的区别如表 10-1 所示。

表 10-1　付款请求权与追索权的区别

名　　称	付款请求权	追索权
行使次序	第一次权利	第二次权利 付款请求权未实现才行使
行使对象	付款人	一切前手 包括出票人、背书人、承兑人和保证人等
行使次数	一次	多次 一直追索至票据权利义务关系消灭
金额	票据金额	票据金额、法定利息、取得有关拒绝证明和发出通知的费用
消灭时效	汇票和本票为2年 支票为6个月	追索权为6个月 再追索权为3个月

（三）票据权利的取得

票据权利的取得是指依照法律事实或行为的发生而占有票据。票据权利人只有通过合法方式取得的票据，才能够享有票据权利。取得票据权利的途径通常有原始取得和继受取得两种方式。

1. 票据权利的原始取得

票据权利的原始取得，是指依据法律规定持票人不经其他任何前手权利人，直接取得票据权利，主要包括依出票取得和善意取得两种情形。

（1）依出票取得，指依出票人的出票行为，将票据交给收款人，收款人因出票而原始取得票据权利。它是票据权利最主要的原始取得方式，没有票据权利的发行取得，其他取得方式无从谈起。

（2）善意取得，指票据受让人依票据法规定的转让方法，善意地从无处分权人处取得票据，从而享有票据权利的法律事实。票据法中的善意取得制度源于民法上的动产取得制度，目的是为促进票据流通，维护交易安全。票据善意取得的效力是使票据原权利人失去票据权利，因此必须严格地加以限制，票据权利的善意取得必须符合以下构成要件：①必须是从无处分权利人处取得票据。如果持票人从有处分权人手中取得票据，属于继受取得票据，不适用善意取得；②持票人必须依票据法规定的票据转让方式取得票据，票据法规定的票据转让方式包括背书转让和直接交付转让两种，如果持票人通过两种方式之外的其他方式取得票据，如继承、公司合并等方式，都不适用善意取得的规定；③持票人取得票据必须是善意的，所谓善意是指无恶意或重大过失，恶意是明知让与人没有让与权利，重大过失是稍加留意就可以知晓前手没有票据权利。恶意或重大过失而取得票据的受让人不得主张善意取得票据权利。

2. 票据权利的继受取得

票据权利的继受取得,是指受让人从有处分权的前手权利人处取得票据,从而取得票据权利。其分为票据法上的继受取得和非票据法上的继受取得两种。

(1) 票据法上的继受取得,是指依票据法规定,票据权利的受让人按照背书或者交付的方式从前手权利人处取得票据。

(2) 非票据法上的继受取得,又称为民法上的票据权利继受取得,指依照民事权利的转让方式取得票据权利,如依赠与、继承、公司合并等方式取得票据权利。这些以债权转让的方式转让票据权利的,由民法来调整,而不适用票据法。

我国《票据法》第十一条规定,因税收、继承、赠与依法无偿取得票据的,不受给付对价的限制。但是,所享有的票据权利不得优于其前手的权利。所谓"不得优于其前手的权利"是指:①前手的权利如有瑕疵,则取得人应继承该瑕疵;②前手无权利时,则取得人亦不能取得权利。

(四) 票据权利的行使与保全

1. 票据权利的行使

票据权利的行使指票据权利人依照票据记载,请求票据义务人履行义务,从而实现票据权利的行为。例如,行使付款请求权以请求付款人付款,行使追索权以请求票据债务人清偿等。持票人行使票据权利,应进按法定程序在票据上签章,并向票据债务人出示,以此请求票据义务人履行义务。

2. 票据权利的保全

票据权利的保全指票据权利人为防止票据权利丧失所进行的行为。例如,为了防止丧失追索权而做成拒绝证书。票据权利的保全方式包括提示票据、做成拒绝证书、中断时效。

(1) 提示票据,是指持票人在票据法规定的期间内,向票据债务人出示票据,请求票据债务人履行债务的行为。我国《票据法》第四条规定:"票据出票人制作票据,应当按照法定条件在票据上签章,并按照所记载的事项承担票据责任。"在汇票中,提示票据包括提示承兑和提示付款两种;在本票和支票中,提示票据仅指提示付款。

(2) 做成拒绝证书。拒绝证书是用以证明票据权利人已经依法行使票据权利而被拒绝,或者无法行使票据权利,由付款人或者法定机关出具的一种证明文件。持票人持拒绝证书可以行使追索权。

(3) 中断时效。票据权利在规定的期限内不行使,会因时效届满而丧失。因此,中断时效能够保全票据权利。票据权利的时效中断,适用《民法典》的相关规定。

3. 票据权利行使与保全的时间和地点

我国《票据法》第十六条规定,持票人对票据债务人行使票据权利或者保全票据权利,应当在票据当事人的营业场所和营业时间内进行。对于具体时间的计算方法,依据我国《民法典》中关于时限的计算规定。

二、票据行为

(一) 票据行为概述

1. 票据行为的概念

票据行为是引起票据关系产生、变更或者消灭票据关系的行为。只有保证票据行为的规范,才能更好地维护票据当事人的票据权利,进而促进票据的流通。根据我国票据法的规定,票据行为主要包括出票、背书、承兑、保证。

2. 票据行为的特征

票据行为与一般法律行为最大的差异，在于具有独立性的同时又具有无因性。

(1) 票据行为的要式性。为了促进票据之流通，票据必须在形式上具有统一的款式。不允许票据当事人随意变更。因此，票据被称为"要式证券"。凡违反票据法关于票据行为的要式规定的，除票据法另有规定之外，其行为无效。

(2) 票据行为的无因性。票据行为大都以买卖、借贷、租赁等票据基础关系为前提，票据行为一旦生效，不论基础关系有效与否，都不会影响票据行为的效力。票据行为的无因性体现在：票据原因关系的变动或无效不影响票据行为的效力；持票人合法持有票据就可以行使票据权利，无须证明给付的原因。票据行为的无因性能够最大限度地促进票据流通和维护交易安全。

(3) 票据行为的文义性。文义性是指票据行为的内容必须以票据上的文字记载为准，即使票据上的文字记载与真实意思不一致，其内容也仅以票据上文字记载为准，不允许当事人以票据以外的证据加以变更或补充。

(4) 票据行为的独立性，指在有效创设的票据上所为的各个票据行为，各自独立生效，其中一个或几个票据行为无效，不影响其他行为的效力。例如，我国《票据法》第六条规定："无民事行为能力人或者限制民事行为能力人在票据上签章的，其签章无效，但是不影响其他签章的效力。"《票据法》第十四条第二款规定："票据上有伪造、变造的签章的，不影响票据上其他真实签章的效力。"票据行为的独立性有利于保护持票人利益，促进票据的流通。

3. 票据行为成立的要件

(1) 行为人必须具有从事票据行为的能力。无行为能力人或者限制民事行为能力人在票据上签章的，其签章无效。

(2) 票据行为人的意思表示必须真实、合法。以欺诈、偷盗或者胁迫等手段取得票据的，或者明知有前列情形，出于恶意取得票据的，不得享有票据权利。

(3) 票据行为的内容必须符合法律、法规的规定。

(4) 票据行为必须符合法定形式。票据行为成立的形式要件包括：票据记载事项+票据签章+票据交付。

1) 关于票据记载事项

票据记载事项的分类如表10-2所示。

表10-2　票据记载事项的分类

必要记载事项	指票据法明文规定必须记载的，如无记载，票据即为无效的事项，分为绝对必要记载事项和相对必要记载事项两类； 如果没记载绝对必要记载事项，则票据无效，绝对必要记载事项包括表明票据种类的文字、无条件支付或无条件支付的委托、确定的金额、付款人名称、收款人名称、出票日期； 在票据上如果没有记载相对必要记载事项，适应法律推定，并不因此导致票据无效，我国票据法把付款日期、付款地、出票地作为相对必要记载事项
得记载事项	又叫"任意记载事项"，指可以由票据行为人决定是否记载的事项，票据行为人可以选择记载或不记载，如果记载就会发生票据上的效力，如果不记载不影响票据的效力，例如票据法上关于禁止背书转让的记载
不得记载事项	指依照票据法的规定，行为人不能在票据上记载的事项或内容，依其记载后的不同法律后果，可分为无效记载事项和记载无效事项两种，无效记载事项指如果记载，则导致票据行为或整个票据无效，记载无效事项指仅此记载事项或内容无效，而不影响整个票据的效力

2) 关于签章

票据上的签章是一切票据行为成立的最基本的条件。票据签章具体是指票据行为人在票据上签名、盖章或签名加盖章。票据行为人必须在票据上签章，票据签章是各种票据行为生效的必备要件，因为根据票据行为的文义性，依法承担票据义务的人必须是在票据上签章的人。

3) 关于交付

所谓交付，是指票据行为人将记载完毕的票据交给相对人持有。票据在依法记载完成以后，必须由票据行为人将票据交付给持票人。我国《票据法》第二十条规定，"出票是指出票人签发票据并将其交付给收款人的票据行为。"因此，交付票据是票据行为的成立要件。

(二) 票据行为的代理

1. 票据代理的概述

票据代理是民事法律行为代理的一种特殊形式，是指票据代理人在其代理权限范围内，在票据上记载本人的名称，并表明代理的意思，在票据上签章的行为。我国《票据法》第五条规定，票据当事人可以委托其代理人在票据上签章，并应当在票据上表明代理关系。

票据行为的代理要具备以下条件：①票据当事人有委托代理的意思表示；②代理人在票据上表明代理关系；③代理人要按照本人的委托在票据上签章。

2. 票据代理的瑕疵

1) 票据无权代理

票据无权代理指行为人没有代理权而以代理人的名义在票据上签章的行为。我国《票据法》第五条第二款规定："没有代理权而以代理人名义在票据上签章的，应当由签章人承担票据责任。"因此，票据无权代理的后果由无权代理人自己承担。

2) 票据越权代理

越权代理是指代理人超越代理权限范围而为的票据行为。我国《票据法》第五条第二款规定："代理人超越代理权限的，应当就其超越权限的部分承担票据责任。"

(三) 票据的伪造和变造

1. 票据伪造

1) 票据伪造的概念

票据伪造是指无权限人假冒他人或者虚构他人的名义在票据上签章的违法行为。票据伪造包括伪造出票、背书、承兑、保证。票据伪造严重扰乱社会经济秩序，损害他人权益，不具有票据行为的效力。

2) 票据伪造的效力

由于票据是文义证券，在票据上签章的人，才承担票据责任。票据伪造人在票据上没有自己的签章，不承担票据责任。但是伪造人要承担民事侵权责任、行政责任，构成犯罪的还要承担刑事责任。同时，在票据上有伪造签章的，不影响票据上其他真实签章的效力，票据上真正的签章人仍对自己所为的票据行为承担责任。而在票据伪造中，被伪造人实际上并未在票据上真正签章，所以对一切持票人都不负票据责任。

【例 10-2】甲某私刻乙公司的印章，用此印章签发汇票给丙公司，用以购买原材料。甲的行为属于票据法上的什么行为？

【解析】票据伪造。甲某私刻乙公司印章在票据上签章，属于无权限人假冒他人名义在票据上签章的票据伪造行为。

2. 票据变造

1) 票据变造的概念

票据变造指无权更改票据内容的人，对票据上除签章之外的其他记载事项加以更改的违法行为，如更改票据上的金额、付款日期、到期日等。

【例 10-3】甲签发一张汇票交给收款人乙，票据金额 1 万元，乙背书转让给丙，丙取得票据后将金额改为 5 万，然后转让给丁，丙的行为性质如何？

【解析】票据变造。

2) 票据变造的效力

票据变造人是票据上的行为人，其在票据上有签章的，按变造后的票据文义承担票据责任，同时，还要承担变造票据的民事责任、刑事责任及行政责任；如果票据变造人在票据上没有签章，则不承担票据责任，但应当承担刑事责任、民事责任及行政责任。

对变造票据上签章的其他人的法律后果，我国《票据法》第十四条第三款规定："票据上其他记载事项被变造的，在变造之前签章的人，对原记载事项负责；在变造之后签章的人，对变造之后的记载事项负责；不能辨别是在票据被变造之前或者之后签章的，视同在变造之前签章。"

表 10-3 为票据伪造和变造的异同。

表 10-3　票据伪造和变造的异同

二者区别	票 据 伪 造	票 据 变 造
行为对象	票据上的签章	票据上除签章以外的其他记载事项
法律后果	伪造人承担民事侵权责任、刑事责任及行政责任，但不承担票据责任	变造人按票据变造后的票据文义承担票据责任，同时还应当承担民事、刑事和行政责任
相同之处	都是违法行为，都是无权限人在票据上实施的行为	

第三节　票据丧失与票据丧失的补救

一、票据丧失

(一) 票据丧失的概念

票据丧失是指因持票人意志以外的因素而丧失对票据的占有，简称失票。票据丧失包括绝对丧失和相对丧失两种，前者指票据的物质形态不复存在，如烧毁、洗碎等情形；后者指票据脱离了原持有人的占有，但其物质形态仍在，如遗失、被盗等情形。

(二) 票据丧失的法律效果

票据是完全有价证券，不管是票据的绝对丧失还是相对丧失，票据权利人都无法行使票据权利。其中，票据绝对丧失不存在票据金额被他人冒领或被第三人善意取得的风险；票据相对丧失由于物质形态仍存在，易产生被他人冒领的风险，因此必须及时采取相应措施以防范风险。

二、票据丧失的补救

我国《票据法》第十五条规定，票据丧失，失票人可以及时通知票据的付款人挂失止付，也可以在票据丧失后，依法向人民法院申请公示催告，或者向人民法院提起诉讼。

(一) 挂失止付

1. 挂失止付的概念

挂失止付是指失票人在丧失票据占有时，通知付款人并请求付款人暂停支付，以防止票据被他人取得，保护自己的票据权利的行为。

2. 挂失止付的效力

挂失止付的效力，在于使收到止付通知的付款人承担暂停票据付款的义务。付款人应当暂停支付，否则承担赔偿责任；对失票人而言，挂失止付只能防止票据被冒领，不能防止票据背书转让。

我国《票据法》第十五条第三款规定："失票人应当在通知挂失止付后三日内，也可以在票据丧失后，依法向人民法院申请公示催告，或者向人民法院提起诉讼。"《票据管理实施办法》第二十条规定："付款人或者代理付款人收到挂失止付通知书，应当立即暂停支付。付款人或者代理付款人自收到挂失止付通知书之日起12日内没有收到人民法院的止付通知书的，自第13日起，挂失止付通知书失效。"

(二) 公示催告

公示催告是指在票据丧失后，申请人向法院提出申请，请求法院以公告的方法通知不确定的利害关系人限期申报权利，如果逾期没有申报，则法院会通过除权判决宣告丧失的票据无效的一种特别诉讼程序。

票据丧失后公示催告的程序如下：失票人向有管辖权的法院提出公式催告申请；法院经过审查决定受理后，向付款人发出止付通知，并在立案之日起3日内发出公告；利害关系人申报权利的，裁定终结公式催告程序；没有利害关系人申报权利的，法院根据权利人申请做出除权判决。

(三) 票据诉讼

票据诉讼指失票人向人民法院提起民事诉讼，要求法院判定付款人向其支付票据金额的措施。票据诉讼程序属于一般的民事诉讼程序，又被称为"普通诉讼"。失票人应当在通知挂失止付后3日内，也可以在票据丧失后，向人民法院提起诉讼。

表 10-4 为挂失止付和公示催告的区别。

表 10-4 挂失止付和公示催告的区别

名 称	挂 失 止 付	公 式 催 告
适用范围	票据的相对丧失	票据丧失
功能	防止票据被冒领，不能恢复权利人的票据权利	一旦除权判决，失票人即可主张自己的票据权利
程序	简单	复杂(两阶段)
期限	12日	6个月、涉外9个月
对抗善意第三人	不能对抗	可以对抗

第四节 票据抗辩

(一) 票据抗辩概念与分类

1. 票据抗辩的概念

票据抗辩是票据债务人根据票据法的规定,对票据债权人拒绝履行义务的行为。票据抗辩是票据债务人做出的行为,是债务人保护自己的方法。必须有合法的抗辩原因才能进行票据抗辩。

2. 票据抗辩的种类

根据票据抗辩原因和抗辩效力的不同,将票据抗辩分为对物的抗辩和对人的抗辩。

(1) 对物的抗辩。又称为"绝对抗辩",指针对票据本身存在的事由而提出的抗辩。对物的抗辩可以对抗一切票据债权人,不受票据当事人之间的关系影响。

对物的抗辩具体表现为两种情形:①一切票据债务人对抗一切票据债权人的抗辩,例如票据因欠缺票据法规定的形式要件而无效的抗辩,持票人不依票据文义提出请求,票据债权已消灭或已失效,背书不连续的抗辩,票据权利因时效消灭的抗辩;②特定票据债务人对抗一切票据债权人的抗辩,例如欠缺票据行为能力,无权代理,票据伪造或者变造,票据债务时效届满,承兑撤销,保全手续欠缺等事由进行的抗辩。

(2) 对人的抗辩。又称为"相对的抗辩",指票据债务人仅可以此对抗特定债权人的抗辩。对人的抗辩基于票据债务人和特定债权人之间的关系而发生。如果持票人因背书转让而发生变动,该种抗辩即受到影响。

对人的抗辩表现为两种情形:①任何被请求人得对特定持票人行使的抗辩。例如,持票人被宣告破产或其票据债权已被法院扣押禁止付款时的抗辩;②仅由特定票据债务人对特定票据债权人行使的抗辩,例如票据原因关系无效或欠缺的抗辩,欠缺对价的抗辩,当事人之间特别约定之抗辩等。

(二) 票据抗辩的限制

我国《票据法》第十三条明确规定了抗辩切断的两种情形:一是对出票人抗辩切断,即票据债务人不得以自己与出票人之间的对人抗辩事由,对抗持票人;二是对持票人前手抗辩切断,即票据债务人不得以自己与持票人前手间的抗辩事由,对抗持票人。

票据抗辩也有例外,我国《票据法》第十一条规定,因税收、继承、赠与可以依法无偿取得票据的,不受给付对价的限制,但是所享有的票据权利不得优于其前手的权利。

第五节 汇 票

一、汇票概述

(一) 汇票的概念

汇票是出票人签发的、委托付款人在见票时或者在指定的日期无条件支付确定的金额给收款人或者持票人的票据,这是我国《票据法》第十九条对汇票概念的阐述。汇票关系中有三个基本当事人,即出票人、付款人和收款人。汇票是票据中最重要的票据类型,票据法关于汇票的规定也是最详尽的。

(二) 汇票的特征

1. 汇票是委付证券

汇票由出票人委托他人进行付款，汇票的出票人只是签发票据的人，不是票据的付款人，出票人要另行委托付款人支付票据金额。这一点与支票相同，而本票属于自付证券。

2. 汇票到期日具有多样化特点

汇票到期日可以由出票人进行选择，汇票的到期日指汇票的付款日期，包括见票即付、定日付款、出票后定期付款、见票后定期付款四种类型。

3. 汇票是信用证券

汇票有较长的到期日，付款期限较长，因此信用时间也就越长。这意味着汇票在我国票据法实践中具有更为重要的信用作用。

4. 汇票是无条件支付的命令

票据支付的无条件性主要是因为票据是作为支付工具来使用的，如果规定票据金额的支付附带条件，无疑将严重影响票据的流通性。

(三) 汇票的种类

汇票可以根据不同的标准进行分类。

1. 银行汇票和商业汇票

根据汇票出票人的不同，可以将汇票分为银行汇票和商业汇票，这是我国票据法对汇票的独有分类。

根据《支付结算办法》第五十三条规定："银行汇票是出票银行签发的，由其在见票时按照实际结算金额无条件支付给收款人或者持票人的票据。银行汇票的出票银行为银行汇票的付款人。"银行汇票多用于异地结算，在汇款人交款申请后，由银行签发给汇款人，用以在异地办理转账结算或者提现。例如，甲公司向乙银行交付35万元，申请签发银行汇票用于向丙公司结算货款。

根据《支付结算办法》第七十二条规定："商业汇票是出票人签发的，委托付款人在指定日期无条件支付确定的金额给收款人或者持票人的票据。"商业汇票分为商业承兑汇票和银行承兑汇票。商业承兑汇票由银行以外的付款人承兑。银行承兑汇票由银行承兑。商业汇票的付款人为承兑人。

2. 即期汇票和远期汇票

根据汇票付款期限长短的不同，可以分为即期汇票和远期汇票。

即期汇票指出票日即为付款到期日，见票即付的汇票。远期汇票是指汇票上记载了到期日，付款人在到期时承担付款责任的汇票。

3. 记名汇票、无记名汇票和指示汇票

根据汇票上对收款人记载的方式不同，可以分为记名汇票、无记名汇票和指示汇票。

记名汇票是指出票人在票据上记载了收款人名称，该类票据只能以背书的方式转让。无记名汇票指出票人没有记载收款人的名称，或者记载"来人""持票人"字样的汇票。我国票据法禁止无记名汇票，规定收款人为绝对必要记载事项。指示汇票指汇票上记载了收款人名称，同时附有"或其指定的人"字样的汇票。我国票据法目前对此类汇票没有规定。

二、汇票的出票

(一) 出票的概念

出票是指出票人依法做成票据并将其交付给收款人的票据行为。出票包括记载、签章和交付 3 个行为。出票是首次创设票据关系的基本票据行为。所有票据行为均由出票行为开始，先有出票行为，才可能有其他附属票据行为。

(二) 汇票出票的格式

1. 绝对必要记载事项

汇票的绝对必要记载事项是指票据法规定必须在票据上完整记载，若欠缺记载，则票据无效的记载事项。按照我国《票据法》第二十二条规定，票据必须记载下列事项，票据上未记载下列事项之一的，票据无效，主要包括以下内容。

(1) 表明"汇票"的字样。我国的汇票票面上已经印制了银行汇票、银行承兑汇票、商业承兑汇票字样，出票人无须自行记载。

(2) 无条件支付的委托。这是汇票的支付文句，即须表明出票人委托付款人支付汇票金额是不附带任何条件的。如果当事人附条件出票，会导致汇票无效。

(3) 确定的金额。这是指汇票上记载的金额必须是确定的数额。如果汇票上记载的金额是不确定的，如 5 万元以下、8 万元左右等，汇票无效。我国《票据法》第八条规定："票据金额以中文大写和数码同时记载，二者必须一致，二者不一致，票据无效。"

(4) 付款人名称。付款人是指出票人在汇票上的委托支付汇票金额的人。付款人是汇票的主债务人，如果汇票上未记载付款人的名称，收款人或者持票人将不知道向谁提示承兑或提示付款。在我国，付款人名称是汇票的绝对必要记载事项，缺少这项记载事项则出票行为无效，汇票也无效。

(5) 收款人名称。收款人是指出票人在汇票上记载的受领汇票金额的最初票据权利人。我国的票据法只承认记名汇票，不允许签发无记名汇票，因此汇票上必须记载收款人名称。

(6) 出票日期。出票日期是出票人在汇票上记载的签发汇票的日期。其主要意义在于确定出票后定期付款汇票的付款日期、确定见票即付汇票的付款提示期限、确定见票后定期付款汇票的承兑提示期限等。

(7) 出票人签章。签章是行为人愿意承担责任的意思表示。出票人签章表明出票人将承担发行票据的责任。

2. 相对必要记载事项

相对必要记载事项是指出票人应当在汇票上记载，如果不记载则适用法律推定，不影响出票的效力。《票据法》第二十三条规定，汇票上记载付款日期、付款地、出票地等事项的，应当清楚、明确。汇票上未记载付款日期的，为见票即付；汇票上未记载付款地的，付款人的营业场所、住所或者经常居住地为付款地；汇票上未记载出票地的，出票人的营业场所为出票地。

3. 得记载事项

得记载事项又叫"任意记载事项"，是指是否记载由出票人决定，一旦出票人记载就会发生票据法效力的事项。例如，我国《票据法》第二十七条第二款规定，出票人可以在汇票上记载"不得转让"字样，出票人记载"不得转让"之后，持票人不得再转让票据。如果持票人又转让的，不发生票据法上转让的效力，仅发生一般债权转让的效果。

4. 无效记载事项

无效记载事项是指因违反票据法的规定而使该记载事项无效或者票据无效的记载事项。包括记载无效事项和无效记载事项两种。记载无效事项指该事项被记载于票据上，不会发生票据法上的效力，视为未记载。例如，我国《票据法》第二十四条规定："汇票上可以记载本法规定事项以外的其他出票事项，但是该记载事项不具有汇票上的效力。"无效记载事项指该记载事项记载于汇票上会使整个票据归于无效，例如附条件出票导致汇票无效。

(三) 汇票出票的效力

出票是以创设票据权利为目的的票据行为，一经完成就产生了票据上的权利义务关系，即票据债权债务关系，对票据上的当事人产生票据法上的效力。

1. 对出票人的效力

我国《票据法》第二十六条规定："出票人签发汇票后，即承担保证该汇票承兑和付款的责任。"出票人在汇票得不到承兑或者付款时，应当向持票人清偿票据金额、利息和相关费用。出票人的担保责任包括：①担保承兑，是指持票人请求承兑时遭到拒绝，出票人应依票据法的规定就持票人的请求负偿还责任；②担保付款，是指持票人在法定期限内向付款人请求付款遭拒绝时，出票人对持票人负偿还责任。

2. 对付款人的效力

出票是单方行为，付款人是出票人委托付款的人。然而，付款人是否付款则取决于付款人是否承兑。付款人只有对其汇票进行承兑后，才成为汇票上的主债务人。如果付款人拒绝承兑，则无付款责任。因此，出票行为并不对付款人产生约束。

3. 对收款人的效力

收款人取得出票人签发的汇票后，就同时取得了票据权利，享有付款请求权和追索权。收款人还可以将票据背书转让。

三、汇票的背书

(一) 汇票背书的概念和分类

1. 汇票背书的概念

背书，是持票人为将票据权利转让给他人或者授予他人一定的票据权利为目的，在票据背面或者粘单上记载有关事项并签章的附属的票据行为。持票人可以将汇票权利转让给他人或者将一定的汇票权利授予他人行使，持票人行使此项权利时，应当背书并交付汇票。如果汇票出票人在汇票上记载"不得转让"字样，则该汇票不得转让。

让与权利的人叫背书人，相对人也就是受让权利的人称为被背书人。

2. 汇票背书的分类

汇票背书的分类如图 10-2 所示。

1) 转让背书和非转让背书

这是以背书的目的为标准进行的分类。

转让背书是背书最基本的类型，指持票人以转让票据权利为目的，在票据上从事背书行为。转让背书的最终效果在于转移票据上的权利。

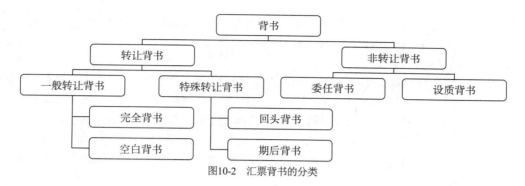

图10-2 汇票背书的分类

非转让背书不以转移票据权利为目的,包括设质背书和委任背书两种。

设质背书是指为了在票据上设定质押,持票人在票据上进行的背书行为。这不是背书的基本形式,本质上为质押,而不是转让票据权利。我国《票据法》第三十五条第二款规定,汇票可以设定质押;质押时应当以背书记载"质押"字样。被背书人依法实现其质权时,可以行使汇票权利。

委任背书又称"委任取款背书",是指持票人为实现委托他人收款的目的,而在票据上从事的背书。委任背书实为代理,不是真正的背书。我国《票据法》第三十五条第一款规定,背书记载"委托收款"字样的,被背书人有权代背书人行使被委托的汇票权利。但是,被背书人不得再以背书转让汇票权利。

2) 一般转让背书和特殊转让背书

这是按照背书转让是否具有特殊性为标准进行的分类。

一般转让背书指持票人为了转让票据权利而进行的普通背书。一般转让背书依其记载方式不同,可再分为完全背书和空白背书。完全背书,又称为正式背书,是指背书人须在背书的位置载明背书的意旨,并记载被背书人的姓名或名称,而由背书人签名的背书。空白背书,又称为不完全背书,或者无记名背书,是指背书人在背书时,仅签章于票据上,而不记载被背书人姓名或名称的背书。《票据法》第三十条规定,汇票以背书转让票据权利时,必须记载被背书人名称。由此可见,我国不允许空白汇票背书。

特殊转让背书是指持票人为了特殊的目的,在票据上进行的转让背书。特殊背书可再分为期后背书和回头背书两种。期后背书是指在票据期限届满后所为的背书。《票据法》第三十六条规定,汇票被拒绝承兑、被拒绝付款或者超过付款提示期限的,不得背书转让;背书转让的,背书人应当承担汇票责任。回头背书,又称为还原背书,是指以汇票上的债务人为被背书人时所为的背书。持票人为出票人时,对其前手无追索权;持票人为背书人时,对该背书的后手无追索权。

(二) 背书的记载事项与格式规则

1. 背书的记载事项

1) 必要记载事项

背书必须记载事项又可以分为绝对必要记载事项和相对必要记载事项。绝对必要记载的事项包括背书类型、被背书人名称、背书人名称与签章。相对必要记载的事项是指背书人应当在票据上记载,如果不记载,并不影响背书的效力,而由法律进行推定的事项。相对必要记载的事项只有背书日期一项。

2) 得记载事项

得记载事项是由背书人自由选择记载或不记载的事项。例如,背书人在票据上记载"不得转让"

字样。按照我国《票据法》第三十四条的规定，背书人在汇票上记载"不得转让"字样，其后手再背书转让的，原背书人对后手的被背书人不承担保证责任。

3) 不得记载事项

不得记载事项是指不允许背书人在背书中记载，记载了会导致该文字本身无效或者背书无效的事项。不得记载事项包括附条件背书和部分背书。依据我国《票据法》第三十三条第一款规定，背书附条件的，票据依然有效，背书也依然有效，只是所附条件不产生票据法上的效力，但是在其他法律上，如民法上可能会发生效力。我国《票据法》第三十三条第二款的规定，将汇票金额的一部分转让的背书或将汇票金额分别转让给两人以上的背书无效。所以，分别背书和部分背书无效，票据权利不发生转移。

2. 背书与粘单的格式规则

背书和粘单要遵循记载事项规则，同时，还必须遵循背书和粘单格式规则。《票据法》第二十七条第三、四款规定，持票人将票据权利转让给他人时，应当背书并交付汇票。背书是指在票据背面或者粘单上记载有关事项并签章的票据行为。《票据法》第二十八条规定，票据凭证不能满足背书人记载事项的需要，可以加附粘单，粘于票据凭证上。粘单上的第一记载人，应当在汇票和粘单的粘接处签章。

3. 背书的其他规则

1) 背书连续

背书连续是指在票据转让中，转让汇票的背书人与受让汇票的被背书人在汇票上的签章依前后次序衔接。连续背书的第一背书人应当是票据上所载的收款人。《票据法》第三十一条规定："以背书转让的汇票，背书应当连续。持票人以背书的连续，证明其汇票权利；非经背书转让，而以其他合法方式取得汇票的，依法举证，证明其汇票权利。"

背书连续的效力：①证明效力，持票人以背书的连续证明其享有票据权利，票据背书连续时，持票人不需证明即可行使票据权利；②行使效力，持票人以背书的连续行使汇票权利；③善意取得效力，除恶意或重大过失者外，依连续背书而取得票据的人，即使背书人为无权利人，被背书人也能取得票据权利。

2) 背书附有条件

《票据法》第三十四条规定，背书人在汇票上记载"不得转让"字样，其后手再背书转让的，原背书人对后手的被背书人不承担保证责任。

图 10-3 中，A是第一次背书的背书人，也是票据的收款人。第一次背书的被背书人是B，也是第二次背书的背书人，如此依次衔接，则票据背书连续，票据权利从A依次转让给B、C、D、E，最后持票人E持有票据，享有票据权利。

被背书人 B	被背书人 C	被背书人 D	贴粘单处	被背书人 E
A	B	C		D
背书人签章	背书人签章	背书人签章		背书人签章
年 月 日	年 月 日	年 月 日		年 月 日

图10-3 背书、粘单格式及背书的连续性

(三) 背书的效力

1. 转让背书的效力

(1) 权利移转的效力。背书成立后，由背书人将票据上一切权利，移转于被背书人，即被背书人取代背书人成为票据上的权利人。

(2) 权利担保的效力。《票据法》第三十七条规定："背书人以背书转让汇票后，即承担保证其后手所持汇票承兑和付款的责任。背书人在汇票得不到承兑或者付款时，应当向持票人清偿本法第七十条、第七十一条规定的金额和费用。"因此，背书人应当向其后手承担承兑和付款的担保责任。

(3) 权利证明的效力。持票人应以背书的连续，证明其享有票据权利。因此持票人即使实际上是非权利人，付款人对其付款时，除有恶意或重大过失外，付款人亦免除其责任。

2. 非转让背书的效力

1) 委任背书

委任背书是委托他人代替自己行使票据权利、收取票据金额而进行的背书。委任背书不以转让票据权利为目的，而是以背书形式进行的委托。背书人是委托人，被背书人是受托人。被背书人行使票据权利后，应将所得金额归于背书人。《票据法》第三十五条第一款规定，背书记载"委托收款"字样的，被背书人有权代背书人行使被委托的汇票权利。但是，被背书人不得再以背书转让汇票权利。

2) 设质背书

设质背书的持票人以在票据权利上设定质权为目的。《票据法》第三十五条第二款规定，汇票可以设定质押，质押时应当以背书记载"质押"字样。被背书人依法实现其质权时，可以行使汇票权利。

四、汇票的承兑

(一) 汇票承兑的概念和特征

1. 承兑的概念

《票据法》第三十八条规定："承兑是指汇票付款人承诺在汇票到期日支付汇票金额的票据行为。"承兑是汇票特有的一种制度，必须承兑的汇票只有商业汇票，见票即付的汇票因不具备信用功能而无须承兑，本票和支票也没有承兑制度。

2. 承兑的特征

1) 承兑是附属票据行为

附属票据行为包括背书、承兑和保证。承兑以出票这一基础票据行为为前提，目的是确定付款人到期付款的义务。

2) 承兑是汇票付款人所为的行为

承兑是汇票付款人从事的票据行为，持票人向付款人提示承兑，由付款人做出承兑的意思表示。

3) 承兑的内容是承诺兑现票据金额

出票行为对付款人没有约束力，付款人没有确定的付款义务。因此，在汇票承兑之前，付款人的付款义务是不确定的；在汇票承兑之后，付款人的付款义务才从不确定到确定。

(二) 承兑提示规则

1. 提示承兑的概念

《票据法》第三十九条第二款规定："提示承兑是指持票人向付款人出示汇票，并要求付款人承诺付款的行为。"提示承兑又叫"见票"，提示承兑本身不是票据行为，只是承兑的前提。

2. 提示承兑的期间

(1) 《票据法》第四十条规定："见票后定期付款的汇票，持票人应当自出票日起一个月内向付款人提示承兑。"

(2) 定日付款或者出票后定期付的汇票，持票人应当在汇票到期日前向付款人提示承兑。

(3) 见票即付的汇票无须提示承兑。

3. 提示承兑的法律后果

以上各种提示承兑的期间持票人应当自觉遵守。持票人如果不遵守将会失去追索权。我国《票据法》第四十条第二款规定："汇票未按照规定期限提示承兑的，持票人丧失对其前手的追索权。"

（三）承兑规则

1. 承兑期限

《票据法》第四十一条规定："付款人对向其提示承兑的汇票，应当自收到提示承兑的汇票之日起三日内承兑或者拒绝承兑。付款人收到持票人提示承兑的汇票时，应当向持票人签发收到汇票的回单。回单上应当记明汇票提示承兑日期并签章。"

2. 承兑的记载事项

《票据法》第四十二条规定："付款人承兑汇票的，应当在汇票正面记载'承兑'字样和承兑日期并签章；见票后定期付款的汇票，应当在承兑时记载付款日期。"

3. 承兑附条件

《票据法》第四十三条规定："付款人承兑汇票，不得附有条件；承兑附有条件的，视为拒绝承兑。"

（四）承兑的效力

1. 对付款人的效力

《票据法》第四十四条规定，付款人承兑后，应当承担到期付款的责任。承兑人承担绝对付款义务，负有到期无条件付款的义务，且不得以出票人未付资金为由对抗持票人，即使承兑人没有从出票人处获得利益，也应当承担对汇票付款的责任。

2. 对持票人的效力

付款人一经承兑，持票人的期待权即成为确定的权利，汇票到期时持票人便可向承兑人行使付款请求权。因此，承兑制度确认和保全了持票人的付款请求权。

3. 对出票人和背书人的效力。

付款人承兑后，出票人和背书人成为第二债务人，持票人应先向承兑人请求付款，被拒绝的情况下才能向第二债务人行使追索权。

五、汇票的保证

（一）汇票保证的概念

汇票保证是指汇票债务人以外的第三人，担保特定的汇票债务人能够履行票据债务，在票据上进行的附属票据行为。汇票保证的作用在于增强持票人的信用，确保汇票付款义务的履行。

汇票保证与民法上的保证制度有较大的不同，其成立、生效、保证性质、担保范围等适用《票据法》的规定。

(二) 保证的做成规则

1. 必要记载事项

1) 表明"保证"的字样

保证文句并不事先印制在票据用纸上,需要保证人在保证时加以记载。保证人未在票据或者粘单上记载"保证"文句,而另行签订保证合同或者保证条款的,不构成票据保证。"保证"字样是票据保证的绝对必要记载事项。

2) 保证人名称和住所

该项记载能够使票据权利人及时并准确了解保证人的情况,以便顺利行使票据权利。依据我国《票据法》的规定,该项记载应属相对必要记载事项,欠缺该记载时,一般并不影响票据保证的有效成立,持票人可以依保证人的签章,推定其名称和住所。

3) 保证人签章

保证人签章是确定保证行为的行为人作为票据债务人承担票据保证债务的重要依据,它使票据保证行为最终成立,是绝对必要记载事项。

4) 被保证人名称

该项记载属于相对必要记载事项。根据我国《票据法》第四十七条第一款的规定:"保证人在汇票或者粘单上未记载前条第(三)项的,已承兑的汇票,承兑人为被保证人;未承兑的汇票,出票人为被保证人。"(前条第(三)项指被保证人的名称)由此可见,未记载被保证人名称的,适用法律推定。

5) 保证日期

该项记载为相对必要记载事项。根据我国《票据法》第四十七条第二款的规定:"保证人在汇票或者粘单上未记载前条第(四)项的,出票日期为保证日期。"(前条第(四)项为保证日期)没有记载保证日期的汇票,推定其出票日期为保证日期,从而尽可能保护票据当事人的权利。

2. 记载无效事项

根据我国《票据法》第四十八条的规定:"保证不得附有条件;附有条件的,不影响对汇票的保证责任。"汇票保证如果附有条件,保证依然有效,所附条件视为没有记载。

(三) 保证的法律效力

1. 对保证人的效力

保证人对合法取得汇票的持票人享有的汇票权利,负保证责任。根据《票据法》第五十条规定:"被保证的汇票,保证人应当与被保证人对持票人承担连带责任。汇票到期后得不到付款的,持票人有权向保证人请求付款,保证人应当足额付款。"

2. 共同保证人的责任

共同保证是指保证人为两人以上的保证。根据我国《票据法》第五十一条的规定:"保证人为二人以上的,保证人之间承担连带责任。"

3. 保证人的追索权

根据我国《票据法》第五十二条的规定:"保证人清偿汇票债务后,可以行使持票人对被保证人及其前手的追索权。"

六、付款

(一) 付款的概念

付款是指汇票的付款人依据票据文义向持票人支付票据金额,以消灭票据关系的行为。付款本身不是票据行为,其目的在于消灭汇票上的权利义务关系。

(二) 付款提示

1. 付款提示的概念

付款提示是指持票人向付款人或者代理付款人出示票据,以请求其支付票面金额的行为。一般情况下,请求付款均须出示票据。

2. 付款提示的当事人

(1) 提示人,应为持票人或者持票人的委托代理人。我国《票据法》第五十三条第三款规定,通过委托收款银行或者通过票据交换系统向付款人提示付款的,视同持票人提示付款。

(2) 被提示人,通常是付款人,在汇票中被提示人包括承兑人和未承兑的付款人。

3. 提示付款的期限

我国《票据法》第五十三条规定,持票人应当按照下列期限提示付款。

(1) 见票即付的汇票,自出票日起 1 个月内向付款人提示付款。

(2) 定日付款、出票后定期付款或者见票后定期付款的汇票自到期日起 10 日内向承兑人提示付款。

(3) 持票人未按照票据法规定的期限提示付款的,在做出说明后,承兑人或者付款人仍应当继续对持票人承担付款责任。对于背书人,持票人未在法定期限内提示付款的,则会丧失对背书人的追索权。

4. 付款程序

(1) 付款时间和金额。持票人在票据法规定的提示期限内提示付款的,付款人必须在当日足额付款。

(2) 付款人的审查义务。《票据法》第五十七条规定:"付款人及其代理付款人付款时,应当审查汇票背书的连续,并审查提示付款人的合法身份证明或者有效证件。付款人及其代理付款人以恶意或者有重大过失付款的,应当自行承担责任。"付款人或者代理付款人的这种审查义务包括审查汇票背书是否连续。这是一种形式审查,即只要汇票在形式上符合法律要求,付款人或者代理付款人的责任即可免除。同时,付款人或者代理付款人还要审查持票人是否就是汇票上的最后受让人,如果二者是一致的,即可付款;如果二者不一致,付款人或者代理付款人应当拒绝付款,否则,付款人或者代理付款人应当承担责任。

(3) 收款银行与付款银行的责任。持票人委托的收款银行的责任,限于按照汇票上记载事项将汇票金额转入持票人账户。付款人委托的付款银行的责任,限于按照汇票上记载事项从付款人账户支付汇票金额。

(4) 付款的签收。《票据法》第五十五条规定:"持票人获得付款的,应当在汇票上签收,并将汇票交给付款人。持票人委托银行收款的,受委托的银行将代收的汇票金额转账收入持票人账户,视同签收。"

(三) 付款的效力

1. 到期付款的效力

依据我国《票据法》第六十条的规定："付款人依法足额付款后,全体汇票债务人的责任解除。"可见,付款人按期付款之后,汇票上的权利义务关系归于消灭,全体汇票债务人的票据责任解除。

2. 期前付款的效力

《票据法》第五十八条规定:"对定日付款、出票后定期付款或者见票后定期付款的汇票,付款人在到期日前付款的,由付款人自行承担所产生的责任。"期前付款的付款人自行承担全部责任。

3. 期后付款的效力

期后付款是指付款提示期后,或者做成拒绝证书之后,付款人进行付款的行为。《票据法》第五十三条规定,持票人未按照前款规定期限提示付款的,在做出说明后,承兑人或者付款人仍应当继续对持票人承担付款责任。

七、汇票的追索权

(一) 追索权的概念

追索权,又称为第二次请求权,是指付款人拒绝付款或拒绝承兑,或者因其他法定原因在票据到期时得不到付款时,持票人依法向其前手请求偿还票据金额、利息和有关费用的票据权利。我国《票据法》第六十一条规定,汇票到期被拒绝付款时,持票人可以对背书人、出票人以及汇票的其他债务人行使追索权。追索权是补充第一次请求权即付款请求权而设立的权利,只有在第一次请求权不被满足的条件下才能行使。被追索人可以是背书人、出票人、承兑人和保证人等汇票上的债务人。被追索人清偿债务后,其责任解除。

(二) 行使追索权的要件

设置追索权的目的在于增强票据的信用,促进票据流通。票据追索权的行使必须具备特定的要件,主要包括实质要件和形式要件两类。

1. 行使追索权的实质要件

汇票被拒绝承兑或拒绝付款是行使追索权的实质要件。只有持票人的第一次请求权被拒绝或者因其他法定原因无法行使时,第二次请求权才能行使。

2. 行使追索权的形式要件

(1) 汇票在提示期间经合法提示。持票人只有合法提示票据,才能保全其追索权。如果汇票没有按期提示承兑的,持票人丧失对其前手的追索权。目前,我国对汇票追索权行使的条件要求比较高。

(2) 取得拒绝证明。《票据法》第六十二条规定:"持票人行使追索权时,应当提供被拒绝承兑或者被拒绝付款的有关证明。持票人提示承兑或者提示付款被拒绝的,承兑人或者付款人必须出具拒绝证明,或者出具退票理由书。未出具拒绝证明或者退票理由书的,应当承担由此产生的民事责任。"《票据法》第六十五条规定:"持票人不能出示拒绝证明、退票理由书或者未按照规定期限提供其他合法证明的,丧失对其前手的追索权。但是,承兑人或者付款人仍应当对持票人承担责任。"

(3) 追索权在法定期限内行使。《票据法》第十七条规定,票据权利在下列期限内不行使而消灭:①持票人对票据的出票人和承兑人的权利,自票据到期日起两年,见票即付的汇票、本票,自出票日起两年；②持票人对支票出票人的权利，自出票日起六个月；③持票人对前手的追索权，自被拒绝承兑或者被拒绝付款之日起六个月；④持票人对前手的再追索权，自清偿日或者被提起诉讼之日起三个月。

(三) 行使追索权的程序

1. 发出追索通知

我国《票据法》第六十六条规定，持票人应当自收到被拒绝承兑或被拒绝付款的有关证明之日起 3 日内，将被拒绝事由书面通知其前手；其前手应当自收到通知之日起 3 日内书面通知其再前手；持票人也可以同时向各票据债务人发出书面通知。

持票人未按规定期限进行通知的，仍可行使追索权，但是因延期通知给其前手或者出票人造成损失的，应负赔偿责任。因此发出追索通知不是行使追索权的必经程序。

2. 追索请求

追索权可以由债务人主动偿还，也可以由权利人提出非诉讼方请求而实现，还可以通过向法院起诉的方式实现。《票据法》第六十八条规定，汇票的出票人、背书人、承兑人和保证人对持票人承担连带责任。持票人可以不按照汇票债务人的先后顺序，对其中任何一人、数人或者全体行使追索权。持票人对汇票债务人中的一人或者数人已经进行追索的，对其他汇票债务人仍可以行使追索权。被追索人清偿债务后，与持票人享有同一权利。

《票据法》第七十条规定，持票人行使追索权，可以请求被追索人支付下列金额和费用：①被拒绝付款的汇票金额；②汇票金额自到期日或者提示付款日起至清偿日止，按照中国人民银行规定的利率计算的利息；③取得有关拒绝证明和发出通知书的费用。

3. 追索人和被追索人的义务

追索人在同时存在若干个被追索人的情况下，持票人可以选择其中的任何一个人作为追索对象；也可以不限定一名追索对象，而向一个以上的追索义务人行使追索权；持票人还可以不受已经开始的追索权行使的限制，在未实现其追索权之前，再进行新的追索。

被追索人要支付票据金额、利息和其他费用给追索人。《票据法》第六十八条第一款规定，汇票的出票人、背书人、承兑人和保证人对持票人承担连带责任。他们均为追索义务人，对持票人承担无条件给付汇票全部金额的责任。

4. 回头背书的追索

回头背书是指票据上的债务人再次成为被背书人。例如，A 为结算货款签发汇票给 B，B 将汇票背书转让给 C，C 将票据背书给 D，D 再将汇票背书给 B。此时，便产生了回头背书。如果持票人 D 将票据背书给 A，就会出现最大的回头背书。这种情况并不会使票据关系发生混乱，根据《票据法》第六十九条规定，持票人为出票人的，对其前手无追索权。持票人为背书人的，对其后手无追索权。

(四) 追索权的效力

1. 对追索权人的效力

对追索权人而言，实现追索权使其持有的票据上的债权得以实现，享有的票据权利归于消灭。

2. 对被追索人的效力

对被追索人而言，实现追索权消灭了被追索人的债务，同时被追索人取得票据的再追索权。一直追索至出票人，票据上的权利义务关系才消灭。

3. 追索金额

(1) 追索金额的确定。其具体内容为：①被拒绝付款的汇票金额；②汇票金额自到期日或者提示付款日起至清偿日止，按照中国人民银行规定的利率计算的利息；③取得有关拒绝证明和发出通知书的费用。

(2) 再追索金额的确定。其具体内容为：①已清偿的全部金额；②前项金额自清偿日起至再追索清偿日止，按照中国人民银行规定的利率计算的利息；③发出通知书的费用。

4. 追索权的丧失

根据我国《票据法》的规定，追索权丧失的原因包括：没有在规定期限内行使追索权，即因时效期限届满而丧失追索权；追索权还可能因未经提示承兑或提示付款，而丧失追索权。

第六节 本 票

一、本票概述

【例10-4】A市的小张向某农行申请了一张本票，准备拿到B市去经商。该本票上记载的内容有："本票"字样，出票日期是2015年3月6日，金额10 000元，无条件支付的承诺，出票地为A市某农行所在地。小张将此本票背书转让给了B市的小李，小李又转让给了同市的小王。该本票的出票行为有效吗？

【解析】欠缺绝对必要记载事项中的出票人签章和收款人名称，因而无效。

(一) 本票的概念

我国《票据法》第七十三条规定："本票是出票人签发的，承诺自己在见票时无条件支付确定的金额给收款人或者持票人的票据。本法所称本票，是指银行本票。"

(二) 本票的特征

1. 本票是票据的一种，具有一切票据所共有的性质

本票包括无因证券、设权证券、文义证券、要式证券、金钱债权证券、流通证券等。

2. 本票是自付证券，由出票人约定自己对收款人付款的自付证券

本票的基本当事人只有出票人和收款人两个，在出票人之外不存在独立的付款人。这是本票和汇票、支票最重要的区别。

3. 本票无须承兑

本票的出票人完成出票行为之后，即承担了到期付款的责任，无须委托他人付款。所以，本票不需要在到期日前进行承兑。

(三) 本票的种类

根据不同的标准，可以将本票划分为不同的种类，主要包括以下几种。

1. 记名本票、无记名本票和指示本票

按照本票上是否记载权利人为标准,将本票分为记名本票、无记名本票和指示本票。根据《票据法》第七十五条规定,收款人名称是本票的绝对必要记载事项,如果没有记载则本票无效。因此我国不允许签发无记名本票和指示本票。

2. 即期本票和远期本票

按照本票上记载付款日期的不同,将其分为即期本票和远期本票。我国仅承认见票即付的即期本票。

3. 银行本票和商业本票

按照本票的出票人不同,可将其分为银行本票和商业本票。银行本票是银行作为出票人签发的本票。商业本票是银行以外的主体签发的本票。我国《票据法》规定只允许签发银行本票。

4. 定额银行本票与不定额银行本票

按照票面金额是否提前印制于本票之上,将本票分为定额银行本票与不定额银行本票。定额本票上面的金额已经印制在本票正面,出票人签发票据无须填写金额。《支付结算办法》第一百零二条规定,定额银行本票面额为1000元、5000元、1万元和5万元。不定额银行本票在票面上没有印制金额,由出票人在签发票据时填写。

二、本票的出票

(一) 本票出票的特征

本票的出票是出票人签发本票的行为。本票出票是出票人承诺见票时无条件支付确定的金额给收款人的行为,不需要委托第三人支付。本票的票据金额由出票人直接支付,而在汇票中,出票人仅有担保付款的责任。《票据法》第八十条第二款规定,本票的出票行为,除票据法另有规定的外,适用票据法上关于汇票的规定。

(二) 本票出票的记载事项规则

1. 绝对必要记载事项

根据我国《票据法》第七十五条规定,本票的绝对必要记载事项包括:①表明"本票"的字样,凡不符合格式的本票一律无效;②无条件支付的承诺;③确定的金额;④收款人名称;⑤出票日期,我国票据法规定,本票一律为见票即付,本票的出票日期就成为计算持票人本票权利期限的基准点,是法定绝对必要记载事项;⑥出票人签章。

以上事项如果在本票上欠缺任何一项记载,都会导致本票无效。

2. 相对必要记载事项

《票据法》第七十六条规定,本票的相对必要记载事项包括:①本票上记载付款地、出票地等事项的,应当清楚、明确;②本票上未记载付款地的,出票人的营业场所为付款地;③本票上未记载出票地的,出票人的营业场所为出票地。

3. 得记载事项

本票的出票人可以在票据上记载"不得转让"字样,一旦记载,便发生限制本票背书转让的效力。其直接后手如果将本票背书转让的,出票人对其直接后手的被背书人不再承担担保付款的责任。

4. 不得记载事项

不得记载事项包括记载无效事项和无效记载事项两类。例如，在本票上记载法律规定之外的事项，原则上属于记载无效事项；如果出票人在本票上记载附条件的付款承诺，属于无效记载事项。

三、本票的付款

我国《票据法》第七十七条规定："本票的出票人在持票人提示见票时，必须承担付款的责任。"可见，本票的付款人即为出票人，且本票是见票即付的即期票据。

本票的付款提示期限最长为2个月。《票据法》第七十八条规定："本票自出票日起，付款期限最长不得超过二个月。"如果持票人在此期间内没有提示付款，就会丧失对出票人以外的前手的追索权。

四、关于汇票规则的准用

我国《票据法》第八十条："本票的背书、保证、付款行为和追索权的行使，除本章规定外，适用本法第二章有关汇票的规定。本票的出票行为，除本章规定外，适用本法第二十四条关于汇票的规定"。

第七节 支 票

一、支票概述

(一) 支票的概念

《票据法》第八十一条规定："支票是出票人签发的，委托办理支票存款业务的银行或者金融机构在见票时无条件支付确定的金额给收款人或者持票人的票据。"支票作为票据的重要种类之一，与本票和汇票有许多相似之处。支票的基本当事人与汇票大体相同，包括出票人、收款人和付款人三种。

(二) 支票的特征

1) 支票的付款人仅限于银行或其他金融机构

支票是委付证券，而被委托的付款人只能是经中国人民银行当地分支行批准办理支票业务的银行机构。支票与汇票都是委付证券，而本票属于自付证券。

2) 支票是见票即付的即期票据

《票据法》第九十条规定："支票限于见票即付，不得另行记载付款日期。另行记载付款日期的，该记载无效。"支票只能是即期的，其主要功能在于代替现金进行支付，而汇票则存在即期或远期汇票。

3) 支票可以为"空白"票据，即空白支票

空白支票是指在签发时欠缺法律允许的必要记载事项，并授权后手补充记载。常见的空白支票主要欠缺收款人名称和票据金额。只有支票允许签发空白票据，汇票和本票没有此种规定。

(三) 支票的种类

1. 记名支票、无记名支票和指示支票

按照支票上权利人的记载方式不同，可以分为记名支票、无记名支票和指示支票。这种分类与

汇票和本票相同。我国票据法承认记名支票和无记名支票，对指示支票没有相关规定。

2. 现金支票、转账支票和普通支票

按照支票的付款方式不同，可以分为现金支票、转账支票和普通支票。现金支票在票面上印有"现金"字样，只能用来支取现金。转账支票在票面上印有"转账"字样，只能用来转账，不能支取现金。而普通支票在票面上没有印制付款方式，持票人可以请求以现金方式付款，也可以请求以转账方式付款。

二、支票的出票

(一) 支票出票的条件

我国《票据法》规定，支票的出票人只有符合下列条件，才能签发支票。

1. 建立账户并存入资金

《票据法》第八十二条第一款规定，开立支票存款账户，申请人必须使用其本名，并提交证明其身份的合法证件。所以，作为支票的出票人首先要求在银行或其他金融机构开立一个存款账户，以建立和银行或其他金融机构的资金关系。《票据法》第八十二条第二款规定，开立支票存款账户和领用支票，应当有可靠的资信，并存入一定的资金。为便于付款银行在付款时进行审查，同时免除付款银行善意付款的责任，票据法律法规均规定开立支票存款账户的申请人应该在银行留下其本名的签名样式和印鉴样式。

2. 出票人依法做成支票

出票人依法做成支票包括正确选用支票的种类，按照法律规定在票面上记载支票的必要记载事项。

(二) 支票的记载事项规则

1. 绝对必要记载事项

绝对必要记载事项包括：①表明"支票"的字样；②无条件支付的委托；③确定的金额；④付款人名称；⑤出票日期；⑥出票人签章。

支票上未记载上述事项的，支票无效。我国票据法允许签发空白支票，支票上的金额可以由出票人授权补记，未补记前的支票，不得使用；支票上未记载收款人名称的，经出票人授权，可以补记。此种空白支票在后手补充记载之前，不得背书转让或者提示付款。

2. 相对必要记载事项

相对必要记载事项包括：①支票上未记载付款地的，付款人的营业场所为付款地；②支票上未记载出票地的，出票人的营业场所、住所或经常居住地为出票地。

3. 不得记载事项

支票限于见票即付，不得另行记载付款日期。另行记载付款日期的，该记载无效。也就是说，即使支票上另行记载了付款日期，也将其视为见票即付。

(三) 出票的效力

1. 对于出票人的效力

出票人必须按照签发的支票金额向持票人付款。保证自己在付款银行有足够的存款，以保证支票票款的支付。如果付款人拒付或者超过支票付款提示期限的，出票人要向持票人承担付款责任。

2. 对于付款人的效力

付款人在一定条件下有向持票人付款的义务。出票人在付款银行的存款足以支付支票金额时，付款人应当在持票人提示付款的当日足额付款，使持票人能够及时得到票款。

3. 对于收款人的效力

收款人享有向付款人请求付款的权利，在未得到满足的情况下可以行使追索权。此外，收款人还可以将支票依法转让。

(四) 禁止签发空头支票

空头支票指出票人违反与付款人之间的账户资金关系，签发超过其在付款人处实有的存款金额的支票。签发空头支票的透支行为在本质上是违约行为，即立户人违反了与开户银行之间的账户合同关系。我国《票据法》第八十七条规定："支票的出票人所签发的支票金额不得超过其付款时在付款人处实有的存款金额。出票人签发的支票金额超过其付款时在付款人处实有的存款金额的，为空头支票。禁止签发空头支票。"可见，在我国签发空头支票的透支行为是违法的，空头支票在实践中是没有付款请求权效力的。

三、支票的付款

1. 提示付款

《票据法》第九十一条规定："支票的持票人应当自出票日起十日内提示付款；异地使用的支票，其提示付款的期限由中国人民银行另行规定。超过提示付款期限的，付款人可以不予付款；付款人不予付款的，出票人仍应当对持票人承担票据责任。"

2. 提示的效力

持票人应当在规定的期限内提示付款，否则会产生相应的法律后果。支票的持票人按期提示具有行使付款请求权和追索权的效力。如果持票人没有按期提示付款，付款人应不予付款，也不出具拒绝证明。

3. 付款

出票人在付款人处的存款足以支付票面金额的，付款人应当日足额付款。持票人在提示期内向付款人提示票据的，付款人审查合格后就应向持票人付款。

四、关于汇票规则的准用

《票据法》第九十三条规定："支票的背书、付款行为和追索权的行使，除本章规定外，适用本法第二章有关汇票的规定。支票的出票行为，除本章规定外，适用本法第二十四条、第二十六条关于汇票的规定。"

表 10-5 为本票、支票和汇票的区别。

表 10-5 本票、支票和汇票的区别

	本　票	支　票	汇　票
概念	出票人签发，承诺自己在见票时无条件支付确定的金额给收款人或者持票人的票据	出票人委托银行或者其他金融机构见票时无条件支付一定金额给收款人或者持票人的票据	出票人签发，委托付款人在见票时或者在指定日期无条件支付一定金额给收款人或者持票人的票据
性质	自付证券	委付证券	委付证券
基本当事人	出票人、收款人	出票人、付款人、收款人	出票人、付款人、收款人
票据种类	银行本票	普通支票、现金支票、转账支票	银行汇票、商业汇票(商业承兑汇票、银行承兑汇票)
绝对必要记载事项	①表明"本票"字样；②无条件支付的承诺；③确定的金额；④收款人的名称；⑤出票日期；⑥出票人签章	①表明"支票"字样；②无条件支付的委托；③确定的金额；④付款人名称；⑤出票日期；⑥出票人签章	①表明"汇票"字样；②无条件支付的委托；③确定的金额；④付款人的名称；⑤收款人名称；⑥出票日期；⑦出票人签章
相对必要记载事项	①付款地；②出票地	①付款地；②出票地	①付款地；②出票地；③付款日期
是否承兑	不需要承兑	不需要承兑	①见票即付的不需要承兑；②定日付款、出票后定期付款的，汇票到期日前；③见票后定期付款的，自出票日起1个月内
提示付款期限	自出票日起2个月内提示付款	自出票日起10日之内提示付款	①见票即付汇票，自出票日起1个月内提示付款；②其他汇票，自到期日起10日之内付款
付款期限	2个月	10天	6个月

复习思考题

一、单项选择题

1. 票据的特征之一是(　　)。
   A. 债权证券　　　　B. 物权证券　　　　C. 资本证券　　　　D. 有因证券
2. 票据的效力主要取决于其在形式上是否符合《票据法》的要求，而不取决于取得票据的原因，票据因此得名为(　　)。
   A. 债权证券　　　　B. 要式证券　　　　C. 流通证券　　　　D. 无因证券
3. 甲公司与乙公司签订货物买卖合同，双方约定甲公司以支票形式支付货款，金额500万元，乙公司交货后，甲公司签发了支票。甲公司与乙公司之间的买卖合同关系是(　　)。
   A. 票据关系　　　　B. 票据原因关系　　C. 票据预约关系　　D. 票据资金关系
4. 不属于票据权利保全行为的是(　　)。
   A. 按期提示　　　　B. 做成拒绝证书　　C. 提起诉讼　　　　D. 行使撤销权

5. 票据金额以中文大写和数码同时记载，两者不一致的，则票据(　　)。
   A. 以中文大写记载为准　　　　　B. 以数额小的记载为准
   C. 票据无效　　　　　　　　　　D. 以数码记载为准
6. 甲签发汇票一张，金额为 7 万元。收款人乙将汇票转让给丙，丙悄悄地把金额改为 17 万元又转让给丁。丁向银行提示付款时被识破，银行拒付。对此说法正确的是(　　)。
   A. 丙的行为构成更改票据，票据金额不得更改，否则票据无效
   B. 丙的行为构成变造票据，汇票仍然有效
   C. 丙的行为构成变造票据，甲、乙的票据责任免除
   D. 丙的行为构成变造票据，汇票无效
7. 票据丢失以后，失票人不可以采取的补救措施是(　　)。
   A. 挂失止付　　　　　　　　　　B. 公示催告
   C. 向人民法院起诉　　　　　　　D. 和票据债务人协商
8. 甲在签发汇票时在票据上记载"不得转让"并签章。汇票收款人乙将汇票背书于丙，其后果为(　　)。
   A. 甲的记载有效，丙不享有票据权利
   B. 甲的记载有效，丙只能向乙主张票据权利
   C. 甲的记载有效，乙因违反约定而丧失票据权利
   D. 甲的记载无效，丙享有票据权利
9. 汇票出票人因受让票据而成为持票人时(　　)。
   A. 对前手享有追索权　　　　　　B. 对前手无追索权
   C. 票据权利义务关系消灭　　　　D. 不得再背书转让汇票
10. 关于本票的表述，错误的是(　　)。
    A. 我国《票据法》上的本票包括银行本票和商业本票
    B. 本票的基本当事人只有出票人和收款人
    C. 我国《票据法》上的本票提示付款期为两个月
    D. 本票有提示见票制度

二、多项选择题

1. 票据的基本作用与功能包括(　　)。
   A. 支付作用　　B. 汇兑作用　　C. 信用作用　　D. 融资作用
2. 票据的基本当事人不包括(　　)。
   A. 出票人　　　B. 持票人　　　C. 背书人　　　D. 保证人
3. 票据追索权行使的对象包括(　　)。
   A. 背书人　　　B. 出票人　　　C. 承兑人　　　D. 保证人
4. 下列说法正确的是(　　)。
   A. 相对必要记载事项是指票据上如果没有记载这些事项，应适应法律推定，并不因此导致票据无效
   B. 得记载事项可以由票据行为人决定记载或者不记载
   C. 不得记载事项是指依照票据法的规定，行为人不能在票据上记载的事项或内容
   D. 票据上如果没记载绝对必要记载事项，票据无效

5. 根据我国《票据法》，空白支票可以空白的事项包括(　　)。
   A. 票据文句　　　B. 票据金额　　　C. 收款人名称　　　D. 出票人签章
6. 甲签发一张银行承兑汇票给乙。下列有关票据关系当事人的表述中，正确的有(　　)。
   A. 甲是出票人　　　　　　　　B. 乙是收款人
   C. 甲是承兑申请人　　　　　　D. 承兑银行是付款人
7. 我国的支票分类包括(　　)。
   A. 现金支票　　　B. 即期支票　　　C. 远期支票　　　D. 转账支票
8. 下列说法正确的是(　　)。
   A. 空白票据又称为"空白授权票据"
   B. 我国《票据法》只对空白支票做出了规定
   C. 空白支票上的票据金额可以授权补记
   D. 完全没有填写的，也没有出票人签名的票据称为空白票据

三、名词解释

1. 票据　2. 票据关系　3. 非票据关系　4. 票据权利　5. 票据行为　6. 本票
7. 汇票　8. 支票

四、简答题

1. 简述票据的功能。
2. 简述票据法上的法律关系。
3. 简述汇票的记载事项。

五、案例分析题

案例一：甲公司向某工商银行申请一张银行承兑汇票，该银行做了必要的审查后受理了这份申请，并依法在票据上签章。甲公司得到这张票据后没有在票据上签章便将该票据直接交付给乙公司作为购货款。乙公司又将此票据背书转让给丙公司以偿债。到了票据上记载的付款日期，丙公司持票向承兑银行请求付款时，该银行以票据无效为理由拒绝付款。请问：

(1) 从以上案情显示的情况看，这张汇票有效吗？
(2) 根据我国《票据法》关于汇票出票行为的规定，记载了哪些事项的汇票才为有效票据？
(3) 银行既然在票据上依法签章，它可以拒绝付款吗？为什么？

案例二：某进出口公司委派采购员刘某到某棉区采购棉花，签发支票一张，其金额和收款人栏授权刘某根据棉区采购的实际情况填写，但明确告知支票的金额最多可以填写30万元，否则将超出公司目前在银行的存款额。支票的用途栏写明"采购棉花"。该公司并给刘某出具了明确的法定代表人授权委托书和公司营业执照副本。然而，刘某听信个体户叶某之言，企图利用短短的时间差，先做一笔彩电批发生意，赚取相当利润后再赴棉区采购棉花，于是，该二人将支票金额填写为183万元，收款人栏写上叶某的商号，再由叶某以商号名义背书给"某五金交电批发公司"。所购买的彩电转手成功后，全部款项被刘某和叶某卷逃。当"某五金交电批发公司"将叶某提交的支票送银行结算时，因进出口公司账户上存款额不足而被退票。

(1) 该支票是否有效？为什么？
(2) 刘某与叶某应当承担何责任？为什么？
(3) 依该情形，银行能否对某进出口公司处以空头支票的罚款？

第十一章

税收法律制度

税收是我们为文明付出的代价。

——奥利弗·温德尔·霍姆斯

课前导读

税法是我国经济法律体系的重要组成部分,是国家制定的用以调整国家与纳税人之间在征纳税方面的权利及义务关系的法律规范的总称。税法随着人类经济的发展不断发展,了解、掌握税法对于经济法的学习具有十分重要的作用和现实意义。

第一节 税收法律制度的概述

一、税法的概念

税法是国家制定的用以调整国家与纳税人之间在征税纳税方面的权利及义务关系的法律规范的总称。税法与税收密不可分,税法是税收的法律表现形式,税收则是税法所确定的具体内容。因此,了解税收的本质与特征是非常必要的。

税收的实质是国家为了行使其职能,取得财政收入的一种方式。它的特征主要表现在3个方面。

(1) 强制性,主要指国家以社会管理者的身份,用法律、法规等形式对税收征收加以规定,并依照法律强制征税。

(2) 无偿性,主要指国家征税后,税款即成为财政收入,不再归还纳税人,也不支付任何报酬。

(3) 固定性,主要指在征税之前,依法定形式预先规定课税对象、课税额度和课税方法等。

因此,税法就是国家凭借其政治权利,利用税收工具强制性、无偿性、固定性的特征参与社会产品和国民收入分配的法律规范的总称。

二、税收法律关系

税收法律关系是指由税法所确定和调整的国家和纳税人之间的税收征纳权利义务关系。了解税收法律关系，对于正确理解国家税法的本质，严格依法纳税，依法征税都具有重要的意义。

(一) 税收法律关系的构成

税收法律关系在总体上与其他法律关系一样，都是由权利主体、客体和法律关系内容三方面构成的，但在三方面的内涵上，税收法律关系则具有其特殊性。

1. 权利主体

权利主体即税收法律关系中享有权利和承担义务的当事人。在我国税收法律关系中，权利主体一方是代表国家行使征税职责的国家税务机关，包括国家各级税务机关、海关和财政机关；另一方是履行纳税义务的人，包括法人、自然人和其他组织。对税收法律关系中权利主体另一方的确定，我国采取的是属地兼属人原则。

在税收法律关系中权利主体双方法律地位平等，但是因为主体双方是行政管理者与被管理者的关系，所以双方的权利与义务不对等。因此，与一般民事法律关系中主体双方权利与义务平等是不一样的，这是税收法律关系的一个重要特征。

2. 权利客体

权利客体即税收法律关系主体的权利、义务所共同指向的对象，也就是征税对象。例如，所得税法律关系客体就是生产经营所得和其他所得；财产税法律关系客体即是财产；流转税法律关系客体就是货物销售收入或劳务收入。税收法律关系客体也是国家利用税收杠杆调整和控制的目标。国家在一定时期根据客观经济形势发展的需要，通过扩大或缩小征税范围调整征税对象，以达到限制或鼓励国民经济中某些产业、行业发展的目的。

3. 税收法律关系的内容

税收法律关系的内容就是权利主体所享有的权利和所应承担的义务，这是税收法律关系中最实质的东西，也是税法的灵魂。它规定权利主体可以有什么行为，不可以有什么行为，若违反了这些规定，须承担相应的法律责任。

(二) 税收法律关系的产生、变更与消灭

税法是引起税收法律关系的前提条件，但税法本身并不能产生具体的税收法律关系。税收法律关系的产生、变更和消灭必须有能够引起税收法律关系产生、变更或消灭的客观情况，也就是由税收法律事实来决定。这种税收法律事实，一般指税务机关依法征税的行为和纳税人的经济活动行为，发生这种行为才能产生、变更或消灭税收法律关系。例如，纳税人开业经营即产生税收法律关系，纳税人转业或停业就造成税收法律关系的变更或消灭。

三、税法的构成

税法的构成要素一般包括总则、纳税义务人、征税对象、税目、税率、纳税环节、纳税期限、纳税地点、减税免税、罚则、附则等项目。

1. 总则

总则主要包括立法依据、立法目的、适用原则等。

2. 纳税义务人

纳税义务人即纳税主体，主要是指一切履行纳税义务的法人、自然人及其他组织。

3. 征税对象

征税对象即纳税客体，主要是指税收法律关系中征纳双方权利义务所指向的物或行为。这是区分不同税种的主要标志，我国现行税收法律、法规都有自己特定的征税对象。比如，企业所得税的征税对象就是应税所得；增值税的征税对象就是商品或劳务在生产和流通过程中的增值额。

4. 税目

税目是各个税种所规定的具体征税项目。它是征税对象的具体化。比如，消费税就区分了 15 项应税消费品作为具体的税目。

5. 税率

税率是对征税对象的征收比例或征收额度。税率是计算税额的尺度，也是衡量税赋轻重与否的重要标志。我国现行使用的税率主要有以下几种。

(1) 比例税率。即对同一征税对象，不分数额大小，规定相同的征收比例。我国的增值税、城市维护建设税、企业所得税等采用的是比例税率。

(2) 定额税率，即按征税对象确定的计算单位，直接规定一个固定的税额。例如，啤酒、黄酒的消费税税率等。

(3) 超额累进税率，即把征税对象按数额的大小分成若干等级，每一等级规定一个税率，税率依次提高，但每一个纳税人的征税对象则依所属等级同时适用几个税率分别计算，将计算结果相加后得出应纳税款。目前采用这种税率征收个人所得税。

(4) 超率累进税率，即以征税对象数额的相对率划分若干级距，分别规定相应的差别税率，相对率每超过一个级距的，对超过的部分就按高一级的税率计算征税。目前，采用这种税率的是土地增值税。

6. 纳税环节

纳税环节主要指税法规定的征税对象在从生产到消费的流转过程中应当缴纳税款的环节，如流转税在生产和流通环节纳税；所得税在分配环节纳税等。

7. 纳税期限

纳税期限是指纳税人按照税法规定缴纳税款的期限。比如，企业所得税在月份或者季度终了后 15 日内预缴，年度终了后 5 个月内汇算清缴，多退少补；增值税的纳税期限，分别为 1 日、3 日、5 日、10 日、15 日、1 个月或者 1 个季度，纳税人的具体纳税期限，由主管税务机关根据纳税人应纳税额的大小分别核定，不能按照固定期限纳税的，可以按次纳税。

8. 纳税地点

纳税地点主要是指根据各个税种纳税对象的纳税环节和有利于对税款的源泉控制而规定的纳税人(包括代征、代扣、代缴义务人)的具体纳税地点。

9. 减税免税

减税免税主要是对某些纳税人和征税对象采取减少征税或者免予征税的特殊规定。

10. 罚则

罚则主要是指对纳税人违反税法的行为采取的处罚措施。

11. 附则

附则一般都规定与该法紧密相关的内容，比如该法的解释权、生效时间等。

四、税法的分类

税法体系中按各种税法的立法目的、征税对象、权限划分、适用范围、职能作用的不同，可分为不同类型的税法。

(一) 按照税法的基本内容和效力的不同

按照税法的基本内容和效力的不同，税法可分为税收基本法和税收普通法。税收基本法是税法体系的主体和核心，在税法体系中起着税收母法的作用。其基本内容一般包括：税收制度的性质、税务管理机构、税收立法与管理权限、纳税人的基本权利与义务、税收征收范围(税种)等。我国目前还没有制定统一的税收基本法，随着我国税收法制建设的发展和完善，将研究制定税收基本法。税收普通法是根据税收基本法的原则，对税收基本法规定的事项分别立法进行实施的法律，如企业所得税法、个人所得税法、税收征收管理法等。

(二) 按照税法的职能作用的不同

按照税法的职能作用的不同，税法可分为税收实体法和税收程序法。税收实体法主要是指确定税种立法，具体规定各税种的征收对象、征收范围、税目、税率、纳税地点等。例如《中华人民共和国企业所得税法》《中华人民共和国个人所得税法》就属于税收实体法。税收程序法是指税务管理方面的法律，主要包括税收管理法、纳税程序法、发票管理法、税务机关组织法、税务争议处理法等。《中华人民共和国税收征收管理法》(以下简称《税收征收管理法》)就属于税收程序法。

(三) 按照税法征收对象的不同

按照税法征收对象的不同，税法可分为以下4种。

1. 对流转额课税的税法

其主要包括增值税、消费税、关税等税法。这类税法的特点是与商品生产、流通、消费有密切联系。对何种商品征税，税率多高，对商品经济活动都有直接的影响，易于发挥税收对经济的宏观调控作用。

2. 对所得额课税的税法

其主要包括企业所得税、个人所得税等税法。其特点是可以直接调节纳税人收入，发挥其公平税负、调整分配关系的作用。

3. 对财产、行为课税的税法

其主要是对财产的价值或某种行为课税，包括房产税、印花税等税法。

4. 对自然资源课税的税法

其主要是为保护和合理使用国家自然资源而课征的税。我国现行的资源税、城镇土地使用税等税种均属于资源课税的范畴。

第二节 流转税法

一、流转税概述

流转税又称流转课税、流通税，指以纳税人在商品生产、流通环节的流转额或者数量以及非商品交易的营业额为征税对象的一类税收。我国征收的流转税包括：增值税、消费税和关税。

二、增值税法

(一) 增值税的概念和特征

1. 增值税的概念

增值税是对在我国境内销售货物或者提供加工、修理修配劳务，销售服务、无形资产、不动产以及进口货物的单位和个人，就其取得的货物、应税劳务和应税行为(包括：应税服务、转让无形资产和不动产)的销售额或者营业额以及进口货物的金额计算税款，并实行税款抵扣制的一种流转税。增值税所说的增值额是指一定时期内劳动者在生产商品或提供劳务中新创造的价值额，也就是全部商品价值额扣除由于生产耗费所转移进来的价值额之后的余额，即增值额相当于纳税人所销售商品价值中的 v+m 部分。从各国实行增值税的实践看，作为计税依据的增值额是法定增值额，而非上述理论中的增值额。

2. 增值税的特征

(1) 征税范围广，税源充裕。
(2) 多环节课税，但不重复征税。
(3) 具有税收中性效应。
(4) 税收负担具有转嫁性。
(5) 典型的价外税。
(6) 实行消费型增值税。

(二) 增值税的纳税义务人

根据《中华人民共和国增值税暂行条例》(以下简称《增值税暂行条例》)的规定，在中华人民共和国境内销售货物或者加工、修理修配劳务，销售服务、无形资产、不动产以及进口货物的单位和个人，为增值税的纳税义务人。同时我国还规定：境外的单位或个人在境内销售应税劳务而在境内未设有经营机构的，以购买者为扣缴义务人。根据纳税人的经营规模和会计核算制度的健全程度，我国将增值税的纳税人分为一般纳税义务人和小规模纳税义务人。

小规模纳税人的登记标准是：①年应征增值税销售额 500 万元及以下；②年应税销售额超过小规模纳税人标准的其他个人按小规模纳税人纳税；③非企业性单位，不经常发生应税行为的企业可选择按小规模纳税人纳税。小规模纳税人实行简易征税办法征收增值税，销售货物或应税劳务一般不得使用增值税专用发票，不能享有税款抵扣权。

一般纳税人是指年应纳增值税销售额超过一定标准且会计核算健全的企业和其他组织。符合下列条件的可登记为一般纳税人。

(1) 年应征增值税销售额超过小规模纳税人认定标准的企业和企业性单位。

(2) 年应税销售额未超过标准的商业企业以外的其他小规模企业，会计核算健全，能准确核算并提供销项税额、进项税额的，可申请办理一般纳税人登记手续。

(3) 非企业性单位如果经常发生增值税应税行为，并且符合一般纳税人条件的，可以登记为一般纳税人。

(三) 征税对象

1. 征税范围的一般规定

增值税的征税对象包括在我国境内销售货物，提供加工、修理修配劳务，销售服务、无形资产、不动产以及进口入境应税货物。

2. 属于征税范围的特殊项目

(1) 货物期货(包括商品期货和贵金属期货)，应当征收增值税，在期货的实物交割环节纳税。
(2) 存款利息不征收增值税。
(3) 被保险人获得的保险赔付，不征收增值税。
(4) 纳税人取得的中央财政补贴，不征收增值税。

3. 属于征税范围的特殊行为

1) 视同销售货物行为

单位或个体经营者的下列行为，视同销售货物：①将货物交付他人代销；②销售代销货物；③设有两个以上机构并实行统一核算的纳税人，将货物从一个机构移送至其他机构用于销售，但相关机构设在同一县(市)的除外；④将自产或委托加工的货物用于非应税项目；⑤将自产、委托加工的货物用于集体福利或个人消费；⑥将自产、委托加工或购买的货物分配给股东或投资者；⑦将自产、委托加工或购买的货物作为投资，提供给其他单位或个体经营者；⑧将自产、委托加工或者购进的货物无偿赠送给其他单位或者个人；⑨单位和个体工商户向其他单位或者个人无偿提供应税服务、转让无形资产和不动产，但以公益为目的或者以社会公众为对象的除外；⑩财政部和国家税务总局规定的其他情形。

上述 10 种行为确定为视同销售货物行为，均要征收增值税。

2) 混合销售行为

根据《营业税改征增值税试点实施办法》相关规定，一项销售行为如果既涉及服务又涉及货物，为混合销售。从事货物的生产、批发或者零售的单位和个体工商户的混合销售行为，按照销售货物缴纳增值税；其他单位和个体工商户的混合销售行为，按照销售服务缴纳增值税。

3) 兼营非应税劳务行为

根据《营业税改征增值税试点实施办法》相关规定，纳税人兼营销售货物、劳务、服务、无形资产或者不动产，适用不同税率或者征收率的，应当分别核算适用不同税率或者征收率的销售额；未分别核算的，从高适用税率。

(四) 税率

增值税一般纳税人销售或者进口货物，提供加工、修理修配劳务，除低税率适用范围和销售个别旧货适用征收率外，税率一律为 13%，这就是通常所说的基本税率。

一般纳税人销售或者进口下列货物，按低税率计征增值税，低税率为 9%。

(1) 粮食、食用植物油、鲜奶。
(2) 暖气、冷气、热水、煤气、石油液化气、天然气、沼气、居民用煤炭制品。

(3) 图书、报纸、杂志。
(4) 饲料、化肥、农药、农机(不包括农机零部件)、农膜。
(5) 国务院规定的其他货物。

租赁有形动产等适用13%税率；交通运输业、邮政业、基础电信业、建筑服务、不动产租赁服务、销售不动产、转让土地使用权税率是9%；增值电信业、部分现代服务业(有形动产租赁服务除外)、金融服务、生活服务、转让土地使用权以外的其他无形资产的应税行为税率是6%。

小规模纳税人适用3%或者5%的征收率，一般纳税人适用简易征收办法的税率也统一适用3%。

(五) 增值税一般纳税人应纳税额的计算

纳税人销售货物或提供应税劳务，其应纳税额为当期销项税额抵扣当期进项税额后的余额。基本计算公式为

$$应纳税额 = 当期销项税额 - 当期进项税额$$

(六) 小规模纳税人应纳税额的计算

小规模纳税人销售货物或者应税劳务，按照销售额的3%或者5%的征收率计算应纳税额，不得抵扣进项税额。应纳税额计算公式为

$$应纳税额 = 销售额 \times 征收率$$

(七) 进口货物应纳税额的计算

纳税人进口货物，按照组成计税价格和规定的税率计算应纳税额，不得抵扣发生在我国境外的各种税金。组成计税价格和应纳税额的计算公式为

$$组成计税价格 = 关税完税价格 + 关税 + 消费税$$
$$应纳税额 = 组成计税价格 \times 税率$$

(八) 征收管理

1. 纳税义务发生时间

采取直接收款方式销售货物，不论货物是否发出，均为收到销售额或取得索取销售额的凭据，并将提货单交给买方的当天日期。

2. 纳税期限

增值税的纳税期限分别为1日、3日、5日、10日、15日、1个月或者1个季度。纳税人的具体纳税期限，由主管税务机关根据纳税人应纳税额的大小分别核定；不能按照固定期限纳税的，可以按次纳税。纳税人以1个月或者1个季度为一期纳税的，自期满之日起15日内申报纳税；以1日、3日、5日、10日或者15日为一期纳税的，自期满之日起5日内预缴税款，于次月1日起15日内申报纳税并结清上月应纳税款。纳税人进口货物，应当自海关填发税款缴纳书之日起15日内缴纳税款。

3. 纳税地点

固定业户应当向其机构所在地主管税务机关申报纳税。总机构和分支机构不在同一县(市)的，应当分别向各自所在地主管税务机关申报纳税；经国家税务总局或其授权的税务机关批准，也可由总机构汇总向总机构所在地主管税务机关申报纳税。

三、消费税法

(一) 消费税的概念

消费税是以在我国境内从事生产、委托加工及进口应税消费品的单位和个人，就其销售额和销售量而征收的一种税。

(二) 消费税的纳税义务人、征税对象和税率

在中华人民共和国境内生产、委托加工和进口应税消费品的单位和个人，为消费税纳税义务人。

我国现行消费税的征税范围为生产、委托加工和进口的 15 个税目的应税消费品。

消费税的税率包括：比例税率、定额税率和复合计税。消费税税目和税率见表 11-1 所示。

表 11-1　消费税税目、税率

税　　目	从量征税的计税单位	税　　率
一、烟		
1. 卷烟		
定额税率	每标准箱(50000支)	150元
比例税率	甲类卷烟	56%
	乙类卷烟	36%
批发环节		11%加0.005元/支
2. 雪茄烟		36%
3. 烟丝		30%
二、酒及酒精		
1. 白酒	0.5元/每斤(500克)(或者500毫升)	20%
2. 黄酒	每吨	240元
3. 啤酒	甲类啤酒	250元
	乙类啤酒	220元
4. 其他酒		10%
三、高档化妆品		15%
四、贵重首饰及珠宝玉石		5%或10%
五、鞭炮、焰火		15%
六、成品油	汽油、石脑油、溶剂油、润滑油	1.52元/升
	航空煤油、燃料油、柴油	1.2元/升
七、小汽车	根据排气量的大小，确定不同的税率	1%、3%、5%、9%、12%、25%、40%
八、摩托车		3%、10%
九、高尔夫球及球具		10%
十、高档手表	(10000元及以上/只)	20%
十一、游艇		10%
十二、木制一次性筷子		5%

(续表)

税　目	从量征税的计税单位	税　率
十三、实木地板		5%
十四、电池		4%
十五、涂料		4%

(三) 应纳税额的计算

1. 消费税从价定率计算方法

在从价定率计算方法下，应纳税额的计算取决于应税消费品的销售额和适用税率两个因素。其基本计算公式为

$$应纳税额=应税消费品的销售额(不含税)\times 适用税率$$

销售额为纳税人销售应税消费品向购买方收取的全部价款和价外费用。价外费用是指价外收取的基金、集资费、返还利润、补贴、违约金(延期付款利息)和手续费、包装费、储备费、优质费、运输装卸费、代收款项、代垫款项以及其他各种性质的价外收费。

2. 消费税从量定额计算方法

在从量定额计算方法下，应纳税额的计算取决于应税消费品的销售数量和单位税额两个因素。其基本计算公式为

$$应纳税额=应税消费品的销售数量\times 单位税额$$

销售数量是指纳税人生产、加工和进口应税消费品的数量。具体规定为：销售应税消费品的，为应税消费品的销售数量；自产自用应税消费品的，为应税消费品的移送使用数量；委托加工应税消费品的，为纳税人收回的应税消费品数量；进口的应税消费品，为海关核定的应税消费品进口征税数量。

3. 消费税从价定率和从量定额混合计算方法

现行消费税的征税范围中，只有卷烟和白酒采用混合计算方法，其基本计算公式为

$$应纳税额=应税销售数量\times 定额税率+应税销售额\times 比例税率$$

【例 11-1】某酒厂 2020 年 3 月销售自产粮食白酒 2000 斤，每斤售价 45 元。请问本月应缴纳的消费税是多少？(白酒定额税率 0.5 元/斤，比例税率 20%)

【解析】应纳税额= $0.5\times 2000+45\times 2000\times 20\%=19000$(元)

(四) 征收管理

1. 消费税纳税义务发生时间

纳税人生产的应税消费品应当于销售时纳税，进口消费品应当于应税消费品报关进口环节纳税，卷烟在生产、委托加工和进口环节纳税外还在批发环节纳税，金银及金银饰品、钻石及钻石饰品在零售环节纳税。消费税纳税义务发生的时间，以货款结算方式或行为发生时间分别确定。

2. 纳税期限

消费税的纳税期限分别为 1 日、3 日、5 日、10 日、15 日、1 个月或者 1 个季度。纳税人不能按照固定期限纳税的，可以按次纳税。纳税人以 1 个月或者 1 个季度为一期纳税的，自期满之日起

15日内申报纳税;以1日、3日、5日、10日或者15日为一期纳税的,自期满之日起5日内预缴税款,于次月1日起15日内申报纳税并结清上月应纳税款。纳税人进口货物应当自海关填发税款缴纳书之日起15日内缴纳税款。

3. 纳税地点

纳税人销售的应税消费品以及自产自用的应税消费品,除国家另有规定外,应当向纳税人核算地主管税务机关申报纳税。

四、关税法

(一) 关税的概念

关税是海关依法对进出境货物、物品征收的一种税。所谓"境"指关境,又称"海关境域"或"关税领域"。关税法是指国家制定的调整关税征收与缴纳权利义务关系的法律规范。

(二) 纳税义务人、征税对象和进出口税则

1. 纳税义务人

进口货物的收货人、出口货物的发货人、进出境物品的所有人是关税的纳税义务人。进出口货物的收货人、发货人是依法取得对外贸易经营权,并进口或者出口货物的法人或者其他社会团体。进出境物品的所有人包括该物品的所有人和推定为所有人的人。一般情况下,对于携带进境的物品,推定其携带人为所有人;对分离运输的行李,推定相应的进出境旅客为所有人;以邮递或其他运输方式出境的物品,推定其寄件人或托运人为所有人。

2. 征税对象

关税的征税对象是准许进出境的货物和物品。货物是指贸易性商品;物品指入境旅客随身携带的行李物品、个人邮递物品、各种运输工具上的服务人员携带进口的自用物品、馈赠物品以及以其他方式进境的个人物品。

3. 进出口税则

海关进出口税则是一国政府根据国家关税政策和经济政策,通过一定的立法程序制定公布实施的,对进出口货物和物品加以系统分类的一览表。进出口税则以税率表为主体,通常还包括实施税则的法令、使用税则的有关说明和附录等。

4. 原产地规定

确定进境货物原产国的主要原因之一是便于正确运用进口税则的各栏税率,对产自不同国家或地区的进口货物适用不同的关税税率。我国原产地规定基本上采用了"全部产地生产标准""实质性加工标准"两种国际上通用的原产地标准。

(三) 应纳税额的计算

1. 从价税应纳税额的计算

从价税应纳税额的计算公式为

$$关税税额 = 应税进(出)口货物数量 \times 单位完税价格 \times 税率$$

2. 从量税应纳税额的计算

从量税应纳税额的计算公式为

$$关税税额=应税进(出)口货物数量×单位货物税额$$

3. 复合税应纳税额的计算

复合税应纳税额的计算公式为

$$关税税额=应税进(出)口货物数量×单位货物税额+应税进(出)口货物数量×单位完税价格×税率$$

(四) 行李和邮寄物品进口税

行李和邮递物品进口税简称行邮税,是海关对入境旅客行李物品和个人邮递物品征收的进口税。由于其中包含了在进口环节征收的增值税、消费税,因而也是对个人非贸易性入境物品征收的进口关税和进口工商税收的总称。

(五) 征收管理

进口货物自运输工具申报进境之日起 14 日内,出口货物在货物运抵海关监管区后装货的 24 小时以前,应由进出口货物的纳税义务人向货物进(出)境地海关申报,海关根据税则归类和完税价格计算应缴纳的关税和进口环节代征税,并填发税款缴款书。纳税义务人应当自海关填发税款缴款书之日起 15 日内,向指定银行缴纳税款。关税纳税义务人因不可抗力或者在国家税收政策调整的情形下,不能按期缴纳税款的,经海关总署批准,可以延期缴纳税款,但最长不得超过 6 个月。

第三节　所得税法

一、企业所得税法

(一) 企业所得税概述

企业所得税是对在中国境内从事生产经营活动的企业或者组织,就其生产经营所得和其他所得依法征收的一种税。企业所得税实行综合课征制,计税依据为年应纳税所得额,简化税制,便于征管,利于操作和实行按年计征、分期预缴的征收管理办法。

(二) 纳税义务人、征税对象和税率

1. 纳税义务人

企业所得税的纳税义务人是指在中国境内取得收入的企业或者组织(但不包括个人独资企业、合伙企业),包括居民企业和非居民企业。居民企业是指依法在中国境内成立,或者依照外国(地区)法律成立但实际管理机构在中国境内的企业。非居民企业是指依照外国(地区)法律成立且实际管理机构不在中国境内,但在中国境内设立机构、场所的,或者在中国境内未设立机构、场所,但有来源于中国境内所得的企业。

2. 征税对象

企业所得税的征税对象是企业来源于中国境内、境外的生产经营所得和其他所得,包括销售货物所得、提供劳务所得、转让财产所得、股息红利所得、利息所得、租金所得、特许权使用费所得、接受捐赠所得和其他所得。

3. 税率

根据企业所得税法的规定,企业所得税实行25%的比例税率。

非居民企业在中国境内未设立机构、场所的,或者虽设立机构、场所但取得的所得与其所设机构、场所没有实际联系的,应当就其来源于中国境内的所得缴纳企业所得税,适用税率为20%,实际征税时适用10%的税率。

(三) 应纳税额的计算

企业的应纳税所得额乘以适用税率,减除依照相关法律关于税收优惠的规定减免和抵免的税额后的余额,为应纳税额。应纳税额计算公式为

$$应纳税额=应纳税所得额×适用税率-减免税额-抵免税额$$

应纳税所得额是指企业每一纳税年度的收入总额,减除不征税收入、免税收入、各项扣除以及允许弥补的以前年度亏损后的余额,其计算公式为

$$应纳税所得额=收入总额-不征税收入-免税收入-各项扣除-以前年度的亏损$$

(四) 征收管理

1. 纳税期限

企业所得税按纳税年度计算,分月或者分季预缴。企业应当自月份或者季度终了之日起15日内,向税务机关报送预缴企业所得税纳税申报表,预缴税款,自年度终了之日起5个月内,向税务机关报送年度企业所得税纳税申报表,并汇算清缴,结清应缴应退税款。

2. 纳税地点

除税收法律、行政法规另有规定外,居民企业以企业登记注册地为纳税地点,但登记注册地在境外的,以实际管理机构所在地为纳税地点。

二、个人所得税法

(一) 个人所得税概念

个人所得税是主要以自然人取得的各类应税所得为征税对象而征收的一种所得税,是政府调节个人收入的一种手段。个人所得税的税制模式主要有三种:分类征收制、综合征收制和混合征收制,我国个人所得税初步建立了分类征收和综合征收相结合的混合征收制。

(二) 纳税义务人、征税对象和税率

1. 纳税义务人

个人所得税的纳税义务人,包括中国公民、个体工商业户、个人独资企业、合伙企业投资者以及在中国有所得的外籍人员(包括无国籍人员,下同)和中国香港地区的、中国澳门地区的、中国台湾地区的同胞。上述纳税义务人依据住所和居住时间两个标准,区分为居民个人和非居民个人,分别承担不同的纳税义务。

在中国境内有住所,或者无住所而一个纳税年度内在中国境内居住累计满一百八十三天的个人,为居民个人。居民个人从中国境内和境外取得的所得,依照法律规定在中国缴纳个人所得税。在中国境内无住所又不居住,或者无住所而一个纳税年度内在中国境内居住累计不满一百八十三天的个人,为非居民个人。非居民个人从中国境内取得的所得,依照法律规定在中国缴纳个人所得税。纳

税年度,自公历一月一日起至十二月三十一日止。

2. 税目和税率

1) 个人所得税税目

个人所得税的税目一共是九项,居民个人取得前四项所得(工资、薪金所得;劳动报酬所得;稿酬所得;特许权使用费所得),按纳税年度合并计算个人所得税;非居民个人取得前四项所得,按月或者按次分项计算个人所得税。纳税人取得后五项所得(经营所得;利息、股息、红利所得;财产租赁所得;财产转让所得;偶然所得),依照法律规定分别计算个人所得税。

(1) 工资、薪金所得,是指个人因任职或者受雇取得的工资、薪金、奖金、年终加薪、劳动分红、津贴、补贴,以及与任职或者受雇有关的其他所得。

(2) 劳务报酬所得,是指个人从事劳务取得的所得,包括从事设计、装潢、安装、制图、化验、测试、医疗、法律、会计、咨询、讲学、翻译、审稿、书画、雕刻、影视、录音、录像、演出、表演、广告、展览、技术服务、介绍服务、经纪服务、代办服务以及其他劳务取得的所得。

(3) 稿酬所得,是指个人因其作品以图书、报刊等形式出版、发表而取得的所得。

(4) 特许权使用费所得,是指个人提供专利权、商标权、著作权、非专利技术以及其他特许权的使用权取得的所得;提供著作权的使用权取得的所得,不包括稿酬所得。

(5) 经营所得,是指个体工商户从事生产、经营活动取得的所得,个人独资企业投资人、合伙企业的个人合伙人来源于境内注册的个人独资企业、合伙企业生产、经营的所得。

(6) 利息、股息、红利所得,是指个人拥有债权、股权等而取得的利息、股息、红利所得。

(7) 财产租赁所得,是指个人出租不动产、机器设备、车船以及其他财产取得的所得。

(8) 财产转让所得,是指个人转让有价证券、股权、合伙企业中的财产份额、不动产、机器设备、车船以及其他财产取得的所得。

(9) 偶然所得,是指个人得奖、中奖、中彩以及其他偶然性质的所得。

2) 个人所得税税率

综合所得,适用3%~45%的超额累进税率。

综合所得个人所得税税率(含速算扣除数)如表11-2所示。

表11-2 综合所得个人所得税税率(含速算扣除数)

级数	全年应纳税所得额	税率(%)	速算扣除数(元)
1	不超过36000元的部分	3%	0
2	超过36000元至144000元的部分	10%	2520
3	超过14000元至300000元的部分	20%	16920
4	超过300000元至420000元的部分	25%	31920
5	超过420000元至660000元的部分	30%	52920
6	超过660000元至960000元的部分	35%	85920
7	超过960000元的部分	45%	181920

经营所得,适用百分之五至百分之三十五的超额累进税率(税率表附后)。

经营所得个人所得税税率(含速算扣除数)如表 11-3 所示。

表 11-3　经营所得个人所得税税率(含速算扣除数)

级　数	全年应纳税所得额	税率(%)	速算扣除数(元)
1	不超过30000元的部分	5%	0
2	超过30000元至90000元的部分	10%	1500
3	超过90000元至300000元的部分	20%	10500
4	超过300000元至500000元的部分	30%	40500
5	超过500000元的部分	35%	65500

利息、股息、红利所得，财产租赁所得，财产转让所得和偶然所得，适用比例税率，税率为20%。

(三) 应纳税额的计算

(1) 居民个人的综合所得，以每一纳税年度的收入额减除费用六万元以及专项扣除、专项附加扣除和依法确定的其他扣除后的余额，为应纳税所得额。工资、薪金所得全额为收入额，劳务报酬所得、稿酬所得、特许权使用费所得以收入减除百分之二十的费用后的余额为收入额。稿酬所得的收入额减按百分之七十计算。其应纳税额的计算公式为

应纳税额=全年应纳税所得额×适用税率-速算扣除数
　　　　=(全年收入额-费用 60000 元-专项扣除-享受的专项附加扣除-依法确定的其他扣除)×适用税率-速算扣除数

专项扣除，包括居民个人按照国家规定的范围和标准缴纳的基本养老保险、基本医疗保险、失业保险等社会保险费和住房公积金等。

专项附加扣除，包括子女教育、继续教育、大病医疗、住房贷款利息或者住房租金、赡养老人等支出，具体范围、标准和实施步骤由国务院确定，并报全国人民代表大会常务委员会备案。

依法确定的其他扣除，包括个人缴付符合国家规定的企业年金、职业年金，个人购买符合国家规定的商业健康保险、税收递延型商业养老保险的支出，以及国务院规定可以扣除的其他项目。

(2) 非居民个人的工资、薪金所得，以每月收入额减除费用五千元后的余额为应纳税所得额；劳务报酬所得、稿酬所得、特许权使用费所得，以每次收入额为应纳税所得额，依照表 11-4 按月换算后计算应纳税额。劳务报酬所得、稿酬所得、特许权使用费所得以收入减除百分之二十的费用后的余额为收入额。

表 11-4　非居民个人劳务报酬所得、稿酬所得、特许权使用费所得个人所得税税率表(含速算扣除数)

级　数	应纳税所得额 (按月)	税率(%)	速算扣除数
1	不超过3000元的部分	3	0
2	超过3000元至12000元的部分	10	210
3	超过12000元至25000元的部分	20	1410
4	超过25000元至35000元的部分	25	2660
5	超过35000元至55000元的部分	30	4410
6	超过55000元至80000元的部分	35	7160
7	超过80000元的部分	45	15160

(3) 经营所得，以每一纳税年度的收入总额减除成本、费用以及损失后的余额，为应纳税所得额。其应纳税额的计算公式为

$$应纳税额=全年应纳税所得额×适用税率-速算扣除数$$

或 $=(全年收入总额-成本、费用以及损失)×适用税率-速算扣除数$

(4) 财产租赁所得，每次收入不超过四千元的，减除费用八百元；四千元以上的，减除百分之二十的费用，其余额为应纳税所得额。

(5) 财产转让所得，以转让财产的收入额减除财产原值和合理费用后的余额，为应纳税所得额，其计算公式为

$$应纳税额=应纳税所得额×适用税率=(收入总额-财产原值-合理税费)×20\%$$

(6) 利息、股息、红利所得和偶然所得，以收入为应纳税所得额，其计算公式为

$$应纳税额=每次收入额×20\%$$

(四) 征收管理

个人所得税的纳税办法有自行申报纳税和代扣代缴两种。按照《中华人民共和国个人所得税法》第十条的规定，凡在中国境内负有个人所得税纳税义务的纳税人，具有以下7种情形之一的，应当按照规定自行向税务机关办理纳税申报。有下列情形之一的，纳税人应当依法办理纳税申报：①取得综合所得需要办理汇算清缴；②取得应税所得没有扣缴义务人；③取得应税所得，扣缴义务人未扣缴税款；④取得境外所得；⑤因移居境外注销中国户籍；⑥非居民个人在中国境内从两处以上取得工资、薪金所得；⑦国务院规定的其他情形。

居民个人取得综合所得，按年计算个人所得税；有扣缴义务人的，由扣缴义务人按月或者按次预扣预缴税款；需要办理汇算清缴的，应当在取得所得的次年三月一日至六月三十日内办理汇算清缴。预扣预缴办法由国务院税务主管部门制定。非居民个人取得工资、薪金所得，劳务报酬所得，稿酬所得和特许权使用费所得，有扣缴义务人的，由扣缴义务人按月或者按次代扣代缴税款，不办理汇算清缴。纳税人取得经营所得，按年计算个人所得税，由纳税人在月度或者季度终了后十五日内向税务机关报送纳税申报表，并预缴税款；在取得所得的次年三月三十一日前办理汇算清缴。纳税人取得利息、股息、红利所得，财产租赁所得，财产转让所得和偶然所得，按月或者按次计算个人所得税，有扣缴义务人的，由扣缴义务人按月或者按次代扣代缴税款。纳税人取得应税所得没有扣缴义务人的，应当在取得所得的次月十五日内向税务机关报送纳税申报表，并缴纳税款。纳税人取得应税所得，扣缴义务人未扣缴税款的，纳税人应当在取得所得的次年六月三十日前，缴纳税款；税务机关通知限期缴纳的，纳税人应当按照期限缴纳税款。

复习思考题

一、判断题

1. 税收负担必须根据纳税人的负担能力分配，负担能力相等，税负相同；负担能力不等，税负不同，这是税收法定原则。（   ）

2. 税收法律关系的主体包括征纳双方。我国确定纳税义务人时采用的原则是属地兼属人原则。（   ）

3. 税收法律关系的内容是税收法律关系中最实质的东西，也是税法的灵魂。（　　）

4. 增值税是以商品(含应税劳务、应税服务、无形资产和不动产)在流转过程中产生的增值额为征税对象而征收的一种流转税。（　　）

5. 增值税的纳税人和负税人不是同一个人，具有税负转嫁的特点。（　　）

6. 单位或者个体工商户聘用的员工为本单位或者雇主提供加工、修理修配劳务，不属于增值税征税范围。（　　）

7. 根据增值税暂行条例的规定，按纳税人的年应纳税额将增值税的纳税人划分为一般纳税人和小规模纳税人。（　　）

8. 纳税人通过自设非独立核算门市部销售的应税消费品，应按照门市部对外销售额或销售数量计征消费税。（　　）

9. 消费税的纳税人采取预收货款结算方式的，其纳税义务发生时间为销售合同规定的收款日期的当天。（　　）

10. 劳务报酬所得属于同一事项连续取得收入的，以一个月内取得的收入为一次。（　　）

二、单项选择题

1. 下列各项中不属于增值税特点的是(　　)。
   A. 保持税收中性　　　　　　　　　B. 普遍征收
   C. 实行价内税制度　　　　　　　　D. 实行税款抵扣制度

2. 下列收入中，应计算缴纳增值税的是(　　)。
   A. 邮政部门销售集邮商品取得的收入　　B. 旅游景区内经营索道取得的收入
   C. 建筑公司提供建筑业劳务取得的收入　D. 金融企业贷款业务取得的利息收入

3. 下列关于消费税税率的表述中，错误的是(　　)。
   A. 消费税采用比例税率和定额税率两种形式，以适应不同应税消费品的实际情况
   B. 卷烟在批发环节加征一道从价税，税率为10%
   C. 对饮食业、商业、娱乐业举办的啤酒屋利用啤酒生产设备生产的啤酒，按照250元/吨的税额计算消费税
   D. 比例税率中，最高的税率为56%，最低税率为1%

4. 下列单位经营的应税消费品，不需缴纳消费税的为(　　)。
   A. 啤酒屋利用啤酒生产设备生产的啤酒
   B. 商场销售高档手表
   C. 出国人员免税商店销售金银首饰
   D. 汽车制造厂公益性捐赠的自产小轿车

5. 某企业经主管税务机关核定，2017年度亏损13万元，2018年度盈利6万元，2019年度盈利12万元。该企业2019年度应缴纳的企业所得税为(　　)。
   A. 0.5万元　　　　　B. 1万元　　　　　C. 1.25万元　　　　D. 2.4万元

6. 根据企业所得税法律制度的规定，下列各项中，在计算应纳税所得额时准予按一定比例扣除的公益、救济性捐赠是(　　)。
   A. 纳税人直接向某学校的捐赠
   B. 纳税人通过企业向自然灾害地区的捐赠
   C. 纳税人通过电视台向灾区的捐赠

D. 纳税人通过民政部门向贫困地区的捐赠
7. 根据个人所得税法律制度的规定，下列各项中，属于工资、薪金所得项目的是( )。
   A. 年终加薪　　　B. 托儿补助费　　　C. 差旅费津贴　　　D. 独生子女补贴
8. 张教授的学生王某 2015 年购买一间价值 20 万元的住房，将其赠与了张教授，受赠房屋时张教授缴纳相关税费 6.5 万元，2020 年年初张教授把该房屋转让，取得转让收入 40 万元，转让时缴纳除个人所得税之外的其他税费 5.5 万元，张教授 2020 年应缴纳的个人所得税为( )万元。
   A. 4　　　　B. 2.9　　　　C. 2　　　　D. 1.6

三、多项选择题

1. 以下符合应税服务规定的有( )。
   A. 光租和湿租业务，都属于有形动产租赁服务
   B. 装卸搬运服务属于物流辅助服务
   C. 代理报关服务属于鉴证咨询服务
   D. 代理记账按照"咨询服务"征收增值税
2. 销售货物的同时收取的下列费用，不作为增值税计税销售额的有( )。
   A. 受托加工应税消费品所代收代缴的消费税
   B. 向购买方收取的销项税额
   C. 代办保险而向购买方收取的保险费
   D. 向购买方收取的代购买方缴纳的车辆购置税
3. 下列各项中，应当征收消费税的有( )。
   A. 化妆品厂作为样品赠送给客户的香水
   B. 用于产品质量检验耗费的高尔夫球杆
   C. 白酒生产企业向百货公司销售的试制药酒
   D. 化妆品厂移送非独立核算门市部待销售的化妆品
4. 根据现行消费税的规定，下列说法正确的有( )。
   A. 纳税人销售金银首饰，计税依据为含增值税的销售额
   B. 金银首饰连同包装物销售，计税依据为含包装物金额的销售额
   C. 带料加工金银首饰，计税依据为受托方收取的加工费
   D. 以旧换新销售金银首饰，计税依据为实际收取的不含增值税销售额
5. 根据企业所得税法律制度的规定，下列各项中，不得在企业所得税税前扣除的有( )。
   A. 税收滞纳金　　　　　　　　B. 被没收财物的损失
   C. 向投资者支付的股息　　　　D. 缴纳的教育费附加
6. 下列选项中，作为工资、薪金支出在企业所得税税前扣除的有( )。
   A. 补贴　　　B. 年终加薪　　　C. 投资分红　　　D. 防暑降温费
7. 根据个人所得税法律制度的规定，下列个人所得中，应按"劳务报酬所得"项目征收个人所得税的有( )。
   A. 某大学教授从企业取得的咨询费
   B. 某公司高管从大学取得的讲课费
   C. 某设计院设计师从家装公司取得的设计费
   D. 某编剧取得的剧本使用费

8. 下列项目在计征个人所得税时，允许从总收入中减除费用800元的有（　　）。
   A. 稿费3000元　　　　　　　　　　B. 在有奖销售中一次性获奖2000元
   C. 特许权使用费所得3500元　　　　D. 利息所得1000元

四、案例分析题

某农机生产企业(一般纳税人)某年5月发生以下业务。

(1) 外购原材料，取得普通发票上注明销售额60000元，料已入库。

(2) 外购农机零配件已入库，取得经税务机关认证的防伪税控系统增值税专用发票注明价款100000元，本月生产领用80000元。

(3) 生产领用3月份外购的钢材一批，成本为45000元，本企业工程领用4月份外购的钢材一批，成本为60000元(其中运输费用1395元)。

(4) 销售农用拖拉机、收割机一批，货已发出，不含税销售额为280000元，另收取包装费5000元。

(5) 销售一批农机配件，取得不含税收入20000元。

(6) 为农民提供农业机械维修业务，开具普通发票上注明销售额30000元。

要求：计算该农机厂当月应纳的增值税。

第十二章

劳动法与劳动合同法

法律的基本原则是：为人诚实，不损害他人，给予每个人应得的部分。

——查士丁尼

课前导读

劳动法产生于19世纪的西方资本主义国家，是国家维护社会平衡发展及劳动者维护自身权益的产物。劳动法兼具私法与公法的双重特征，这既体现劳动法的社会特征，又是劳动法发展的必然结果。

要点提示

1. 劳动法、劳动关系
2. 劳动合同的订立、履行、变更、解除
3. 劳动争议的解决

第一节 劳 动 法

一、劳动法概述

(一) 劳动法的概念

劳动法是调整劳动关系及与劳动关系密切联系的法律规范的总称。劳动法是我国社会主义法律体系中一项重要的基本法，其制定的目的在于，通过法律调整劳动关系以及与劳动关系密切联系的关系，以保护劳动者的合法权益，确立、维护和发展用人单位与劳动者之间稳定、和谐的劳动关系，促进经济发展和社会进步。

对于劳动法含义，各国有不同的解释。英国《牛津法律大辞典》对劳动法的解释是："与雇佣劳动相关的全部法律原则和规则，大致和工业法相同。它规定的是雇佣合同和劳动或工业关系法律方面的问题。"在旧中国对劳动法最具代表性的界定是史尚宽在《劳动法原论》中的定义："劳动法为关系劳动之法。详言之，劳动法为规范劳动关系及其附随一切关系之法律制度之全体。"中华人民共和国成立后，对劳动法比较一致的定义是："劳动法是调整劳动关系以及与劳动关系密切联系的一些关系的法律。"西方学者和我国学者对劳动法的解释虽然着眼点各不相同，但大体上都离不开调整劳动关系这一中心任务。

(二) 劳动法的调整对象——劳动关系

1. 劳动关系的定义

劳动是人们为创造社会性财富所进行的有目的、有意识的活动，它是人类社会得以生存发展的基础。在劳动过程中，人们不仅要与自然界发生一定的关系，还要处在一定的社会关系之中。劳动关系即是人们在从事劳动过程中发生的社会关系。在我国，劳动关系具体表现为劳动者与用人单位之间发生的关系。

1) 劳动者

劳动者，是指依据劳动法律和劳动合同的规定，在用人单位从事体力或脑力劳动，并获取劳动报酬的自然人。作为劳动者，必须具备以下法定条件。

(1) 达到法定最低就业年龄。根据《中华人民共和国劳动法》(以下简称《劳动法》)的规定，公民的最低就业年龄是16周岁。不满16周岁，不能与用人单位发生劳动法律关系。我国法律禁止用人单位招用未满16周岁的公民就业，否则将承担相应的法律责任。对有可能危害未成年人健康、安全或道德的职业或工作，劳动法规定就业年龄不应低于18周岁。

(2) 具备劳动能力。由于劳动需由劳动者亲自进行，因此劳动者必须具备劳动能力。对于一些特定的行业，劳动者的劳动能力还必须满足该行业的特殊要求。

此外，我国劳动法并没有对劳动者的国籍进行限制性规定，我国公民，外国人、无国籍人在具备劳动法规定的条件时，都可以成为劳动者。

【例12-1】小张15周岁，因家庭条件困难被迫辍学外出打工，到一家网吧应聘收银员并与其签订了劳动合同。问：该劳动合同是否生效？

【解析】不生效，因小张未满16周岁，其主体资格不符合法律规定，不能订立劳动合同。

根据我国劳动法的规定，劳动者享有以下劳动权利：①平等就业和选择职业的权利；②取得劳动报酬的权利；③休假休息的权利；④获得劳动安全卫生保护的权利；⑤接受职业技能培训的权利；⑥享受社会保险和福利的权利；⑦依法参加工会和职工民主管理的权利；⑧提请劳动争议处理的权利；⑨法律规定的其他劳动权利。

2) 用人单位

用人单位，是指依法招用和管理劳动者，并对劳动者承担相关义务者。

在我国用人单位可以分为以下几种类型。

(1) 依法在中国境内核准登记的企业，包括各种所有制性质和各种组织形式，如国有企业、集体所有制企业、私营企业、外商投资企业、股份制企业、联营企业、乡镇企业等。

(2) 依法核准等级的个体经济组织，即依法取得营业执照的个体工商户。

(3) 依法成立的事业单位，包括文化、教育、卫生、科研等单位，如学校、医院、出版社等。

(4) 依法成立的国家机关。

(5) 依法成立的社会团体，如妇联、工会、研究会、协会等。

【例 12-2】赵丽为进城务工人员，在小王家从事保姆工作，经双方协商，雇主小王包吃包住，一个月给赵丽工资 3500 元，签订了雇佣协议。后赵丽在打扫卫生时，自己不慎摔倒骨折。其与雇主小王之间是否有劳动关系，赵丽受伤是否属于工伤？雇主小王是否应承担相应赔偿责任？

【解析】在我国作为个人的雇主不能成为劳动法中的用人单位，因此，本案中小李与雇主之间应属民法上的雇佣关系，双方之间的权利义务主要适用民法。

2. 劳动关系的特征

劳动法调整的劳动关系具有以下特征。

(1) 劳动关系只产生于劳动过程中。劳动过程是劳动关系产生的前提和基础，没有劳动过程，就没有劳动关系。脱离劳动过程而产生的关系，都不属于劳动关系。据此，劳动法所涉及的范围仅限于劳动过程之中。

(2) 劳动关系只产生于劳动者和用人单位之间。只有劳动者同用人单位之间在劳动过程中发生的社会关系，才属于劳动关系，属于劳动法的调整范围。

(3) 劳动关系以劳动为内容。劳动者与用人单位之间形成劳动关系，以实现劳动为内容，为社会生产或社会产品提供服务。没有这一内容，劳动关系便没有存在的意义和价值。

【例 12-3】李红，自由职业者，以为他人提供设计和装修为生。某餐厅因经营需要，需对门面进行重新设计和装修，李红承接了此业务，并与餐厅签订房屋修缮合同。根据合同规定，餐厅指派店内服务员王丽协助李红工作。在协助施工过程中，王丽被掉落的钢筋砸伤腿部，经鉴定为重伤。王丽认为其属于工伤，应享受工伤待遇，但餐厅认为双方是劳务关系，并不是劳动关系。双方为此发生争议，诉至法院。

问：

(1) 李红与餐厅的关系是否属于劳务关系？

(2) 王丽与餐厅的关系是否属于劳动关系？

【解析】

(1) 李红与餐厅的关系属于劳务关系。李红与餐厅签订合同，为餐厅设计和装修，此合同属于加工承揽合同，李红提供劳务，餐厅支付报酬，二者形成劳务关系而非劳动关系。

(2) 餐厅是具有法人资格的用人单位，符合劳动法主体资格，而王丽的协助岗位由餐厅安排，为餐厅提供有偿劳动，二者之间形成一种劳动关系。

二、劳动法体系

劳动法包括了调整劳动关系及与劳动关系联系密切的某些关系的各种法律规范。这些法律规范共同构成了我国劳动法体系。

(一) 基本法律

《劳动法》是劳动法律的制定依据，其主要内容为规定劳动关系双方当事人的基本权利和义务，以及在劳动关系各主要方面应确立的标准和基本规范。

(二) 其他相关法律

1. 规范劳动力市场主体行为的法律

(1) 劳动就业法，其内容为，规定就业者的条件、招工规则、不正当招工行为的限制、社会上特殊群体的就业保护，就劳动力市场主体的资格、参与劳动市场活动的前提条件做出法律规定。

(2) 劳动合同法，其内容为，规定劳动合同的订立原则、劳动合同的形式、内容、期限、中止、解除等，为劳动力市场主体建立劳动关系提供法律依据。

(3) 集体合同法，其内容为，规定集体合同的订立原则，集体合同的形式、内容、法律责任等。

(4) 职业介绍法，其内容为，规定职业介绍者的资格、方式、标准、权利与义务、相应的法律责任。

(5) 工资法，其内容为，规定劳动报酬确立的原则和方式，工资给付的形式、时间、地点，特殊情况下的工资支付、实际工资水平的保障、最低工资标准的保障等。

(6) 职业培训法，其内容为，规定国家和用人单位在劳动者职业技能培训方面的权利和义务。

2. 保护劳动者权益的法律

(1) 安全生产法，其内容为，规定用人者在劳动安全卫生方面对劳动者所承担的义务、保护劳动者在劳动过程中的健康和安全。

(2) 失业救济法，其内容为，规定劳动者在失业时应享受的权益，以保障其在此期间的生活来源。

(3) 职工福利法，其内容为，规定用人单位必须为劳动者提供福利设施，以保障劳动者必需的工作和生活条件。

(4) 社会保险法，其内容为，规定劳动者在工伤、疾病、年老、生育期间应享受的待遇，社会保险金的来源、使用，社会保险管理体制等，从而保障劳动者在上述期间的生活待遇。

3. 规范劳动行政管理行为的法律

(1) 劳动监察法，其内容为，规定劳动监察机构的设置及职能，劳动监察的手段、内容、程序以及法律责任等。

(2) 劳动执法检查法，主要针对劳动行政机关内部。其内容为，规定检查的方式、内容以及相应的法律责任等。

4. 解决劳动纠纷的法律

(1) 劳动争议处理法，其内容为，规定劳动争议的处理原则、机构、方式、调解组织、程序、效力，仲裁的组织、程序、方式与效力等。

(2) 劳动诉讼法，其内容为，规定受理劳动争议案件的司法机构，审理方式、程序，法律责任及法律效力。

第二节 劳动合同法

一、劳动合同与劳动合同法概述

(一) 劳动合同概念和特征

劳动合同是指劳动者与用人单位确立劳动关系，明确双方权利义务关系的书面协议。劳动合同作为一种特殊的合同，除了具有合同所具有的平等性、自愿性等特征外，还具有以下特征。

1. 主体的特定性

劳动合同的目的和客体的特定性决定了劳动合同的主体必须是特定的符合法定条件的个人和组织，即劳动合同是劳动力的使用方和劳动力的提供方之间订立的协议。作为劳动力的使用方即用人单位具有广泛性，可以是企业(如个人独资企业、合伙企业、有限责任公司、股份有限公司等)，也可以是个体经济组织(如个体工商户等)。而劳动力的提供方即劳动者具有单一性，只能是有劳动能力的自然人。

因此，在劳动合同的双方当事人中必须有一方是具有劳动能力的自然人。

2. 劳动者地位的双重性

劳动者在劳动合同中的地位具有双重性。一方面，劳动者与用人单位的地位是平等的。《中华人民共和国劳动合同法》(以下简称《劳动合同法》)第三条规定："订立劳动合同，应当遵循合法、公平、平等自愿、协商一致、诚实信用的原则。"另一方面，劳动者隶属于用人单位，劳动合同订立后，劳动者要进入用人单位，按照劳动合同的约定，遵照用人单位的要求为其劳动，服从用人单位的管理，遵守劳动纪律、劳动成果归属于用人单位，在劳动过程中发生的劳动风险由用人单位承担等。《劳动合同法》第二十九条规定："用人单位与劳动者应当按照劳动合同的约定，全面履行各自的义务。"

3. 内容的法定性

虽然劳动合同是劳动者与用人单位双方自由协商的结果，但是不同于民事合同，劳动合同双方当事人不能完全协商确定合同的内容，必须在法律许可的框架内进行协商，协商内容也不得违反法律的强制性规定，如《劳动合同法》第十七条对劳动合同的必备条款做出了明确规定，其范围涉及劳动者与用人单位的基本信息、劳动合同的期限、工作条件、劳动报酬、社会保险等方面。由此可见，劳动合同的内容具有较强的法定性。

(二) 劳动合同种类

劳动合同按照不同的标准，可以分为以下几种类型。

1. 按用工形式划分

按照用工形式，劳动合同可分为全日制劳动合同和非全日制劳动合同两种。

(1) 全日制劳动合同。全日制合同也叫典型劳动合同，是依据全日制用工而建立的劳动合同。全日制用工是指劳动者在同一用人单位每日和每周工作时间的平均数超过一定小时的用工形式。我国《劳动法合同法》的一般规定都是以全日制劳动合同为对象的。

(2) 非全日制劳动合同。非全日制劳动合同是基于非全日制用工而建立的劳动合同，我国《劳动合同法》第六十八条规定："非全日制用工，是指以小时计酬为主，劳动者在同一用人单位一般平均每日工作时间不超过四小时，每周工作时间累计不超过二十四小时的用工形式。"非全日制用工是一种灵活的用工形式，它有利于适应用人单位降低人工成本、推荐灵活用工的客观需要。

2. 按劳动合同的期限划分

按照劳动合同的期限，劳动合同可以分为固定期限劳动合同、无固定期限劳动合同、以完成一定工作任务为期限的劳动合同。

1) 固定期限劳动合同

固定期限劳动合同也叫定期劳动合同，是指用人单位与劳动者约定合同终止时间的劳动合同。当事人在合同中明确规定了劳动合同有效的起止日期，合同约定的期限届满，劳动合同终止。固定期限劳动合同是目前最为普遍的一种合同。

2）无固定期限劳动合同

无固定期限劳动合同也叫不定期劳动合同，是指用人单位与劳动者约定无确定终止时间的劳动合同。此种合同只写明合同生效日期，未明确合同终止的日期，如用人单位应当与劳动者签订无固定期限劳动合同而未签订的，人民法院可以视为双方之间存在无固定期限劳动合同关系，并以原劳动合同确定双方的权利义务关系。一般来说，无固定期限劳动合同主要适用于工作保密性强、技术复杂、生产需要长期保持人员稳定的工作岗位。

3）以完成一定工作任务为期限的劳动合同

以完成一定工作任务为期限的劳动合同，是指用人单位与劳动者约定以某项工作的完成为合同期限的劳动合同。这类合同没有规定合同的具体终止时间，合同约定的工作任务一旦完成，合同自然终止。此类合同实际上是一种特殊的固定期限劳动合同，一般适用于铁路、桥梁、水利、石油勘探等工程项目及季节性很强的工作。

3. 按劳动合同主体的数目划分

按劳动合同主体数目，劳动合同分为个人劳动合同和集体劳动合同。

(1) 个人劳动合同，是指由单个的劳动者本人与用人单位依法签订的劳动合同，它规定个别劳动关系，其内容具有个别性，是劳动合同的常态。

(2) 集体劳动合同，是指由劳动者推举的代表或者工会代表企业职工一方，通过与用人单位或其团体、协会，就劳动报酬、工作时间、休息休假、劳动安全卫生、保险福利等事项平等协商而订立的合同。它规定的是集体劳动法律关系，我国《劳动合同法》对集体合同作了专门规定。

【例 12-4】按照用工形式，劳动合同可以分为(　　)。
A. 全日制劳动合同　　　　　　　　　B. 非全日制劳动合同
C. 固定期限劳动合同　　　　　　　　D. 集体合同
【解析】AB。

(三) 劳动合同法综述

1. 概述

劳动合同法是指调整用人单位和劳动者订立、履行、变更、解除和终止劳动合同行为的法律规范的总称。

我国的劳动合同制从 1980 年开始，但是对劳动合同的规定几乎没有。1995 年 1 月 1 日开始实施的《劳动法》对劳动合同作了专章规定，自《劳动法》实施以来，其关于劳动合同的规定发挥了积极的作用。

随着改革不断深入，劳动合同制度在实施过程中出现了很多问题，在这样的背景下，制定《劳动合同法》被提到议事日程。通过向全社会公开征求意见及全国人大常委会的三次审议，于 2007 年 6 月 29 日在全国人大常委会第 28 次会议上审查通过了《劳动合同法》，于 2008 年 1 月 1 日开始正式实施。

《劳动合同法》实施后，社会上出现了劳务派遣单位过多过滥、被派遣劳动者合法权益得不到有效保证等问题。这些问题如不尽快解决，必然给劳动关系和社会稳定带来负面影响。因此，全国人大决定对劳动合同法的相关内容进行修改，2012 年 12 月 28 日第 11 届全国人民代表大会常务委员会第 30 次会议通过了《关于修改<中华人民共和国劳动合同法>的决定》，自 2013 年 7 月 1 日起施行。

2. 适用主体范围
1) 用人单位的范围
用人单位是指依法招用和管理劳动者并依照法律规定或合同约定向劳动者提供劳动条件、劳动保护和支付劳动报酬的组织。根据《劳动合同法》《劳动合同法实施条例》《劳动法》的规定，用人单位的范围如下。

(1) 企业。企业是指投资者依法设立的以营利为目的的，实行自主经营、自负盈亏的经济组织。具体包括全面所有制企业、集体所有制企业、个人独资企业、合伙企业、中外合资经营企业、中外合作经营企业、外商独资企业、有限责任公司、股份有限公司、一人有限公司、国有独资公司等。企业是既是用人单位的主要组成部分、也是劳动合同法主要调整对象。

(2) 个体经济组织。个体经济组织是指不具有法人资格但是经过工商登记注册的雇工在7人以下的个体工商户。

(3) 民办非企业。根据《民办非企业单位登记管理暂行条例》规定，民办非企业单位"是指企业事业单位、社会团体和其他社会力量以及公民个人利用非国有资产举办的，从事非营利性活动的社会组织。"我国民办非企业单位主要有各类民办学校、医院、文艺团体、科研院所、体育场馆、职业培训中心、福利院、人才交流中心等。

(4) 国家机关、事业单位、社会团体。国家机关、事业单位、社会团体一般不属于劳动法所指的用人单位的范畴。但在这三种用人单位中，除根据公务员、参照公务员管理的人员外，其他与这些用人单位建立劳动关系的劳动者在订立、履行、变更、解除或者终止劳动合同的行为则要适用《劳动合同法》的规定。

(5) 其他组织。其他组织是指企业、个人竞技组织、民办非企业单位以外的组织。根据《劳动合同法实施条例》规定，其他组织应该是依法成立的会计师事务所、律师事务所等合伙组织和基金会。

(6) 用人单位的分支机构。根据《劳动合同法实施条例》第四条的规定，用人单位的分支机构能否成为劳动合同的主体，需要视具体情况而定：如果用人单位的分支机构依法取得营业执照或者登记证书的，那么可以作为用人单位与劳动者订立劳动合同。反之，如果用人单位的分支机构未依法取得营业执照或者登记证书的，则不能成为劳动合同的主体。

2) 劳动者的范围
劳动者是指具有劳动权利能力和劳动行为能力，能够从事某种社会劳动获取收入作为主要生活来源的自然人。主要包括：①与企业、个体经济组织、民办非企业单位建立劳动关系的劳动者；②与国家机关、事业单位、社会团体建立劳动关系的劳动者。在国家机关、事业单位社会团体中只有四种劳动者适用《劳动合同法》，其他都不适用。这四类劳动者分别是：国家机关、事业单位、社会团体中的工勤人员；与国家机关、事业单位、社会团体签订劳动合同的人员；实行企业化管理的事业单位的工作人员；事业单位采取聘用制录用的工作人员。

【例 12-5】以下属于《劳动合同法》主体的是(　　)。
A. 国家机关公务员　　　　　　B. 宾馆大堂经理
C. 现役军人　　　　　　　　　D. 保姆
【解析】BD。

二、劳动合同的订立

劳动合同的订立是指用人单位和劳动者双方之间经过相互选择、洽谈协商，就劳动合同的各项条款达成合意，并以书面形式明确规定双方权利、义务及责任的法律行为。劳动合同订立是劳动合同存在的前提，也是劳动合同的履行、变更、解除的基础。

(一) 劳动合同的订立原则

我国《劳动合同法》第三条明确规定，订立劳动合同，应当遵循合法、公平、平等自愿、协商一致、诚实信用的原则。

1. 合法性原则

合法性原则是指劳动合同法首先要遵守国家法律法规的规定。其具体包括：①主体合法，即订立劳动合同的主体必须具备劳动法主体资格，即劳动合同的订立主体必须符合法律的规定，否则所订立的劳动合同因缺乏合法性要件而为无效合同。②形式合法，即订立劳动合同时需要满足法律规定的形式要件。③内容合法，即劳动合同中所确定的基本权利和义务不得违反法律规定。

2. 公平原则

公平原则是指劳动合同的内容应当公平、合理，即在劳动合同中双方当事人的权利义务的配置不能显失公平。劳动合同法着重强调在订立劳动合同时一定要遵循公平原则。公平原则要求在劳动合同中双方当事人的权利义务具有一致性。

3. 平等自愿原则

平等自愿原则包含两层含义，即平等原则和自愿原则。自愿原则和平等原则是密切联系的，平等原则是自愿原则的基础和保障。如果双方当事人的法律地位不平等，也就无法真实地表达自己的意志。反之，自愿原则则是平等原则的体现，当事人的法律地位平等只有通过当事人在劳动合同中真实地表达自己的意愿才能得到彰显。因此二者是相辅相成、不可分割的。

4. 协商一致原则

协商一致原则是指在劳动合同的订立过程中，用人单位和劳动者在充分表达各自意愿的基础上，就劳动合同的类型、内容等进行协商，达成一致意见后订立劳动合同。双方达成的合意，只要不违反法律的强制性规定，不侵害国家、集体及他人的合法权益，就应当得到法律的保护。

5. 诚实信用原则

诚实信用原则是指劳动合同的当事人在缔约过程中，应该诚实守信，以善良的方式缔结合同，不得滥用优势地位规避法律和合同约定的义务。诚实信用原则，贯穿劳动合同的各个阶段，也是避免劳动合同无效和以后发生劳动纠纷的重要保证。

【例12-6】王某到长城公司应聘保安时，隐瞒了自己曾受行政、刑事处分的事实，与公司签订了5年期限的劳动合同。三天后，长城公司收到当地检察院对王某的不起诉决定书。经公司进一步调查得知，王某曾因在原单位盗窃原材料受到严重警告处分，又因盗窃原单位电缆被查获，因其认罪态度较好，故不起诉。长城公司调查之后，以王某隐瞒受过处分，不符合本单位录用条件为由，在试用期内解除了了与王某的劳动关系。长城公司的做法是否合法？

【解析】按照《劳动合同法》规定，用人单位在了解劳动者与劳动合同直接相关的基本情况时，劳动者应如实说明。本案中，核心问题是劳动者曾受过行政、刑事处分的事实是否属于与劳动合同直接相关的基本情况。《中华人民共和国刑法》规定："依法受过刑事处罚的人，在入伍、就业的时候，应当如实向有关单位报告自己曾受过刑事处罚，不得隐瞒。"本案中，王某虽然被检察院决定不起诉但因其应聘保安，曾因盗窃罪受过行政处分，这样的事实就属于与劳动合同直接相关的基本情况，所以长城公司的做法是合法的。

(二) 劳动合同的订立程序

1. 具体程序

在我国劳动法律法规中并没有关于劳动合同订立的程序即劳动合同订立所经过的过程的规定。一般来说，劳动合同订立的过程与合同订立的基本过程一致，即要约和承诺两个基本阶段。现从具体实践的角度对劳动合同订立的程序进行归纳，可以分为以下两个阶段。

1) 确定劳动合同的当事人

确定劳动合同的当事人是劳动合同订立的第一阶段。在这一阶段中，用人单位和劳动者通过一定的方式进行相互选择，在双方自愿的基础上确立劳动合同的当事人。通常是用人单位发出招工简章，劳动者根据招工简章要求的时间和条件去应聘，用人单位对应招人员进行考核，向符合招录条件的人员发出录用通知书。

2) 确定劳动合同内容

愿意接受录用的劳动者接到录用通知后，去用人单位报到，用人单位与劳动者通过平等协商、确立劳动合同的具体内容，具体程序为：用人单位先提出劳动合同的草案，并介绍劳动规章制度，而后用人单位与劳动者就劳动合同的具体内容进行商定，最后双方在协商确定的劳动合同上签字盖章，双方签字盖章后劳动合同成立。

2. 劳动合同订立时的告知义务

劳动合同在订立时的告知义务，即在用人单位和劳动者签订劳动合同时，需要向对方说明法律规定的或对方要求的与劳动合同建立直接相关的真实情况，这是用人单位和劳动者双方知情权应有的要求，也是用人单位和劳动者在签订劳动合同时依法所应尽义务。

1) 用人单位的告知义务

由于劳动合同在订立过程中，用人单位常常利用自己的劳动力市场的强势地位侵犯劳动者的合法权益。为了防止这种情况的发生，《劳动合同法》第八条规定了用人单位的告知义务。一般来说，用人单位的告知义务主要包括以下两个方面。①法律明确规定必须告知的事项。按照《劳动合同法》的规定，用人单位的法定告知内容共有6项，即工作内容、工作条件、工作地点、职业危害、安全生产情况和劳动报酬。这6项内容是法律强制性规定的，无论劳动者是否提出要求，用人单位都必须如实主动地告知劳动者。②劳动者要求了解的其他事项。此类事项是法律没有强制性规定用人单位必须告知的事项，而是劳动合同当事人双方协商确定的，如工作时间、休息休假、社会保险、晋级晋职、福利待遇等内容。

2) 劳动者的告知义务

用人单位需要向劳动者履行告知义务的同时，用人单位也有权了解劳动者的情况，对此劳动者也应当如实告知。对此，《劳动合同法》规定，用人单位有权了解劳动者与劳动合同直接相关的基本情况，即劳动者的健康情况、知识技能、学历、职业资格、工作经历及部分与工作相关的劳动者的个人情况，如家庭住址、主要家庭成员等。

3. 订立劳动合同需要注意的问题

1) 用人单位建立职工名册备查

《劳动合同法》第七条规定:"用人单位自用工之日起即与劳动者建立劳动关系,用人单位应当建立职工名册备查。"《实施条例》第八条规定,该职工名册应当包括劳动者姓名、性别、公民身份证号码、户籍地址及现住址、联系方式、用工形式、用工起始时间、劳动合同期限等。用人单位建立职工名册后,一方面可以证明劳动关系的存续,另一方面也便于劳动行政部门依法进行监督检查。

2) 签订劳动合同与实际用工时间不一致

根据《劳动合同法》第十条规定:"建立劳动关系,应当订立书面劳动合同。已建立劳动关系,未同时订立书面劳动合同的,应当自用工之日起一个月内订立书面劳动合同。用人单位与劳动者在用工前订立劳动合同的,劳动关系自用工之日起建立。" 也就是说,书面劳动合同不决定劳动关系的建立,劳动关系的建立以实际用工为准。

(三) 劳动合同的内容与形式

1. 劳动合同的内容

劳动合同的内容是指劳动者与用人单位双方通过平等协商达成一致的有关劳动权利和劳动义务的具体条款。劳动合同的内容作为劳动合同的核心部分,分为必备条款和约定条款。

1) 必备条款

根据《劳动合同法》第十七条规定,劳动合同的必备条款有以下几条。

(1) 劳动合同期限,是指合同的有效时间,开始于合同生效时,终止于合同终止或解除时。劳动合同可以有固定期限,也可以无固定期限,或者以完成一定的工作为期限。合同中应有规定期限的条款,没有规定又不能通过其他方法明确必要的期限时,合同不能成立。

(2) 工作内容和工作地点,工作内容主要是指劳动者为用人单位提供的劳动,这是劳动者应当履行的主要义务。劳动者被录用以后,应担任何种工作或职务,工作上应达到什么要求等,应在劳动合同中加以明确。双方在协商一致的基础上明确劳动者所应从事工作的类型及应达到的数量指标、质量指标等,也可以参照同行业的通常情形来执行。关于劳动或工作的时间、地点、方法和范围等,法律没有统一规定的,依照法律执行;没有统一规定的,可由双方协商,但不能违背法律的基本原则。

(3) 劳动报酬,用人单位应向劳动者支付劳动报酬,这是用人单位的主要义务,相对应的获得劳动报酬是劳动者权利。劳动报酬,专指劳动法所调整的劳动者基于劳动关系而取得的各种劳动收入,其支付形式主要有工资、津贴、奖金等。

(4) 劳动保护、劳动条件和职业危害保护。在劳动关系中,由于安全保障、改善劳动条件所需要的成本较高,用人单位可能利用稍高的劳动报酬来诱使劳动者从事高危险和高危害劳动,致使劳动者的身体健康和生命安全遭受巨大损害。为此,有关劳动保护和劳动条件的内容,在劳动法中都有规定。

(5) 社会保险。社会保险主要包括养老保险、事业保险、医疗保险、工伤保险和生育保险。用人单位和劳动者必须依法参加社会保险,缴纳社会保险费。

(6) 工作时间和休息休假。工作时间与休息休假的内容和标准也大都由法律做出明确规定,在劳动合同中,应当明确用人单位和劳动者执行的工时制度和形式。对于法律规定的劳动者应当享受的休息与休假,用人单位应当予以充分保障。

此外、用人单位的名称、住所和法定代表人或者主要负责人,劳动者的姓名、住址和居民身份证或者其他有效身份证件号码,也应当在劳动合同中明确体现出来。

2) 补充条款

《劳动合同法》第十七条规定，劳动合同除必备条款外，用人单位与劳动者可以约定试用期、培训、保守秘密、补充保险和福利待遇等其他事项。补充条款可由当事人针对具体劳动关系中的问题有针对性地加以规定，常见的条款有试用期、保守商业秘密、补充保险和福利待遇等条款。

(1) 试用期。试用期是指对新录用的职工进行试用的期限。《劳动合同法》对于试用期进行了具体的规定：劳动合同期限3个月以上不满1年的，试用期不得超过1个月；劳动合同期限1年以上不满3年的，试用期不得超过2个月；3年以上固定期限和无固定期限的劳动合同，试用期不得超过6个月。同一用人单位与同一劳动者只能约定一次试用期。以完成一定工作任务为期限的劳动合同或者劳动合同期限不满3个月的，不得约定试用期。试用期包含在劳动合同期限内，劳动合同未约定试用期的，试用期不成立，该期限为劳动合同期限。劳动者在试用期的工资不得低于本单位相同岗位最低档工资或者劳动合同约定工资的80%，并不得低于用人单位所在地的工资标准。用人单位在试用期解除合同的，应当向劳动者说明理由。

【例12-7】小王与一家化妆品销售公司签订了为期一年的劳动合同，该合同规定试用期为6个月，试用期工资为2000元，试用期满后工资为2500元。问：该劳动合同关于试用期的约定是否合法？

【解析】该试用期约定不符合法律规定，《劳动合同法》规定：劳动合同期限3个月以上不满1年的，试用期不得超过1个月；劳动合同期限1年以上不满3年的，试用期不得超过2个月；3年以上固定期限和无固定期限的劳动合同，试用期不得超过6个月。

(2) 保密条款。保守商业秘密条款也是常见的补充内容。约定这一条款的目的在于，保护用人单位的经济利益，防止了解或掌握用人单位秘密的劳动者故意或者擅自泄露用人单位的商业秘密，给用人单位造成经济损失。

在劳动合同中约定这一条款时，应确定劳动者保守商业秘密的范围、保守商业秘密的方式、劳动者承担这一义务的时间期限。双方还可以约定劳动者违约应承担的违约责任、赔偿责任等。

对于双方当事人约定的内容，《劳动合同法》第九条规定："用人单位招用劳动者，不得扣押劳动者的居民身份证和其他证件，不得要求劳动者提供担保或者以其他名义向劳动者收取财物。"

(3) 竞业限制条款。竞业限制条款是双方当事人在劳动合同中约定的劳动者在劳动关系存续期间或在解除、终止劳动关系后的一定期限内不得自营或为他人经营与原用人单位有竞争关系的业务。约定这一条款的主要目的是防止不正当竞争。在劳动合同中，双方当事人可以约定劳动者承担竞业限制的义务、违约责任及赔偿责任。根据《劳动合同法》的规定，竞业限制的人员限于用人单位的高级管理人员、高级技术人员和其他负有保密义务的人员。竞业限制的期限最长不得超过2年，且在竞业限制期限内，用人单位应按月给予劳动者一定的经济补偿。

此外，根据《最高人民法院关于审理劳动争议案件适用法律问题的解释(一)》的规定，当事人在劳动合同或者保密协议中约定了竞业限制，但未约定解除或者终止劳动合同后给予劳动者经济补偿，劳动者履行了竞业限制义务，要求用人单位按照劳动者在劳动合同解除或者终止前十二个月平均工资的30%按月支付经济补偿的，人民法院应予支持。前款规定的月平均工资的30%低于劳动合同履行地最低工资标准的，按照劳动合同履行地最低工资标准支付。

当事人在劳动合同或者保密协议中约定了竞业限制和经济补偿，当事人解除劳动合同时，除另有约定外，用人单位要求劳动者履行竞业限制义务，或者劳动者履行了竞业限制义务后要求用人单位支付经济补偿的，人民法院应予支持。

当事人在劳动合同或者保密协议中约定了竞业限制和经济补偿，劳动合同解除或者终止后，因用人单位的原因导致三个月未支付经济补偿，劳动者请求解除竞业限制约定的，人民法院应当支持。

在竞业限制期限内，用人单位请求解除竞业限制协议的，人民法院应予支持。在解除竞业限制协议时，劳动者请求用人单位额外支付劳动者三个月的竞业限制经济补偿的，人民法院应予支持。

劳动者违反竞业限制约定，向用人单位支付违约金后，用人单位要求劳动者按照约定继续履行竞业限制义务的，人民法院应予支持。

(4) 补充保险。补充保险是指在基本保险之外存在的各种社会性保险措施的总称，通常是指补充医疗保险、补充养老保险等。和基本保险不同，补充保险是企业根据自身的经济实力及实际情况为本企业劳动者建立的一种辅助性保险。

(5) 福利待遇。福利待遇也是劳动者收入的组成部分。通常情况下，福利待遇包括住房补贴、交通补贴、通信补贴、子女补贴等。劳动合同双方应当根据自身情况在不违背法律规定的情况下约定劳动者的福利待遇。

2. 劳动合同的形式

劳动合同的形式，是指劳动合同当事人确立、变更、终止劳动权利义务关系的表现方式。劳动合同外在表现方式主要有书面形式和口头形式。

1) 书面形式

劳动合同书面形式是指以书面文字等其他有形的载体作为订立劳动合同的形式。《劳动合同法》第十条规定："建立劳动关系，应当订立书面劳动合同。"需要特别注意的是，书面形式并不是建立劳动关系的依据。《劳动合同法》第十条规定："建立劳动关系，应当订立书面劳动合同。已建立劳动关系，未同时订立书面劳动合同的，应当自用工之日起一个月内订立书面劳动合同。用人单位与劳动者在用工前订立劳动合同的，劳动关系自用工之日起建立。"可见，劳动关系的建立与是否签订劳动合同是两个问题，是否采用书面形式并不影响劳动合同的效力。

2) 口头形式

劳动合同的口头形式，是指双方当事人以口头语言的方式作为订立劳动合同的形式。口头形式包括当面对话、电话约定等形式，因其简便快捷而被许多劳动者采纳。但由于口头形式的劳动合同缺乏文字凭证，一旦发生纠纷就面临举证困难的困境，不利于保护劳动者的合法权益。因此，劳动合同法规定只有在非全日制用工的情形下才可以通过口头方式约定双方的权利义务关系。

除了上述两种形式外，实践中还有默示劳动合同，即双方当事人通过实施某种行为做出意思表示，而非以书面或口头方式作为订立劳动合同的形式。例如，固定期限的劳动合同到期后，由于各种原因，双方当事人并未对是否续签劳动合同的问题进行协商，但劳动者依照原劳动合同提供劳务，用人单位也应依照原劳动合同给劳动者支付报酬。

(三) 劳动合同的效力

劳动合同的效力是指已经成立的劳动合同是否在当事人之间产生法律约束力。劳动合同并非在双方签订之后就发生法律效力，而是必须符合法律规定的生效要件才可能在当事人之间产生法律约束力。

1. 劳动合同的生效

劳动合同生效是指劳动合同发生了当事人所预期的法律效果，双方必须遵守劳动合同的约定。劳动合同要具有法律效力，必须具备法定有效要件。

(1) 劳动合同的主体具备法定的主体资格。劳动合同的主体必须是《劳动合同法》适用范围内的劳动者和用人单位，不具备主体资格会导致劳动合同无效。

(2) 意思表示真实，是指劳动合同的当事人双方订立劳动合同的意思表示是真实的。双方意思表示真实要求当事人是基于自愿签订劳动合同，只有当事人意思表示真实，才能保证其所实施的缔约行为产生的法律后果符合当事人的预期。

(3) 劳动合同内容合法。劳动合同的当事人就劳动合同内容的约定符合法律、行政法规的规定。

(4) 劳动合同订立的程序合法。一般情况下，劳动合同的订立程序不是劳动合同的有效要件，但如果是在特殊情况下签订劳动合同，就必须符合法定程序，劳动合同才能生效。

2. 劳动合同无效

劳动合同无效是指劳动合同因为欠缺有效要件而全部或部分不具有法律效力。无效的劳动合同从订立之日起就没有法律约束力。

根据《劳动合同法》第二十六条的规定，导致劳动合同无效的法定情形有以下3种：一是以欺诈、胁迫的手段或者乘人之危，使对方在违背真实意思的情况下订立或者变更劳动合同的；二是用人单位免除自己的法定责任、排除劳动者权利的；三是违反法律、行政法规强制性规定的。

(1) 以欺诈、胁迫的手段或者乘人之危，使对方在违背真实意思的情况下订立或者变更劳动合同的。欺诈是指劳动合同一方当事人故意告知对方虚假情况，或者故意隐瞒真实情况，诱使或误导对方基于此做出错误的意思表示，与自己签订或者变更劳动合同。是否构成欺诈，要根据当事人的告知义务是否符合法律规定为前提。

胁迫是指一方当事人以给另一方当事人的生命、身体健康、荣誉、名誉、财产等造成损害为要挟，迫使对方做出违背自己真实意志的意思表示的行为。其法律构成要件为：一是须有胁迫的事实；二是行为人是故意的；三是胁迫行为与合同订立之间有因果关系。

乘人之危是指一方当事人利用对方处于危难之际，迫使其做出违背本意接受不利条件而订立的合同。其法律要件为：一是须有一方正处于急迫或紧急危难的境地；二是须有行为人乘人之危的故意；三是须有行为人实施了足以使对方违背意思表示的行为；四是行为人的行为与对方的意思表示之间有因果关系；五是双方签订的劳动合同对受难方极为不利。

(2) 用人单位免除自己的法定责任、排除劳动者权利的也会导致劳动合同无效。由于劳动合同关系的特殊性，法规规定用人单位必须承担法定的责任，以维护劳动者的合法权益。无论是劳动者的权利还是用人单位的责任都是法律强制性规定的，劳动合同约定不能排除法律的规定。如果用人单位凭借优势地位要求劳动者接受其制定的免除自己法定责任、排除劳动者权利的合同条款，就是无效的。

如果这种条款不影响劳动合同其他部分的效力，只是该条款无效，如果该条款影响到劳动合同的其他部分，导致劳动合同的目的不能实现的，则该劳动合同无效。

(3) 劳动合同违反法律、行政法规的强制性规定。一般来说，在劳动合同中的强制性规定主要有劳动时间、劳动保护、劳动报酬、劳动者的基本权利以及对妇女、未成年人的特殊规定等。如果用人单位和劳动者在劳动合同中约定排除上述规定的适用，将导致订立的劳动合同无效。这里需要注意的是《劳动合同法》将强制性规定严格限定为法律和行政法规的规定，即只有违反全国人民代表大会及其常务委员会颁布的法律和国务院颁布的法规才会导致劳动合同无效。

【例12-8】 某技校与甲公司签订协议，约定甲公司向技校提供25万元资助金，技校向甲公司输送30名毕业生。30名学生进入公司后，技校将他们的毕业证交给甲公司保管。30名学生在试用期间由于劳动条件等问题要辞职，甲公司经理闻讯后，威胁学生如果辞职，不给毕业证书。无奈之下，30名学生与甲公司签订了无固定期限的劳动合同。问：甲公司与30名学生签订的劳动合同是否有效？为什么？

【解析】劳动合同无效。根据《劳动合同法》第二十六条规定，下列劳动合同无效或者部分无效：①以欺诈、胁迫的手段或者乘人之危，使对方在违背真实意思的情况下订立或者变更劳动合同的；②用人单位免除自己的法定责任、排除劳动者权利的；③违反法律、行政法规强制性规定的。甲公司威胁学生如果辞职不给毕业证书的行为属于以胁迫手段，使对方在违背真实意思情况下订立劳动合同，该劳动合同无效。

3. 劳动合同无效的确认

无效劳动合同虽然从订立之日起就没有法律约束力，但并不是任何人都有权宣布劳动合同无效。确认劳动合同是否有效应当由专门机构进行确认。根据《劳动法》《劳动合同法》的规定，确认劳动合同无效的机构是劳动争议仲裁机构和人民法院。

4. 劳动合同无效的法律后果

劳动合同无效，劳动者与用人单位要按照法律规定承担无效的法律责任。

1) 支付劳动报酬

按照《劳动合同法》第二十八条的规定，虽然劳动合同被确认无效，但劳动者已付出劳动，用人单位应当向劳动者支付劳动报酬。根据等价有偿、权利义务相一致的原则，从保护劳动者的利益出发，用人单位应当参照本单位同期、同工种、同岗位的工作标准支付劳动报酬。但如果是劳动者的原因导致劳动合同无效的，用人单位享有劳动合同解除权，并不需要支付经济补偿金。

2) 赔偿损失

根据《劳动合同法》第八十六条和第九十三条的规定，劳动合同依法被确认无效，给对方造成损害的，由过错的一方承担赔偿责任。如果是用人单位的原因致使劳动无效，对劳动者造成损害的，用人单位应当承担赔偿责任。如果是劳动者一方的过错致使劳动合同无效，且给对方造成损失的，则劳动者应赔偿用人单位的损失。

3) 行政责任

根据《劳动法》第九十五条规定，用人单位违反法律对女职工和未成年人的保护规定，侵害其合法权益的，由劳动行政部门责令改正，处以罚款；对女职工和未成年人造成损害的，应当承担赔偿责任。

4) 刑事责任

根据《劳动合同法》第八十八条规定，以暴力、威胁或者非法限制人身自由的手段强迫劳动，构成犯罪的，依法追究刑事责任。

三、劳动合同的履行与变更

(一) 劳动合同的履行

劳动合同的履行是指合同双方当事人按照合同约定完成自己所应承担的行为。劳动合同最显著的特征在于用人单位与劳动者订立劳动合同的目的在于劳动过程的实现，而非劳动成果的交付。只有劳动合同的双方当事人按照劳动合同的约定，认真履行自己的义务，才能真正实现劳动的过程。

劳动合同履行的原则是指用人单位与劳动者在履行劳动合同过程中，共同遵守的行为准则。根据《劳动合同法》的有关规定及劳动合同的特点，劳动合同的履行应遵循以下原则。

1. 全面履行原则

全面履行原则是合同本身所要求的，是所有合同履行的共性。它是指双方当事人按照合同约定各自承担的所有义务来具体全面地履行这些义务。《劳动合同法》第二十九条规定："用人单位与劳动者应当按照劳动合同的约定，全面履行各自的义务。"只有双方当事人都全面履行了自己的义务，才能使另一方当事人的合同权利得以实现，才能实现订立合同的目的。

2. 亲自履行原则

亲自履行原则是指劳动合同的双方当事人必须亲自履行合同约定的义务，未经对方同意，合同的一方当事人不得让他人代替履行义务。亲自履行是劳动合同所特有的履行原则，是劳动力的特点和劳动合同的特点所要求的，因为劳动力是存在于人身的、与人身不可分离的，每个劳动合同订立的目的只有经过每一方当事人的亲力亲为才能实现。

3. 禁止强迫劳动原则

劳动合同的履行对于劳动者来说，就是劳动力的使用过程，而劳动力的使用必须在劳动者自愿的前提下进行，不得强迫劳动者劳动。禁止强迫劳动是保护劳动者基本劳动人权的体现。对于禁止强迫劳动在我国《劳动合同法》中有明确规定，《劳动合同法》第三十二条规定，劳动者拒绝用人单位管理人员违章指挥、强令冒险作业的，不视为违反劳动合同。第三十八条第二款规定，用人单位以暴力、威胁或者非法限制人身自由的手段强迫劳动者劳动的，或者用人单位违章指挥、强令冒险作业危及劳动者人身安全的，劳动者可以立即解除劳动合同，不需事先告知用人单位。

（二）劳动合同的变更

劳动合同依法签订之后，即对双方当事人产生约束力。劳动合同的双方当事人都应当按照劳动合同履行自己的义务，但劳动者与用人单位签订劳动合同时，总有一些无法预料因素。当订立劳动合同依据的客观情况发生变化，使得劳动合同难以履行或者继续履行会损害合同当事人的利益时，经当事人协商可以变更劳动合同。劳动合同的变更是指劳动关系双方当事人就已经订立的劳动合同的部分条款达成修改、补充协议的法律行为。

1. 变更合同的规则

根据《劳动合同法》第三十五条的规定，当事人双方变更劳动合同的要遵守以下规定。

（1）双方在平等自愿的基础上协商一致。劳动合同的变更必须经用人单位和劳动者双方同意。用人单位和劳动者都不得单方变更合同，任何单方的变更都是无效的。

（2）必须采用书面形式。订立劳动合同应当采用书面形式，变更劳动合同是对原合同的延伸，也应采用书面形式，但如果用人单位与劳动者协商一致变更劳动合同，虽未采用书面形式，但已经实际履行了口头变更的劳动合同超过一个月，变更后的劳动合同内容不违反法律、行政法规且不违背公序良俗，当事人以未采用书面形式为由主张劳动合同变更无效的，人民法院不予支持。

变更后的劳动合同文本由用人单位、劳动者双方各执一份，一旦发生争议，变更后的劳动合同可以作为证据使用。

2. 劳动合同变更的法律后果

劳动合同依法变更后，当事人之间的权利义务自变更合同的协议所约定之日起发生变更。

劳动合同的变更是在原合同基础上所做出的，而不是签订新的合同，因此，原合同中未被修改的部分效力不变，修改后的部分与原合同具有同等的效力，对双方当事人都有约束力。

【例12-9】甲与某公司签订了为期五年的劳动合同，月工资5000元，经半年试用期，公司满意，合同正式履行。后公司以食堂缺少管理人员为由，在未与甲协商的情况下，调甲到食堂工作。甲不同意，认为签订合同时双方约定是担任仓库保管员工作，一年多来自己工作一贯认真负责，多次受到奖励，要求公司履行合同双方的约定，拒绝前往食堂上班。而公司则认为，调动职工工作岗位是企业行使用人自主权的正当行为，并作出相应决定：以甲不服从分配为由，停发工资，并限期一个月调离公司。该公司的做法违法吗？

【解析】用人单位的用工自主权与劳动者的权利发生冲突时，应该优先保护哪种权利，一直是劳动法中的焦点问题。《劳动合同法》规定，用人单位与劳动者协商一致，可以变更劳动合同约定的内容。但是，如果劳动者不同意调岗调薪，用人单位是否有权解除劳动合同呢？这应当视具体情况而定。如果用人单位的调岗调薪行为具有充分合理的理由，是出于生产经营的迫切需要，并且不会导致劳动者权利受到极大影响，如大幅减薪、调岗到不相关工作岗位或者工作地点变动影响合同履行，应当认可用人单位具有相应的用工自主权。如果劳动者拒绝变更，用人单位可以解除劳动合同。

四、劳动合同的解除与终止

(一) 劳动合同的解除

1. 劳动合同解除的概念和种类

1) 劳动合同解除的概念

劳动合同的解除，是指在劳动合同依法订立后，尚未全部履行之前，因一定法律事实的出现，合同双方当事人或一方当事人依法提前终止劳动合同法律效力的行为。

2) 劳动合同解除的类型

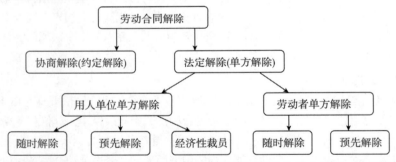

劳动合同的解除依解除方式不同可以分为两类：即协商解除和法定解除。协商解除又称双方解除或约定解除，是指因主客观情况的变化，劳动合同当事人经协商一致而解除劳动合同。法定解除又称单方解除，是指劳动合同当事人一方依照法律、法规规定的事由而单方解除劳动合同。单方解除劳动合同又可分为劳动者单方解除和用人单位单方解除两种。

2. 劳动合同的协商解除

劳动合同是双方当事人协商一致达成的，在履行过程中，双方当事人也应当有权再通过协商一致使合同归于消灭。劳动合同当事人应本着双方自愿、平等协商的原则，在不损害对方的利益的情况下，经双方当事人协商一致解除，由用人单位解除劳动合同的，用人单位应根据国家有关规定给劳动者一定的经济补偿金。

3. 用人单位的法定单方解除

用人单位单方解除劳动合同必须具备法定理由，否则就是非法的。在用人单位单方解除中可以分为以下几种。

1) 用人单位可以随时解除劳动合同的情况

劳动者有下列情况之一的，用人单位可以随时提出解除劳动合同：

(1) 在试用期间被证明不符合录用条件的；

(2) 严重违反用人单位的规章制度的；

(3) 严重失职，营私舞弊，给用人单位利益造成重大损害的；

(4) 劳动者同时与其他用人单位建立劳动关系，对完成工作任务造成严重影响，或者经用人单位提出拒不改正的；

(5) 以欺诈、胁迫的手段或者乘人之危，使对方在违背其真实意思的情况下订立劳动合同的；

(6) 被依法追究刑事责任的。

这类解除的依据是劳动者有行为上的严重过错，甚至已经给用人单位造成了经济损失，在这些情况下，双方保持劳动关系已经不可能，所以，法律赋予用人单位可以随时解除劳动关系的权利。

2) 用人单位可预先解除劳动合同的情况

劳动者有下列情况之一的，用人单位可以解除劳动合同，但应提前30日以书面形式通知劳动者本人：

(1) 劳动者患病或者非因工负伤，在规定的医疗期满后不能从事原工作，也不能从事由用人单位另行安排的工作的；

(2) 劳动者不能胜任工作，经过培训或者调整工作岗位，仍不能胜任工作的；

(3) 劳动合同订立时所依据的客观情况发生重大变化，致使原劳动合同无法履行，经用人单位与劳动者协商，未能就变更劳动合同内容达成协议的。

此类解除不是基于劳动者的行为过错，而是基于劳动者的工作能力和其他客观原因，所以，在解除程序上与随时解除不同。

3) 用人单位经济性裁员(与被裁人员解除劳动合同)

经济性裁员是指用人单位基于经营方面的困难或者基于生产经营方面技术改造的原因，使某些劳动者丧失了劳动岗位，用人单位不得不与他们解除劳动合同。有下列情形之一的，用人单位可以裁减人员：

(1) 用人单位依照《企业破产法》规定进行重整的；

(2) 生产经营发生严重困难的；

(3) 企业转产、技术革新、经营方式调整，经变更劳动合同后，仍需裁减人员的；

(4) 其他因劳动合同订立时所依据的客观经济情况发生重大变化，致使劳动合同无法履行的。

为了防止用人单位滥用劳动合同解除权，保护处于特定阶段或者特定岗位上的劳动者的特殊利益，我国《劳动法》和《劳动合同法》对用人单位不得解除劳动合同的情形也做出了明确规定。

《劳动合同法》第四十二条规定，劳动者有下列情形之一的，用人单位不得依照本法第四十条、第四十一条的规定解除劳动合同：一是从事接触职业病危害作业的劳动者未进行离岗前职业健康检查，或者疑似职业病病人在诊断或者医学观察期间的；二是在本单位患职业病或者因工负伤并被确认丧失或者部分丧失劳动能力的；三是患病或者负伤，在规定的医疗期内的；四是女职工在孕期、产期、哺乳期的；五是在本单位连续工作满十五年，且距法定退休年龄不足五年的；六是法律、行政法规规定的其他情形。

4. 劳动者法定单方解除

1) 劳动者预先通知用人单位解除劳动合同的情况

这是指劳动者提前30日以书面形式通知用人单位可以解除劳动合同以及劳动者在试用期内提

前三日通知用人单位,可以解除劳动合同的情况。

2) 劳动者随时通知用人单位解除劳动合同的情况

用人单位有下列情形之一的,劳动者可以解除劳动合同:

(1) 未按照劳动合同约定提供劳动保护或者劳动条件的;

(2) 未及时足额支付劳动报酬的;

(3) 用人单位的规章制度违反法律、法规的规定,损害劳动者权益的;

(4) 因《劳动合同法》第二十六条第一款规定的情形致使劳动合同无效的;

(5) 法律、行政法规规定劳动者可以解除劳动合同的其他情形。

用人单位以暴力、威胁或者非法限制人身自由的手段强迫劳动者劳动的,或者用人单位违章指挥、强令冒险作业危及劳动者人身安全的,劳动者可以立即解除劳动合同,不需事先告知用人单位。

(二) 劳动合同终止

劳动合同终止是指劳动合同因期满或双方主体消灭等其他法律规定的终止情形而导致其法律效力的消灭。

1. 劳动合同终止的条件

我国《劳动合同法》第四十四条对劳动合同的条件进行了详细的规定,即满足下列条件的,劳动合同终止:①劳动合同期限届满;②劳动者已开始依法享受基本养老保险待遇的;③劳动者死亡,或者被人民法院宣告死亡或者宣告失踪的;④用人单位被依法宣告破产的;⑤用人单位被吊销营业执照、责令关闭、撤销或者用人单位决定提前解散的;⑥法律、行政法规规定的其他情形。

2. 劳动合同终止的限制

《劳动合同法》仅对"合同期满"而导致合同终止的情形做出了例外规定,并未对劳动者与用人单位主体身份的消灭而导致合同终止做出限制性规定。《劳动合同法》第四十五条指出:"劳动合同期满,有本法第四十二条规定情形之一的,劳动合同应当续延至相应的情形消失时终止。但是,本法第四十二条第二项规定丧失或者部分丧失劳动能力劳动者的劳动合同的终止,按照国家有关工伤保险的规定执行。"据此,劳动合同终止的限制主要有以下几种情形。

(1) 除劳动合同主体资格消灭的情形外,在劳动合同期满时,有下列情形之一的,劳动合同应当续延至下列情形终结时为止:一是从事接触职业病危害作业的劳动者未进行离岗前职业健康检查,或者疑似职业病病人在诊断或者医学观察期间的;二是患病或者负伤,在规定的医疗期内的;三是女职工在孕期、产期、哺乳期的;四是在本单位连续工作满15年,且距法定退休年龄不足5年的。五是法律、行政法规规定的其他情形。这是法律规定的在劳动合同终止时,对特殊对象的特殊保护。

(2) 劳动者因在本单位患职业病或者因工负伤并被确认丧失或者部分丧失劳动能力的,其劳动合同终止按国家有关工伤保险的规定执行。

(3) 符合劳动合同终止条件终止劳动合同时,用人单位或劳动者应提前通知对方。双方无意续签劳动合同的,用人单位应当自终止劳动合同之日向劳动者出具终止劳动合同证明,办理有关手续,并在出具终止劳动合同证明之日起15日内为劳动者办理档案和社会保险转移手续。

3. 劳动合同终止用人单位与劳动者应承担的义务

劳动合同终止导致劳动者与用人单位之间的劳动关系消灭,劳动合同失去法律效力,劳动者与用人单位之间不再有权利义务关系。

(1) 劳动合同终止时用人单位应承担的义务：用人单位在法定条件下，应当按照法定的项目和标准，向劳动者一次性支付经济补偿；凡是依法应由用人单位为劳动者缴纳的社会保险费用，在劳动合同终止时用人单位应当负责向社会保险经办机构全额缴纳有关费用；出具劳动关系终止证明书；返还劳动者寄存的财产；用人单位对已经终止的劳动合同文本，至少保存二年备查；用人单位依照本法有关规定应当向劳动者支付经济补偿的，在办结工作交接时支付。

(2) 劳动合同终止时劳动者应承担的义务：劳动者应当按照双方约定，办理工作交接；结束其正在进行中的事务；向用人单位办理事务移交手续；按双方约定继续保守在劳动关系存续期间得知的用人单位的商业秘密；按劳动合同约定遵守竞业禁止限制。

五、劳动合同的特殊形式

除规范典型的劳动合同用工外，《劳动合同法》还对劳务派遣、非全日制用工做了规定，尽可能地扩大劳动法对现实中存在的劳动关系的调整范围。

(一) 劳务派遣

1. 劳务派遣的概念及特征

劳务派遣，也叫人力派遣，是指劳动力派遣单位根据派遣单位同用工单位之间的劳务派遣协议，将与自己订立劳动合同的劳动者派遣到用工单位，由用工单位指挥和监督劳动者进行劳动。

劳务派遣具有如下特征。

(1) 劳动者的雇用和使用发生分离。这是劳务派遣的最本质特征。在一般劳动关系中，用人单位直接雇用和使用劳动者，由用人单位负责支付劳动者工资报酬，承担劳动者的劳动风险；而在劳务派遣中，招收劳动者的是劳务派遣单位，而使用劳动者劳动力的则是用工单位，即一般劳动关系的最核心特征，表现为劳动力与生产资料相结合只发生在劳动者与用工单位之间。

(2) 劳务派遣中具有三个主体。由于劳务派遣中雇用与使用劳动者的主体相分离，因此劳务派遣关系中存在三个主体：劳务派遣单位(即负责招收劳动者的机构)、劳动者、实际用工单位。三个主体间各自的权利和义务由法律规定。一般而言，各国劳动法都规定劳务派遣单位与用工单位对劳动者单独或连带承担一般劳动关系中的雇主责任，相当于劳务派遣单位与用工单位履行义务的总和。

2. 劳务派遣的适用

劳务派遣适用于在临时性、辅助性或者替代性的工作岗位上实施，法律对其适用范围有明确规定，《劳动合同法》第六十六条规定，劳动合同用工是我国的企业基本用工形式，劳务派遣用工是补充形式，只能在临时性、辅助性或替代性的岗位上实施。

所谓临时性工作岗位是指存续时间不超过六个月的岗位；辅助性工作岗位是指为主营业务岗位提供服务的非主营业务岗位；替代性工作岗位是指用工单位的劳动者因脱产学习、休假等原因无法工作的一定期间内，可以由其他劳动者替代工作的岗位。

《劳动合同法》对劳务派遣用工的限制，用人单位应当严格遵守，而且《劳动合同法》还对劳务派遣用工数量进行了规定，劳动派遣用工数量不得超过国务院劳动行政部门规定的用工总量的比例。

3. 劳务派遣的主体

劳务派遣主要涉及劳动者、劳务派遣单位和用工单位三方主体，是一种特殊的用工形式。

1）派遣单位

派遣单位，即用人单位是与劳动者签订劳动合同，建立劳动关系、并把劳动者派到用工单位工作的主体。

派遣单位作为劳动合同的缔约人，应当承担用人单位对劳动者的各种义务，如劳务派遣单位应当依法与劳动者签订书面劳动合同、按时足额支付劳动报酬、依法为劳动者缴纳社会保险费用、在解除劳动合同时要支付经济补偿。如果劳务派遣单位和用工单位约定由用工单位负责支付工资、社会保险费用，用人单位还要对这些费用的支付承担连带责任。

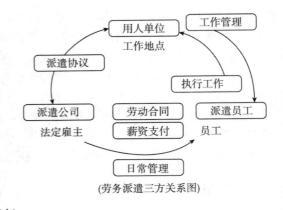

(劳务派遣三方关系图)

2）用工单位

用工单位是接受以劳务派遣形式用工的单位，即使用被派遣劳动者的主体。用工单位虽然不是劳动合同的缔约人，但却是劳动力的使用人和劳动合同的履约人。

3）被派遣劳动者

被派遣劳动者是指具有劳动权利能力和劳动行为能力，并与派遣单位签订劳动合同的自然人。

4）劳务派遣中的三方关系

(1) 劳动者与劳务派遣单位之间是劳动关系。根据《劳动合同法》第五十八条规定，劳务派遣单位即用人单位，应当履行用人单位与劳动者的义务，如劳务派遣单位与劳动者订立劳动合同，对劳动者进行管理，包括处分、辞退等，并且还要按月支付报酬，为劳动者缴纳社会保险费用等。

(2) 劳务派遣单位与用工单位之间是民事关系。派遣单位和用工单位之间地位是平等的，不存在任何管理和指挥关系。这与劳动关系是不同的。

(3) 劳动者与用工单位之间是劳务关系。这种劳务关系主要表现为用工单位在劳务派遣工的劳动过程中进行指挥和监督，劳动者要遵守用工单位的规章制度等。但劳动者同用工单位之间没有订立劳动合同，因而不是劳动关系。

明确劳务派遣中的三方关系对于维护劳动者的合法权益有着非常重要的意义。如果对劳务派遣中的三方关系不加以明确界定，必然出现各种纠纷，势必造成劳务派遣单位与用工之间的相互推诿，最终损害劳动者的权益。

4. 劳务派遣的内容

1）派遣单位的权利义务

(1) 派遣单位的法定权利。派遣单位的法定权利为：因派遣单位与劳动者之间签订了劳动合同，是劳动合同中的用人单位，因此其享有法律赋予用人单位的全部权利。此外，作为劳务派遣中的用人单位，因为派遣单位进行招工和派遣服务需要成本，因此，可依法向用工单位收取费用。

(2) 派遣单位的法定义务。派遣单位的法定义务分为两个方面，即对劳动者的义务及对用工单位的义务。

对劳动者的义务为：履行用人单位对劳动者的义务；与被派遣的劳动者订立两年以上的固定期限劳动合同；支付劳动报酬；将劳动派遣协议的内容告知被派遣的劳动者；不得向被派遣的劳动者收取任何费用。

对用工单位的义务为：按照劳务派遣协议履行义务，如按照劳务派遣协议派遣劳动者到用工单位工作等。

2) 用人单位的权利义务

(1) 用人单位的权利。主要是有权依法依协议管理使用被派遣的劳动者。

(2) 用人单位对劳动者的义务。用人单位作为劳务派遣中的实际用工者,虽然不是法律意义上的用人单位,但并不意味着不需要对劳动者承担任何义务。从保护劳动者权益的角度出发,用工单位应对劳动者履行的义务有:执行国家劳动标准,提供相应的劳动条件和劳动保护;告知被派遣劳动者工作要求和劳动报酬;支付加班费、绩效奖金,提供与工作岗位相关的福利待遇;对在岗的劳务派遣工进行工作岗位必需的培训;连续用工的,应当对劳务派遣工实行正常的工资调整机制;禁止用工单位将劳务派遣工再次派遣到其他企业;不得自行辞退被派遣的劳动者。

3) 被派遣劳动者的权利义务

(1) 被派遣劳动者的权利。被派遣劳动者的权利主要有:平等待遇权,即享有与用工单位的劳动者同工同酬的权利;参加工会权;解除劳动合同权。

(2) 被派遣劳动者的义务。与其他劳动合同关系中的劳动者的义务一样,被派遣劳动者的义务主要有:完成劳动任务、提高职业技能、执行劳动安全卫生规程、遵守劳动纪律和职业道德的义务。

(二) 非全日制用工

1. 非全日制用工的概述

1) 非全日制用工的含义

非全日制用工,是指以小时计酬为主,劳动者在同一用人单位一般平均每日工作时间不超过 4 小时,每周工作时间累计不超过 24 小时的用工形式。

非全日制用工的工资标准是以小时为计酬计准的。以小时计酬为主,但不局限于以小时计酬。除了以小时计酬的形式以外,常见的计酬方式还有以日、周为单位来计酬或按件计酬。

非全日制用工认定的实质性标准为劳动者在同一用人单位一般每日工作时间不超过 4 小时,每周工作时间不超过 24 小时。

2) 非全日制用工的适用

(1) 非全日制用工的适用主体。非全日制用工已普遍适用于超市、餐饮、旅店、家政等服务性领域以及一些专业性、技术性强的行业。

(2) 非全日制用工劳动合同的适用形式。非全日制用工双方当事人签订的劳动合同是否必须以"非全日制劳动合同"为名呢?法律并未强制要求。未以非全日制用工为名签订的劳动合同,或者不管是口头合同还是书面合同只要符合劳动者在同一用人单位一般每日工作时间不超过 4 小时,每周工作时间不超过 24 小时的用工,都属于非全日制用工形式,也都适用劳动合同法关于非全日制用工的规定。

2. 非全日制用工的特殊规定

1) 非全日制用工的劳动合同的形式与期限

(1) 非全日制用工的劳动合同的形式。《劳动合同法》规定,非全日制用工双方当事人可以订立口头协议。可见,非全日制用工的双方当事人采用口头方式订立劳动合同是合法的。

劳动者可以与多个用人单位签订劳动合同,且后订立的劳动合同不得影响先订立的劳动合同的履行。

(2) 非全日制用工的劳动合同期限。《劳动合同法》第六十八条规定非全日制用工的劳动者在同一用人单位一般平均每日工作时间不超过 4 小时,每周工作时间累计不超过 24 小时。这是对非全日制用工时间的限制。

为了规制在用工过程中普遍滥用试用期侵犯劳动者权益的现象,《劳动合同法》第七十条明确规定,"非全日制用工双方当事人不得约定试用期。"做出这样的规定是因为：试用期是为了用人单位和劳动者双方相互了解、确定对方是否符合自己的招聘条件或求职条件而约定的考察期。在非全日制用工中双方当事人都可以随时解除劳动合同且不需要支付任何的经济补偿,对解除劳动关系有更大的自主选择权。

2) 非全日制用工劳动合同的终止

(1) 当事人双方都享有随时通知对方终止劳动合同的权利。非全日制劳动合同的双方当事人都享有单方终止权,当事人一方要终止劳动合同,无须预告通知对方,无论劳动合同到期与否双方当事人可以随时通知对方而终止劳动合同。无须对方同意就可以终止劳动合同。

(2) 终止劳动合同不需要任何实体条件。《劳动合同法》对非全日制用工的终止,没有规定任何实体条件。这个规定完全不同于全日制用工的终止,劳动合同法对全日制用工的劳动合同终止,规定了法定的条件。而非全日制用工的终止突破了全日制用工解除的实质性要件的规定。

(3) 劳动合同终止用人单位不向劳动者支付经济补偿。不管出于什么原因,不管双方当事人是否有过错,用人单位均不需向劳动者支付经济补偿。

3. 工资标准与结算

1) 计酬标准不低于最低小时工资

非全日制用工不得低于最低小时工资。由于非全日制用工的灵活性、流动性和临时性,以小时作为劳动报酬的衡量标准,能更好地体现非全日制用工的价值,提高非全日用工的积极性,确保其能及时足额地获得劳动报酬。

2) 工资结算周期

非全日制用工劳动报酬结算支付周期最长不得超过15日。也就是说非全日制用工的工资支付可以按小时、日、周为单位结算,但不能以月为单位结算。

如果非全日制用工的劳动报酬结算周期超过15日,将被认定为拖欠工资的行为。用人单位应该按时足额地支付非全日制用工劳动者的工资。拖欠工资可以按《劳动合同法》第八十五条的规定处理,即由劳动行政部门责令限期支付劳动报酬、加班费或者经济补偿；劳动报酬低于当地最低工资标准的,应当支付其差额部分；逾期不支付的,责令用人单位按应付金额百分之五十以上百分之一百以下的标准向劳动者加付赔偿金。

3) 非全日制用工的社会保险问题

(1) 从事非全日制工作的劳动者应当参加基本养老保险,原则上参照个体工商户的参保办法执行。个体工商户参保身份为灵活就业者,以个人参保缴费只能参加养老保险和医疗保险,企业参保缴费由企业和个人共同负担,个人参保缴费由个人全部负担。以养老保险为例,个人参保缴费比例为20%,若以单位身份参保缴费,个人负担8%,单位负担20%。

(2) 从事非全日制工作的劳动者可以以个人身份参加基本医疗保险,并按照待遇水平与缴费水平相挂钩的原则,享受相应的基本医疗保险待遇。

(3) 用人单位应当按照国家有关规定为建立劳动关系的非全日制劳动者缴纳工伤保险费。从事非全日制工作的劳动者发生工伤,依法享受工伤保险待遇；被鉴定为伤残5~10级的,经劳动者与用人单位协商一致,可以一次性结算伤残待遇及有关费用。

(4) 非全日制用工超时工作。工作时间是非全日制用工认定的主要标准。只有劳动者在同一用人单位一般每日工作时间不超过 4 小时,每周工作时间不超过 24 小时的用工形式才能认定为非全日制用工。

(5) 非全日制用工的争议解决。从事非全日制工作的劳动者与用人单位产生的劳动纠纷适用劳动争议的解决方式。发生劳动争议,首先双方可以协商解决,协商不成的,可以向劳动争议仲裁委员会申请仲裁,对仲裁结果不满的,可以自收到裁定书之日起 15 日以内向人民法院起诉。

六、集体合同

(一) 集体合同概述

1. 集体合同的概念、特征和种类

1) 集体合同概念和特征

集体合同是指工会或职工代表代表全体职工与用人单位或其团体(即集体协商双方当事人)之间根据法律、法规的规定,就劳动报酬、工作时间、休息休假、劳动安全卫生、保险福利等事项,在平等协商一致的基础上签订的书面协议。集体合同具有以下特征:①集体合同当事人一方是工会组织或职工代表,另一方是用人单位;②集体合同内容是改善集体劳动关系的具体规定;③集体合同是要式合同,报送劳动行政部门,登记审查备案方为有效;④集体合同适用于企事业组织、工会、全体职工。

2. 集体合同的种类

(1) 从涉及内容的全面或专项来看,可以分为全面性集体合同(或称为"一揽子集体合同")和专项集体合同。用人单位(雇主)与全体劳动者可以就薪酬、休息休假、劳动安全、培训、保险福利等各项劳动关系问题订立集体合同,称为全面性集体合同。只针对劳动关系中的某一项问题达成的集体合同,称为专项集体合同或专项集体协议。

(2) 从集体合同订立的层级或订立的主体看,集体合同有企业集体合同和行业集体合同之分、区域性集体合同与全国性集体合同之分。用人单位(雇主)与企业工会(或劳动者代表)订立的集体合同是企业集体合同。区域性集体合同是指区域性雇主协会与区域性工会组织之间订立的集体合同;全国性集体合同是指全国性雇主协会与全国性工会组织订立的集体合同。目前我国尚不存在全国层级的集体合同。

(二) 集体合同和劳动合同的区别

(1) 当事人不同。劳动合同当事人为单个劳动者和用人单位;集体合同当事人为劳动者团体和用人单位或其团体,故又称团体协约或团体合同。

(2) 目的不同。订立劳动合同的主要目的是确立劳动关系;订立集体合同的主要目的是为确立劳动关系设定具体标准,即在其效力范围内规范劳动关系。

(3) 内容不同。劳动合同以单个劳动者的权利和义务为内容,一般包括劳动关系的各个方面;集体合同以集体劳动关系中全体劳动者的共同权利和义务为内容,可能涉及劳动关系的各个方面,也可能只涉及劳动关系的某个方面。

(4) 形式不同。劳动合同在有的国家为要式合同,在有的国家则要式合同与非要式合同并存;集体合同一般为要式合同。

(5) 效力不同。劳动合同对单个的用人单位和劳动者有法律效力;集体合同对签订合同的单个用人单位或用人单位所代表的全体用人单位,以及工会和工会所代表的全体劳动者,都有法律效力。并

且，集体合同的效力一般高于劳动合同的效力。此外，它们在签订程序和适用范围等方面也有所不同。

(三) 集体合同的内容

(1) 劳动报酬，包括：用人单位工资水平、工资分配制度、工资标准和工资分配形式；工资支付办法；加班、加点工资及津贴、补贴标准和奖金分配办法；工资调整办法；试用期及病、事假等期间的工资待遇；特殊情况下职工工资(生活费)支付办法；其他劳动报酬分配办法等。

(2) 工作时间，主要包括：工时制度；加班加点办法；特殊工种的工作时间；劳动定额标准。

(3) 休息休假，主要包括：日休息时间、周休息日安排、年休假办法；不能实行标准工时职工的休息休假；其他假期。

(4) 劳动安全与卫生，包括：劳动安全卫生责任制；劳动条件和安全技术措施；安全操作规程；劳保用品发放标准；定期健康检查和职业健康体检。

(5) 补充保险和福利，包括：补充保险的种类、范围；基本福利制度和福利设施；医疗期延长及其待遇；职工亲属福利制度。

(6) 女职工和未成年工特殊保护，包括：女职工和未成年工禁忌从事的劳动；女职工的经期、孕期、产期和哺乳期的劳动保护；女职工、未成年工定期健康检查；未成年工的使用和登记制度。

(7) 职业技能培训，包括：职业技能培训项目规划及年度计划；职业技能培训费用的提取和使用；保障和改善职业技能培训的措施。

(8) 劳动合同管理，包括：劳动合同签订时间；确定劳动合同期限的条件；劳动合同变更、解除、续订的一般原则及无固定期限劳动合同的终止条件；试用期的条件和期限。

(9) 奖惩，包括：劳动纪律；考核奖惩制度；奖惩程序。

(10) 裁员，包括：裁员的方案；裁员的程序；裁员的实施办法和补偿标准。

(11) 其他程序性条款，包括：集体合同期限；变更、解除集体合同的程序；履行集体合同发生争议时的协商处理办法；违反集体合同的责任；双方认为应当协商的其他内容。

(四) 集体合同的履行、变更、解除和终止

1. 集体合同的履行

集体合同的履行，是指集体合同依法生效后，双方当事人全面按照合同约定履行合同义务的行为。集体合同的履行应坚持实际履行、适当履行、协作履行的原则。

2. 集体合同的变更、解除和终止

(1) 集体合同的变更和解除。集体合同的变更，是指集体合同生效以后，未履行完毕之前，由于主观或客观情况发生变化，当事人依照法律规定的条件和程序，对原合同中的某些条款进行增减或修改。集体合同的解除是指集体合同生效以后，未履行完毕之前，由于主观或客观情况发生变化，当事人依照法律规定的条件和程序，提前终止合同的行为。

依据相关法律的规定，双方协商代表协商一致，有下列情形之一的，可以变更或解除集体合同或专项集体合同：用人单位因被兼并、解散、破产等原因，致使集体合同或专项集体合同无法履行的；因不可抗力等原因致使集体合同或专项集体合同无法履行或部分无法履行的；集体合同或专项集体合同约定的变更或解除条件出现的；法律、法规、规章规定的其他情形。

(2) 集体合同的终止。集体合同的终止，是指由于某种法律事实的发生而导致集体合同所确立的法律关系消灭。集体合同终止的条件为：合同期限届满；因当事人企业一方因故破产、倒闭；企业发生分立、合并，具体情况则要具体分析。

第三节 劳动争议处理法律制度

一、劳动争议的处理概述

(一) 劳动争议概述

劳动争议也叫劳动纠纷，是指劳动关系双方当事人因劳动问题引起的纠纷。从世界各国的劳动立法看，劳动发生的劳动争议一般是指劳动关系双方当事人之间因实现劳动权利、履行劳动义务发生的争议，具体指劳动者与用人单位之间，在劳动法的范围内，因适用国家法律、法规和订立、履行、变更、终止劳动合同以及其他与劳动关系直接相联系的问题而引起的纠纷，因而是狭义的劳动争议。

根据《最高人民法院关于审理劳动争议案件适用法律问题的解释(一)》第一条之规定，劳动者与用人单位之间发生的下列纠纷，属于劳动争议：

(1) 劳动者与用人单位在履行劳动合同过程中发生的纠纷；
(2) 劳动者与用人单位之间没有订立书面劳动合同，但已形成劳动关系后发生的纠纷；
(3) 劳动者与用人单位因劳动关系是否已经解除或者终止，以及应否支付解除或者终止劳动关系经济补偿金发生的纠纷；
(4) 劳动者与用人单位解除或者终止劳动关系后，请求用人单位返还其收取的劳动合同定金、保证金、抵押金、抵押物发生的纠纷，或者办理劳动者的人事档案、社会保险关系等移转手续发生的纠纷；
(5) 劳动者以用人单位未为其办理社会保险手续，且社会保险经办机构不能补办导致其无法享受社会保险待遇为由，要求用人单位赔偿损失发生的纠纷；
(6) 劳动者退休后，与尚未参加社会保险统筹的原用人单位因追索养老金、医疗费、工伤保险待遇和其他社会保险待遇而发生的纠纷；
(7) 劳动者因为工伤、职业病，请求用人单位依法给予工伤保险待遇发生的纠纷；
(8) 劳动者依据劳动合同法第八十五条规定，要求用人单位支付加付赔偿金发生的纠纷；
(9) 因企业自主进行改制发生的纠纷。

而根据《最高人民法院关于审理劳动争议案件适用法律问题的解释(一)》第二条之规定，劳动者请求社会保险经办机构发放社会保险金的纠纷；劳动者与用人单位因住房制度改革产生的公有住房转让纠纷；劳动者对劳动能力鉴定委员会的伤残等级鉴定结论或者对职业病诊断鉴定委员会的职业病诊断鉴定结论的异议纠纷；家庭或者个人与家政服务人员之间的纠纷；个体工匠与帮工、学徒之间的纠纷；农村承包经营户与受雇人之间的纠纷则不属于劳动争议的范围。

(二) 劳动争议的处理机构

1. 劳动争议调解机构

劳动争议调解委员会(以下简称调解委员会)是依法成立的调解本单位发生的劳动争议的群众性组织。我国的劳动争议调解委员会有：企业劳动争议调解委员会；依法设立的基层人民调解组织；在乡镇、街道设立的具有劳动争议调解职能的组织。企业劳动争议调解委员会由职工代表和企业代表组成。企业代表由工会成员担任或由全体职工推举产生，企业代表由企业负责人制定。企业劳动争议调解委员会主任由工会成员或者双方推举的人员担任。

调解机构的调解程序如下。

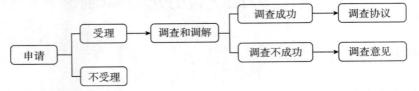

2. 劳动争议仲裁机构

1) 劳动争议仲裁委员会概述

劳动争议仲裁委员会是依法独立地对劳动争议案件进行仲裁的专门机构。劳动争议仲裁委员会按照统筹规划、合理布局和适应实际需要的原则设立。省、自治区人民政府可以决定在市、县设立；直辖市人民政府可以决定在区、县设立。直辖市、设区的市也可以设立一个或者若干个劳动争议仲裁委员会。劳动争议仲裁委员会不按行政区划层层设立。

劳动争议仲裁委员会仲裁劳动争议，实行仲裁庭仲裁制度。仲裁庭仲裁实行少数服从多数的原则。劳动争议仲裁不收费。劳动争议仲裁委员会的经费由财政予以保障。

劳动争议仲裁委员会依法进行仲裁，依法决定劳动争议案件的受理、仲裁庭的组成、仲裁员的回避；依法对案件进行调查研究、进行调解和做出仲裁。

2) 受理范围

劳动争议仲裁委员负责关系本区域内发生的劳动争议。仲裁委员会受理本行政区域内的下列劳动争议案件：①因订立、履行、变更、解除和终止劳动合同发生的争议；②因除名、辞退和辞职、离职发生的争议；③因工作时间、休息休假、社会保险、福利、培训以及劳动保护发生的争议；④因劳动报酬、工伤医疗费、经济补偿或者赔偿金等发生的争议；⑤法律、法规规定的其他劳动争议。

3) 管辖

劳动争议由劳动合同履行地或者用人单位所在地的劳动争议仲裁委员会管辖。双方当事人分别向劳动合同履行地和用人单位所在地的劳动争议仲裁委员会申请的，由劳动合同履行地的劳动争议仲裁委员会管辖。

3. 人民法院

1) 人民法院概述

人民法院是审理劳动争议案件的司法机构。目前，我国没有设立劳动法院或劳动法庭，由各级人民法院的民事审判庭审理劳动争议案件。

2) 受理范围

属于《调解仲裁法》第二条规定的劳动争议，当事人不服劳动争议仲裁委员会做出的裁决、依法向人民法院起诉的，人民法院应当受理：①劳动者与用人单位在履行劳动合同过程中发生的纠纷；②劳动者与用人单位之间没有订立书面劳动合同，但已形成劳动关系后发生的纠纷；③劳动者退休后，与尚未参加社会保险统筹的原用人单位因追索养老金、医疗费、工伤保险待遇和其他社会保险费而发生的纠纷；④用人单位和劳动者因劳动关系是否已经解除或者终止，以及应否支付解除或终止劳动关系经济补偿金产生的争议，经劳动争议仲裁委员会仲裁后，当事人依法起诉的，人民法院应当受理；⑤劳动者与用人单位解除或者终止劳动后，请求用人单位返还其收取的劳动合同订金、保证金、抵押金、抵押物产生的争议，或者办理劳动者的人事档案、社会保险关系等转移手续产生的争议，经劳动争议仲裁委员会仲裁后，当事人依法起诉的；⑥劳动者因为工伤、职业病，请求用人单位依法承担给予工伤保险待遇的争议,经劳动争议仲裁委员会仲裁后,当事人依法起诉的,人民法院应予以受理。

二、劳动争议的解决方式及处理程序

(一) 协商

发生劳动争议,劳动者可以与用人单位协商,也可以请工会或者第三方共同与用人单位协商,达成和解协议。

劳动争议发生后,当事人应当协商解决,协商一致后,双方可达成和解协议,但和解协议无必须履行的法律效力,而是由双方当事人自觉履行。协商不是处理劳动争议的必经程序,当事人不愿协商或协商不成,可以向本单位劳动争议调解委员会申请调解或向劳动争议仲裁委员会申请仲裁。

(二) 调解

发生劳动争议,当事人不愿协商、协商不成或者达成和解协议后不履行的,可以向调解组织申请调解。当事人双方愿意调解的,可以书面或口头形式向调解委员会申请调解。调解委员会接到调解申请后,可依据合法、公正、及时、着重调解原则进行调解。调解委员会调解劳动争议,应当自当事人申请调解之日起 15 日内结束;到期未结束的,视为调解不成,当事人可以向当地劳动争议仲裁委员会申请仲裁。经调解达成协议的,制作调解协议书。调解协议书由双方当事人签名或者盖章,经调解员签名并加盖调解组织印章后生效,对双方当事人具有约束力,当事人自觉履行。达成调解协议后,一方当事人在协议约定期限内不履行调解协议的,另一方当事人可以依法申请仲裁。

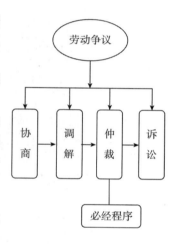

调解不是劳动争议解决的必经程序,不愿调解、调解不成或者达成调解协议后不履行的,可以向劳动争议仲裁委员会申请仲裁。

(三) 仲裁

仲裁是劳动争议案件处理必经的程序:发生劳动争议,当事人不愿调解、调解不成或者达成调解协议后不履行的,可以向劳动争议仲裁委员会申请仲裁。劳动争议发生后,当事人任何一方都可以向劳动争议仲裁委员会申请仲裁。

提出仲裁要求的一方应当自劳动争议发生之日起 1 年内向劳动争议仲裁委员会提出书面申请。劳动争议仲裁委员会接到申请后,应当在 5 日内做出是否受理的决定。受理后,应当在受到仲裁申请的 45 日内做出仲裁裁决。案情复杂需要延期的,经劳动争议仲裁委员会主任批准,可以延期并书面通知当事人,但是延长期限不得超过 15 日。逾期未做出仲裁裁决的,当事人可以就该劳动争议事项向人民法院提起诉讼。

仲裁委员会主持调解的效力:仲裁委员会可以依法进行调解,经调解达成协议的,制作仲裁调解书。仲裁调解书具有法律效力,自达成之日起具有法律约束力,当事人须自觉履行,一方当事人不履行的,另一方当事人可向人民法院申请强制执行。

仲裁委员会对部分案件有先予执行的裁决权:仲裁庭对追索劳动报酬、工伤医疗费、经济补偿或者赔偿金的案件,根据当事人的申请,可以裁决先予执行,移送人民法院执行。

为使劳动者的权益得到快捷的保护，加快劳动争议案件的处理时间，劳动争议仲裁委员会对下列案件实行一裁终局：追索劳动报酬、工商医疗费、经济补偿或者赔偿金，不超过当地月最低工资标准12个月金额的争议；因执行国家的劳动标准在工作时间、休息休假、社会保险等方面发生的争议。上述案件的仲裁裁决为终审裁决，裁决书自做出之日起发生法律效力。劳动者对一裁终局的仲裁裁决不服的，可以自收到仲裁裁决书之日起15日向人民法院起诉。而用人单位对一裁终局的仲裁，不能再向法院提起诉讼，也不能申请再次仲裁，但在具备法定情形时，用人单位可以向人民法院申请撤销。

除一裁终局的仲裁裁决以外的其他劳动争议案件的仲裁裁决，当事人不服的，可以自收到仲裁裁决书之日起15日内向人民法院提起诉讼；期满不起诉的，裁决书发生法律效力。一方当事人逾期不履行，另一方当事人可以向人民法院申请强制执行。

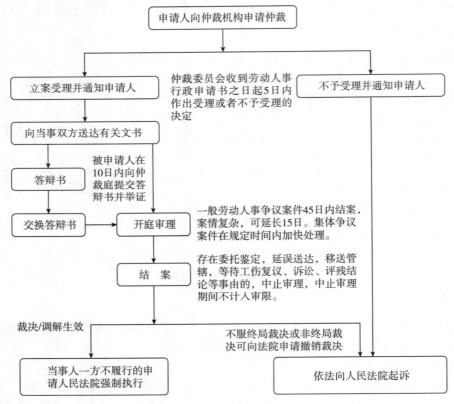

（四）诉讼

当事人对仲裁裁决不服的，可以自收到仲裁裁决书之日起向人民法院提起诉讼。经过仲裁裁决，当事人向法院起诉的劳动争议案件，人民法院应当受理。

1. 人民法院对当事人因劳动争议仲裁委员会不予受理而起诉到法院的案件的处理

劳动者与用人单位均不服劳动争议仲裁机构的同一裁决，向同一人民法院起诉的，人民法院应当并案审理，双方当事人互为原告和被告，对双方的诉讼请求，人民法院应当一并作出裁决。在诉讼过程中，一方当事人撤诉的，人民法院应当根据另一方当事人的诉讼请求继续审理。双方当事人就同一仲裁裁决分别向有管辖权的人民法院起诉的，后受理的人民法院应当将案件移送给先受理的人民法院。

劳动争议仲裁机构以无管辖权为由对劳动争议案件不予受理，当事人提起诉讼的，人民法院按照以下情形分别处理：①经审查认为该劳动争议仲裁机构对案件确无管辖权的，应当告知当事人向有管辖权的劳动争议仲裁机构申请仲裁；②经审查认为该劳动争议仲裁机构有管辖权的，应当告知当事人申请仲裁，并将审查意见书面通知该劳动争议仲裁机构；劳动争议仲裁机构仍不受理，当事人就该劳动争议事项提起诉讼的，人民法院应予受理。

劳动争议仲裁机构以当事人申请仲裁的事项不属于劳动争议为由，作出不予受理的书面裁决、决定或者通知，当事人不服依法提起诉讼的，人民法院应当分别视情况予以处理：①属于劳动争议案件的，应当受理；②虽不属于劳动争议案件，但属于人民法院主管的其他案件，应当依法受理。

劳动争议仲裁机构以申请仲裁的主体不适格为由，作出不予受理的书面裁决、决定或者通知，当事人不服依法提起诉讼，经审查确属主体不适格的，人民法院不予受理；已经受理的，裁定驳回起诉。

2. 对重新做出仲裁裁决的处理

劳动争议仲裁机构为纠正原仲裁裁决错误重新作出裁决，当事人不服依法提起诉讼的，人民法院应当受理。

3. 仲裁事项不属于法院受理范围的处理

劳动争议仲裁机构仲裁的事项不属于人民法院受理的案件范围，当事人不服依法提起诉讼的，人民法院不予受理；已经受理的，裁定驳回起诉。当事人不服劳动争议仲裁机构作出的预先支付劳动者劳动报酬、工伤医疗费、经济补偿或者赔偿金的裁决，依法提起诉讼的，人民法院不予受理。用人单位不履行上述裁决中的给付义务，劳动者依法申请强制执行的，人民法院应予受理。

4. 劳动争议案件的管辖

劳动争议案件由用人单位所在地或者劳动合同履行地的基层人民法院管辖。劳动合同履行地不明确的，由用人单位所在地的基层人民法院管辖。法律另有规定的，依照其规定。

5. 劳动争议案件中的举证责任

部分劳动争议案件的举证责任由法律明确规定。因用人单位做出的开除、除名、辞退、解除劳动合同、减少劳动报酬、计算劳动者工作年限等决定而发生的劳动争议，用人单位负举证责任。

6. 人民法院对部分劳动争议仲裁裁决的撤销权

用人单位对一裁终局的仲裁裁决书自收到之日起 30 日内可以向劳动争议仲裁委员会所在地的中级人民法院申请撤销该裁决，但须有证据证明该仲裁裁决适用法律、法规确有错误的，劳动争议仲裁委员会无管辖权的，违反法定程序的，裁决所依据的证据是伪造的；对方当事人隐瞒了足以影响公正裁决的证据的，仲裁员在仲裁该案件时有索贿受贿、徇私舞弊、枉法裁决行为的。人民法院经组成合议庭审查核实裁决有上述情形之一的，应当裁定撤销，仲裁裁决被人民法院裁定撤销的，当事人可以自收到裁定书之日起 15 日内就该劳动争议事项向人民法院提起诉讼。

7. 人民法院审理劳动争议案件试行两审终审制

人民法院一审审理终结后，对一审判决不服的，当事人可在 15 日内向上一级人民法院提起诉讼；对一审裁定不服的，当事人可在 10 日内向上一级人民法院提起上诉。经二审审理所做出的裁决是终审裁决，自送达之日起发生法律效力，当事人必须履行。

复习思考题

一、单项选择题

1. 我国《劳动法》的生效时间是( )。
   A. 1994 年 7 月 5 日　　　　　　　　　B. 1995 年 1 月 1 日
   C. 1995 年 5 月 1 日　　　　　　　　　D. 1995 年 10 月 1 日

2. 以下不属于劳动合同法定条款的是( )。
   A. 劳动合同的期限　　B. 劳动报酬　　C. 工作时间　　D. 试用期

3. 劳动合同变更的形式应当是( )。
   A. 口头形式　　　　B. 书面形式　　　C. 口头或书面　　D. 以上三种都错误

4. 劳动者在试用期解除合同，需要( )。
   A. 提前 3 天通知用人单位　　　　　　B. 提前 7 天通知用人单位
   C. 提前 10 天通知用人单位　　　　　 D. 提前 30 天通知用人单位

5. 劳务派遣单位应当与被派劳动者签订( )。
   A. 1 年以上的固定期限的劳动合同　　　B. 2 年以上的固定期限的劳动合同
   C. 3 年以上的固定期限的劳动合同　　　D. 4 年以上的固定期限的劳动合同

6. 用人单位可以单方解除劳动合同的法定情形是( )。
   A. 职工患病并在规定的医疗期
   B. 女职工在孕期、产期、哺乳期
   C. 职工患职业病丧失部分劳动能力
   D. 劳动者严重失职、营私舞弊、给用人单位造成重大损害的

7. 以下属于《劳动合同法》的主体的是( )。
   A. 国家机关公务员　　B. 宾馆大堂经理　　C. 现役军人　　D. 家庭保姆

8. 劳动合同可以约定试用期，试用期最长不得超过( )。
   A. 3 个月　　　　B. 6 个月　　　　C. 9 个月　　　　D. 1 年

二、多项选择题

1. 按照劳动合同的期限，劳动合同可以分为( )。
   A. 以完成一定工作任务为期限的劳动合同
   B. 非全日制劳动合同
   C. 固定期限劳动合同
   D. 无固定期限劳动合同

2. 劳动合同的生效条件包括( )。
   A. 劳动合同的主体适格　　　　　　　B. 当事人意思表示真实
   C. 劳动合同的内容合法　　　　　　　D. 劳动合同订立的程序合法

3. 下列属于劳动合同终止的情形是( )。
   A. 劳动合同期满
   B. 劳动者开始依法享受基本劳动养老保险待遇
   C. 劳动者死亡，或者被人民法院宣告死亡或者宣告失踪

D. 用人单位被依法宣告破产或用人单位被吊销营业执照、责令关闭、撤销
4. 集体合同的内容包括( )。
   A. 劳动报酬　　　　　B. 工作时间　　　　　C. 休息休假　　　　　D. 女职工特殊保护
5. 关于非全日制用工的劳动者的劳动报酬，下列说法正确的是( )。
   A. 可以按小时计酬，也可以按周计酬
   B. 不得低于用人单位所在地人民政府规定的最低小时工资
   C. 劳动报酬结算支付的周期最长不得超过 10 日
   D. 劳动报酬结算支付的周期最长不得超过 15 日
6. 根据劳动合同的形式，劳动合同可以分为( )。
   A. 口头劳动合同　　　　　　　　　　　B. 书面劳动合同
   C. 固定期限劳动合同　　　　　　　　　D. 无固定期限劳动合同
7. 劳务派遣只能适用于用工单位的( )。
   A. 辅助性工作岗位　　　　　　　　　　B. 临时性工作岗位
   C. 替代性工作岗位　　D. 所有的工作岗位
8. 集体合同的内容包括( )。
   A. 劳动报酬　　　　　B. 工作时间　　　　　C. 休息休假　　　　　D. 劳动安全与卫生

三、名词解释

1. 劳动合同　2. 全日制合同　3. 固定期限合同　4. 集体合同　5. 劳务派遣

四、简答题

1. 简述劳动合同无效的法定情形。
2. 简述用人单位经济裁员的限定规定。
3. 简述可以变更或解除集体合同或专项集体合同的情形。
4. 简述集体合同和劳动合同的区别。
5. 简述非全日制用工劳动合同的终止的情形。

参考文献

1. 舒国滢. 法理学导论[M]. 北京：北京大学出版社，2000.
2. 魏德士. 法理学[M]. 丁晓春，吴越，译. 北京：法律出版社，2005.
3. 魏振瀛. 民法[M]. 北京：北京大学出版社，2007.
4. 王泽鉴. 民法总则[M]. 北京：中国政法大学出版社，2001.
5. 中国注册会计师协会. 经济法[M]. 北京：中国财政经济出版社，2010.
6. 范健，王建文. 公司法[M]. 北京：法律出版社，2006.
7. 施天涛. 商法学[M]. 北京：法律出版社，2010.
8. 克拉克. 公司法则[M]. 胡平，译. 北京：工商出版社，1999.
9. 王保树，崔勤之. 中国公司法原理[M]. 北京：社会科学文献出版社，2006.
10. 薄燕娜. 破产法教程[M]. 北京：对外经济贸易大学出版社，2009.
11. 罗培新. 破产法[M]. 上海：上海人民出版社，2009.
12. 范健，王建文. 破产法[M]. 北京：法律出版社，2009.
13. 郑云瑞. 合同法学[M]. 北京：北京大学出版社，2007.
14. 崔建远. 合同法[M]. 北京：法律出版社，2003.
15. 韩劲松. 经济法教程[M]. 北京：北京交通大学出版社，2008.
16. 王利明. 合同法研究[M]. 北京：中国人民大学出版社，2002.
17. 刘泽海. 新编经济法教程. 北京：清华大学出版社，2010.
18. 王利明. 物权论[M]. 北京：中国政法大学出版社，2003.
19. 王利明. 物权法研究[M]. 北京：中国人民大学出版社，2002.
20. 王泽鉴. 民法物权：通则所有权[M]. 北京：中国政法大学出版社，2001.
21. 谢在全. 民法物权论[M]. 北京：中国政法大学出版社，1999.
22. 梁慧星. 中国物权法研究[M]. 北京：法律出版社，1998.
23. 陈华彬. 物权法原理[M]. 北京：国家行政学院出版社，1998.
24. 钱明星. 物权法原理[M]. 北京：北京大学出版社，1994.
25. 孙宪忠. 德国当代物权法[M]. 北京：法律出版社，1997.
26. 尹田. 法国物权法[M]. 北京：法律出版社，1998.
27. 杨立新. 物权法[M]. 北京：中国人民大学出版社，2007.
28. 崔建远. 准物权研究[M]. 北京：法律出版社，2003.
29. 高富平. 物权法原论[M]. 北京：中国法制出版社，2001.
30. 刘隆亨. 银行金融法学[M]. 6版. 北京：北京大学出版社，2010.
31. 刘少军. 金融法原理[M]. 北京：知识产权出版社，2006.
32. 朱崇实. 金融法教程[M]. 北京：法律出版社，2004.

33. 常健. 金融法教程[M]. 北京：对外经济贸易大学出版社，2007.
34. 梁宇贤. 票据法新论[M]. 北京：中国人民大学出版社，2004.
35. 曾世雄. 票据法论[M]. 北京：中国人民大学出版社，2002.
36. 董安生. 票据法[M]. 北京：中国人民大学出版社，2006.
37. 谢怀栻. 票据法概论[M]. 北京：法律出版社，2006.
38. 徐孟洲. 银行法教程[M]. 北京：首都经贸大学出版社，2002.
39. 李玫. 银行法[M]. 北京：对外经济贸易大学出版社，2007.
40. 樊启荣. 经济法[M]. 北京：武汉大学出版社，2008.
41. 赵中孚. 商法总论[M]. 2版. 北京：中国人民大学出版社，2003.
42. 王保树. 经济法原理[M]. 北京：社会科学文献出版社，2004.
43. 李正华. 经济法[M]. 北京：中国人民大学出版社，2005.
44. 范健，王建文. 证券法[M]. 北京：法律出版社，2007.
45. 李东方. 证券法学[M]. 北京：中国政法大学出版社，2006.
46. 杨丽. 证券法学[M]. 郑州：郑州大学出版社，2004.
47. 王成儒，王国征. 证券法概论[M]. 济南：山东人民出版社，2003.
48. 常怡. 民事诉讼法学[M]. 4版. 北京：中国政法大学出版社，2002.
49. 江伟. 民事诉讼法学[M]. 北京：中国人民大学出版社，2000.
50. 全国注册税务师执业资格考试教材编写组. 2010年全国注册税务师执业资格考试教材·税法Ⅰ[M]. 北京：中国税务出版社，2010.
51. 中国注册会计师协会. 税法[M]. 北京：经济科学出版社，2011.
52. 王京梁. 税法[M]. 北京：清华大学出版社；北京交通大学出版社，2010.
53. 史尚宽. 劳动法原论[M]. 上海：正大印书馆，1934.
54. 关怀. 劳动法学[M]. 北京：法律出版社，1996.
55. 侯怀霞. 公司法原理与实务[M]. 北京：法律出版社，2015.
56. 刘泽海. 新编经济法教程[M]. 北京：清华大学出版社，2010.
57. 王建文. 商法教程[M]. 北京：中国人民大学出版社，2009.
58. 邱平荣. 经济法[M]. 北京：中国人民大学出版社，2009.
59. 郝胜林. 经济法[M]. 北京：清华大学出版社，2012.
60. 李建伟. 公司法学[M]. 3版. 北京：清华大学出版社，2014.
61. 王小龙. 商法与经济法[M]. 北京：中国政法大学出版社，2014.
62. 邓建敏. 经济法基础与应用[M]. 北京：清华大学出版社，2014.
63. 赵旭东. 公司法学[M]. 4版. 北京：高等教育出版社，2015.
64. 国务院法制办公室编. 中华人民共和国公司法注解与配套[M]. 北京：中国法制出版社，2017.
65. 刘东根. 2018年国家统一法律职业资格考试一本通(商法·经济法)[M]. 北京：法律出版社，2017.
66. 七五普法图书中心. 公司法学习读本[M]. 北京：中国法制出版社，2016.
67. 王利明. 民法总则[M]. 北京：中国人民大学出版社，2017.
68. 杨立新. 民法总则[M]. 2版. 北京：法律出版社，2017.
69. 梁慧星. 民法总论[M]. 5版. 北京：法律出版社，2017.

70. 关怀. 劳动与社会保障法学[M]. 2版. 北京：法律出版社，2016.
71. 王立明. 民法[M]. 8版. 北京：中国人民大学出版社，2020.
72. 李宇. 民法总则要义：规范释论与判解集注[M]. 北京：法律出版社，2017.
73. 杨立新. 民法总则要义与案例解读[M]. 北京：中国法制出版社，2017.
74. 王妍. 企业形态及企业法律制度创新方向研究[M]. 北京：法律出版社，2015.
75. 王宗正. 企业法务：从入门到精通[M]. 北京：法律出版社，2020.
76. 赵江. 公司法理论与实务[M]. 北京：中国法制出版社，2018.
77. 云闯. 公司法司法实务与办案指引[M]. 北京：法律出版社，2019.
78. 施天涛. 公司法论[M]. 4版. 北京：法律出版社，2018.
79. 郭明瑞. 合同法通义[M]. 北京：商务印书馆，2020.
80. 李永军. 合同法[M]. 5版. 北京：中国人民大学出版社，2020.
81. 隋彭生. 合同法[M]. 9版. 北京：中国人民大学出版社，2020.
82. 张海燕. 合同审查思维体系与实务技能[M]. 2版. 北京：中国法制出版社，2020.
83. 周友苏. 证券法新论[M]. 北京：法律出版社，2020.
84. 邢会强. 证券法一本通[M]. 北京：法律出版社，2019.
85. 董安生. 证券法原理[M]. 北京：北京大学出版社，2018.
86. 寿金宝. 保险法实务应用全书[M]. 北京：法律出版社，2019.
87. 尹田. 保险法前言[M]. 北京：光明日报出版社，2020.
88. 邹海林. 保险法学的新发展[M]. 北京：中国社会科学出版社，2015.
89. 熊进光. 保险法案例研究指引[M]. 北京：世界图书出版社，2015.
90. 吕来明. 票据法学[M]. 2版. 北京：北京大学出版社，2017.
91. 谢冬慧. 法学实践教学系列丛书：票据法典型案例评析[M]. 南京：南京大学出版社，2014.
92. 中国注册会计师协会，税法[M]. 北京：中国财政经济出版社，2020.
93. 全国税务师职业资格考试教材编写组，税法(I)[M]. 北京：中国税务出版社，2020.
94. 全国税务师职业资格考试教材编写组，税法(II)[M]. 北京：中国税务出版社，2020.